NARUTO

MASSIV VOL.13

SASUKE REBELLIERT!

MASASHI KISHIMOTO

CARLSEN MANGA

NARUTO CHARACTERS

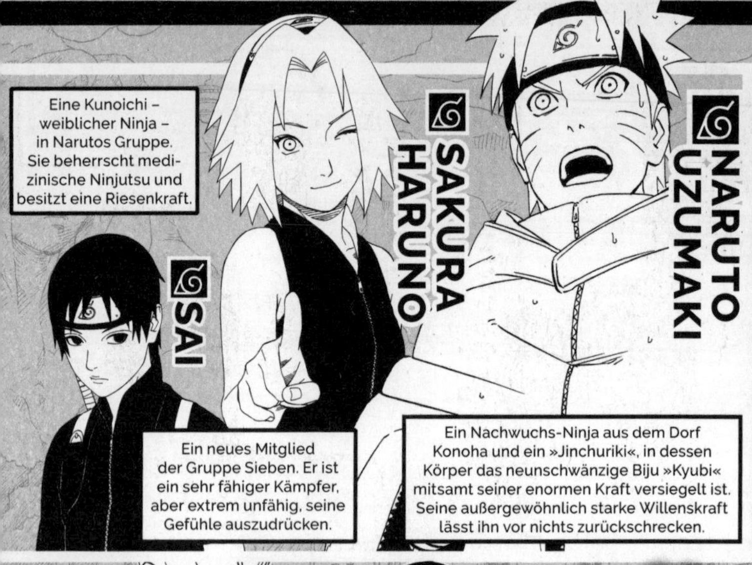

NARUTO UZUMAKI

Ein Nachwuchs-Ninja aus dem Dorf Konoha und ein »Jinchuriki«, in dessen Körper das neunschwänzige Biju »Kyubi« mitsamt seiner enormen Kraft versiegelt ist. Seine außergewöhnlich starke Willenskraft lässt ihn vor nichts zurückschrecken.

SAKURA HARUNO

Eine Kunoichi – weiblicher Ninja – in Narutos Gruppe. Sie beherrscht medizinische Ninjutsu und besitzt eine Riesenkraft.

SAI

Ein neues Mitglied der Gruppe Sieben. Er ist ein sehr fähiger Kämpfer, aber extrem unfähig, seine Gefühle auszudrücken.

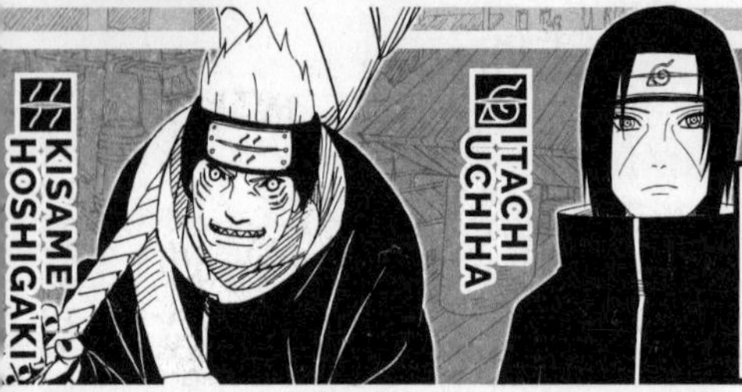

AKATSUKI

Eine Verbrecherorganisation, die aus desertierten und kriminellen Ninja vom S-Rang besteht. Ihr Ziel ist es, die ganze Ninja-Welt zu beherrschen. Dafür ist sie hinter den »Jinchuriki« her, in deren Körper Biju leben.

ITACHI UCHIHA

KISAME HOSHIGAKI

STORY

1

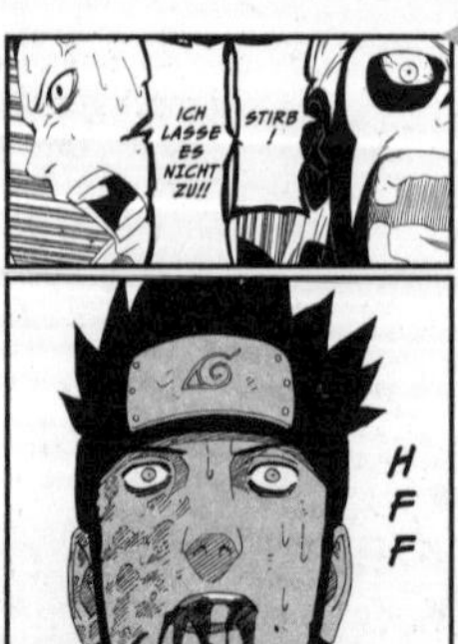

Ist der Gegner unsterblich?!

Asuma fällt ihm zum Opfer!!

»Ein Hokage zu werden, der alle früheren Hokages übertrifft« – für diesen Traum gibt Naruto alles. Zusammen mit Sasuke und Sakura und weiteren Kameraden trainiert und kämpft er und so wird aus dem ehemaligen Tunichtgut ein richtiger Ninja. Dann geht Sasuke, besessen von der Rache an seinem großen Bruder, zu Orochimaru, um stark zu werden. Zweieinhalb Jahre später – Naruto nimmt als durchtrainierter Ninja volle Fahrt auf! Und Sasuke, ebenfalls stärker geworden, folgt weiter seinem Weg der Rache.
Die gleich bleibende Distanz zu Sasuke frustriert Naruto. Und Akatsuki bedroht allmählich die Ninja-Welt...

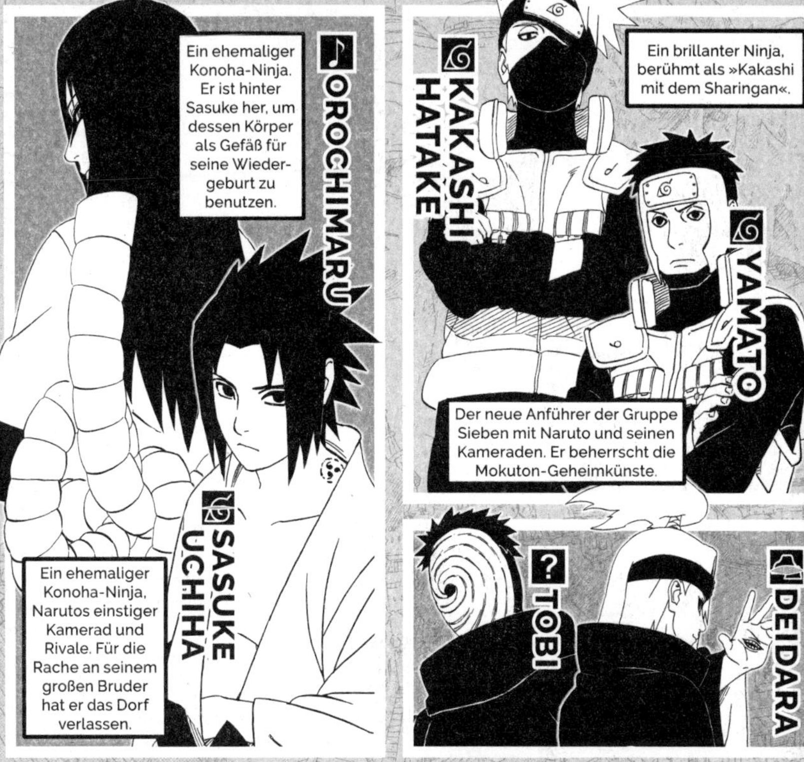

Akatsuki bleibt weiter undurchschaubar, aber Naruto und seine Kameraden sind wachsam. Unterdessen macht Sasuke, der mit Orochimaru verschwunden war, einen neuen Schritt...!

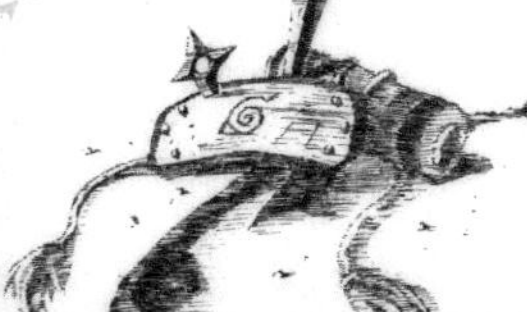

2

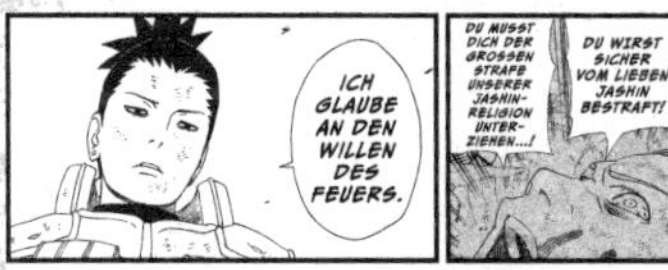

Shikamaru kämpft auf Leben und Tod! Narutos neue, ultra-mächtige Kunst explodiert!!

Während Naruto eine neue Kunst trainiert, verfolgt die Asuma-Gruppe zwei Attentäter der Organisation »Akatsuki«, Kakuzu und Hidan, die heimlich ins Dorf eingedrungen sind! Ein Überraschungsangriff gelingt zunächst, aber die Fluch-Kunst und der unsterbliche Körper des Gegners wenden das Blatt. Asuma kommt ums Leben...!

Kakashi schließt sich dem Ino-Shika-Cho-Trio an und sie kämpfen erneut gegen Akatsuki! Im Kampf auf Leben und Tod hat Shikamarus Strategie Erfolg und sie überwältigen Hidan! Auch der gerade zurückgekehrte Naruto setzt seine neue Kunst frei! Mit einer enormen Zerstörungskraft, die selbst für Kakashi unfassbar ist, schlägt Naruto Kakuzu nieder!

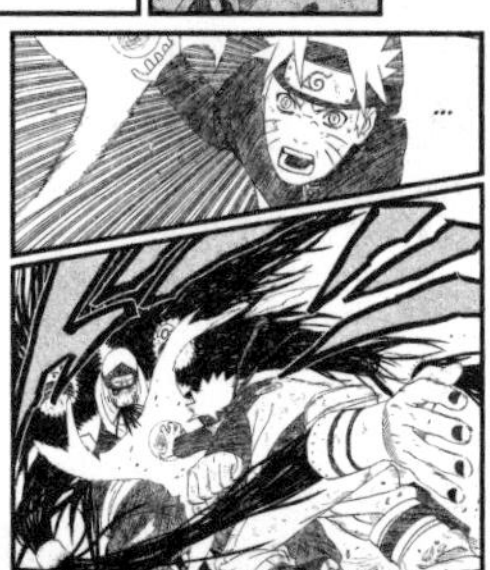

NARUTO

464 SEITEN MASSIV 100% NARUTO

INHALT

343. Kapitel: Gnadenlos

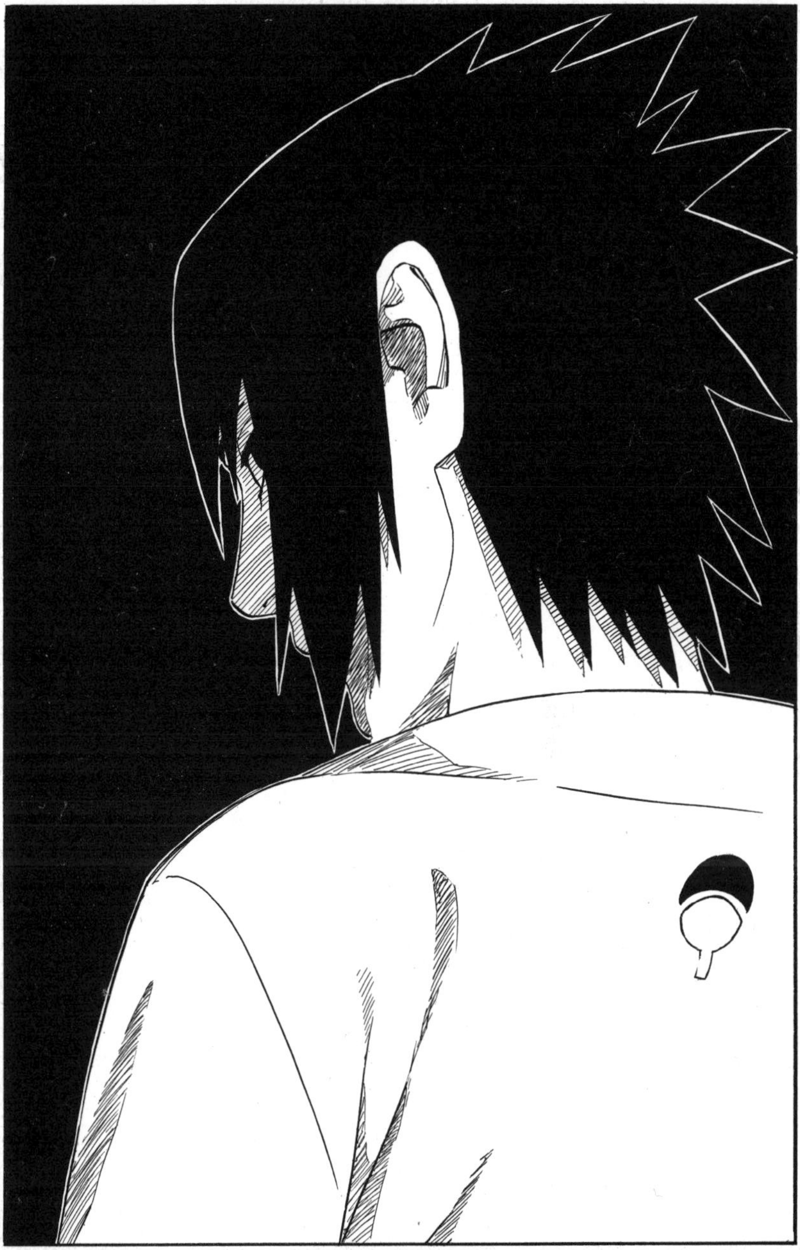

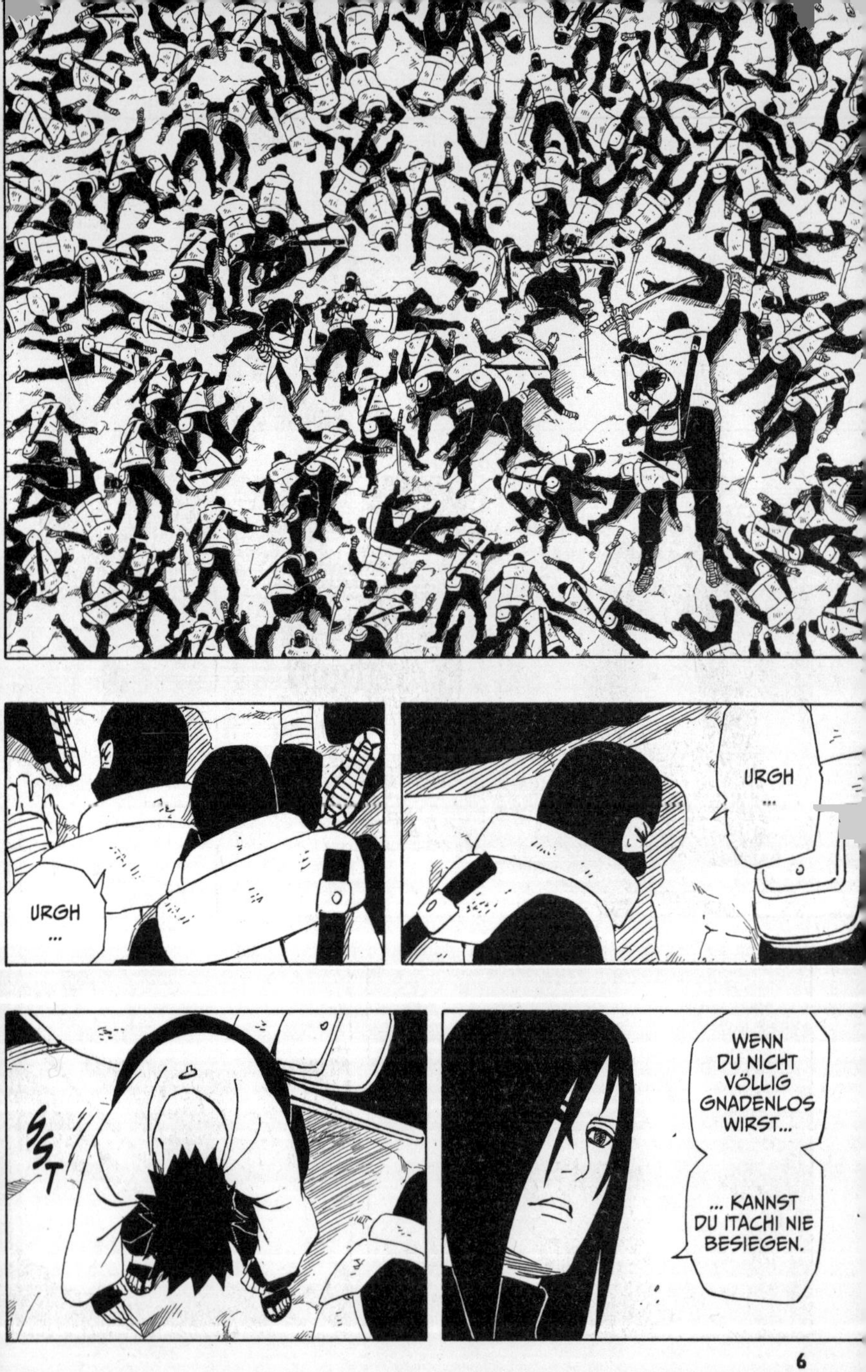
URGH ...
URGH ...
WENN DU NICHT VÖLLIG GNADENLOS WIRST...
... KANNST DU ITACHI NIE BESIEGEN.
SST

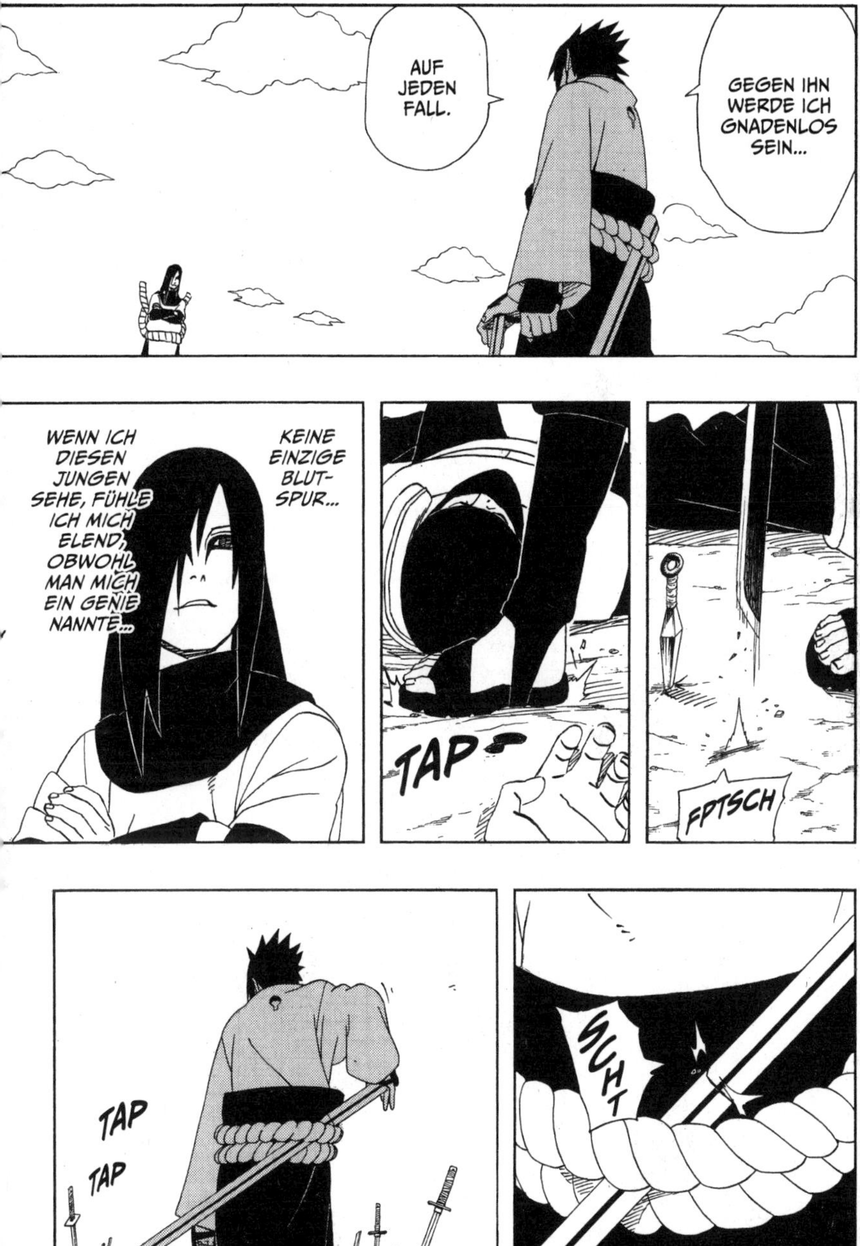
GEGEN IHN WERDE ICH GNADENLOS SEIN...
AUF JEDEN FALL.
FPTSCH
TAP
KEINE EINZIGE BLUT-SPUR...
WENN ICH DIESEN JUNGEN SEHE, FÜHLE ICH MICH ELEND, OBWOHL MAN MICH EIN GENIE NANNTE...
SCHT
TAP
TAP

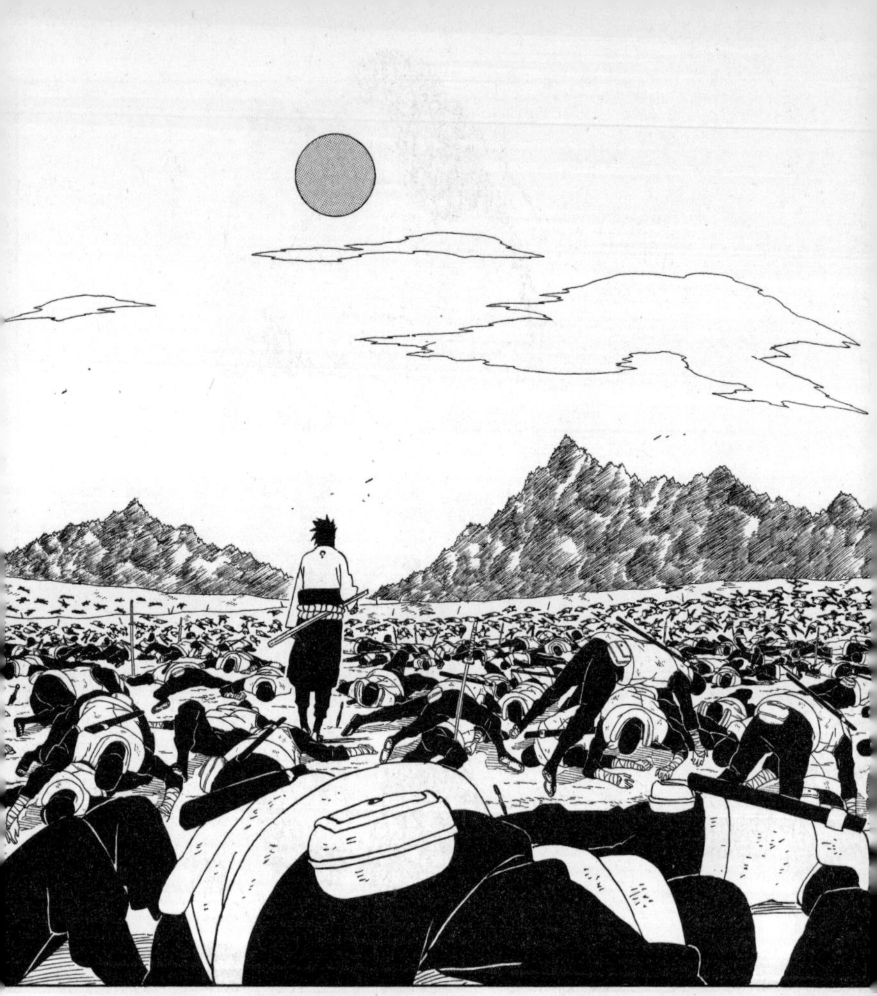

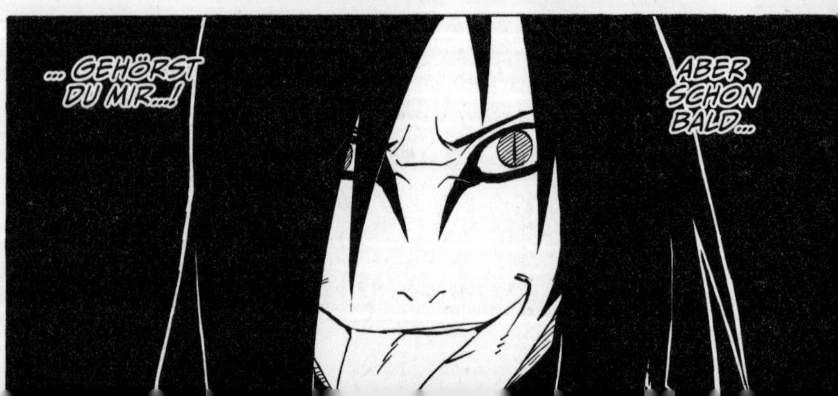
ABER SCHON BALD...
... GEHÖRST DU MIR...!

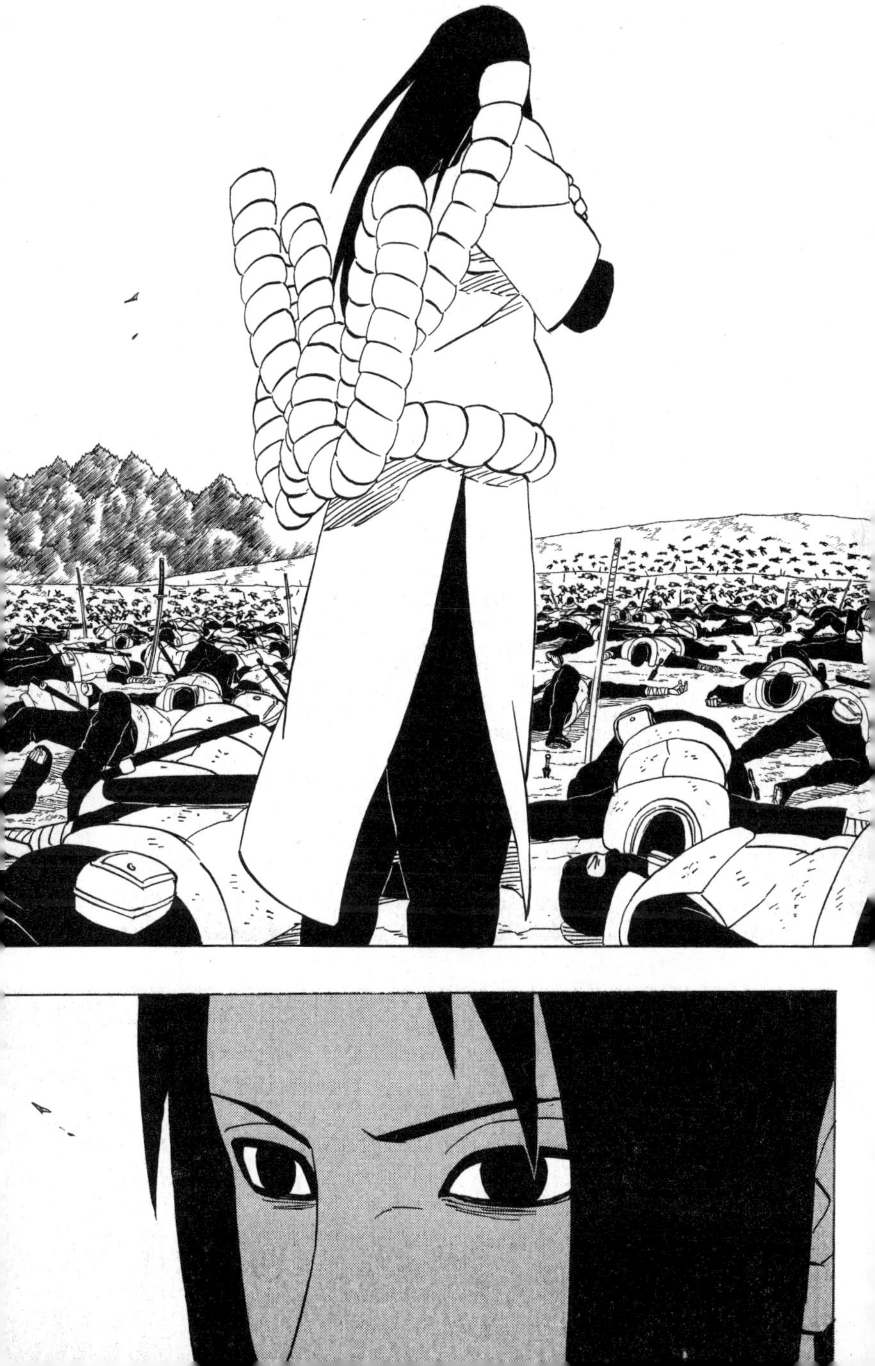

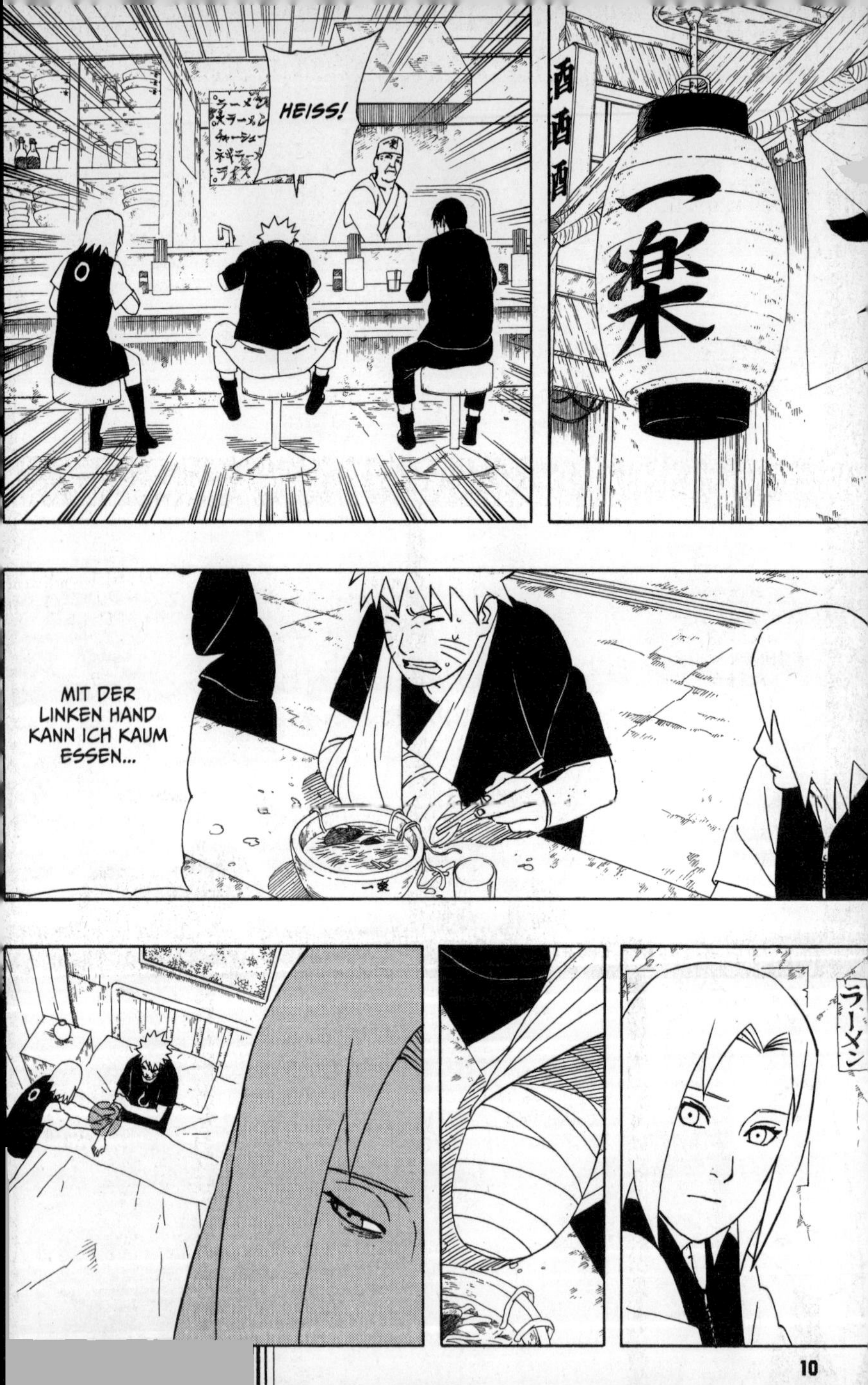
一楽
HEISS!
MIT DER LINKEN HAND KANN ICH KAUM ESSEN...
ラーメン

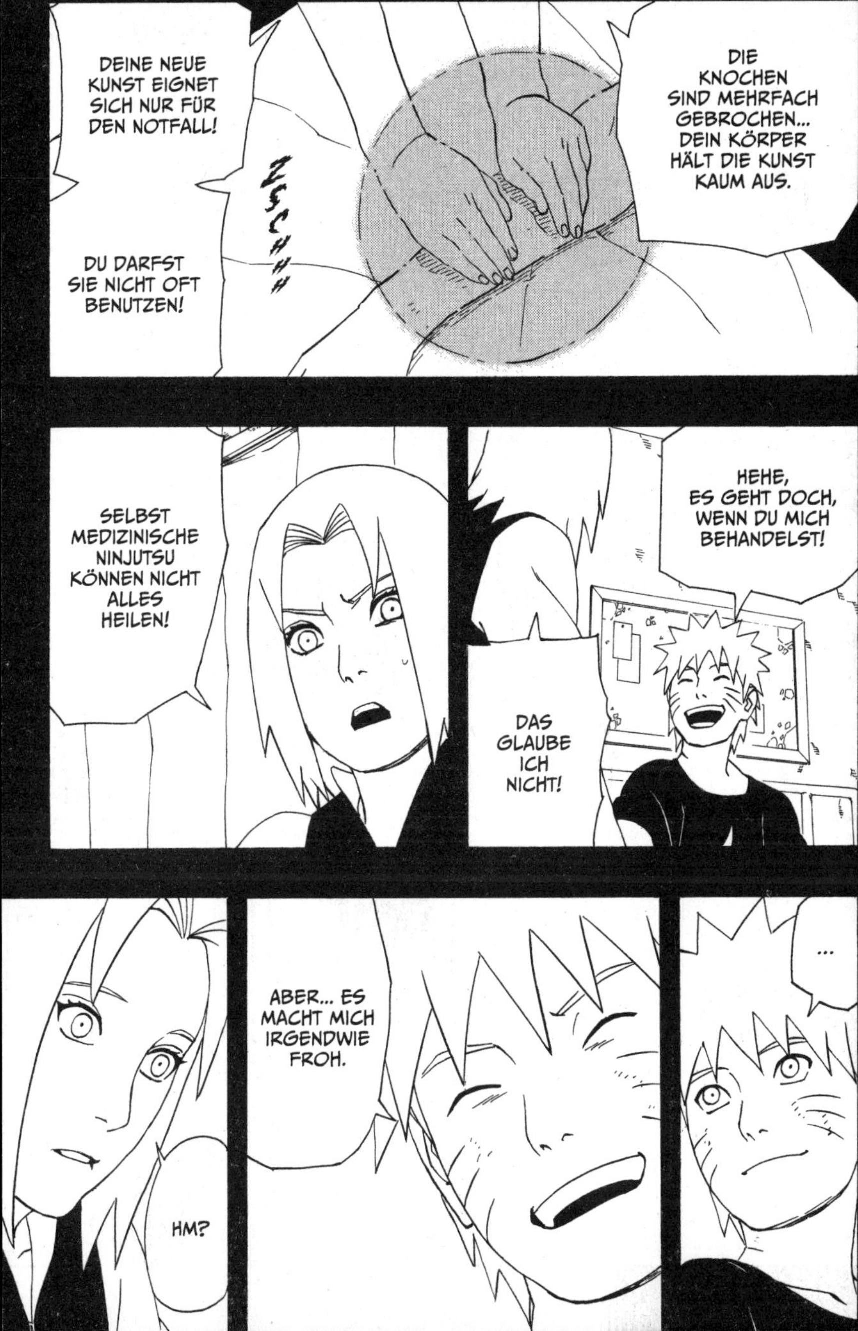
DIE KNOCHEN SIND MEHRFACH GEBROCHEN... DEIN KÖRPER HÄLT DIE KUNST KAUM AUS.
ZSCHHH
DEINE NEUE KUNST EIGNET SICH NUR FÜR DEN NOTFALL!
DU DARFST SIE NICHT OFT BENUTZEN!
HEHE, ES GEHT DOCH, WENN DU MICH BEHANDELST!
DAS GLAUBE ICH NICHT!
SELBST MEDIZINISCHE NINJUTSU KÖNNEN NICHT ALLES HEILEN!
...
ABER... ES MACHT MICH IRGENDWIE FROH.
HM?

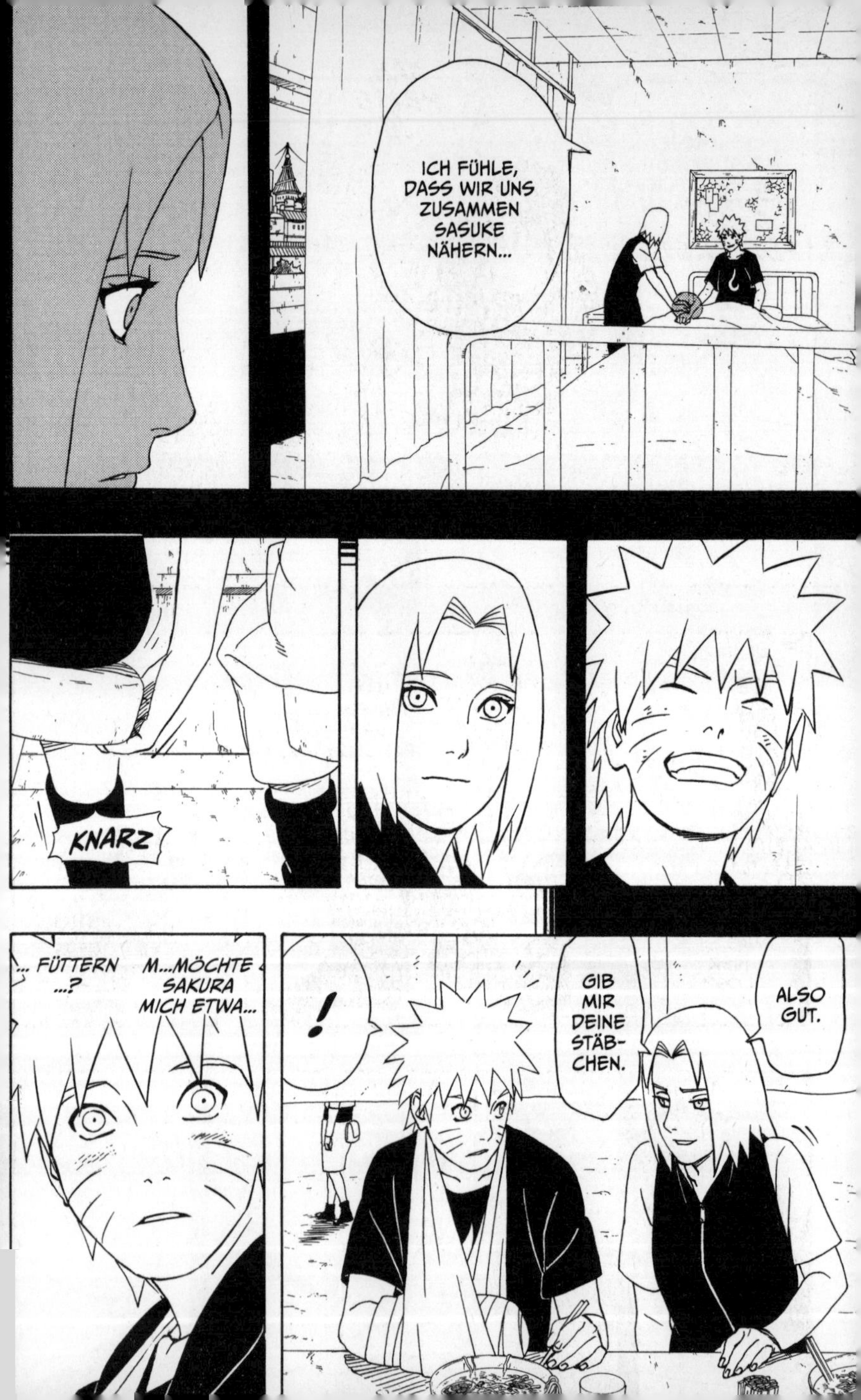

ICH FÜHLE, DASS WIR UNS ZUSAMMEN SASUKE NÄHERN...
KNARZ
ALSO GUT.
GIB MIR DEINE STÄB-CHEN.
!
M...MÖCHTE SAKURA MICH ETWA...
... FÜTTERN ...?

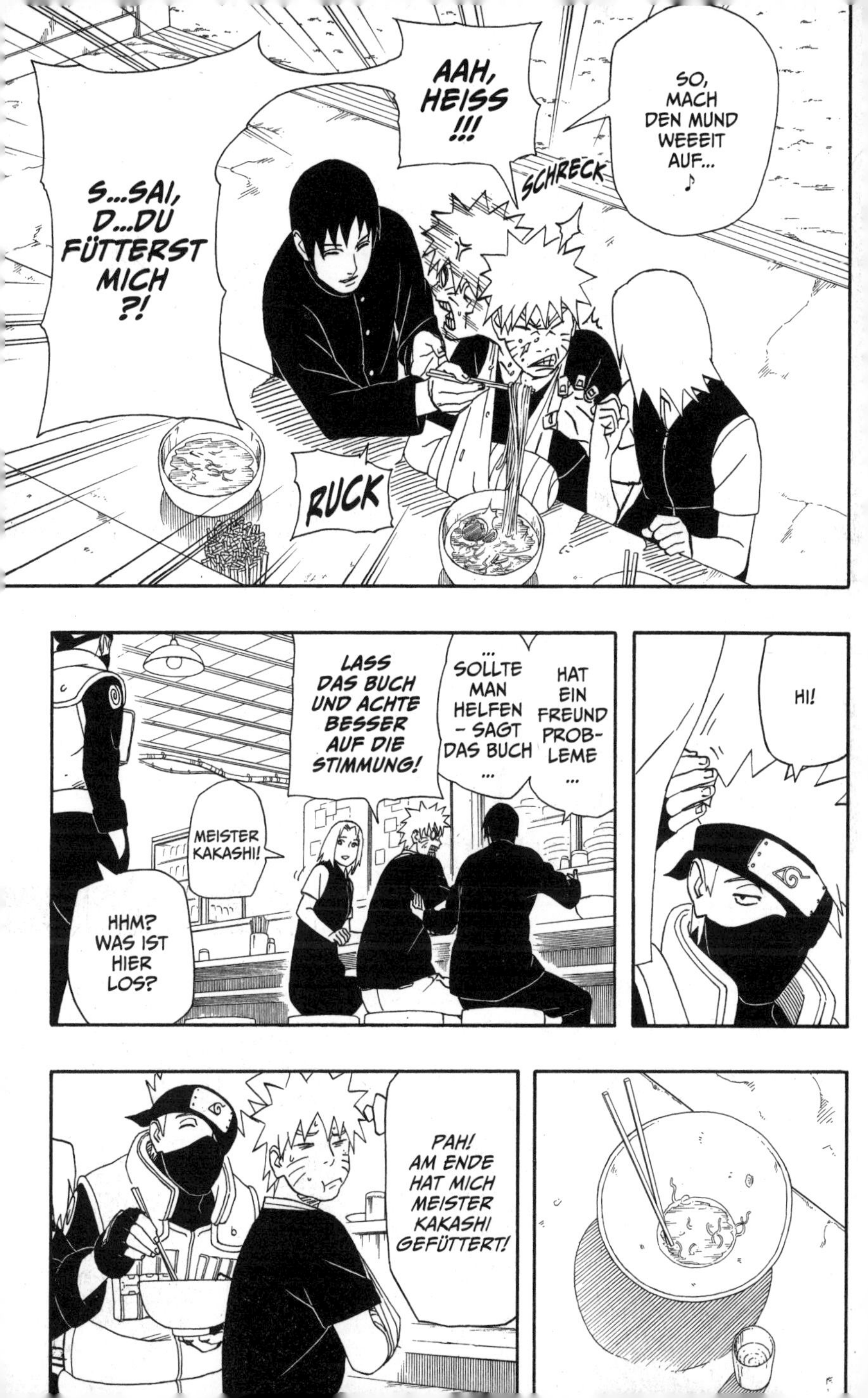
SO, MACH DEN MUND WEEEIT AUF... ♪
SCHRECK
AAH, HEISS !!!
S...SAI, D...DU FÜTTERST MICH ?!
RUCK
HI!
HAT EIN FREUND PROB-LEME ...
... SOLLTE MAN HELFEN – SAGT DAS BUCH ...
LASS DAS BUCH UND ACHTE BESSER AUF DIE STIMMUNG!
MEISTER KAKASHI!
HHM? WAS IST HIER LOS?
PAH! AM ENDE HAT MICH MEISTER KAKASHI GEFÜTTERT!

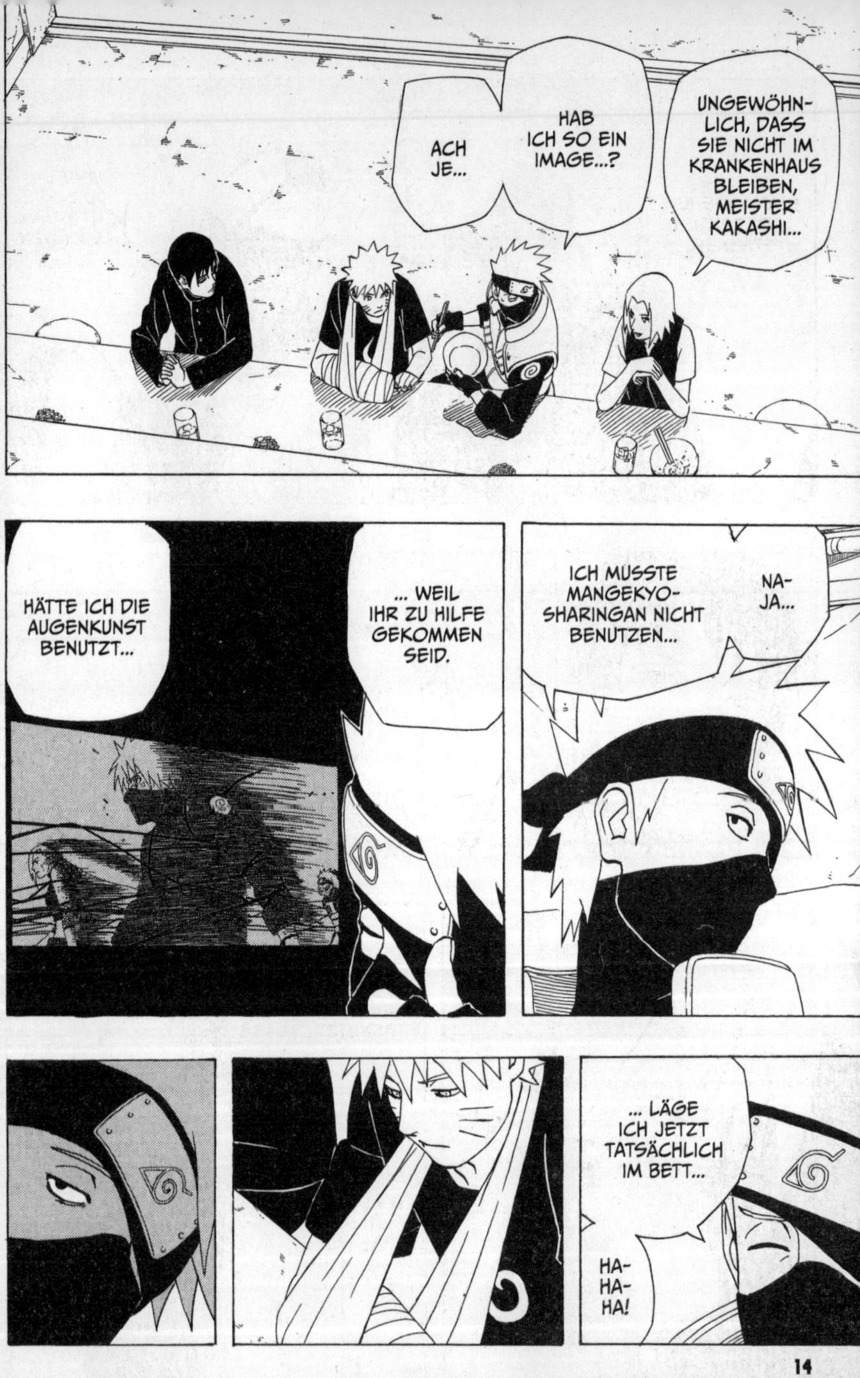

UNGEWÖHNLICH, DASS SIE NICHT IM KRANKENHAUS BLEIBEN, MEISTER KAKASHI...
HAB ICH SO EIN IMAGE...?
ACH JE...
NA-JA...
ICH MUSSTE MANGEKYO-SHARINGAN NICHT BENUTZEN...
... WEIL IHR ZU HILFE GEKOMMEN SEID.
HÄTTE ICH DIE AUGENKUNST BENUTZT...
... LÄGE ICH JETZT TATSÄCHLICH IM BETT...
HA-HA-HA!

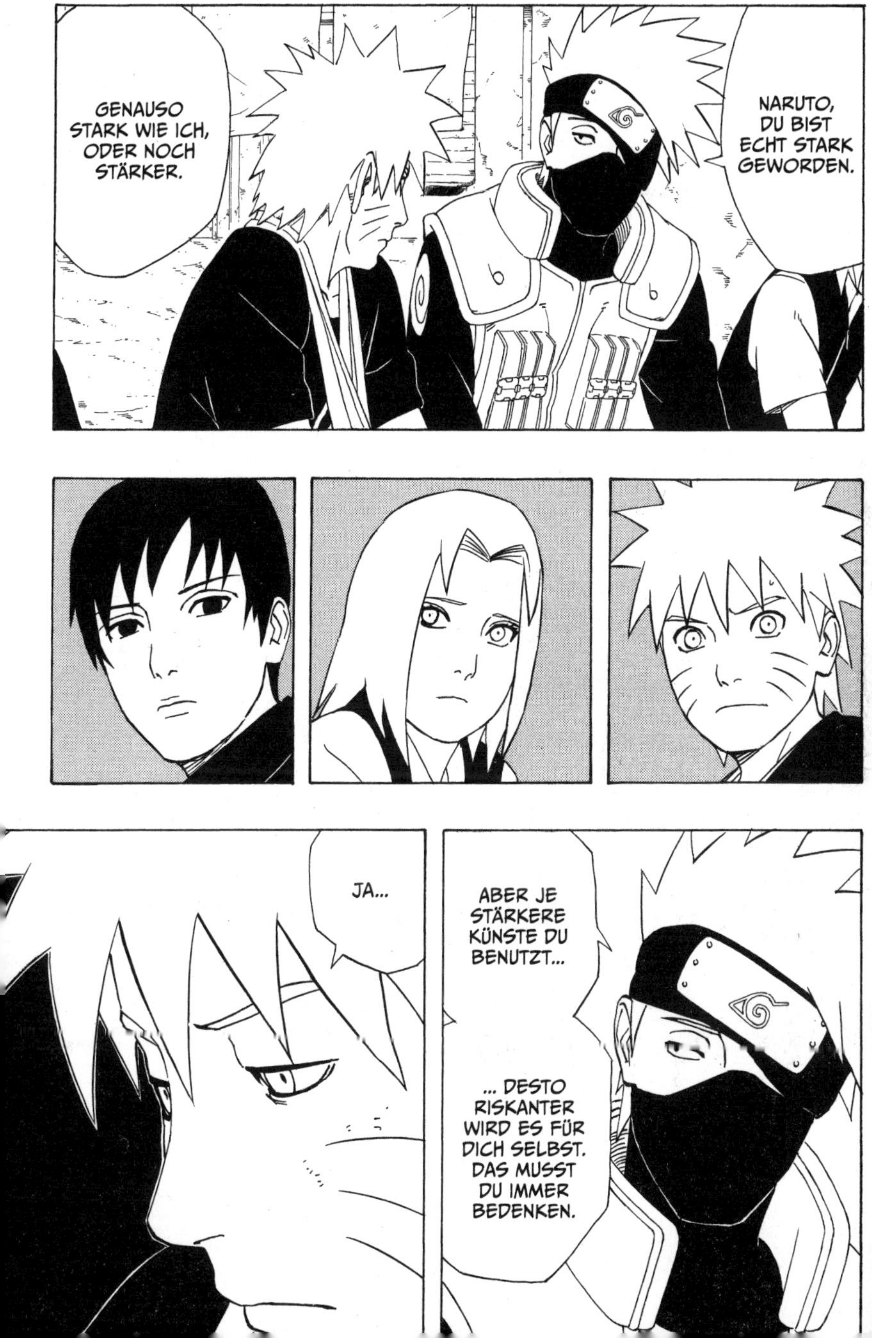
NARUTO, DU BIST ECHT STARK GEWORDEN.
GENAUSO STARK WIE ICH, ODER NOCH STÄRKER.
ABER JE STÄRKERE KÜNSTE DU BENUTZT...
... DESTO RISKANTER WIRD ES FÜR DICH SELBST. DAS MUSST DU IMMER BEDENKEN.
JA...

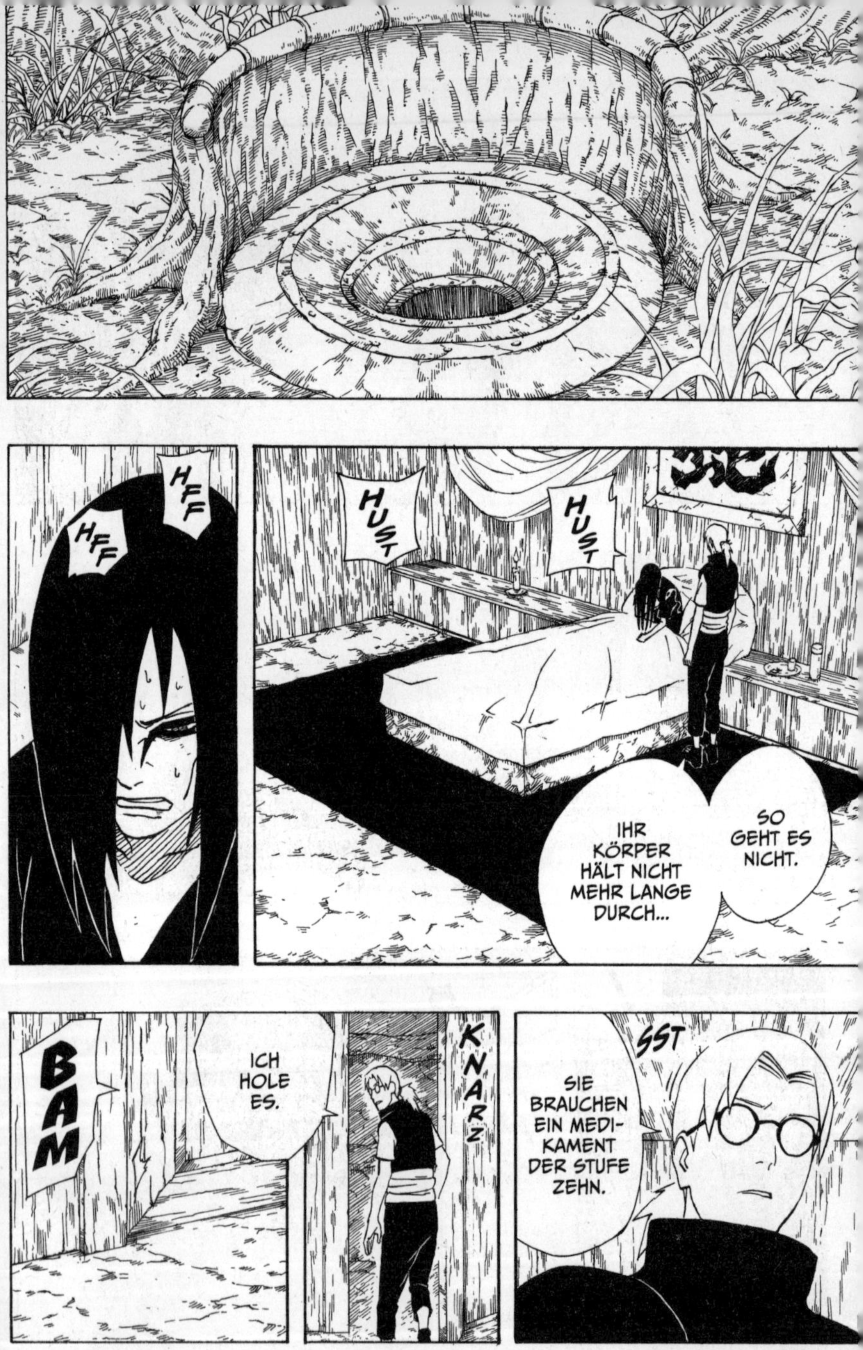
HUST
HUST
HFF
HFF
SO GEHT ES NICHT.
IHR KÖRPER HÄLT NICHT MEHR LANGE DURCH...
SST
SIE BRAUCHEN EIN MEDIKAMENT DER STUFE ZEHN.
KNARZ
ICH HOLE ES.
BAM

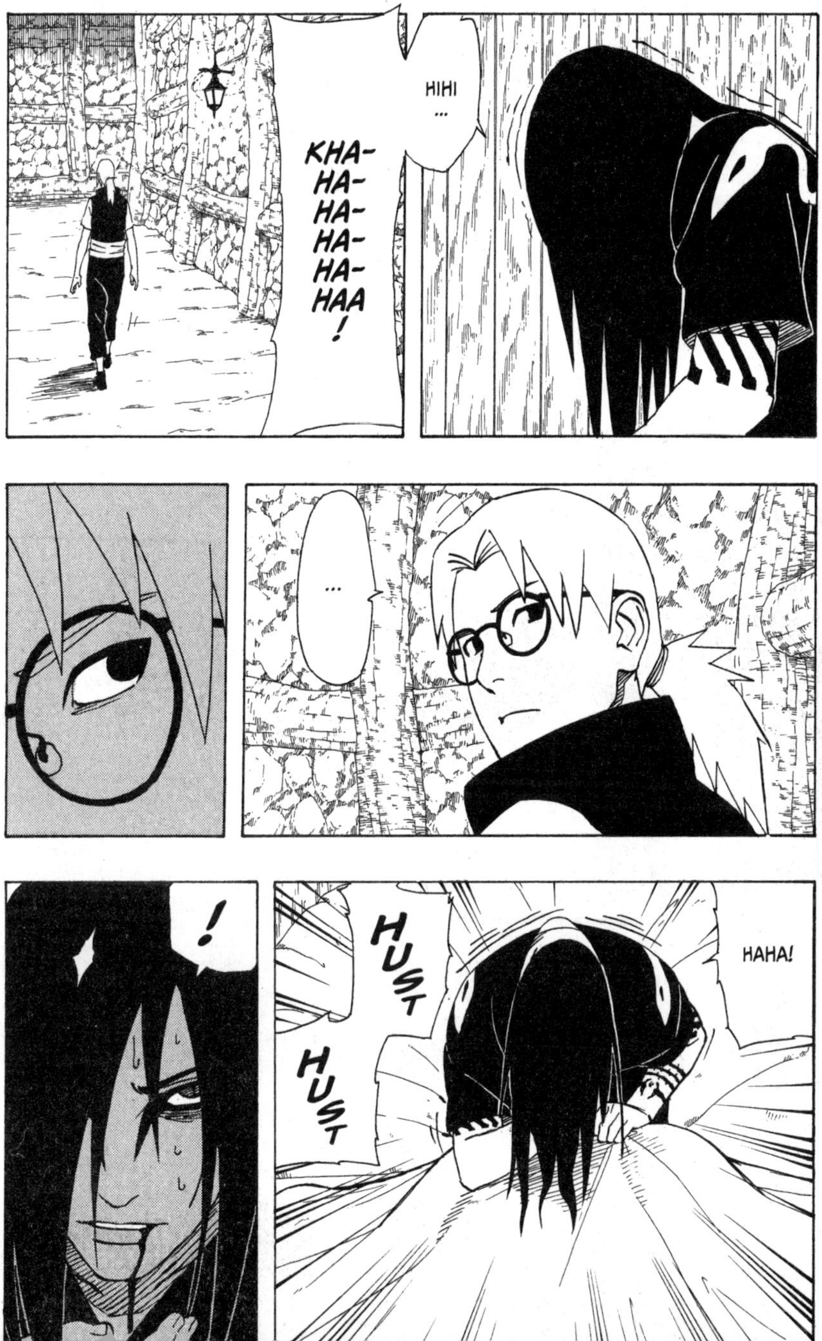
HIHI …
KHA-HA-HA-HA-HA-HAA!
…
HAHA!
HUST
HUST
!

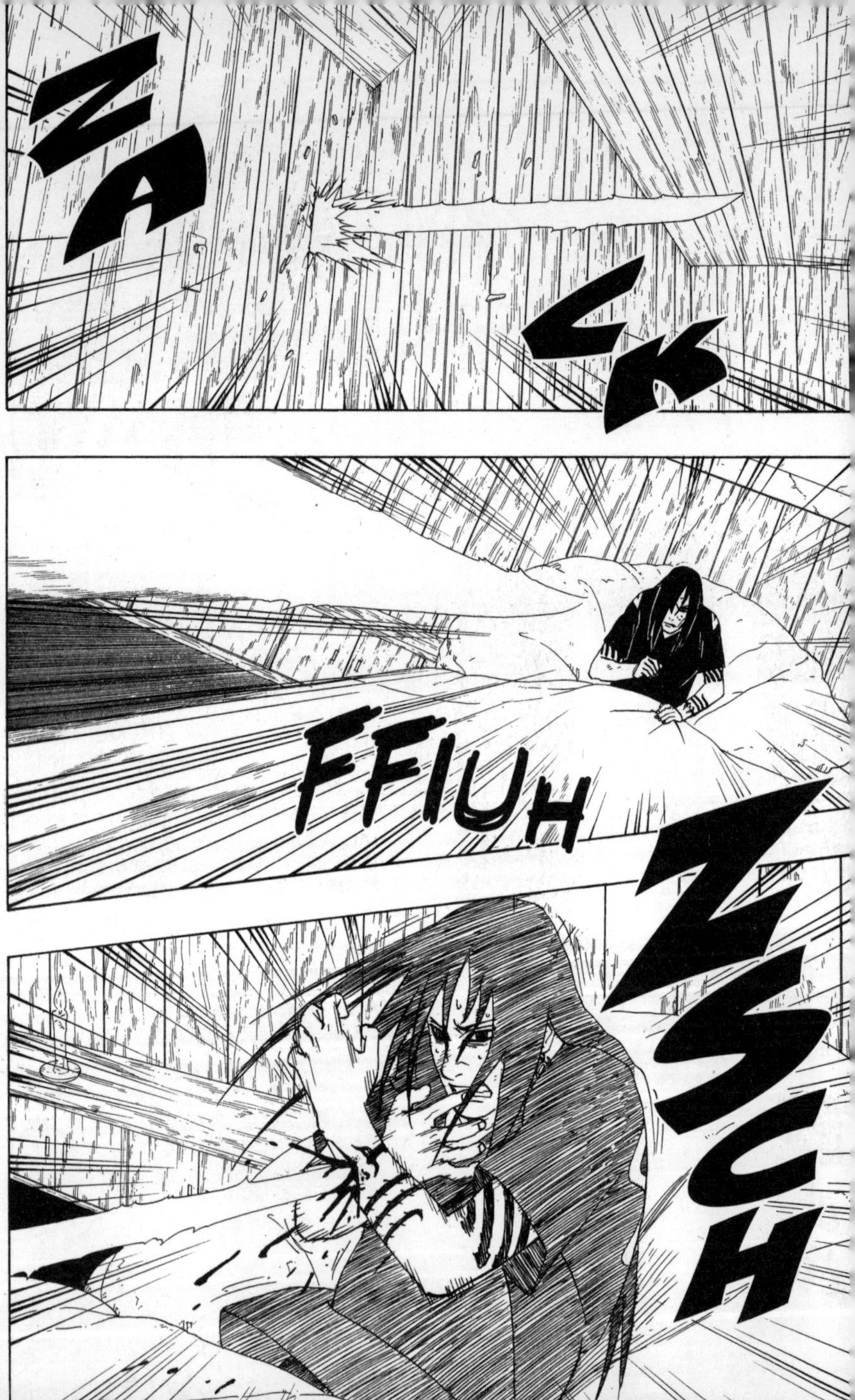

ZACK
FFIUH
ZSCH

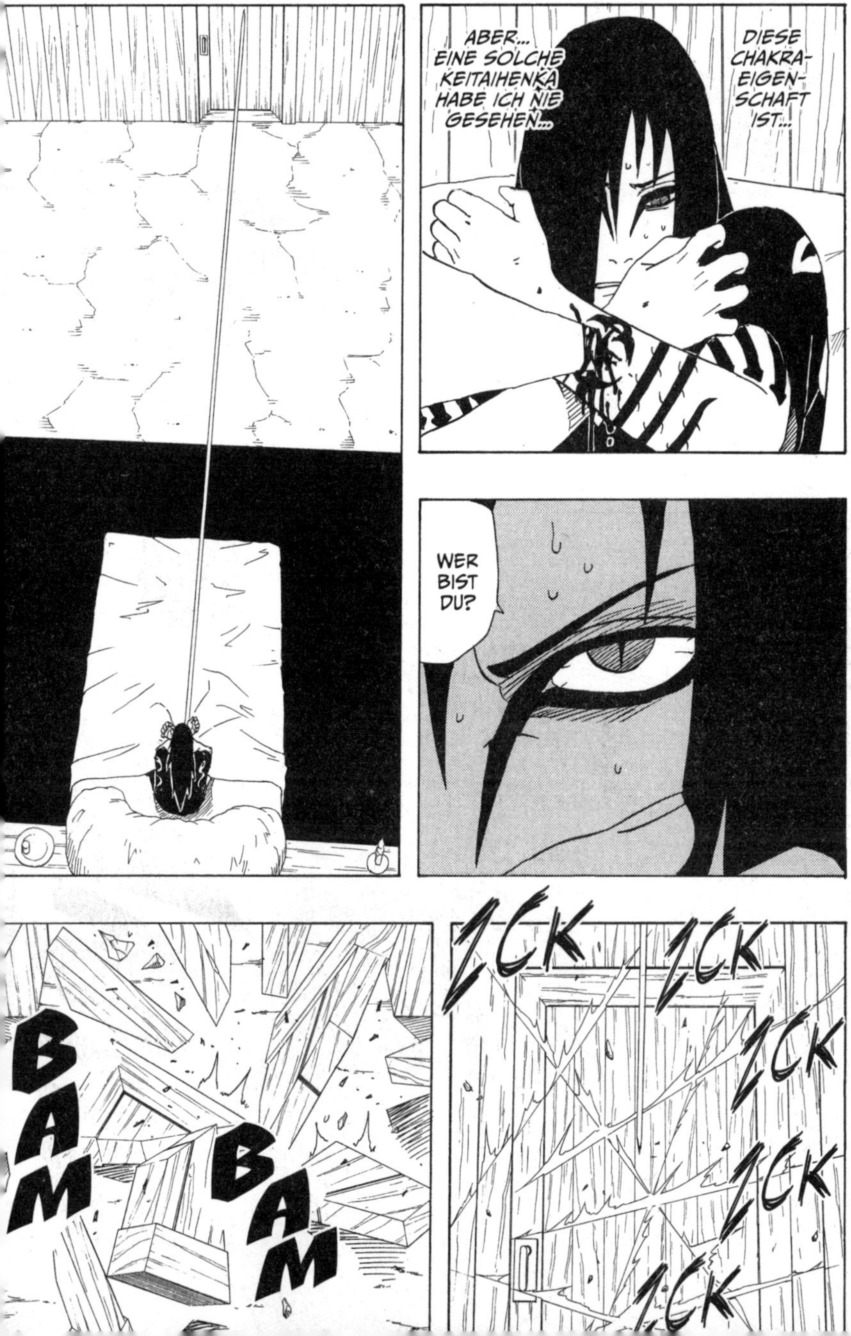
DIESE CHAKRA-EIGEN-SCHAFT IST...
ABER... EINE SOLCHE KEITAIHENKA HABE ICH NIE GESEHEN...
WER BIST DU?
ZCK ZCK ZCK ZCK ZCK
BAM BAM

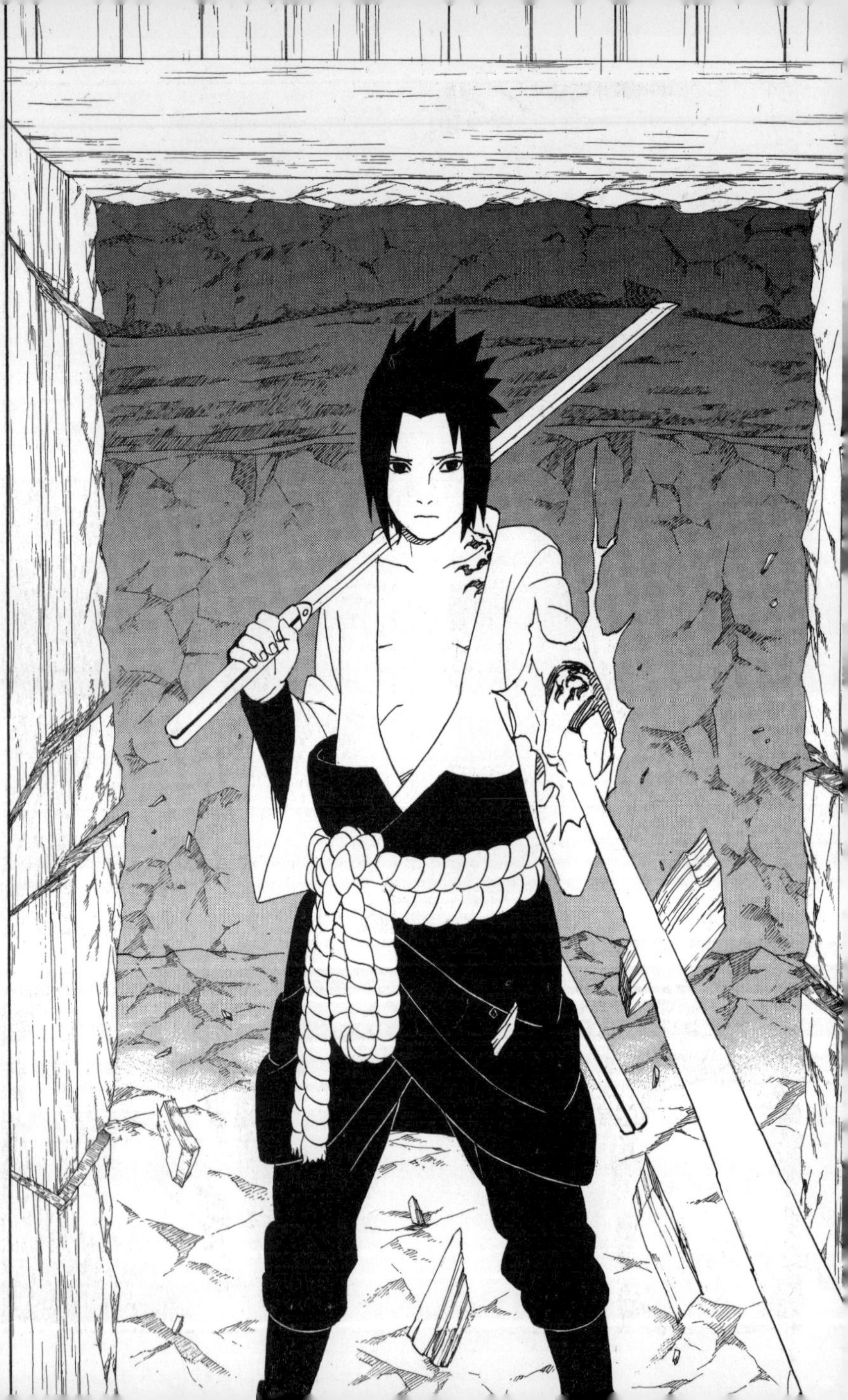

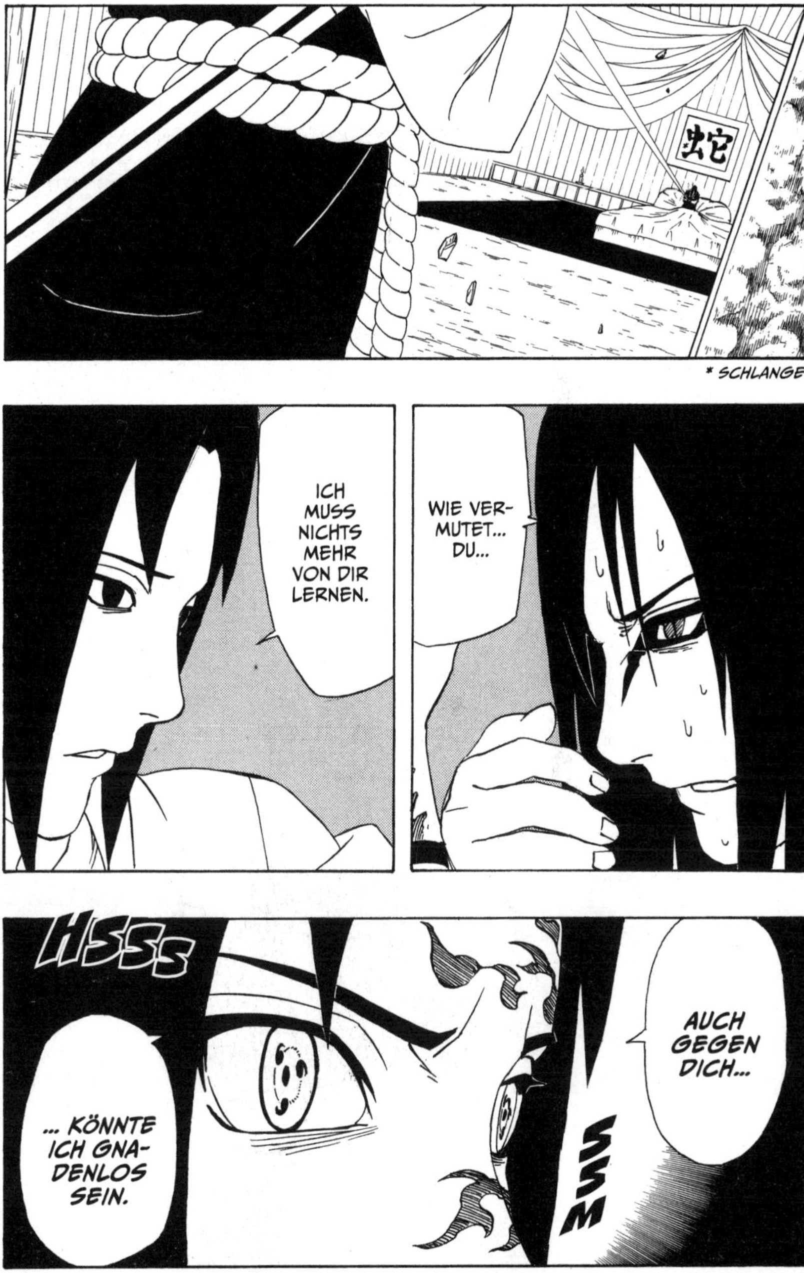
蛇
WIE VERMUTET... DU...
ICH MUSS NICHTS MEHR VON DIR LERNEN.
HSSS
AUCH GEGEN DICH...
... KÖNNTE ICH GNADENLOS SEIN.

* SCHLANGE

MASASHI KISHIMOTOS ASSISTENTEN-VORSTELLUNG / TEIL 11

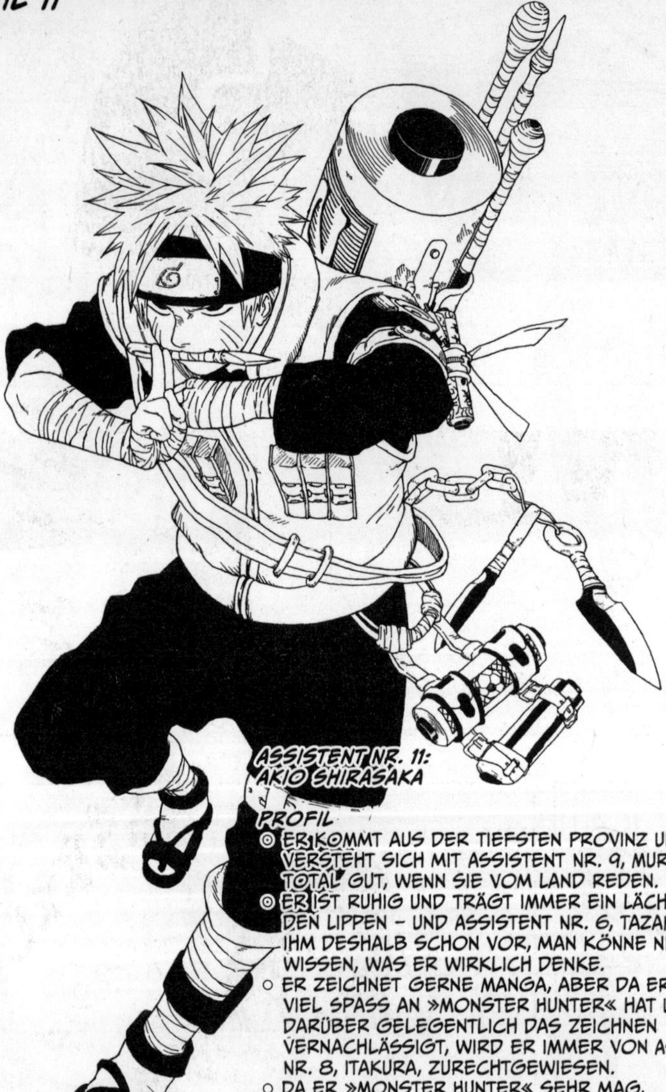

ASSISTENT NR. 11:
AKIO SHIRASAKA

PROFIL

- ◎ ER KOMMT AUS DER TIEFSTEN PROVINZ UND VERSTEHT SICH MIT ASSISTENT NR. 9, MURAKAMI, TOTAL GUT, WENN SIE VOM LAND REDEN.
- ◎ ER IST RUHIG UND TRÄGT IMMER EIN LÄCHELN AUF DEN LIPPEN – UND ASSISTENT NR. 6, TAZAKA, WARF IHM DESHALB SCHON VOR, MAN KÖNNE NICHT WISSEN, WAS ER WIRKLICH DENKE.
- ○ ER ZEICHNET GERNE MANGA, ABER DA ER AUCH VIEL SPASS AN »MONSTER HUNTER« HAT UND DARÜBER GELEGENTLICH DAS ZEICHNEN VERNACHLÄSSIGT, WIRD ER IMMER VON ASSISTENT NR. 8, ITAKURA, ZURECHTGEWIESEN.
- ○ DA ER »MONSTER HUNTER« SEHR MAG, BEWUNDERT ER ASSISTENT NR. 3, IKEMOTO, DER NOCH VERRÜCKTER NACH »MONSTER HUNTER« IST.
- ○ ER ZEICHNET SEHR GUT UND IST DESHALB EIN LIEBLINGSASSISTENT VON MEISTER KISHIMOTO.

344. Kapitel: Mit der Schlange

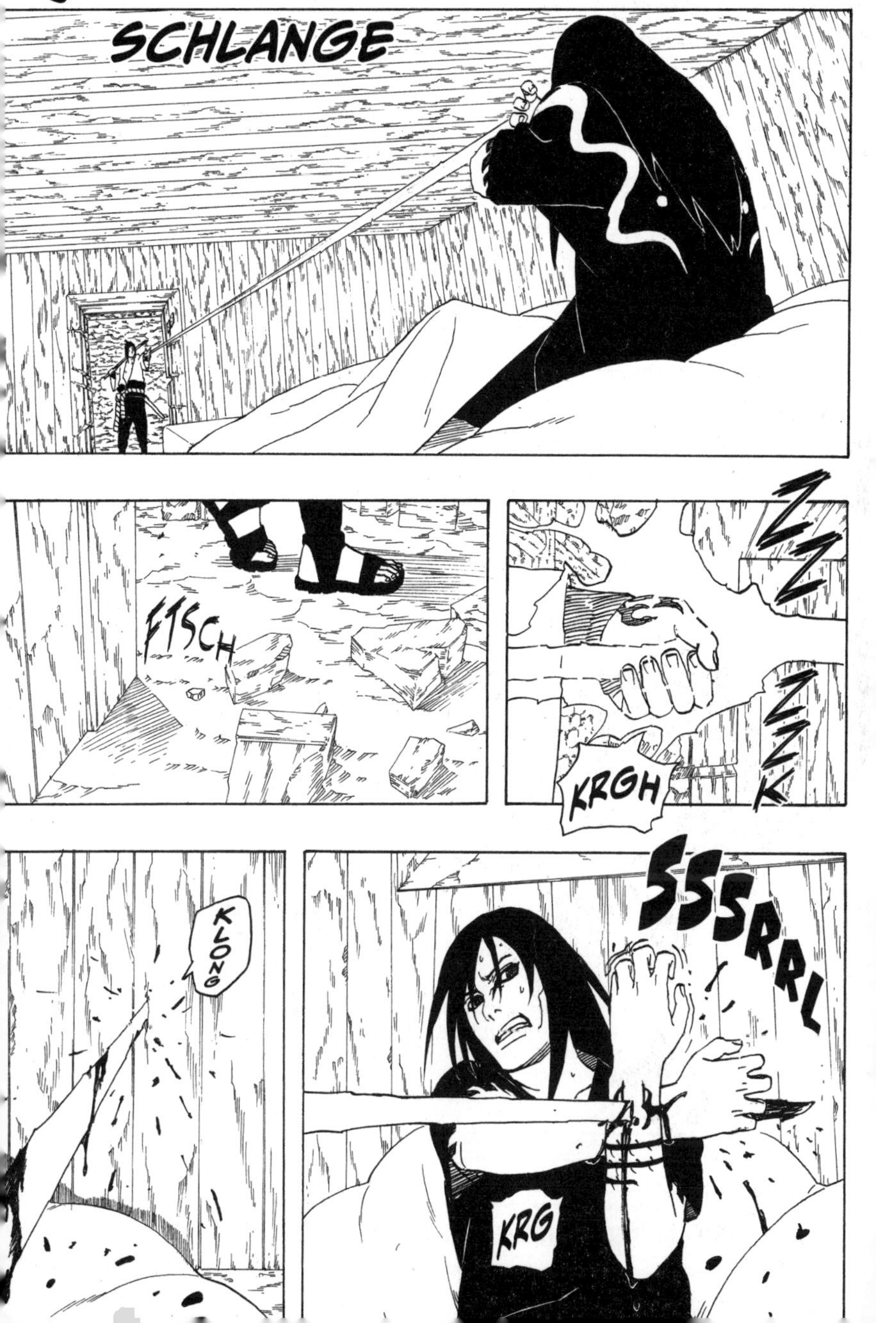

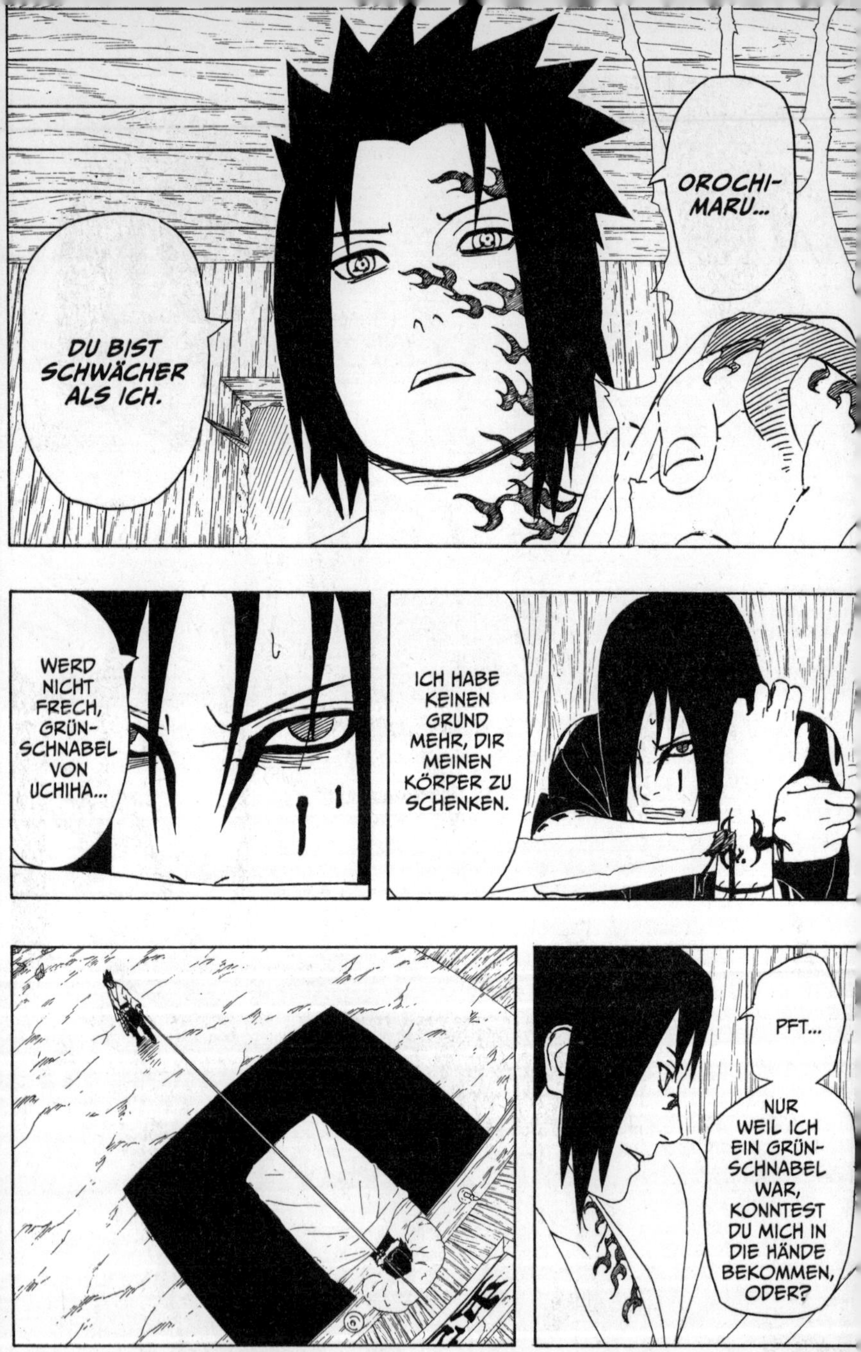
OROCHI-
MARU...
DU BIST
SCHWÄCHER
ALS ICH.
ICH HABE
KEINEN
GRUND
MEHR, DIR
MEINEN
KÖRPER ZU
SCHENKEN.
WERD
NICHT
FRECH,
GRÜN-
SCHNABEL
VON
UCHIHA...
PFT...
NUR
WEIL ICH
EIN GRÜN-
SCHNABEL
WAR,
KONNTEST
DU MICH IN
DIE HÄNDE
BEKOMMEN,
ODER?

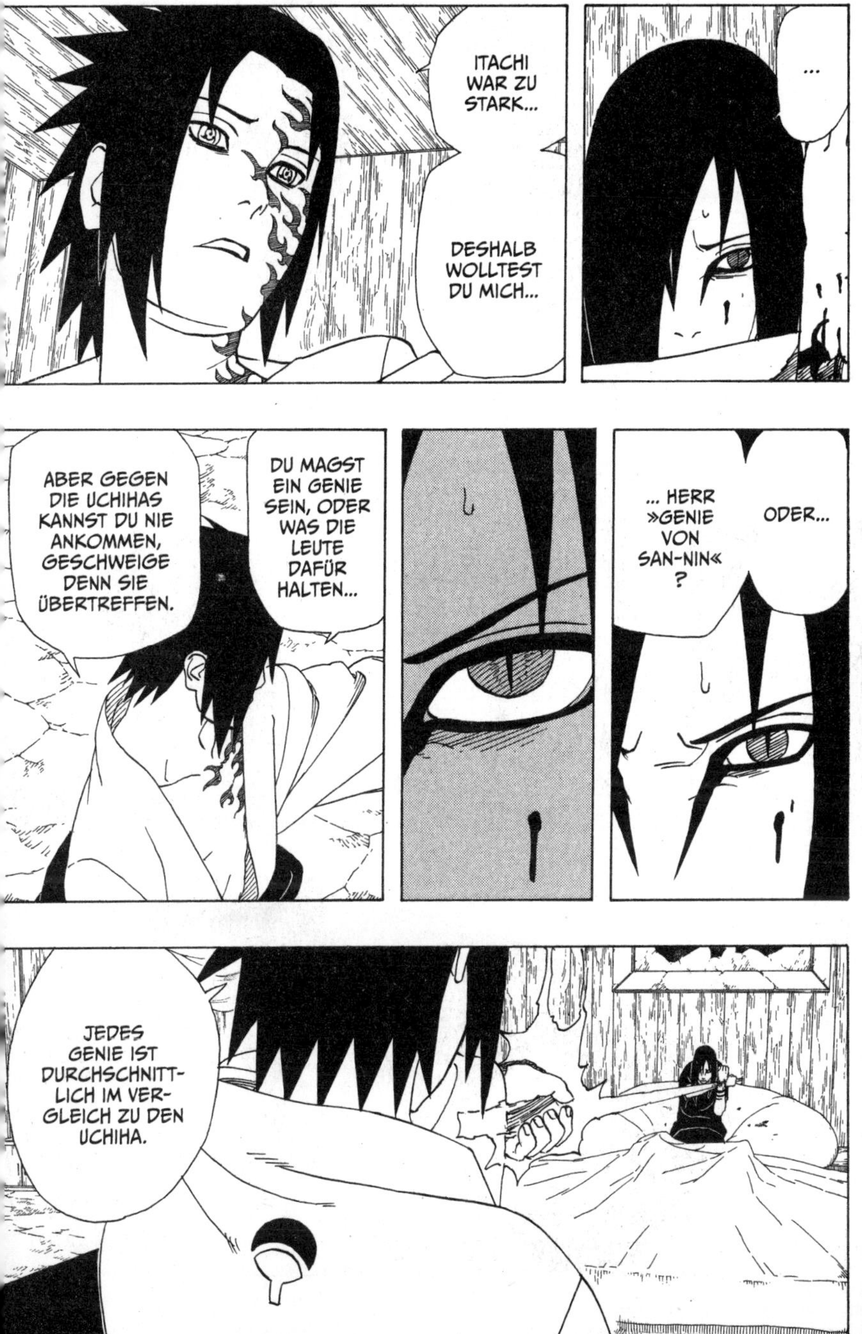
...
ITACHI WAR ZU STARK...
DESHALB WOLLTEST DU MICH...
ODER...
... HERR »GENIE VON SAN-NIN« ?
DU MAGST EIN GENIE SEIN, ODER WAS DIE LEUTE DAFÜR HALTEN...
ABER GEGEN DIE UCHIHAS KANNST DU NIE ANKOMMEN, GESCHWEIGE DENN SIE ÜBERTREFFEN.
JEDES GENIE IST DURCHSCHNITT-LICH IM VER-GLEICH ZU DEN UCHIHA.

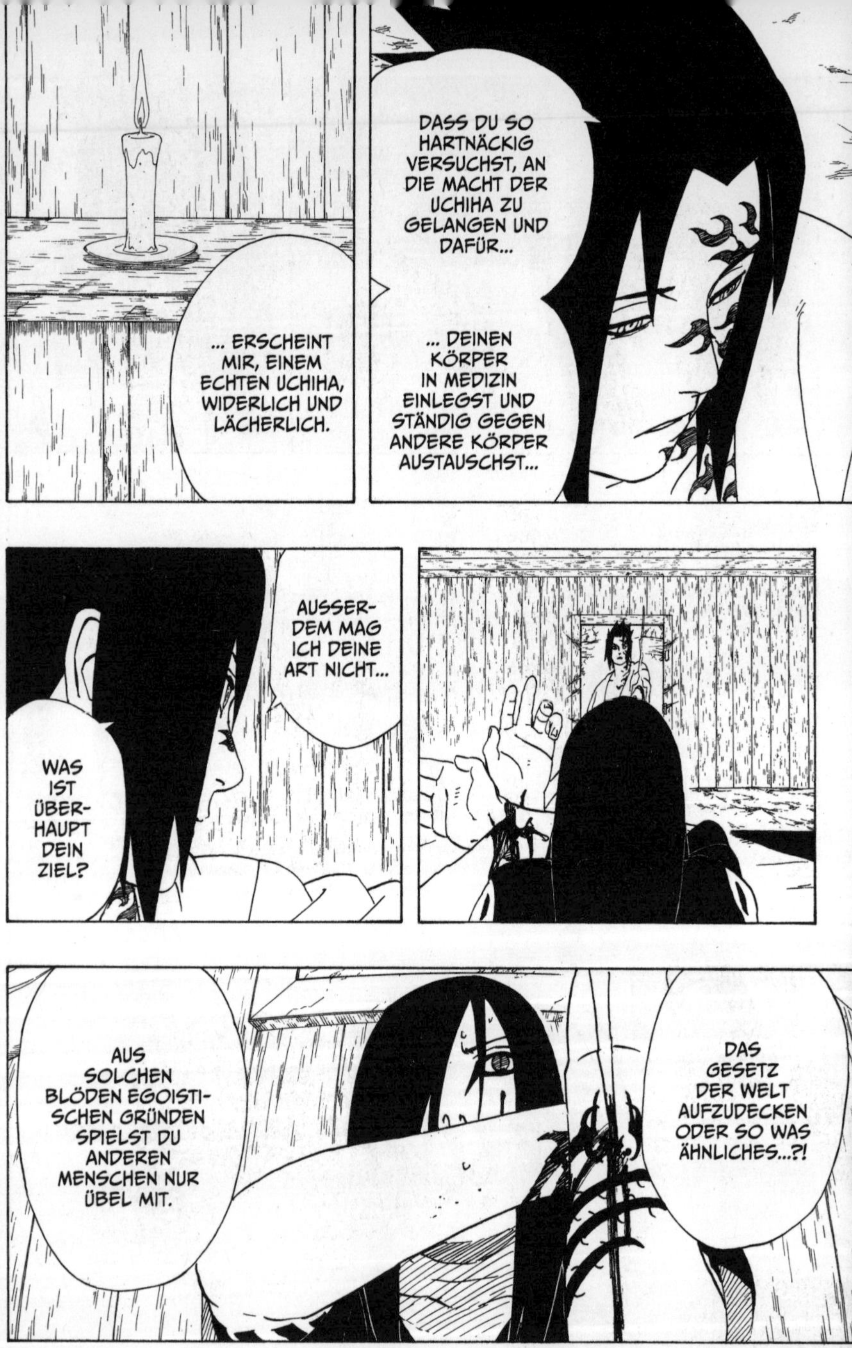
DASS DU SO HARTNÄCKIG VERSUCHST, AN DIE MACHT DER UCHIHA ZU GELANGEN UND DAFÜR...
... DEINEN KÖRPER IN MEDIZIN EINLEGST UND STÄNDIG GEGEN ANDERE KÖRPER AUSTAUSCHST...
... ERSCHEINT MIR, EINEM ECHTEN UCHIHA, WIDERLICH UND LÄCHERLICH.
AUSSER-DEM MAG ICH DEINE ART NICHT...
WAS IST ÜBER-HAUPT DEIN ZIEL?
DAS GESETZ DER WELT AUFZUDECKEN ODER SO WAS ÄHNLICHES...?!
AUS SOLCHEN BLÖDEN EGOISTI-SCHEN GRÜNDEN SPIELST DU ANDEREN MENSCHEN NUR ÜBEL MIT.

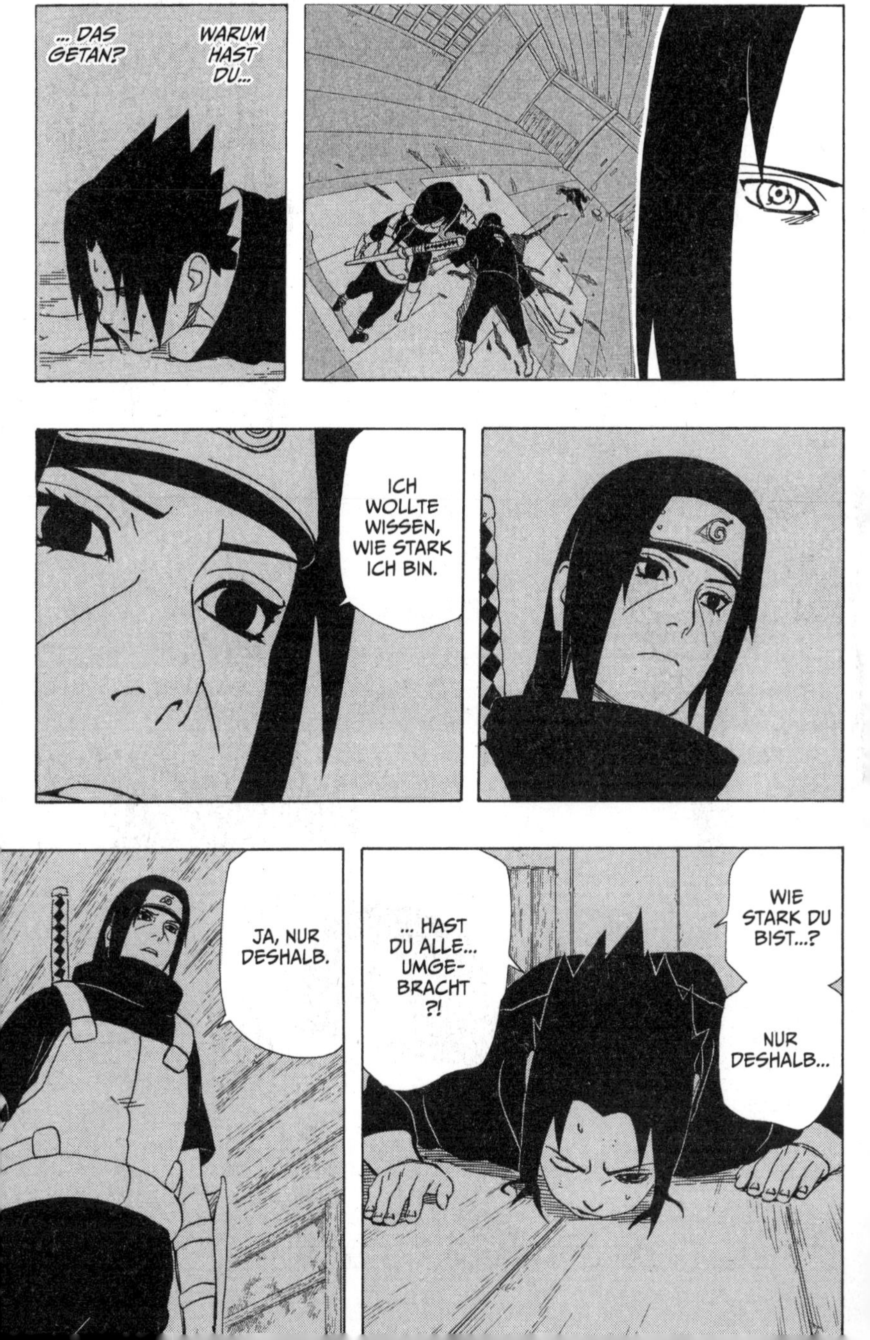
WARUM HAST DU...
... DAS GETAN?
ICH WOLLTE WISSEN, WIE STARK ICH BIN.
WIE STARK DU BIST...?
NUR DESHALB...
... HAST DU ALLE... UMGE-BRACHT ?!
JA, NUR DESHALB.

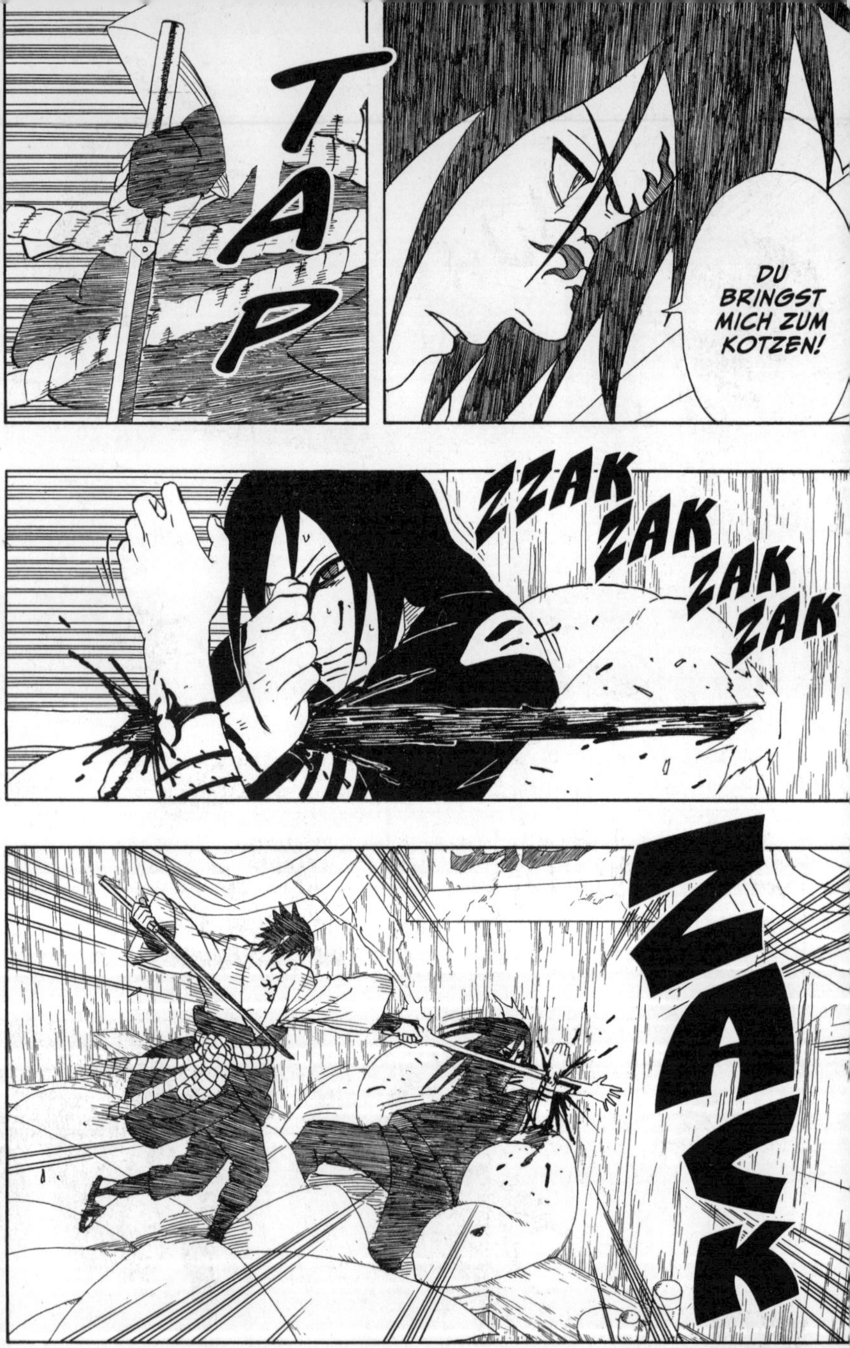
TAP
DU BRINGST MICH ZUM KOTZEN!
ZZAK
ZAK
ZAK
ZAK
ZACK

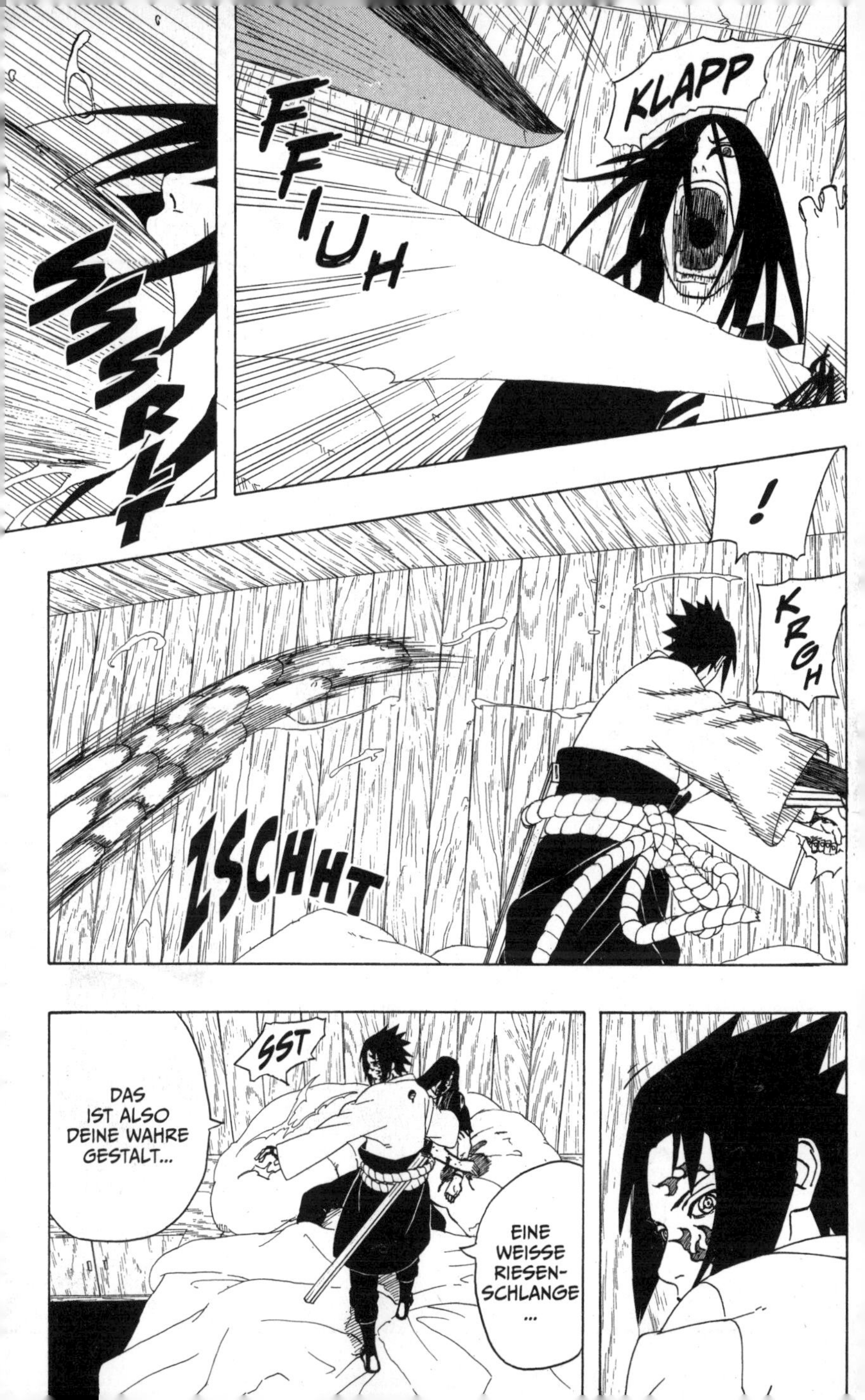
KLAPP
FFIUH
SSSRLT
!
KRGH
ZSCHHT
SST
DAS IST ALSO DEINE WAHRE GESTALT...
EINE WEISSE RIESEN-SCHLANGE ...

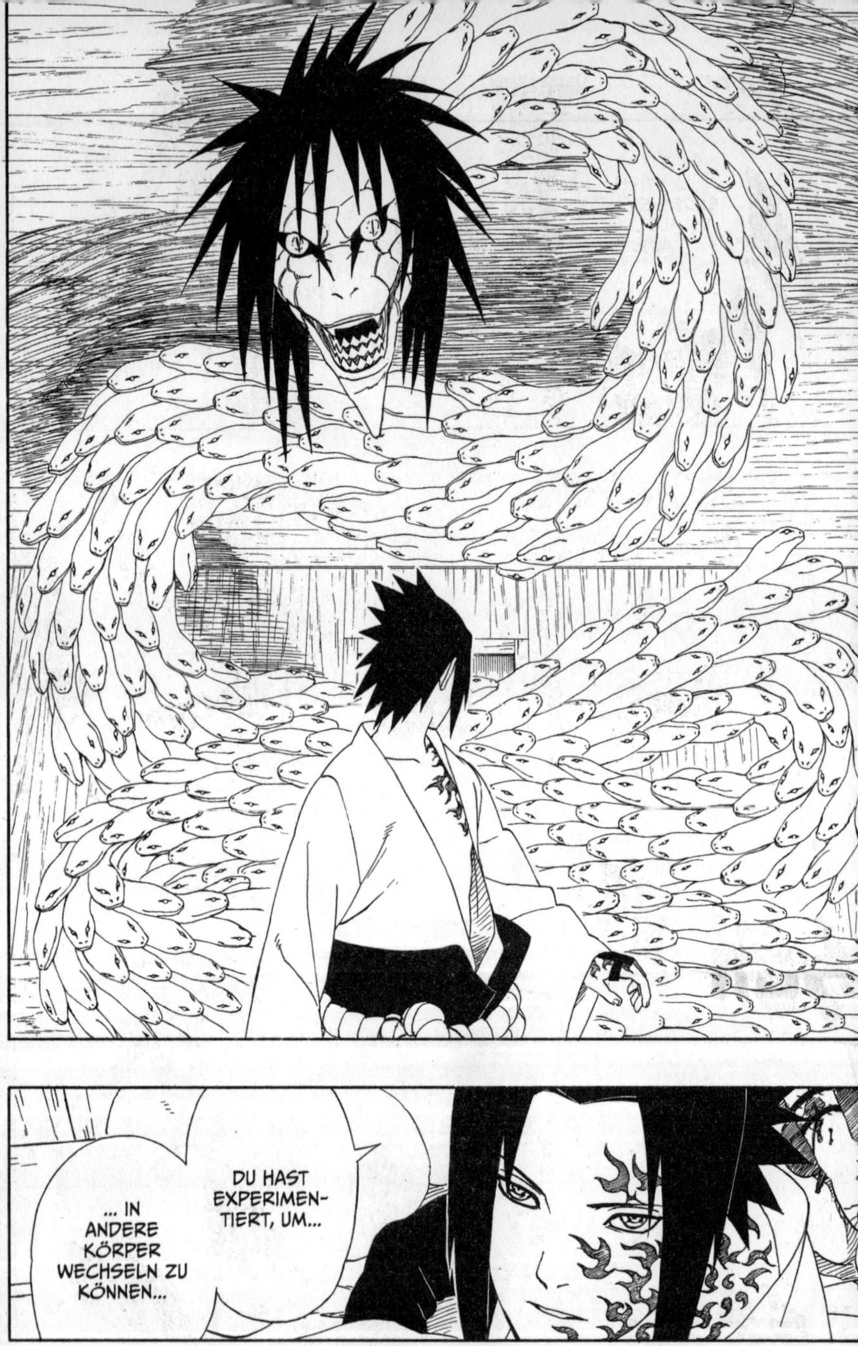
DU HAST EXPERIMENTIERT, UM...
... IN ANDERE KÖRPER WECHSELN ZU KÖNNEN...

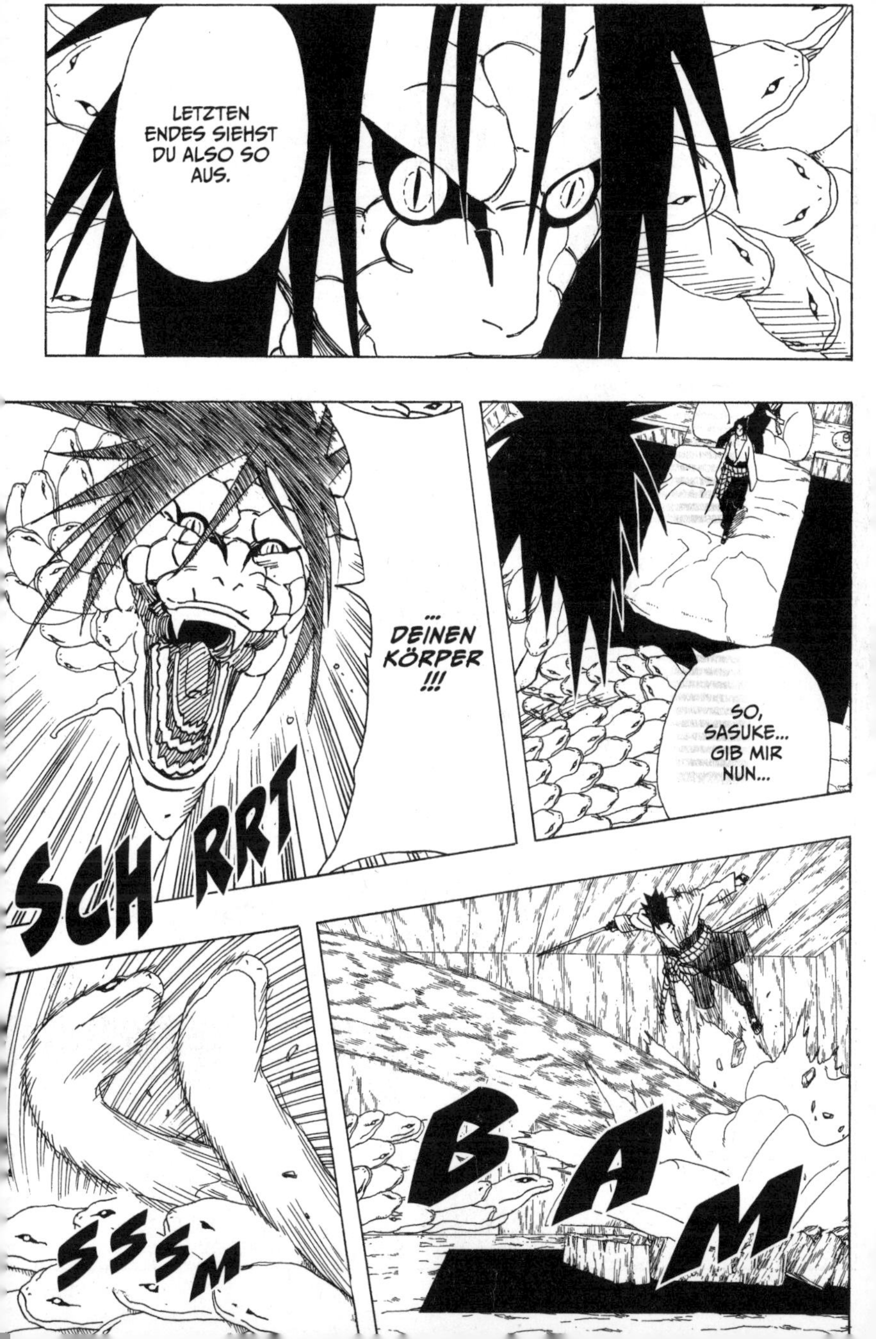
LETZTEN ENDES SIEHST DU ALSO SO AUS.
SO, SASUKE... GIB MIR NUN...
... DEINEN KÖRPER !!!
SCH RRT
BAM
SSSM

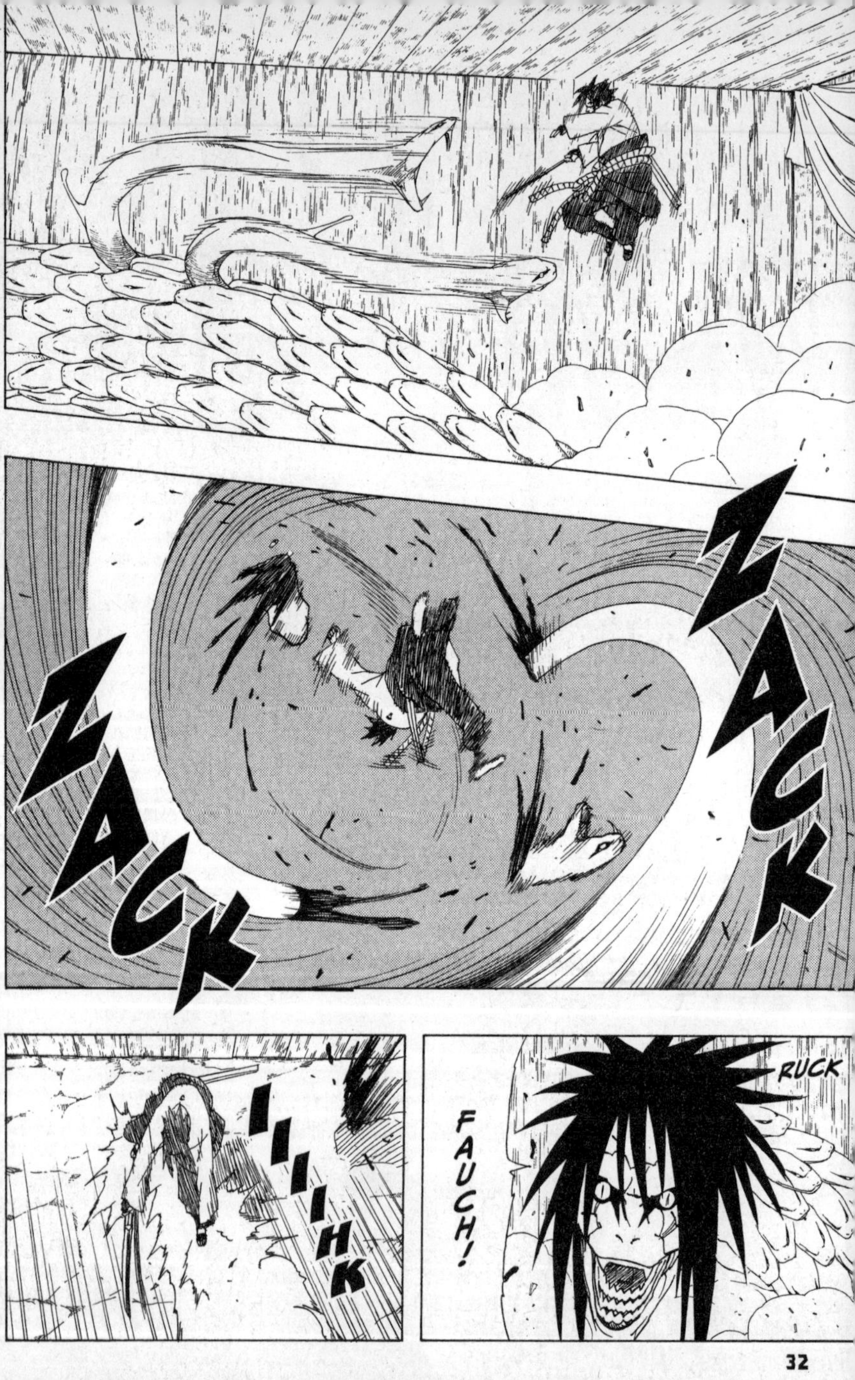
ZACK
ZACK
RUCK
FAUCH!
IIIIHK

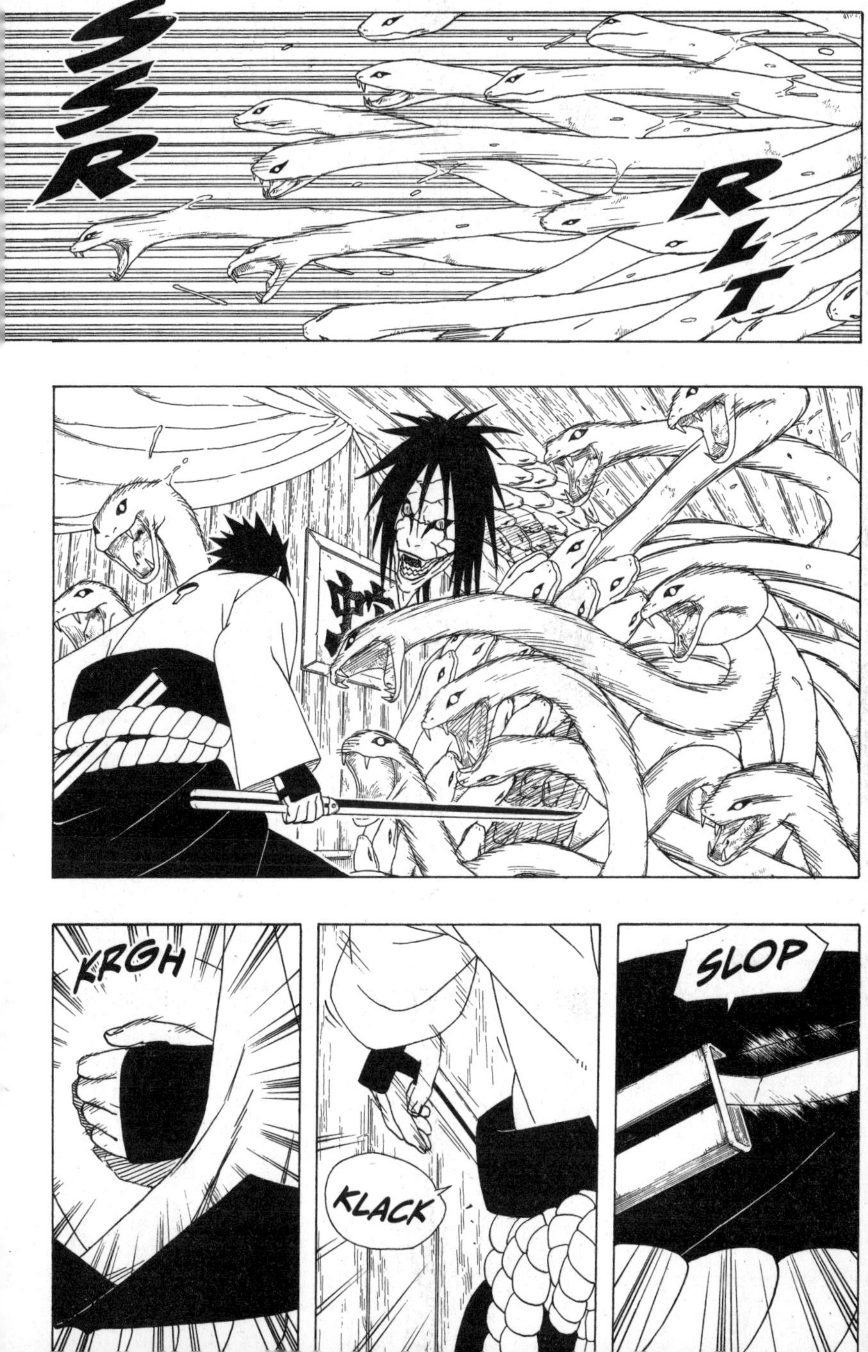
RLT
SSR
SLOP
KLACK
KRGH

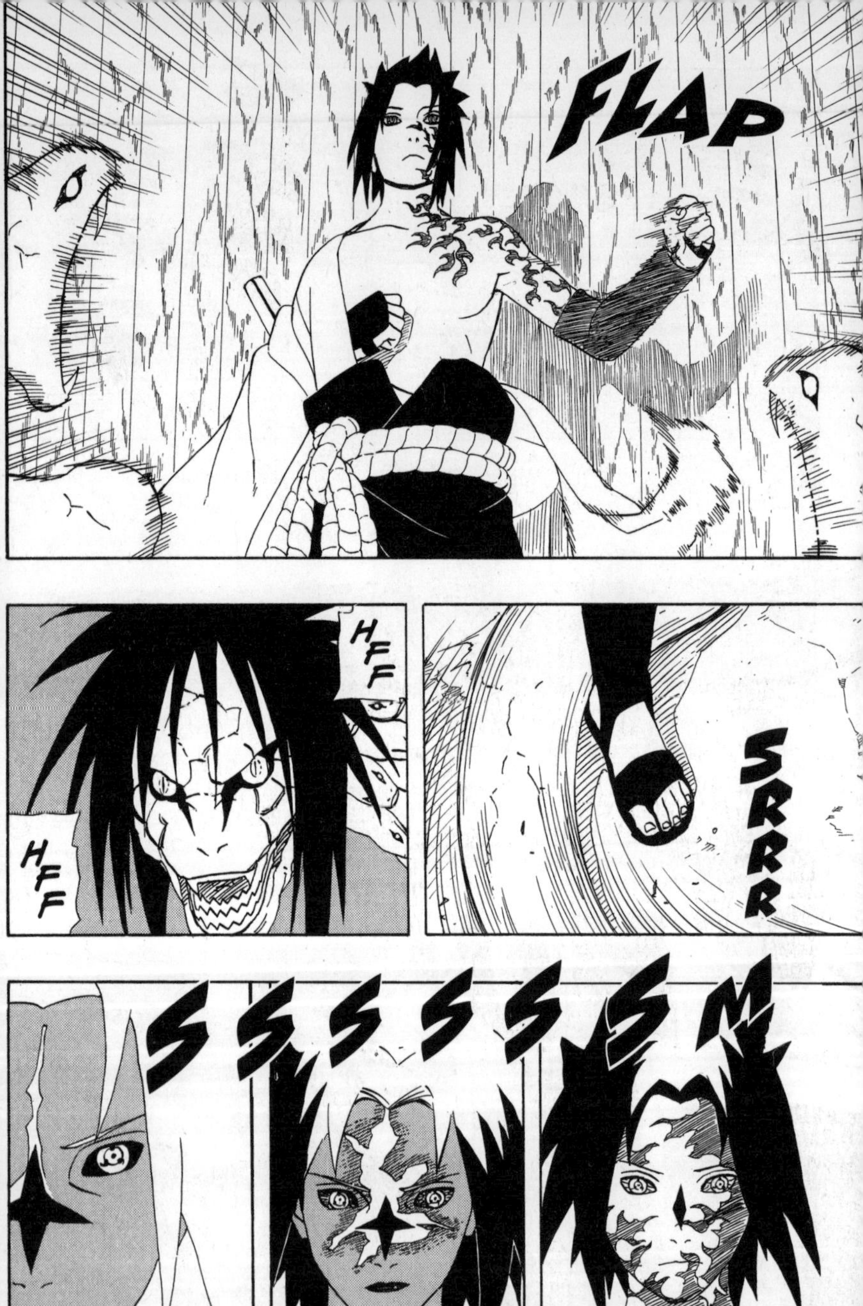
FLAP
HFF
HFF
SRRR
SSSSSSM

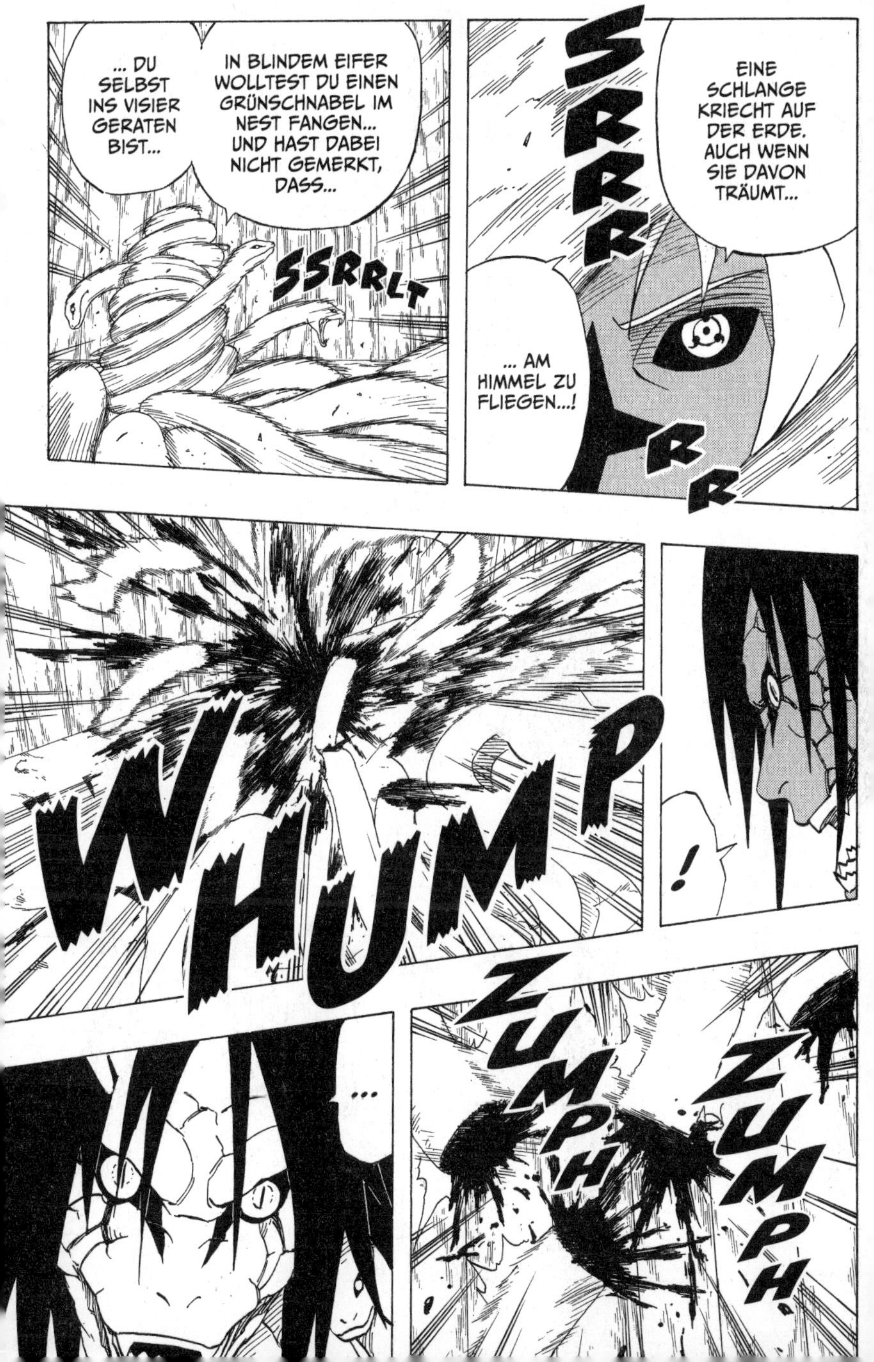
SRRRR
EINE SCHLANGE KRIECHT AUF DER ERDE. AUCH WENN SIE DAVON TRÄUMT...
... AM HIMMEL ZU FLIEGEN...!
RR
IN BLINDEM EIFER WOLLTEST DU EINEN GRÜNSCHNABEL IM NEST FANGEN... UND HAST DABEI NICHT GEMERKT, DASS...
... DU SELBST INS VISIER GERATEN BIST...
SSRRLT
!
WHUMP
WHUMP
ZUMPH
ZUMPH
...

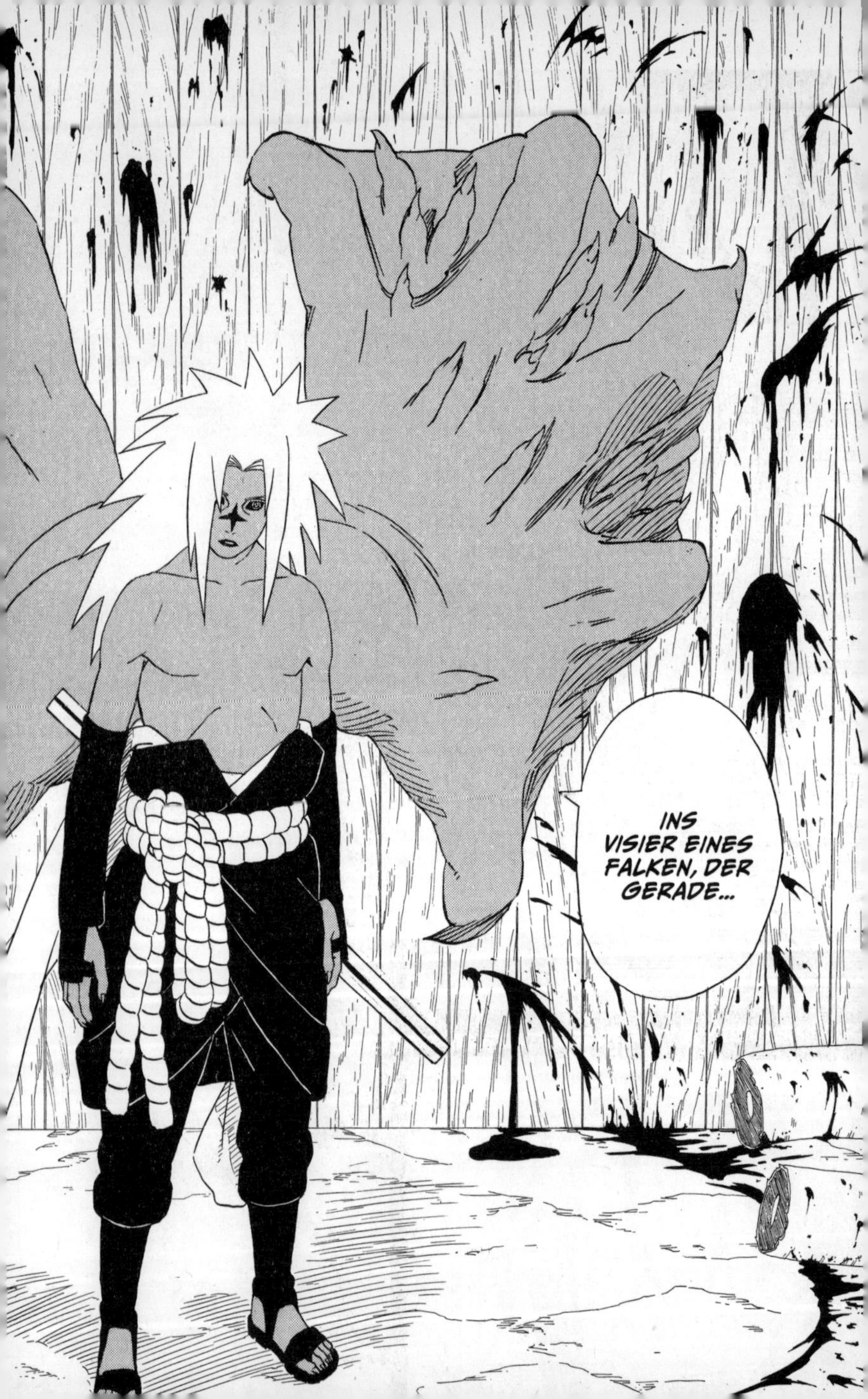
INS VISIER EINES FALKEN, DER GERADE...

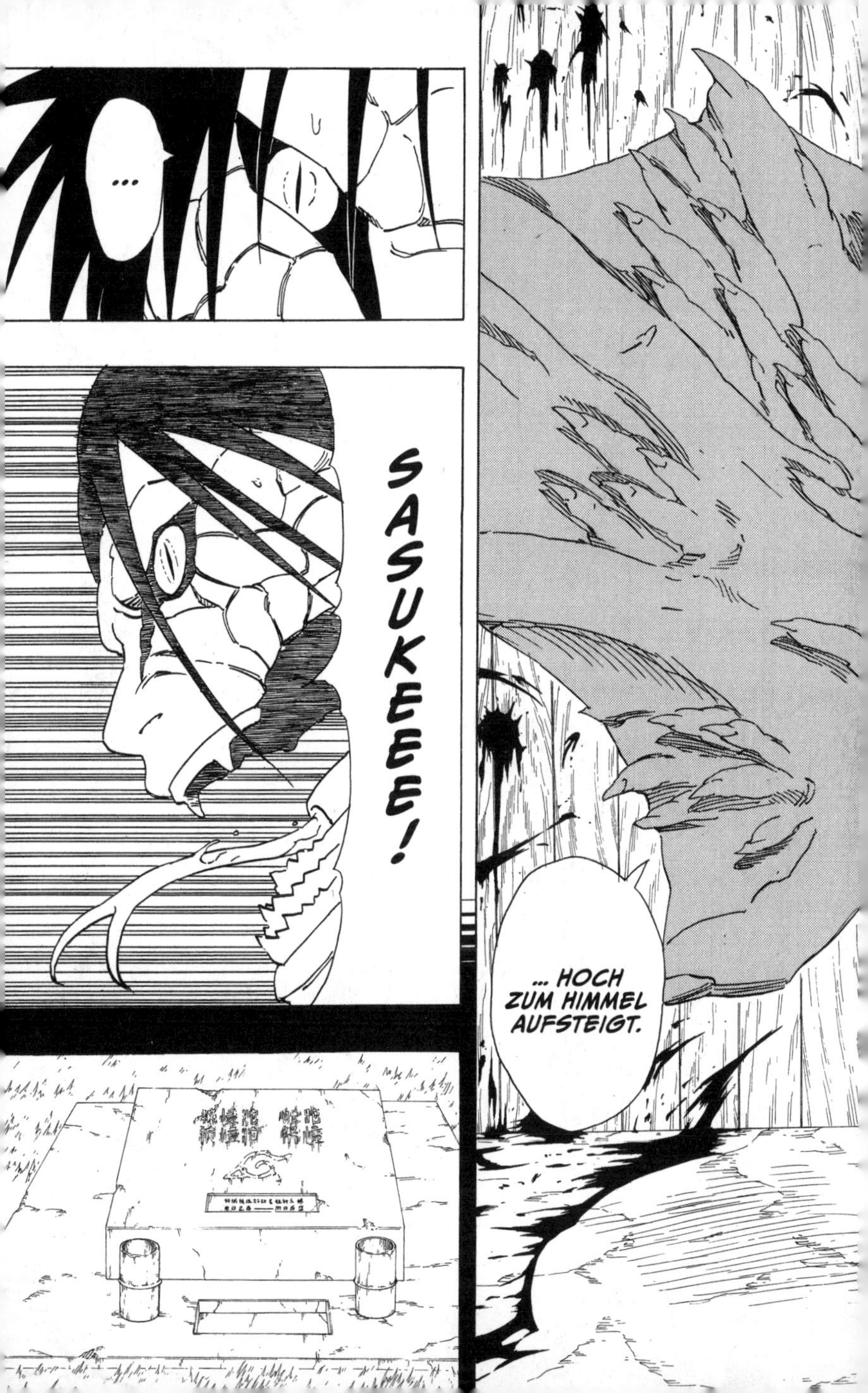

... HOCH ZUM HIMMEL AUFSTEIGT.
...
SASUKEEEE!

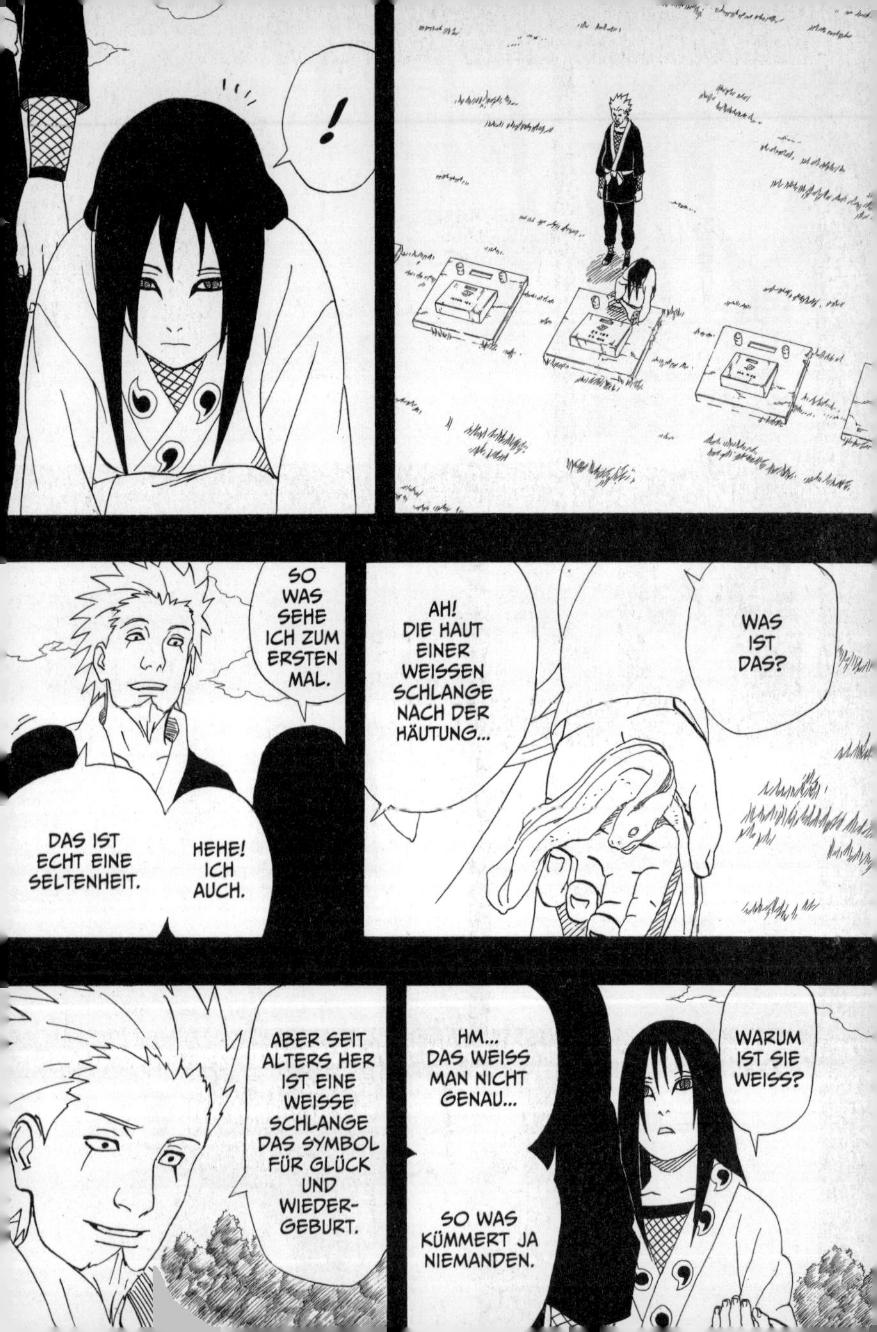
!
WAS IST DAS?
AH! DIE HAUT EINER WEISSEN SCHLANGE NACH DER HÄUTUNG...
SO WAS SEHE ICH ZUM ERSTEN MAL.
HEHE! ICH AUCH.
DAS IST ECHT EINE SELTENHEIT.
WARUM IST SIE WEISS?
HM... DAS WEISS MAN NICHT GENAU...
SO WAS KÜMMERT JA NIEMANDEN.
ABER SEIT ALTERS HER IST EINE WEISSE SCHLANGE DAS SYMBOL FÜR GLÜCK UND WIEDER-GEBURT.

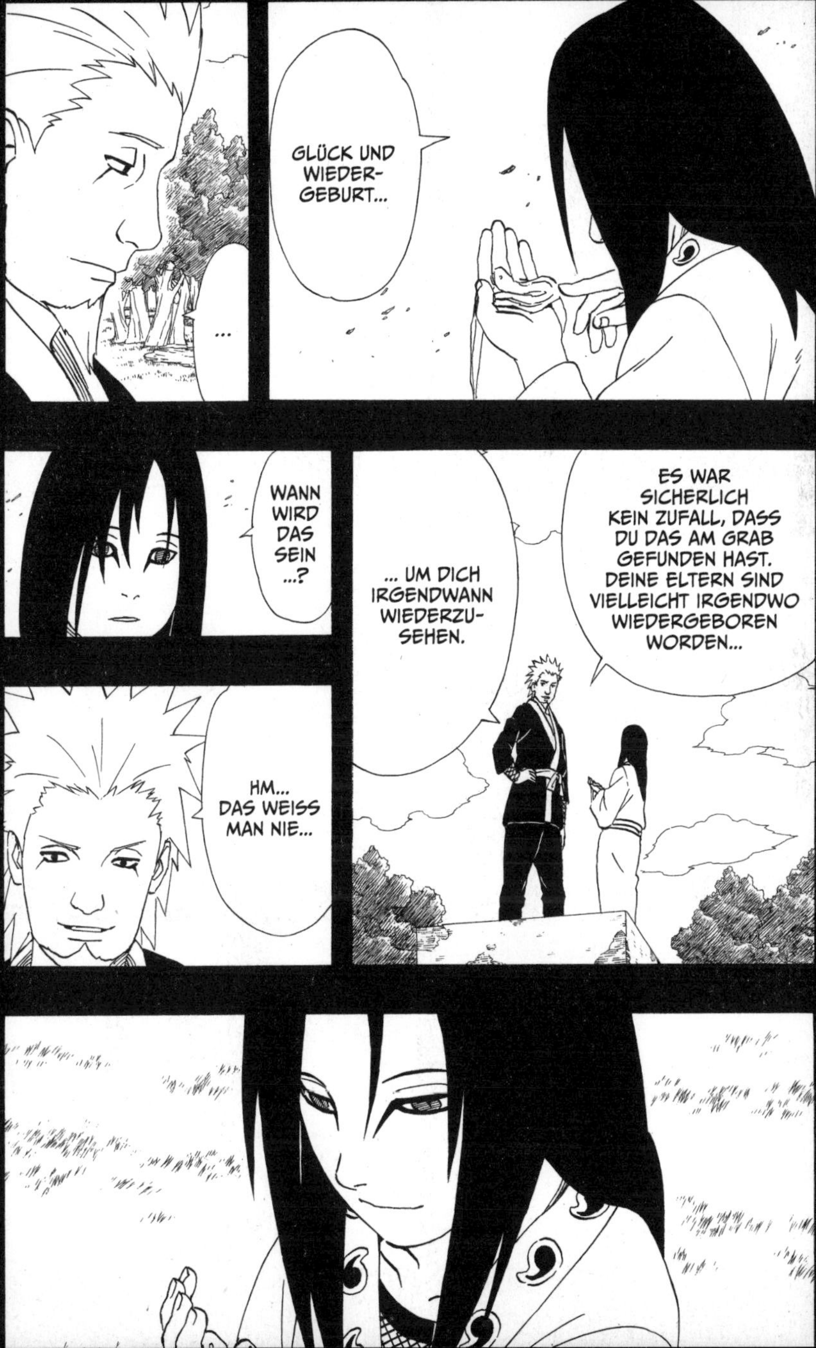
GLÜCK UND WIEDER-GEBURT...
...
ES WAR SICHERLICH KEIN ZUFALL, DASS DU DAS AM GRAB GEFUNDEN HAST. DEINE ELTERN SIND VIELLEICHT IRGENDWO WIEDERGEBOREN WORDEN...
... UM DICH IRGENDWANN WIEDERZU-SEHEN.
WANN WIRD DAS SEIN ...?
HM... DAS WEISS MAN NIE...

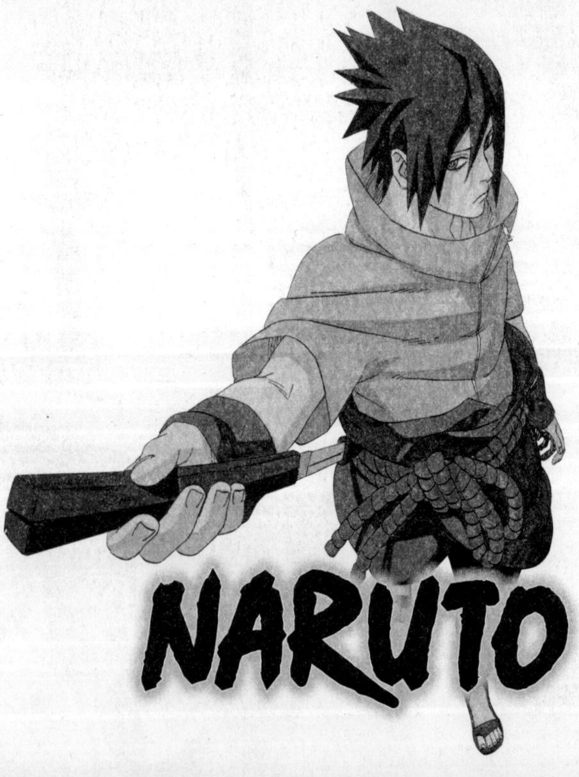
NARUTO

345. Kapitel:

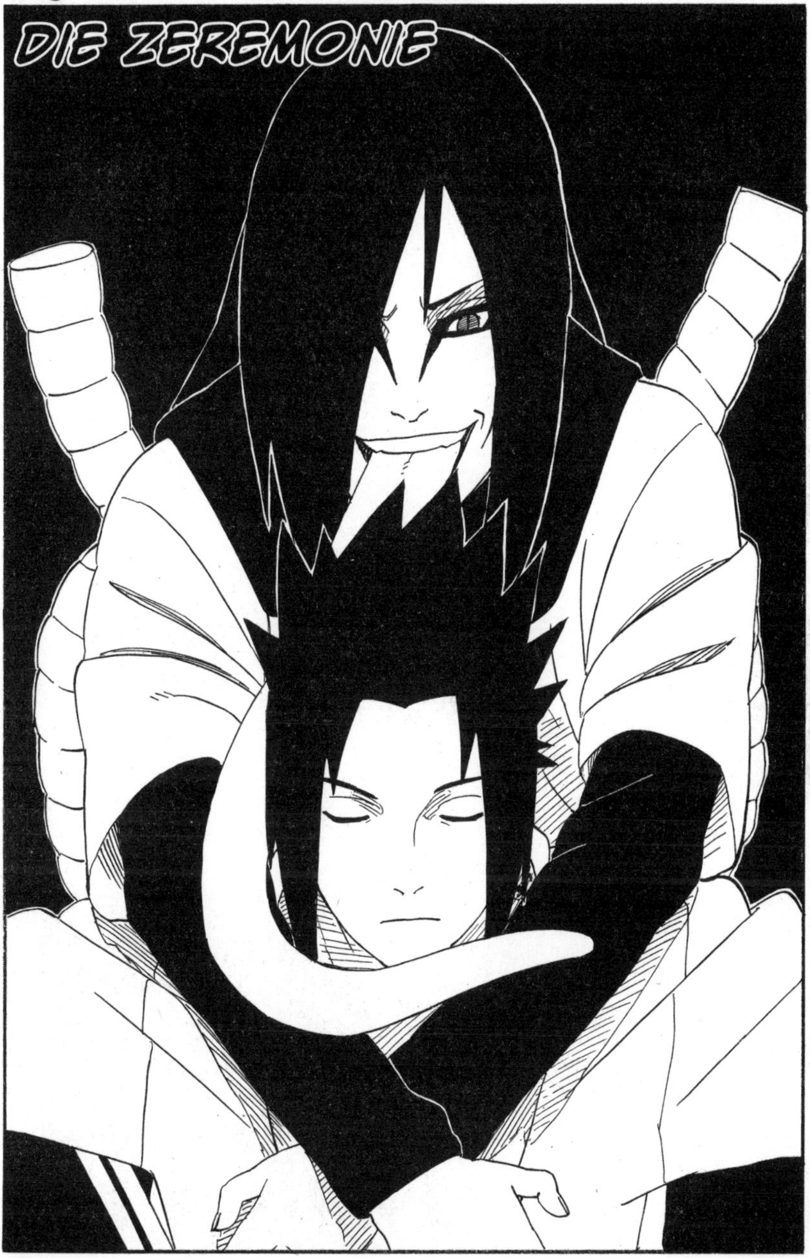

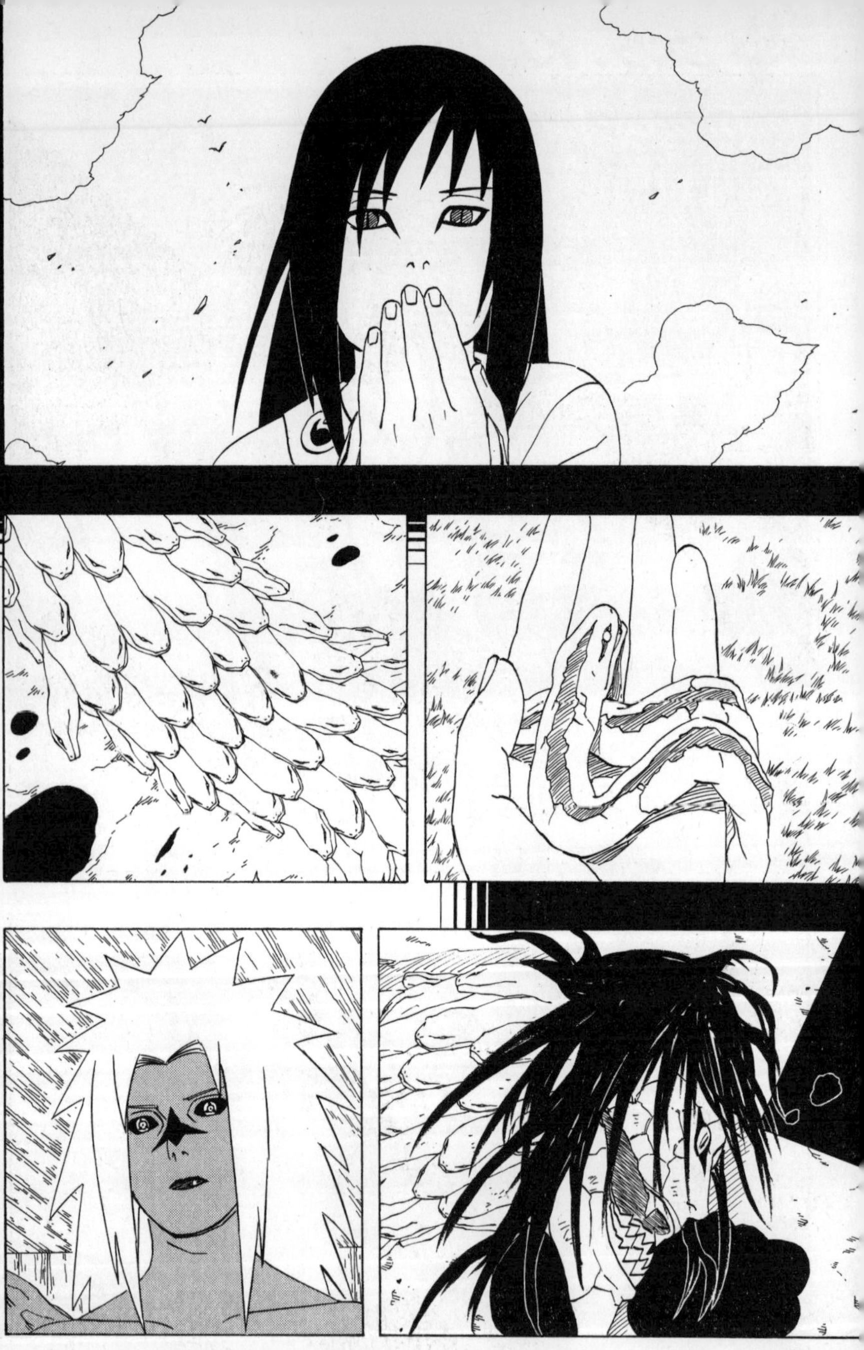

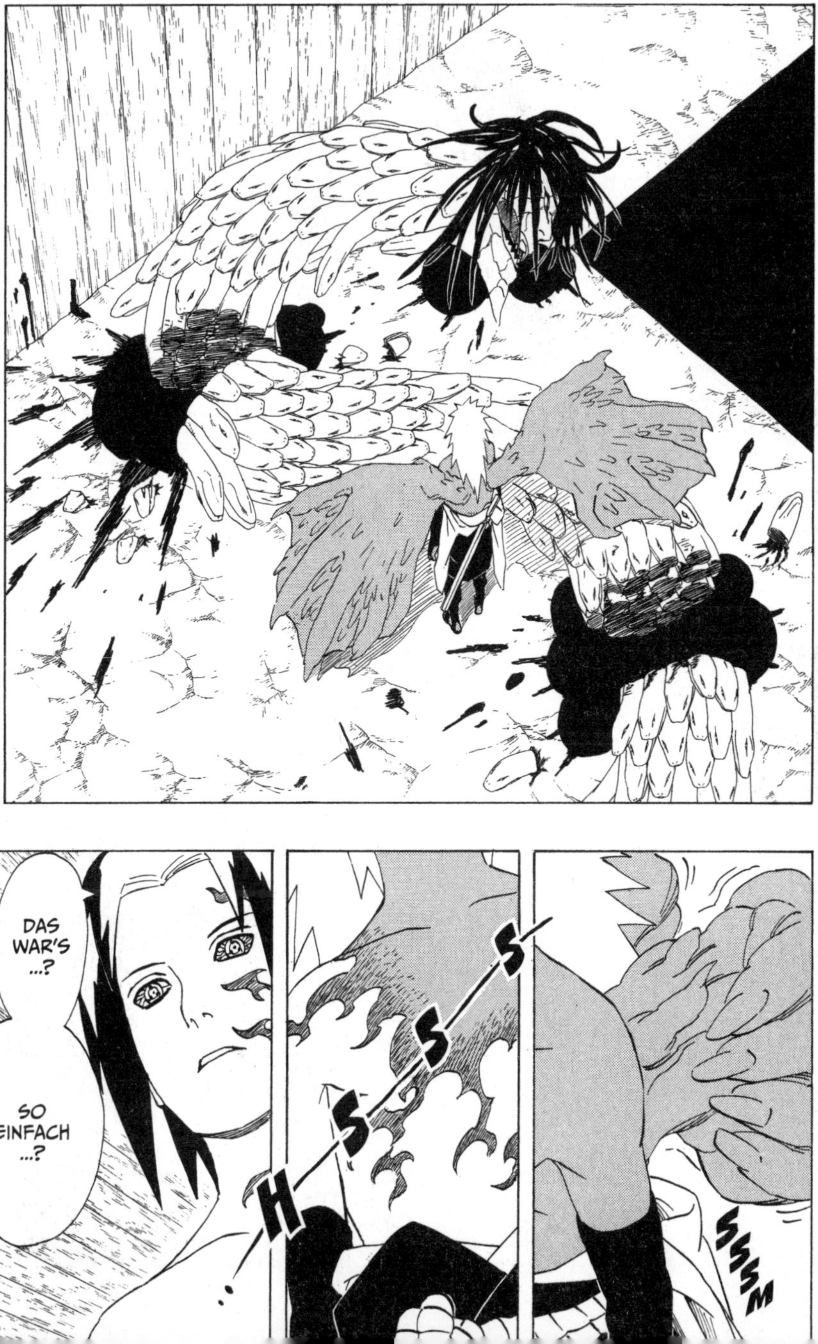
DAS WAR'S ...?
SO EINFACH ...?
HSSS
SSSM

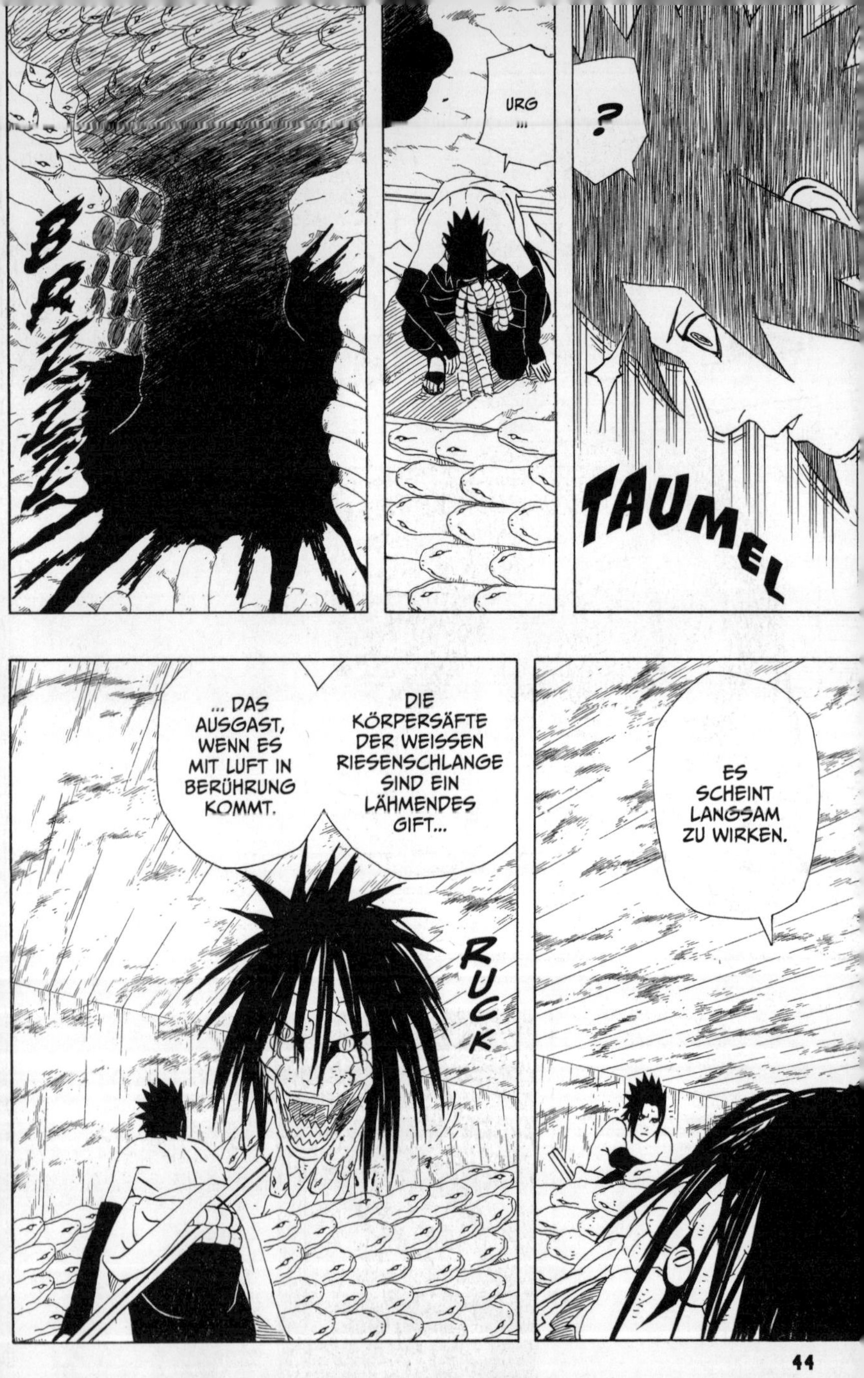

BRZZZZZ
URG ...
?
TAUMEL
DIE KÖRPERSÄFTE DER WEISSEN RIESENSCHLANGE SIND EIN LÄHMENDES GIFT...
... DAS AUSGAST, WENN ES MIT LUFT IN BERÜHRUNG KOMMT.
RUCK
ES SCHEINT LANGSAM ZU WIRKEN.

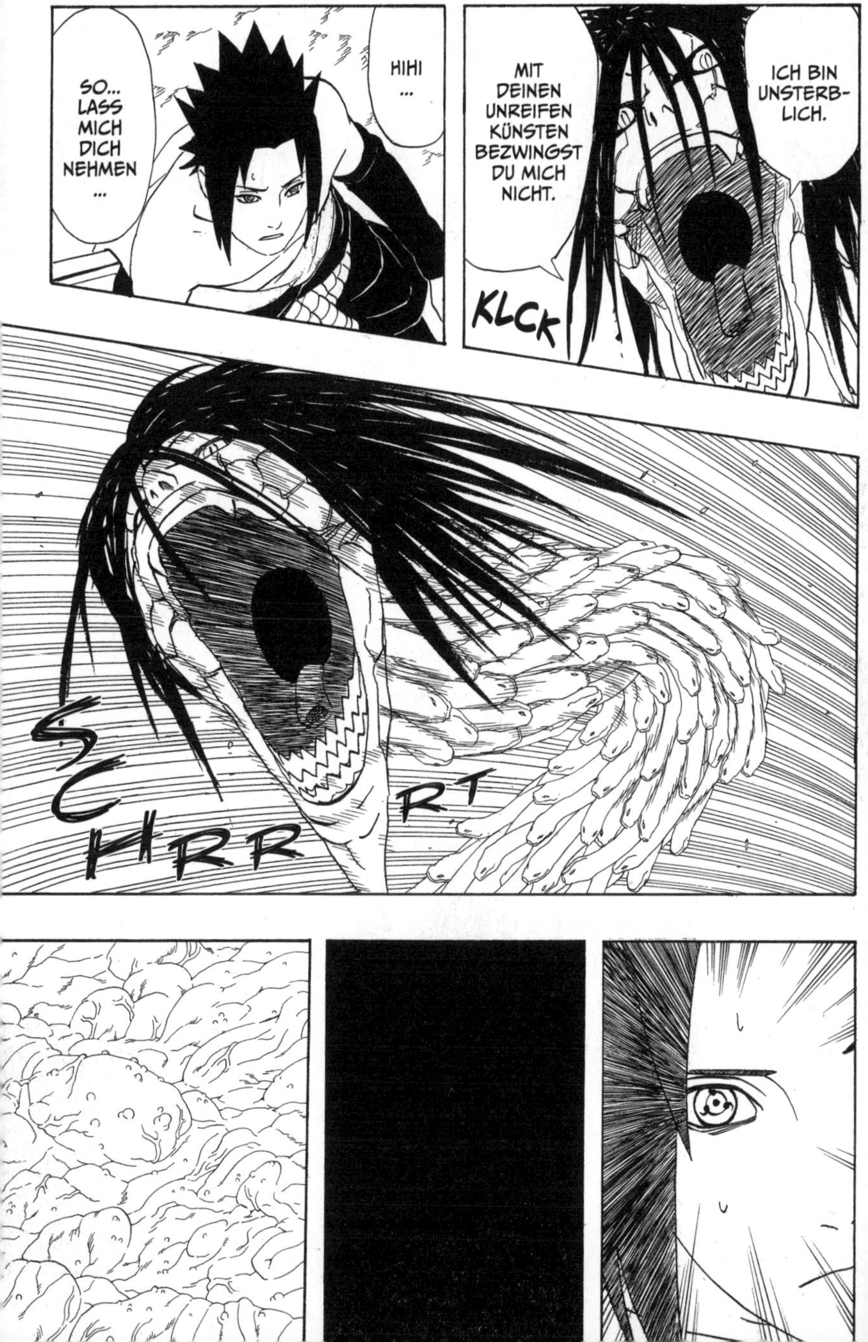
ICH BIN UNSTERB-LICH.
MIT DEINEN UNREIFEN KÜNSTEN BEZWINGST DU MICH NICHT.
KLCK
HIHI ...
SO... LASS MICH DICH NEHMEN ...
SCHRRRRT

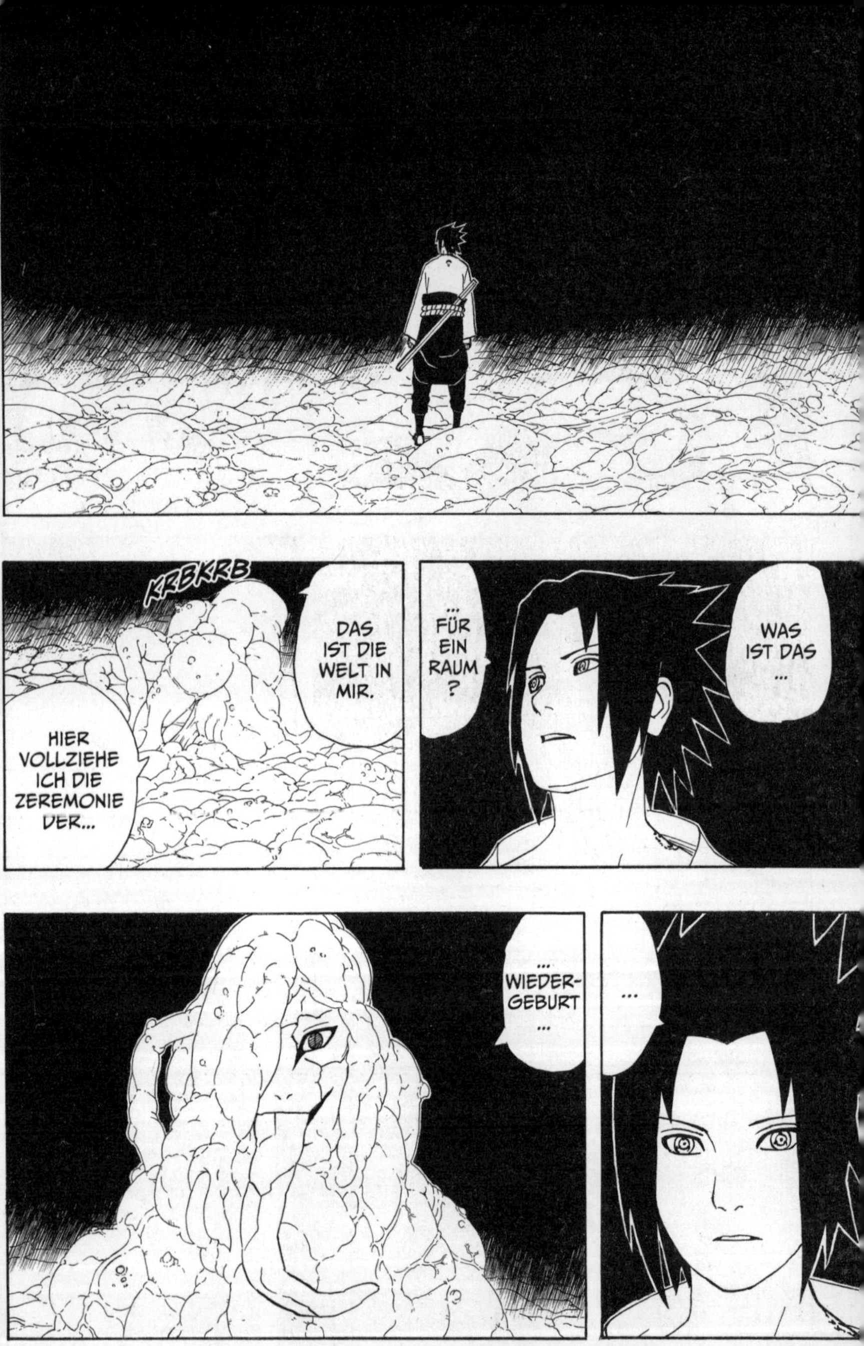

WAS IST DAS ...
... FÜR EIN RAUM ?
DAS IST DIE WELT IN MIR.
KRBKRB
HIER VOLLZIEHE ICH DIE ZEREMONIE DER...
...
... WIEDER-GEBURT ...

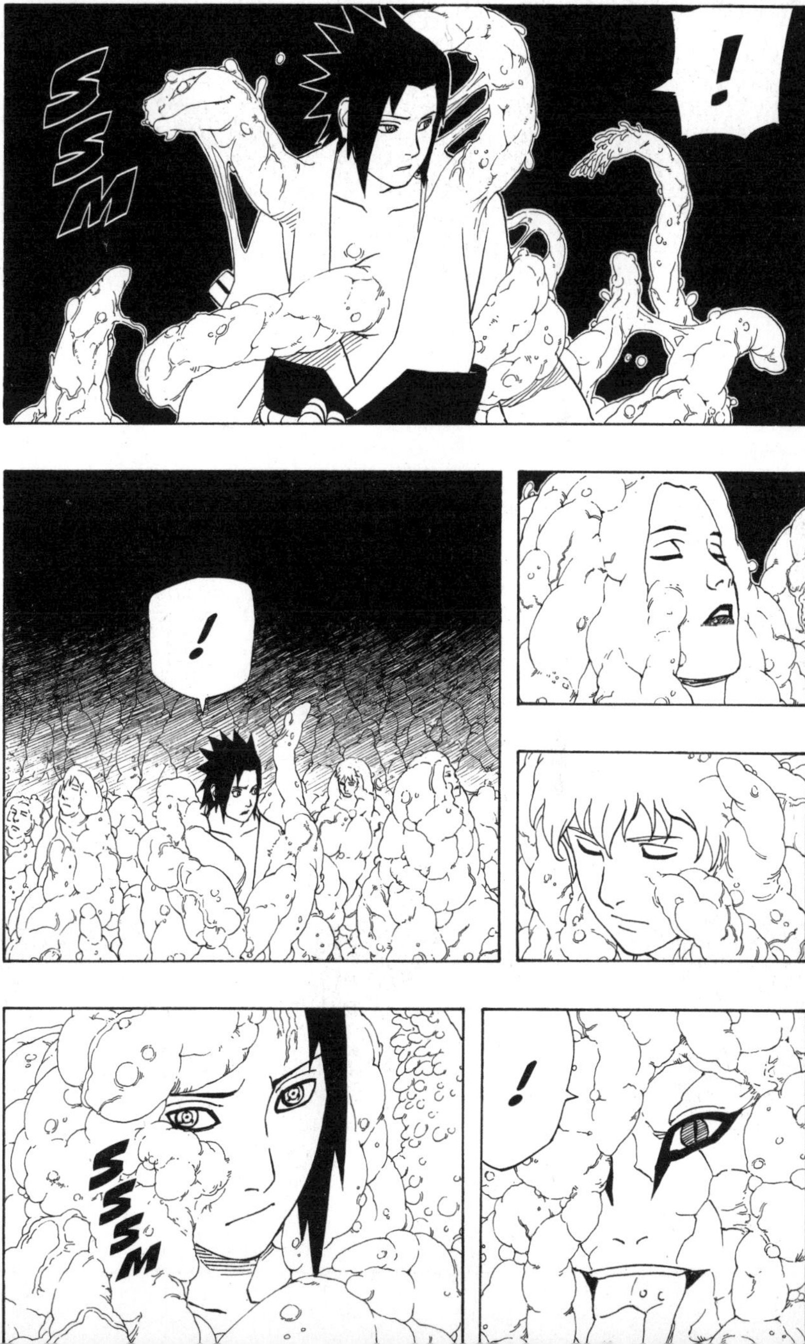

!
SSM
!
!
SSSM

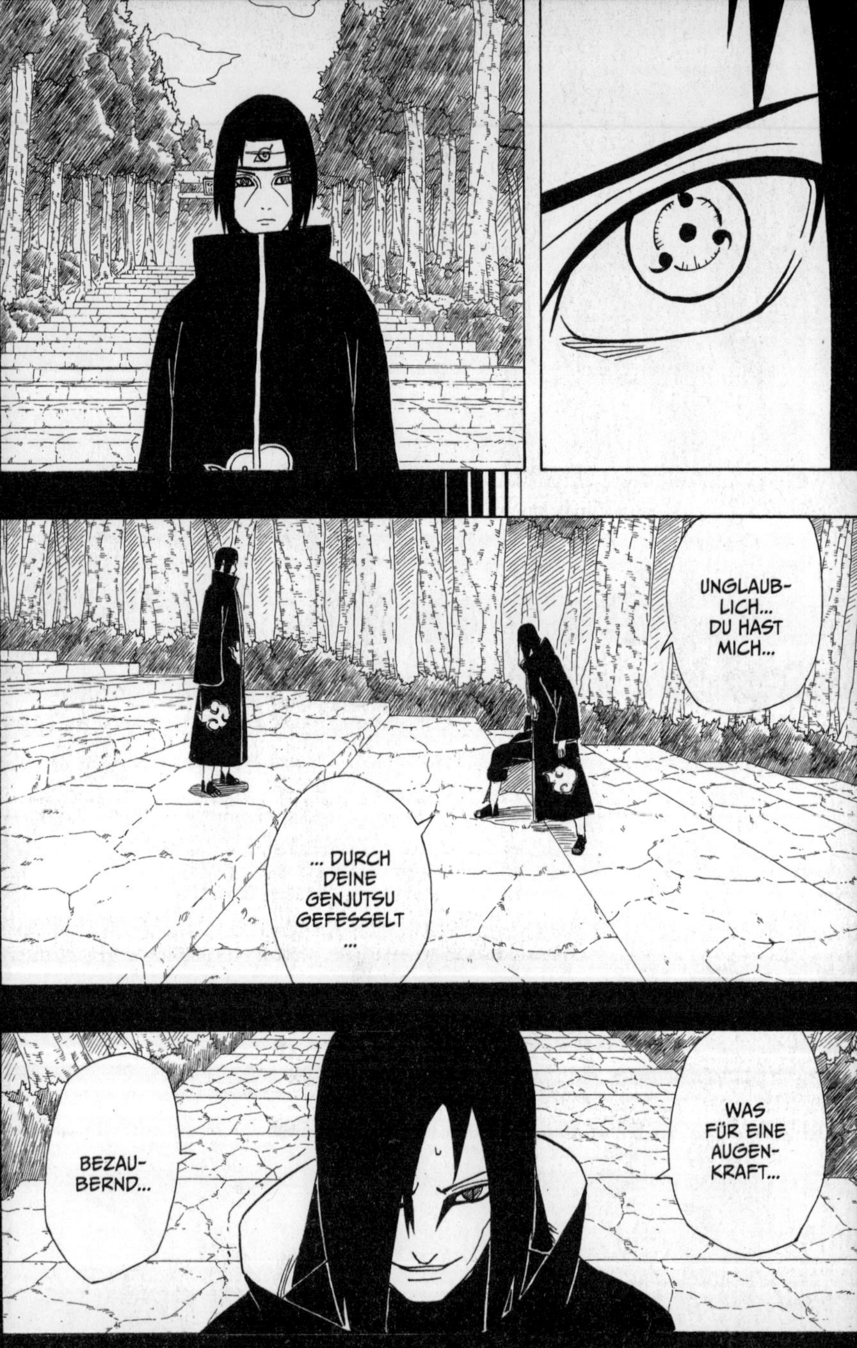
UNGLAUB-LICH... DU HAST MICH...
... DURCH DEINE GENJUTSU GEFESSELT ...
WAS FÜR EINE AUGEN-KRAFT...
BEZAU-BERND...

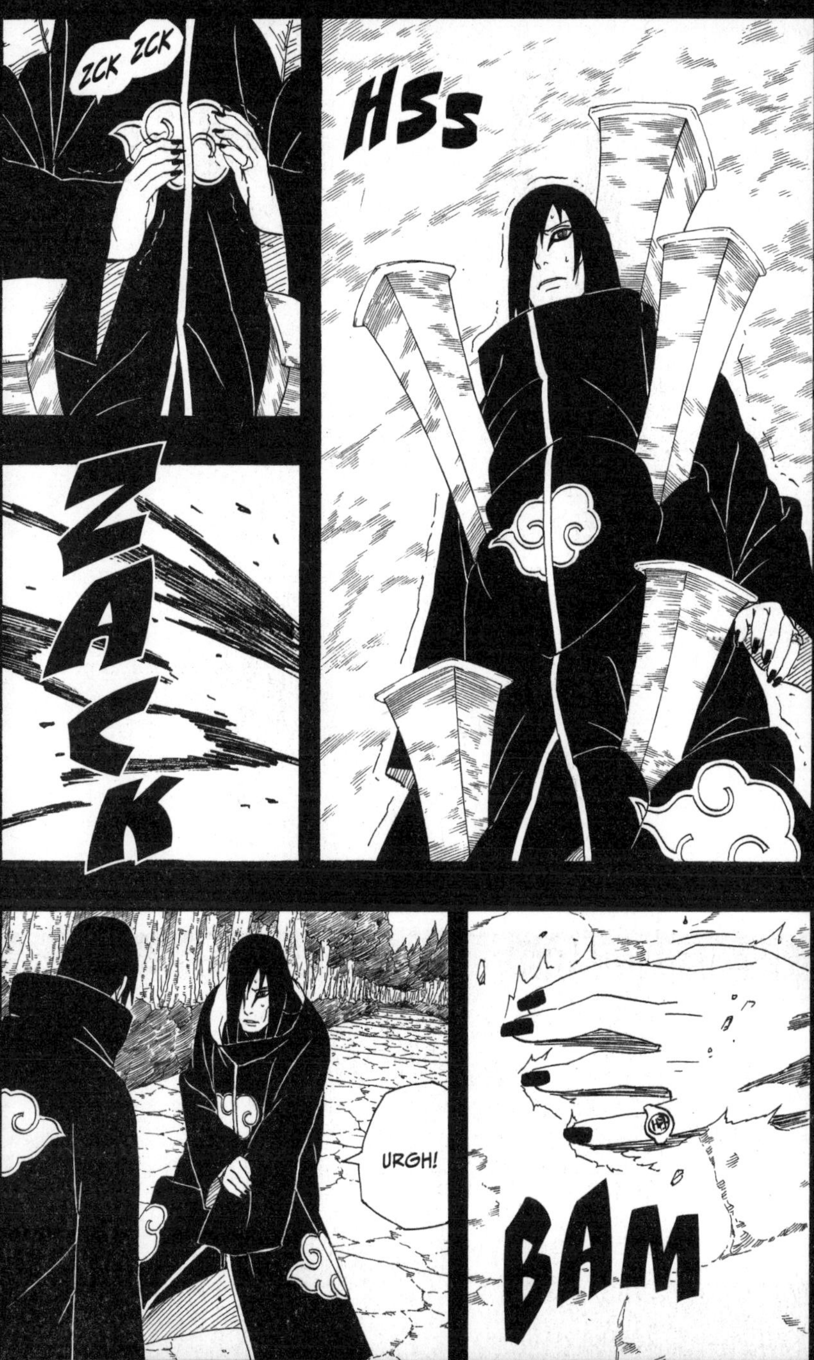
HSS
ZCK ZCK
ZACK
BAM
URGH!

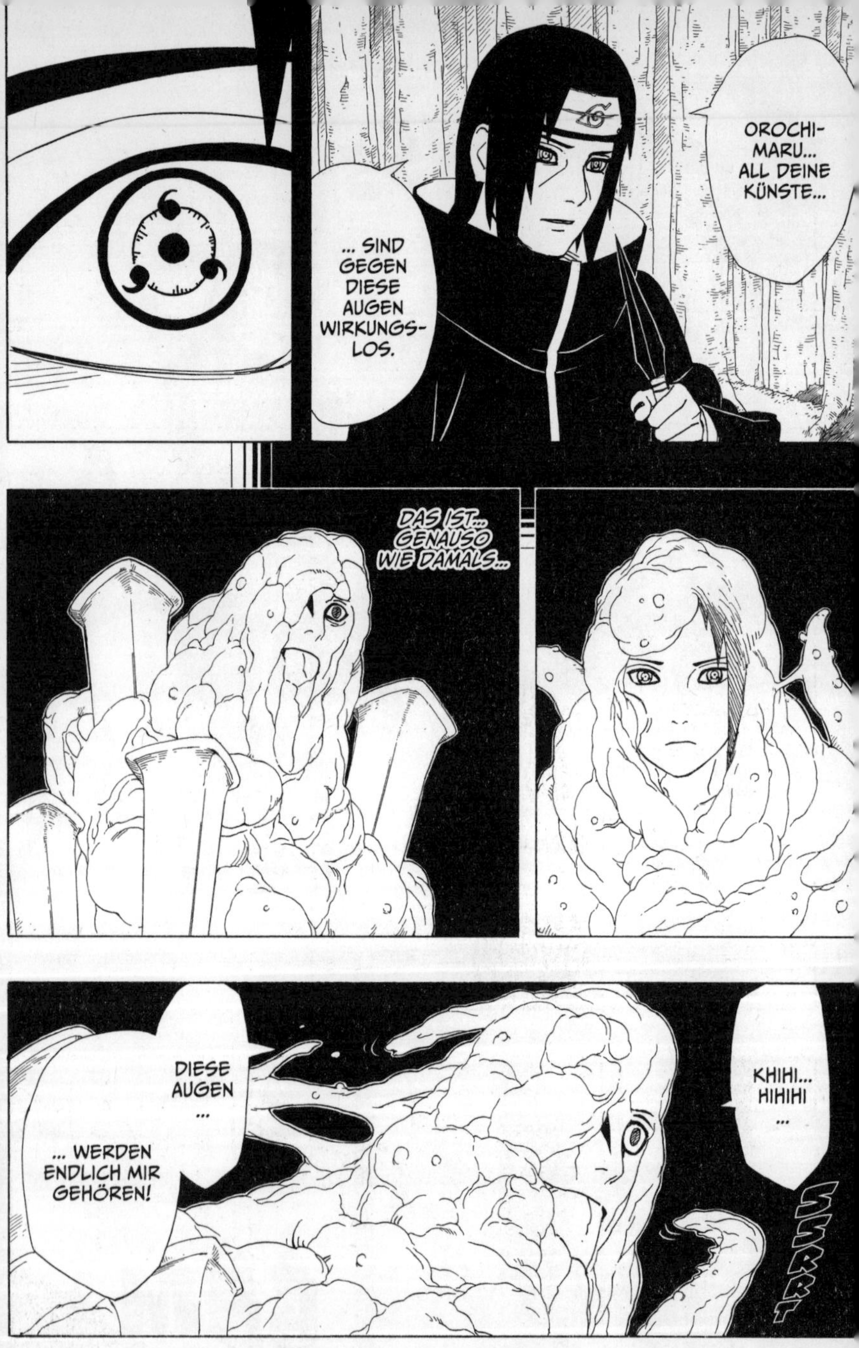
OROCHI-MARU... ALL DEINE KÜNSTE...
... SIND GEGEN DIESE AUGEN WIRKUNGS-LOS.
DAS IST... GENAUSO WIE DAMALS...
KHIHI... HIHIHI ...
SSRRT
DIESE AUGEN ...
... WERDEN ENDLICH MIR GEHÖREN!

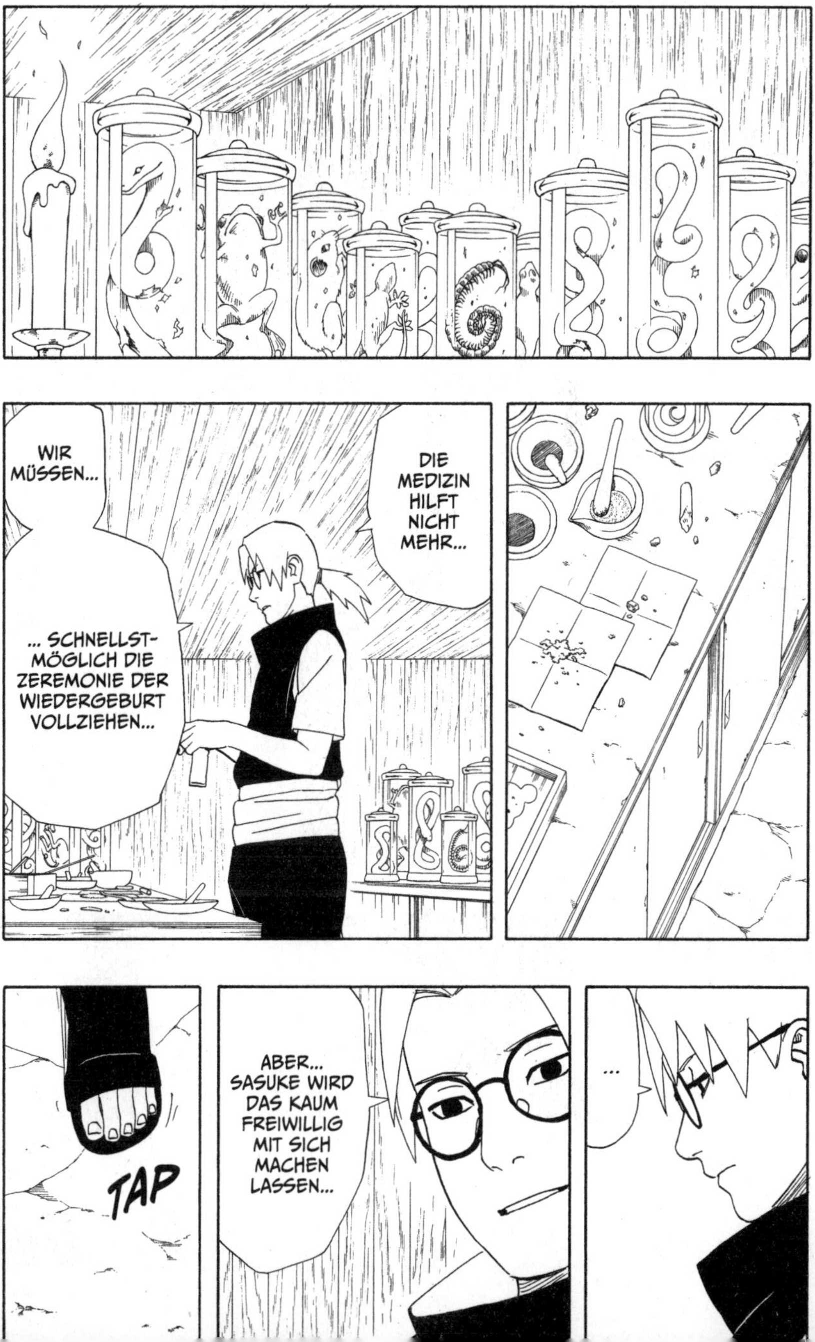
WIR MÜSSEN...
DIE MEDIZIN HILFT NICHT MEHR...
... SCHNELLST-MÖGLICH DIE ZEREMONIE DER WIEDERGEBURT VOLLZIEHEN...
TAP
ABER... SASUKE WIRD DAS KAUM FREIWILLIG MIT SICH MACHEN LASSEN...
...

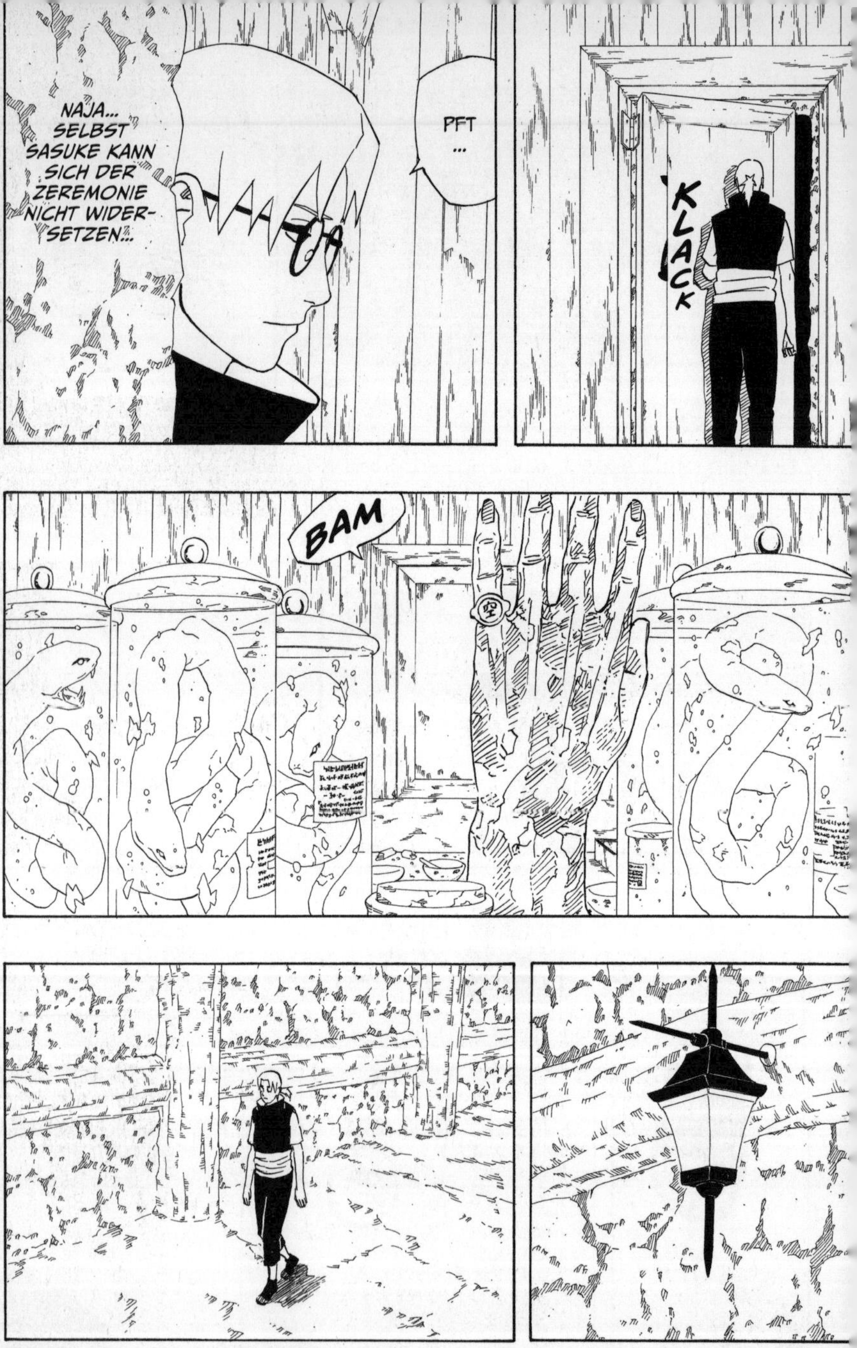
KLACK
PFT ...
NAJA... SELBST SASUKE KANN SICH DER ZEREMONIE NICHT WIDERSETZEN...
BAM

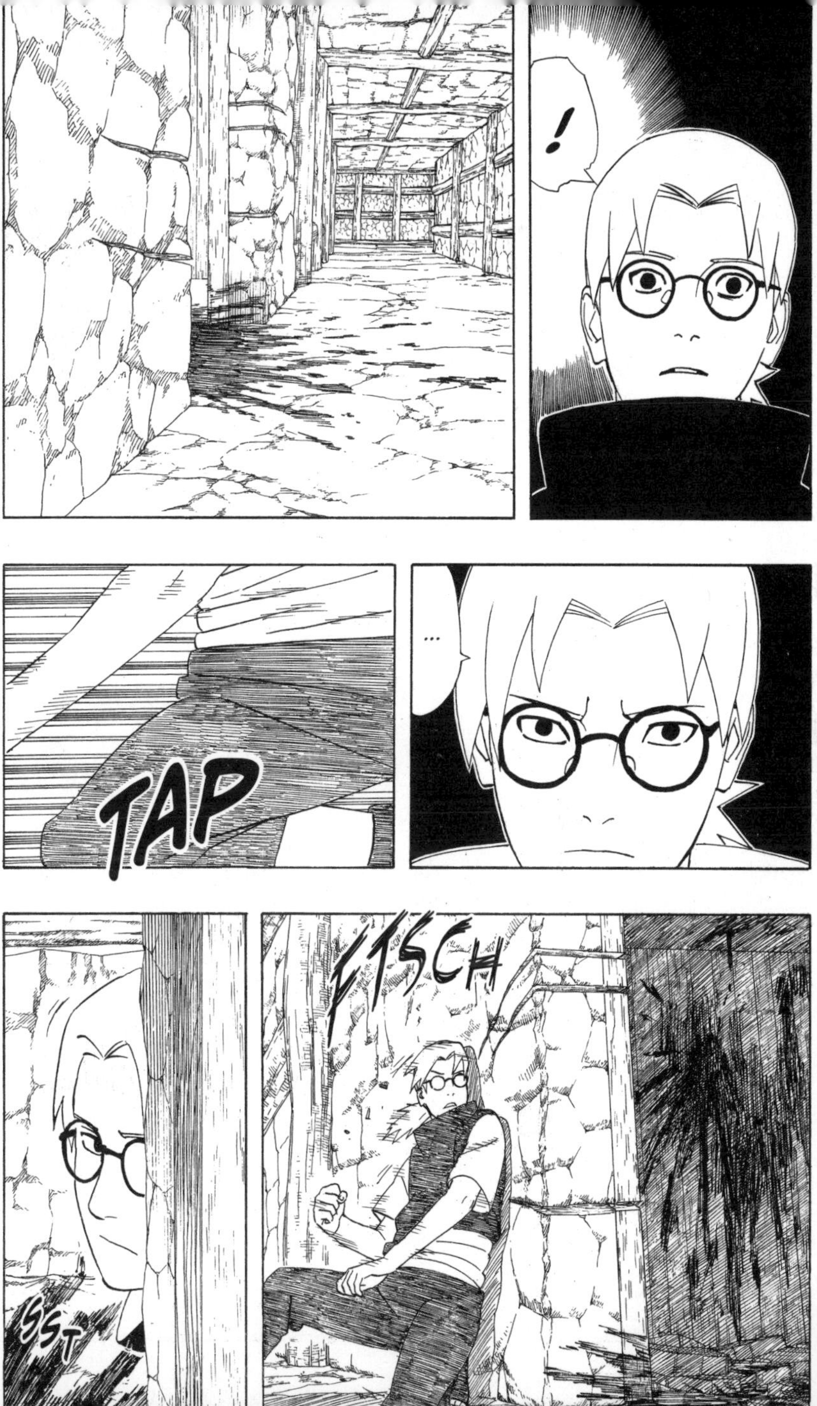
!
TAP
...
FTSCH
SST

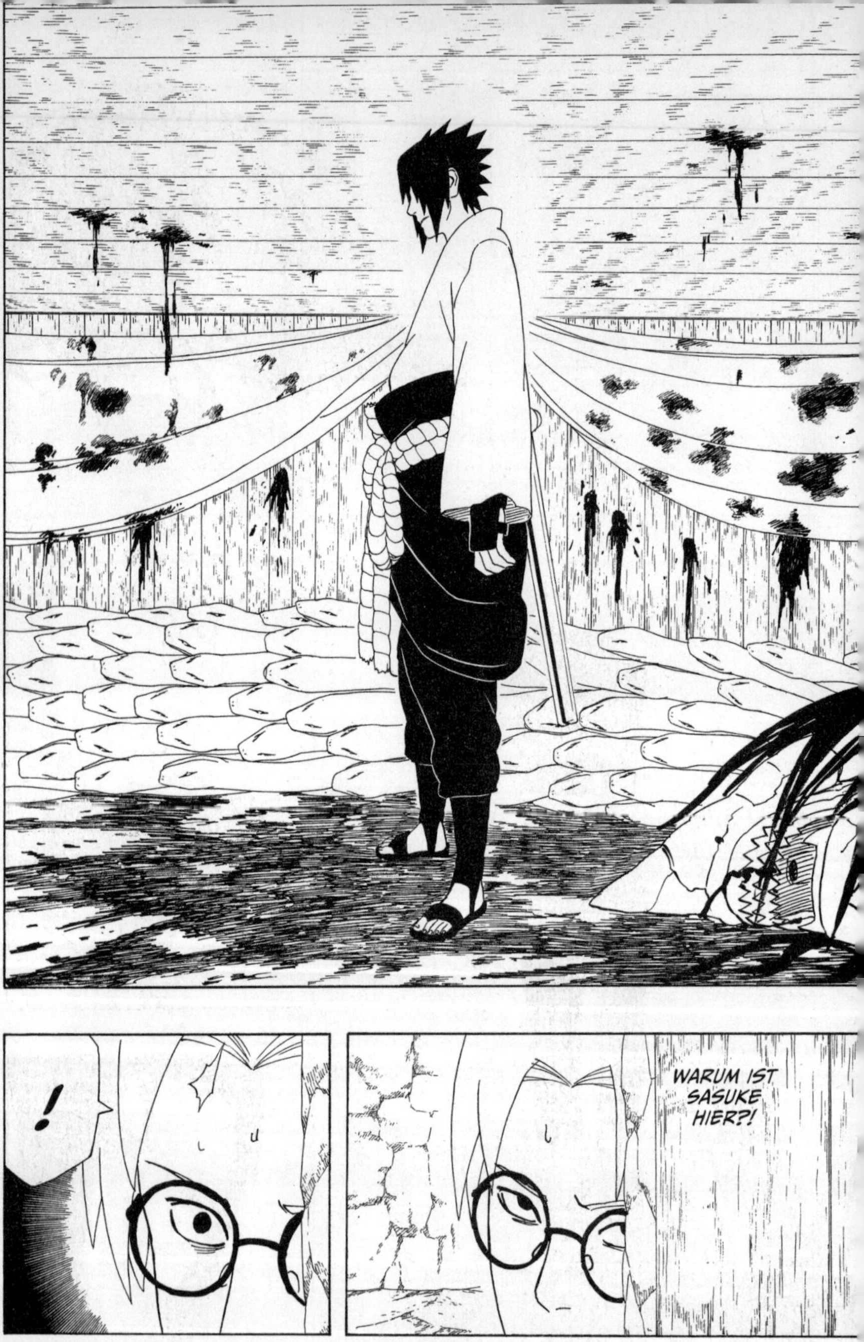
!
WARUM IST SASUKE HIER?!

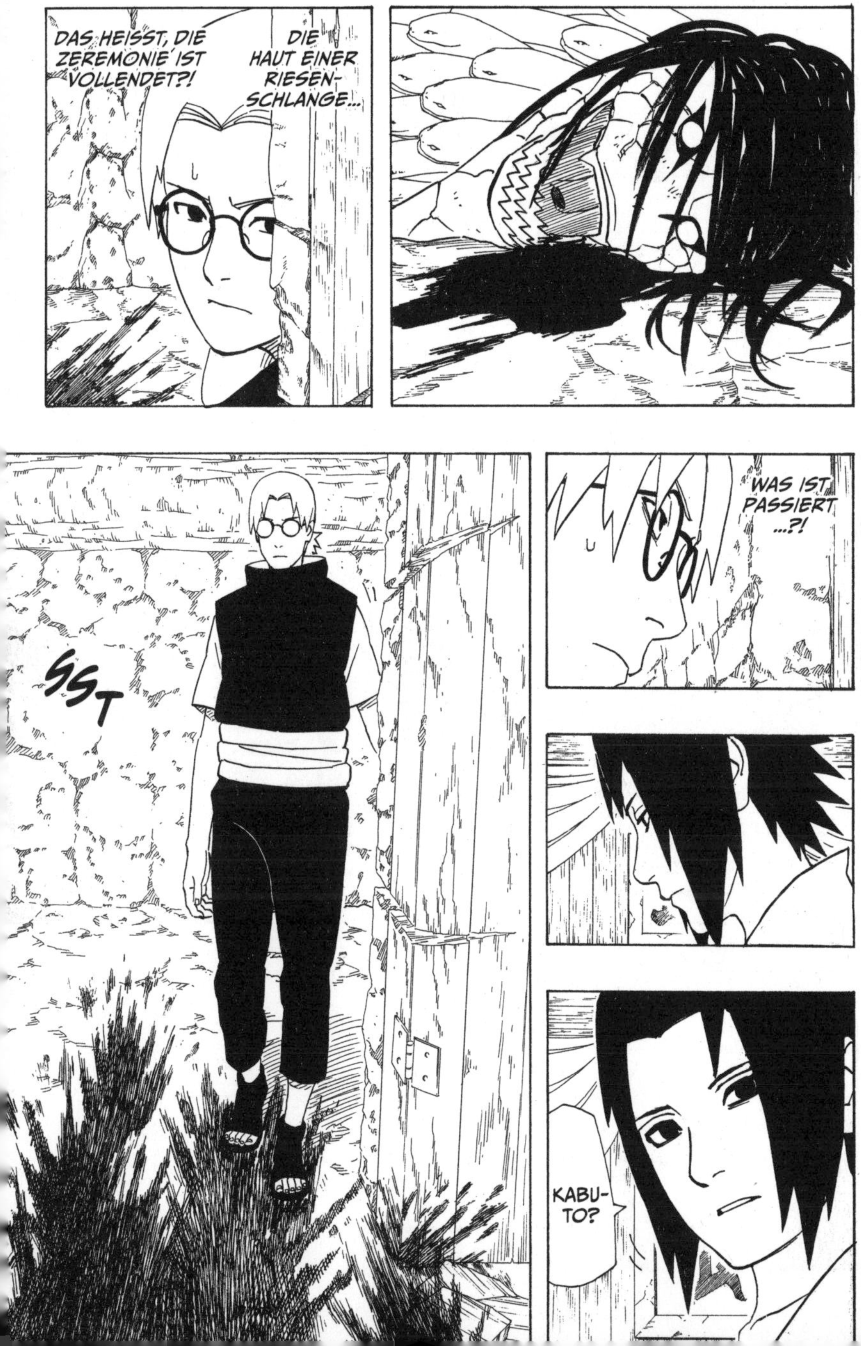
DIE HAUT EINER RIESEN-SCHLANGE...
DAS HEISST, DIE ZEREMONIE IST VOLLENDET?!
WAS IST PASSIERT ...?!
KABU-TO?
SST

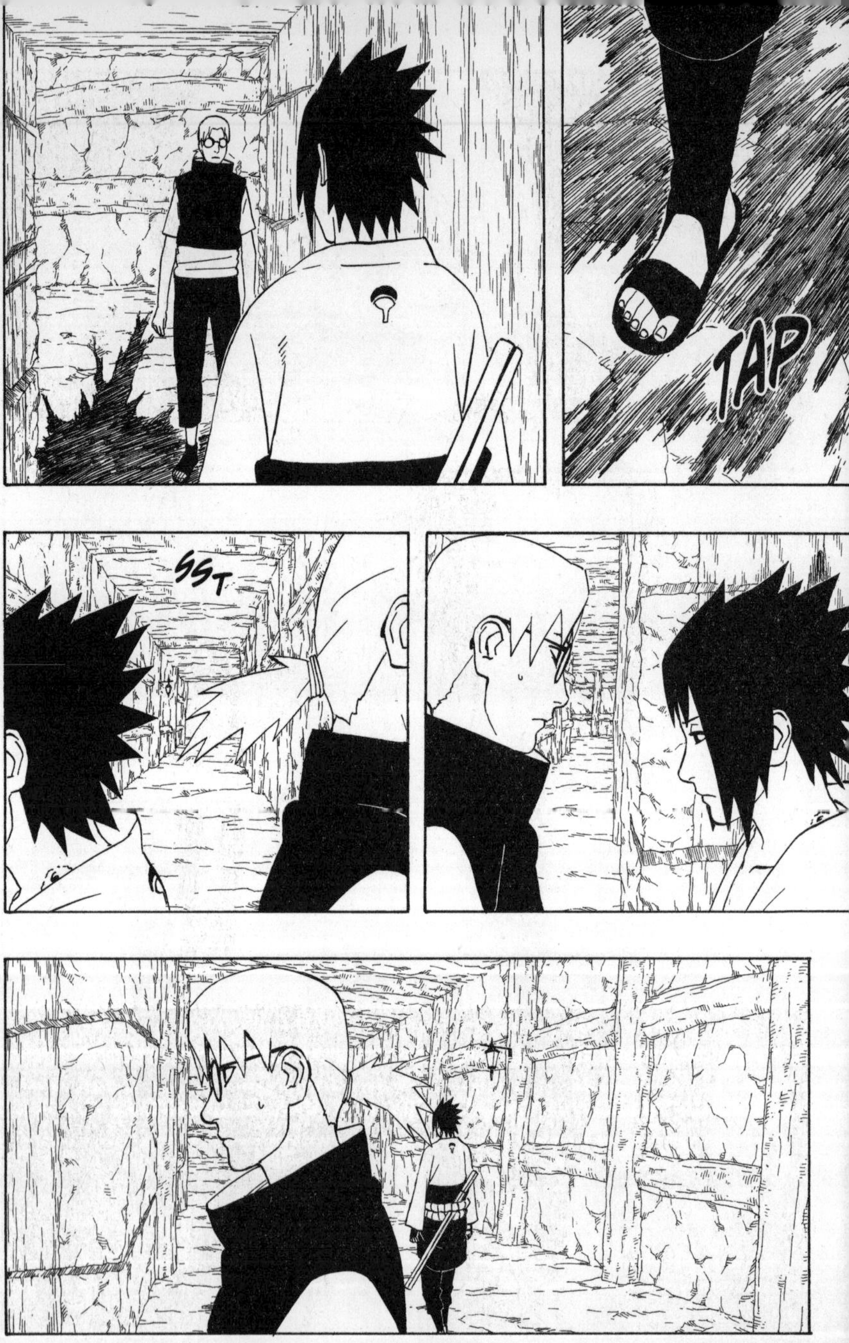
TAP
SST

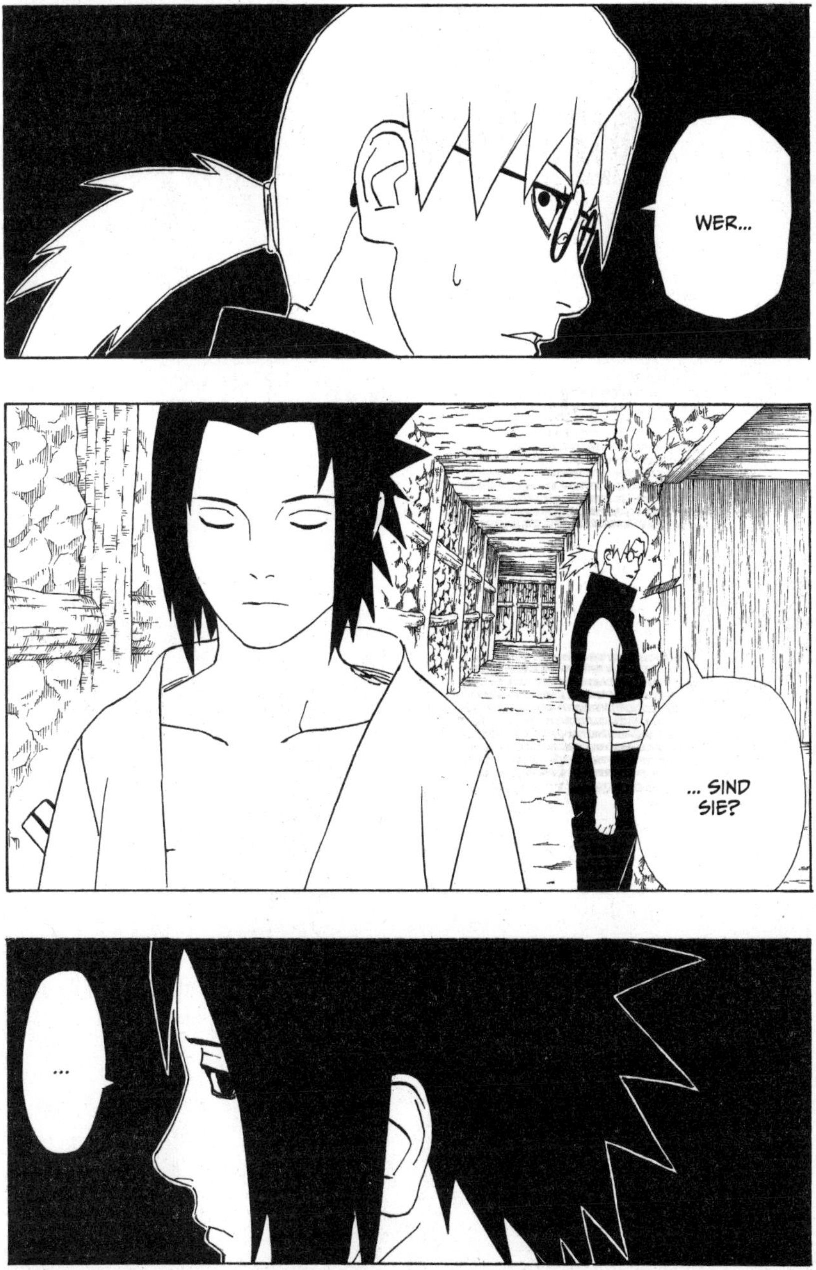
WER...
... SIND SIE?
...

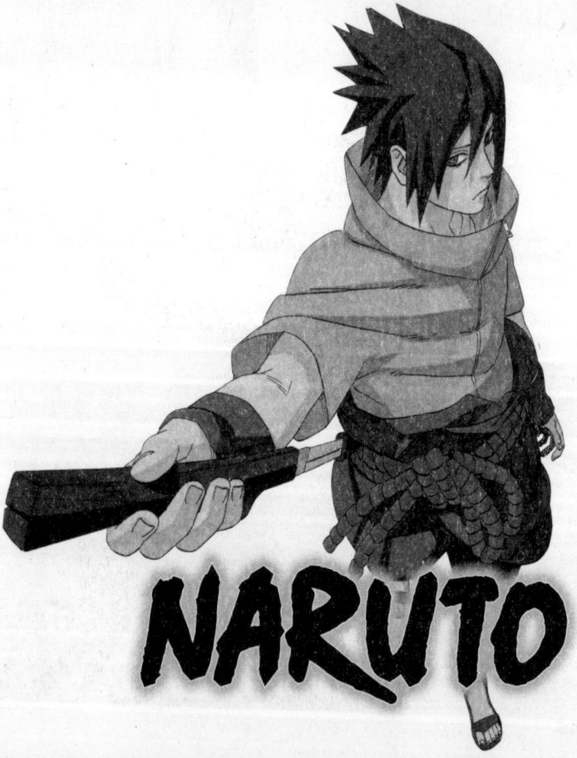
NARUTO

346. Kapitel:

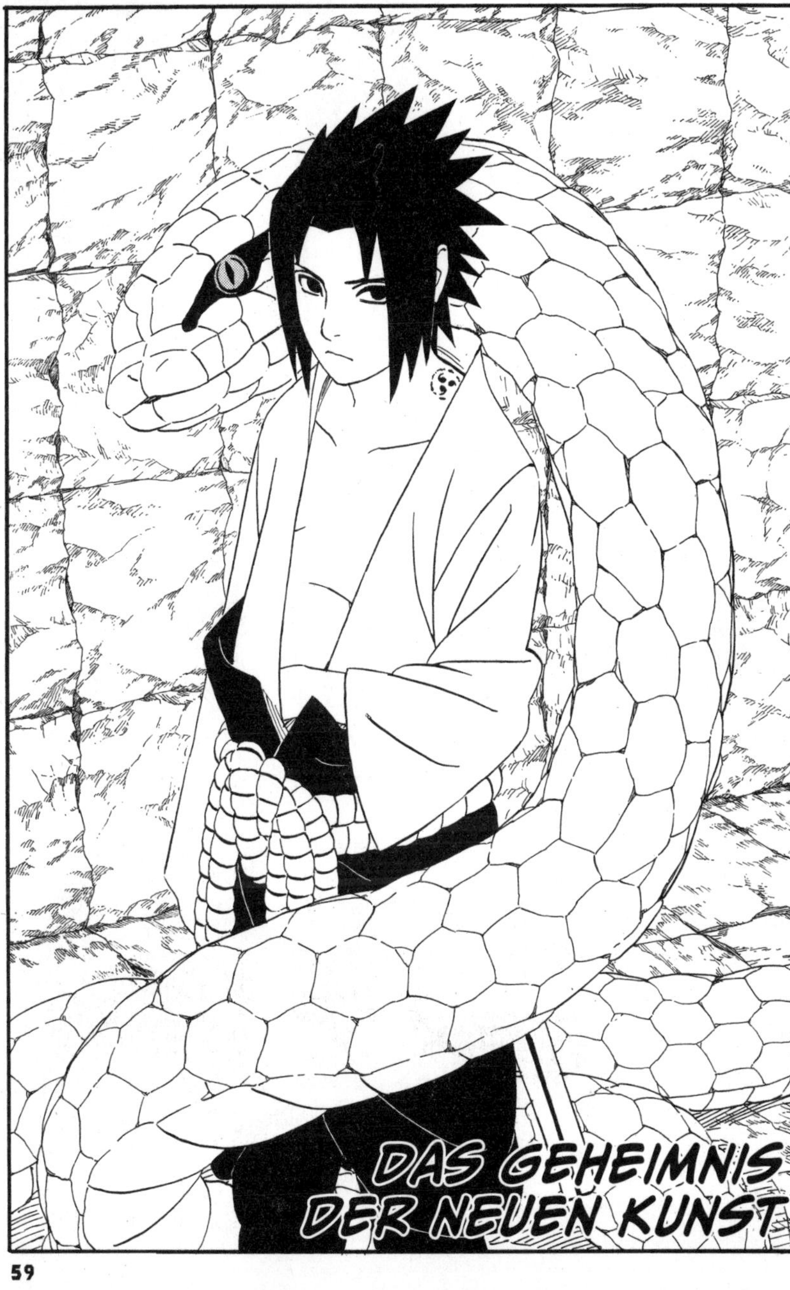

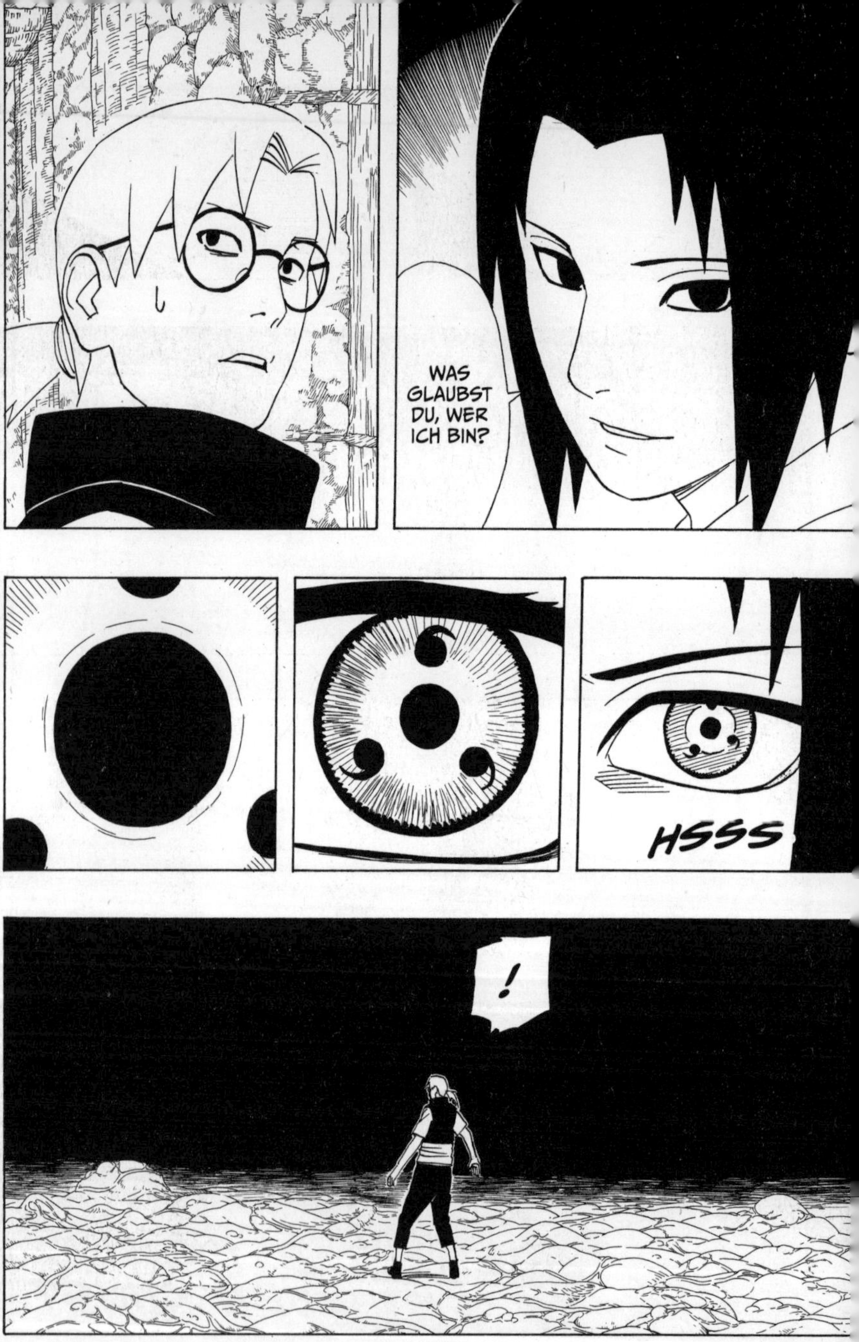
WAS GLAUBST DU, WER ICH BIN?
HSSS
!

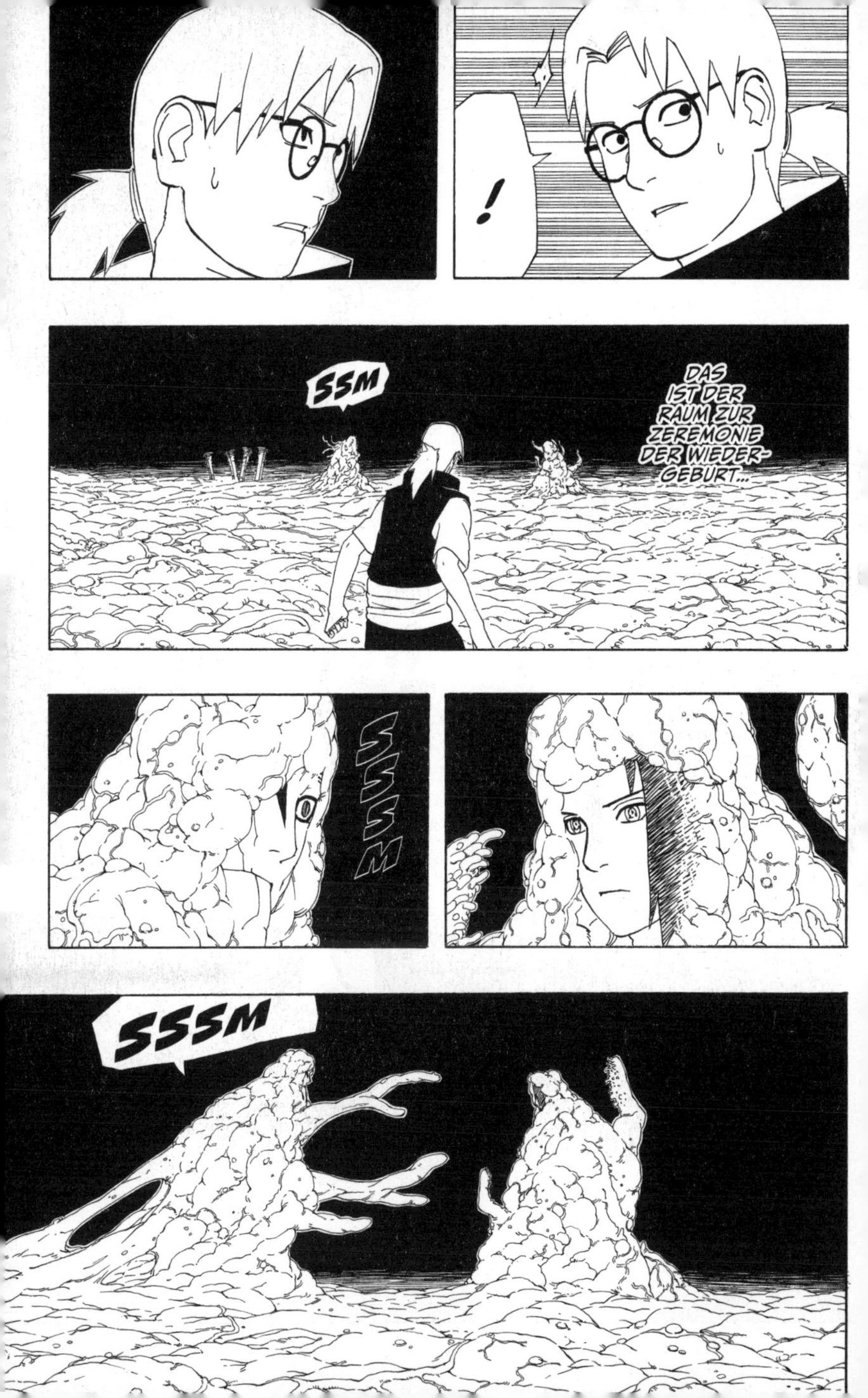

!
DAS IST DER RAUM ZUR ZEREMONIE DER WIEDER-GEBURT...
SSM
SSSM
SSSM

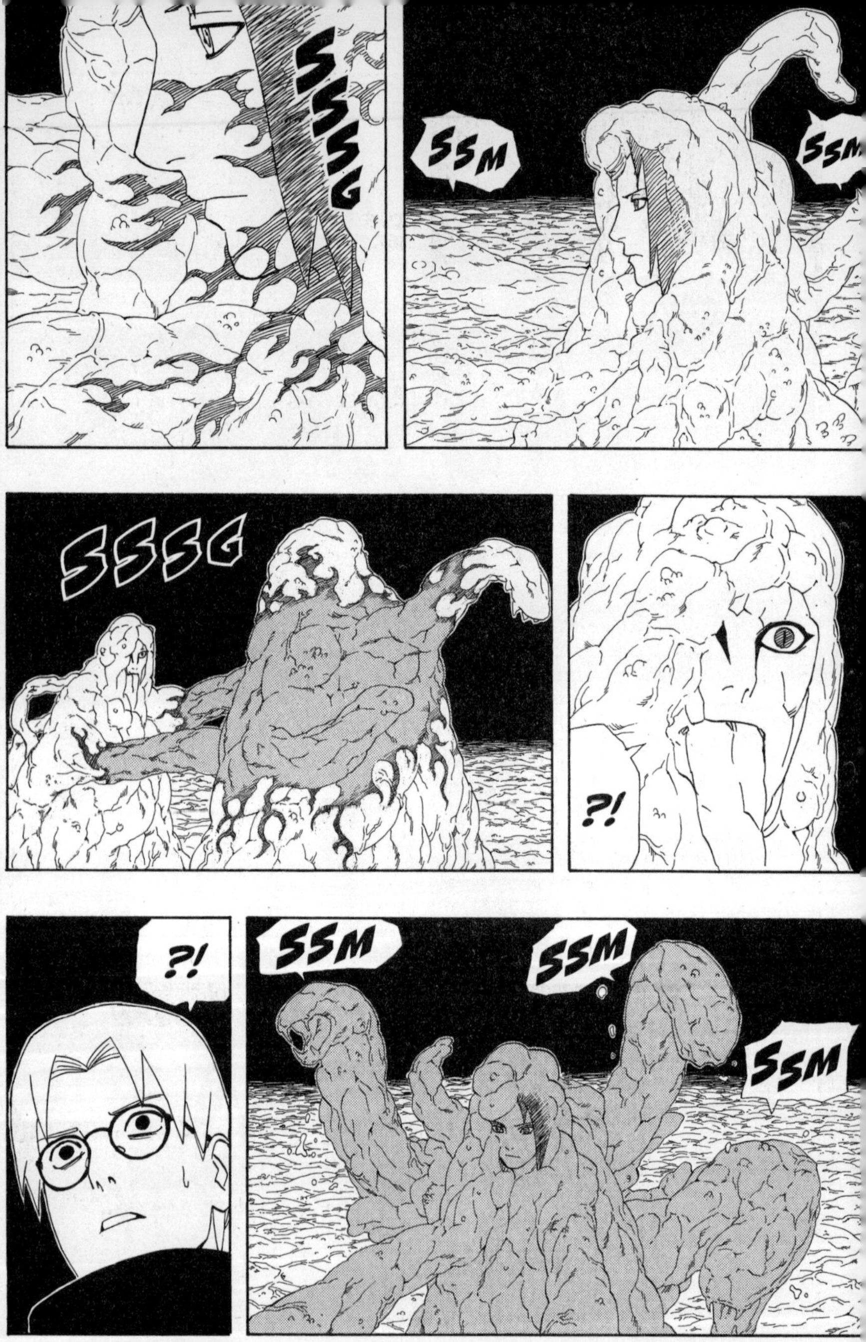
SSM
SSM
SSSG
?!
SSSG
SSM
SSM
SSM
?!

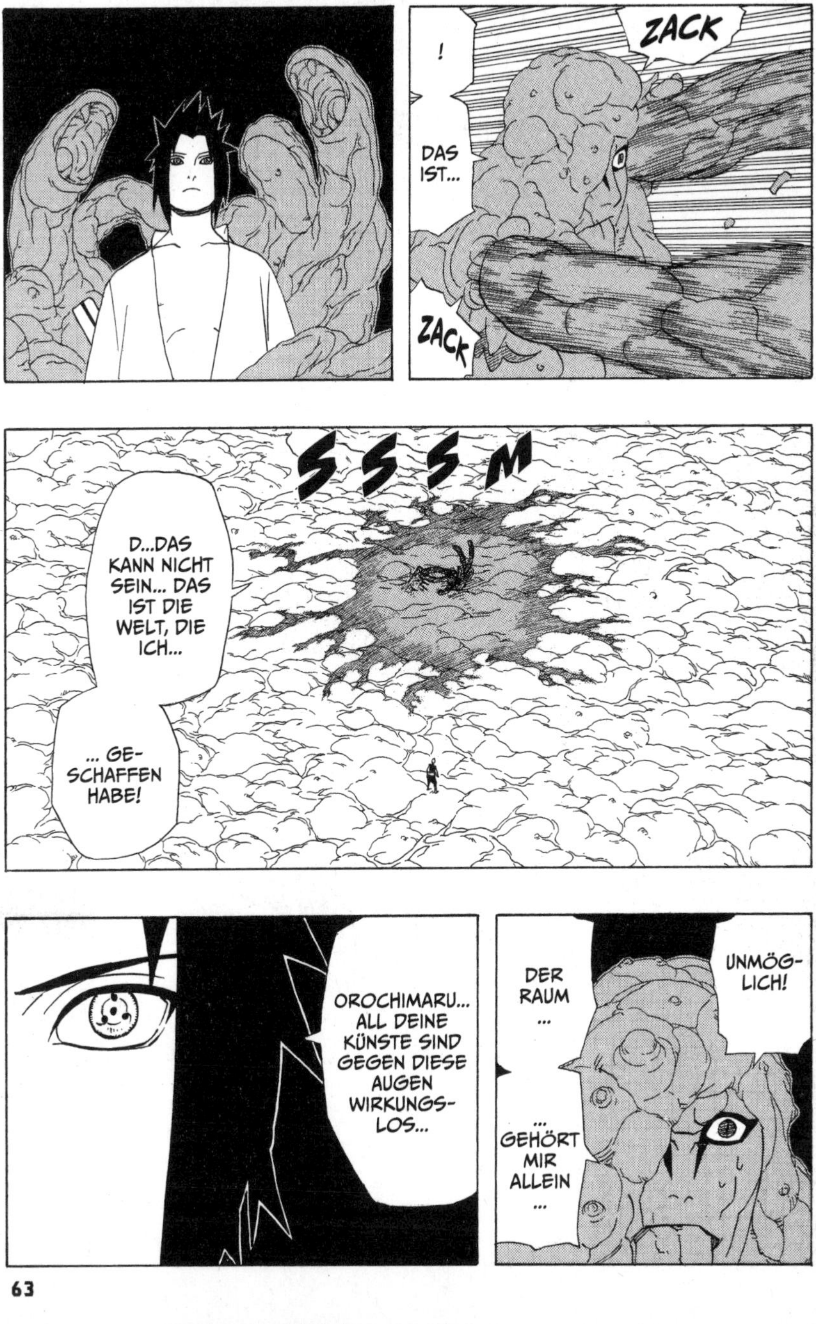

ZACK
!
DAS IST...
ZACK
SSSM
D...DAS KANN NICHT SEIN... DAS IST DIE WELT, DIE ICH...
... GE-SCHAFFEN HABE!
UNMÖG-LICH!
DER RAUM ...
... GEHÖRT MIR ALLEIN ...
OROCHIMARU... ALL DEINE KÜNSTE SIND GEGEN DIESE AUGEN WIRKUNGS-LOS...

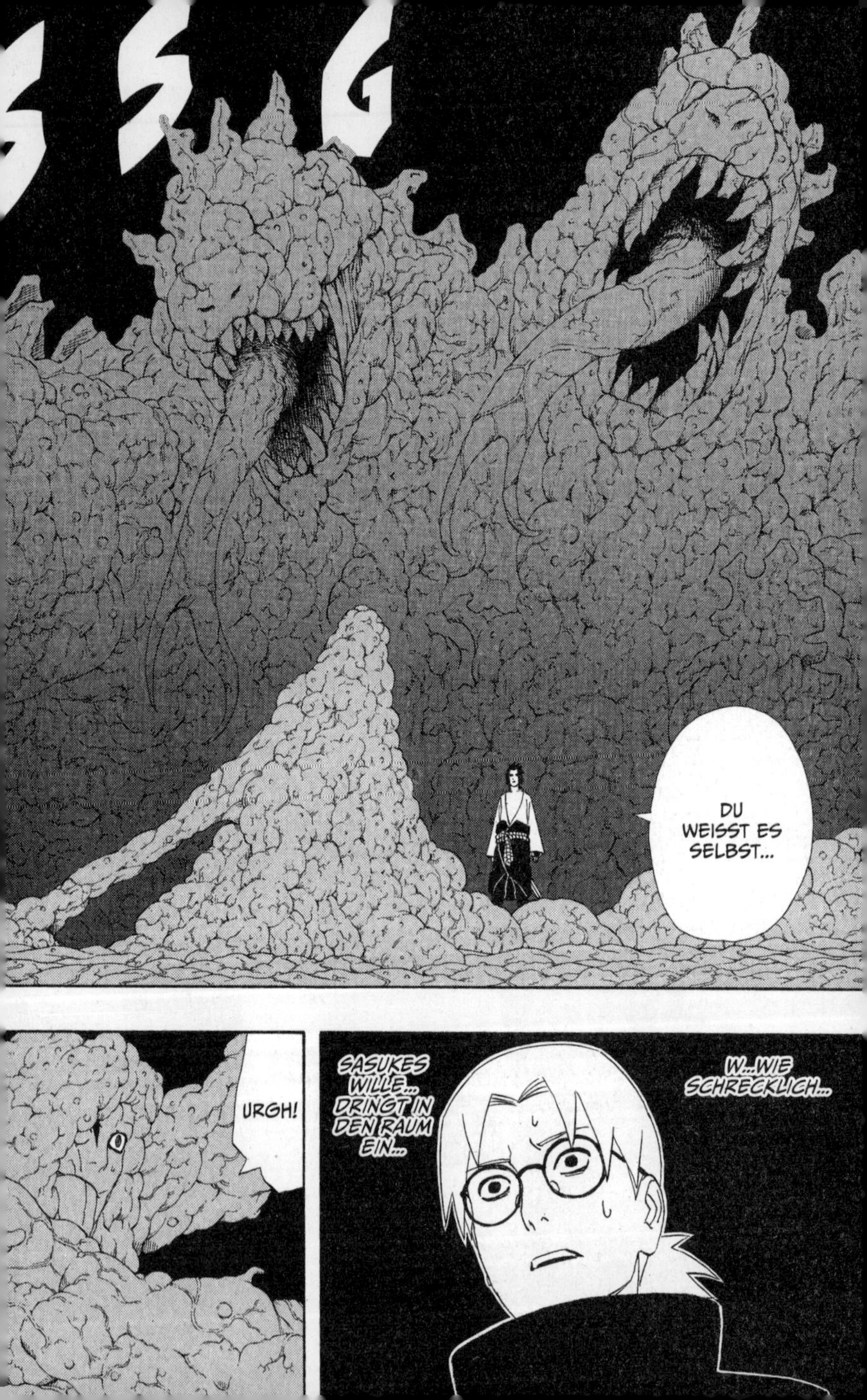
SSG
DU WEISST ES SELBST...
W...WIE SCHRECKLICH...
SASUKES WILLE... DRINGT IN DEN RAUM EIN...
URGH!

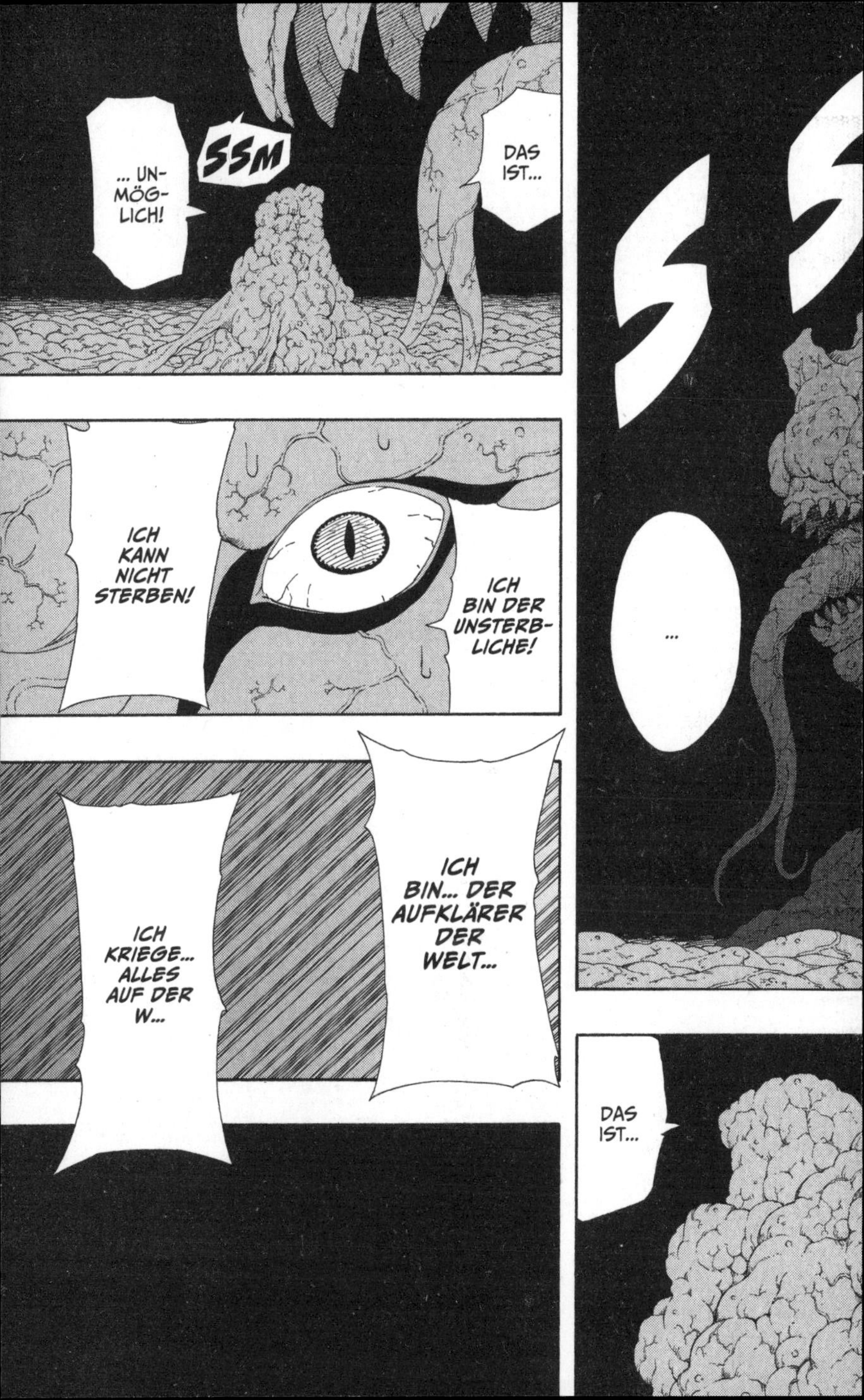
SS
DAS IST...
SSM
... UN-MÖG-LICH!
...
ICH BIN DER UNSTERB-LICHE!
ICH KANN NICHT STERBEN!
ICH BIN... DER AUFKLÄRER DER WELT...
ICH KRIEGE... ALLES AUF DER W...
DAS IST...

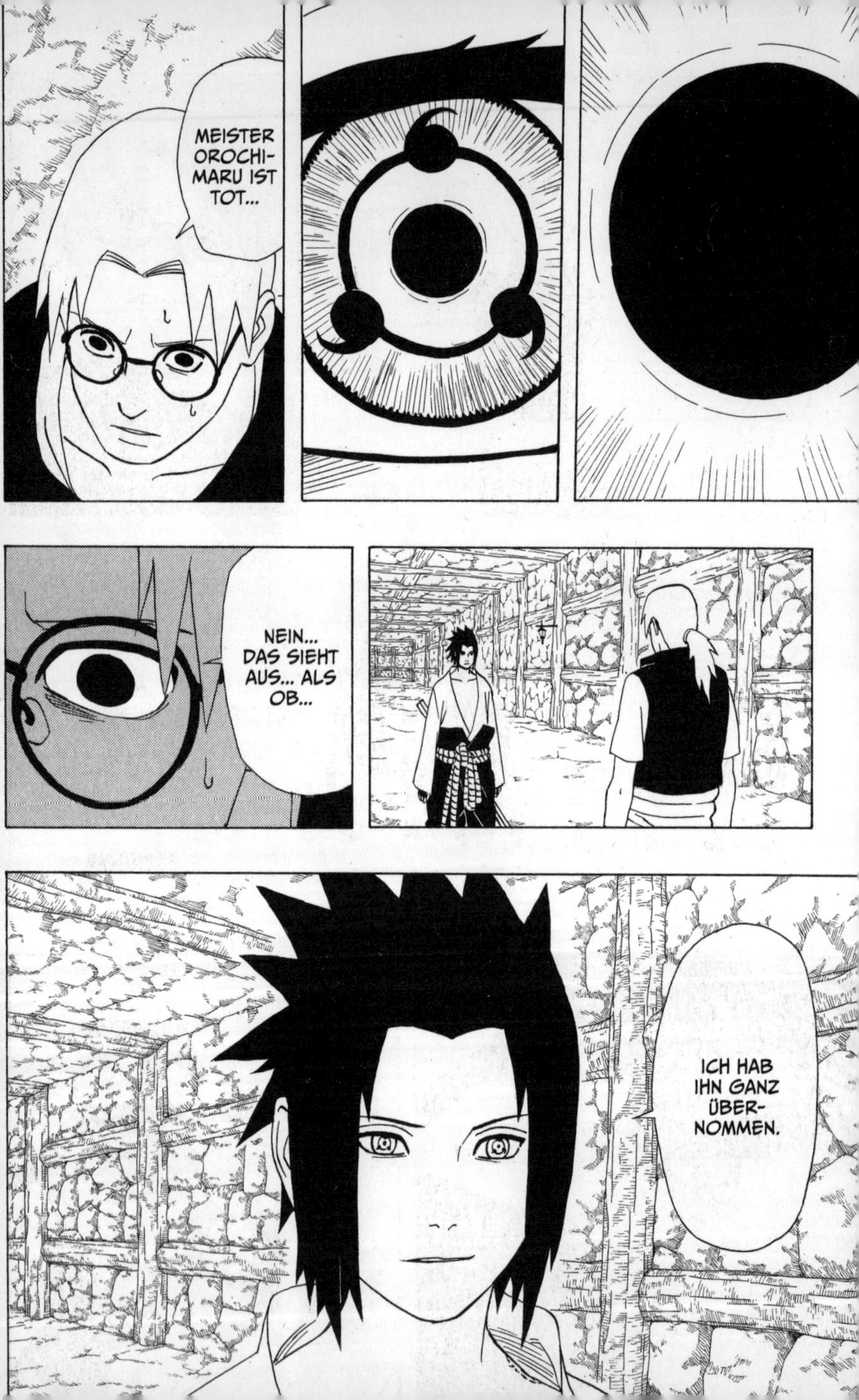
MEISTER OROCHI-MARU IST TOT...
NEIN... DAS SIEHT AUS... ALS OB...
ICH HAB IHN GANZ ÜBER-NOMMEN.

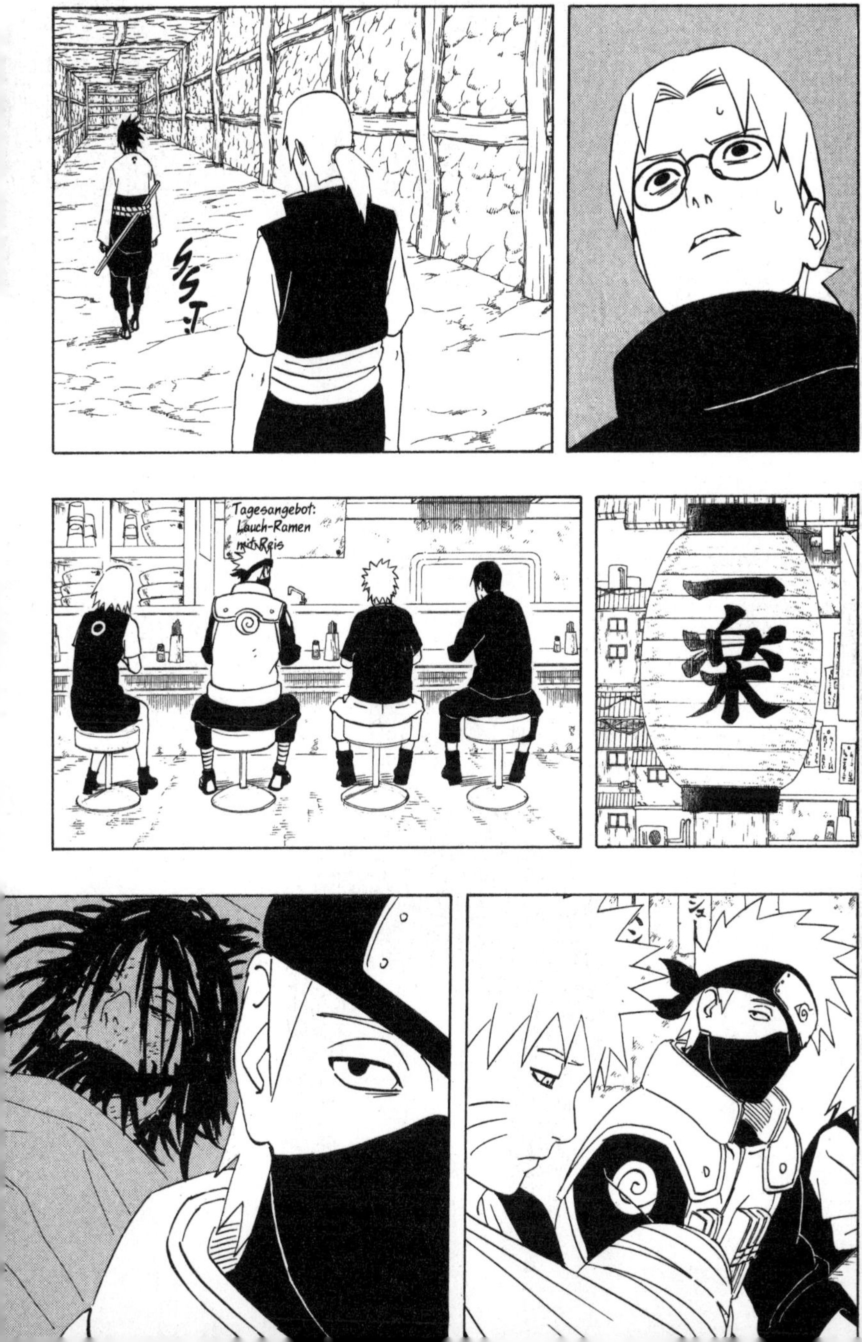
SST
Tagesangebot:
Lauch-Ramen
mit Reis
一楽

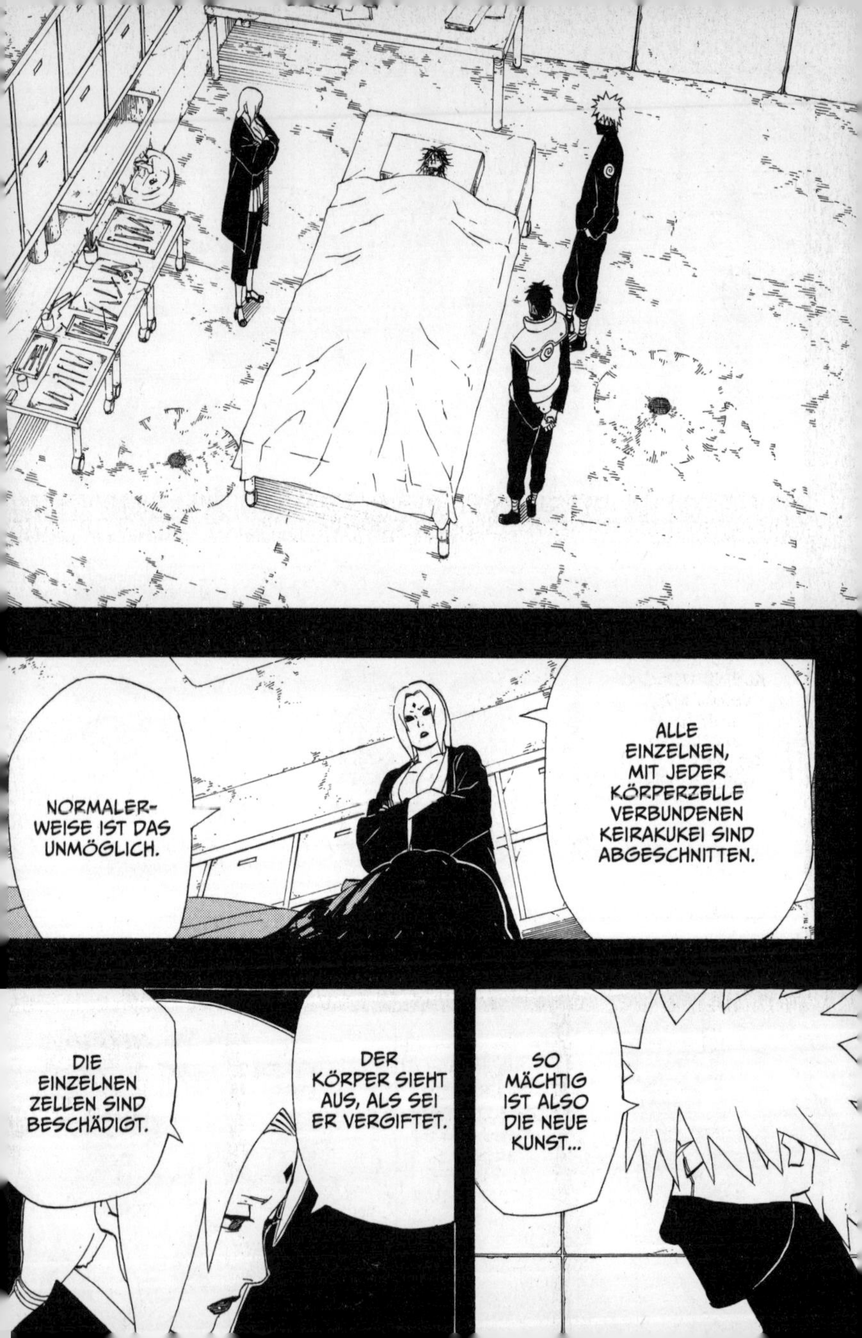
ALLE EINZELNEN, MIT JEDER KÖRPERZELLE VERBUNDENEN KEIRAKUKEI SIND ABGESCHNITTEN.
NORMALERWEISE IST DAS UNMÖGLICH.
SO MÄCHTIG IST ALSO DIE NEUE KUNST...
DER KÖRPER SIEHT AUS, ALS SEI ER VERGIFTET.
DIE EINZELNEN ZELLEN SIND BESCHÄDIGT.

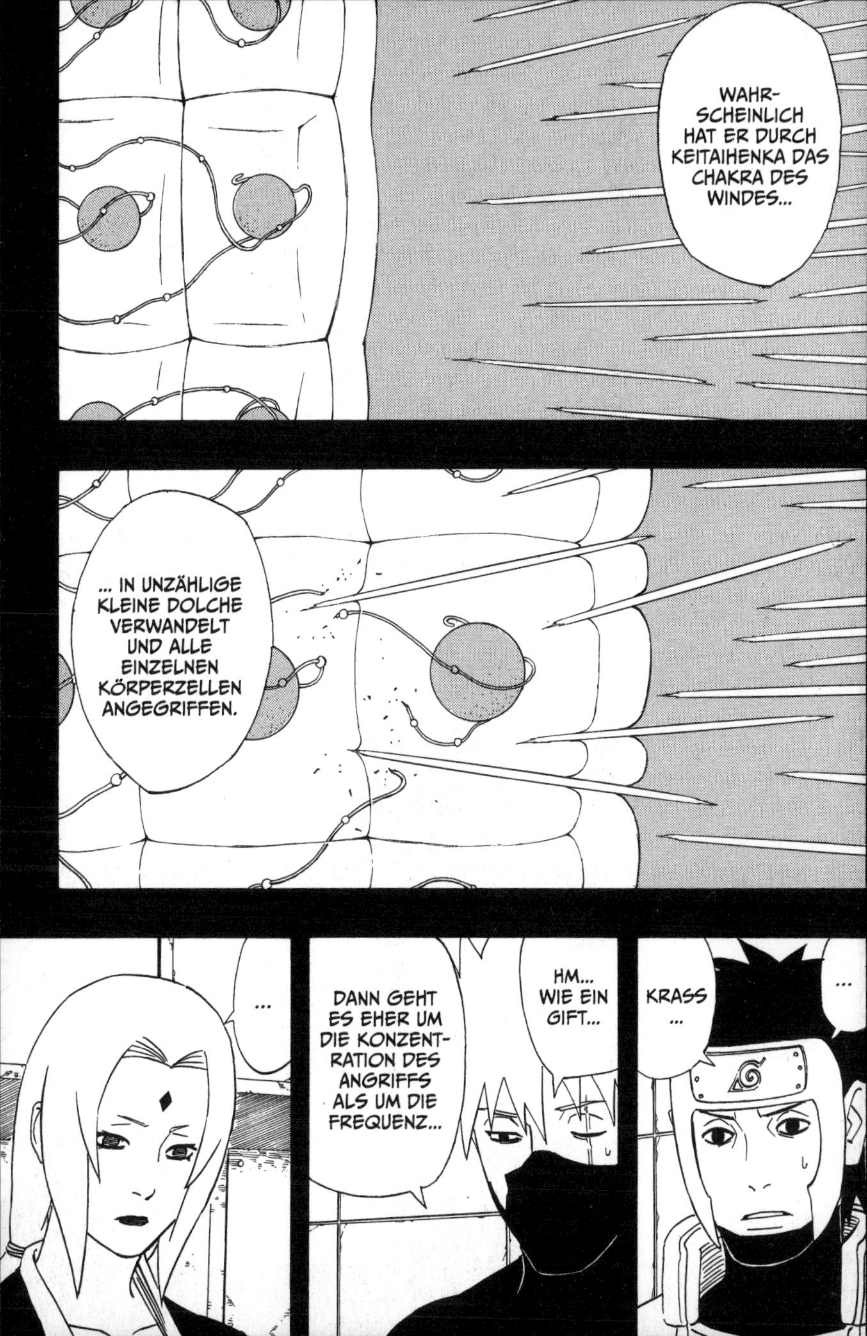
WAHR-SCHEINLICH HAT ER DURCH KEITAIHENKA DAS CHAKRA DES WINDES...
... IN UNZÄHLIGE KLEINE DOLCHE VERWANDELT UND ALLE EINZELNEN KÖRPERZELLEN ANGEGRIFFEN.
...
KRASS ...
HM... WIE EIN GIFT...
DANN GEHT ES EHER UM DIE KONZENT-RATION DES ANGRIFFS ALS UM DIE FREQUENZ...
...

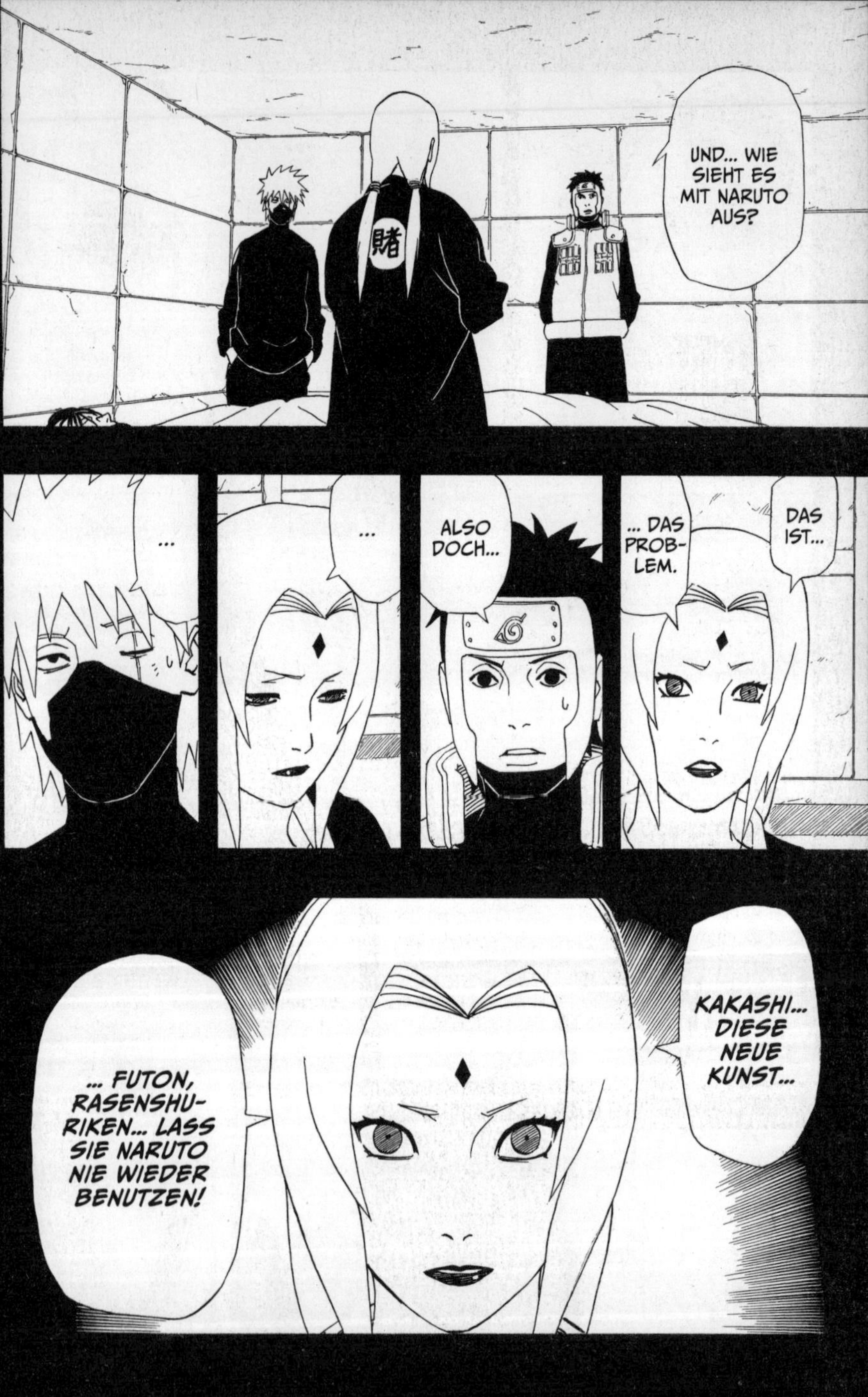

UND... WIE SIEHT ES MIT NARUTO AUS?
DAS IST...
... DAS PROB-LEM.
ALSO DOCH...
...
...
KAKASHI... DIESE NEUE KUNST...
... FUTON, RASENSHURIKEN... LASS SIE NARUTO NIE WIEDER BENUTZEN!

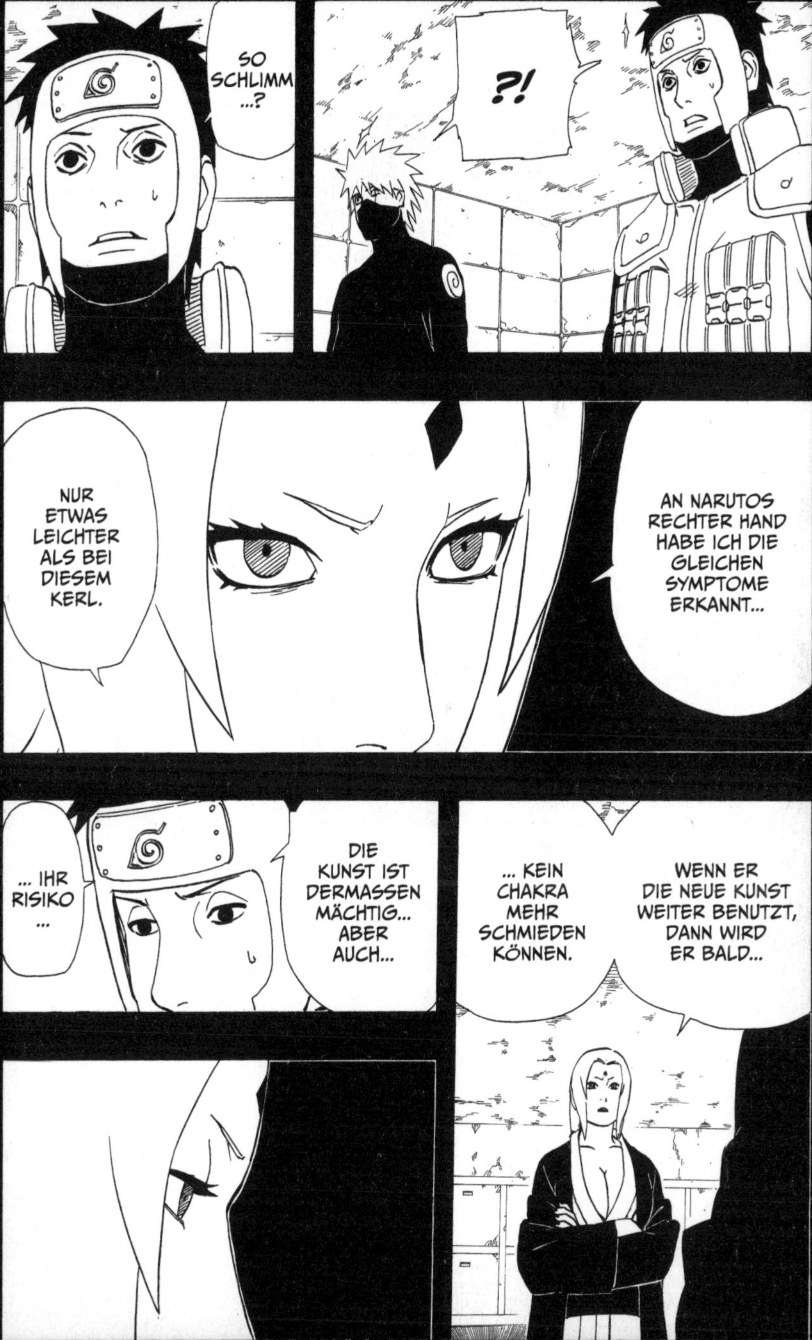
?!
SO SCHLIMM ...?
AN NARUTOS RECHTER HAND HABE ICH DIE GLEICHEN SYMPTOME ERKANNT...
NUR ETWAS LEICHTER ALS BEI DIESEM KERL.
WENN ER DIE NEUE KUNST WEITER BENUTZT, DANN WIRD ER BALD...
... KEIN CHAKRA MEHR SCHMIEDEN KÖNNEN.
DIE KUNST IST DERMASSEN MÄCHTIG... ABER AUCH...
... IHR RISIKO ...

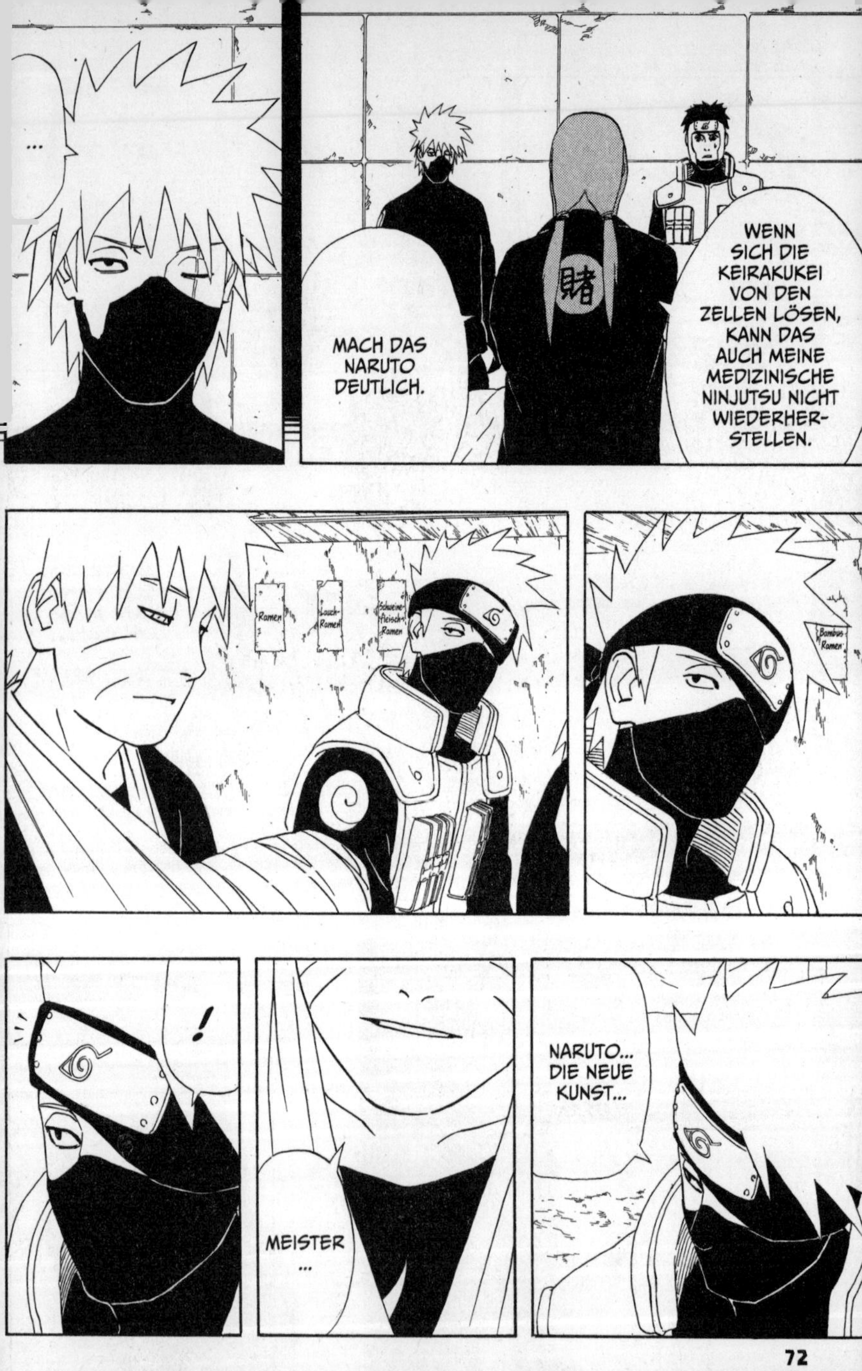

WENN SICH DIE KEIRAKUKEI VON DEN ZELLEN LÖSEN, KANN DAS AUCH MEINE MEDIZINISCHE NINJUTSU NICHT WIEDERHER-STELLEN.
MACH DAS NARUTO DEUTLICH.
...
Bambus-Ramen
Schweinefleisch-Ramen
Lauch-Ramen
Ramen
NARUTO... DIE NEUE KUNST...
MEISTER ...
!

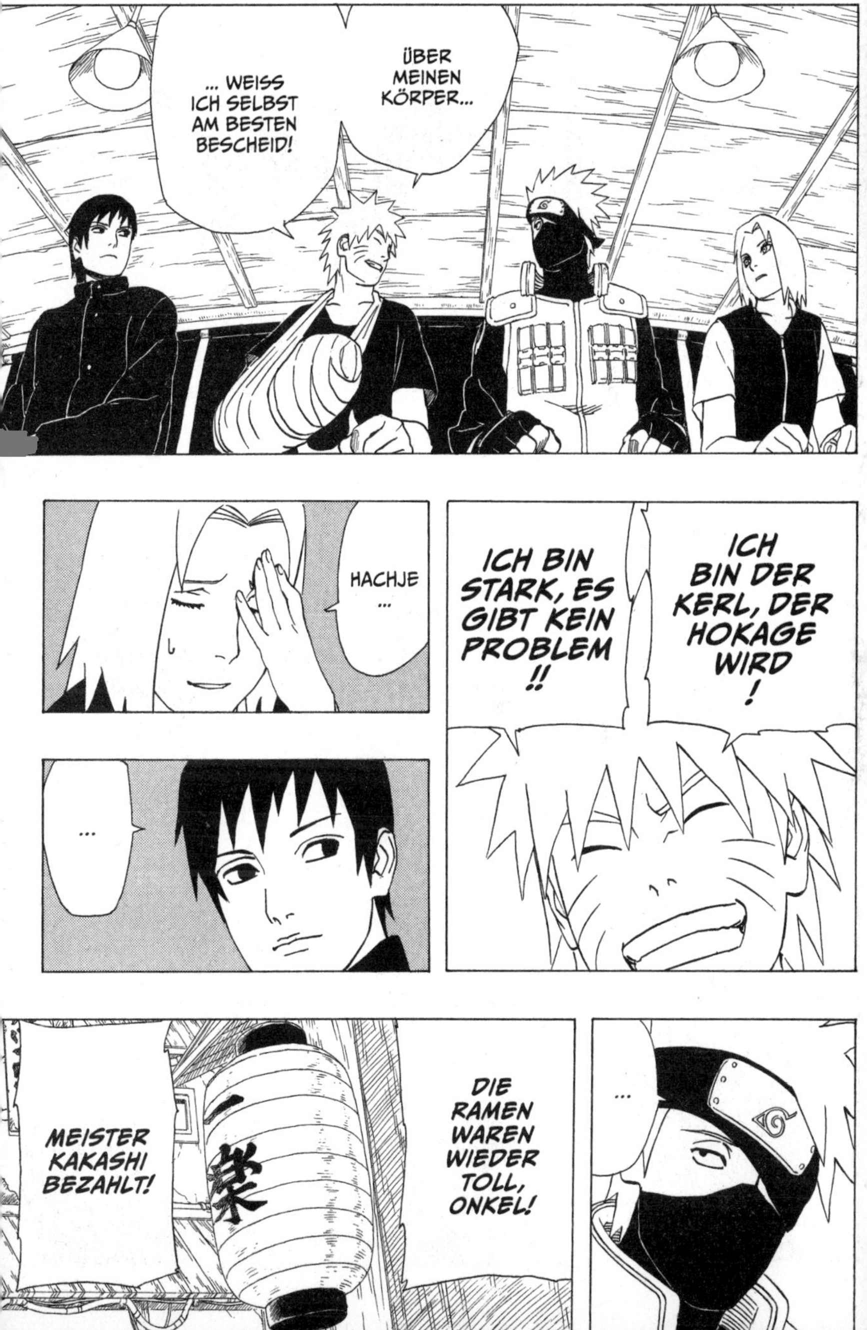
ÜBER MEINEN KÖRPER...
... WEISS ICH SELBST AM BESTEN BESCHEID!
ICH BIN DER KERL, DER HOKAGE WIRD!
ICH BIN STARK, ES GIBT KEIN PROBLEM!!
HACHJE ...
...
...
DIE RAMEN WAREN WIEDER TOLL, ONKEL!
MEISTER KAKASHI BEZAHLT!

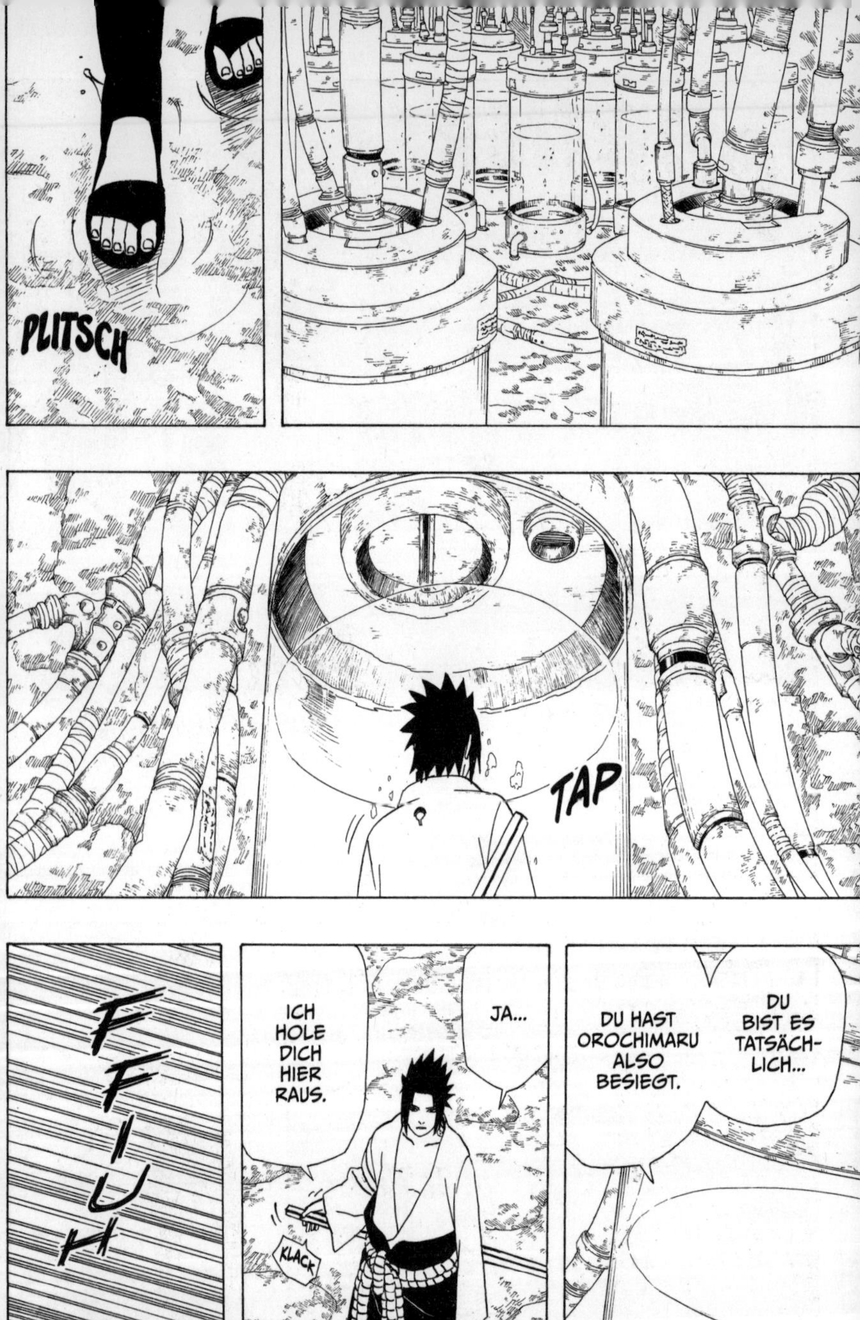
PLITSCH
TAP
DU BIST ES TATSÄCH-LICH...
DU HAST OROCHIMARU ALSO BESIEGT.
JA...
ICH HOLE DICH HIER RAUS.
KLACK
FFIUH

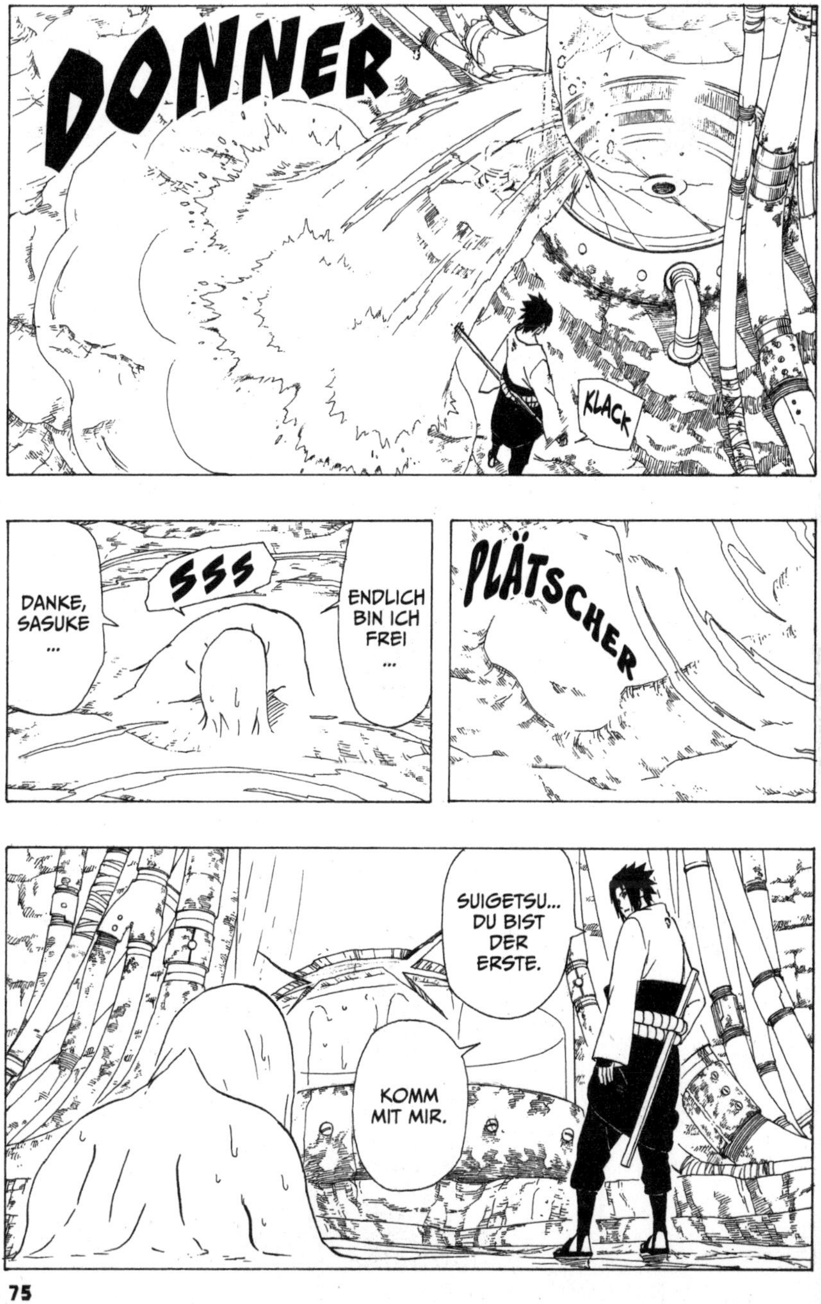
DONNER
KLACK
ENDLICH BIN ICH FREI ...
SSS
DANKE, SASUKE ...
PLÄTSCHER
SUIGETSU... DU BIST DER ERSTE.
KOMM MIT MIR.

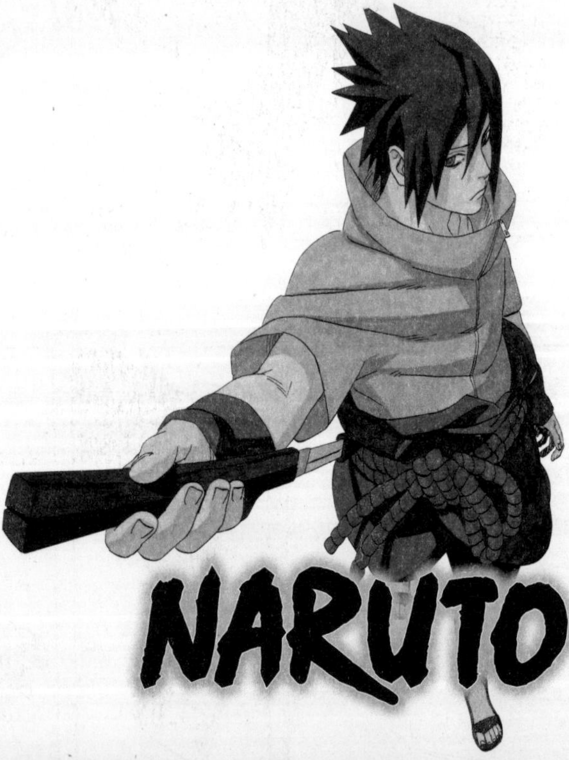
NARUTO

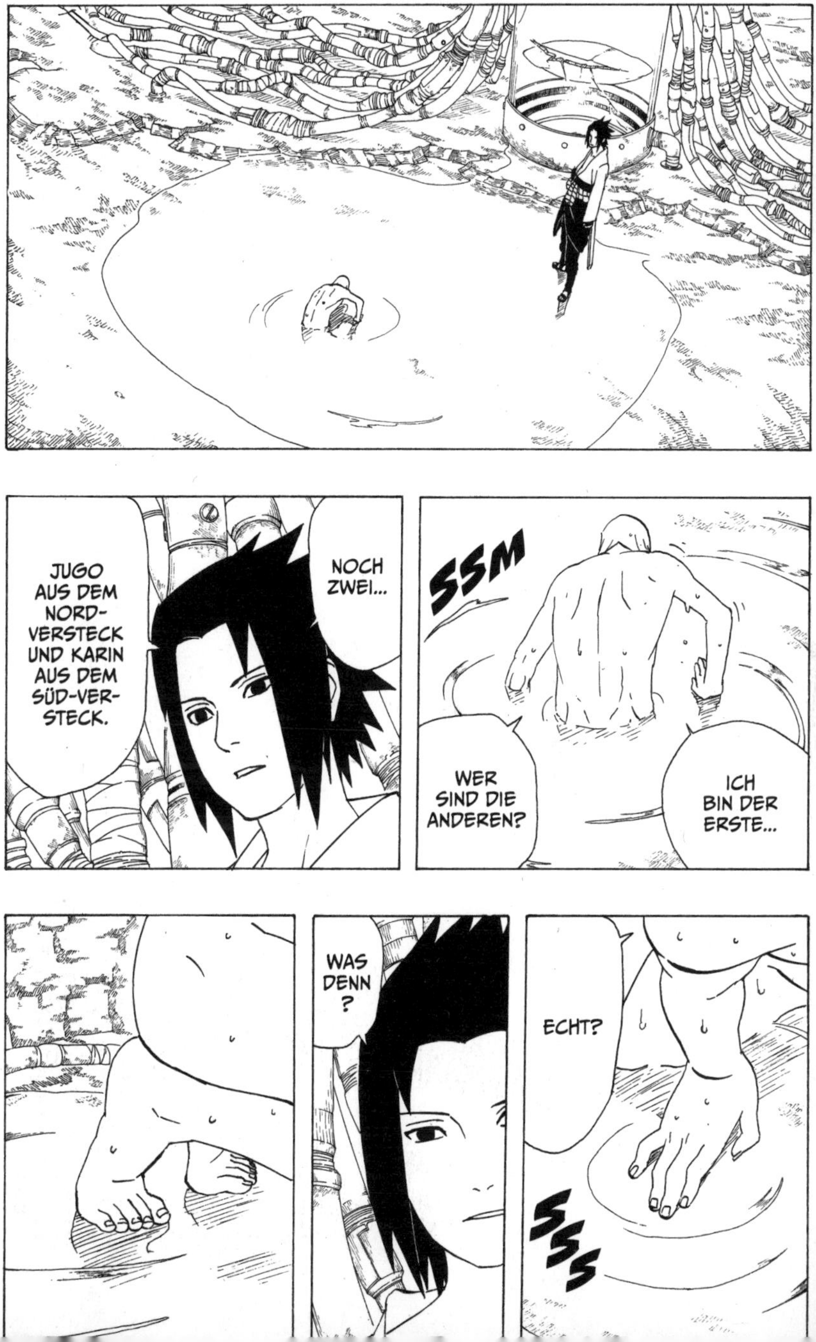
SSM
ICH BIN DER ERSTE...
WER SIND DIE ANDEREN?
NOCH ZWEI...
JUGO AUS DEM NORD-VERSTECK UND KARIN AUS DEM SÜD-VER-STECK.
ECHT?
SSS
WAS DENN?

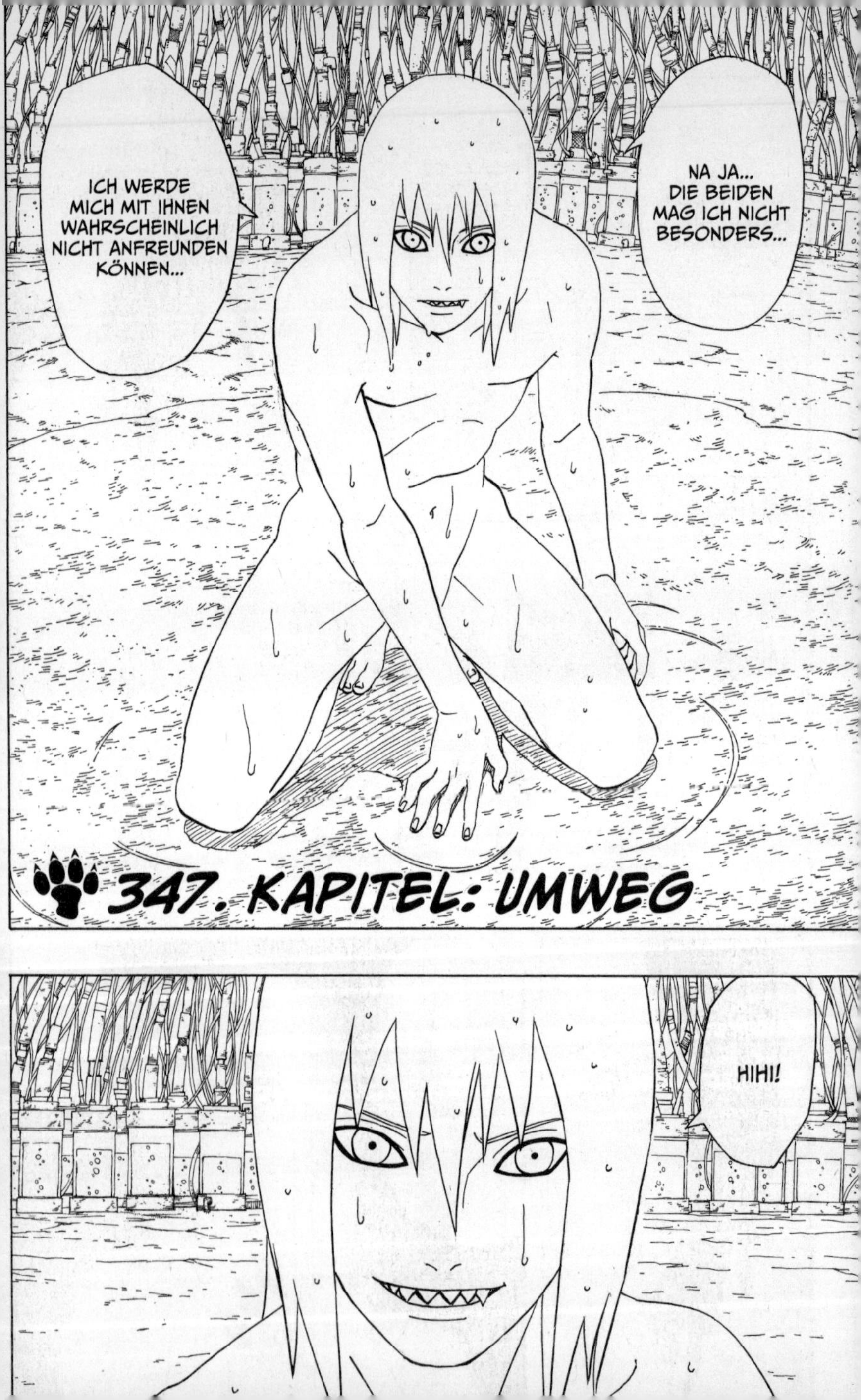
NA JA... DIE BEIDEN MAG ICH NICHT BESONDERS...
ICH WERDE MICH MIT IHNEN WAHRSCHEINLICH NICHT ANFREUNDEN KÖNNEN...
347. KAPITEL: UMWEG
HIHI!

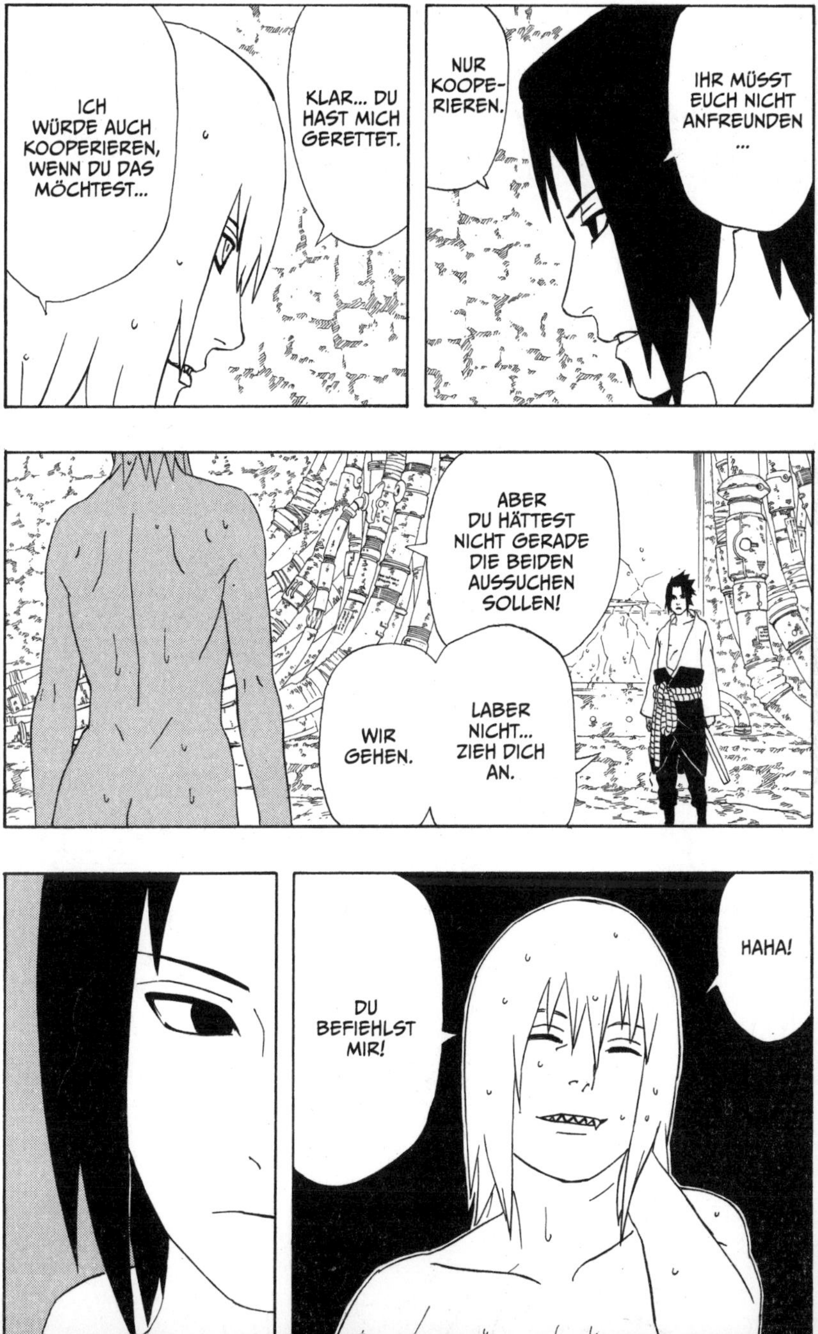
IHR MÜSST EUCH NICHT ANFREUNDEN ...
NUR KOOPERIEREN.
KLAR... DU HAST MICH GERETTET.
ICH WÜRDE AUCH KOOPERIEREN, WENN DU DAS MÖCHTEST...
ABER DU HÄTTEST NICHT GERADE DIE BEIDEN AUSSUCHEN SOLLEN!
LABER NICHT... ZIEH DICH AN.
WIR GEHEN.
HAHA!
DU BEFIEHLST MIR!

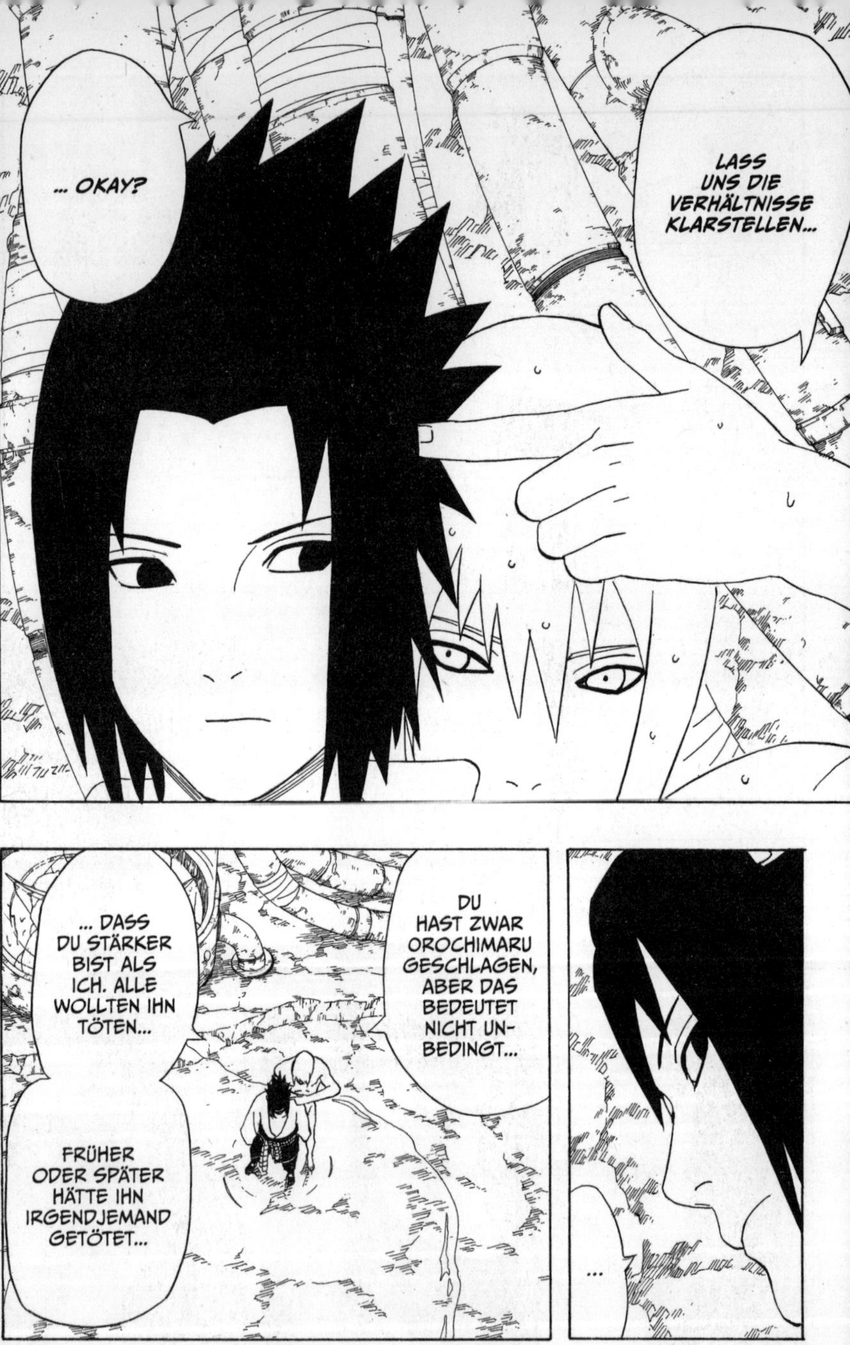
LASS UNS DIE VERHÄLTNISSE KLARSTELLEN...
... OKAY?
...
DU HAST ZWAR OROCHIMARU GESCHLAGEN, ABER DAS BEDEUTET NICHT UN-BEDINGT...
... DASS DU STÄRKER BIST ALS ICH. ALLE WOLLTEN IHN TÖTEN...
FRÜHER ODER SPÄTER HÄTTE IHN IRGENDJEMAND GETÖTET...

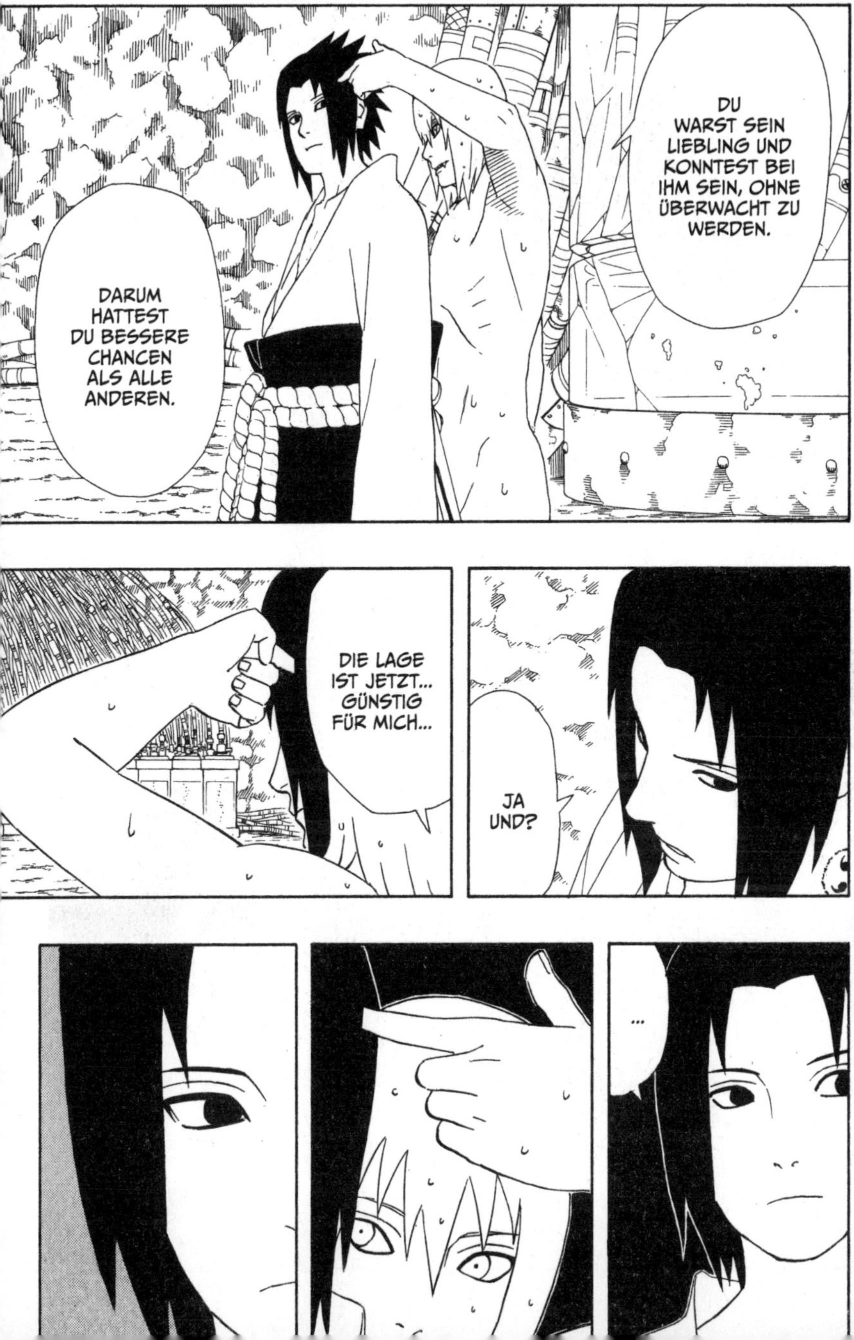
DU WARST SEIN LIEBLING UND KONNTEST BEI IHM SEIN, OHNE ÜBERWACHT ZU WERDEN.
DARUM HATTEST DU BESSERE CHANCEN ALS ALLE ANDEREN.
DIE LAGE IST JETZT... GÜNSTIG FÜR MICH...
JA UND?
...

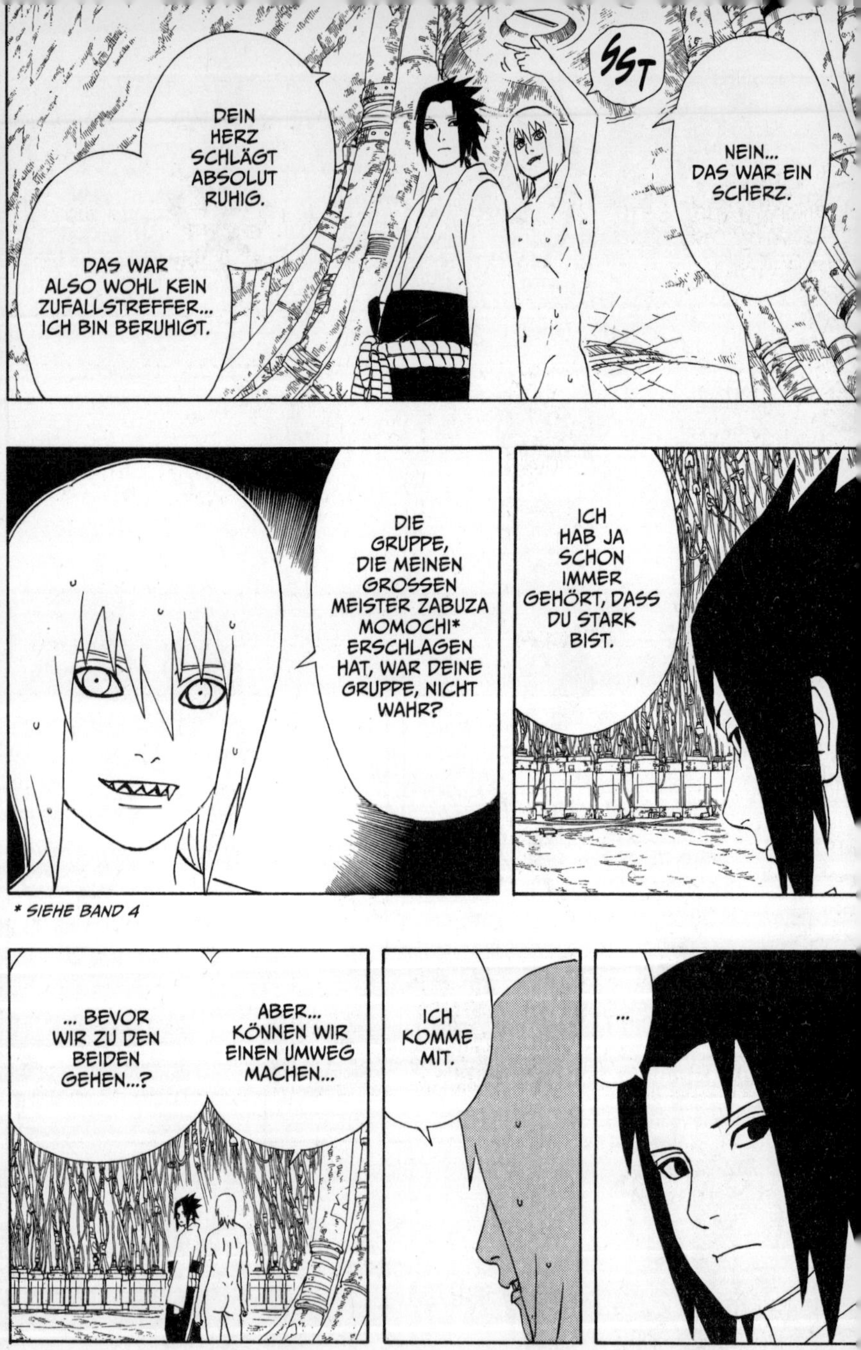
SST
NEIN... DAS WAR EIN SCHERZ.
DEIN HERZ SCHLÄGT ABSOLUT RUHIG.
DAS WAR ALSO WOHL KEIN ZUFALLSTREFFER... ICH BIN BERUHIGT.
ICH HAB JA SCHON IMMER GEHÖRT, DASS DU STARK BIST.
DIE GRUPPE, DIE MEINEN GROSSEN MEISTER ZABUZA MOMOCHI* ERSCHLAGEN HAT, WAR DEINE GRUPPE, NICHT WAHR?
...
ICH KOMME MIT.
ABER... KÖNNEN WIR EINEN UMWEG MACHEN...
... BEVOR WIR ZU DEN BEIDEN GEHEN...?

* *SIEHE BAND 4*

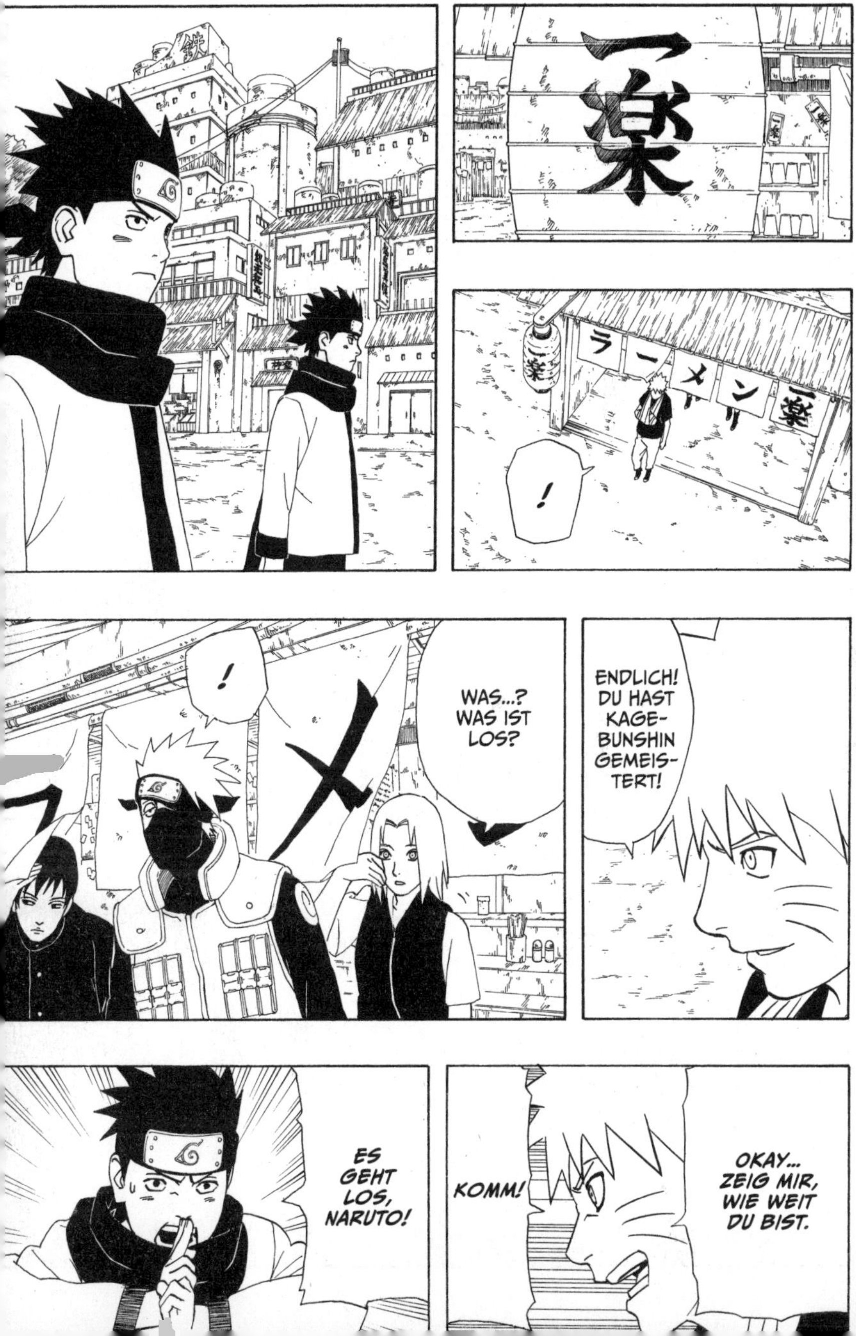

!
ENDLICH! DU HAST KAGE-BUNSHIN GEMEIS-TERT!
WAS...? WAS IST LOS?
!
OKAY... ZEIG MIR, WIE WEIT DU BIST.
KOMM!
ES GEHT LOS, NARUTO!

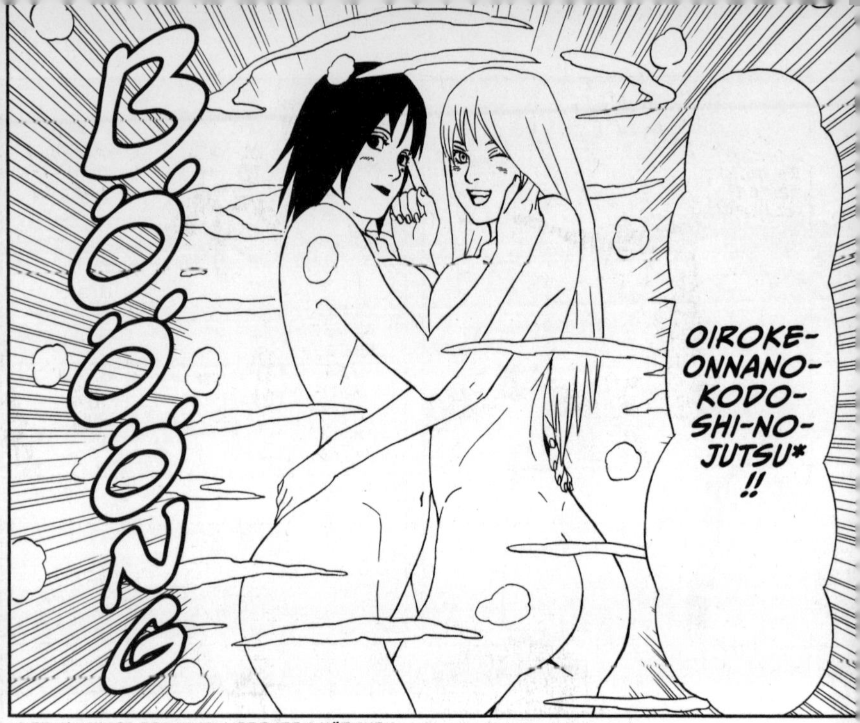

* ETWA: KUNST DER ZWEI LIEBENDEN MÄDCHEN

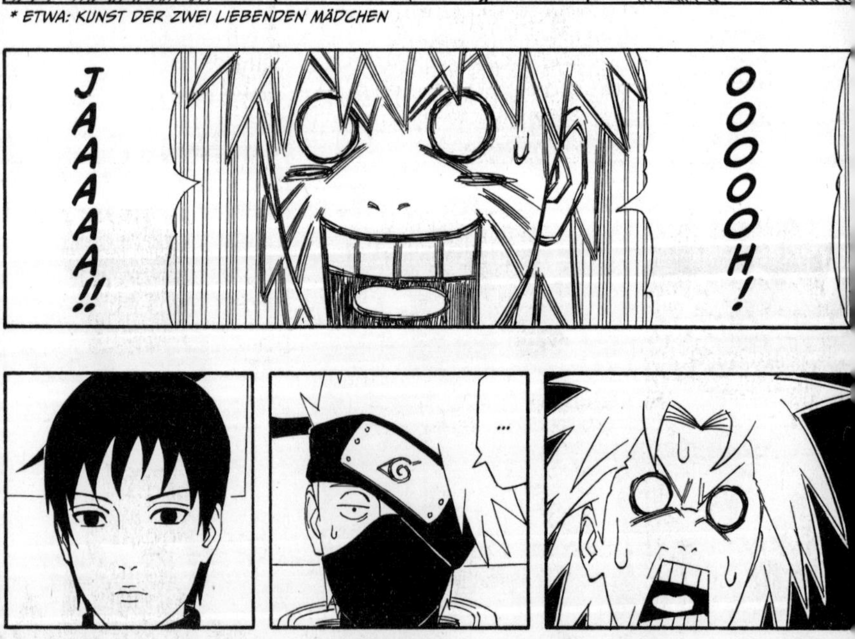

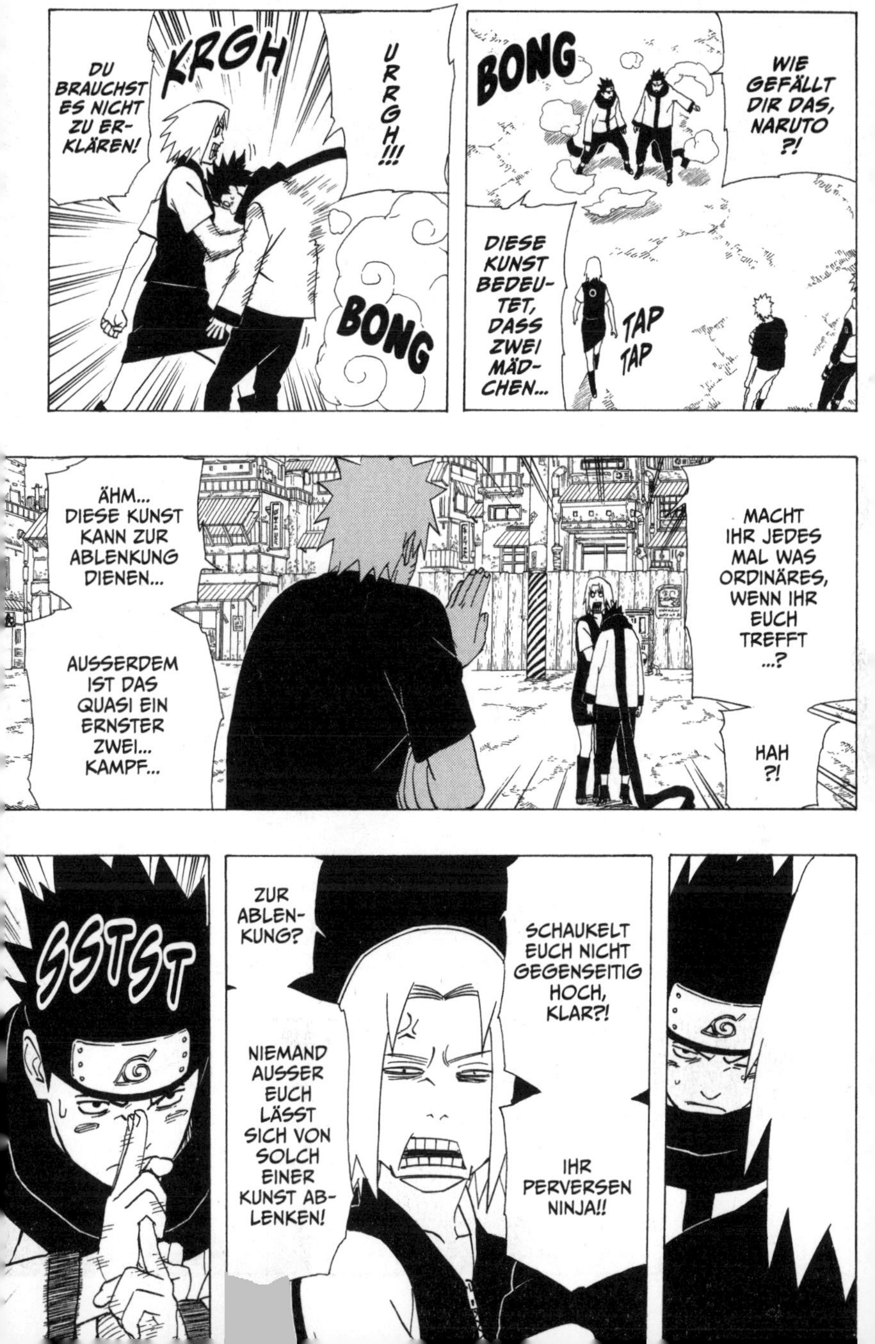
WIE GEFÄLLT DIR DAS, NARUTO ?!
BONG
DIESE KUNST BEDEUTET, DASS ZWEI MÄDCHEN...
TAP TAP
URRGH!!!
KRGH
BONG
DU BRAUCHST ES NICHT ZU ERKLÄREN!
MACHT IHR JEDES MAL WAS ORDINÄRES, WENN IHR EUCH TREFFT ...?
HAH ?!
ÄHM... DIESE KUNST KANN ZUR ABLENKUNG DIENEN...
AUSSERDEM IST DAS QUASI EIN ERNSTER ZWEI... KAMPF...
SCHAUKELT EUCH NICHT GEGENSEITIG HOCH, KLAR?!
IHR PERVERSEN NINJA!!
ZUR ABLENKUNG?
NIEMAND AUSSER EUCH LÄSST SICH VON SOLCH EINER KUNST ABLENKEN!
SSTST

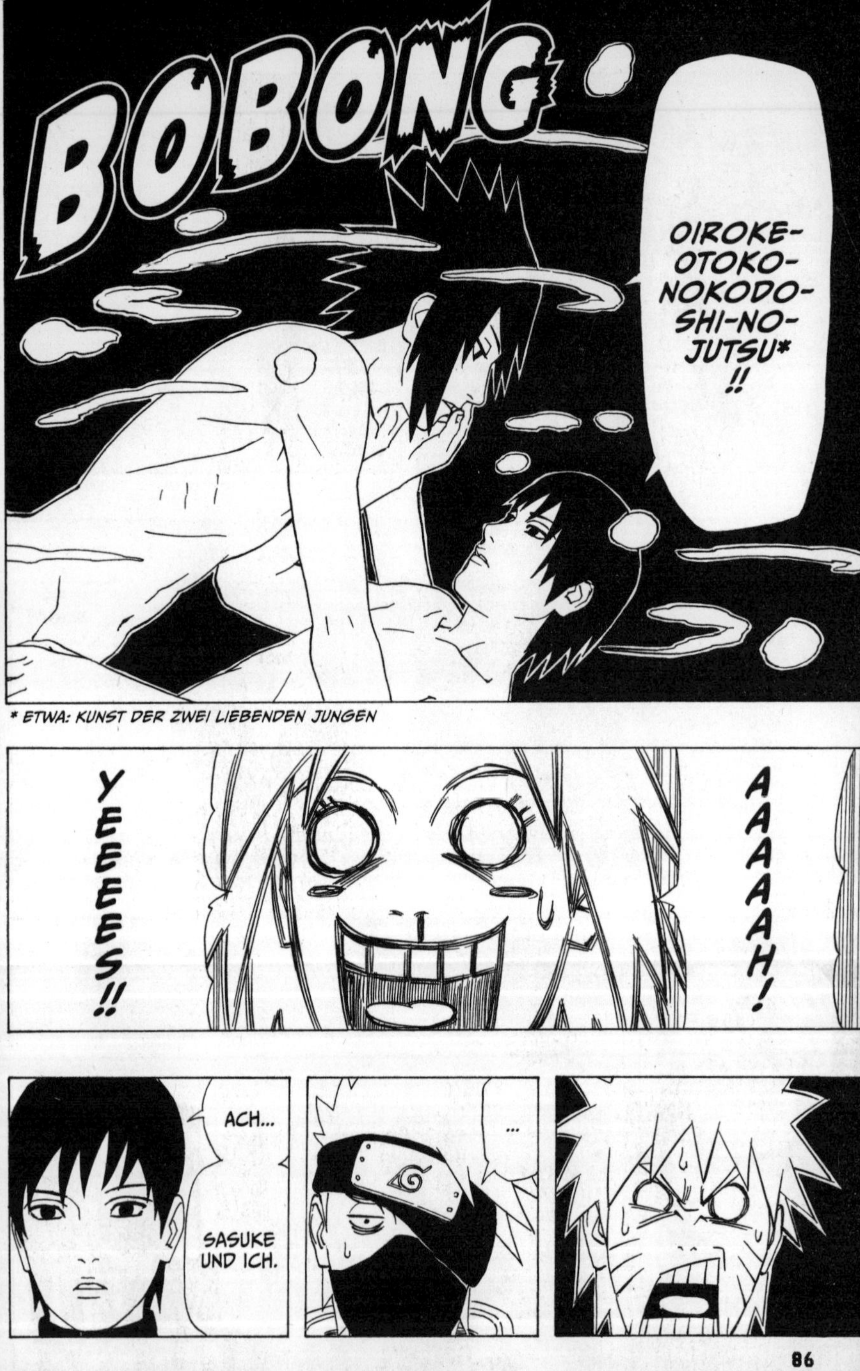

* ETWA: KUNST DER ZWEI LIEBENDEN JUNGEN

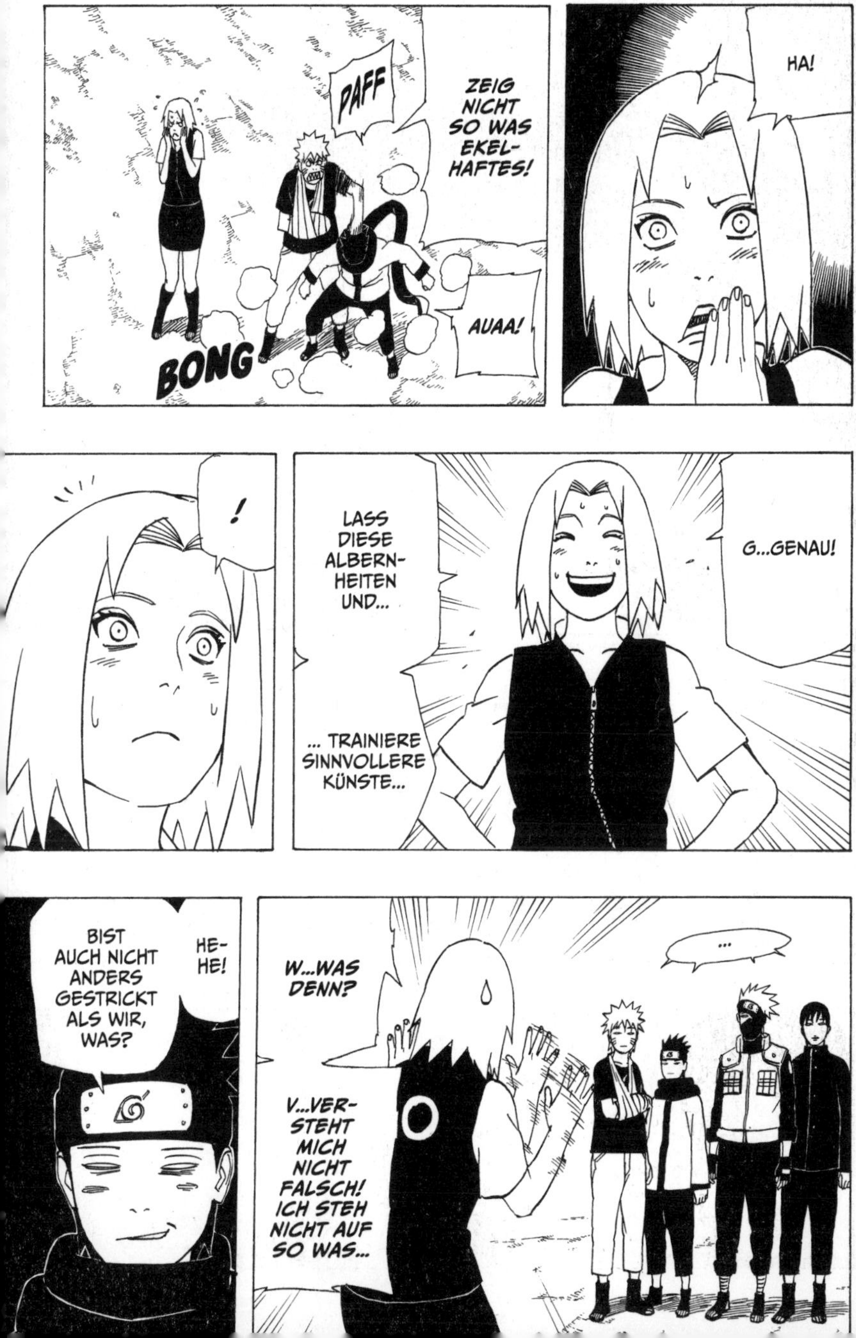
HA!
ZEIG NICHT SO WAS EKELHAFTES!
PAFF
AUAA!
BONG
G...GENAU!
LASS DIESE ALBERNHEITEN UND...
... TRAINIERE SINNVOLLERE KÜNSTE...
!
...
W...WAS DENN?
V...VERSTEHT MICH NICHT FALSCH! ICH STEH NICHT AUF SO WAS...
HE-HE!
BIST AUCH NICHT ANDERS GESTRICKT ALS WIR, WAS?

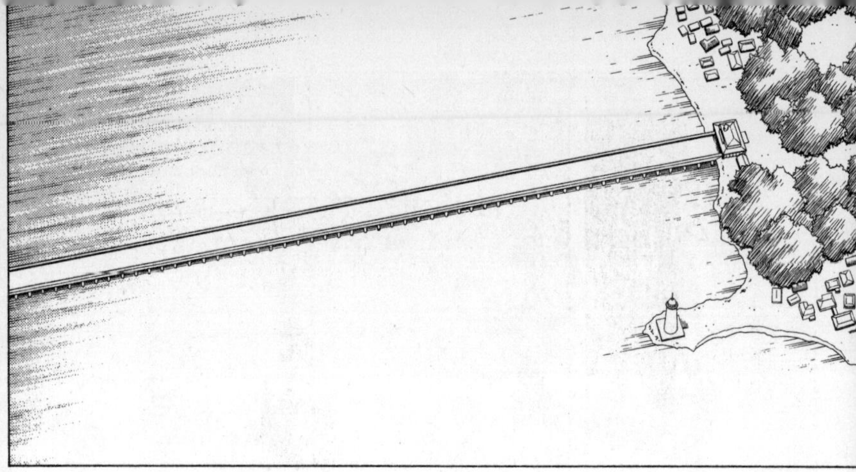

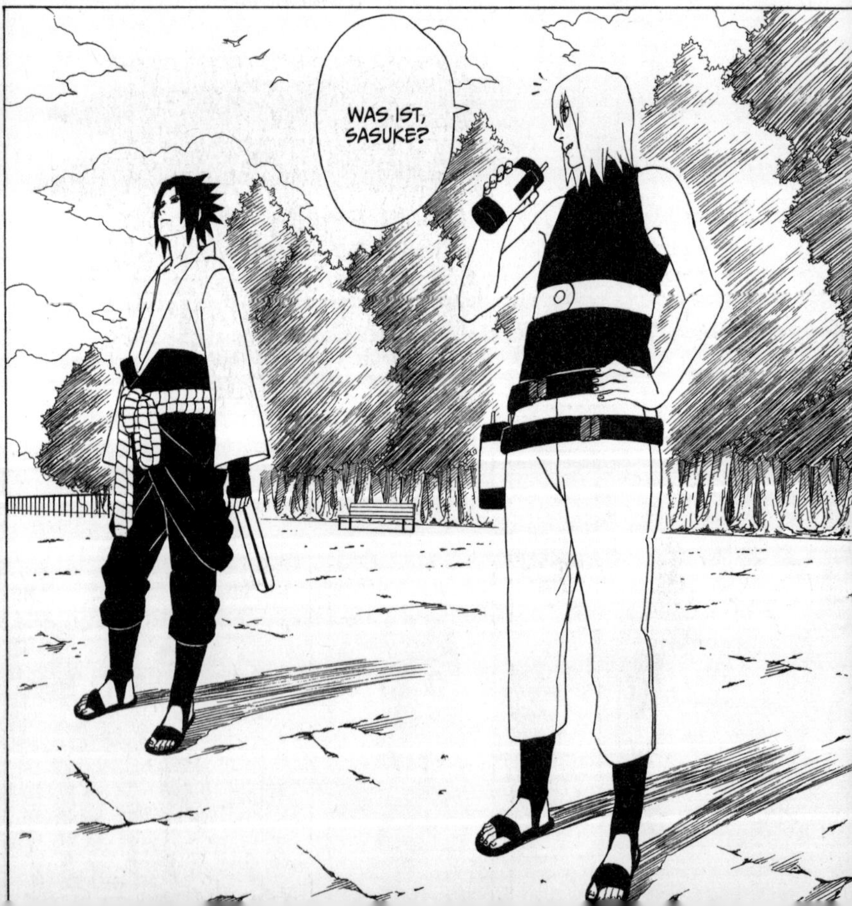
WAS IST,
SASUKE?

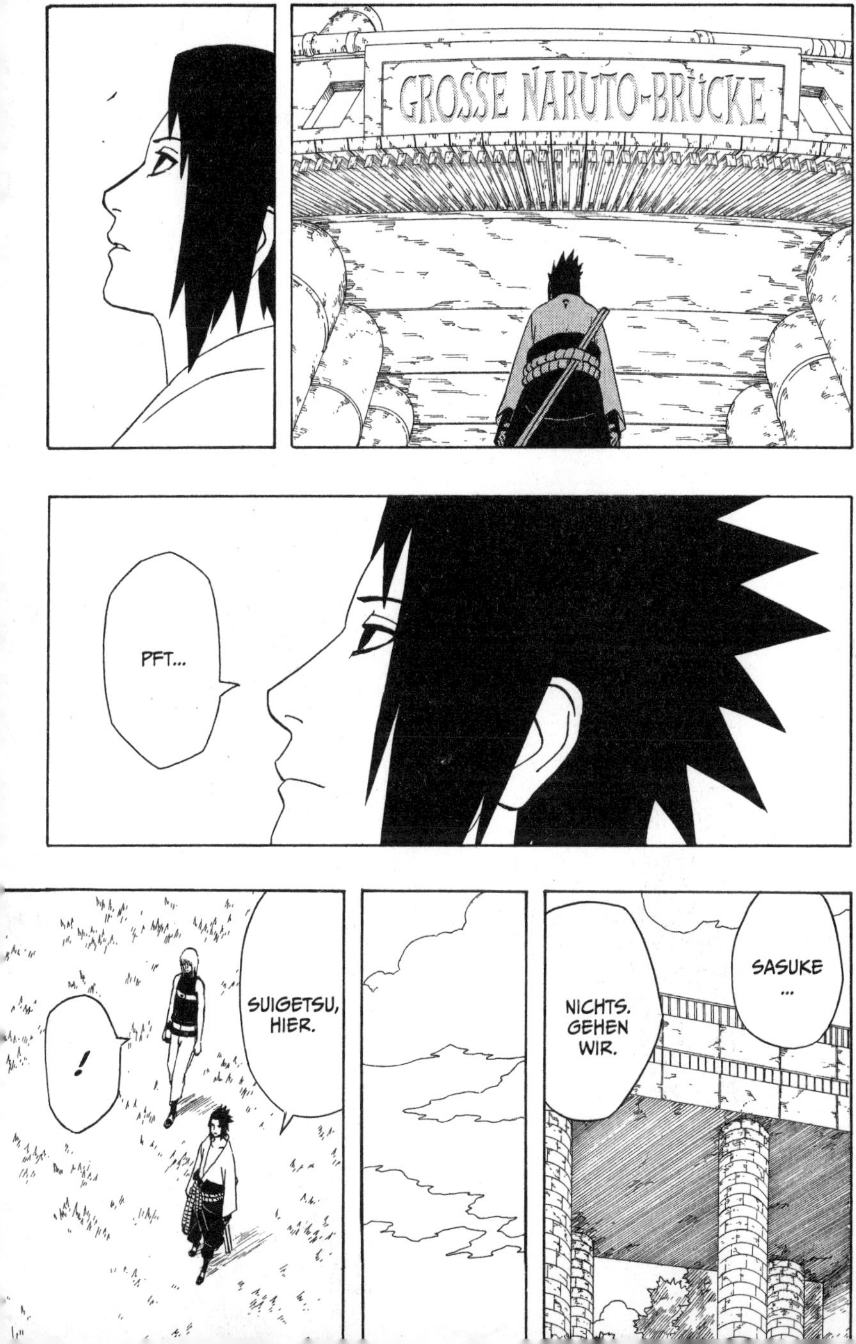
GROSSE NARUTO-BRÜCKE
PFT...
SASUKE ...
NICHTS. GEHEN WIR.
SUIGETSU, HIER.
!

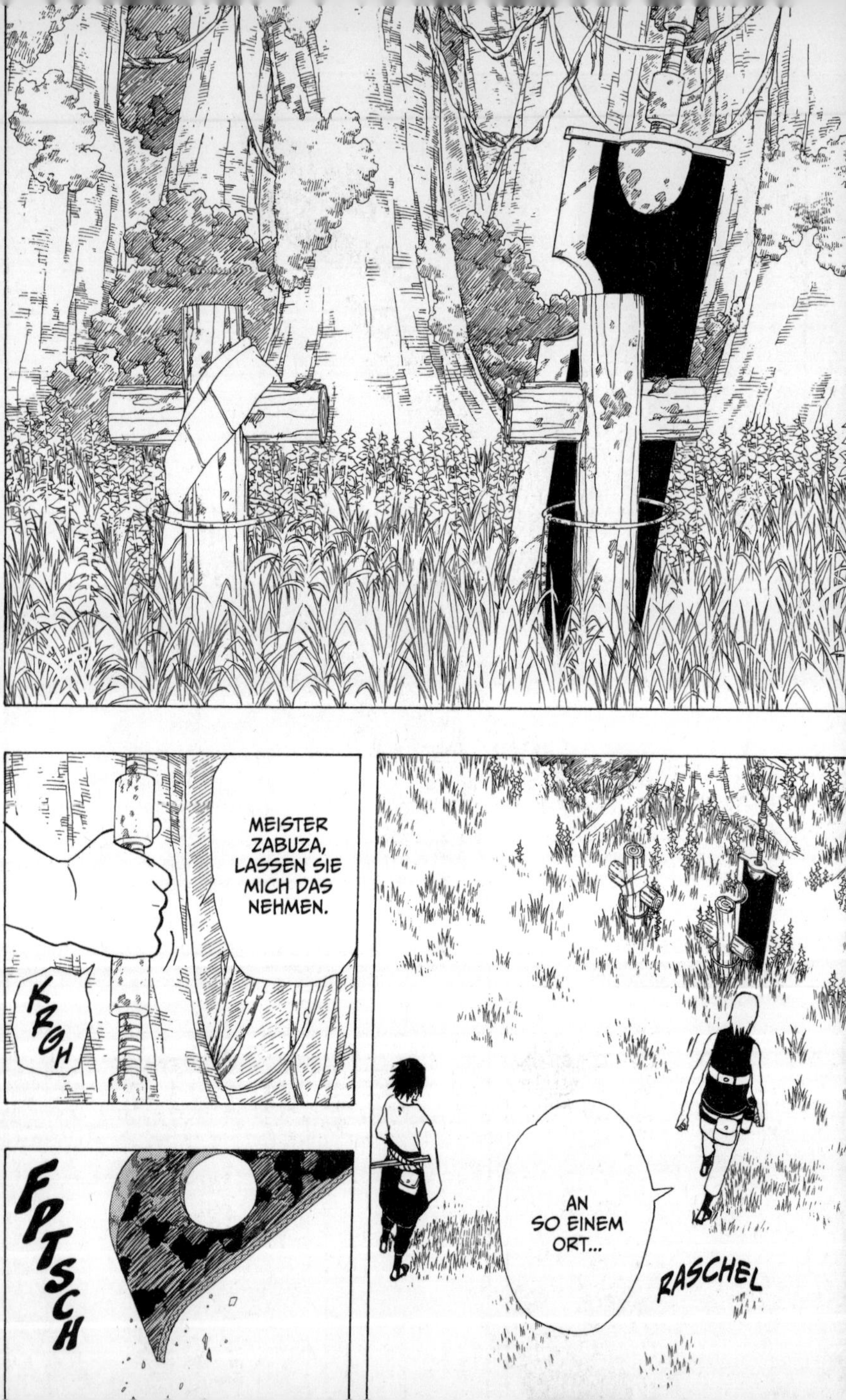

AN
SO EINEM
ORT...
RASCHEL
MEISTER
ZABUZA,
LASSEN SIE
MICH DAS
NEHMEN.
KRGH
FPTSCH

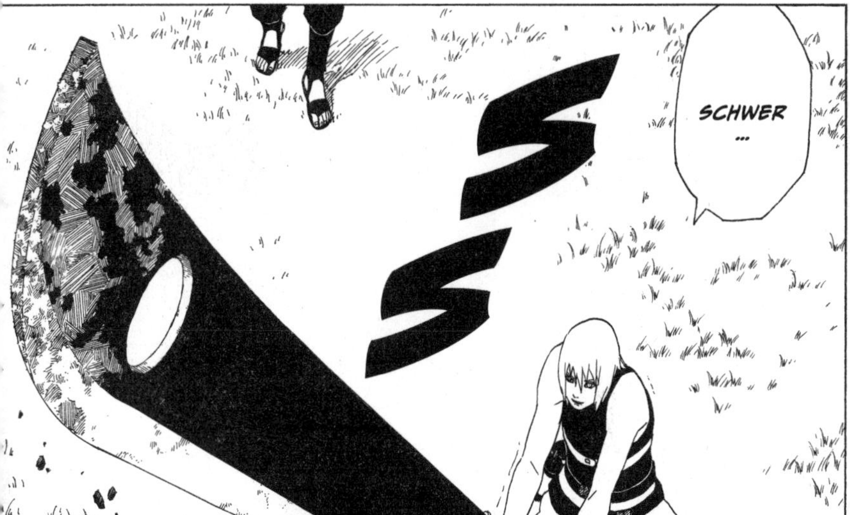
SCHWER ...
SSSM
DAS IST ALSO DAS ENTHAUPTUNGS-MESSER VON ZABUZA MOMOCHI, DEM DÄMON AUS KIRIGAKURE.

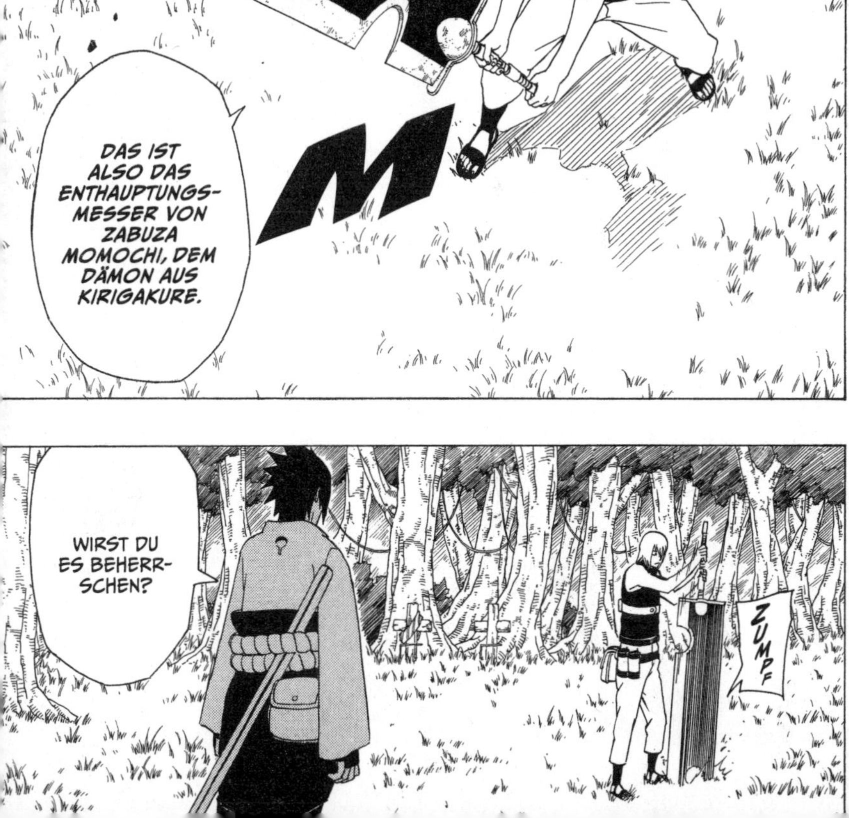
ZUMPF
WIRST DU ES BEHERR-SCHEN?

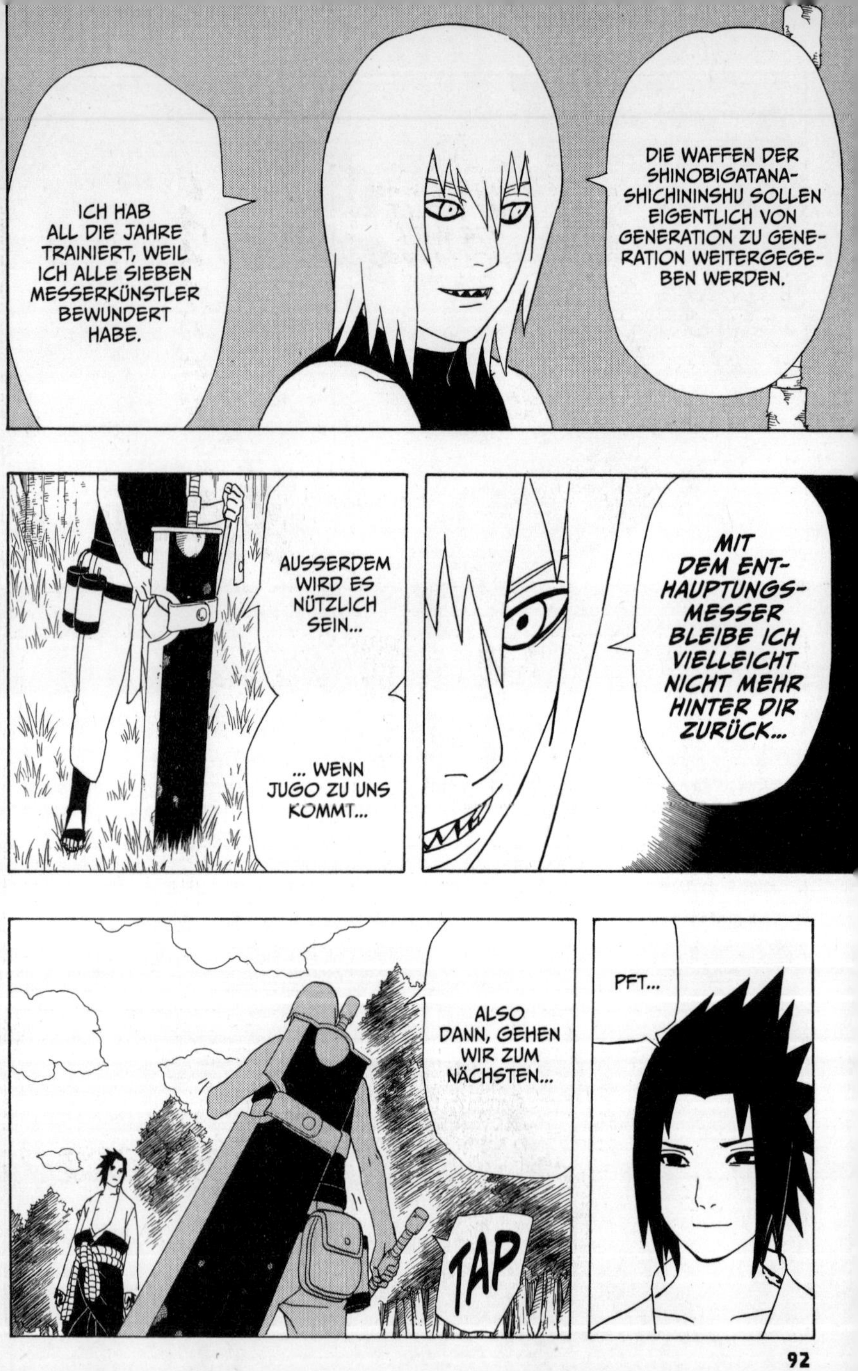
DIE WAFFEN DER SHINOBIGATANA-SHICHININSHU SOLLEN EIGENTLICH VON GENERATION ZU GENERATION WEITERGEGEBEN WERDEN.
ICH HAB ALL DIE JAHRE TRAINIERT, WEIL ICH ALLE SIEBEN MESSERKÜNSTLER BEWUNDERT HABE.
MIT DEM ENTHAUPTUNGSMESSER BLEIBE ICH VIELLEICHT NICHT MEHR HINTER DIR ZURÜCK...
AUSSERDEM WIRD ES NÜTZLICH SEIN...
... WENN JUGO ZU UNS KOMMT...
PFT...
ALSO DANN, GEHEN WIR ZUM NÄCHSTEN...
TAP

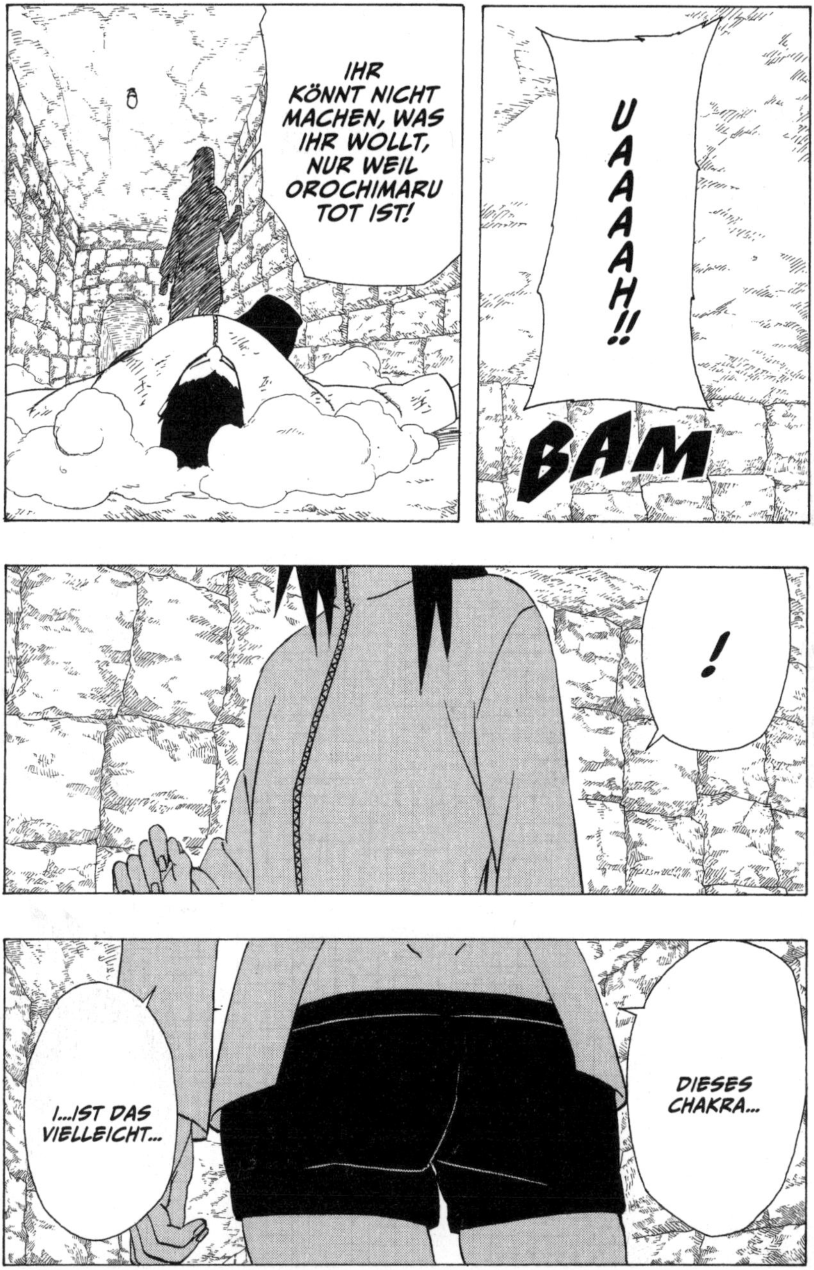
UAAAAAH!!
BAM
IHR KÖNNT NICHT MACHEN, WAS IHR WOLLT, NUR WEIL OROCHIMARU TOT IST!
!
DIESES CHAKRA...
I...IST DAS VIELLEICHT...

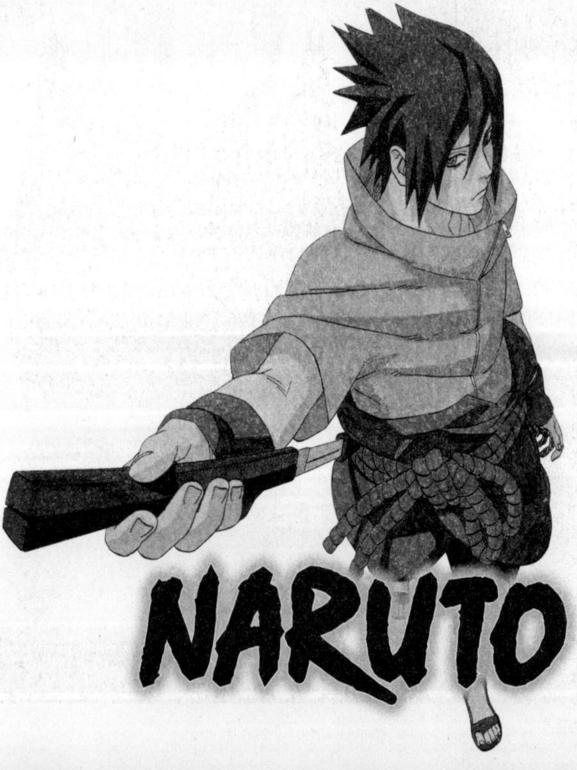
NARUTO

348. Kapitel:

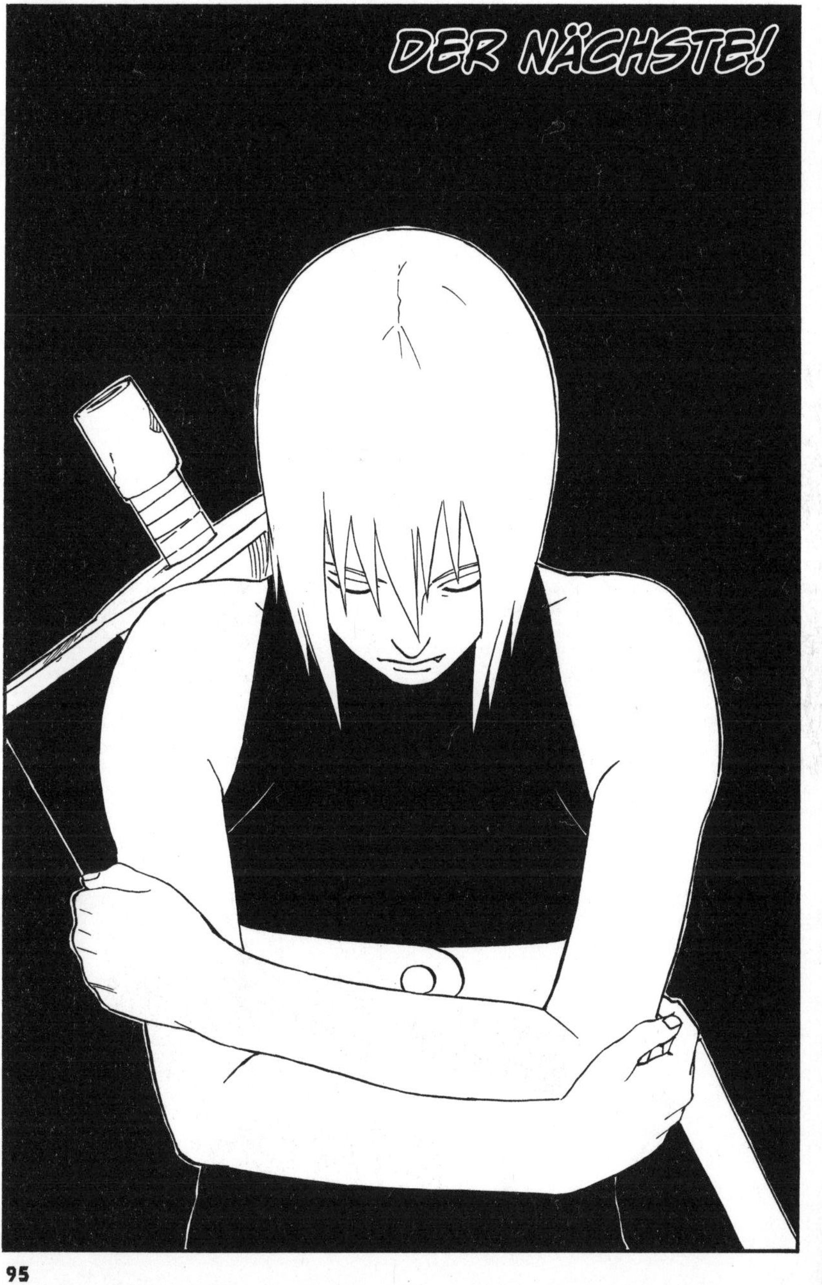

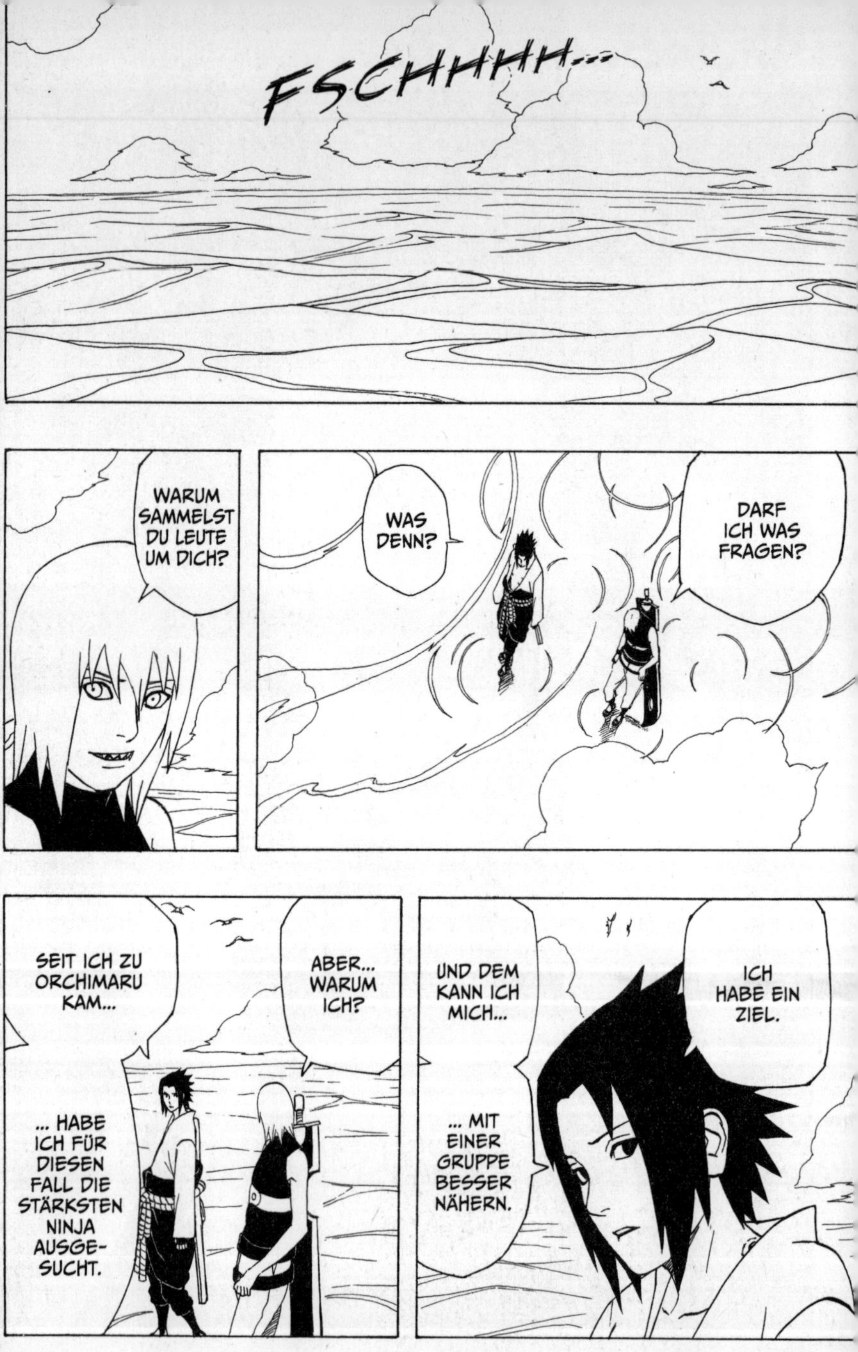
FSCHHHH...
DARF ICH WAS FRAGEN?
WAS DENN?
WARUM SAMMELST DU LEUTE UM DICH?
ICH HABE EIN ZIEL.
UND DEM KANN ICH MICH...
... MIT EINER GRUPPE BESSER NÄHERN.
ABER... WARUM ICH?
SEIT ICH ZU ORCHIMARU KAM...
... HABE ICH FÜR DIESEN FALL DIE STÄRKSTEN NINJA AUSGE-SUCHT.

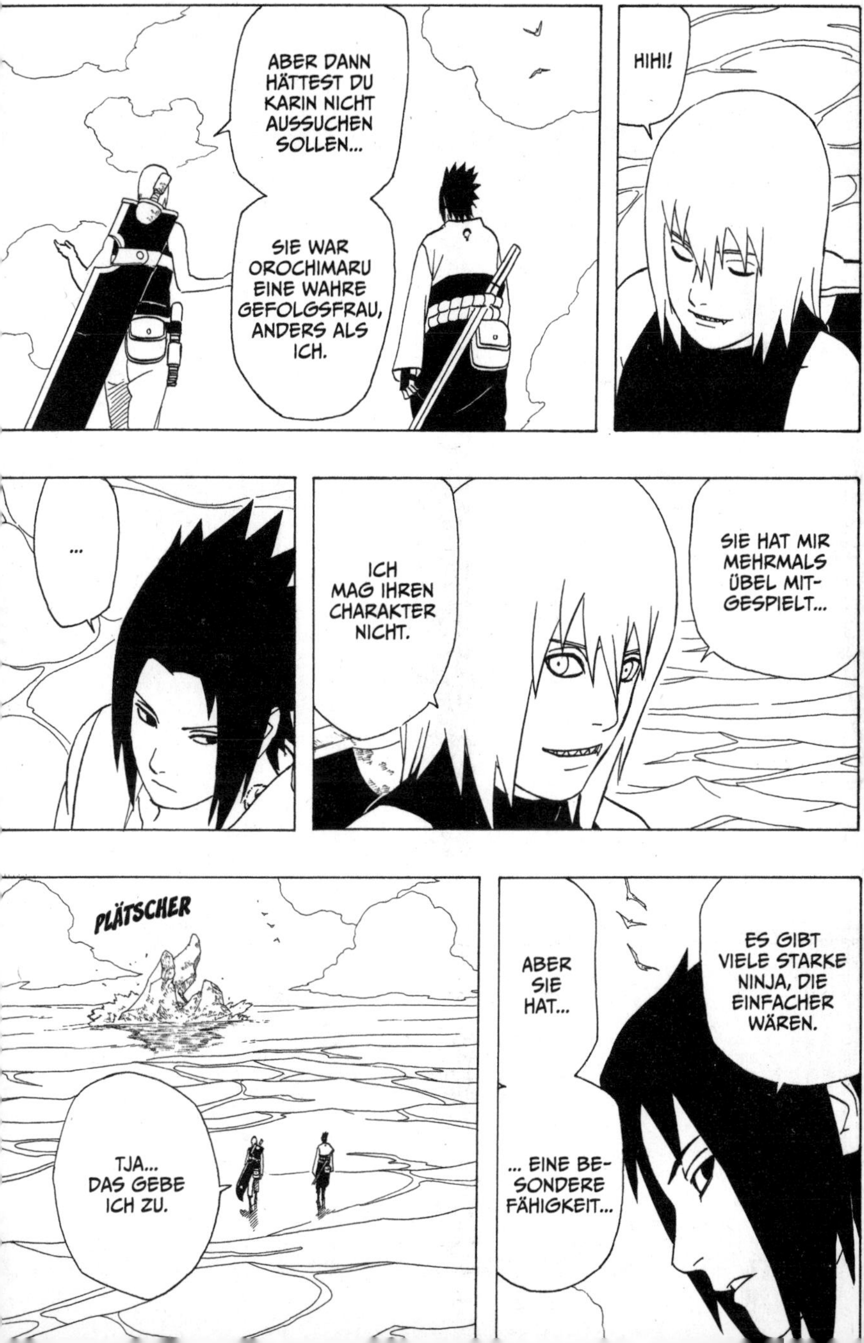
HIHI!
ABER DANN HÄTTEST DU KARIN NICHT AUSSUCHEN SOLLEN...
SIE WAR OROCHIMARU EINE WAHRE GEFOLGSFRAU, ANDERS ALS ICH.
SIE HAT MIR MEHRMALS ÜBEL MIT-GESPIELT...
ICH MAG IHREN CHARAKTER NICHT.
...
ES GIBT VIELE STARKE NINJA, DIE EINFACHER WÄREN.
ABER SIE HAT...
... EINE BE-SONDERE FÄHIGKEIT...
PLÄTSCHER
TJA... DAS GEBE ICH ZU.

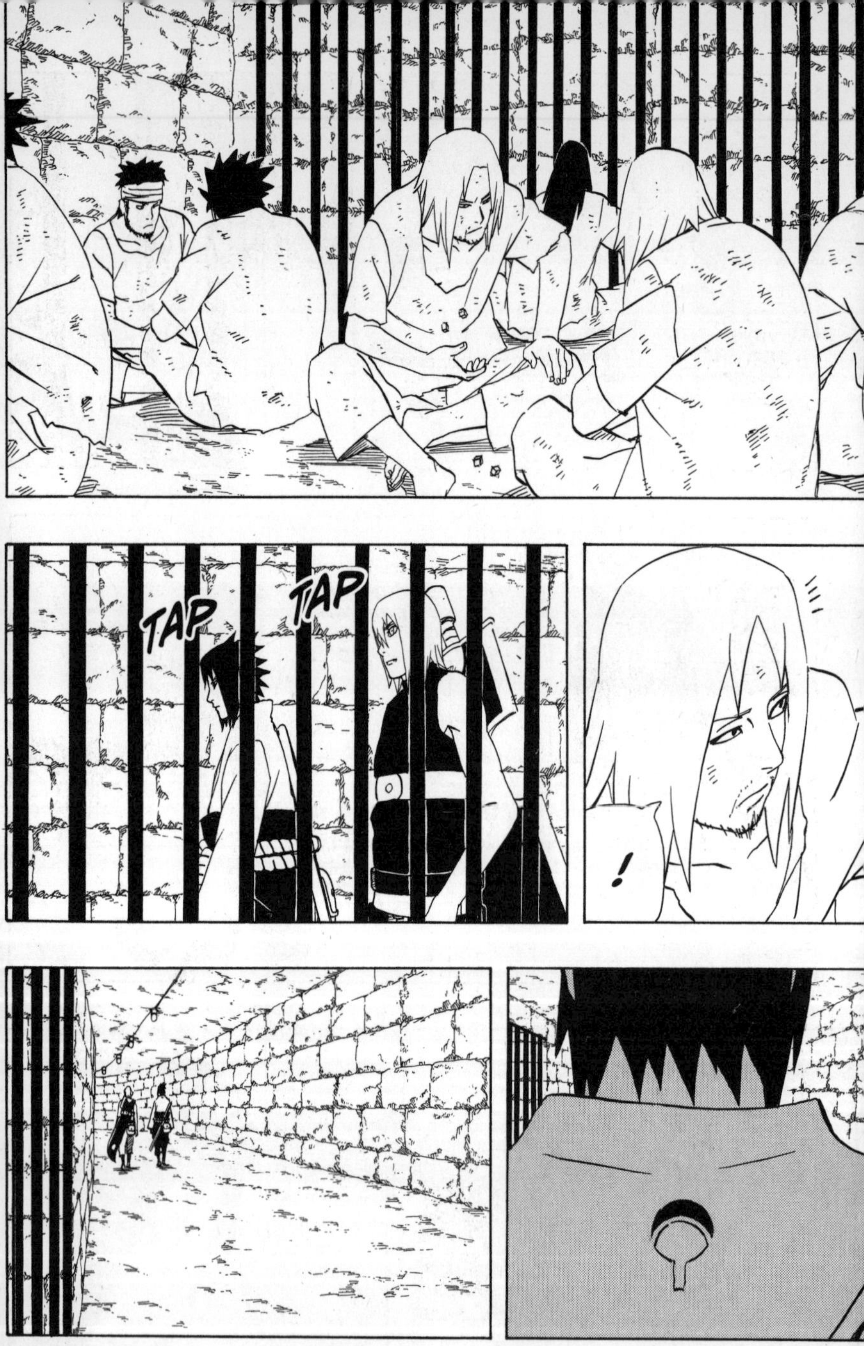
TAP
TAP
!

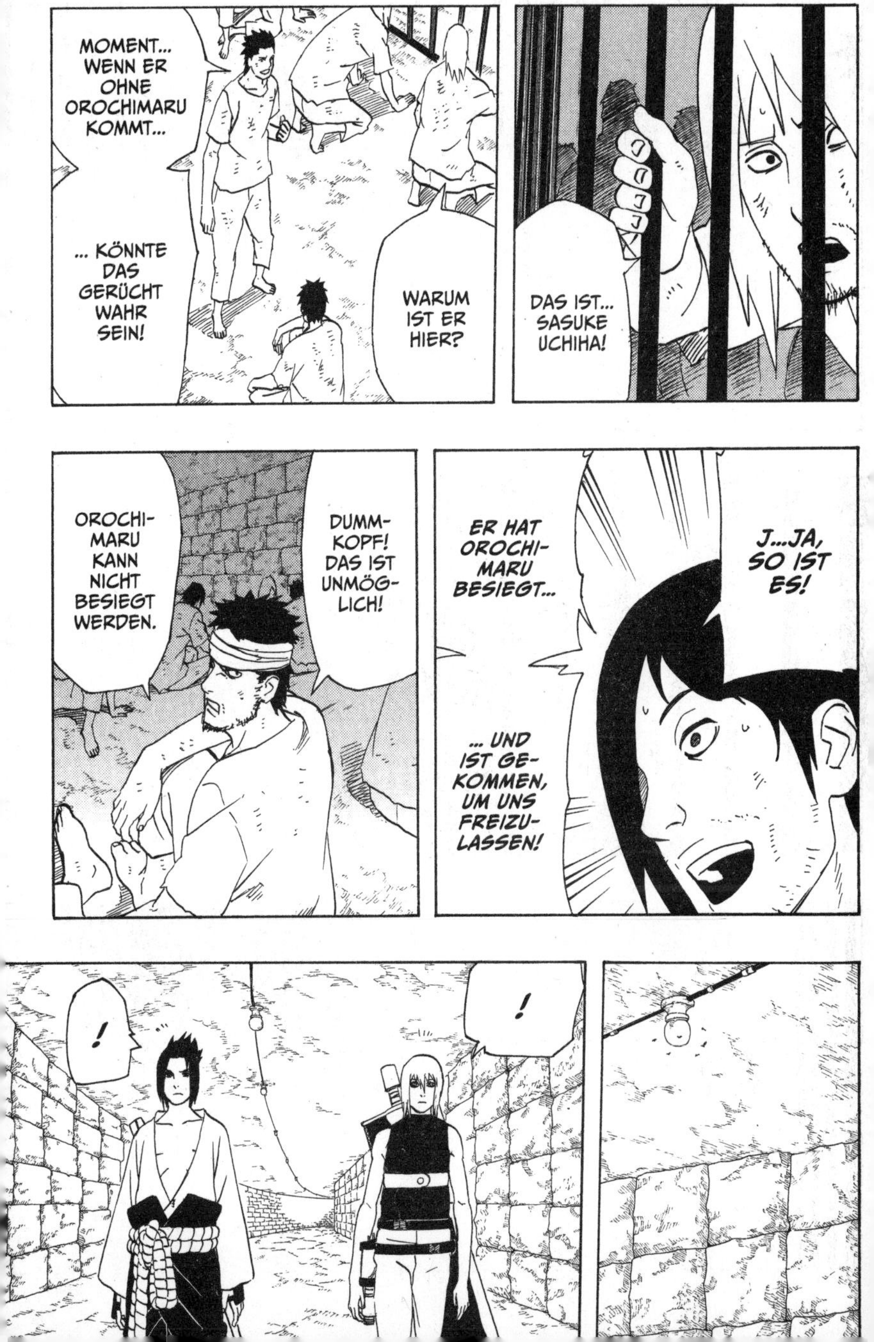
DAS IST... SASUKE UCHIHA!
WARUM IST ER HIER?
MOMENT... WENN ER OHNE OROCHIMARU KOMMT...
... KÖNNTE DAS GERÜCHT WAHR SEIN!
J...JA, SO IST ES!
ER HAT OROCHIMARU BESIEGT...
... UND IST GEKOMMEN, UM UNS FREIZULASSEN!
DUMMKOPF! DAS IST UNMÖGLICH!
OROCHIMARU KANN NICHT BESIEGT WERDEN.
!
!

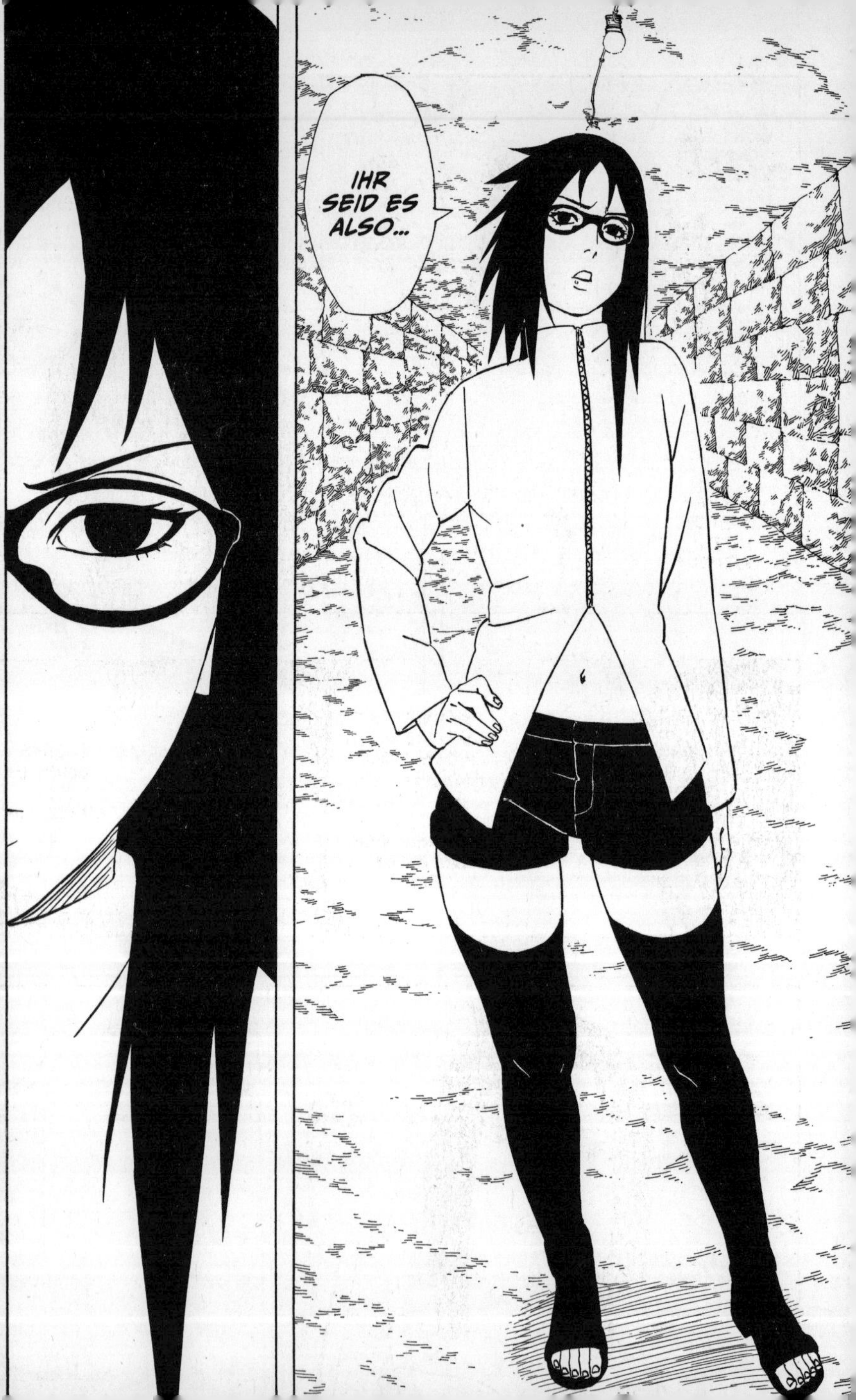
IHR SEID ES ALSO...

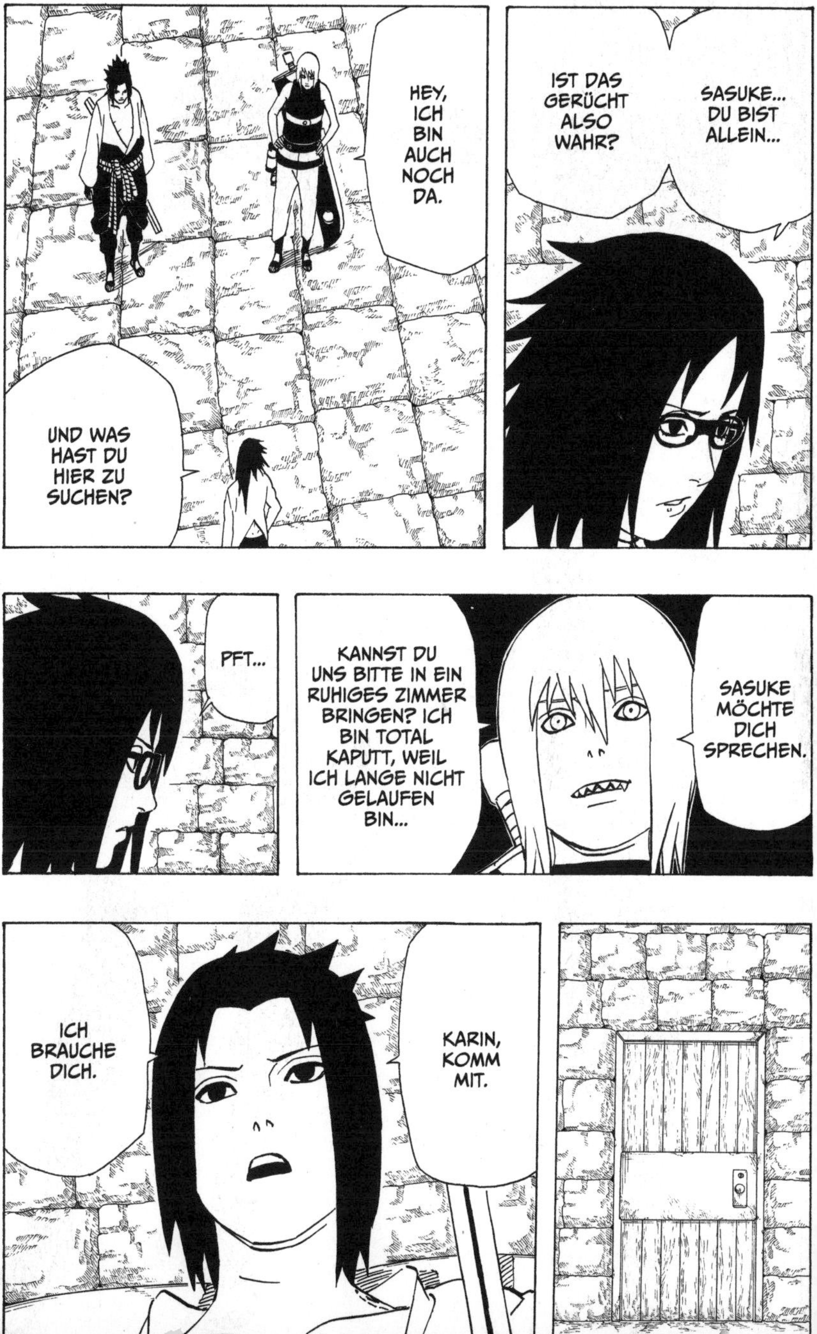
SASUKE... DU BIST ALLEIN...
IST DAS GERÜCHT ALSO WAHR?
HEY, ICH BIN AUCH NOCH DA.
UND WAS HAST DU HIER ZU SUCHEN?
SASUKE MÖCHTE DICH SPRECHEN.
KANNST DU UNS BITTE IN EIN RUHIGES ZIMMER BRINGEN? ICH BIN TOTAL KAPUTT, WEIL ICH LANGE NICHT GELAUFEN BIN...
PFT...
KARIN, KOMM MIT.
ICH BRAUCHE DICH.

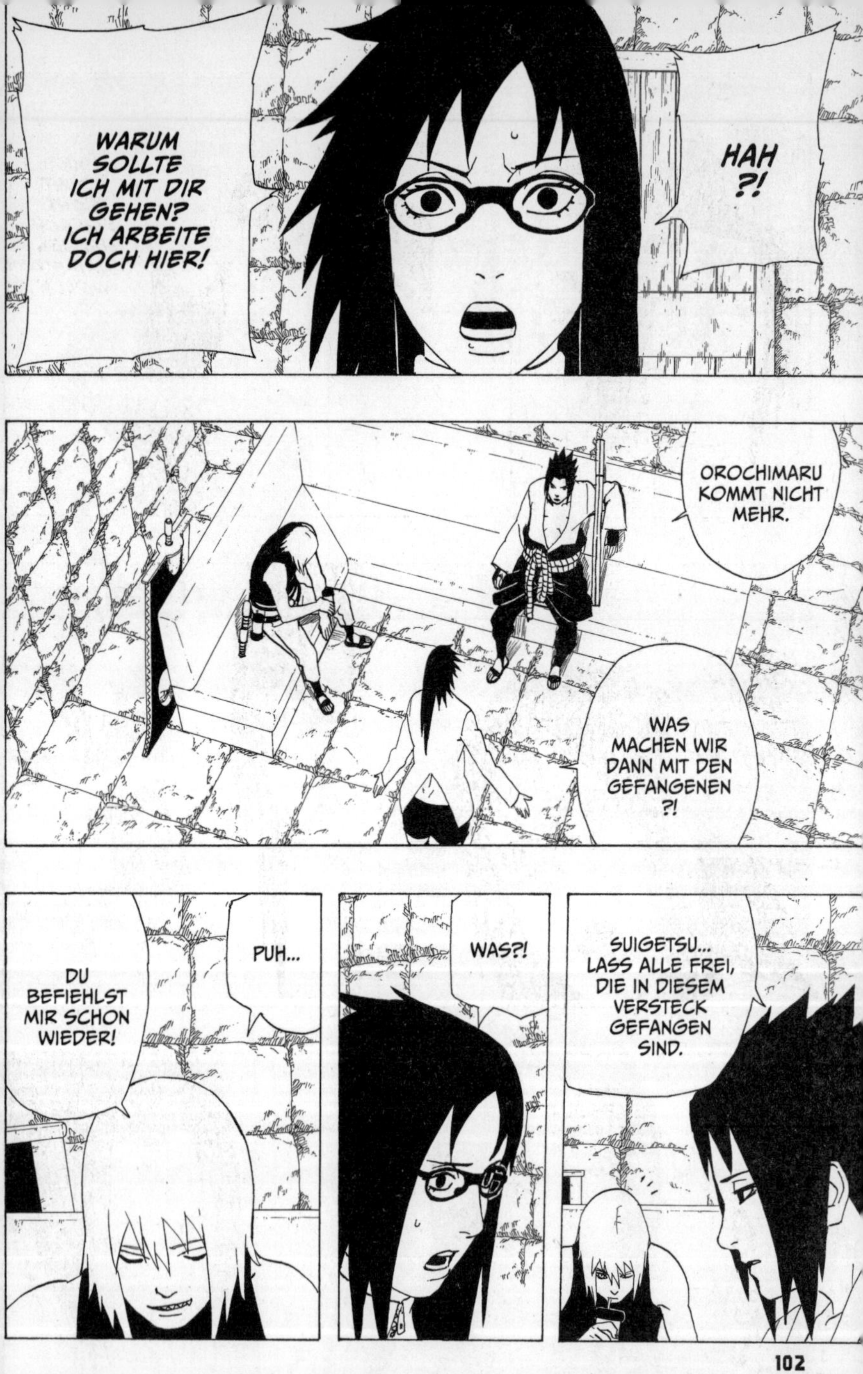
HAH ?!
WARUM SOLLTE ICH MIT DIR GEHEN? ICH ARBEITE DOCH HIER!
OROCHIMARU KOMMT NICHT MEHR.
WAS MACHEN WIR DANN MIT DEN GEFANGENEN ?!
SUIGETSU... LASS ALLE FREI, DIE IN DIESEM VERSTECK GEFANGEN SIND.
WAS?!
PUH...
DU BEFIEHLST MIR SCHON WIEDER!

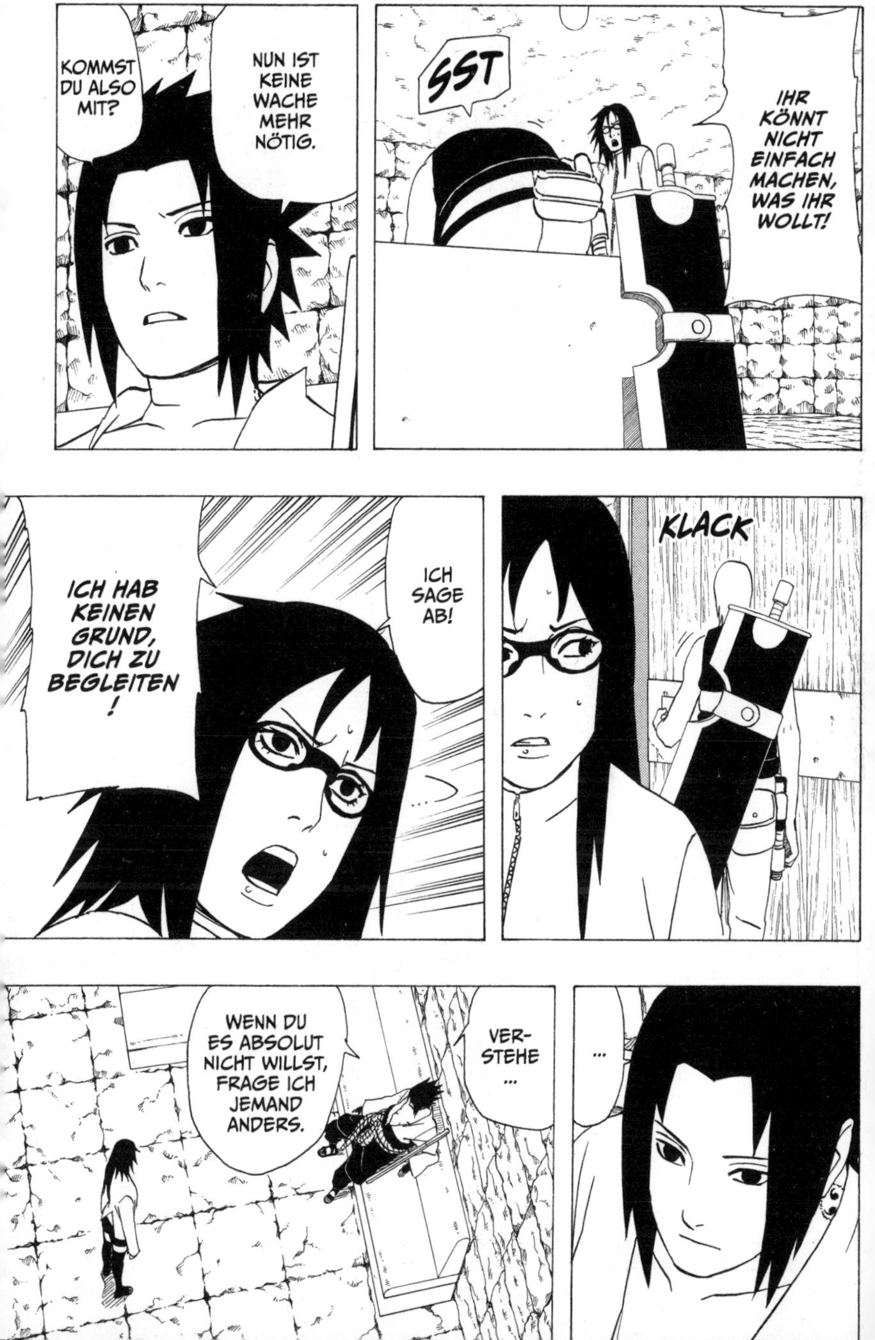
SST
IHR KÖNNT NICHT EINFACH MACHEN, WAS IHR WOLLT!
NUN IST KEINE WACHE MEHR NÖTIG.
KOMMST DU ALSO MIT?
KLACK
ICH SAGE AB!
...
ICH HAB KEINEN GRUND, DICH ZU BEGLEITEN!
...
VER-STEHE ...
WENN DU ES ABSOLUT NICHT WILLST, FRAGE ICH JEMAND ANDERS.

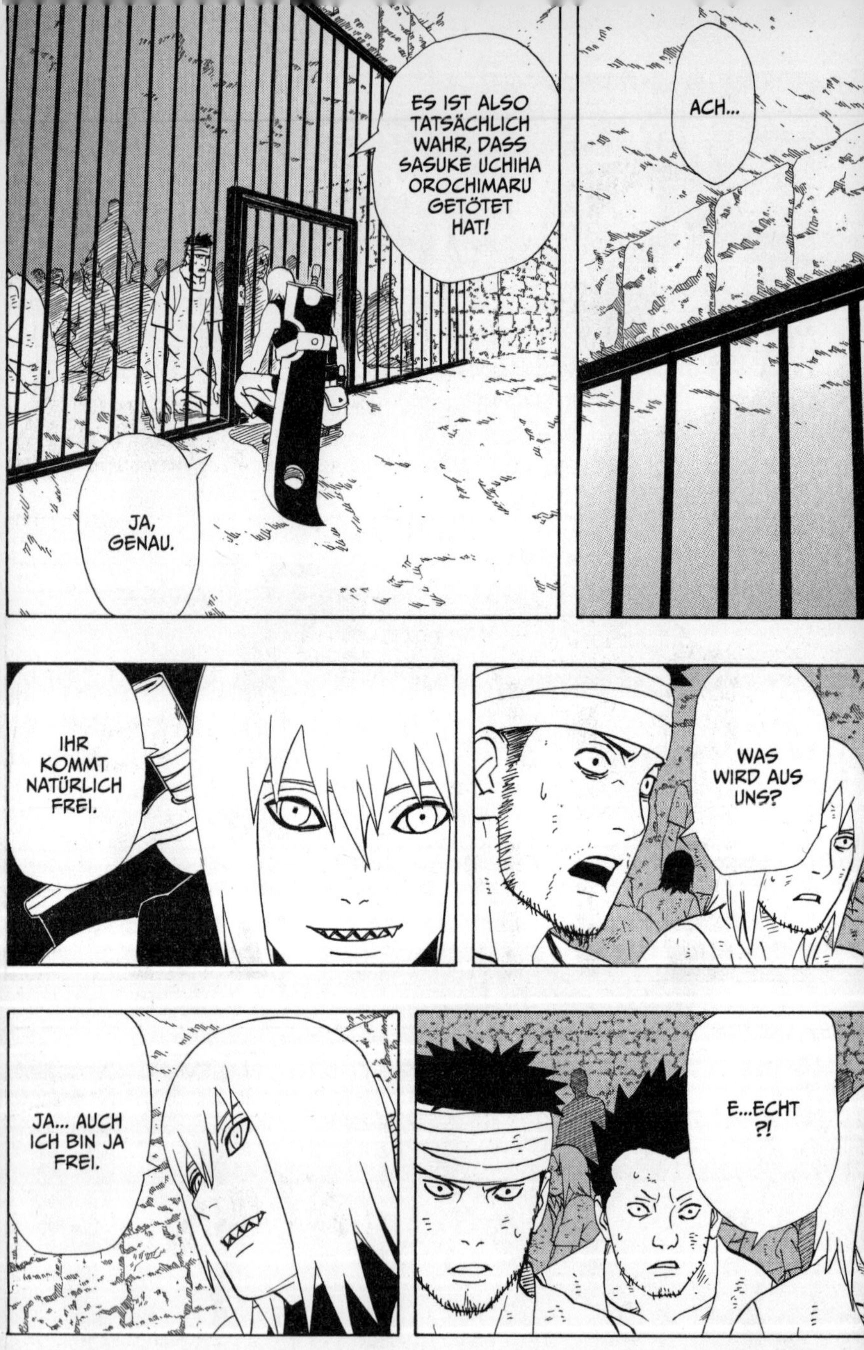
ACH...
ES IST ALSO TATSÄCHLICH WAHR, DASS SASUKE UCHIHA OROCHIMARU GETÖTET HAT!
JA, GENAU.
WAS WIRD AUS UNS?
IHR KOMMT NATÜRLICH FREI.
E...ECHT ?!
JA... AUCH ICH BIN JA FREI.

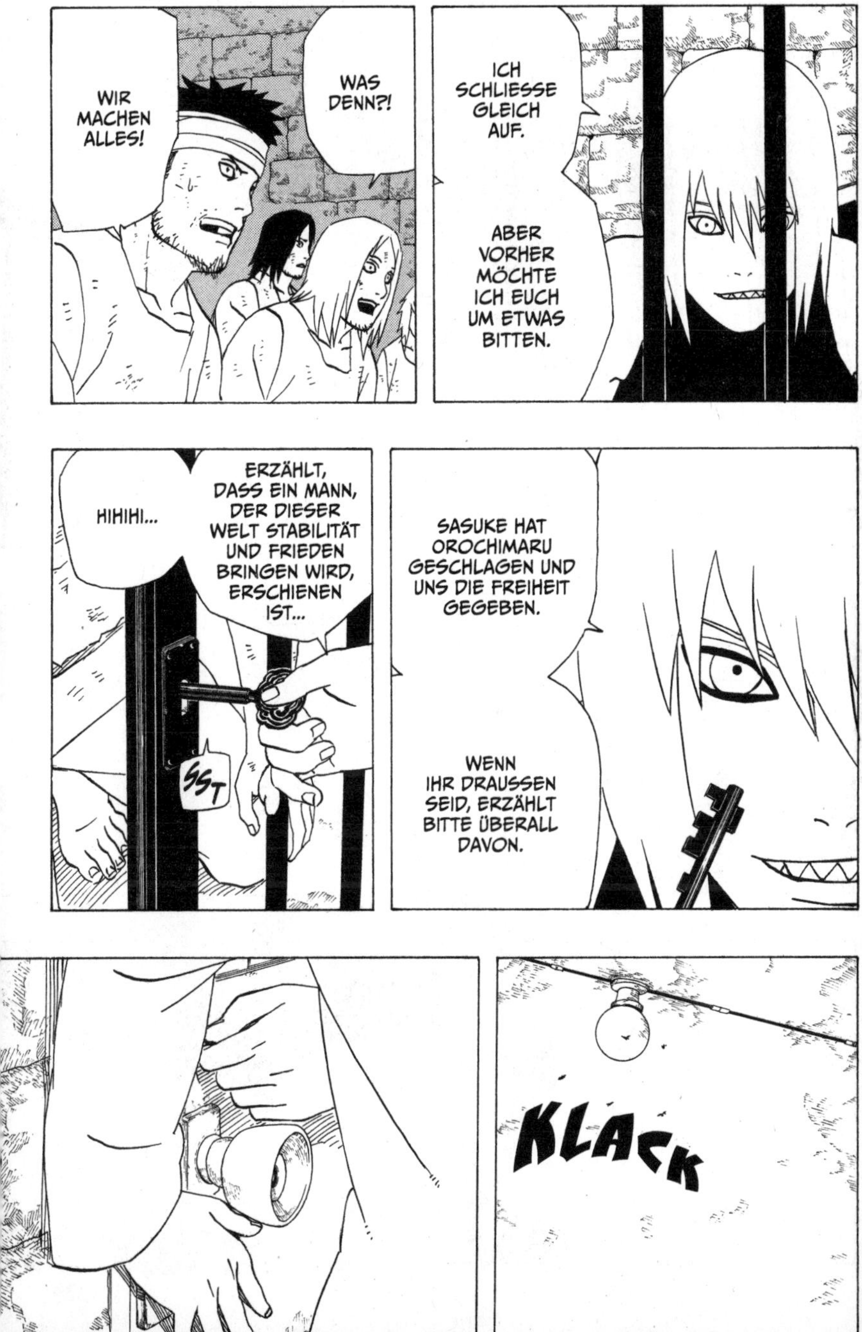
ICH SCHLIESSE GLEICH AUF.
ABER VORHER MÖCHTE ICH EUCH UM ETWAS BITTEN.
WAS DENN?!
WIR MACHEN ALLES!
SASUKE HAT OROCHIMARU GESCHLAGEN UND UNS DIE FREIHEIT GEGEBEN.
WENN IHR DRAUSSEN SEID, ERZÄHLT BITTE ÜBERALL DAVON.
ERZÄHLT, DASS EIN MANN, DER DIESER WELT STABILITÄT UND FRIEDEN BRINGEN WIRD, ERSCHIENEN IST...
HIHIHI...
SST
KLACK

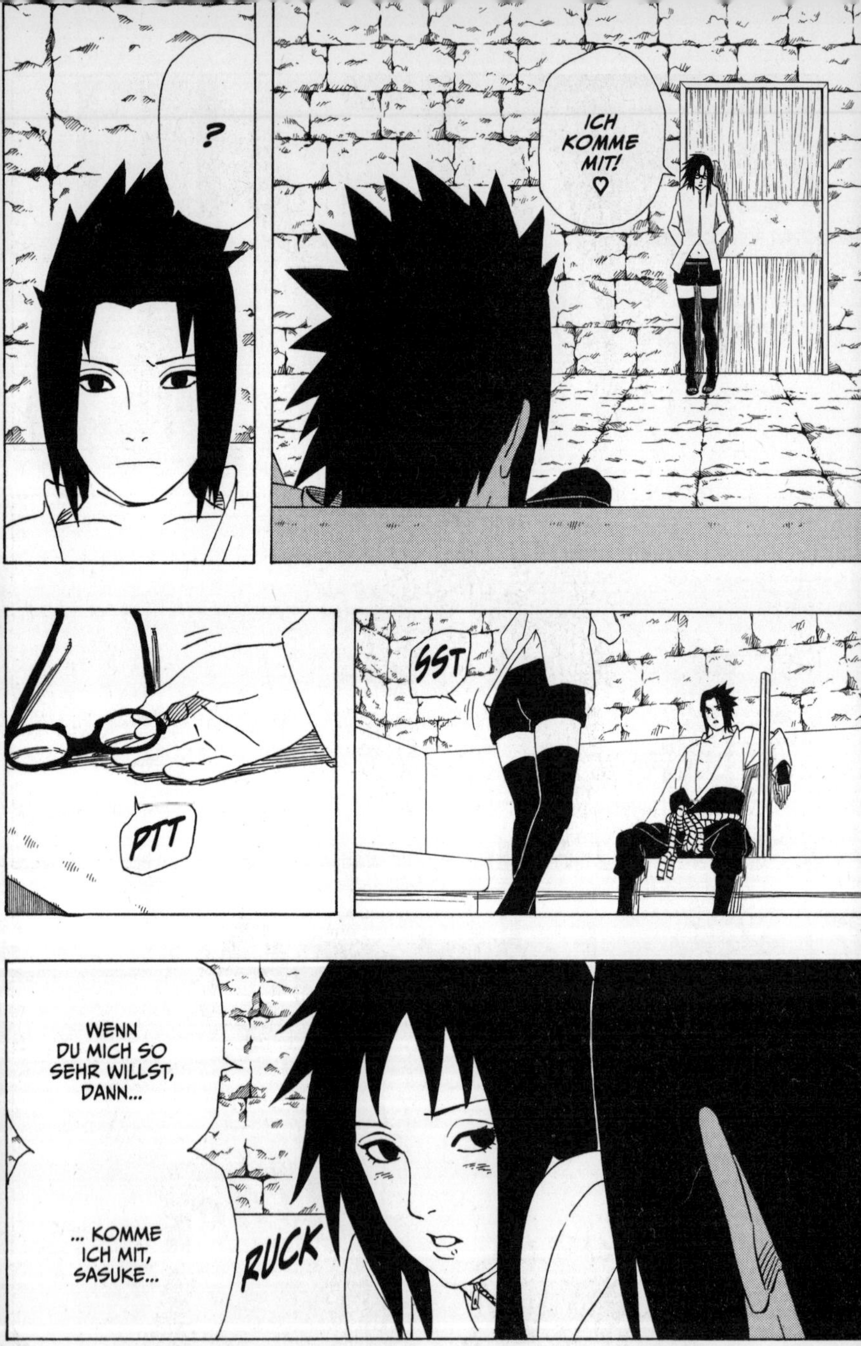
ICH KOMME MIT! ♡
?
SST
PTT
WENN DU MICH SO SEHR WILLST, DANN...
RUCK
... KOMME ICH MIT, SASUKE...

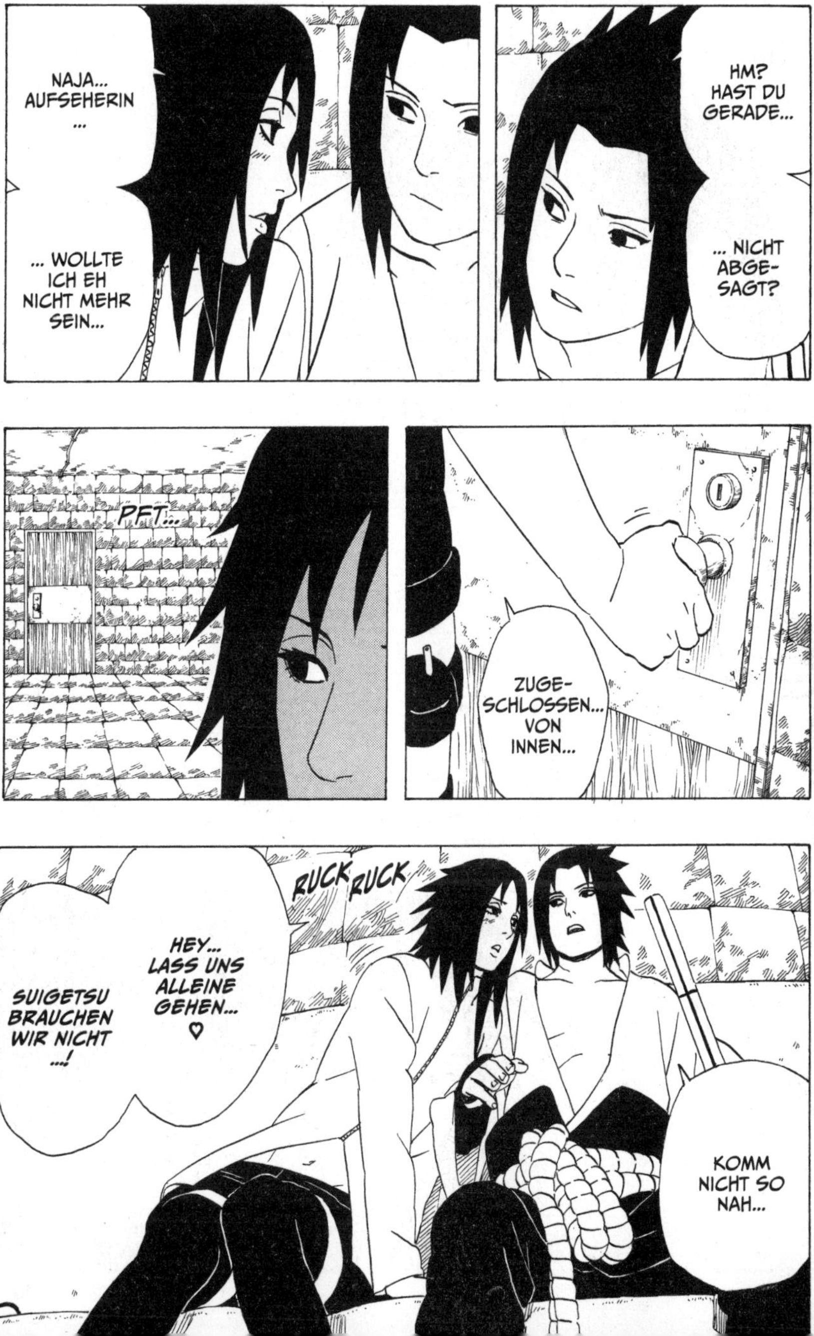
HM? HAST DU GERADE...
... NICHT ABGESAGT?
NAJA... AUFSEHERIN ...
... WOLLTE ICH EH NICHT MEHR SEIN...
ZUGE-SCHLOSSEN... VON INNEN...
PFT...
KOMM NICHT SO NAH...
RUCK RUCK
HEY... LASS UNS ALLEINE GEHEN... ♡
SUIGETSU BRAUCHEN WIR NICHT ...!

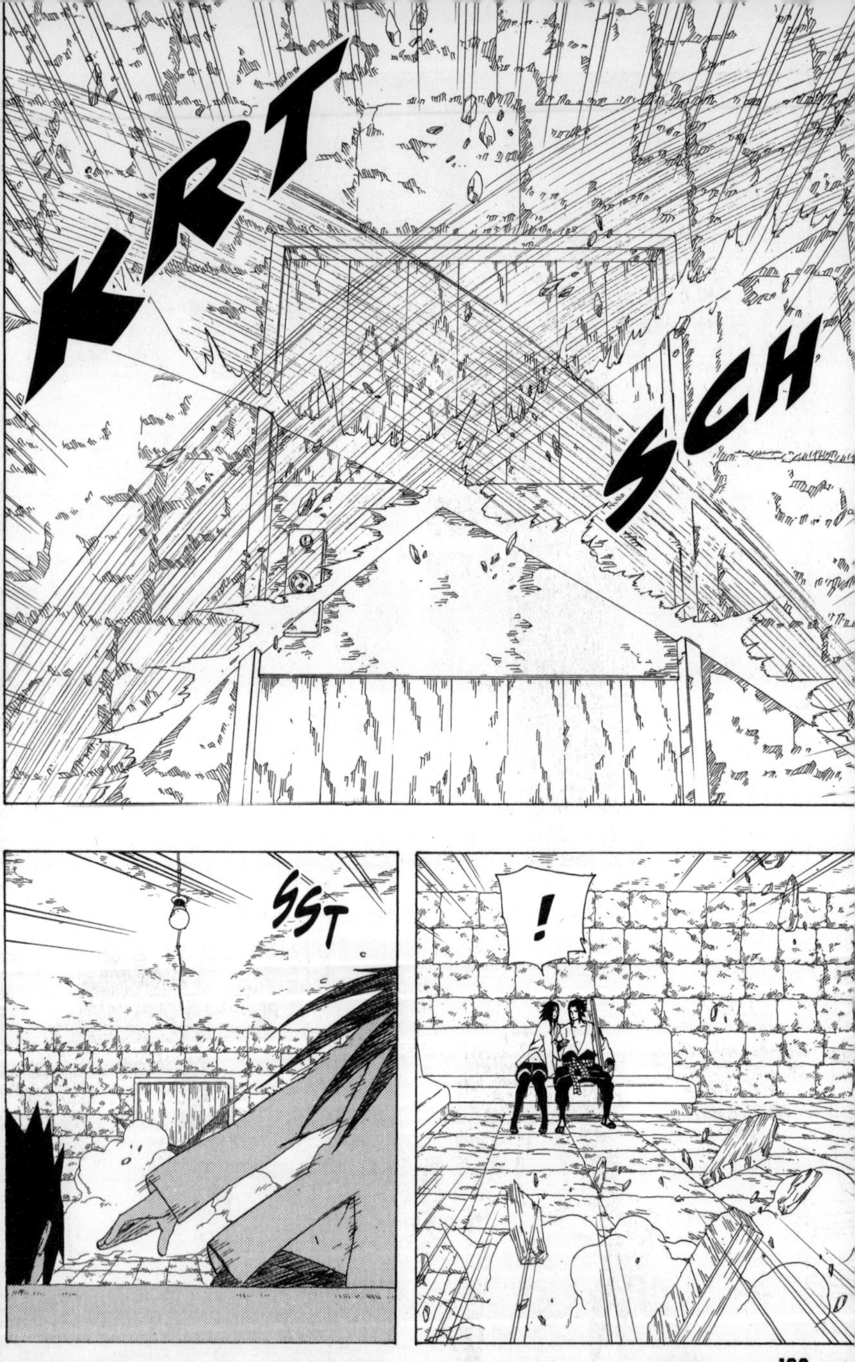
KRT
SCH
!
SST

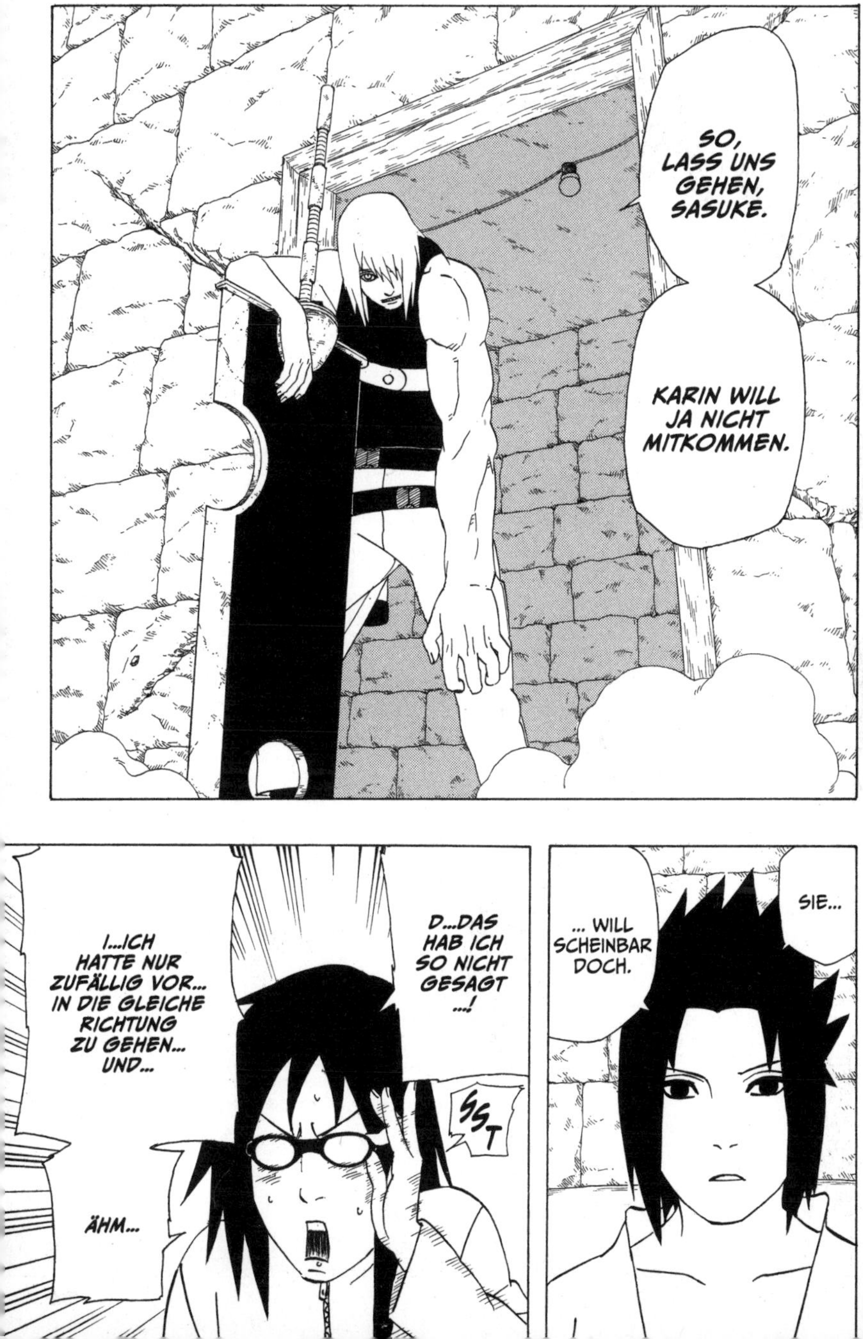
SO, LASS UNS GEHEN, SASUKE.
KARIN WILL JA NICHT MITKOMMEN.
SIE...
... WILL SCHEINBAR DOCH.
D...DAS HAB ICH SO NICHT GESAGT ...!
SST
I...ICH HATTE NUR ZUFÄLLIG VOR... IN DIE GLEICHE RICHTUNG ZU GEHEN... UND...
ÄHM...

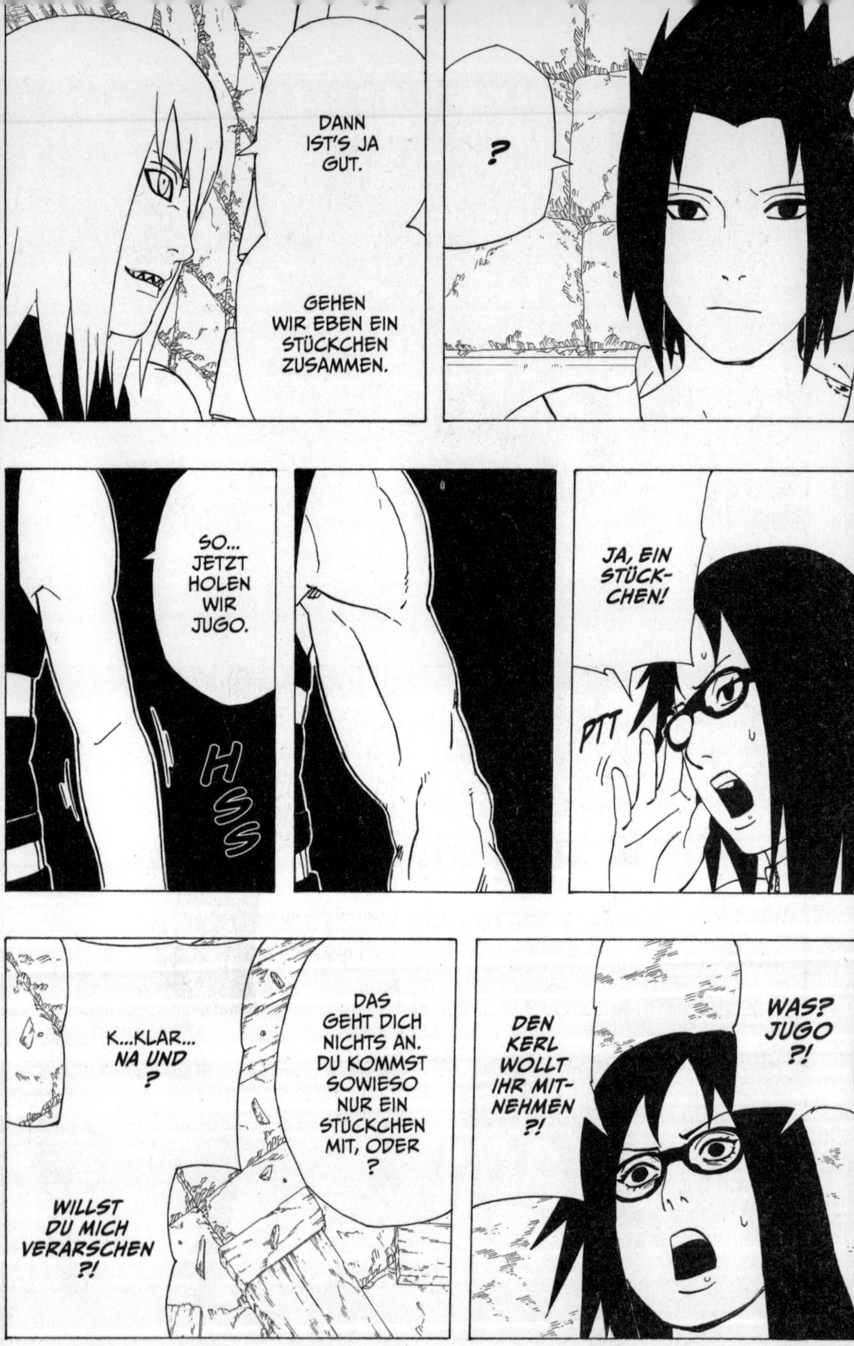
?
DANN IST'S JA GUT.
GEHEN WIR EBEN EIN STÜCKCHEN ZUSAMMEN.
JA, EIN STÜCKCHEN!
PTT
SO... JETZT HOLEN WIR JUGO.
HSS
WAS? JUGO ?!
DEN KERL WOLLT IHR MITNEHMEN ?!
DAS GEHT DICH NICHTS AN. DU KOMMST SOWIESO NUR EIN STÜCKCHEN MIT, ODER ?
K...KLAR... NA UND ?
WILLST DU MICH VERARSCHEN ?!

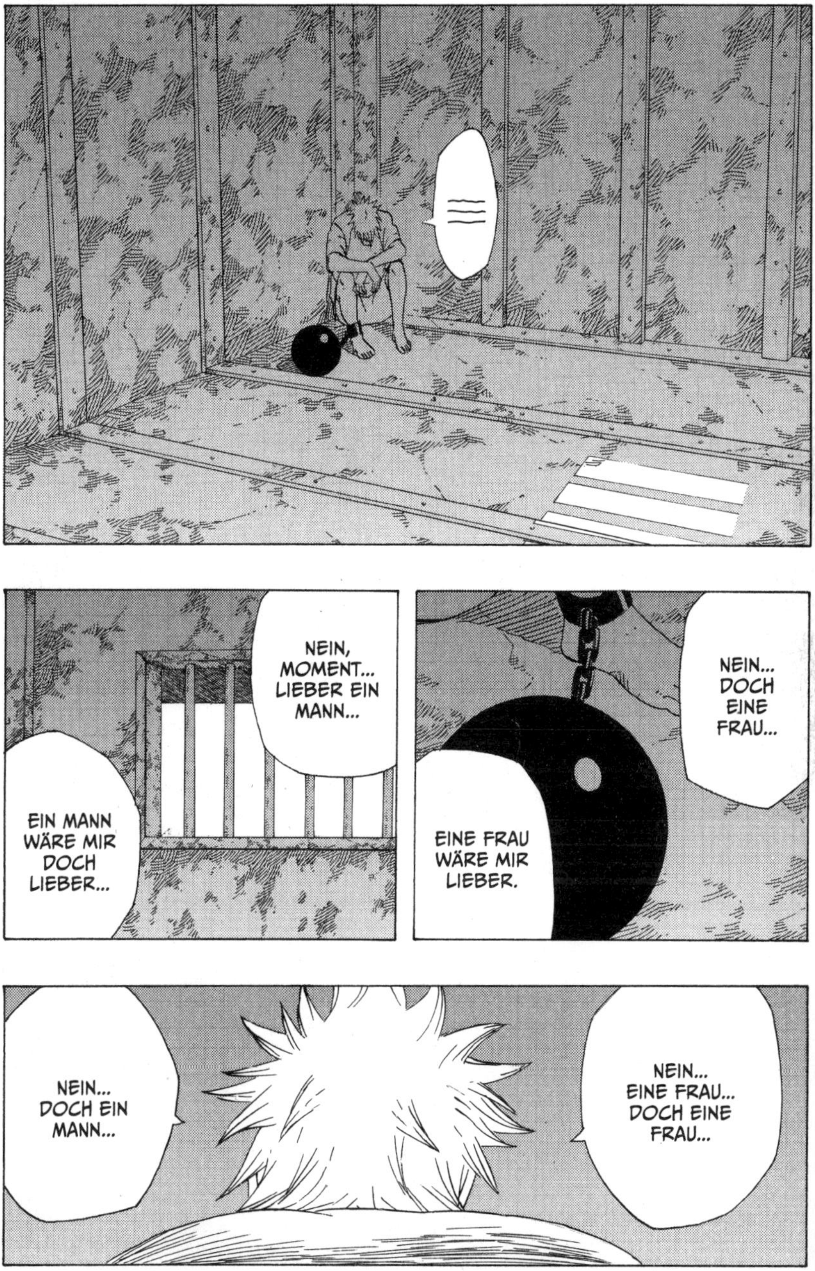
NEIN... DOCH EINE FRAU...
EINE FRAU WÄRE MIR LIEBER.
NEIN, MOMENT... LIEBER EIN MANN...
EIN MANN WÄRE MIR DOCH LIEBER...
NEIN... EINE FRAU... DOCH EINE FRAU...
NEIN... DOCH EIN MANN...

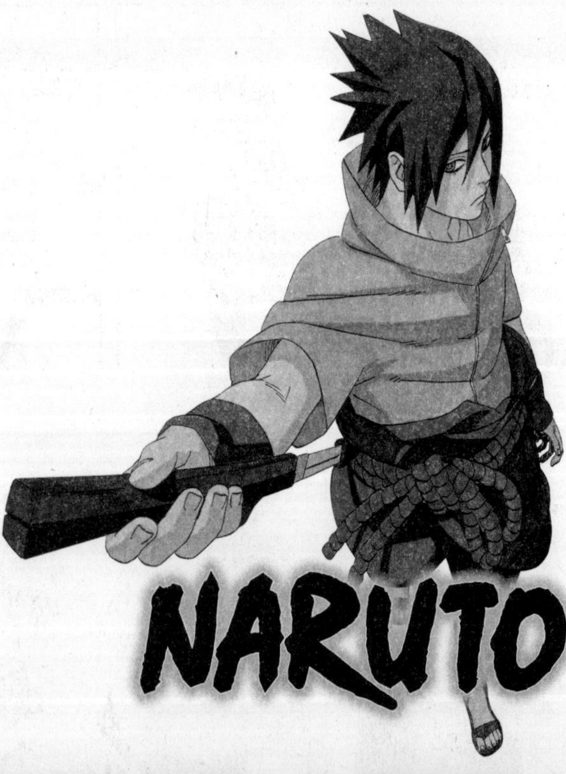
NARUTO

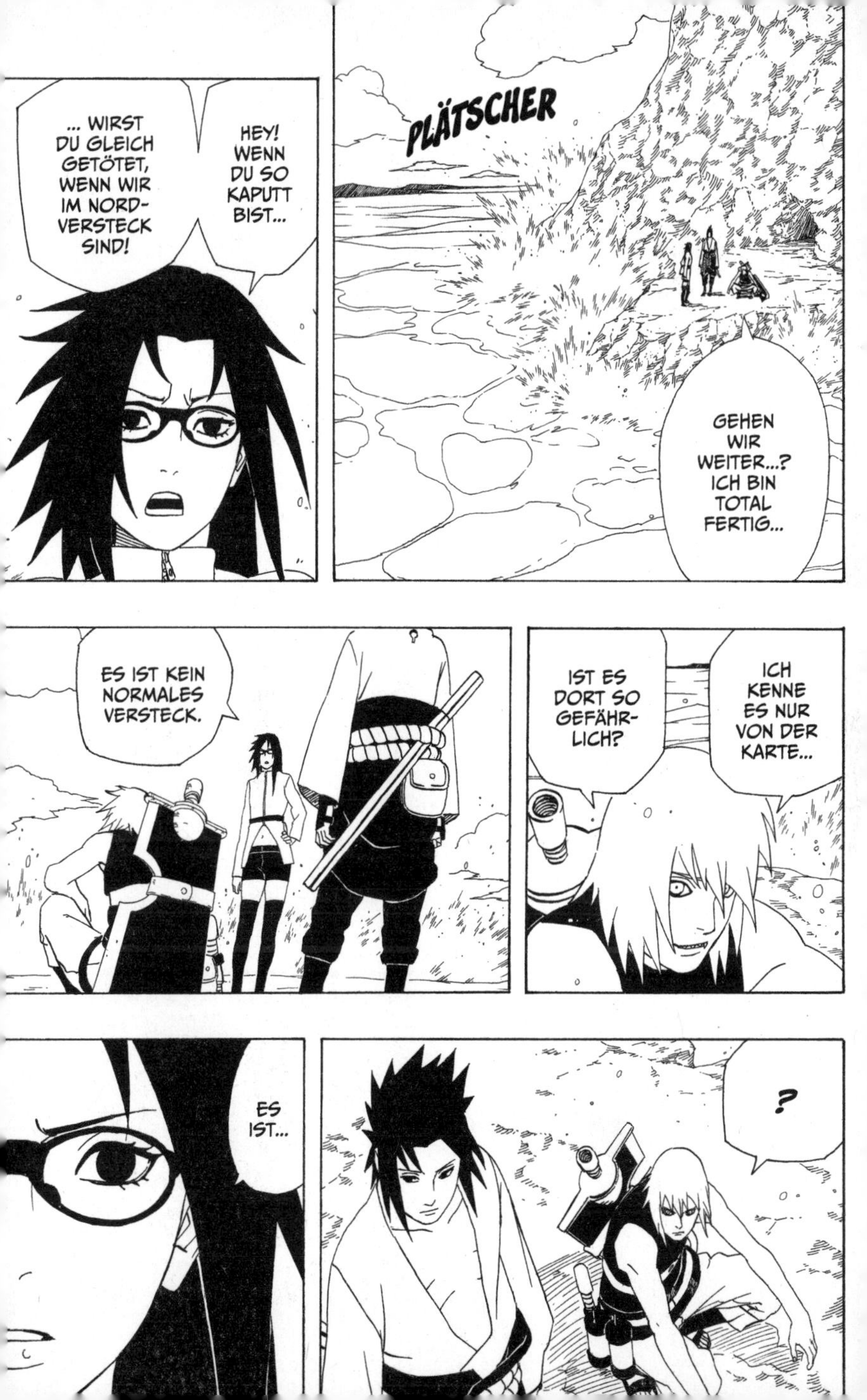
PLÄTSCHER
GEHEN WIR WEITER...? ICH BIN TOTAL FERTIG...
HEY! WENN DU SO KAPUTT BIST...
... WIRST DU GLEICH GETÖTET, WENN WIR IM NORD-VERSTECK SIND!
ICH KENNE ES NUR VON DER KARTE...
IST ES DORT SO GEFÄHRLICH?
ES IST KEIN NORMALES VERSTECK.
?
ES IST...

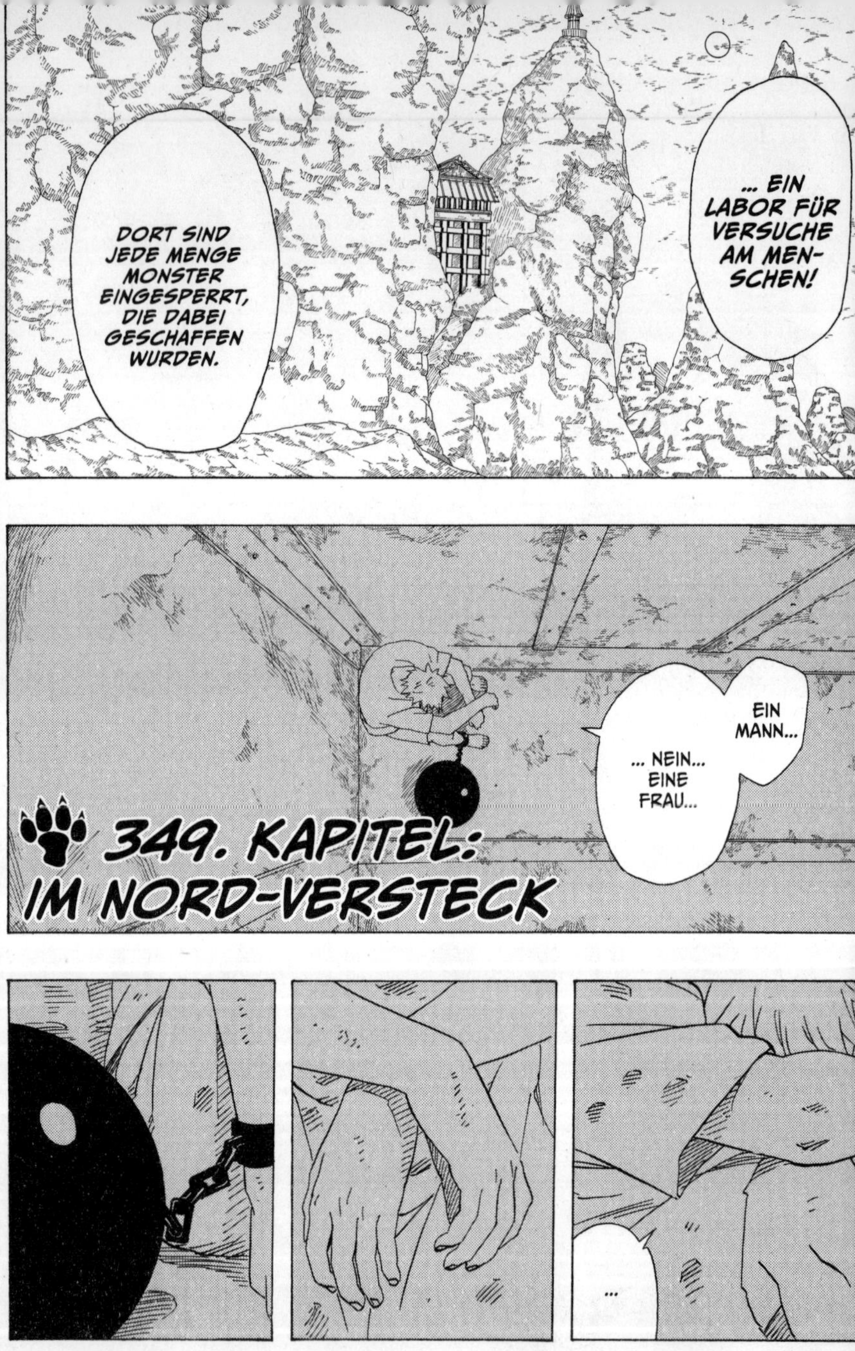
... EIN LABOR FÜR VERSUCHE AM MENSCHEN!
DORT SIND JEDE MENGE MONSTER EINGESPERRT, DIE DABEI GESCHAFFEN WURDEN.
EIN MANN...
... NEIN... EINE FRAU...
349. KAPITEL: IM NORD-VERSTECK
...

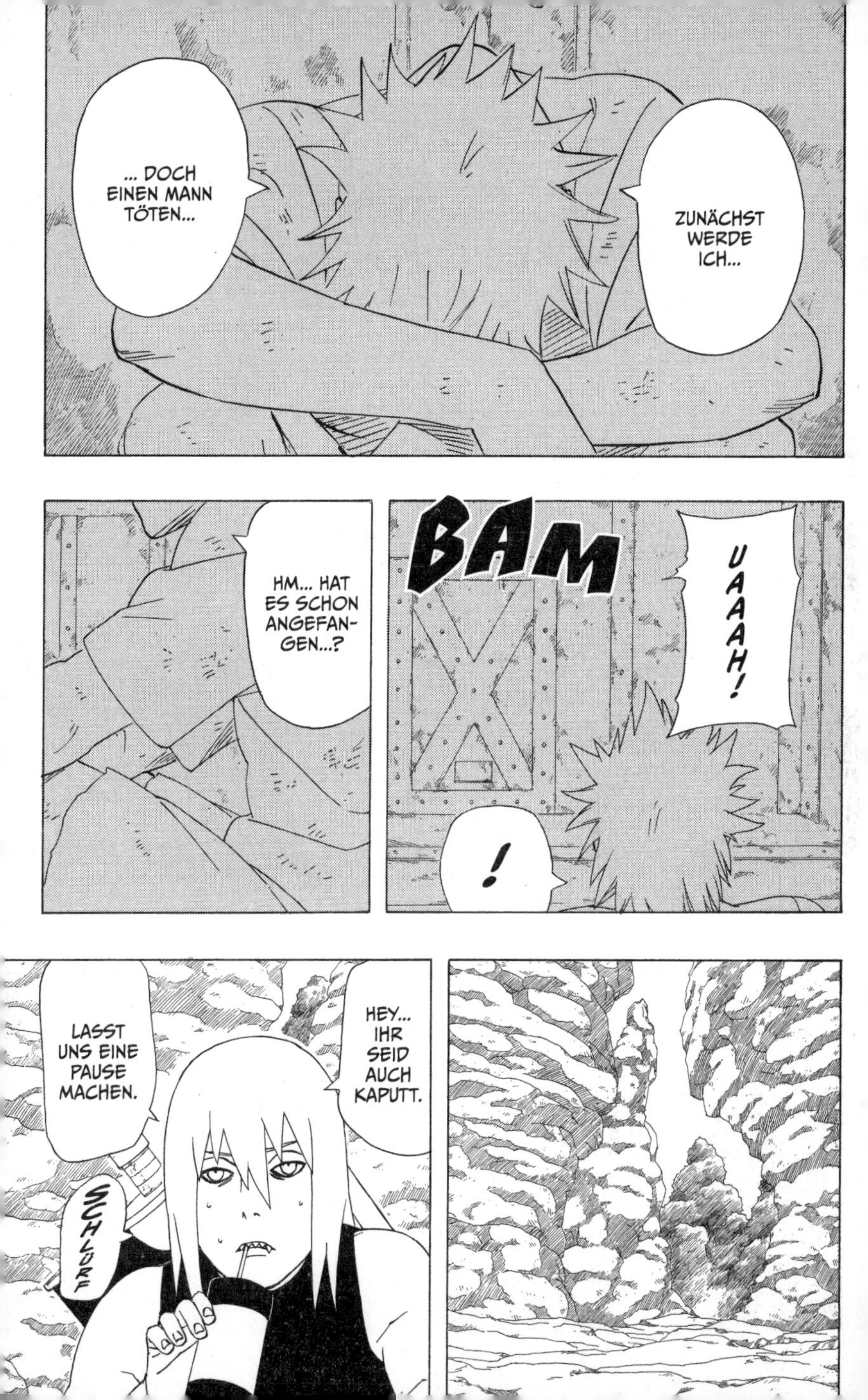
ZUNÄCHST WERDE ICH...
... DOCH EINEN MANN TÖTEN...
UAAAAH!
BAM
!
HM... HAT ES SCHON ANGEFANGEN...?
HEY... IHR SEID AUCH KAPUTT.
LASST UNS EINE PAUSE MACHEN.
SCHLÜRF

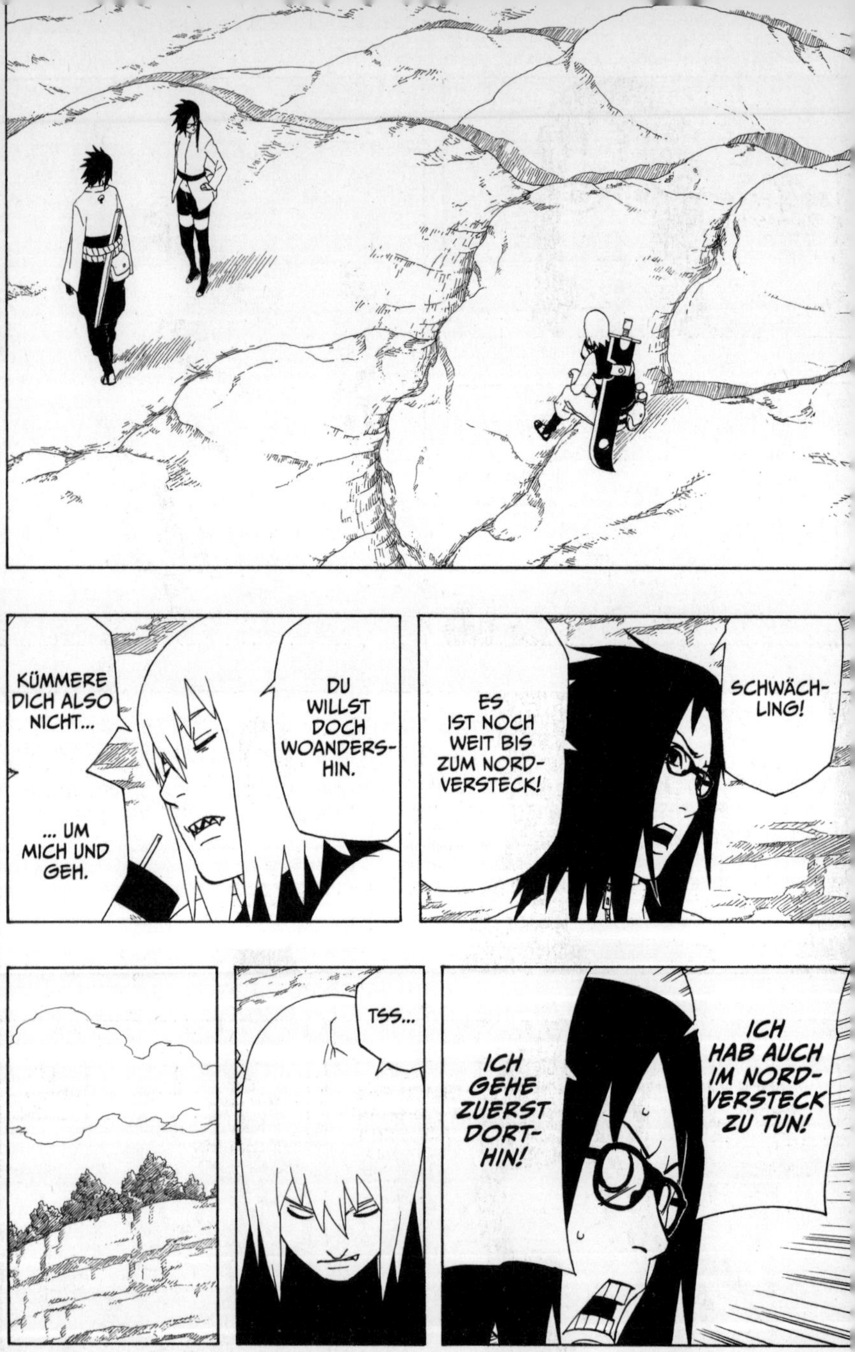
SCHWÄCHLING!
ES IST NOCH WEIT BIS ZUM NORD-VERSTECK!
DU WILLST DOCH WOANDERS-HIN.
KÜMMERE DICH ALSO NICHT...
... UM MICH UND GEH.
ICH HAB AUCH IM NORD-VERSTECK ZU TUN!
ICH GEHE ZUERST DORT-HIN!
TSS...

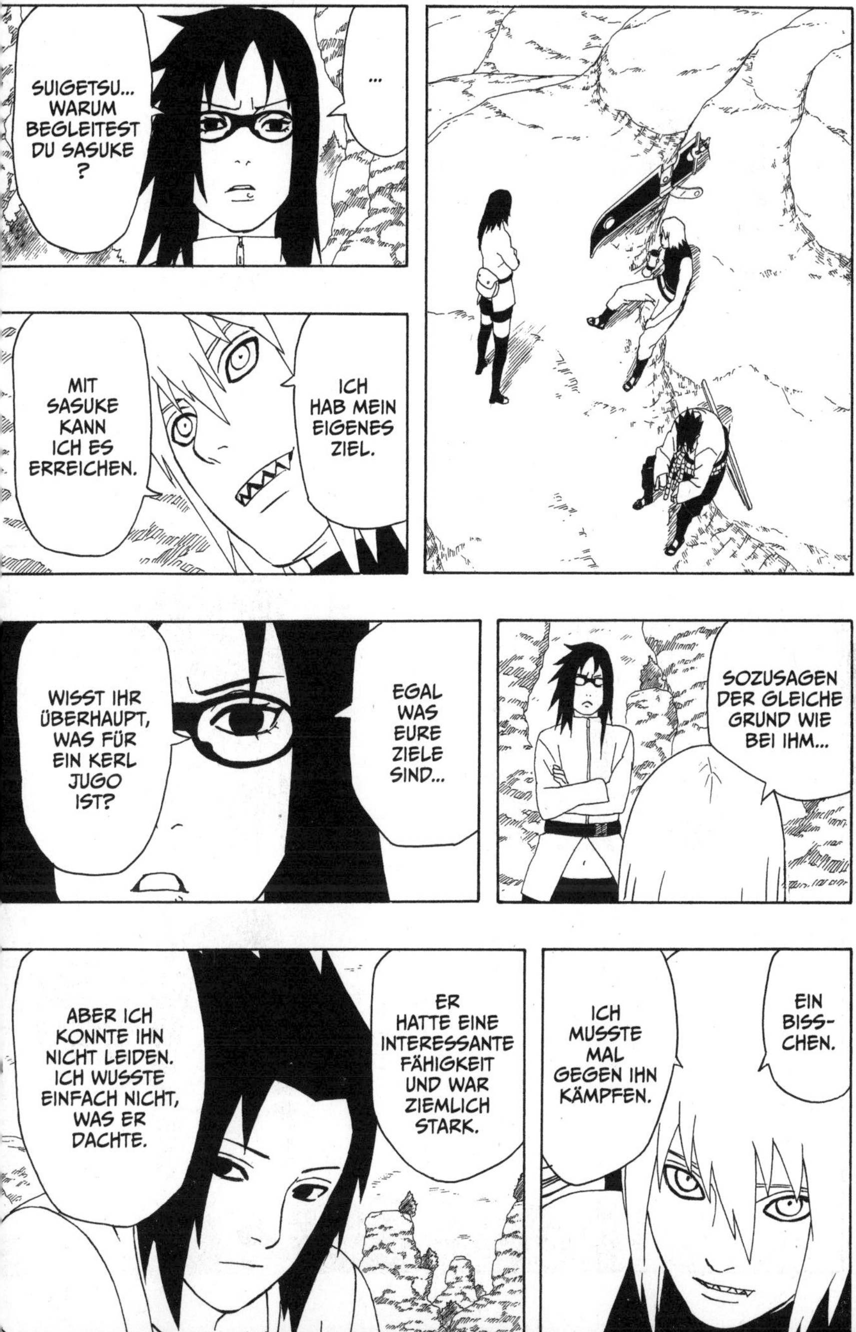
...
SUIGETSU... WARUM BEGLEITEST DU SASUKE?
ICH HAB MEIN EIGENES ZIEL.
MIT SASUKE KANN ICH ES ERREICHEN.
SOZUSAGEN DER GLEICHE GRUND WIE BEI IHM...
EGAL WAS EURE ZIELE SIND...
WISST IHR ÜBERHAUPT, WAS FÜR EIN KERL JUGO IST?
EIN BISS-CHEN.
ICH MUSSTE MAL GEGEN IHN KÄMPFEN.
ER HATTE EINE INTERESSANTE FÄHIGKEIT UND WAR ZIEMLICH STARK.
ABER ICH KONNTE IHN NICHT LEIDEN. ICH WUSSTE EINFACH NICHT, WAS ER DACHTE.

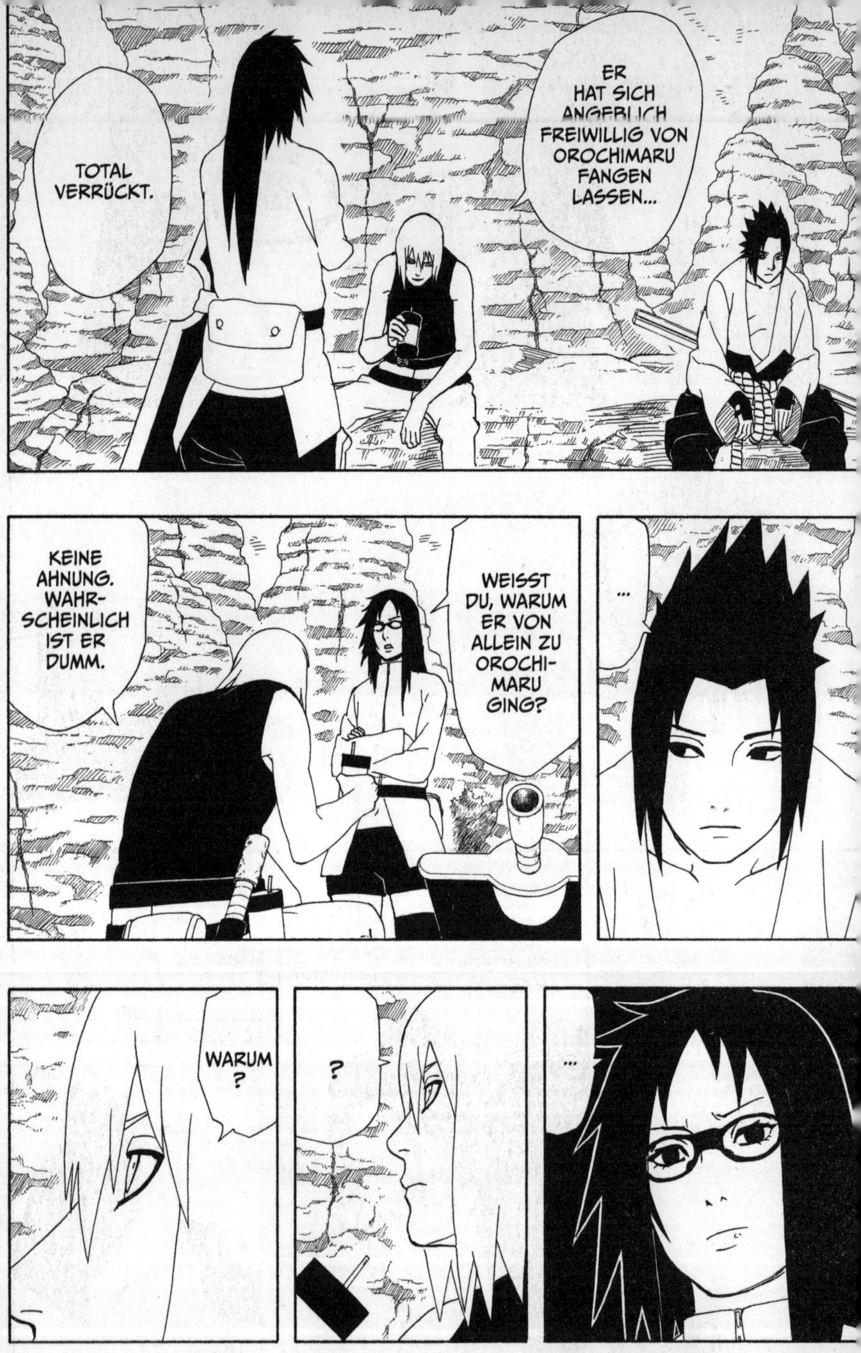
ER HAT SICH ANGEBLICH FREIWILLIG VON OROCHIMARU FANGEN LASSEN...
TOTAL VERRÜCKT.
WEISST DU, WARUM ER VON ALLEIN ZU OROCHI-MARU GING?
KEINE AHNUNG. WAHR-SCHEINLICH IST ER DUMM.
...
...
?
WARUM ?

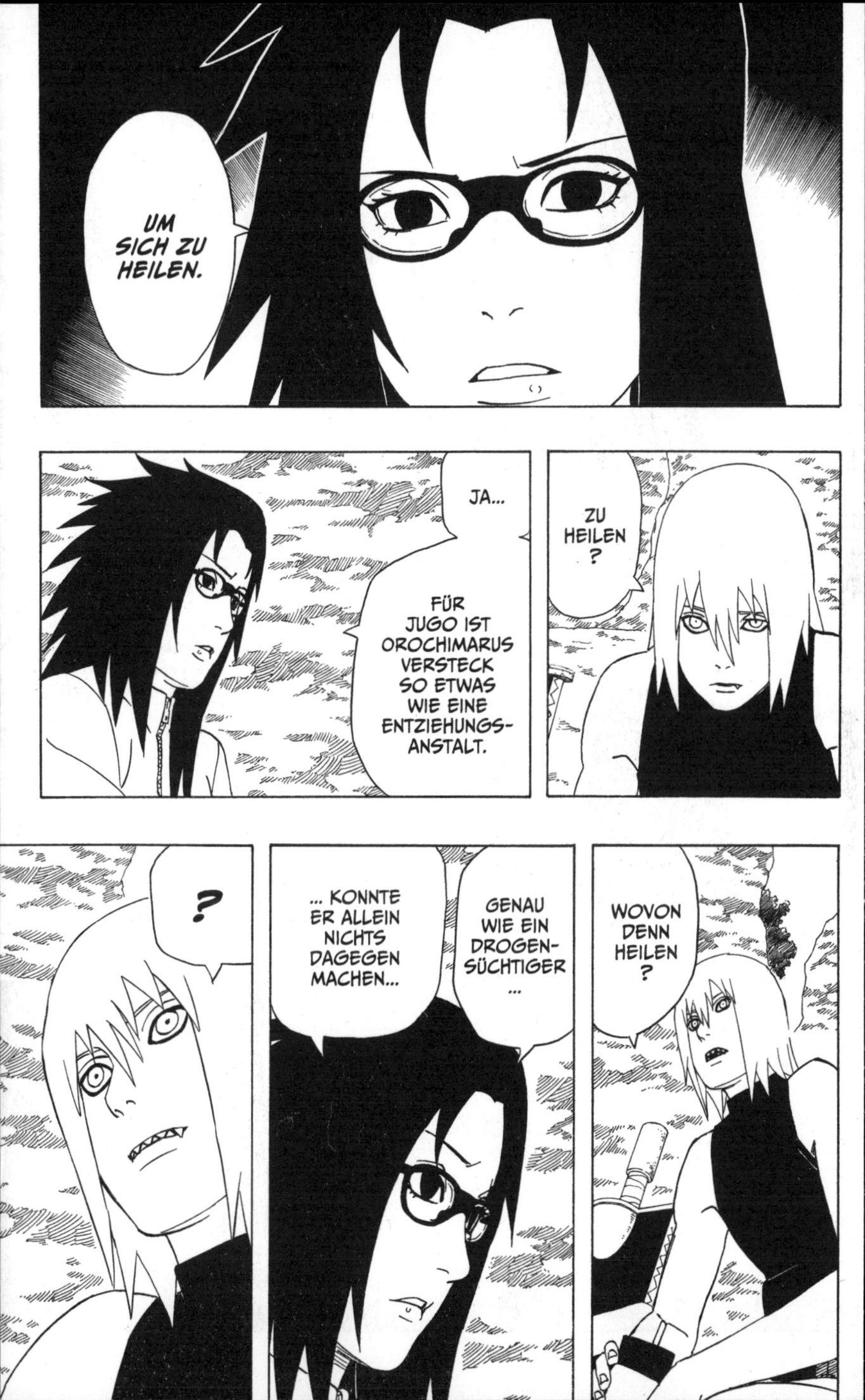
UM SICH ZU HEILEN.
ZU HEILEN ?
JA...
FÜR JUGO IST OROCHIMARUS VERSTECK SO ETWAS WIE EINE ENTZIEHUNGS-ANSTALT.
WOVON DENN HEILEN ?
GENAU WIE EIN DROGEN-SÜCHTIGER ...
... KONNTE ER ALLEIN NICHTS DAGEGEN MACHEN...
?

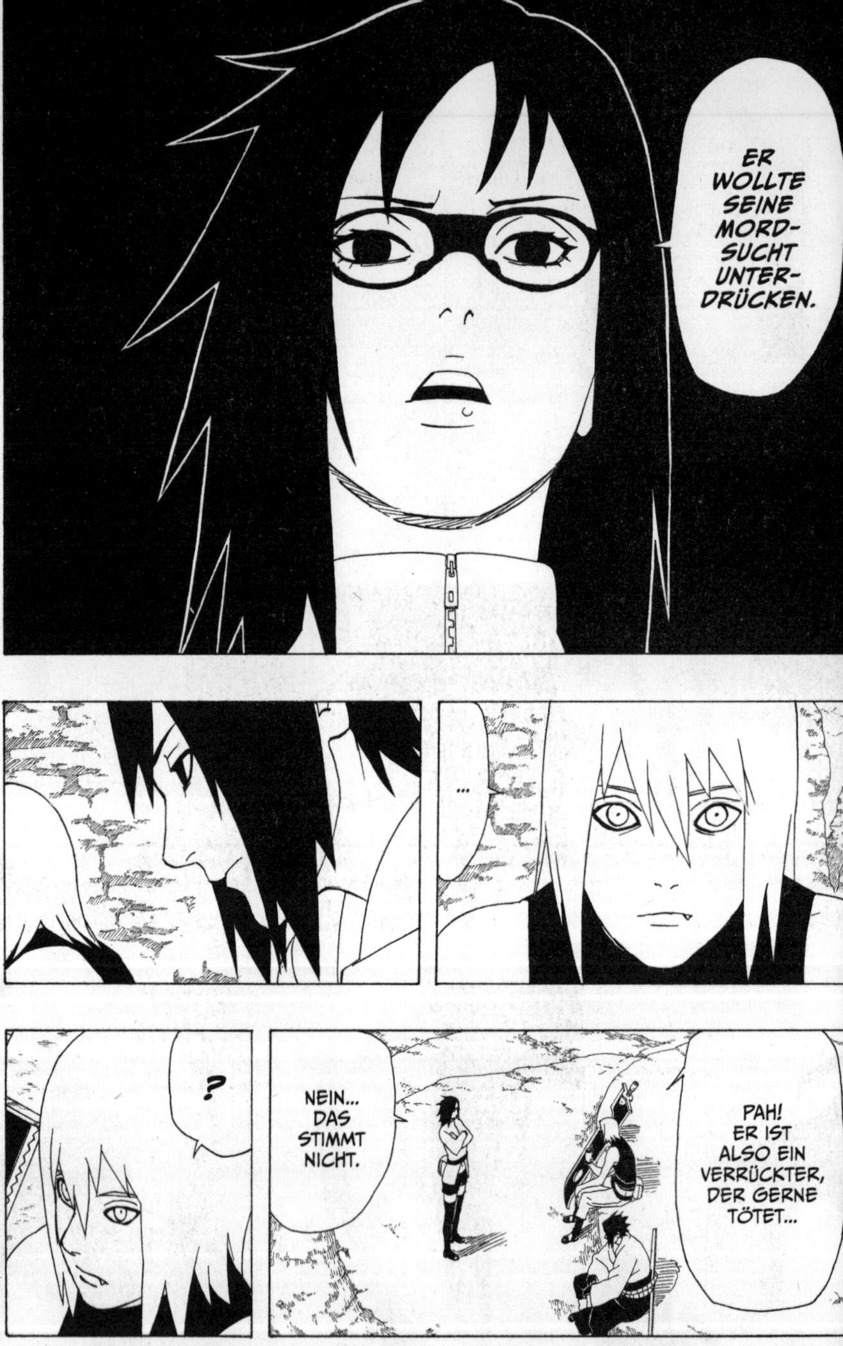
ER WOLLTE SEINE MORD-SUCHT UNTER-DRÜCKEN.
...
PAH! ER IST ALSO EIN VERRÜCKTER, DER GERNE TÖTET...
NEIN... DAS STIMMT NICHT.
?

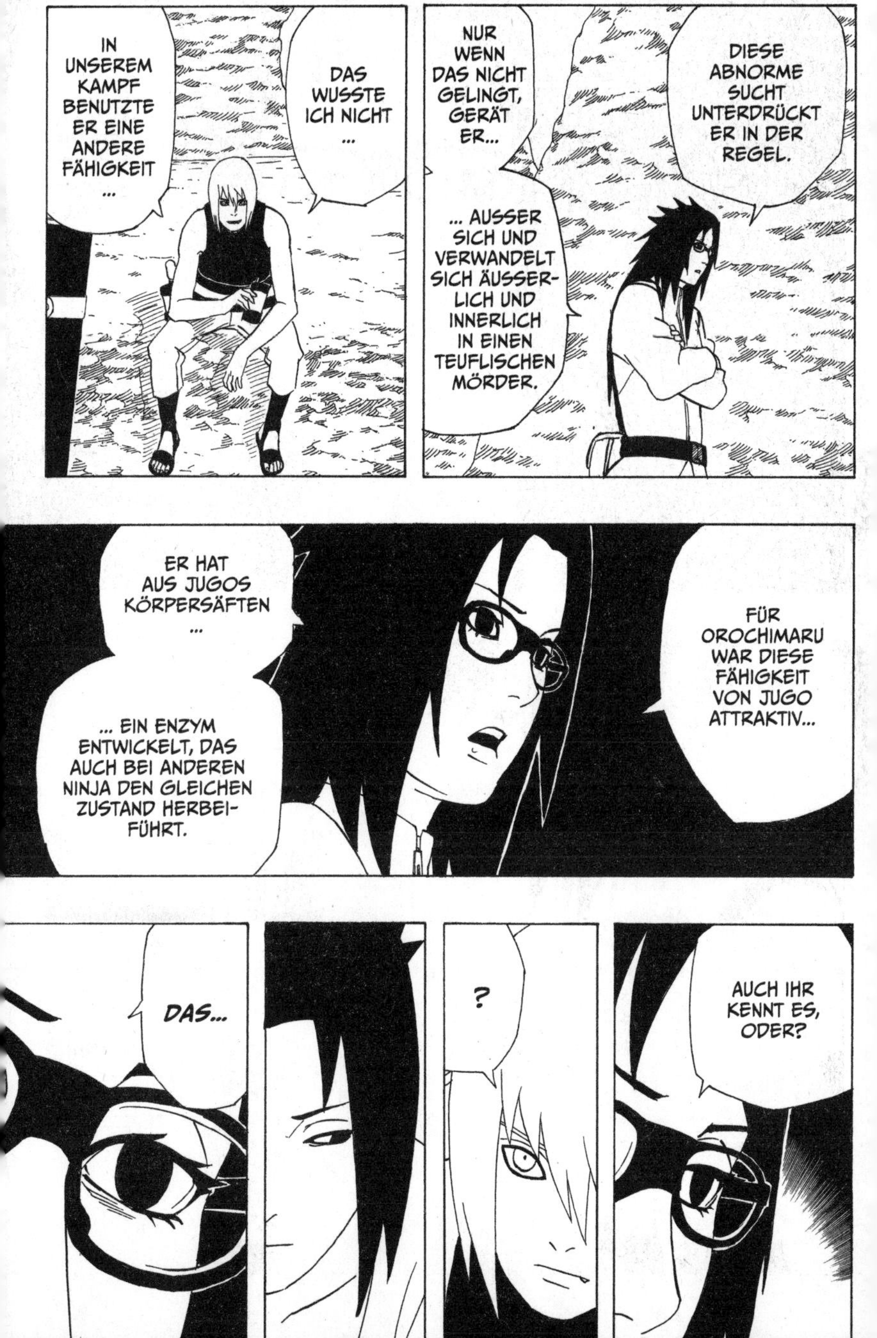
DIESE ABNORME SUCHT UNTERDRÜCKT ER IN DER REGEL.
NUR WENN DAS NICHT GELINGT, GERÄT ER...
... AUSSER SICH UND VERWANDELT SICH ÄUSSERLICH UND INNERLICH IN EINEN TEUFLISCHEN MÖRDER.
DAS WUSSTE ICH NICHT ...
IN UNSEREM KAMPF BENUTZTE ER EINE ANDERE FÄHIGKEIT ...
FÜR OROCHIMARU WAR DIESE FÄHIGKEIT VON JUGO ATTRAKTIV...
ER HAT AUS JUGOS KÖRPERSÄFTEN ...
... EIN ENZYM ENTWICKELT, DAS AUCH BEI ANDEREN NINJA DEN GLEICHEN ZUSTAND HERBEIFÜHRT.
AUCH IHR KENNT ES, ODER?
?
DAS...

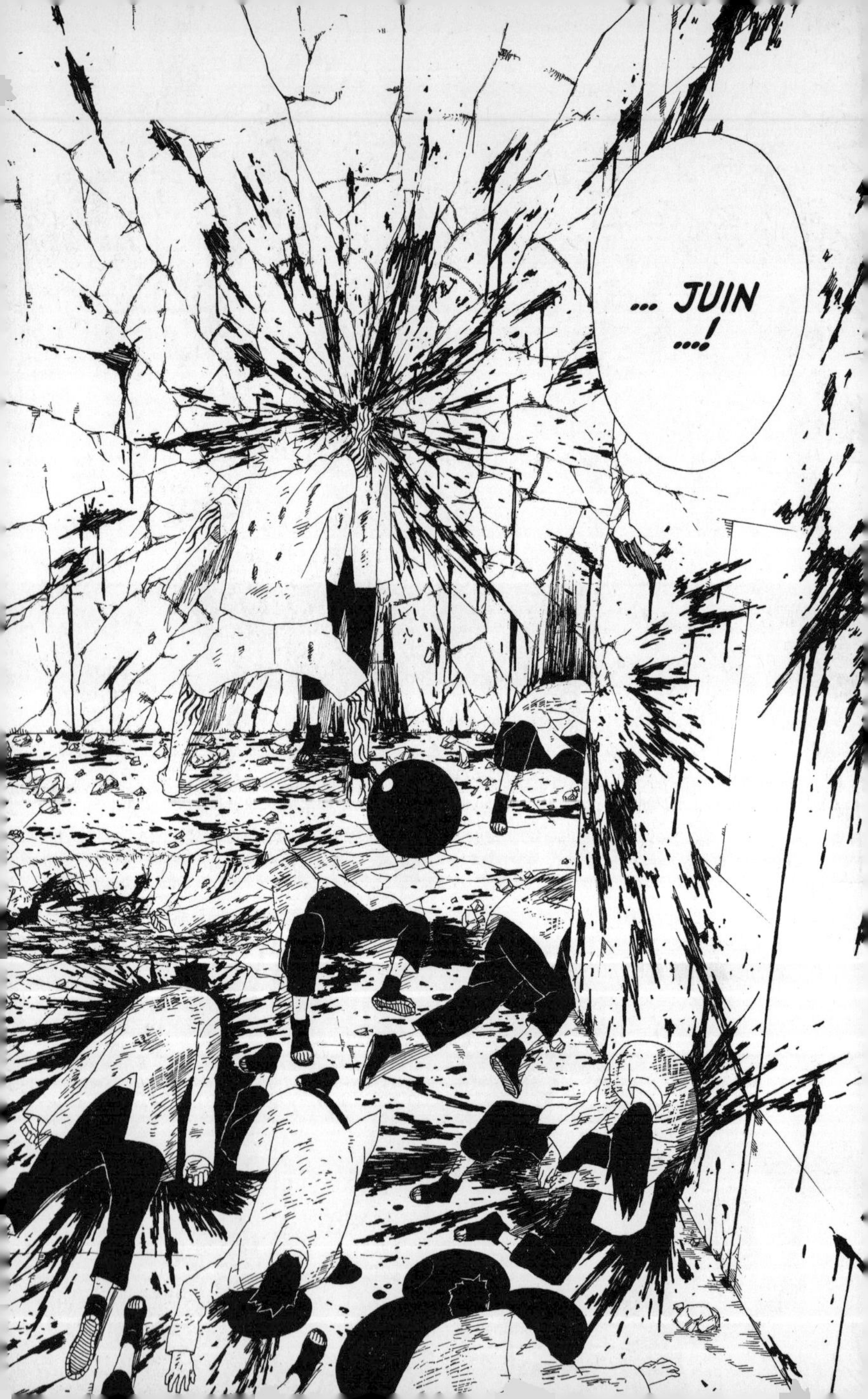
... JUIN
...!

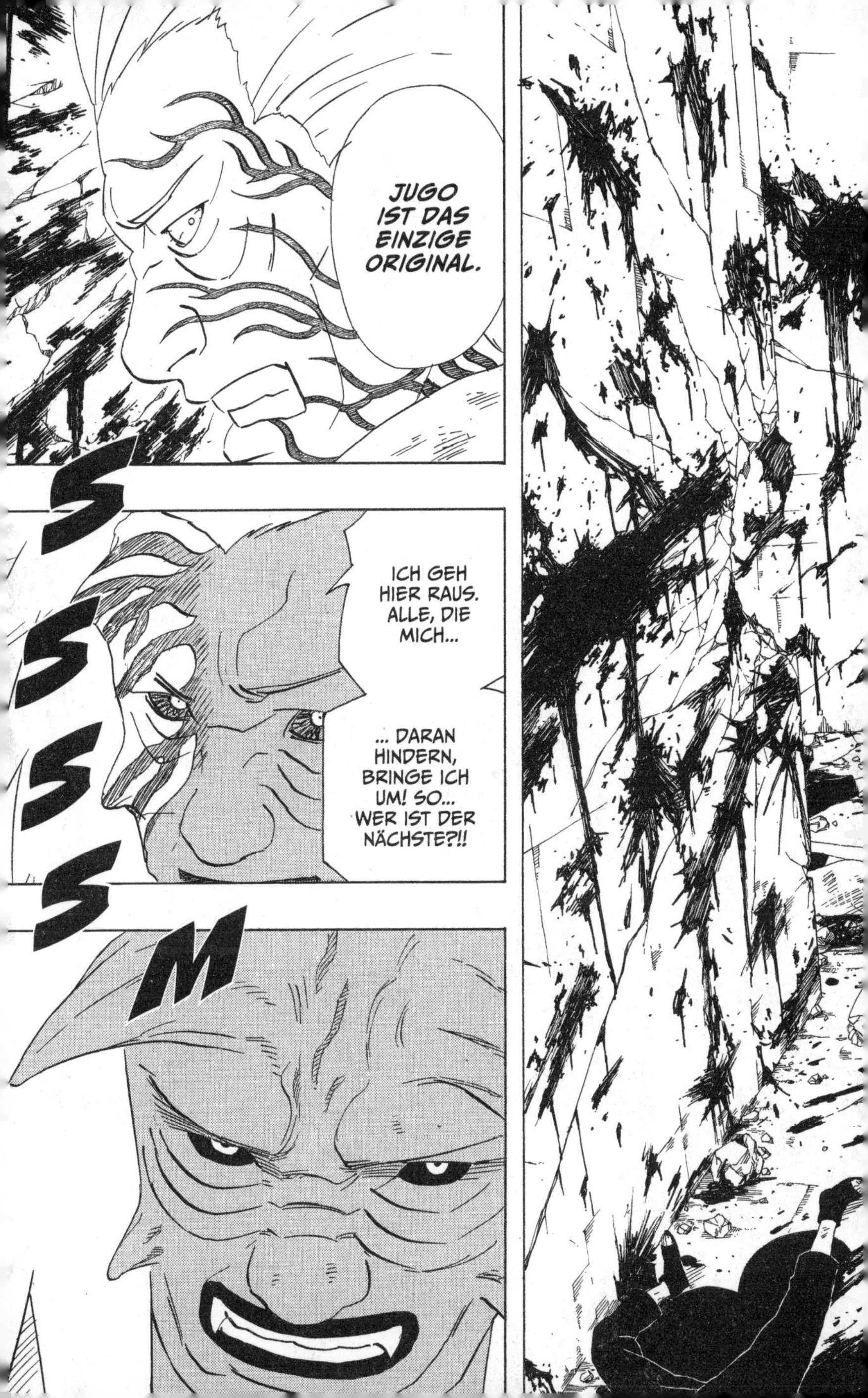
JUGO IST DAS EINZIGE ORIGINAL.
ICH GEH HIER RAUS. ALLE, DIE MICH...
... DARAN HINDERN, BRINGE ICH UM! SO... WER IST DER NÄCHSTE?!!
SSSSSM

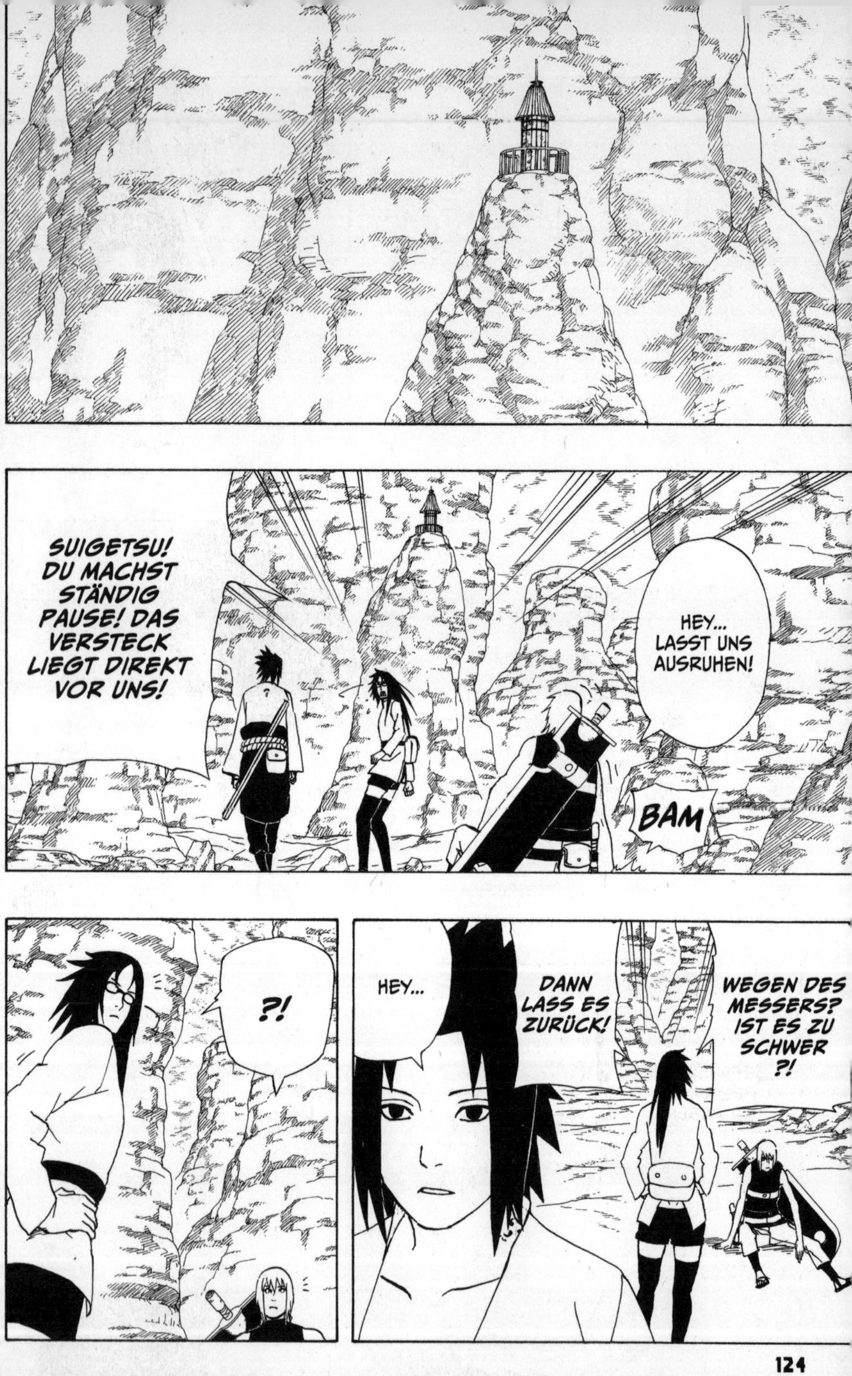
HEY... LASST UNS AUSRUHEN!
SUIGETSU! DU MACHST STÄNDIG PAUSE! DAS VERSTECK LIEGT DIREKT VOR UNS!
BAM
WEGEN DES MESSERS? IST ES ZU SCHWER ?!
DANN LASS ES ZURÜCK!
HEY...
?!

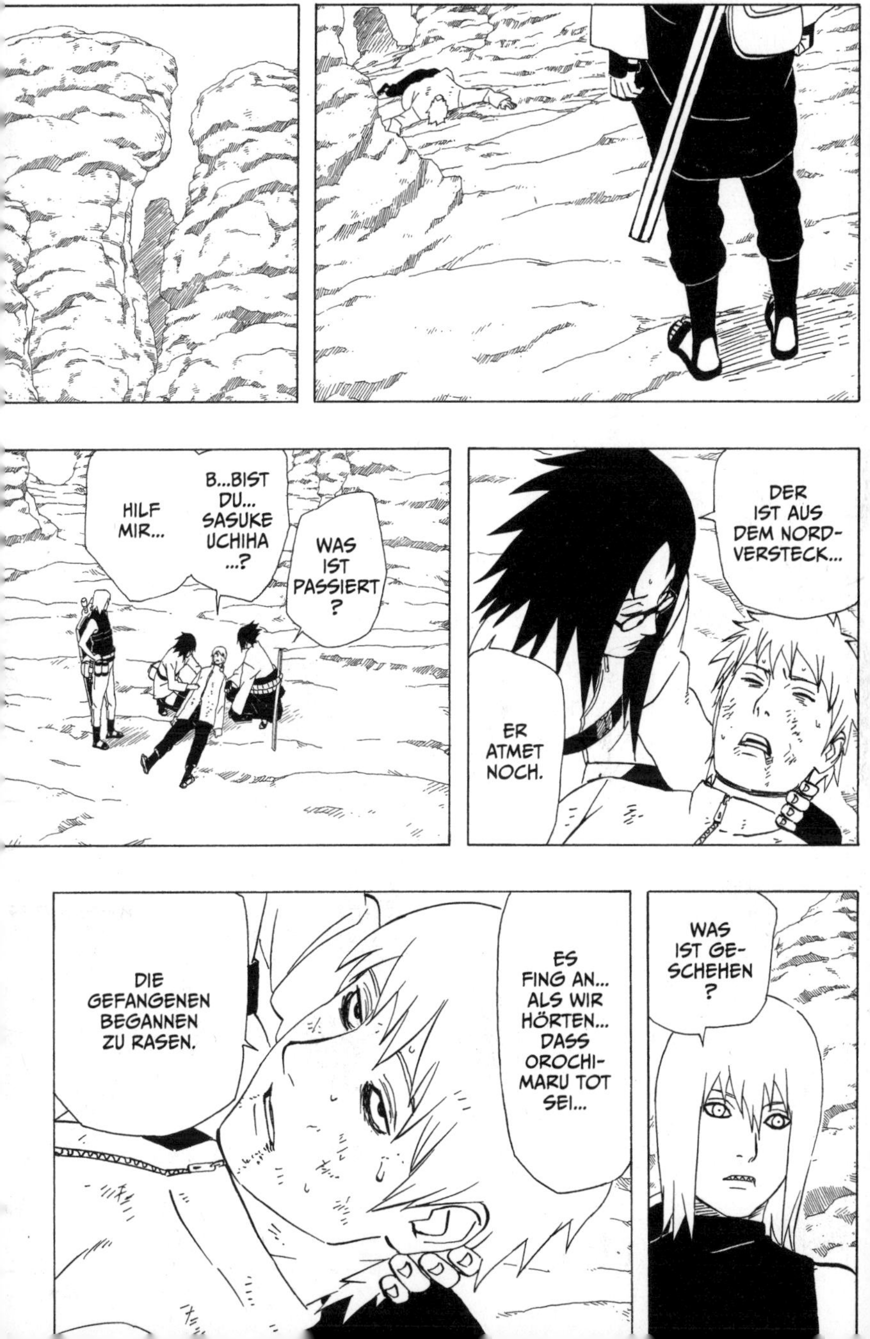
DER IST AUS DEM NORD-VERSTECK...
ER ATMET NOCH.
WAS IST PASSIERT ?
B...BIST DU... SASUKE UCHIHA ...?
HILF MIR...
WAS IST GE-SCHEHEN ?
ES FING AN... ALS WIR HÖRTEN... DASS OROCHI-MARU TOT SEI...
DIE GEFANGENEN BEGANNEN ZU RASEN.

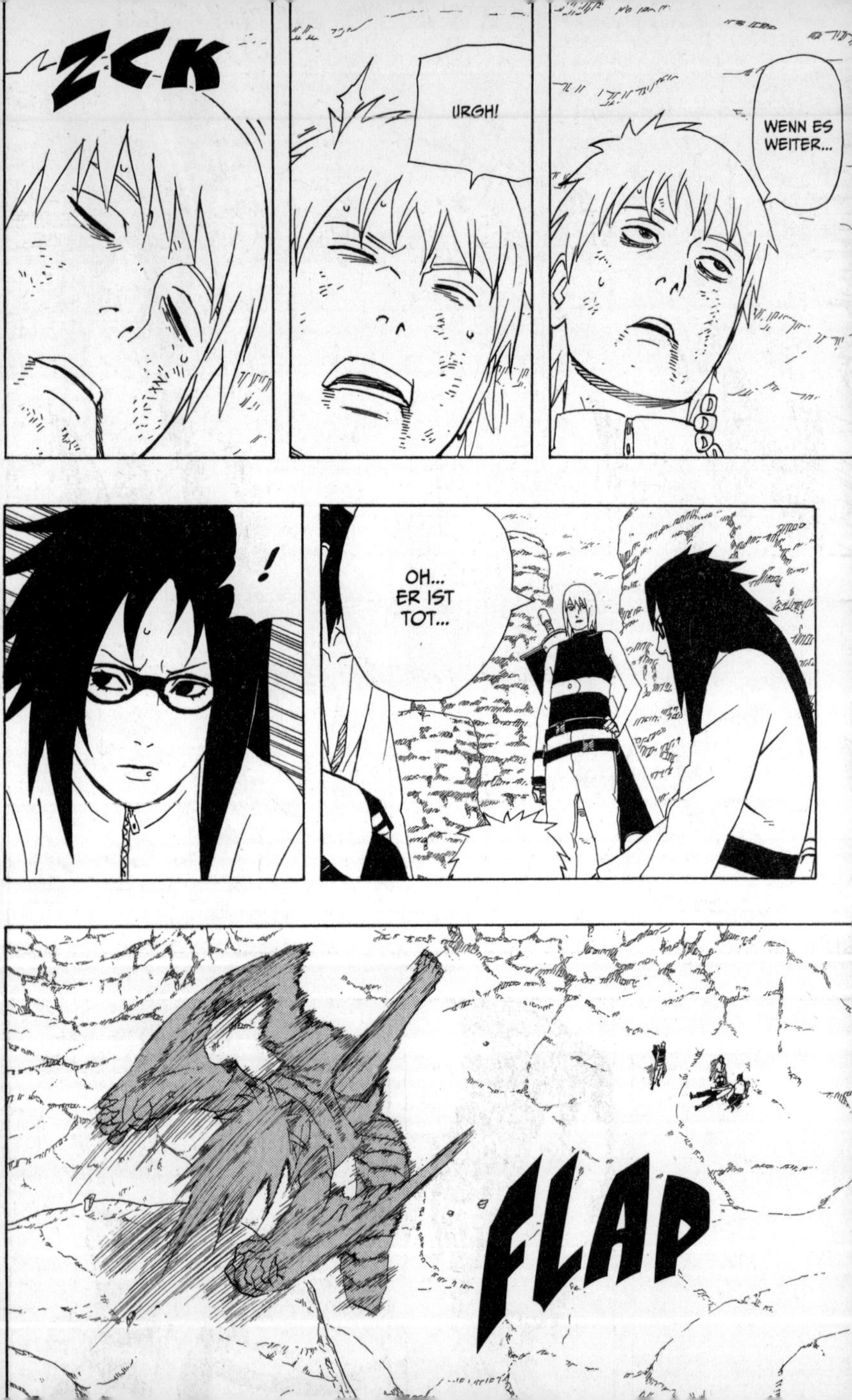
ZCK
URGH!
WENN ES WEITER...
!
OH... ER IST TOT...
FLAP

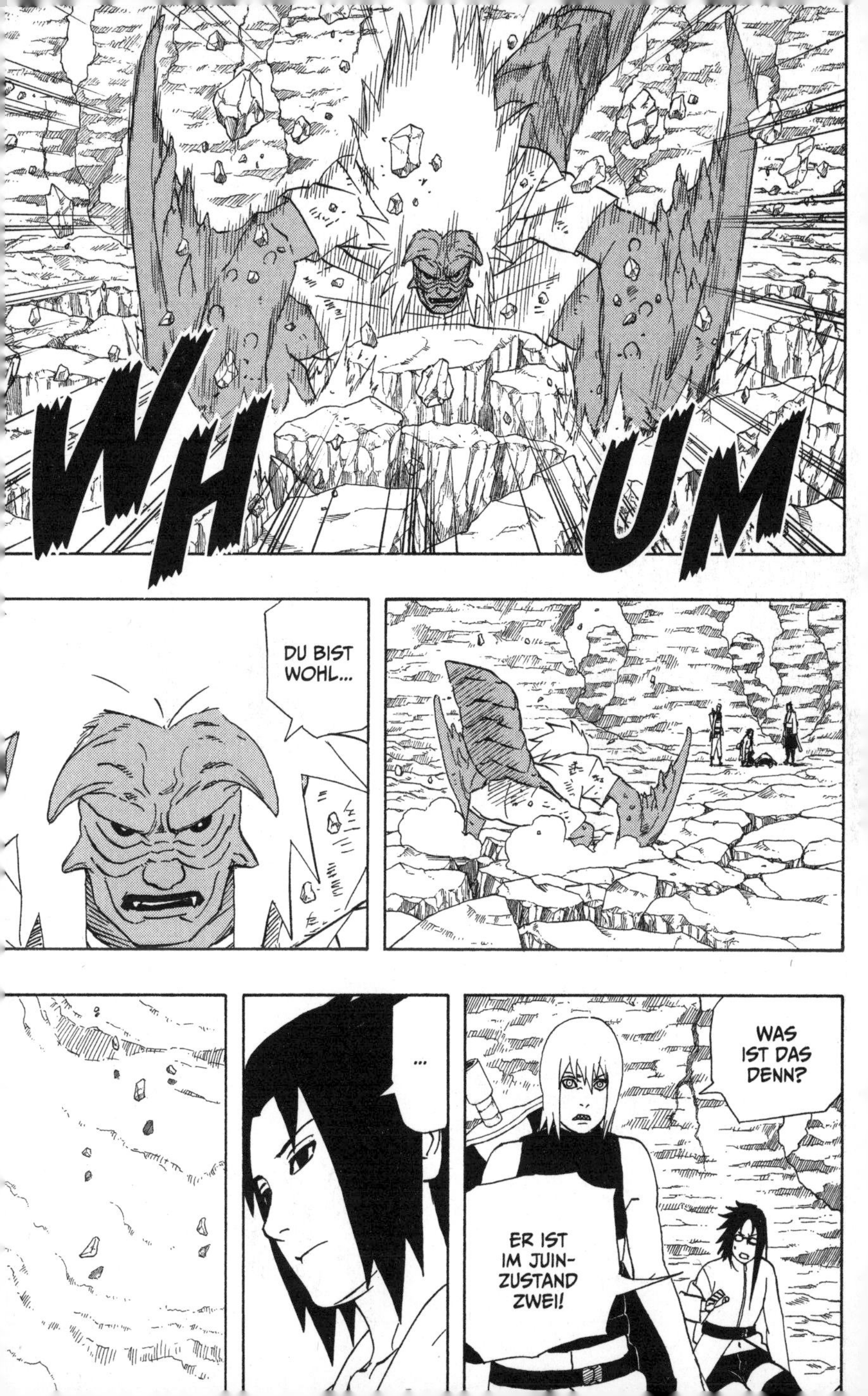
WHUM
DU BIST WOHL...
...
WAS IST DAS DENN?
ER IST IM JUIN-ZUSTAND ZWEI!

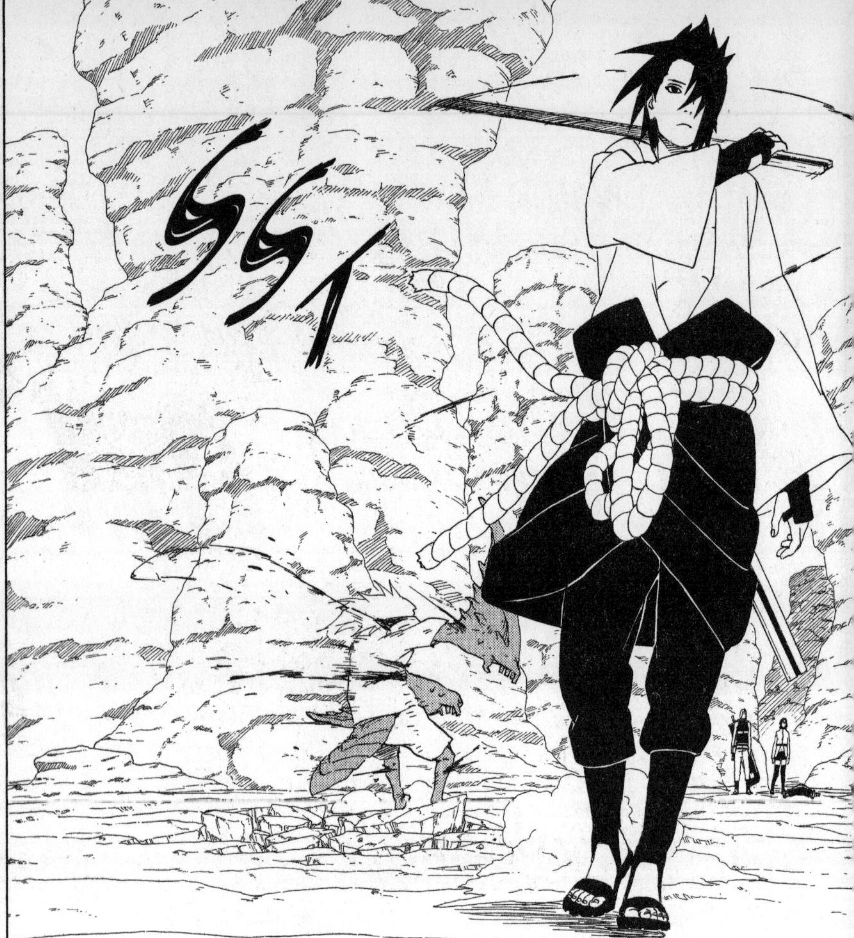
SST

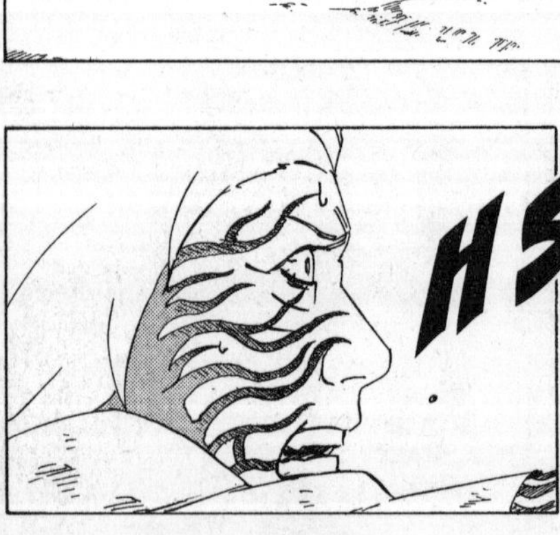
HSSS

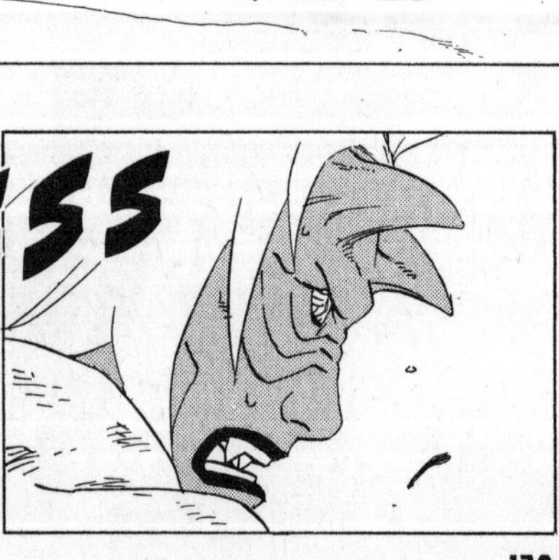

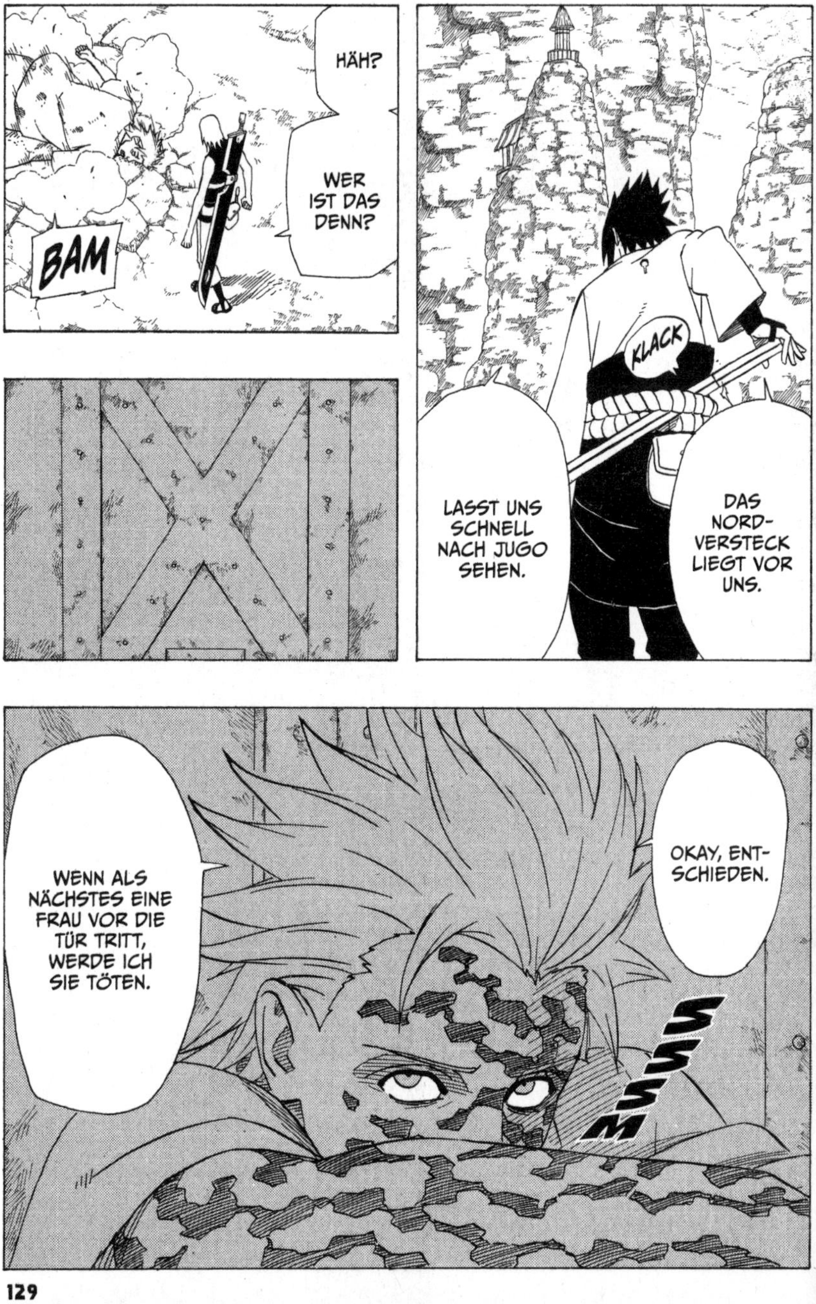
DAS NORD-VERSTECK LIEGT VOR UNS.
LASST UNS SCHNELL NACH JUGO SEHEN.
KLACK
HÄH?
WER IST DAS DENN?
BAM
OKAY, ENT-SCHIEDEN.
WENN ALS NÄCHSTES EINE FRAU VOR DIE TÜR TRITT, WERDE ICH SIE TÖTEN.

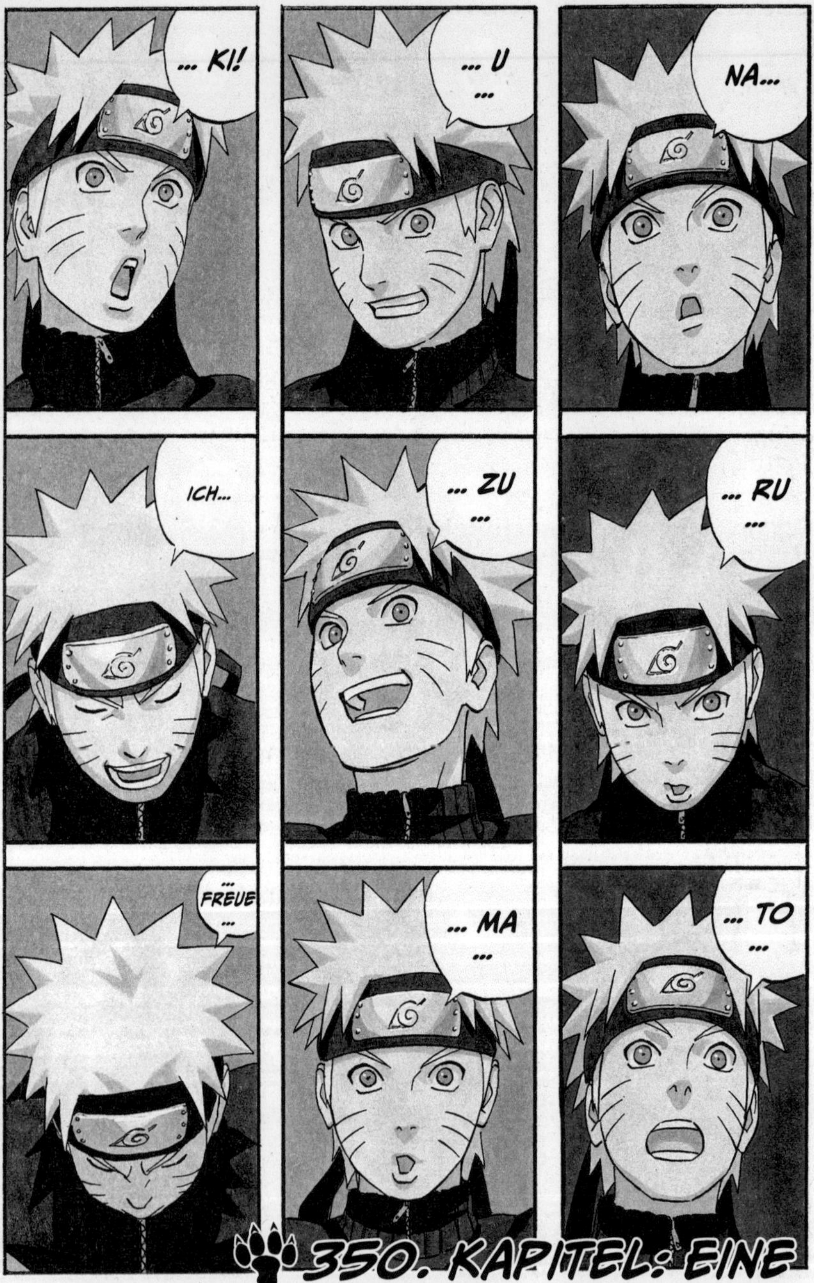

350. Kapitel: Eine schockierende Nachricht

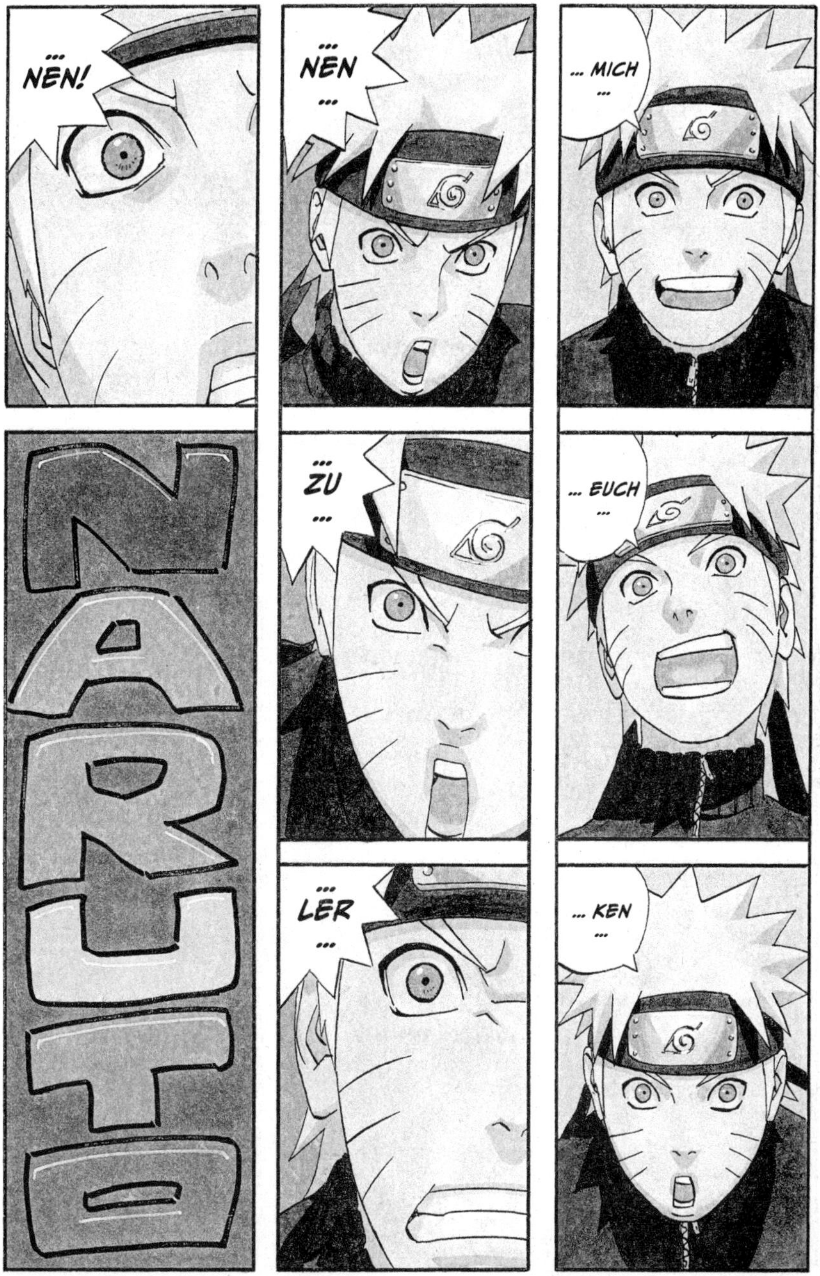

... MICH ...
... NËN ...
... NËN!
... EUCH ...
... ZU ...
NARUTO
... KEN ...
... LËR ...

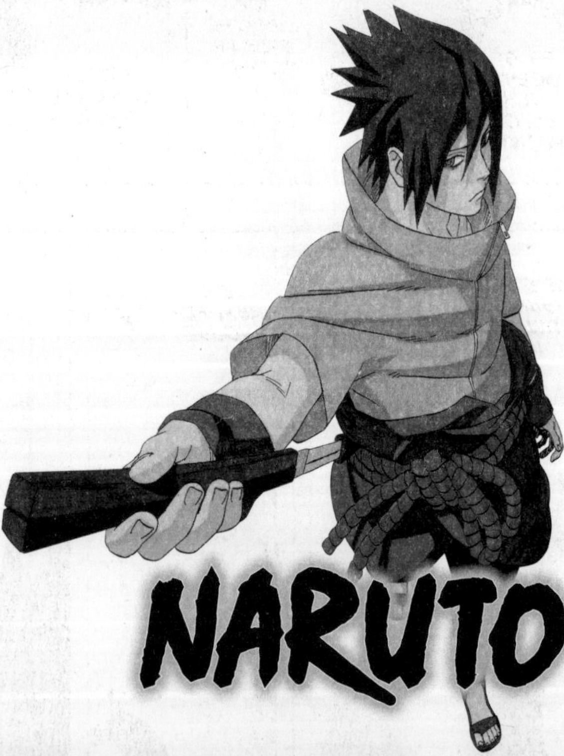

NARUTO

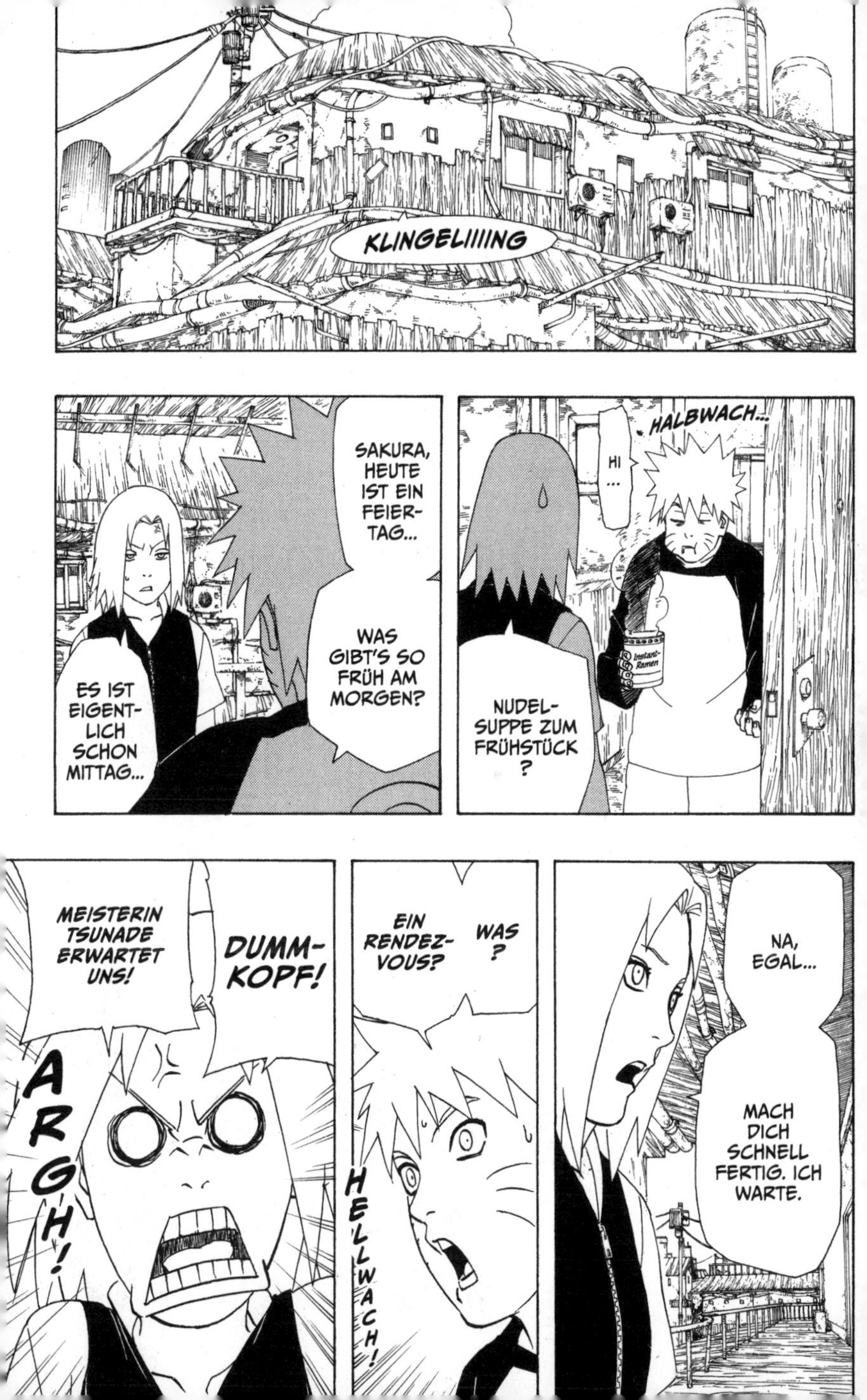
KLINGELIIIING
HALBWACH...
HI ...
NUDELSUPPE ZUM FRÜHSTÜCK ?
SAKURA, HEUTE IST EIN FEIERTAG...
WAS GIBT'S SO FRÜH AM MORGEN?
ES IST EIGENTLICH SCHON MITTAG...
NA, EGAL...
MACH DICH SCHNELL FERTIG. ICH WARTE.
WAS ?
EIN RENDEZVOUS?
HELLWACH!
MEISTERIN TSUNADE ERWARTET UNS!
DUMMKOPF!
ARGH!

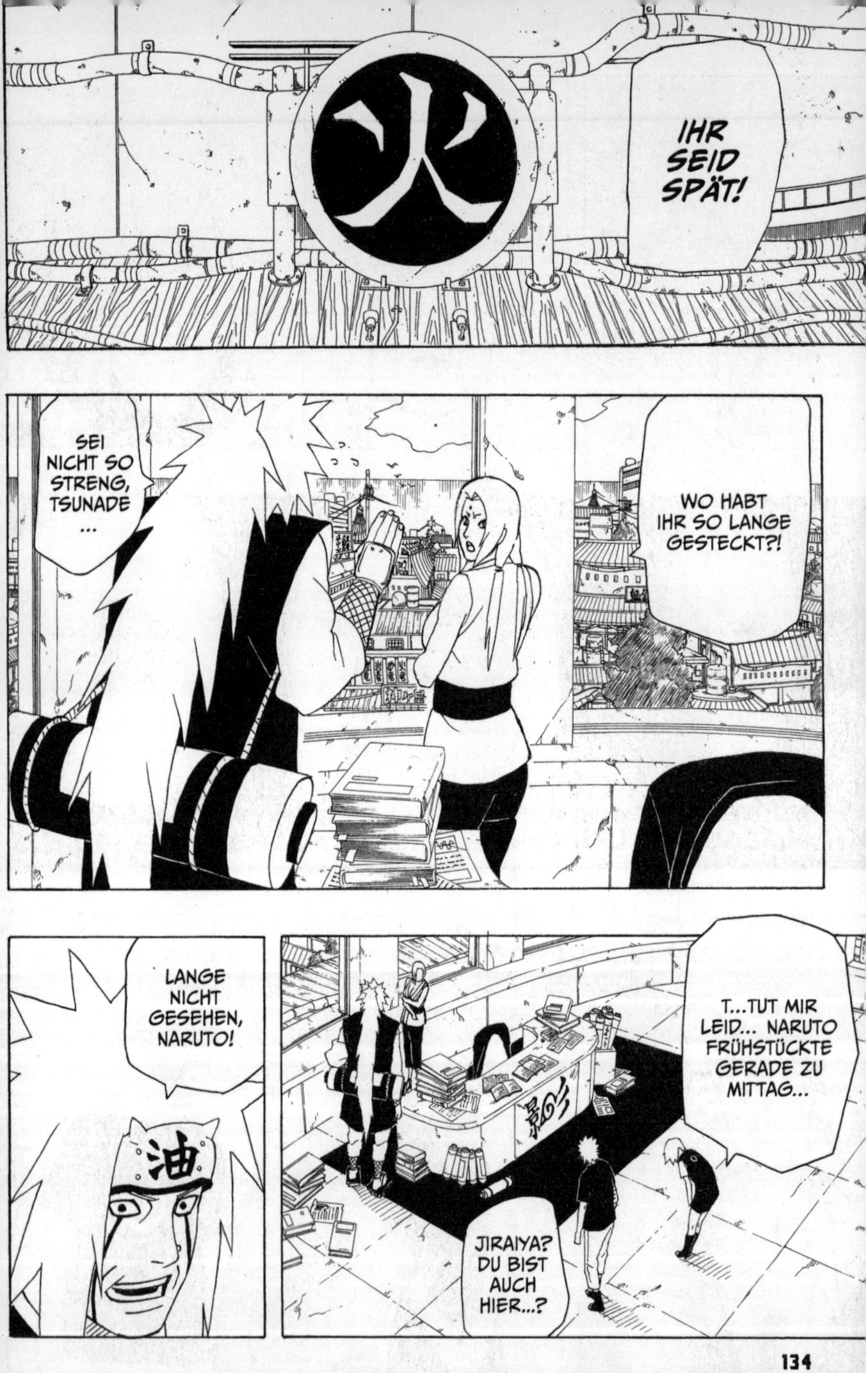
IHR SEID SPÄT!
WO HABT IHR SO LANGE GESTECKT?!
SEI NICHT SO STRENG, TSUNADE ...
T...TUT MIR LEID... NARUTO FRÜHSTÜCKTE GERADE ZU MITTAG...
JIRAIYA? DU BIST AUCH HIER...?
LANGE NICHT GESEHEN, NARUTO!

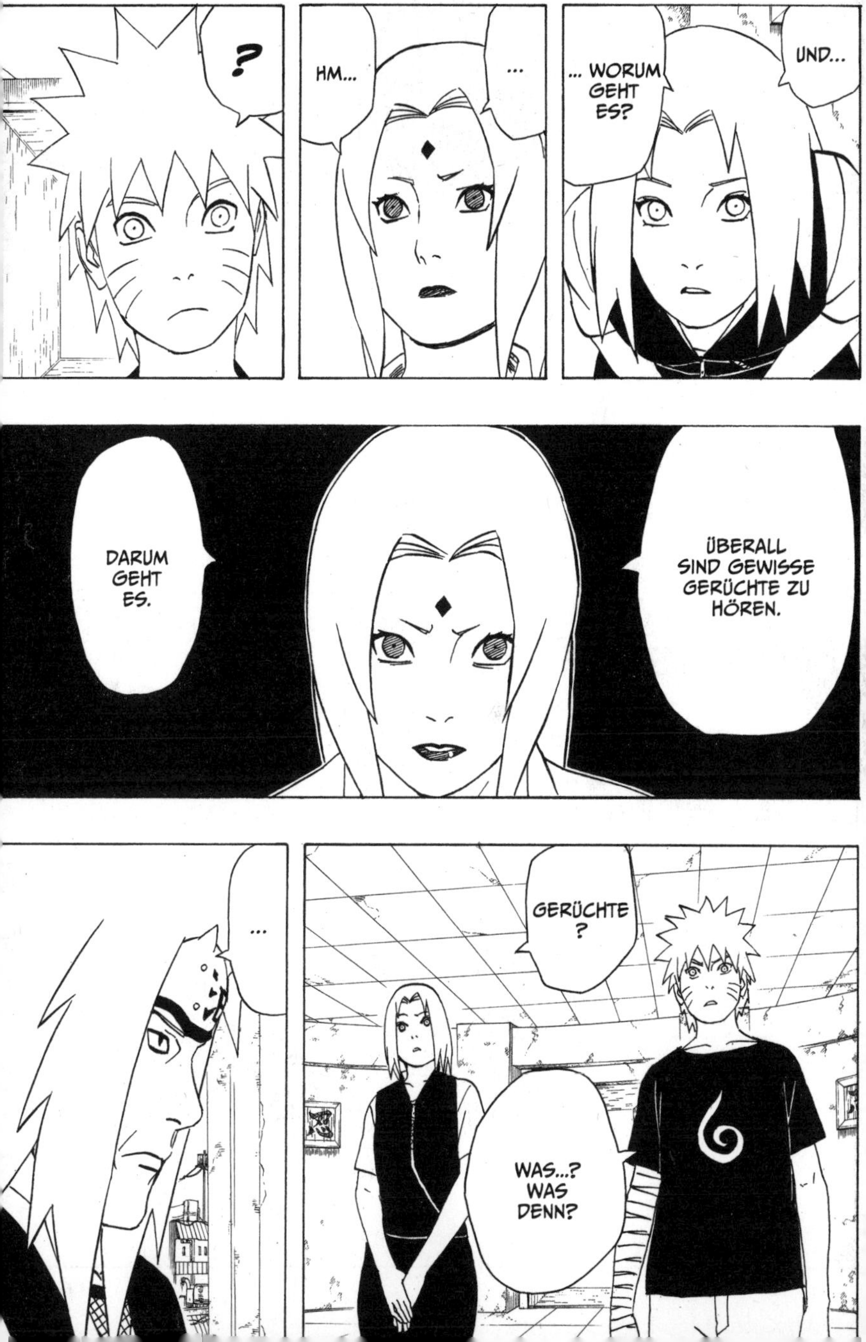
UND...
... WORUM GEHT ES?
...
HM...
?
ÜBERALL SIND GEWISSE GERÜCHTE ZU HÖREN.
DARUM GEHT ES.
GERÜCHTE?
WAS...? WAS DENN?
...

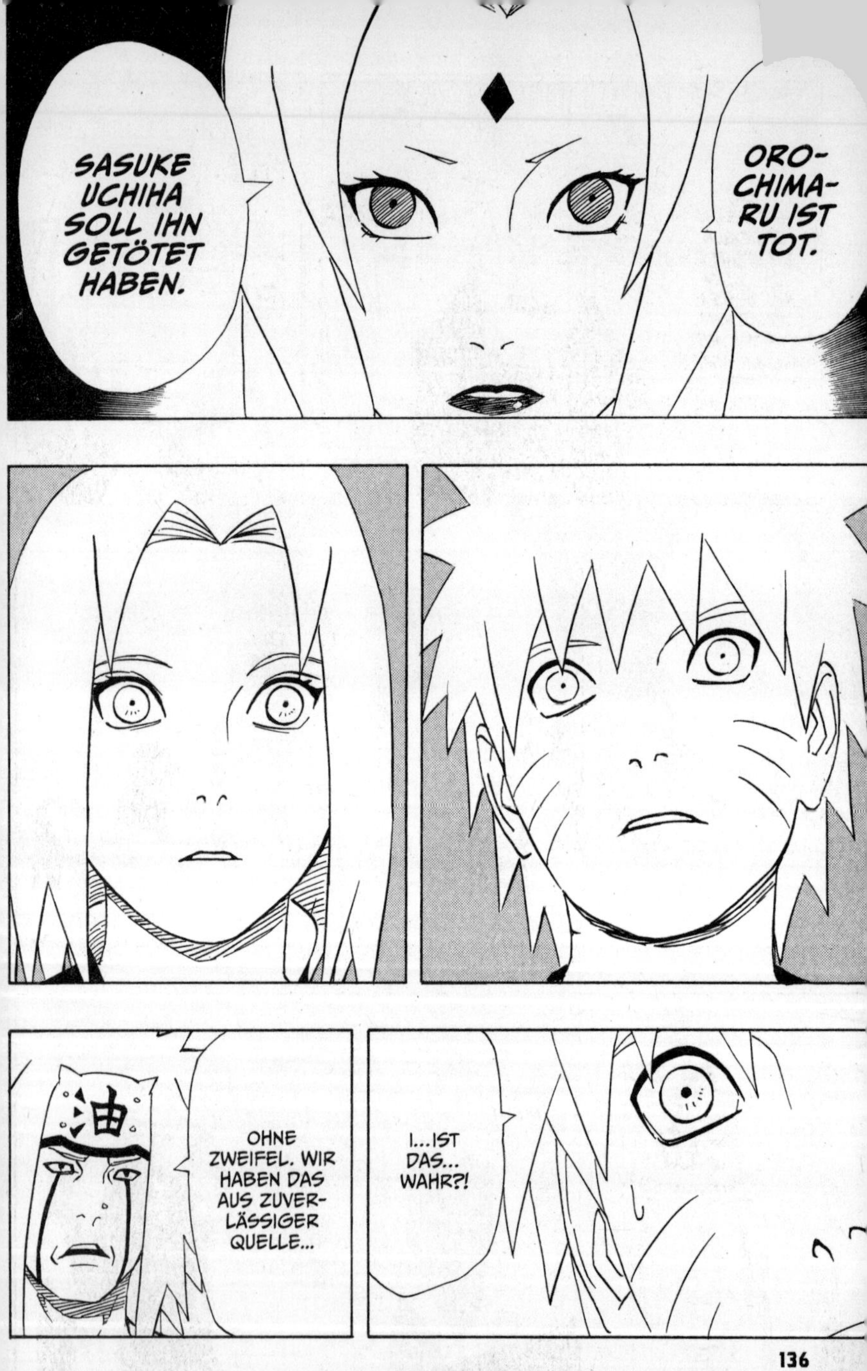
OROCHIMARU IST TOT.
SASUKE UCHIHA SOLL IHN GETÖTET HABEN.
I...IST DAS... WAHR?!
OHNE ZWEIFEL. WIR HABEN DAS AUS ZUVERLÄSSIGER QUELLE...

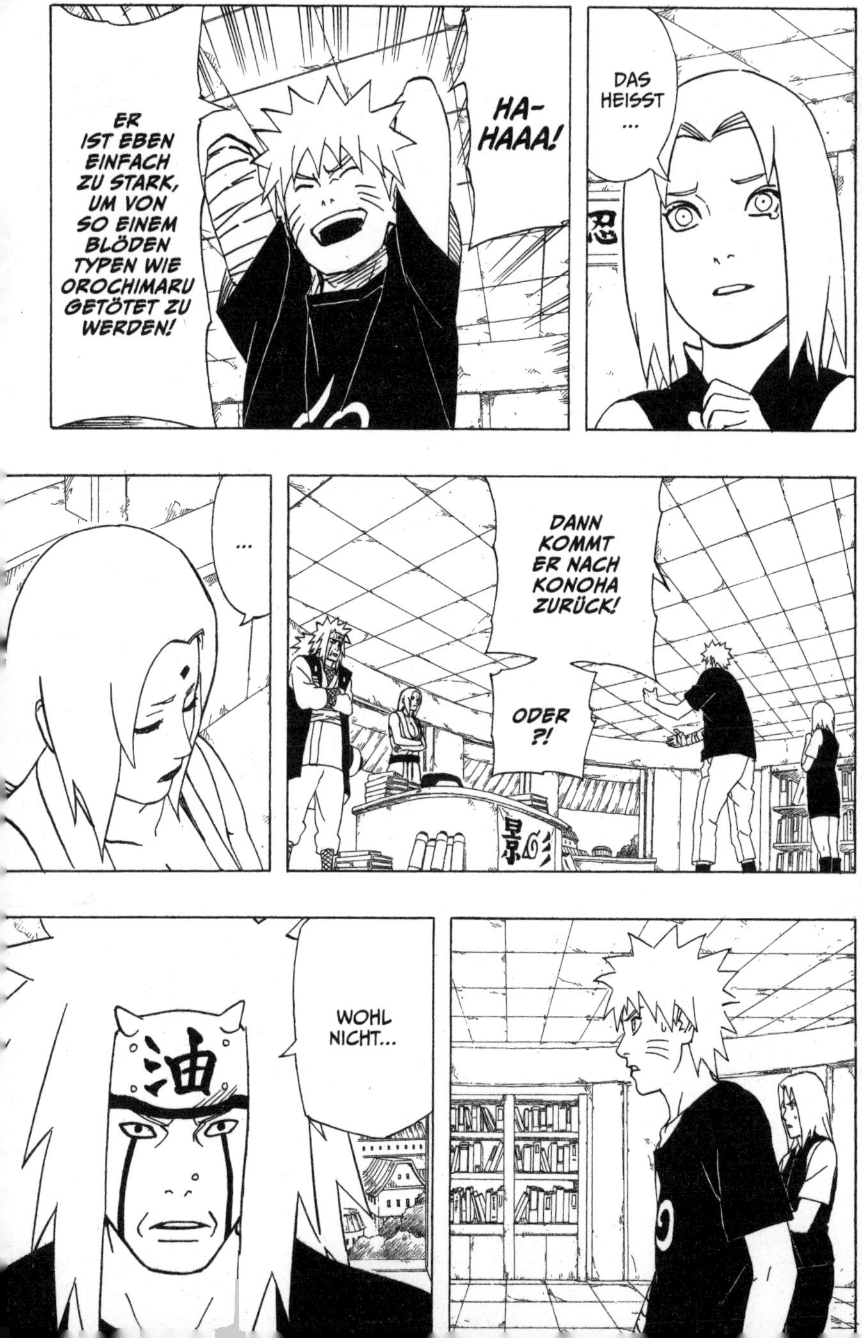
DAS HEISST ...
HA-HAAA!
ER IST EBEN EINFACH ZU STARK, UM VON SO EINEM BLÖDEN TYPEN WIE OROCHIMARU GETÖTET ZU WERDEN!
DANN KOMMT ER NACH KONOHA ZURÜCK!
ODER ?!
...
WOHL NICHT...

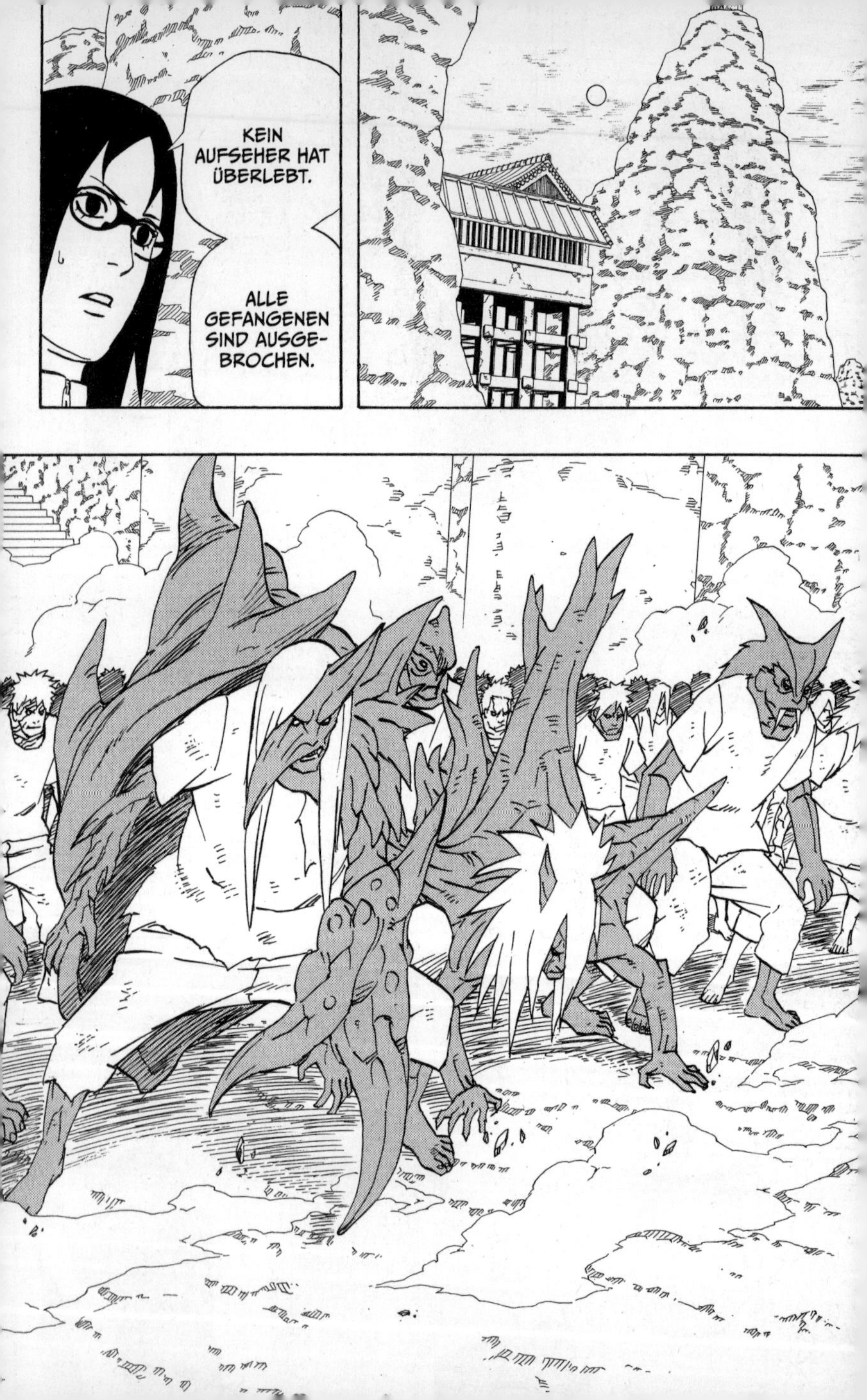
KEIN AUFSEHER HAT ÜBERLEBT.
ALLE GEFANGENEN SIND AUSGE-BROCHEN.

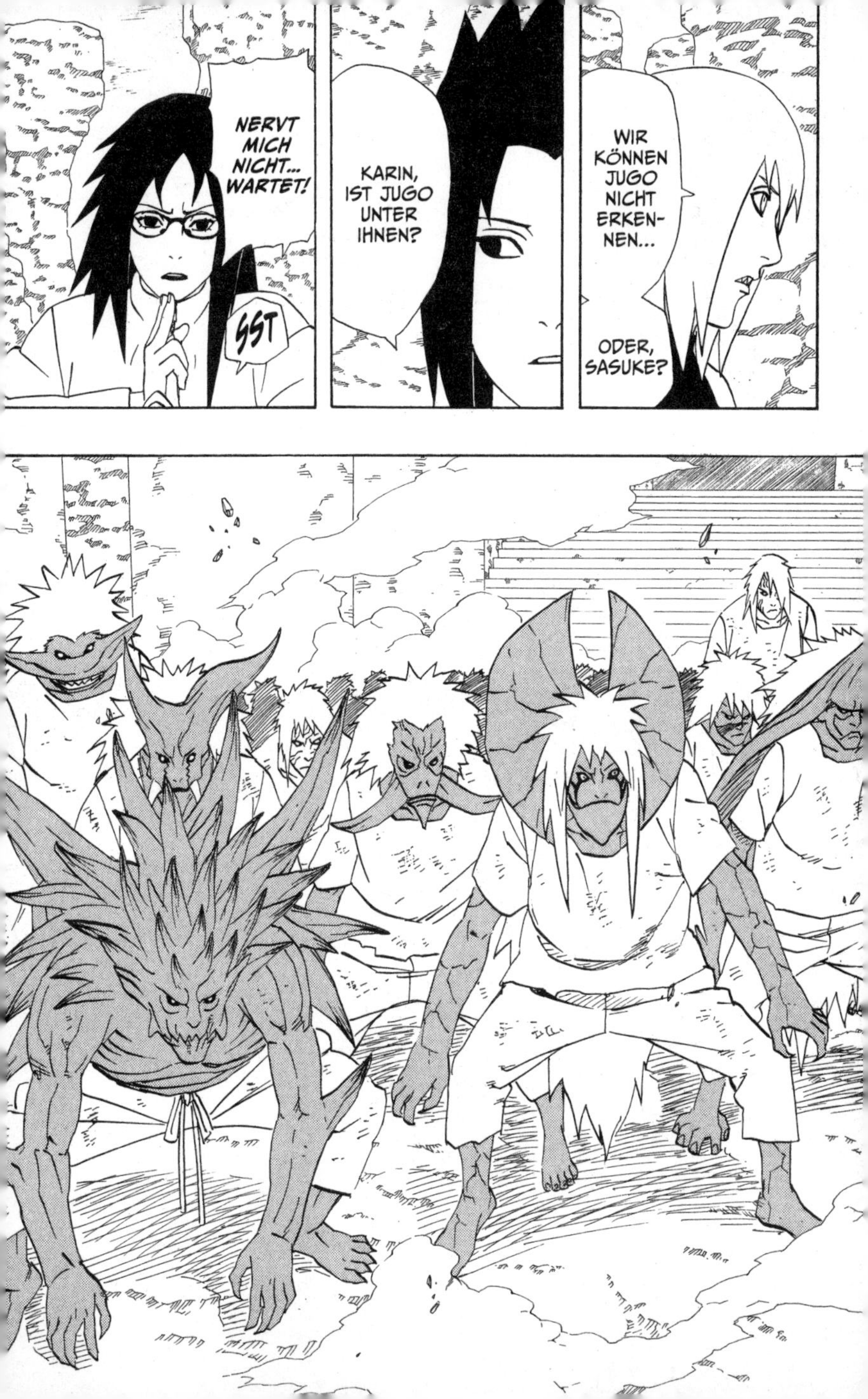
WIR KÖNNEN JUGO NICHT ERKENNEN...
ODER, SASUKE?
KARIN, IST JUGO UNTER IHNEN?
NERVT MICH NICHT... WARTET!
SST

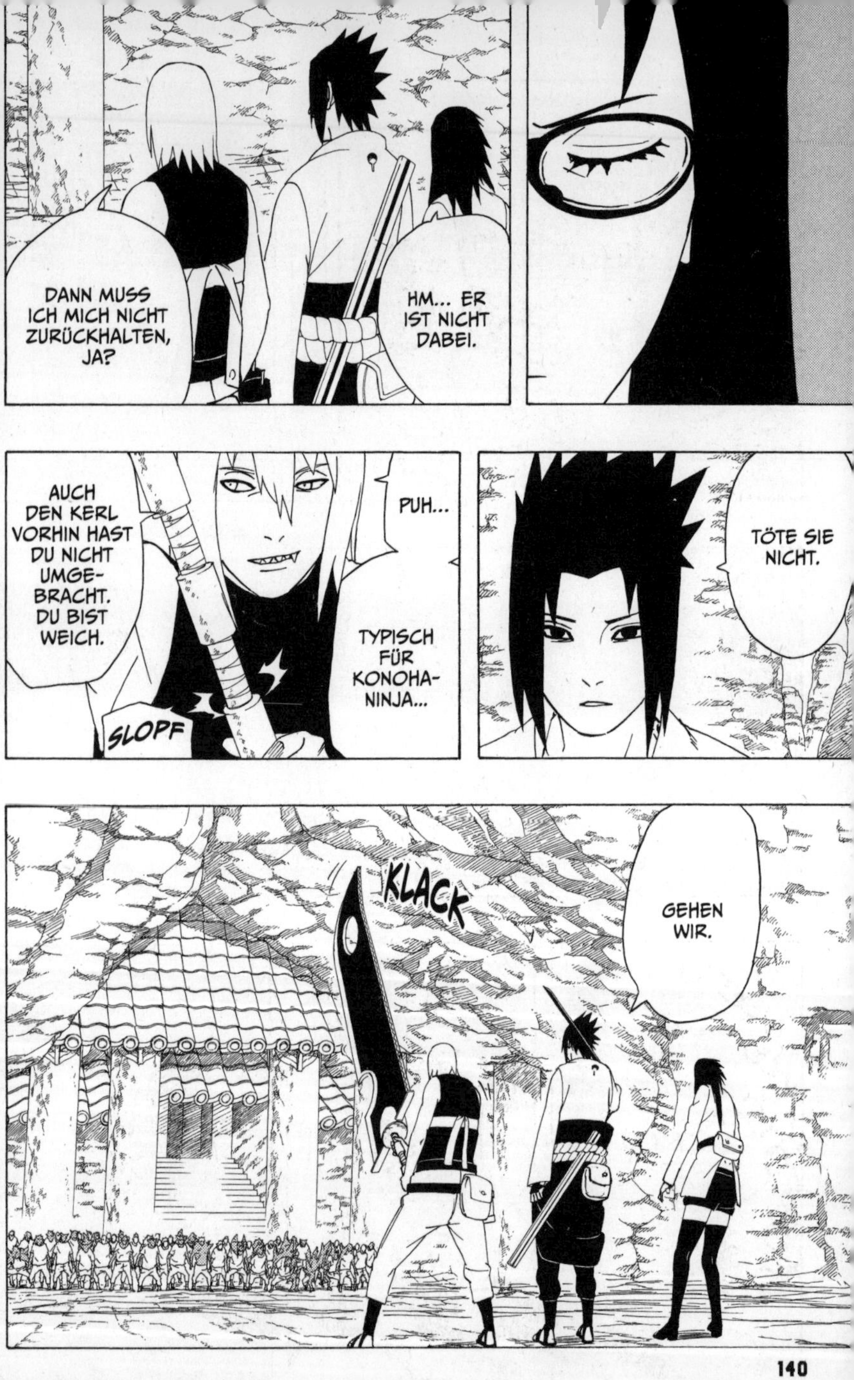
DANN MUSS ICH MICH NICHT ZURÜCKHALTEN, JA?
HM... ER IST NICHT DABEI.
PUH...
TYPISCH FÜR KONOHA-NINJA...
AUCH DEN KERL VORHIN HAST DU NICHT UMGE-BRACHT. DU BIST WEICH.
SLOPF
TÖTE SIE NICHT.
KLACK
GEHEN WIR.

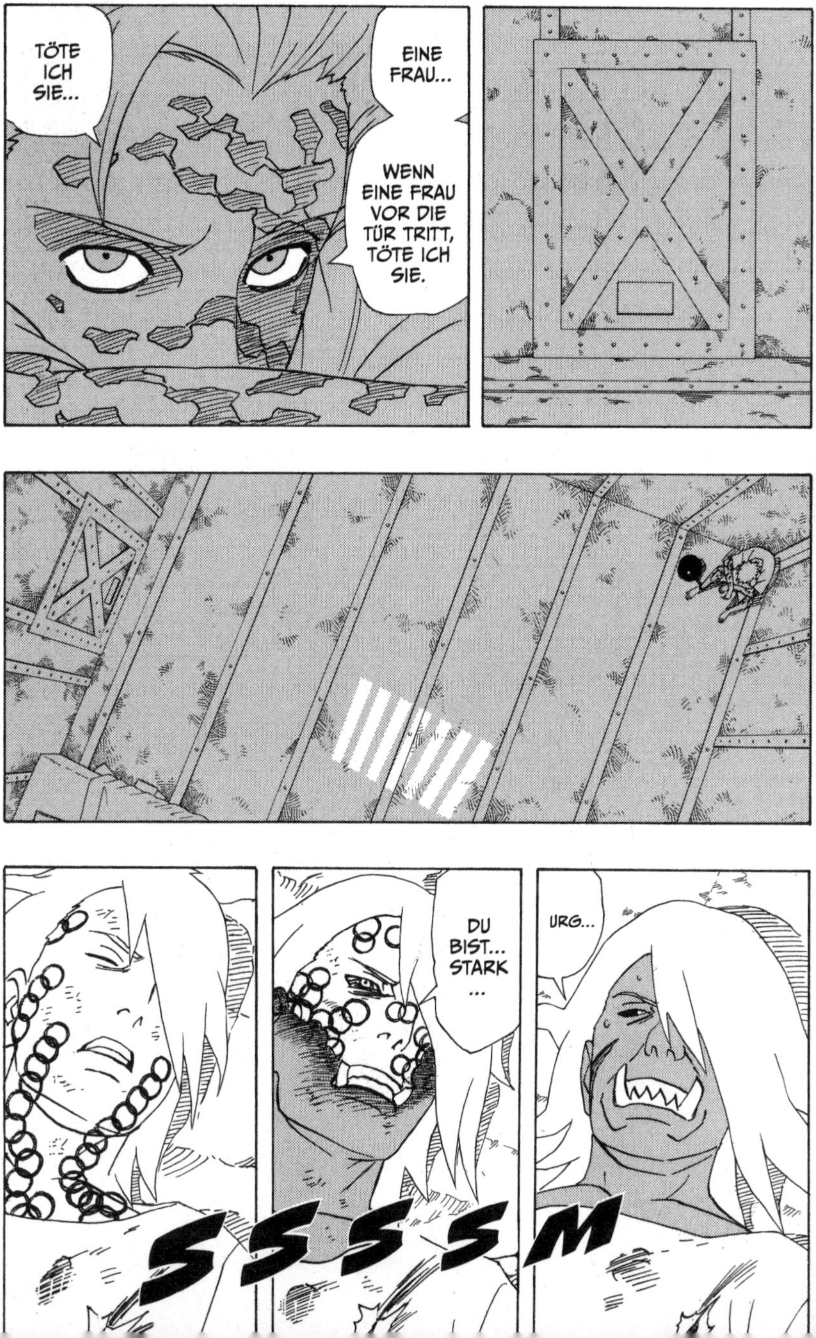
EINE FRAU...
WENN EINE FRAU VOR DIE TÜR TRITT, TÖTE ICH SIE.
TÖTE ICH SIE...
URG...
DU BIST... STARK ...
SSSSSM

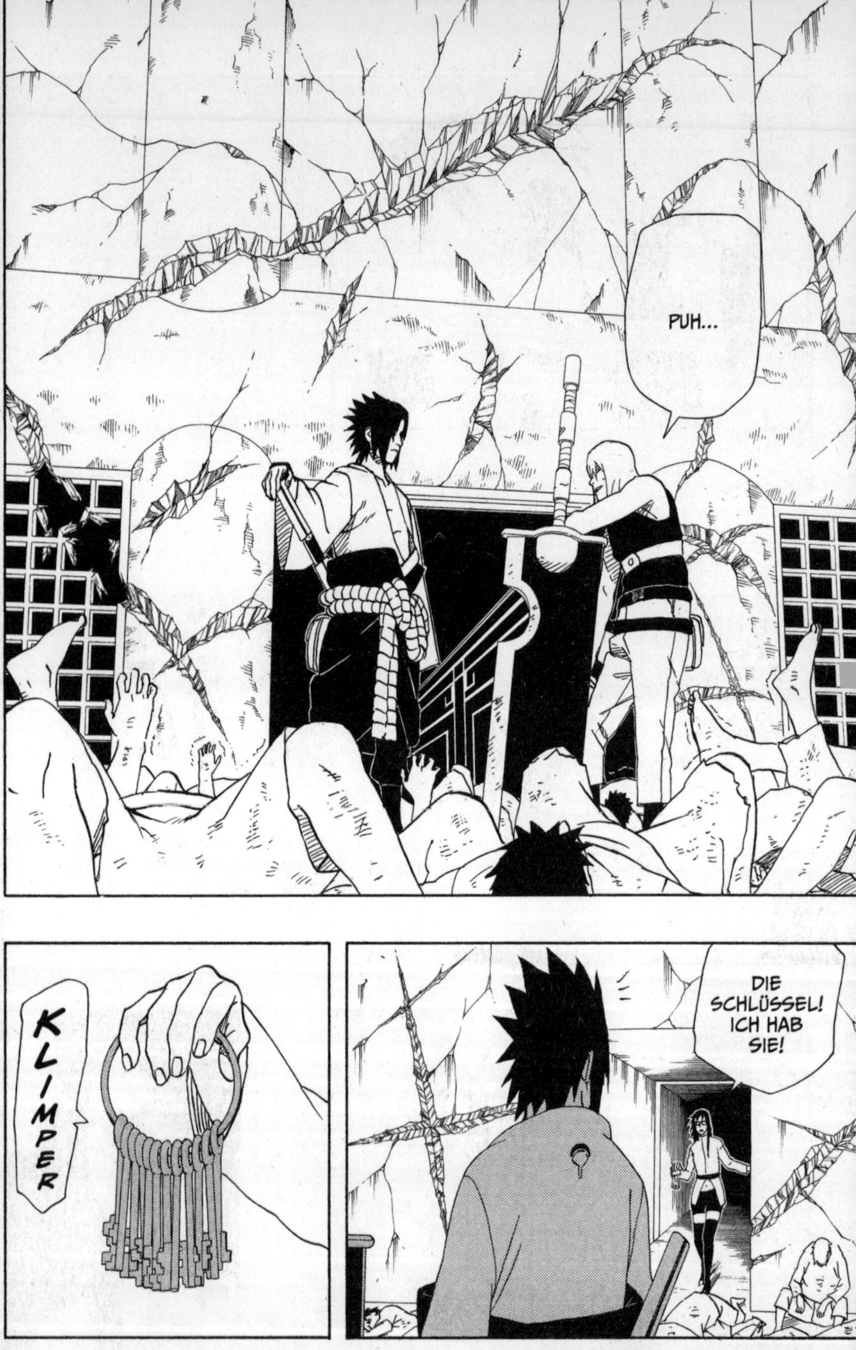
PUH...
DIE SCHLÜSSEL! ICH HAB SIE!
KLIMPER

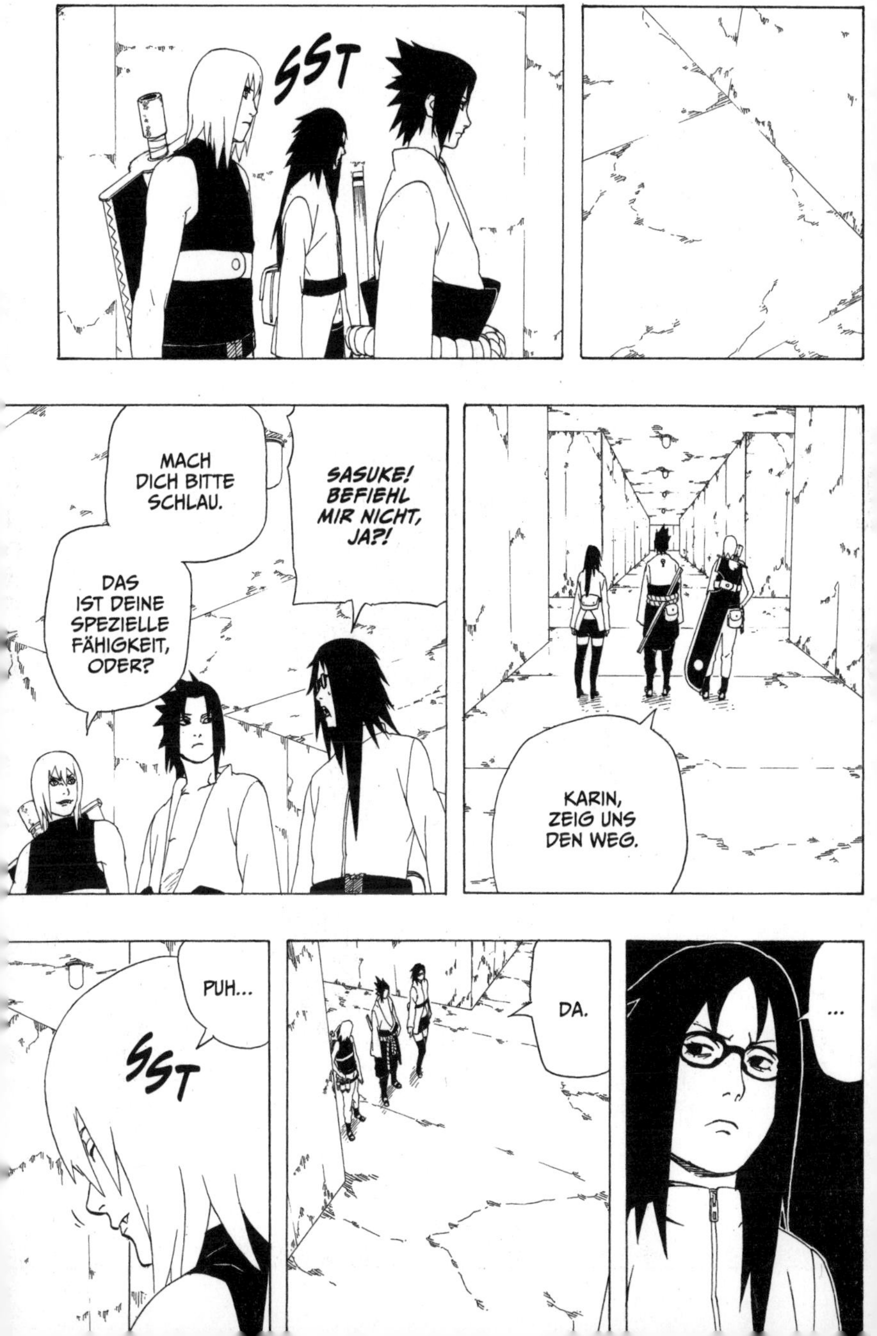
SST
KARIN, ZEIG UNS DEN WEG.
SASUKE! BEFIEHL MIR NICHT, JA?!
MACH DICH BITTE SCHLAU.
DAS IST DEINE SPEZIELLE FÄHIGKEIT, ODER?
...
DA.
PUH...
SST

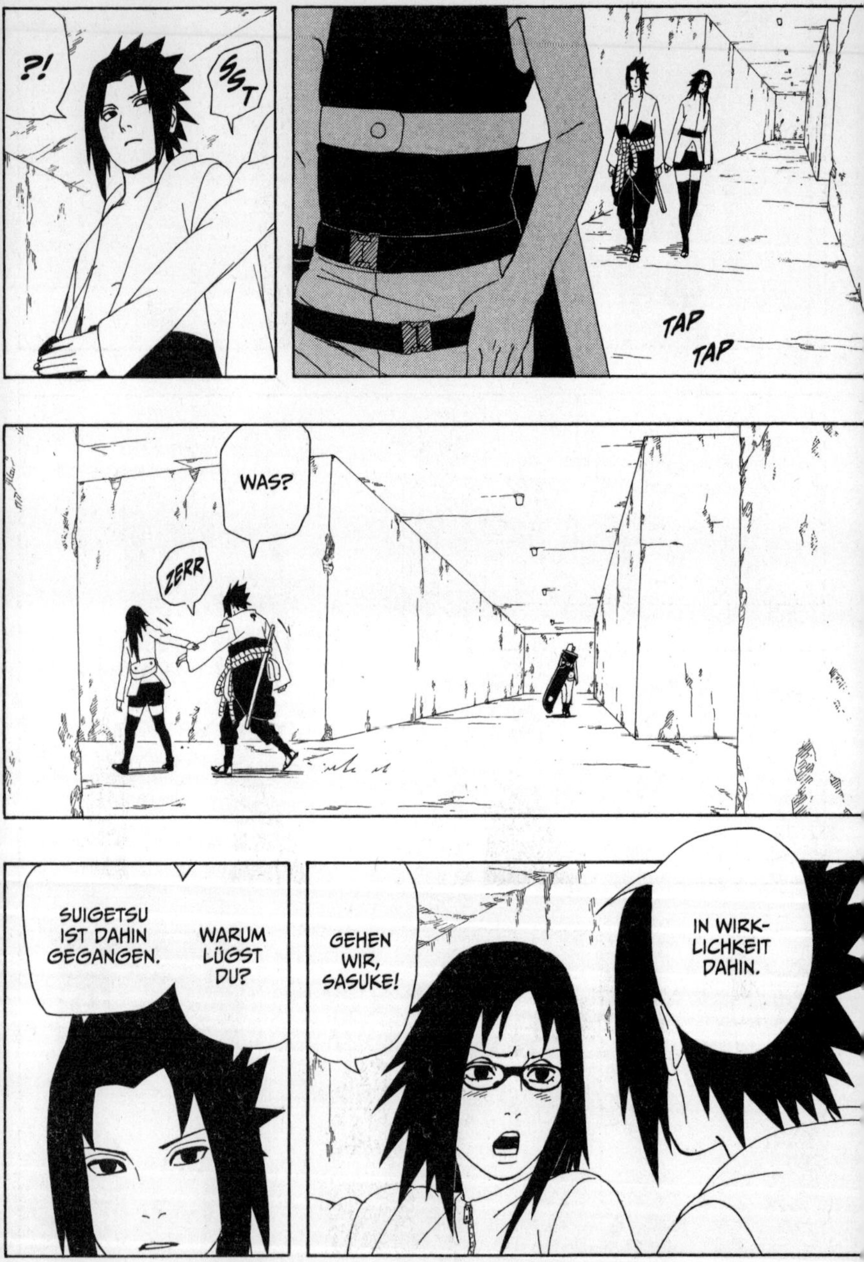

TAP
TAP
SST
?!
WAS?
ZERR
IN WIRK-LICHKEIT DAHIN.
GEHEN WIR, SASUKE!
WARUM LÜGST DU?
SUIGETSU IST DAHIN GEGANGEN.

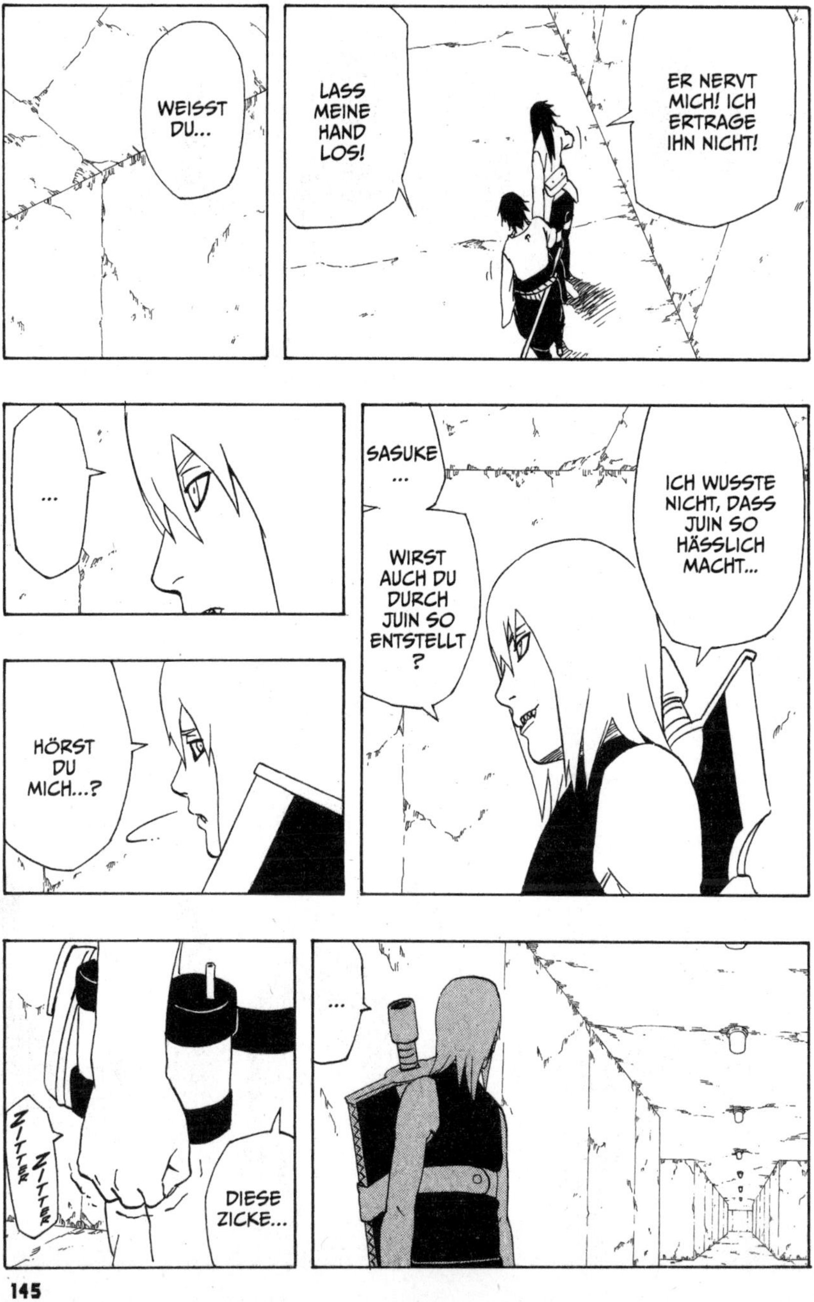
ER NERVT MICH! ICH ERTRAGE IHN NICHT!
LASS MEINE HAND LOS!
WEISST DU...
ICH WUSSTE NICHT, DASS JUIN SO HÄSSLICH MACHT...
SASUKE ...
WIRST AUCH DU DURCH JUIN SO ENTSTELLT ?
...
HÖRST DU MICH...?
...
DIESE ZICKE...
ZITTER ZITTER

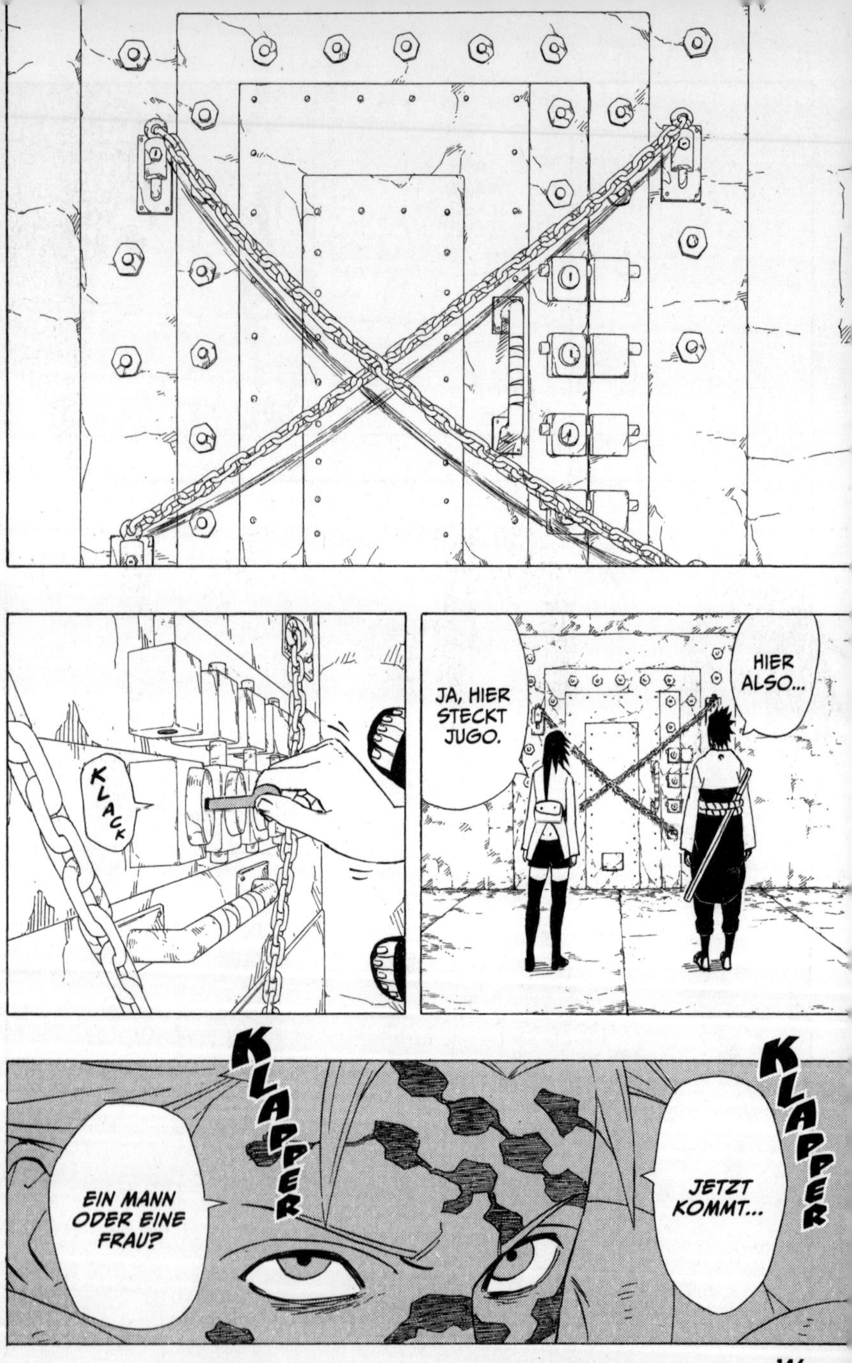
HIER ALSO...
JA, HIER STECKT JUGO.
KLACK
KLAPPER
JETZT KOMMT...
EIN MANN ODER EINE FRAU?
KLAPPER

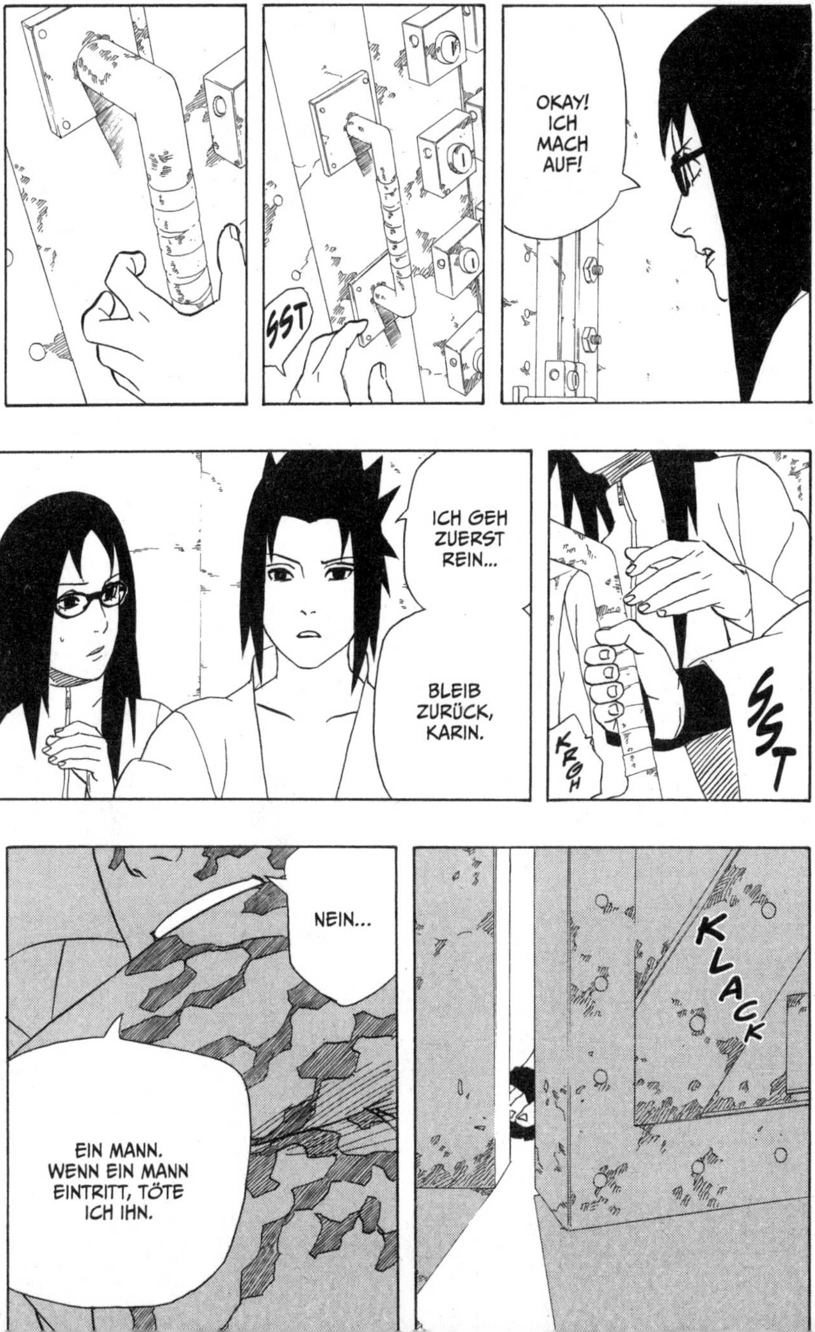
OKAY! ICH MACH AUF!
SST
SST
KRGH
ICH GEH ZUERST REIN...
BLEIB ZURÜCK, KARIN.
KLACK
NEIN...
EIN MANN. WENN EIN MANN EINTRITT, TÖTE ICH IHN.

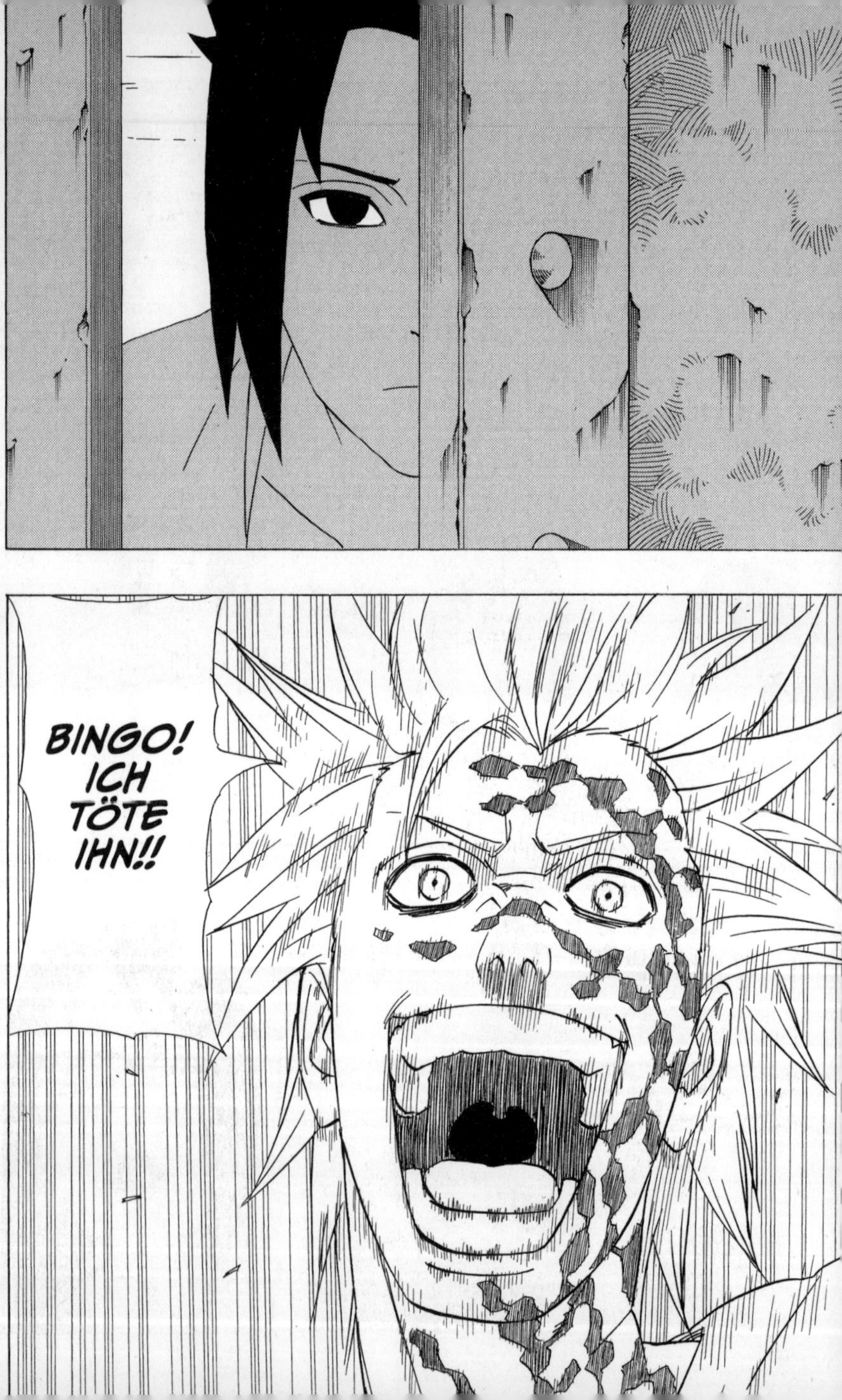
BINGO! ICH TÖTE IHN!!

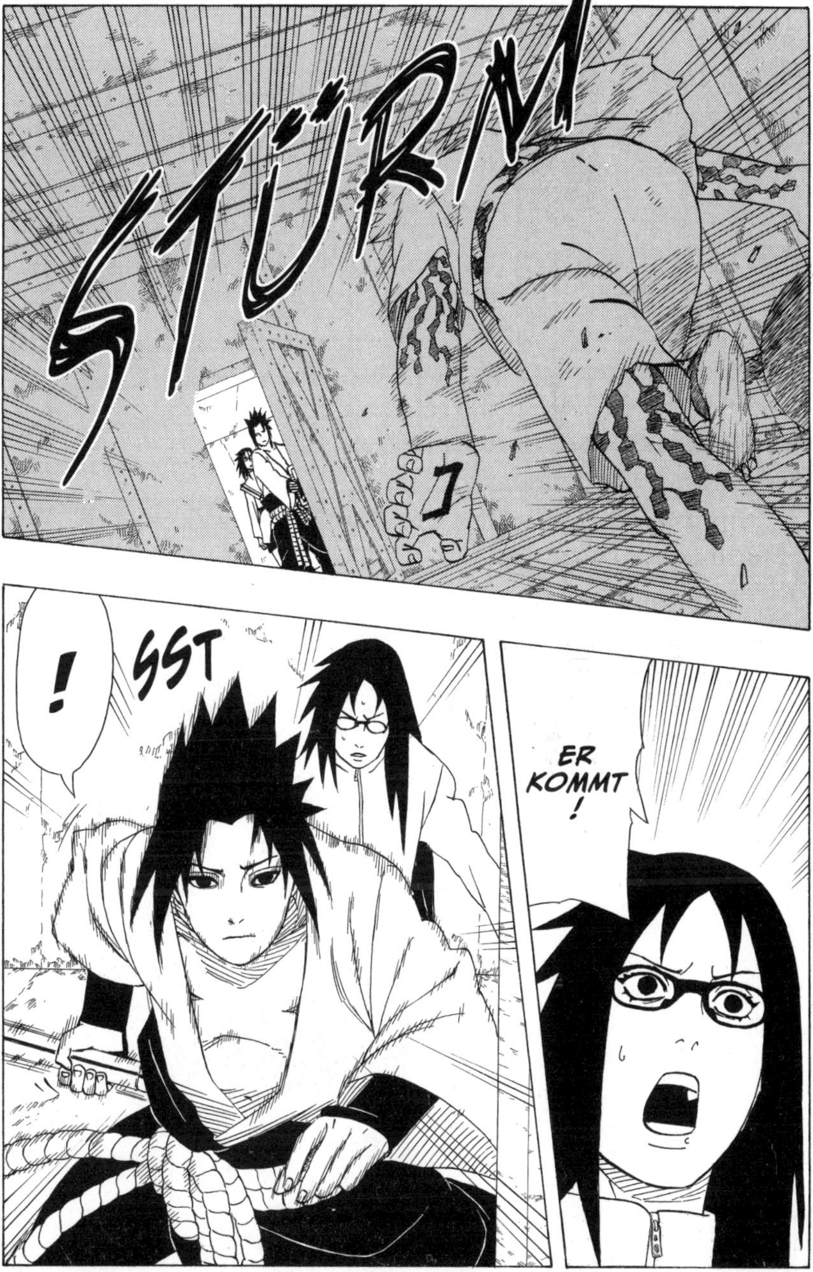
STÜRM
!
SST
ER KOMMT!

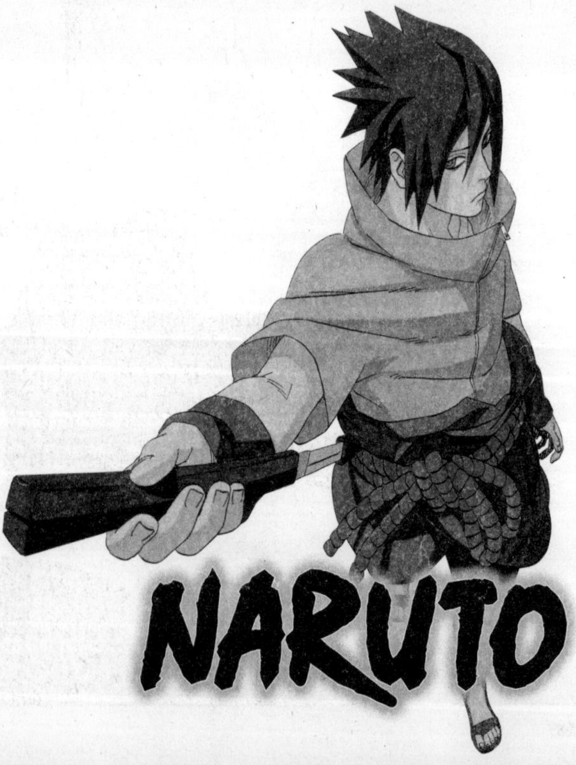
NARUTO

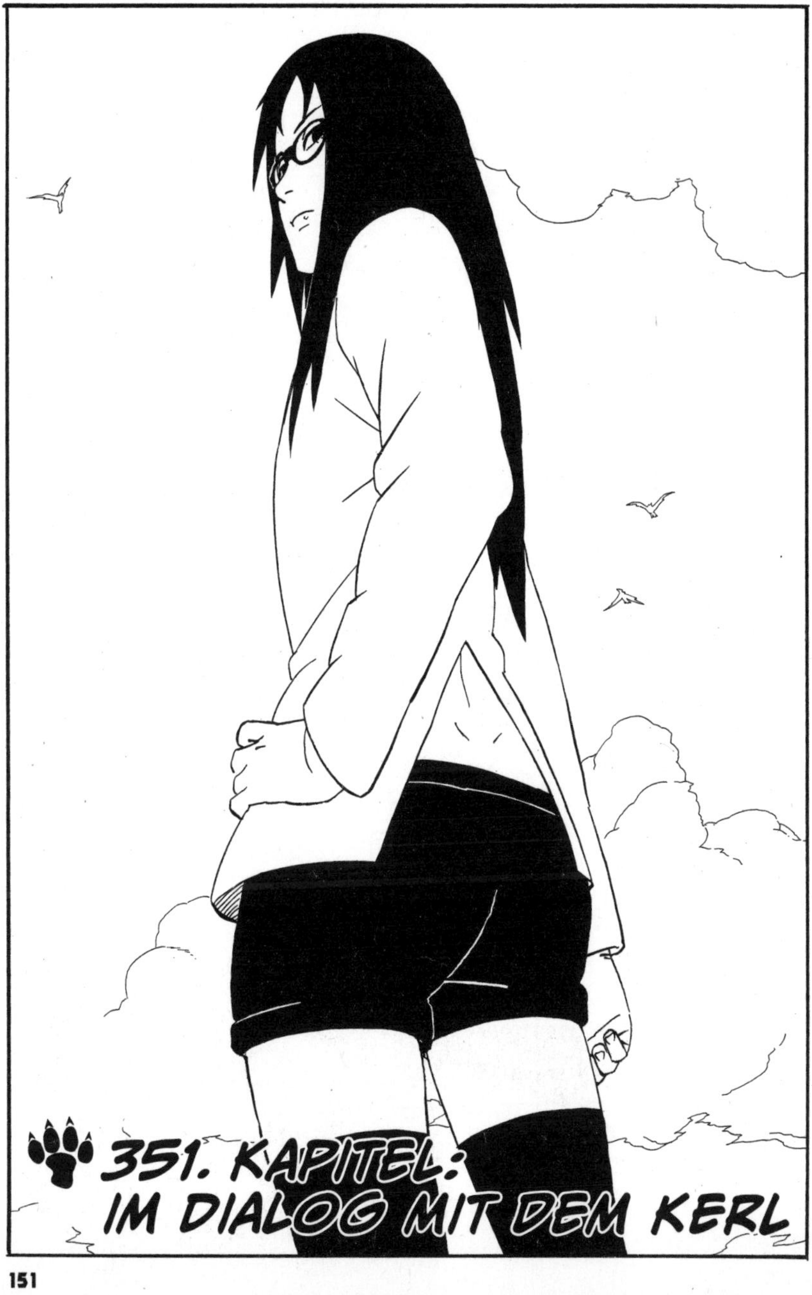
351. Kapitel:
Im Dialog mit dem Kerl

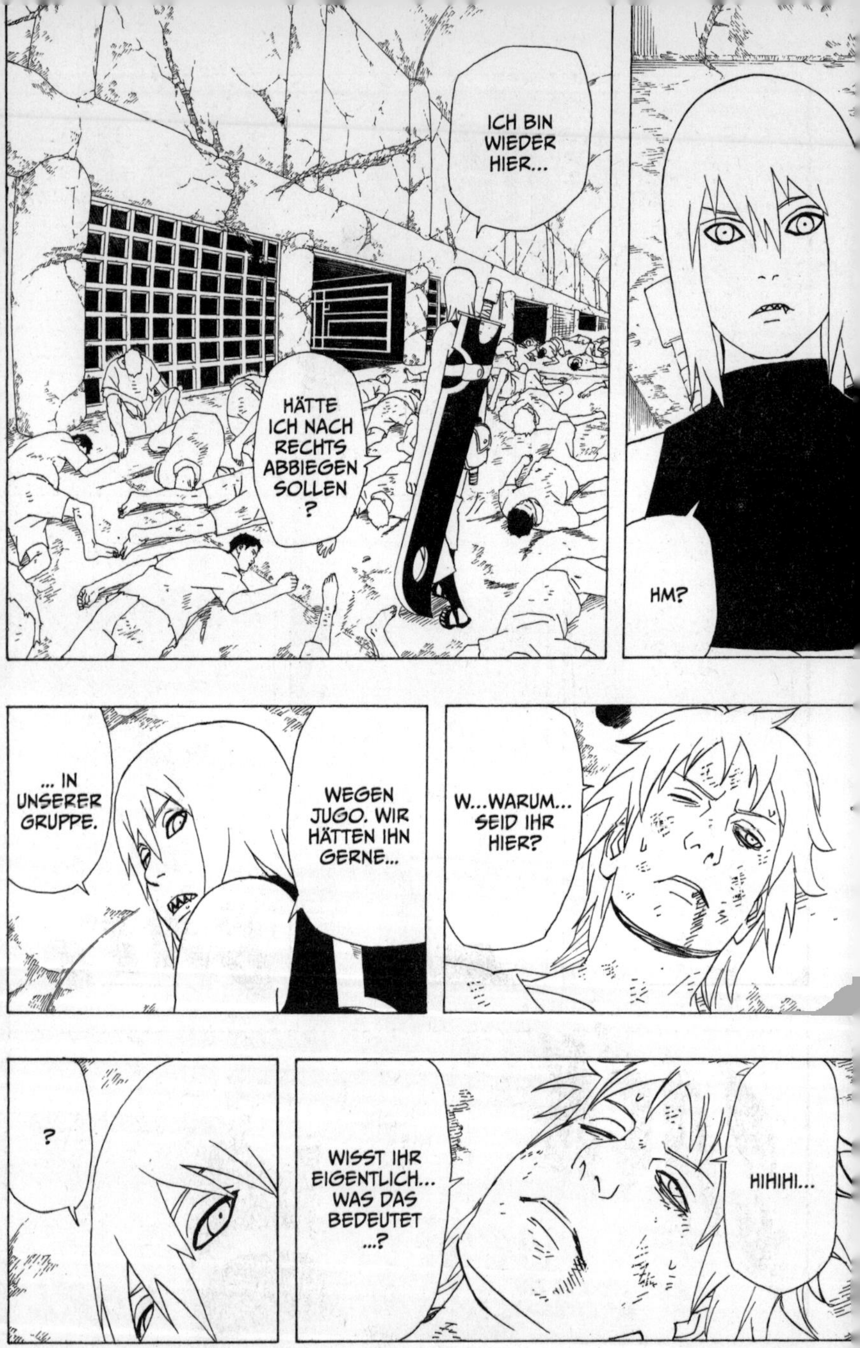
HM?
ICH BIN WIEDER HIER...
HÄTTE ICH NACH RECHTS ABBIEGEN SOLLEN ?
W...WARUM... SEID IHR HIER?
WEGEN JUGO. WIR HÄTTEN IHN GERNE...
... IN UNSERER GRUPPE.
HIHIHI...
WISST IHR EIGENTLICH... WAS DAS BEDEUTET ...?
?

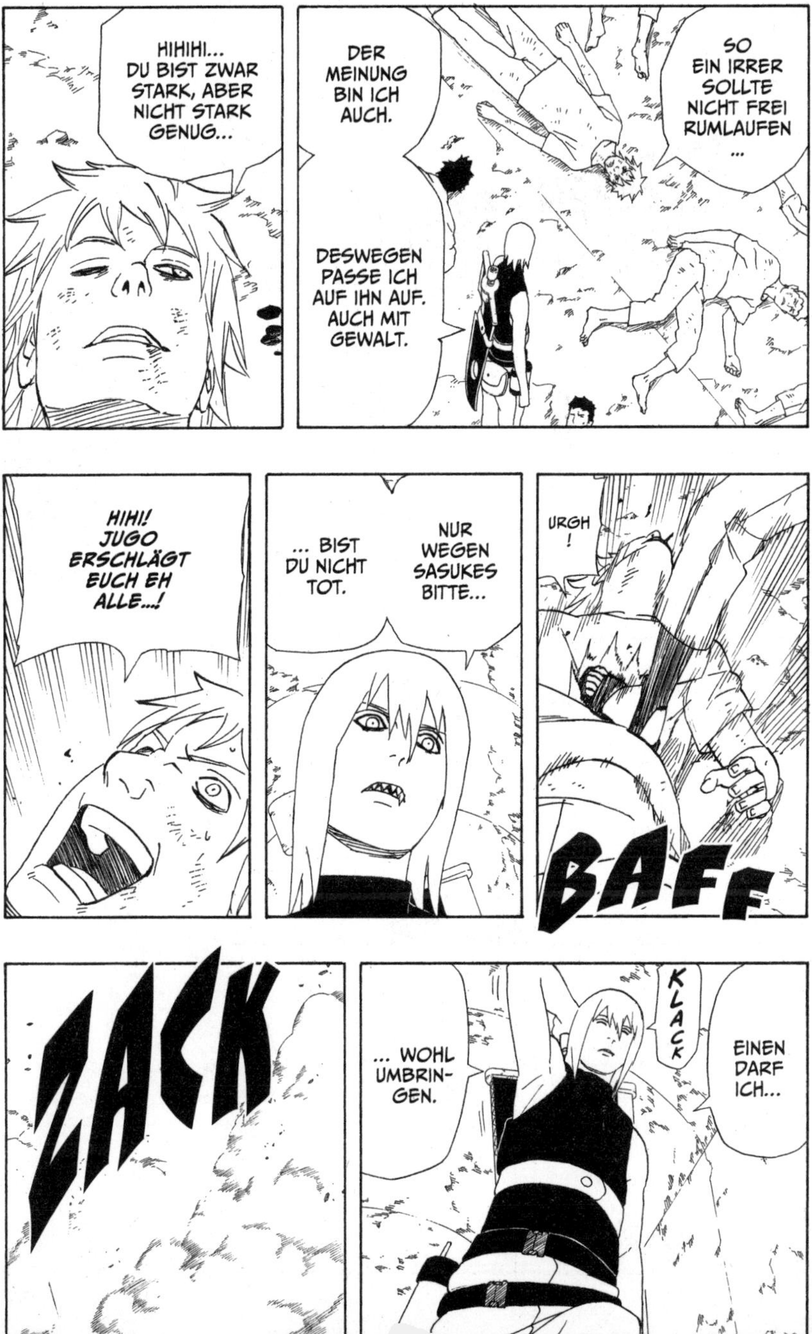
SO EIN IRRER SOLLTE NICHT FREI RUMLAUFEN ...
DER MEINUNG BIN ICH AUCH.
DESWEGEN PASSE ICH AUF IHN AUF. AUCH MIT GEWALT.
HIHIHI... DU BIST ZWAR STARK, ABER NICHT STARK GENUG...
URGH !
BAFF
NUR WEGEN SASUKES BITTE...
... BIST DU NICHT TOT.
HIHI! JUGO ERSCHLÄGT EUCH EH ALLE...!
EINEN DARF ICH...
KLACK
... WOHL UMBRINGEN.
ZACK

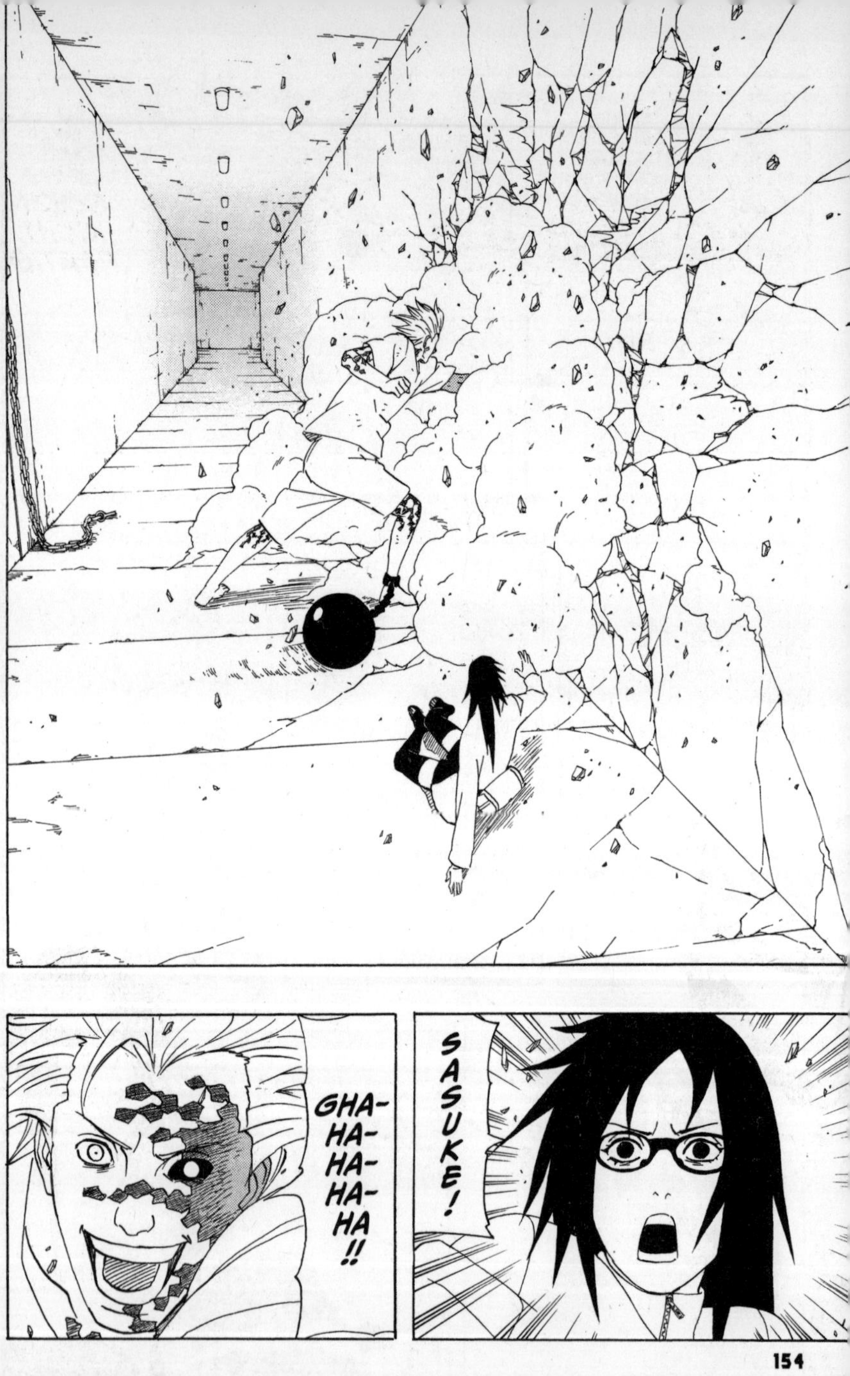
SASUKE!
GHA-HA-HA-HA-HA!!

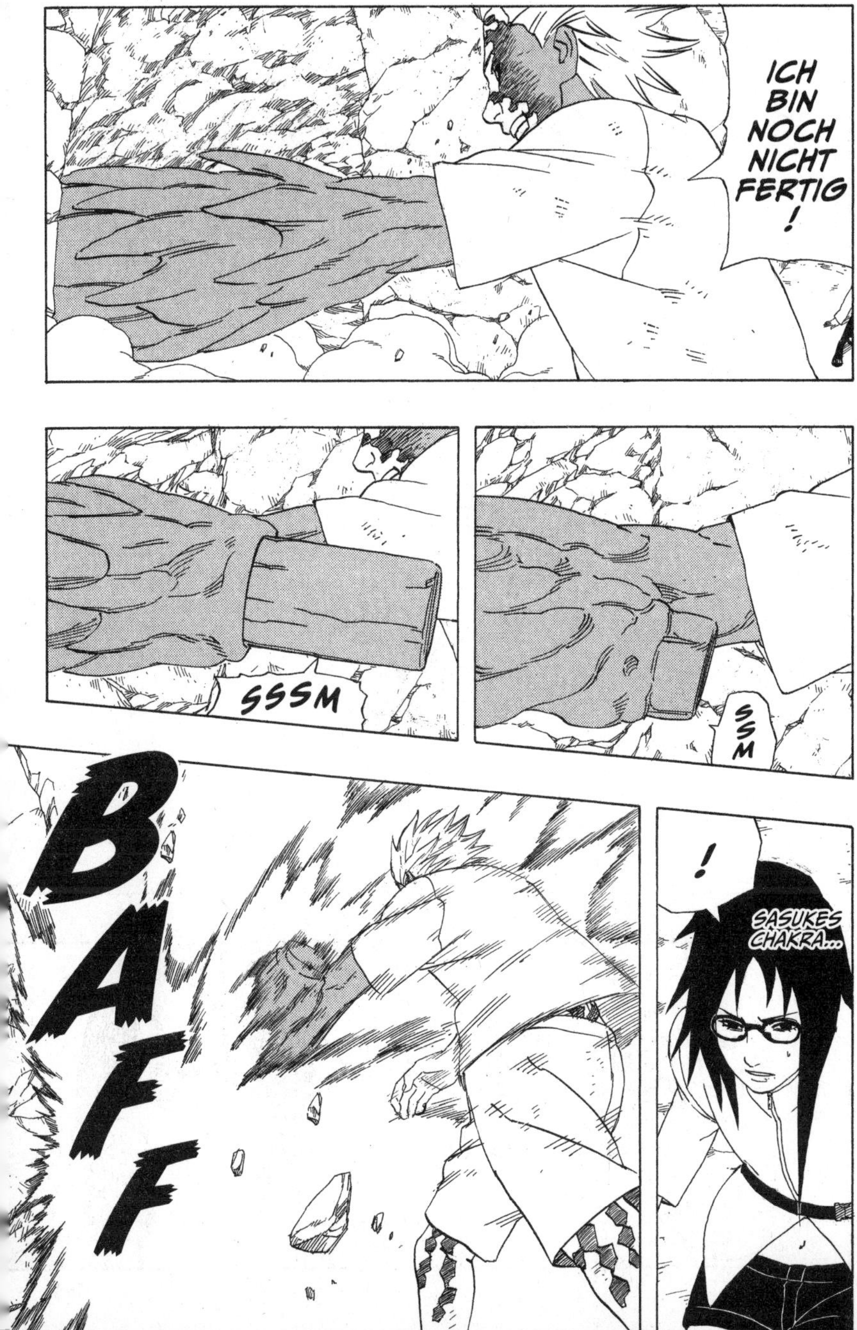
ICH BIN NOCH NICHT FERTIG!
SSSM
SSSM
BAFF
!
SASUKES CHAKRA...

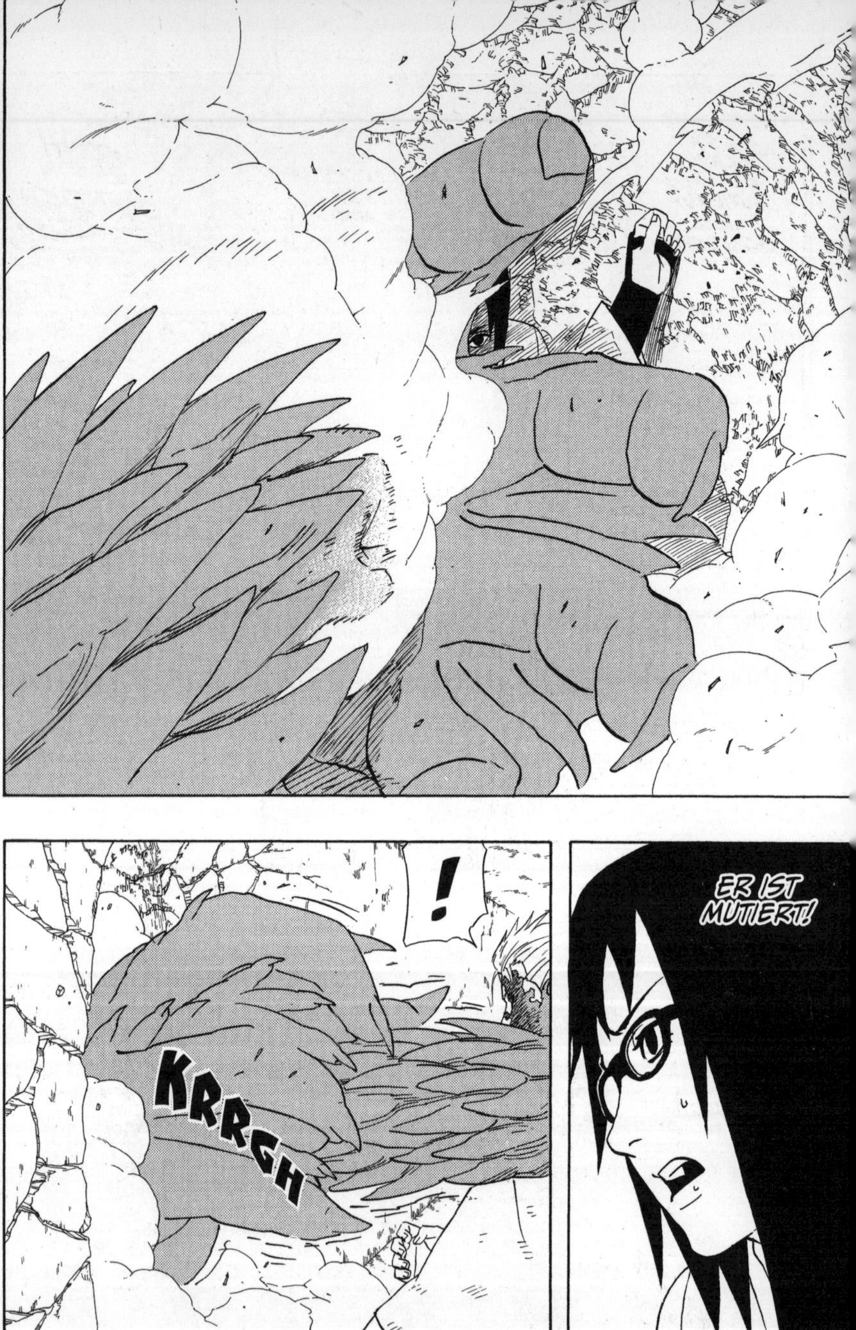
!
KRRGH
ER IST MUTIERT!

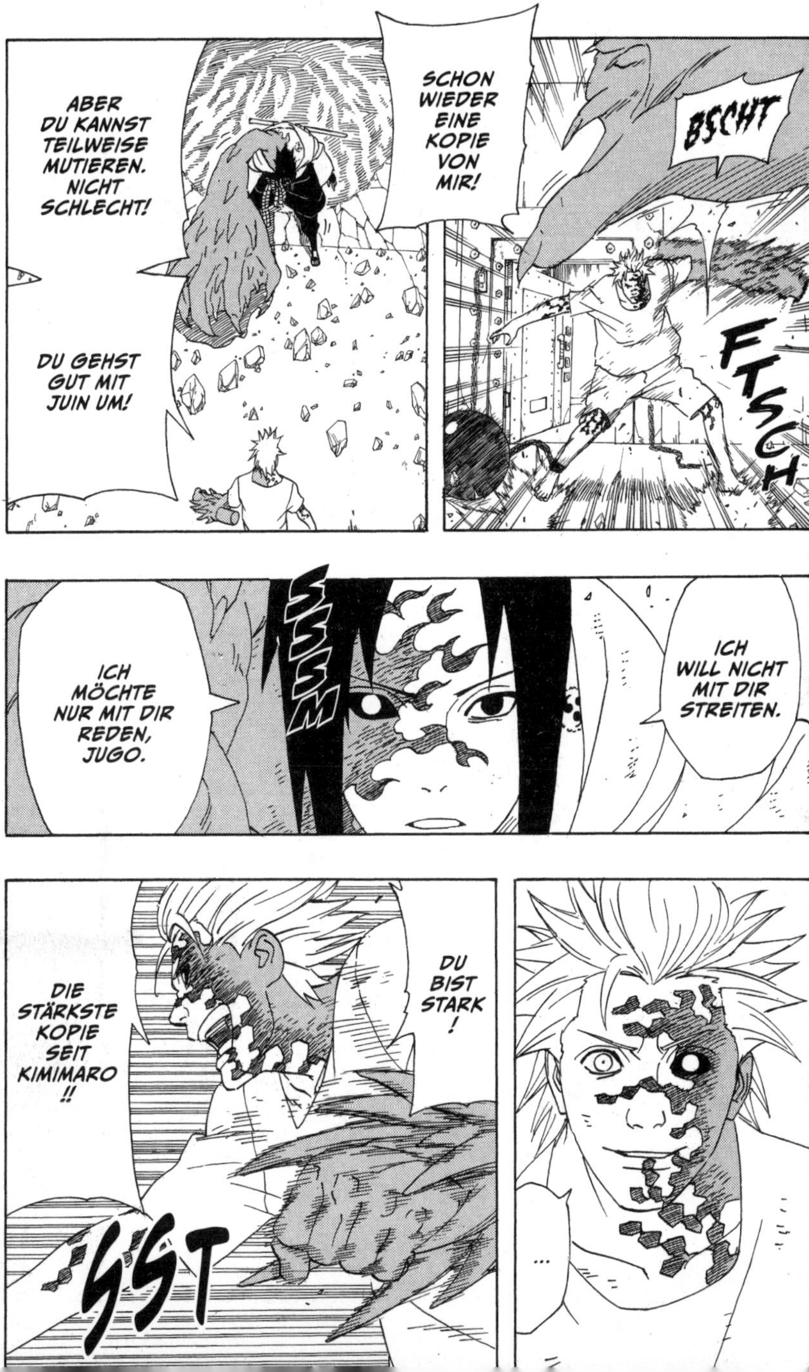

SCHON WIEDER EINE KOPIE VON MIR!
BSCHT
FTSCH
ABER DU KANNST TEILWEISE MUTIEREN. NICHT SCHLECHT!
DU GEHST GUT MIT JUIN UM!
ICH WILL NICHT MIT DIR STREITEN.
SSSM
ICH MÖCHTE NUR MIT DIR REDEN, JUGO.
...
DU BIST STARK!
DIE STÄRKSTE KOPIE SEIT KIMIMARO!!
SST

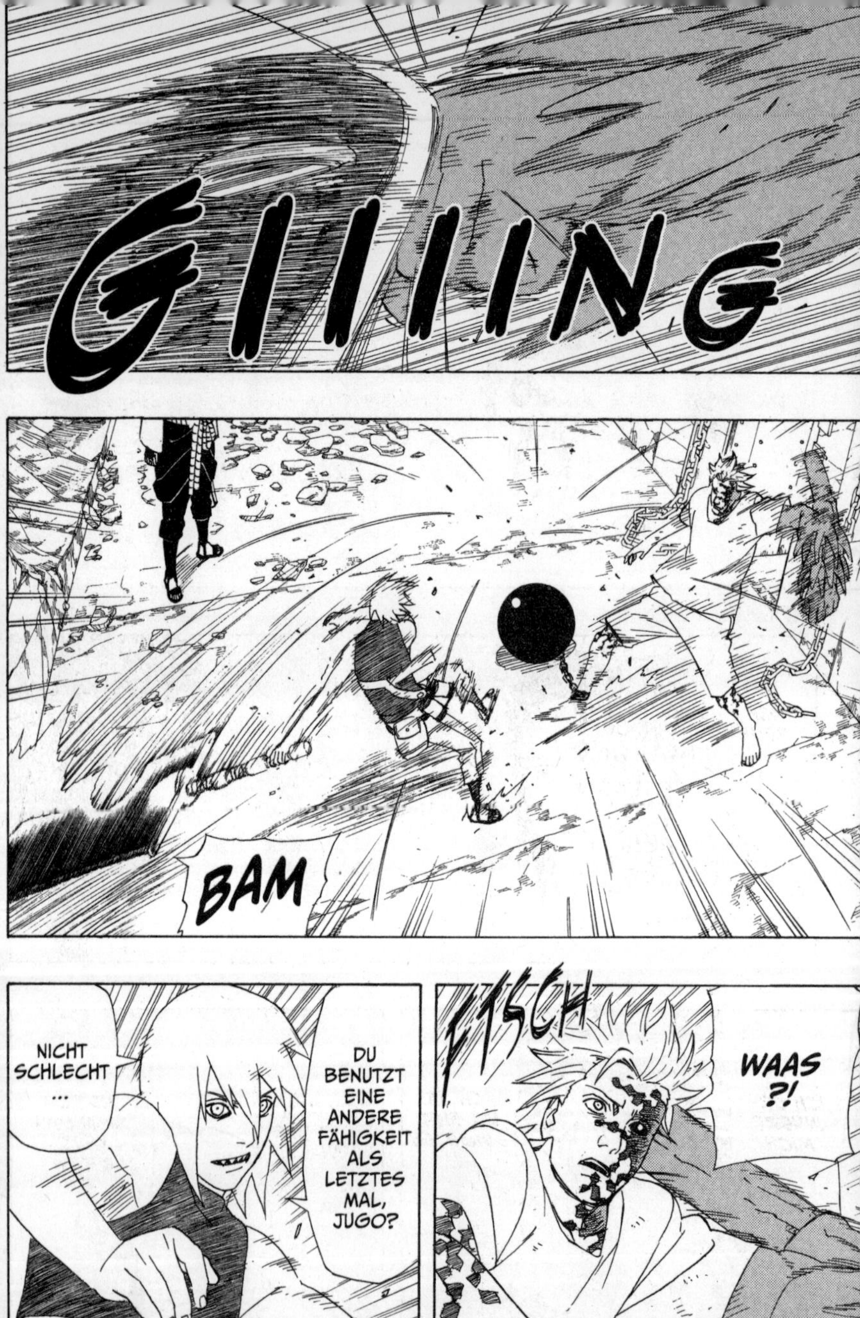
GIIIING
BAM
WAAS ?!
FTSCH
DU BENUTZT EINE ANDERE FÄHIGKEIT ALS LETZTES MAL, JUGO?
NICHT SCHLECHT ...

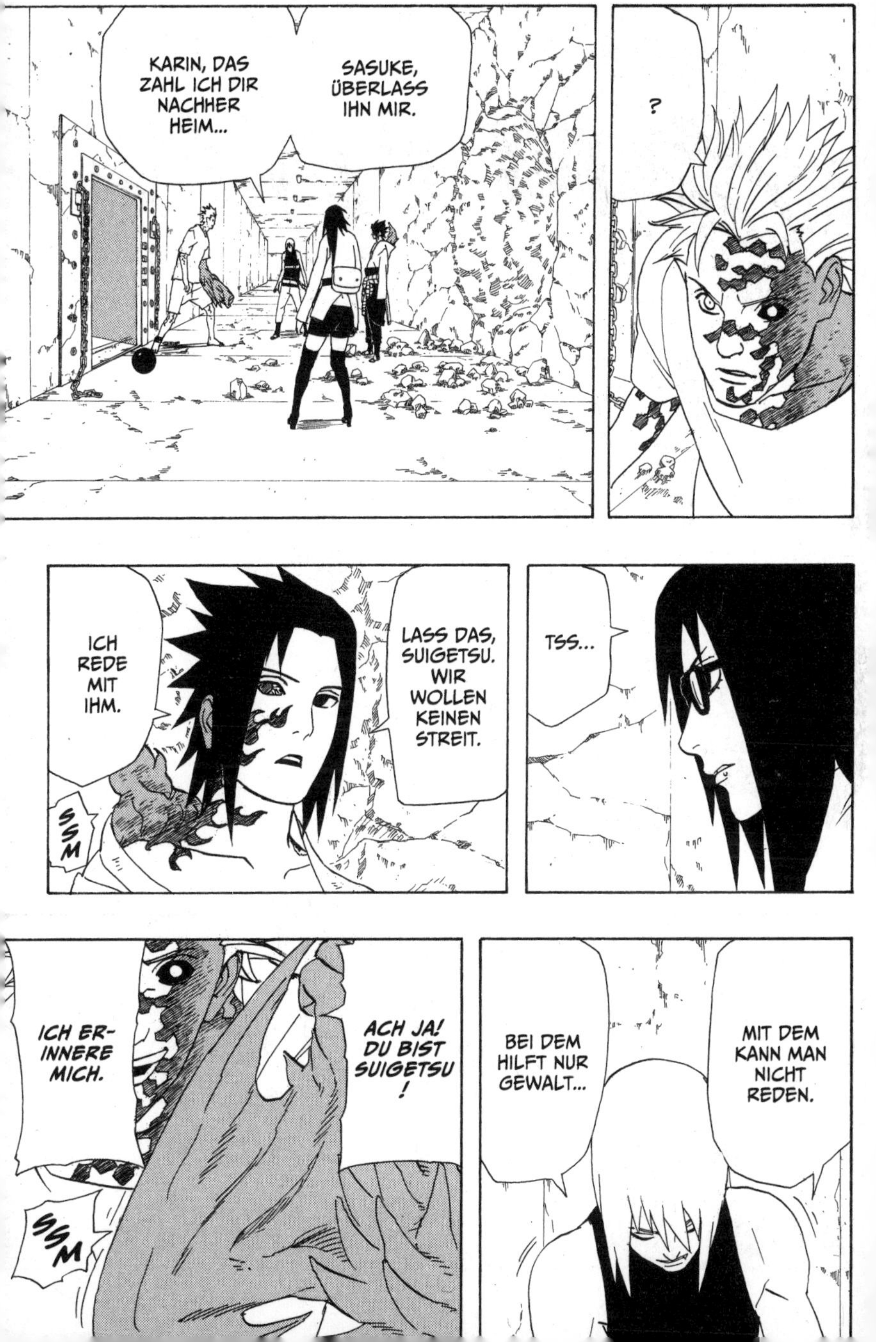
?
SASUKE, ÜBERLASS IHN MIR.
KARIN, DAS ZAHL ICH DIR NACHHER HEIM...
TSS...
LASS DAS, SUIGETSU. WIR WOLLEN KEINEN STREIT.
ICH REDE MIT IHM.
SSM
MIT DEM KANN MAN NICHT REDEN.
BEI DEM HILFT NUR GEWALT...
ACH JA! DU BIST SUIGETSU!
ICH ER-INNERE MICH.
SSM

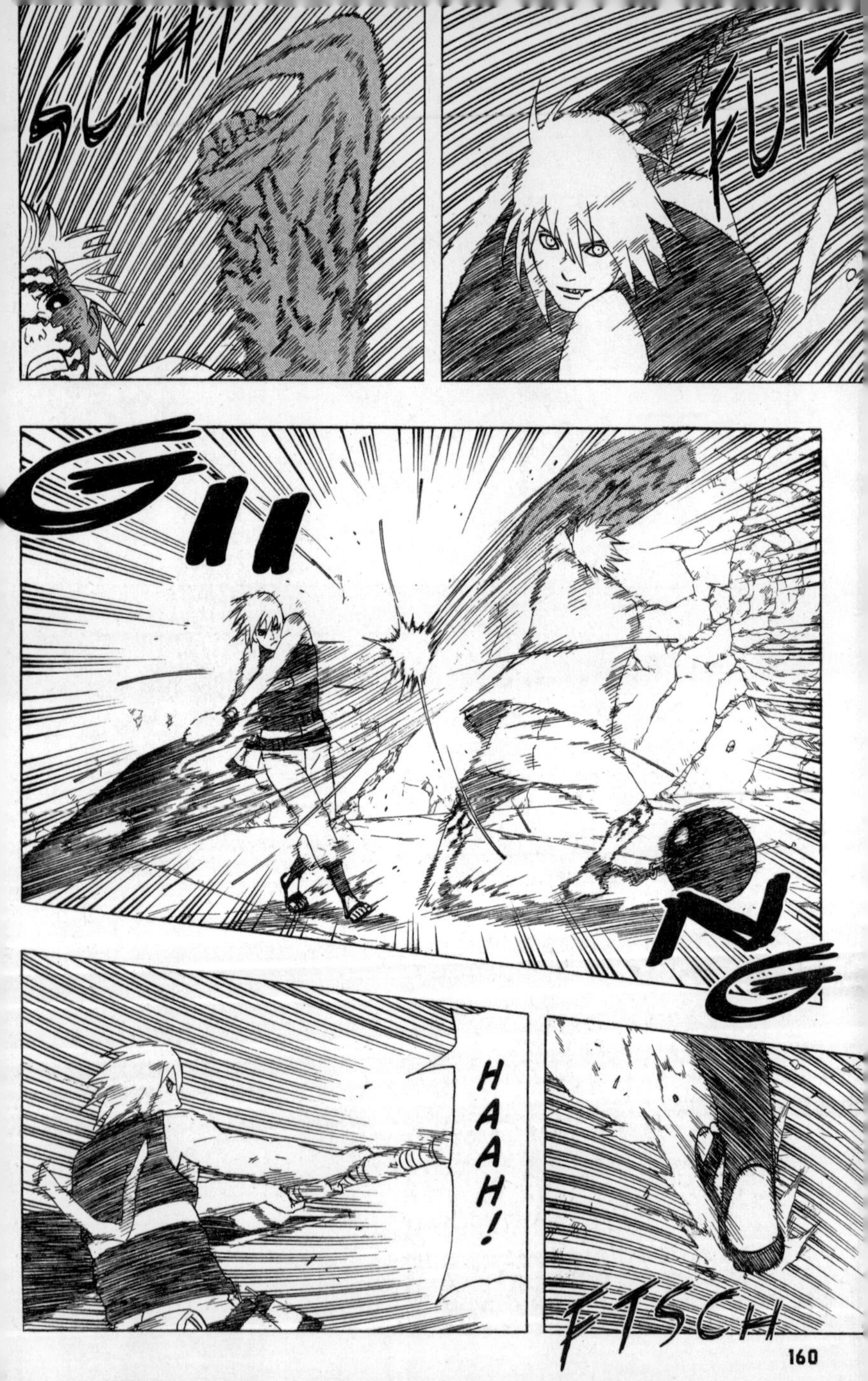
FUIT
SCHT
GIIING
HAAAH!
FTSCH

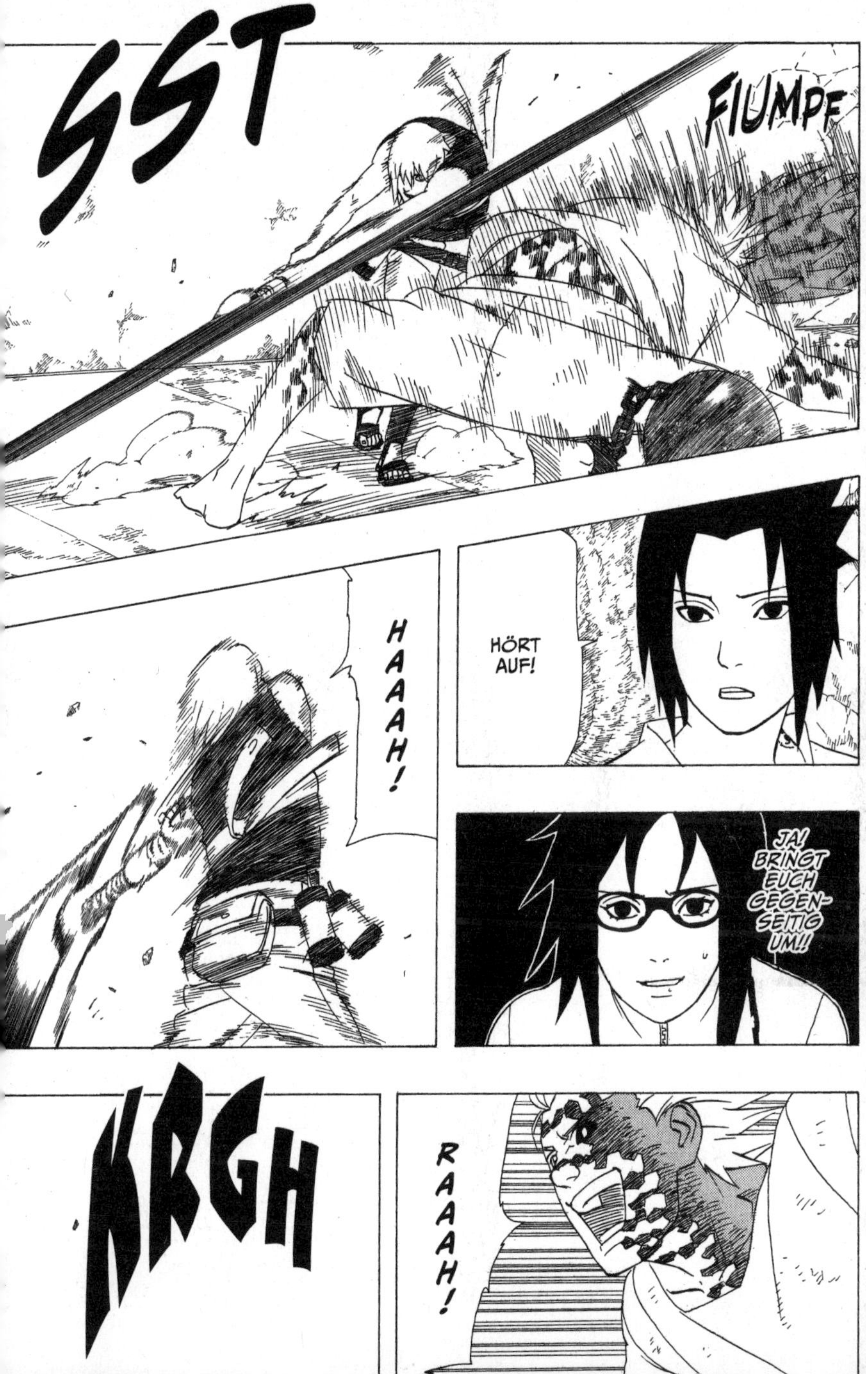

FIUMPF
SST
HÖRT AUF!
HAAAAH!
JA! BRINGT EUCH GEGEN-SEITIG UM!!
RAAAAH!
KRGH

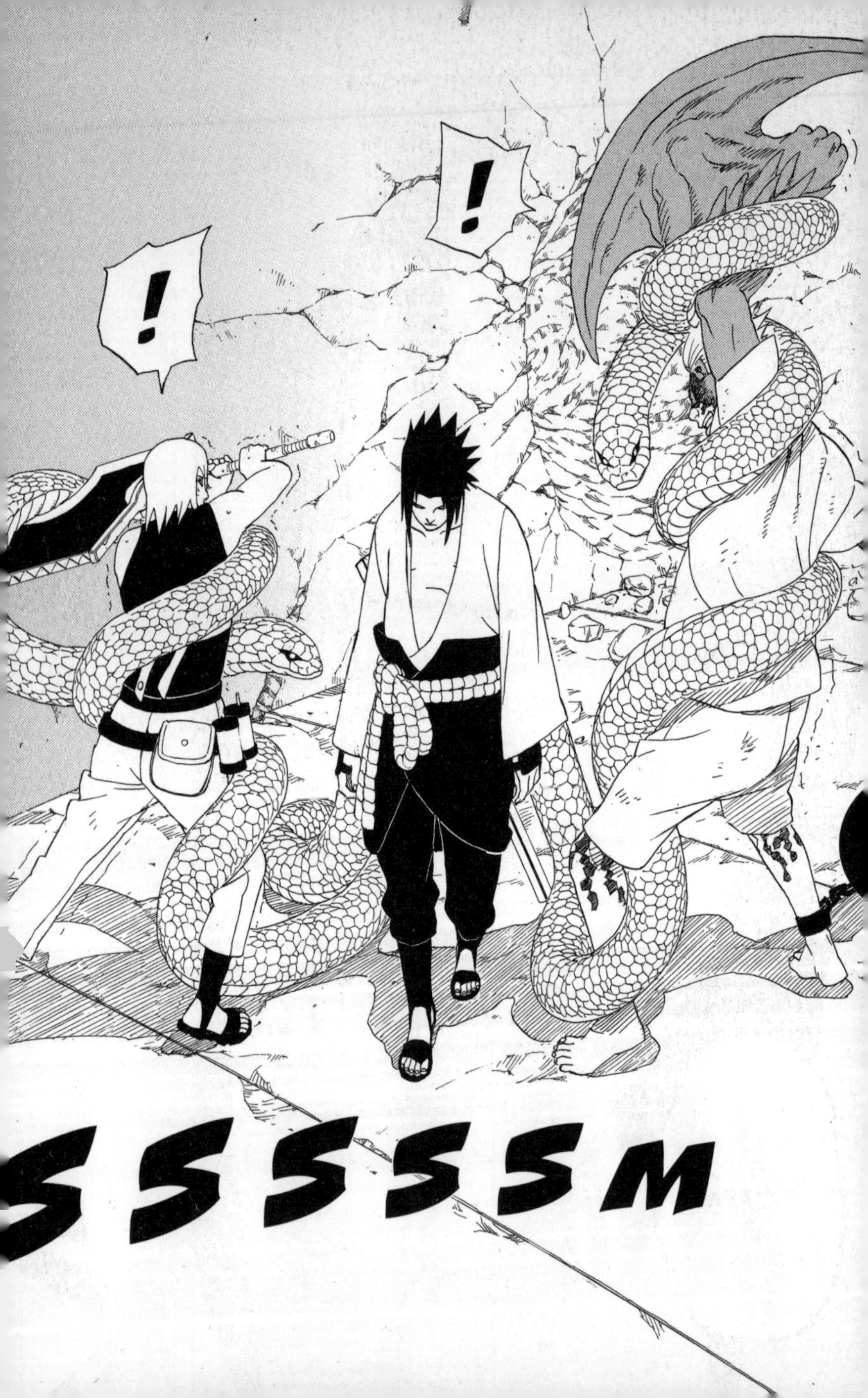
!
!
SSSSSM

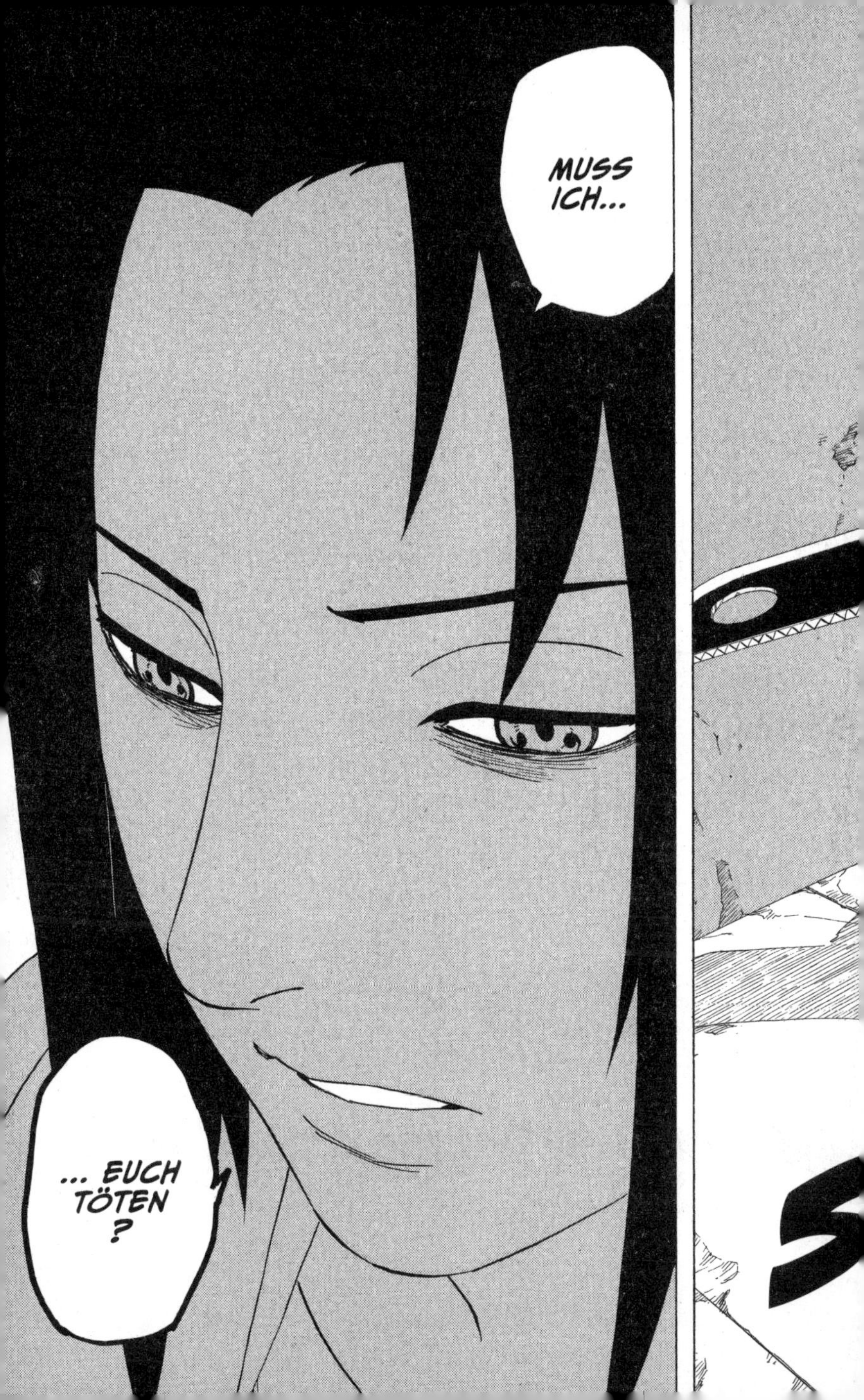
MUSS ICH...
... EUCH TÖTEN ?

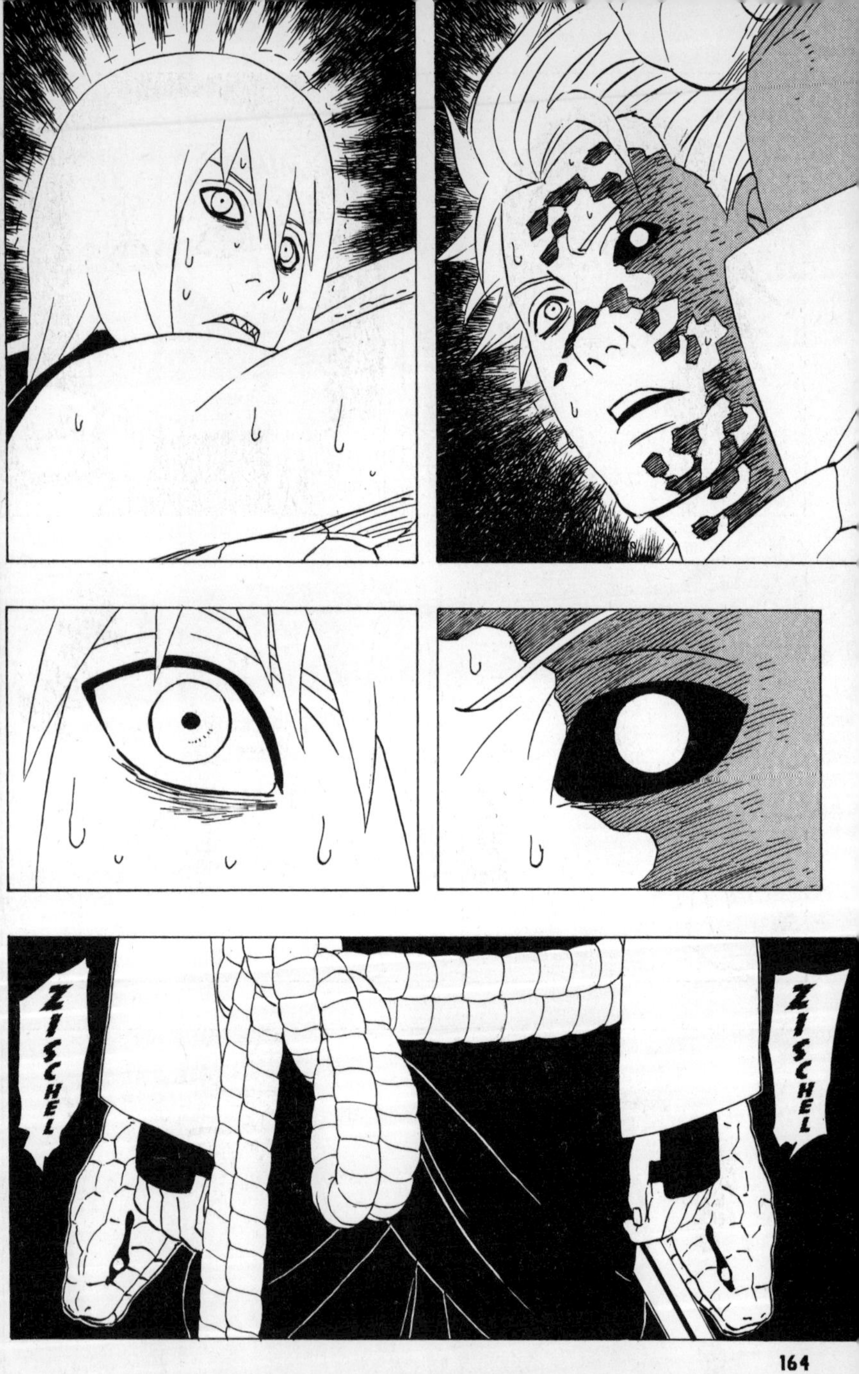
ZISCHEL
ZISCHEL

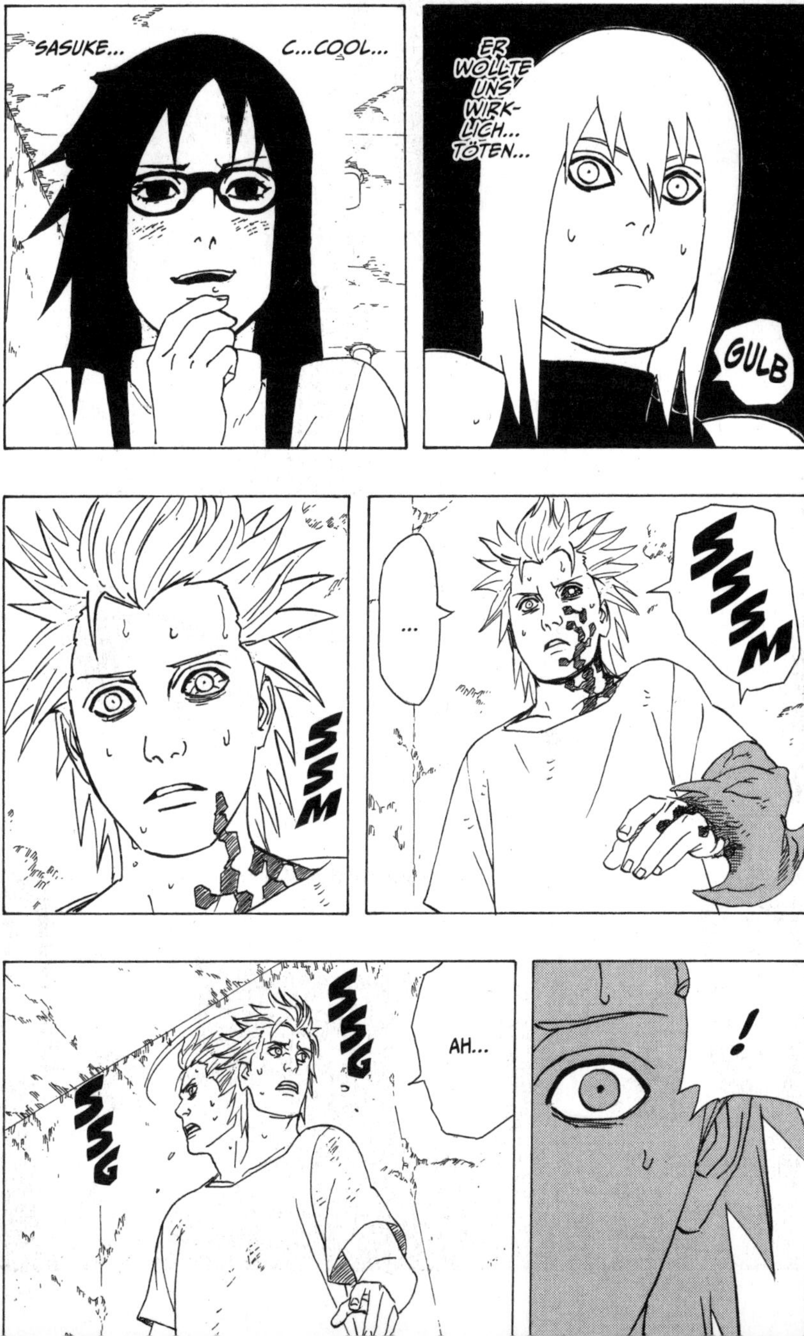
ER WOLLTE UNS WIRKLICH... TÖTEN...
GULB
C...COOL...
SASUKE...
SSSM
...
SSM
!
AH...
SSG
SSG

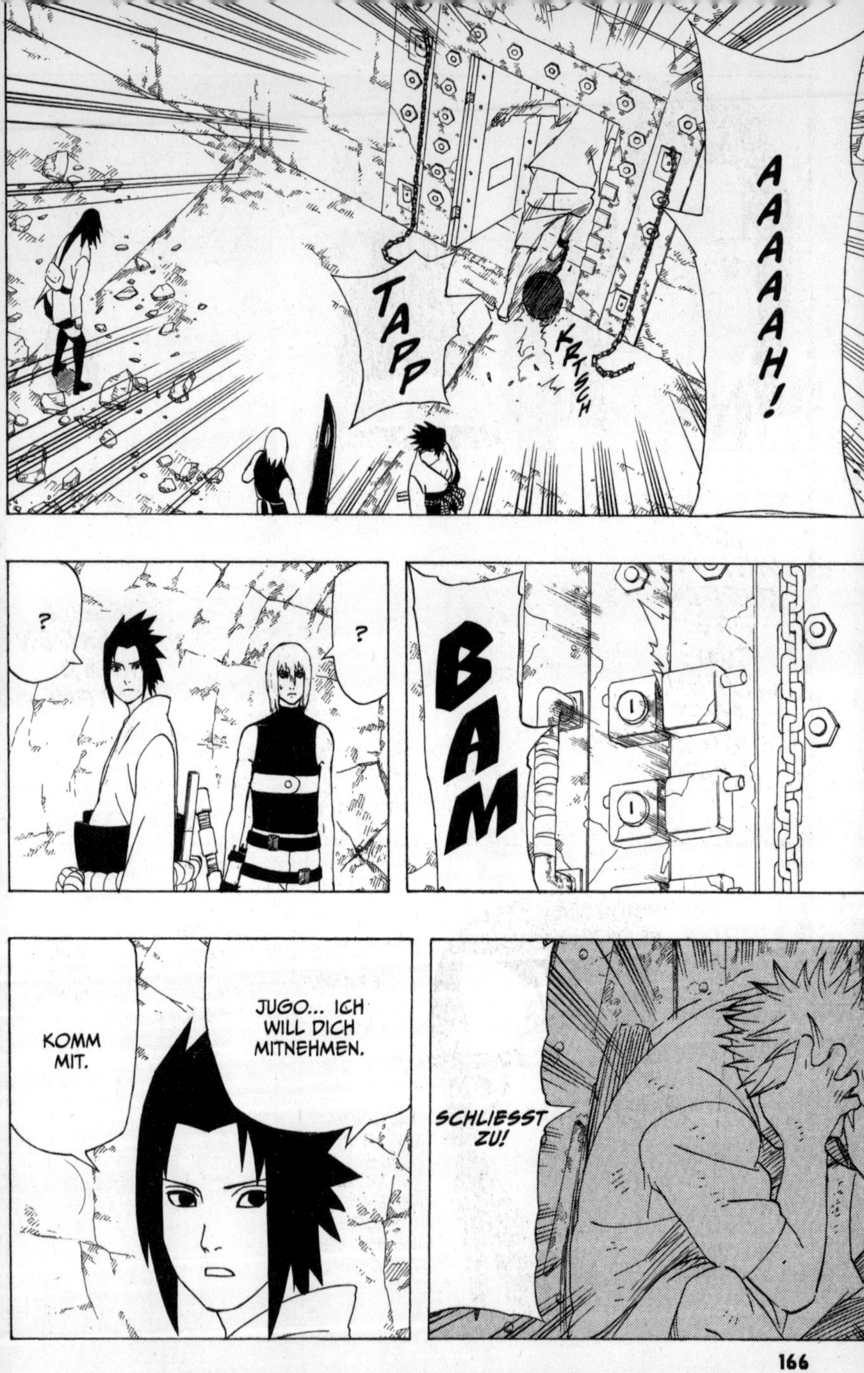
AAAAAH!
KRTSCH
TAPP
BAM
?
?
SCHLIESST ZU!
JUGO... ICH WILL DICH MITNEHMEN.
KOMM MIT.

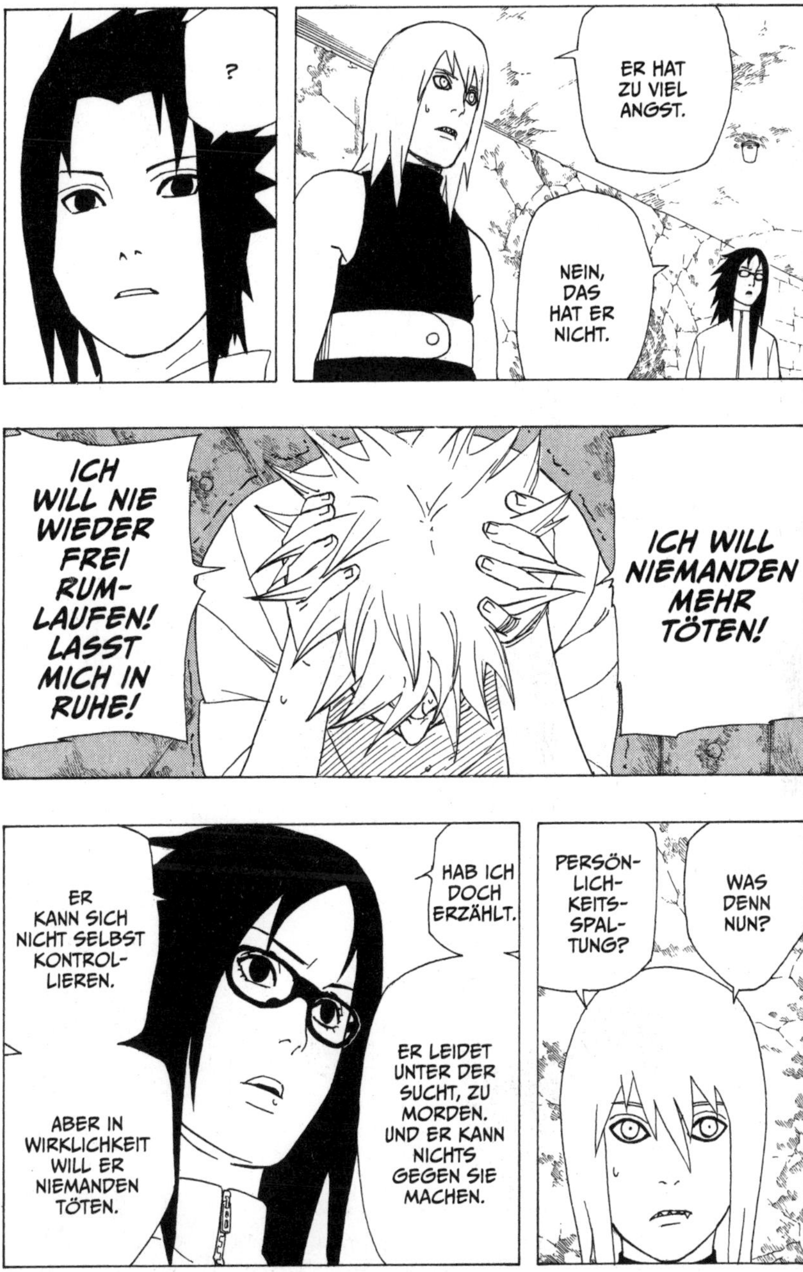
ER HAT ZU VIEL ANGST.
NEIN, DAS HAT ER NICHT.
?
ICH WILL NIEMANDEN MEHR TÖTEN!
ICH WILL NIE WIEDER FREI RUMLAUFEN! LASST MICH IN RUHE!
WAS DENN NUN?
PERSÖNLICHKEITSSPALTUNG?
HAB ICH DOCH ERZÄHLT.
ER LEIDET UNTER DER SUCHT, ZU MORDEN. UND ER KANN NICHTS GEGEN SIE MACHEN.
ER KANN SICH NICHT SELBST KONTROLLIEREN.
ABER IN WIRKLICHKEIT WILL ER NIEMANDEN TÖTEN.

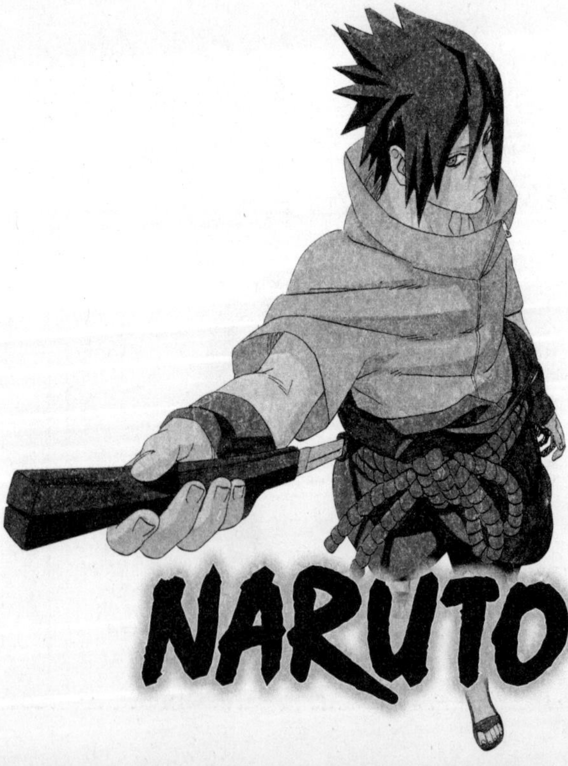
NARUTO

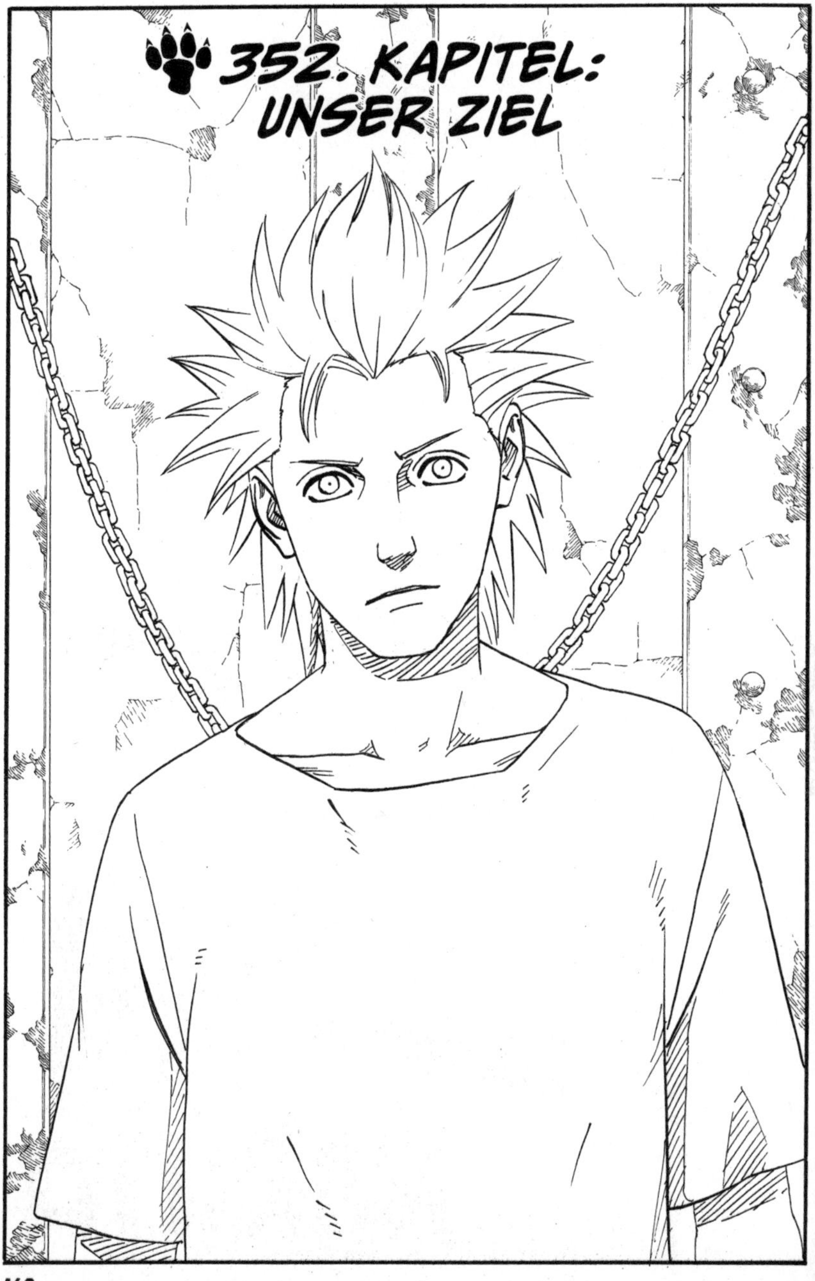
352. KAPITEL:
UNSER ZIEL

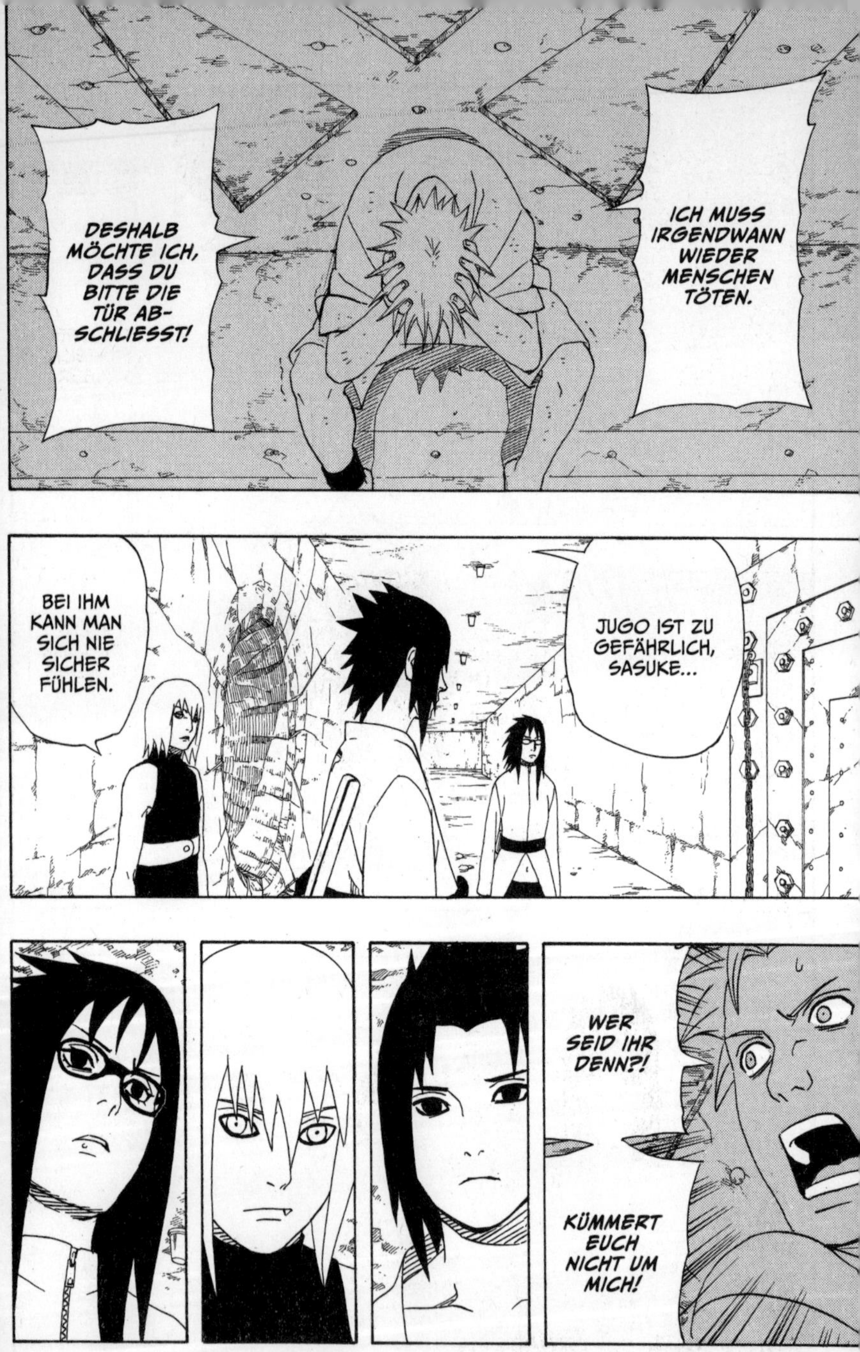
ICH MUSS IRGENDWANN WIEDER MENSCHEN TÖTEN.
DESHALB MÖCHTE ICH, DASS DU BITTE DIE TÜR AB-SCHLIESST!
JUGO IST ZU GEFÄHRLICH, SASUKE...
BEI IHM KANN MAN SICH NIE SICHER FÜHLEN.
WER SEID IHR DENN?!
KÜMMERT EUCH NICHT UM MICH!

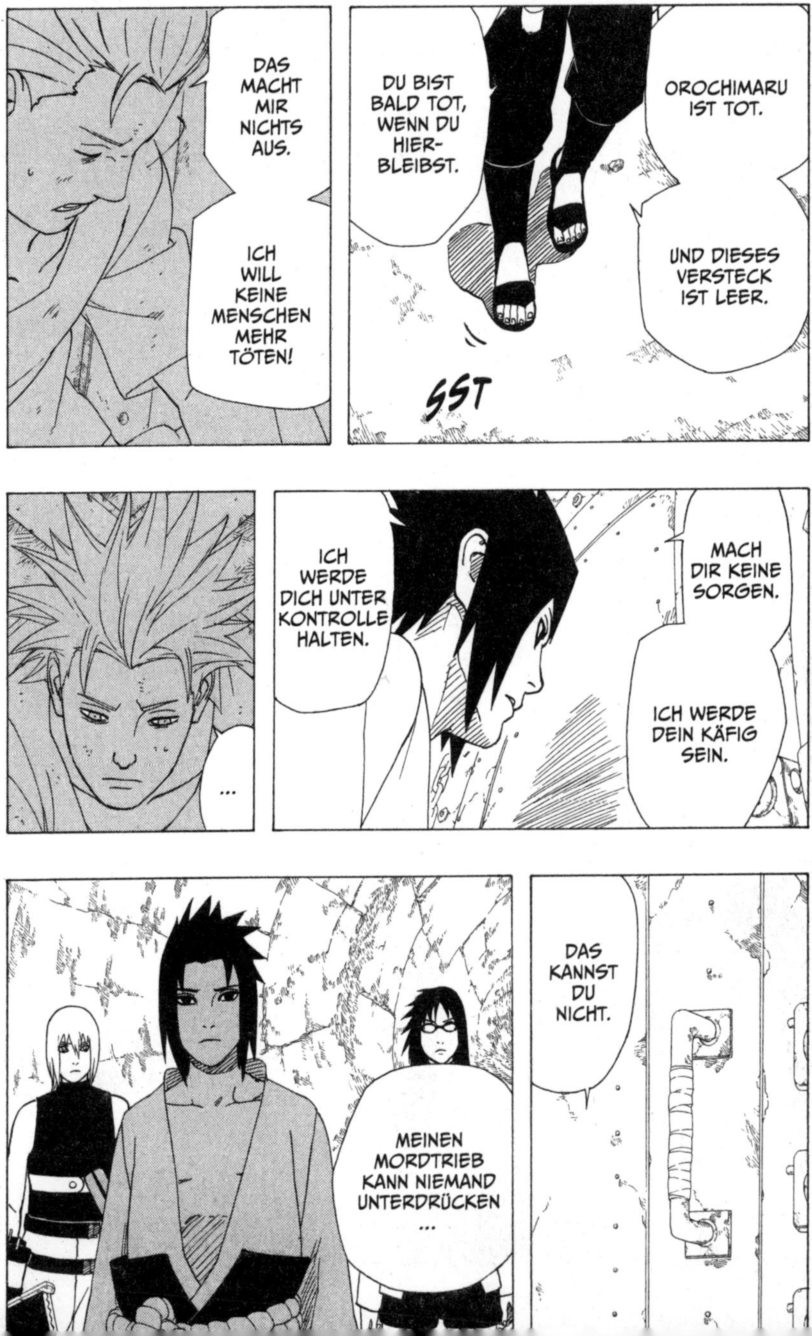
OROCHIMARU IST TOT.
UND DIESES VERSTECK IST LEER.
DU BIST BALD TOT, WENN DU HIER-BLEIBST.
SST
DAS MACHT MIR NICHTS AUS.
ICH WILL KEINE MENSCHEN MEHR TÖTEN!
MACH DIR KEINE SORGEN.
ICH WERDE DEIN KÄFIG SEIN.
ICH WERDE DICH UNTER KONTROLLE HALTEN.
...
DAS KANNST DU NICHT.
MEINEN MORDTRIEB KANN NIEMAND UNTERDRÜCKEN ...

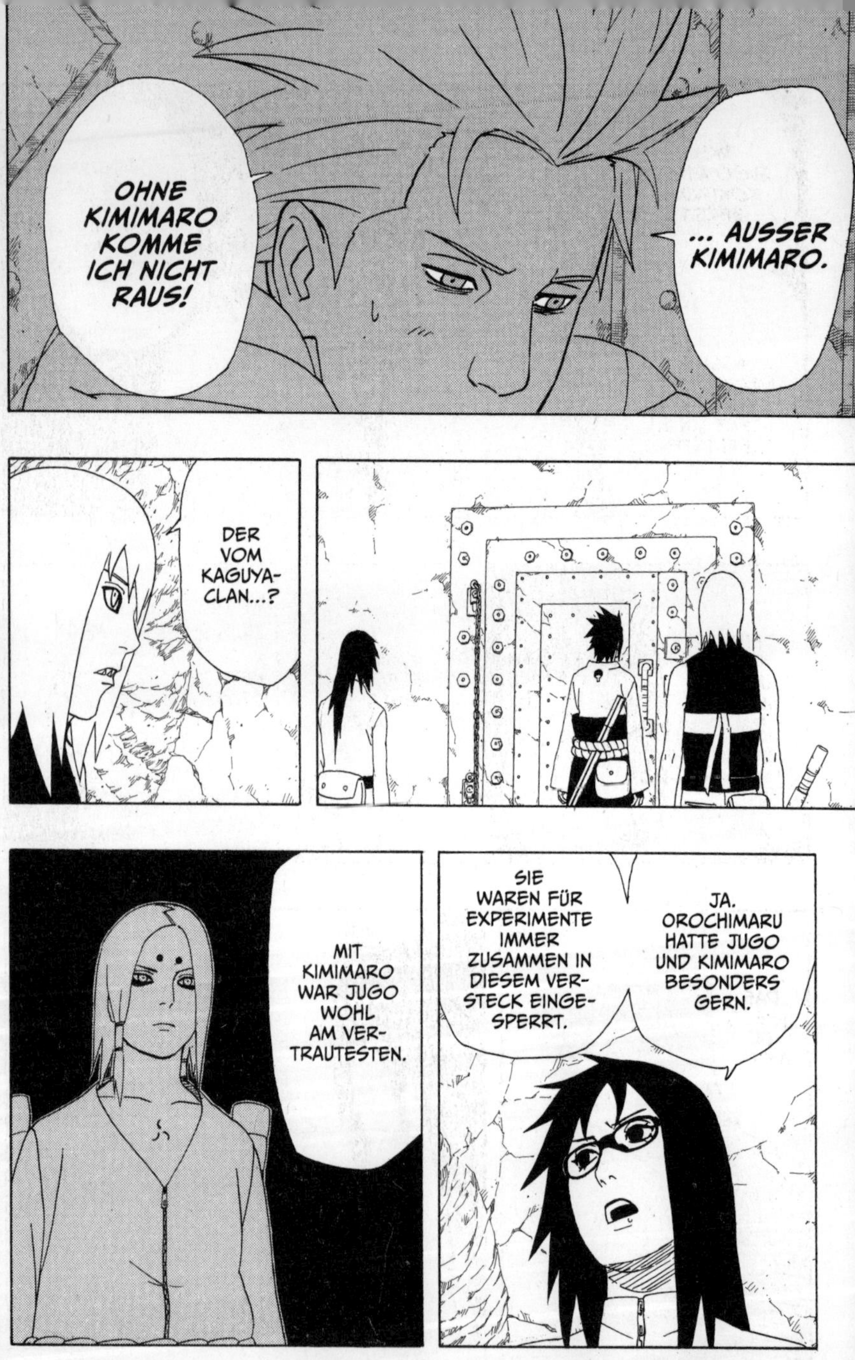
... AUSSER KIMIMARO.
OHNE KIMIMARO KOMME ICH NICHT RAUS!
DER VOM KAGUYA-CLAN...?
JA. OROCHIMARU HATTE JUGO UND KIMIMARO BESONDERS GERN.
SIE WAREN FÜR EXPERIMENTE IMMER ZUSAMMEN IN DIESEM VERSTECK EINGESPERRT.
MIT KIMIMARO WAR JUGO WOHL AM VERTRAUTESTEN.

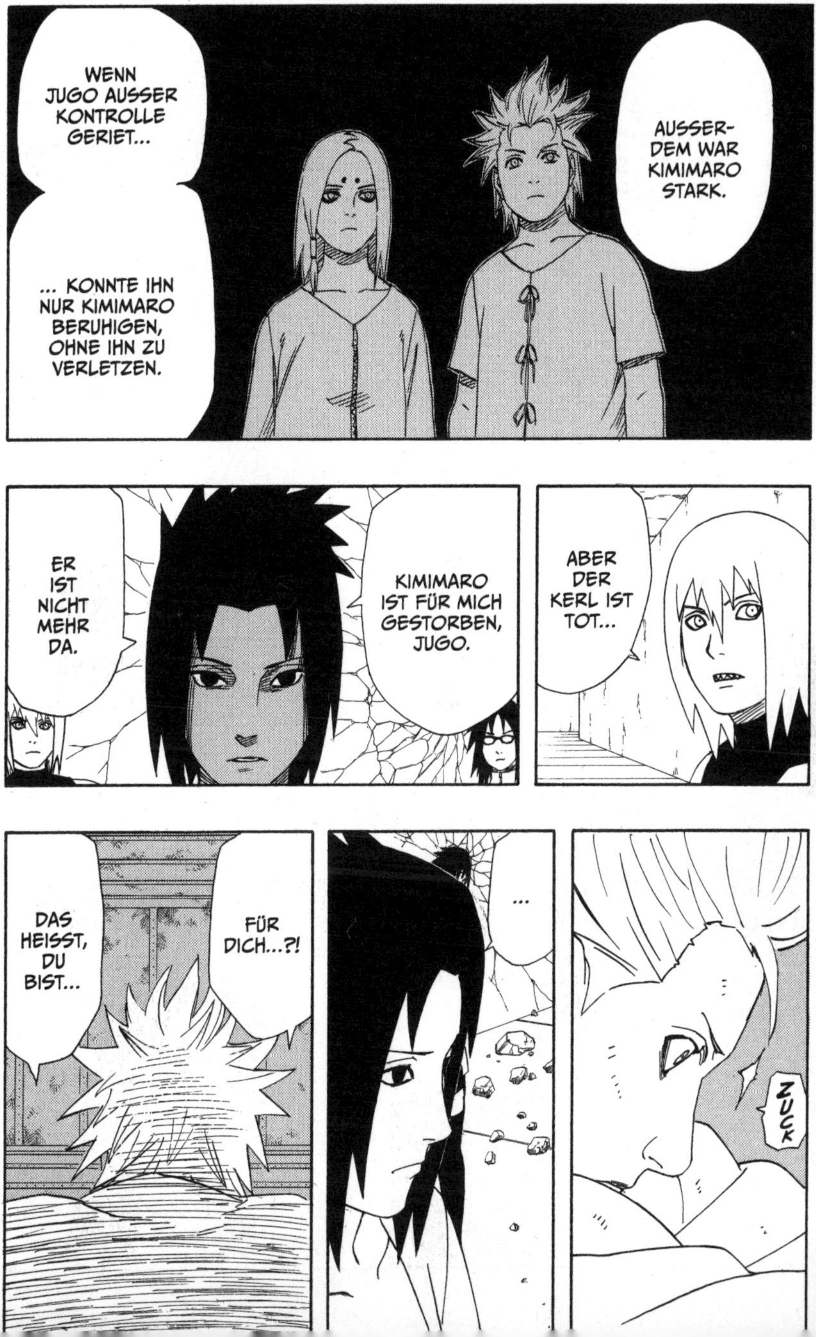
AUSSER-
DEM WAR
KIMIMARO
STARK.
WENN
JUGO AUSSER
KONTROLLE
GERIET...
... KONNTE IHN
NUR KIMIMARO
BERUHIGEN,
OHNE IHN ZU
VERLETZEN.
ABER
DER
KERL IST
TOT...
KIMIMARO
IST FÜR MICH
GESTORBEN,
JUGO.
ER
IST
NICHT
MEHR
DA.
ZUCK
...
FÜR
DICH...?!
DAS
HEISST,
DU
BIST...

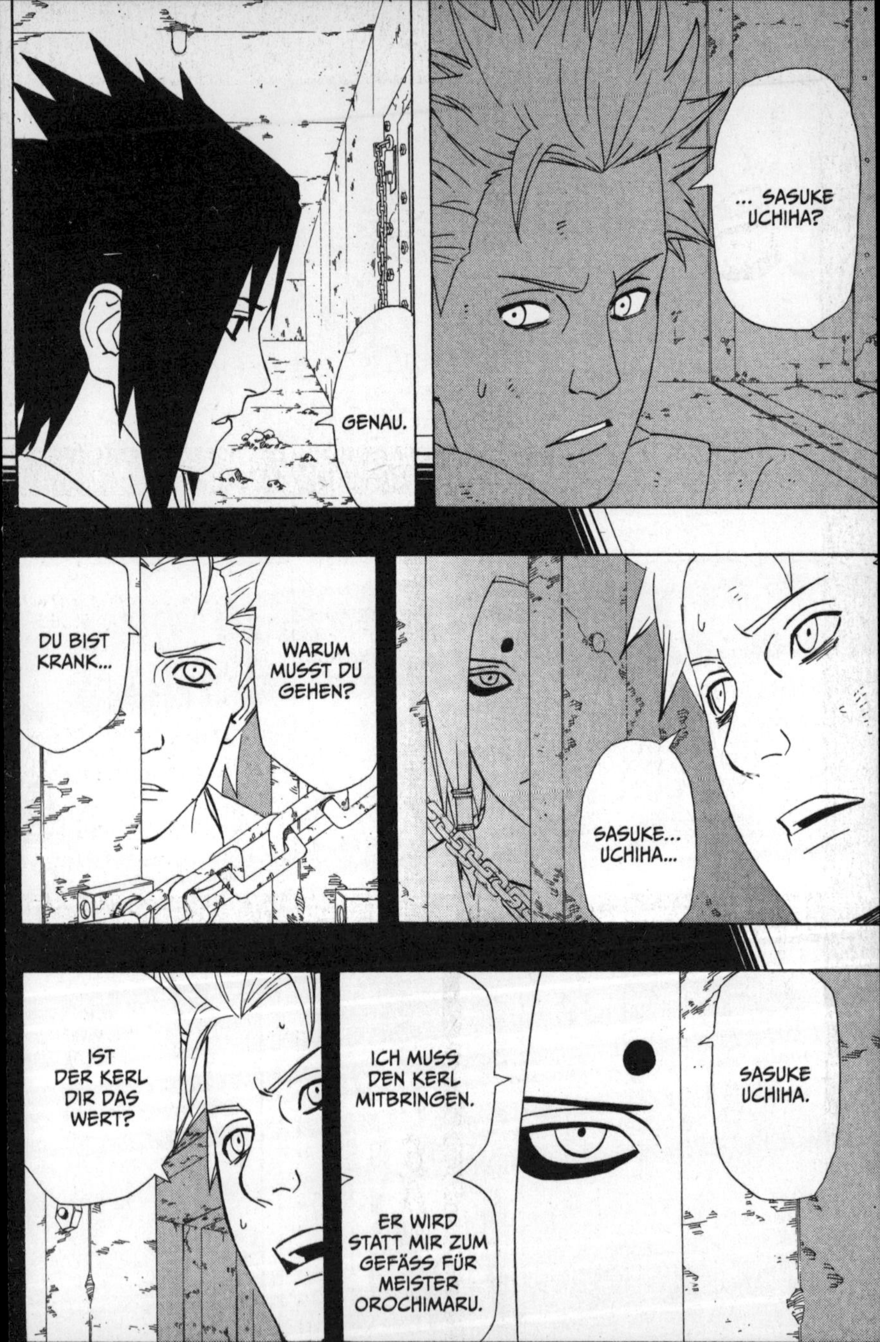
... SASUKE UCHIHA?
GENAU.
SASUKE... UCHIHA...
WARUM MUSST DU GEHEN?
DU BIST KRANK...
SASUKE UCHIHA.
ICH MUSS DEN KERL MITBRINGEN.
ER WIRD STATT MIR ZUM GEFÄSS FÜR MEISTER OROCHIMARU.
IST DER KERL DIR DAS WERT?

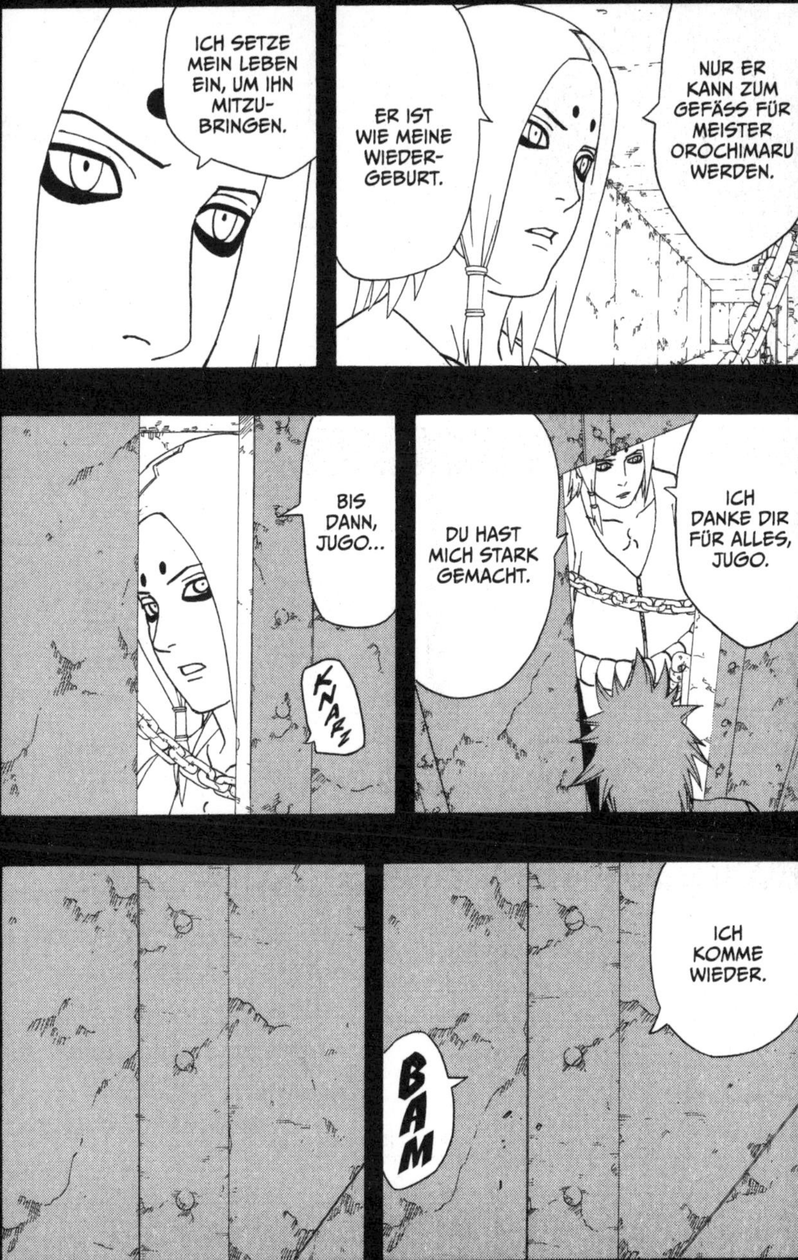
NUR ER KANN ZUM GEFÄSS FÜR MEISTER OROCHIMARU WERDEN.
ER IST WIE MEINE WIEDER-GEBURT.
ICH SETZE MEIN LEBEN EIN, UM IHN MITZU-BRINGEN.
ICH DANKE DIR FÜR ALLES, JUGO.
DU HAST MICH STARK GEMACHT.
BIS DANN, JUGO...
KNARR
ICH KOMME WIEDER.
BAM

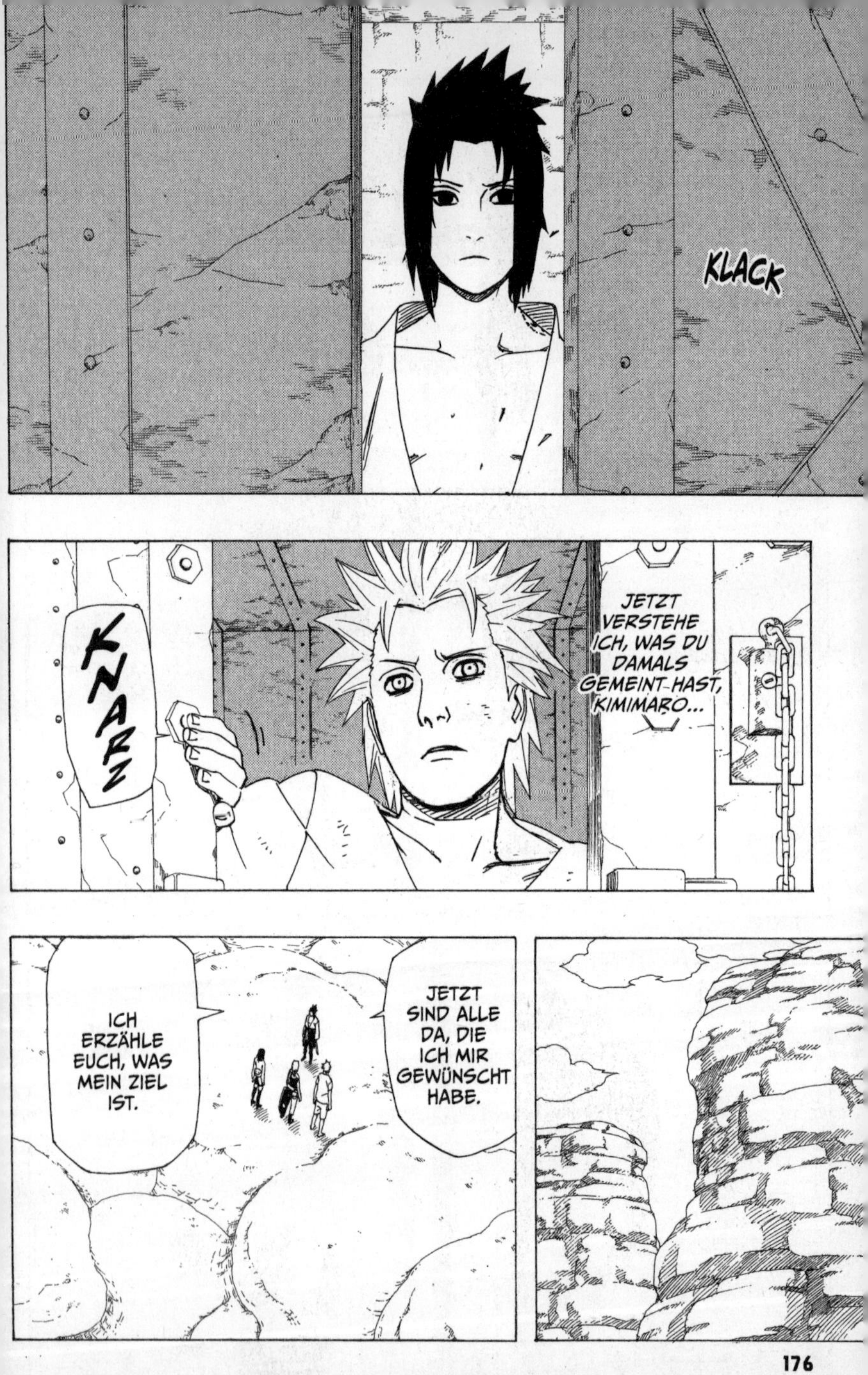
KLACK
JETZT VERSTEHE ICH, WAS DU DAMALS GEMEINT HAST, KIMIMARO...
KNARZ
JETZT SIND ALLE DA, DIE ICH MIR GEWÜNSCHT HABE.
ICH ERZÄHLE EUCH, WAS MEIN ZIEL IST.

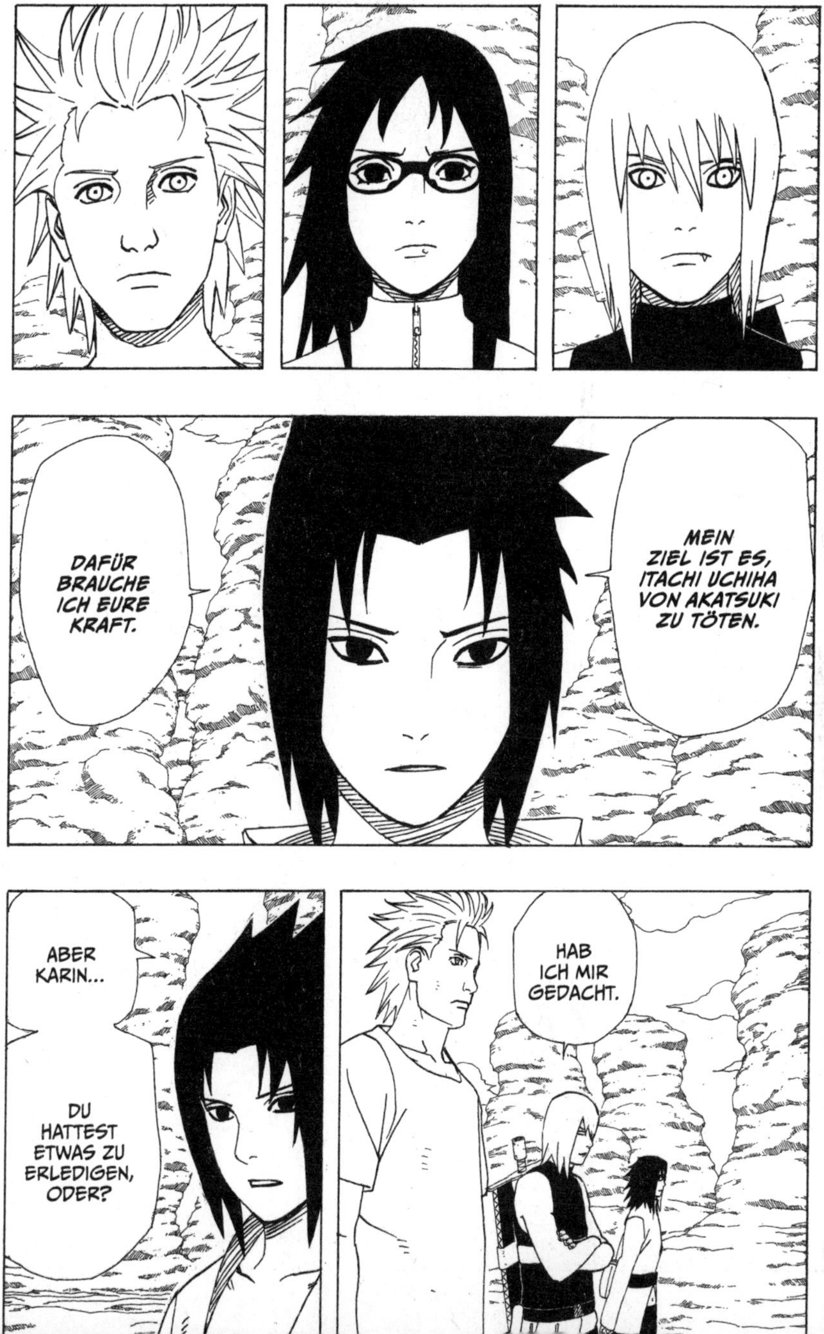
MEIN ZIEL IST ES, ITACHI UCHIHA VON AKATSUKI ZU TÖTEN.
DAFÜR BRAUCHE ICH EURE KRAFT.
HAB ICH MIR GEDACHT.
ABER KARIN...
DU HATTEST ETWAS ZU ERLEDIGEN, ODER?

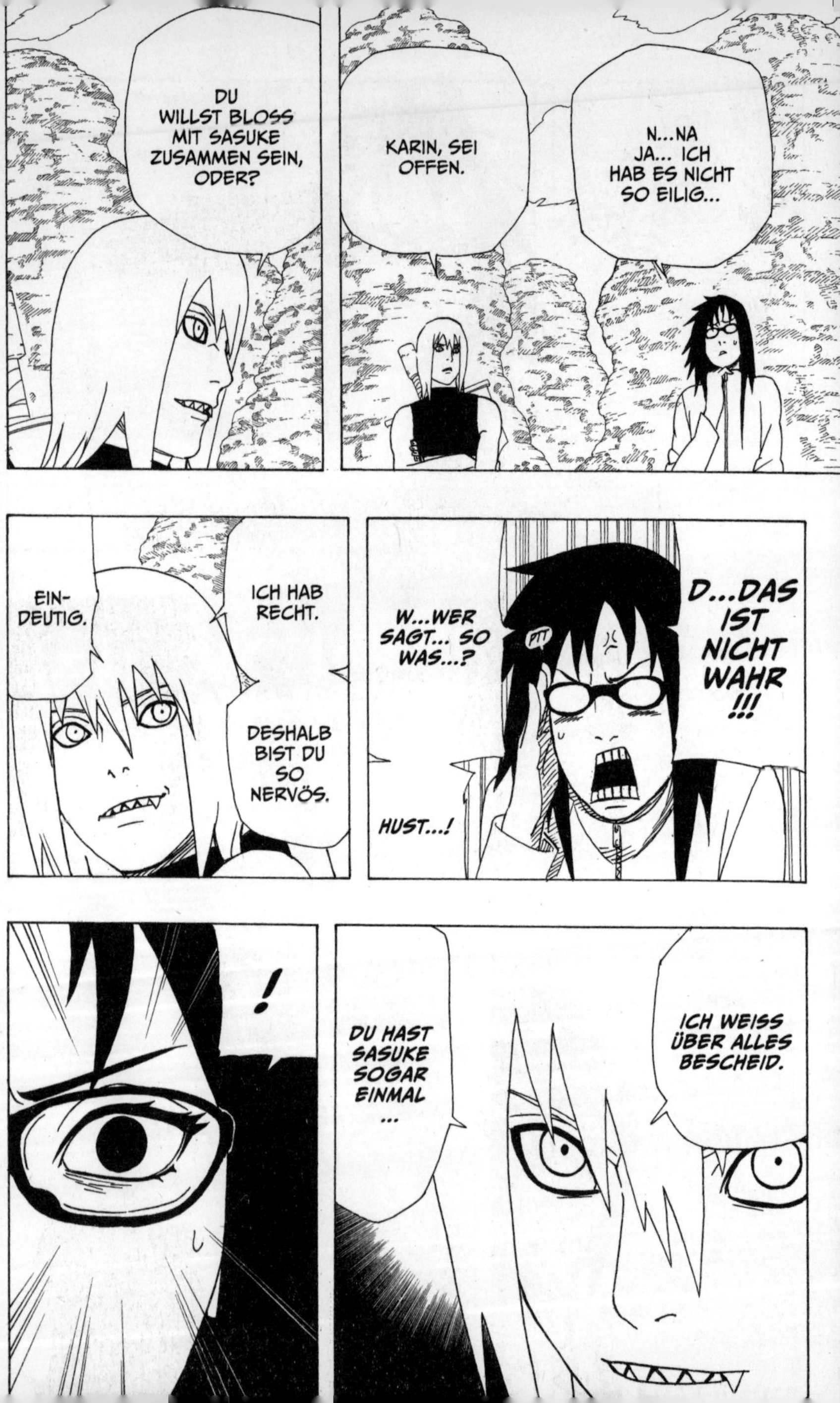
N...NA JA... ICH HAB ES NICHT SO EILIG...
KARIN, SEI OFFEN.
DU WILLST BLOSS MIT SASUKE ZUSAMMEN SEIN, ODER?
D...DAS IST NICHT WAHR !!!
W...WER SAGT... SO WAS...?
PTT
HUST...!
ICH HAB RECHT.
EIN-DEUTIG.
DESHALB BIST DU SO NERVÖS.
ICH WEISS ÜBER ALLES BESCHEID.
DU HAST SASUKE SOGAR EINMAL ...
!

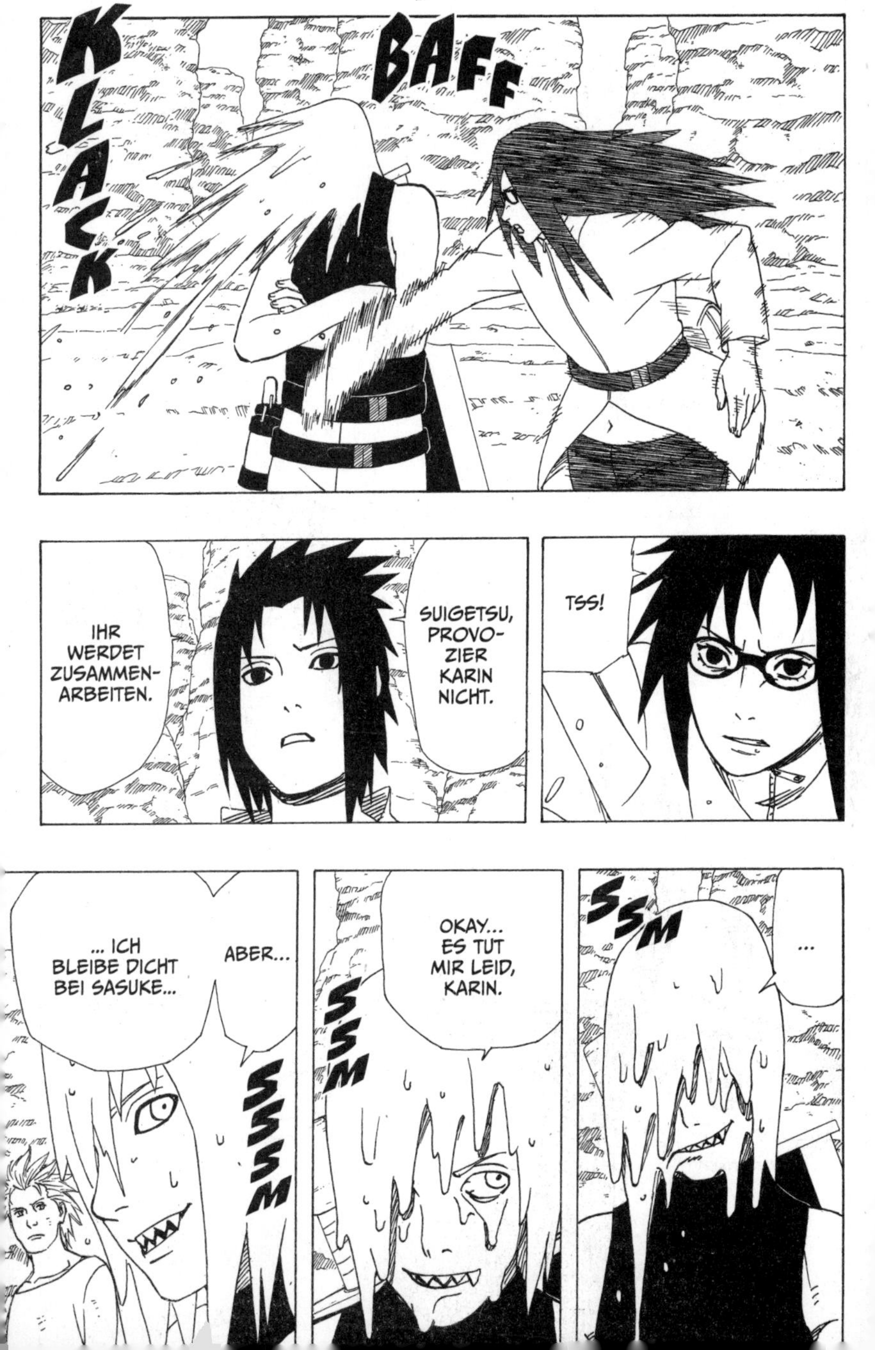
BAFF
KLACK
TSS!
SUIGETSU, PROVOZIER KARIN NICHT.
IHR WERDET ZUSAMMENARBEITEN.
SSM
...
OKAY... ES TUT MIR LEID, KARIN.
SSM
ABER...
... ICH BLEIBE DICHT BEI SASUKE...
SSSM

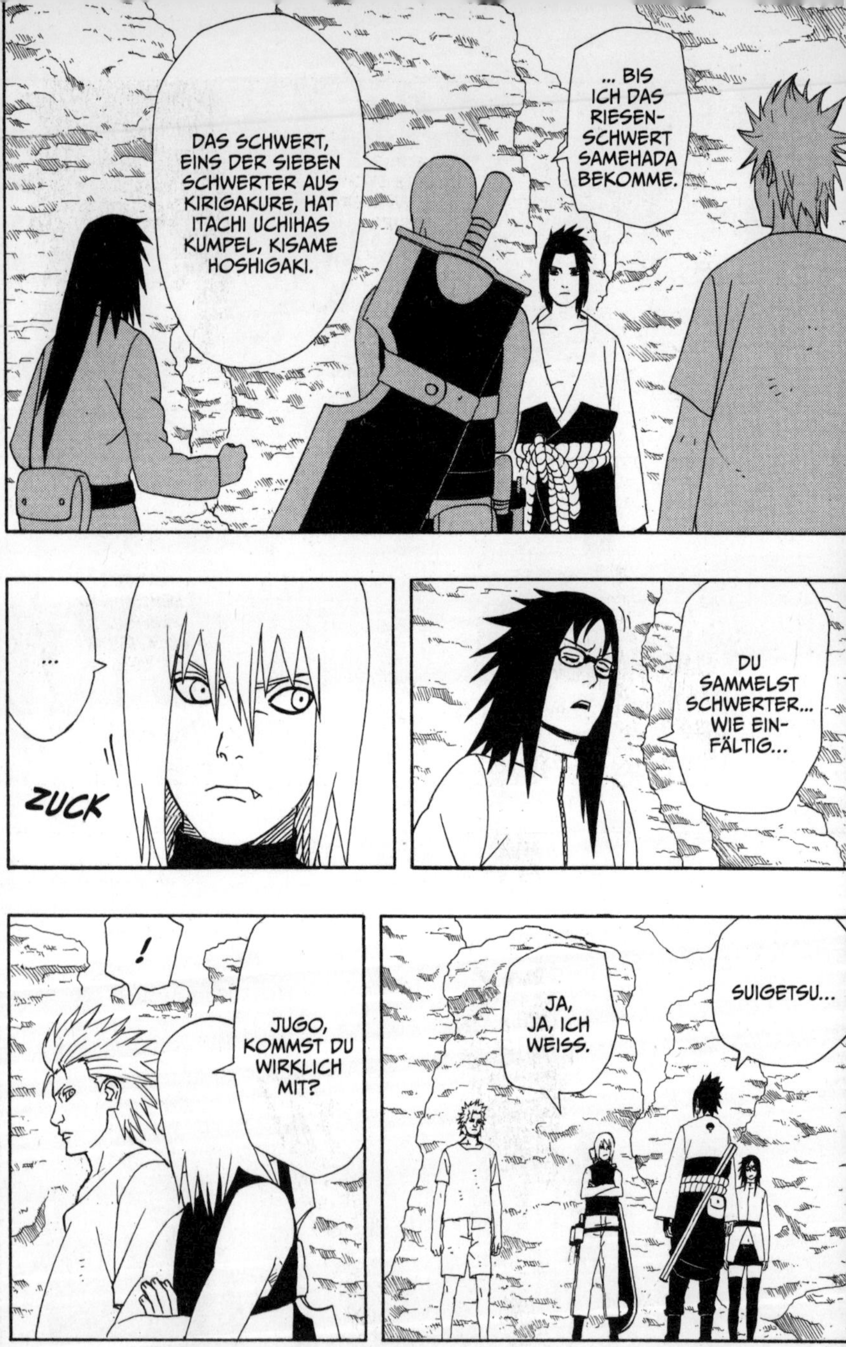
... BIS ICH DAS RIESEN-SCHWERT SAMEHADA BEKOMME.
DAS SCHWERT, EINS DER SIEBEN SCHWERTER AUS KIRIGAKURE, HAT ITACHI UCHIHAS KUMPEL, KISAME HOSHIGAKI.
DU SAMMELST SCHWERTER... WIE EIN-FÄLTIG...
...
ZUCK
SUIGETSU...
JA, JA, ICH WEISS.
JUGO, KOMMST DU WIRKLICH MIT?
!

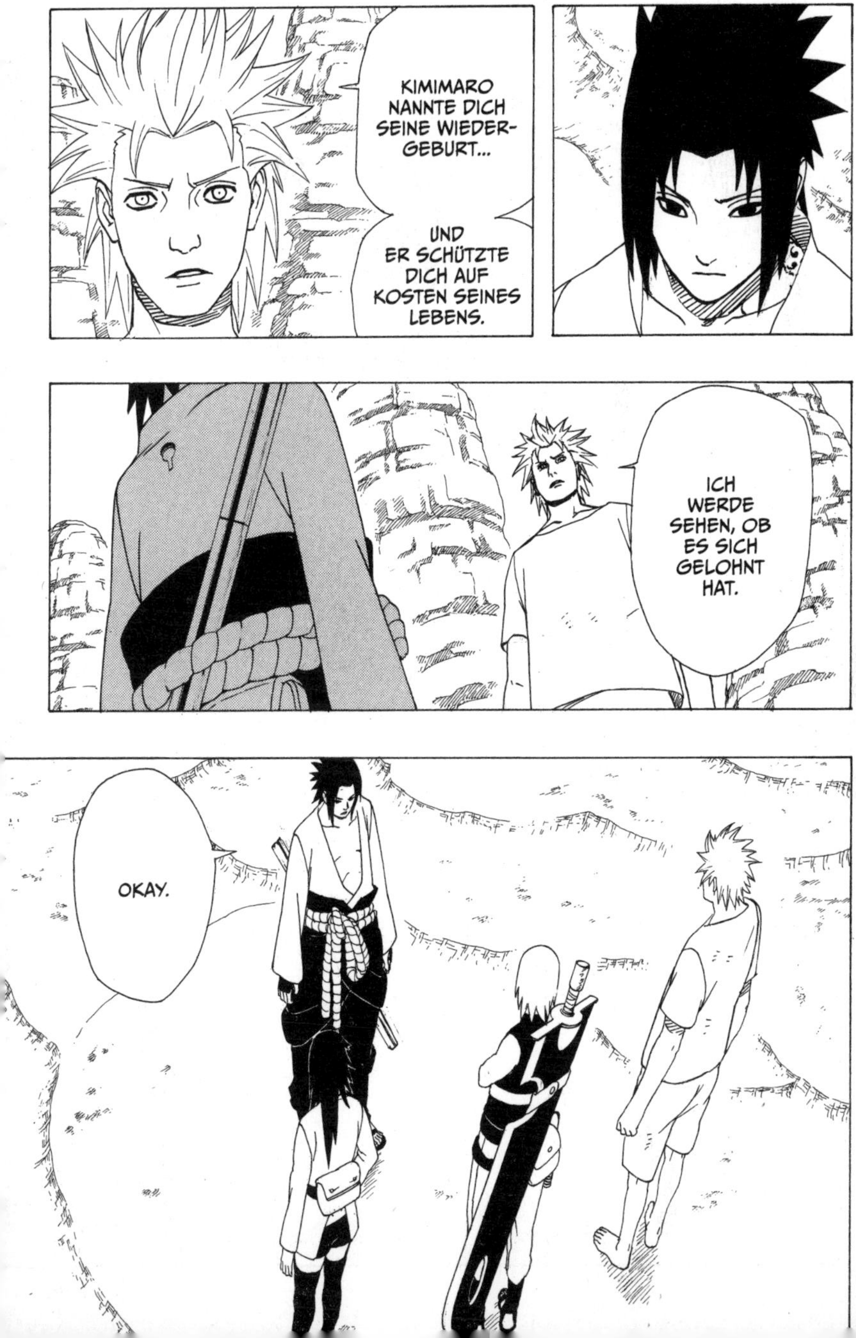
KIMIMARO NANNTE DICH SEINE WIEDER-GEBURT...
UND ER SCHÜTZTE DICH AUF KOSTEN SEINES LEBENS.
ICH WERDE SEHEN, OB ES SICH GELOHNT HAT.
OKAY.

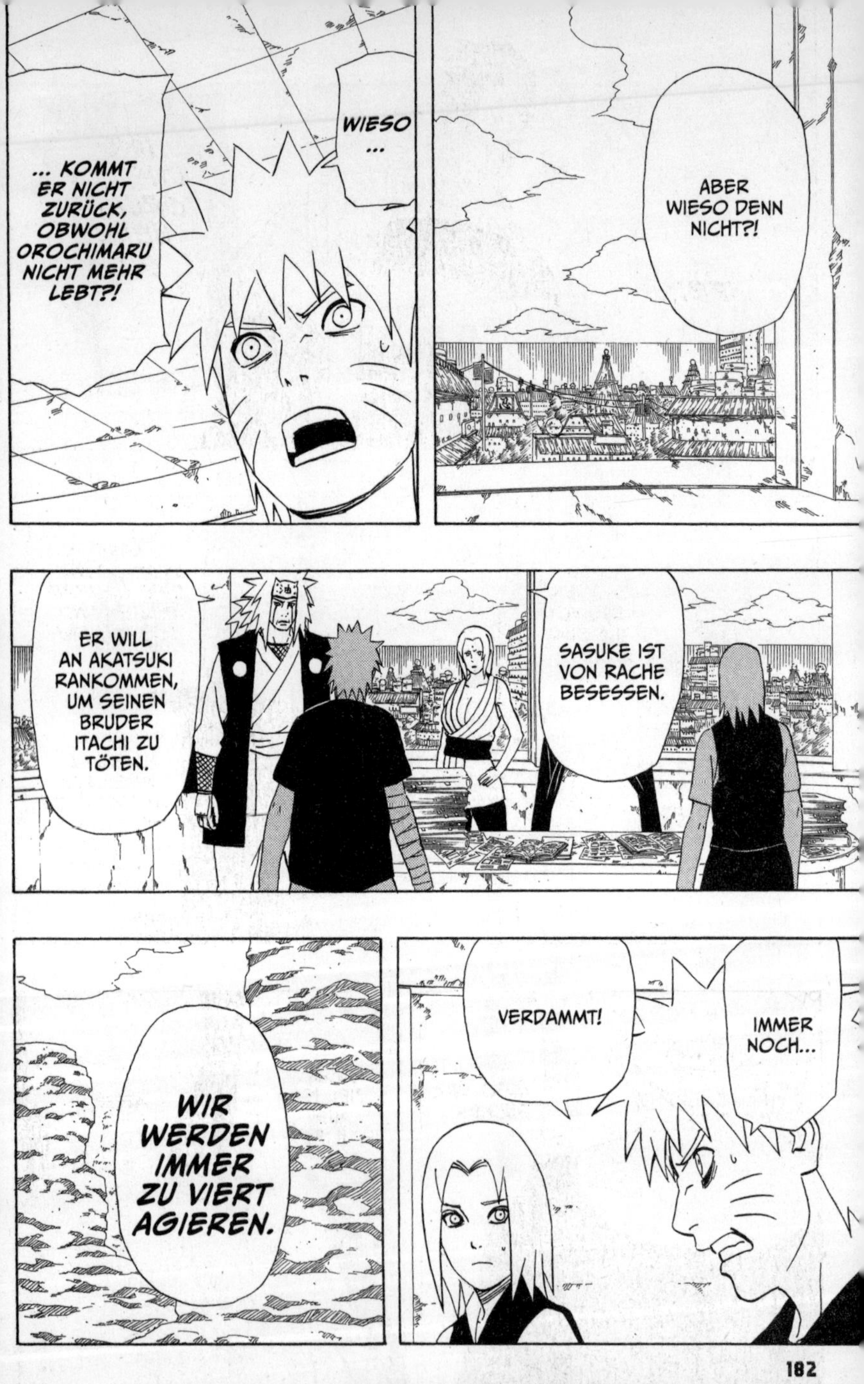
WIESO ...
... KOMMT ER NICHT ZURÜCK, OBWOHL OROCHIMARU NICHT MEHR LEBT?!
ABER WIESO DENN NICHT?!
SASUKE IST VON RACHE BESESSEN.
ER WILL AN AKATSUKI RANKOMMEN, UM SEINEN BRUDER ITACHI ZU TÖTEN.
IMMER NOCH...
VERDAMMT!
WIR WERDEN IMMER ZU VIERT AGIEREN.

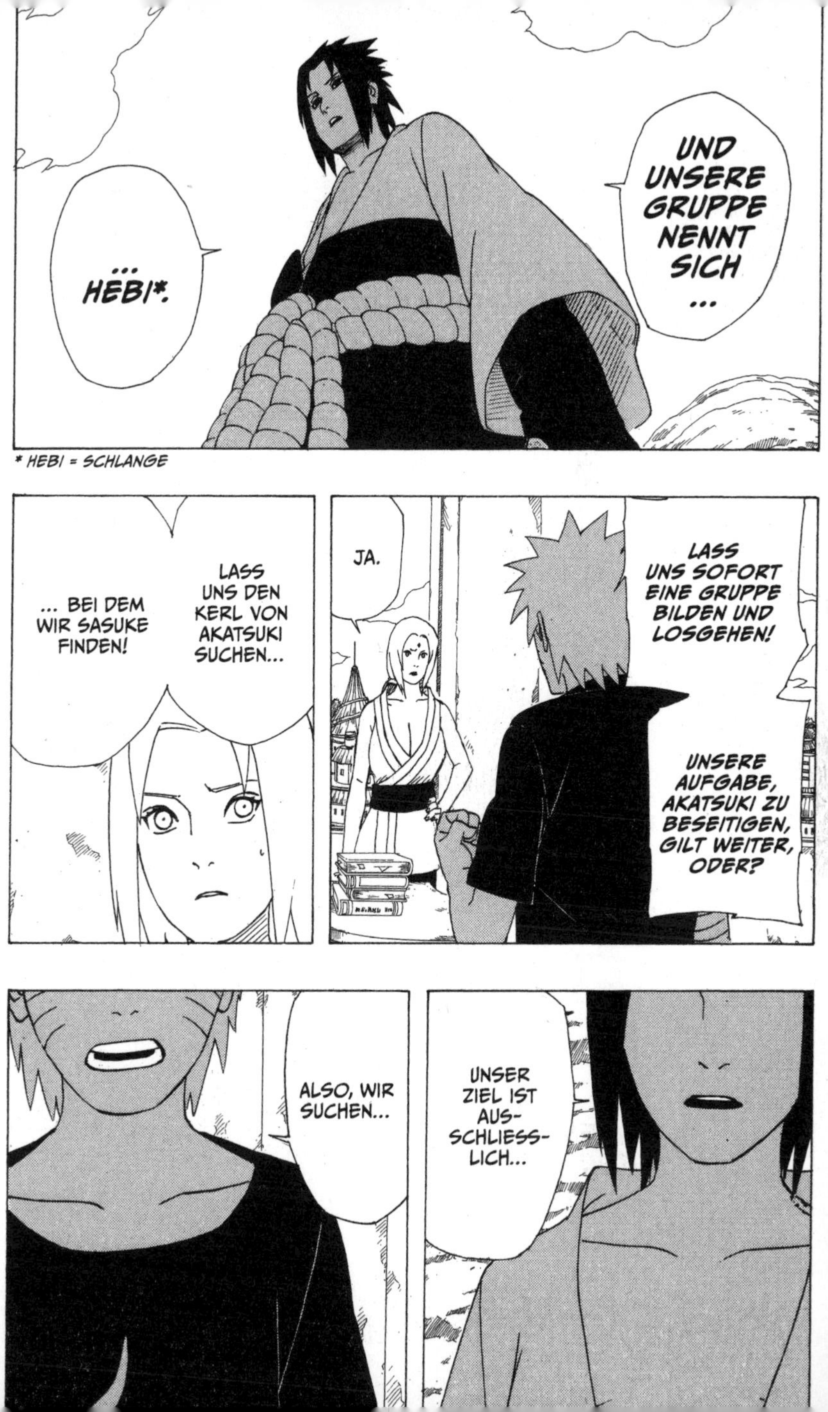

* HEBI = SCHLANGE

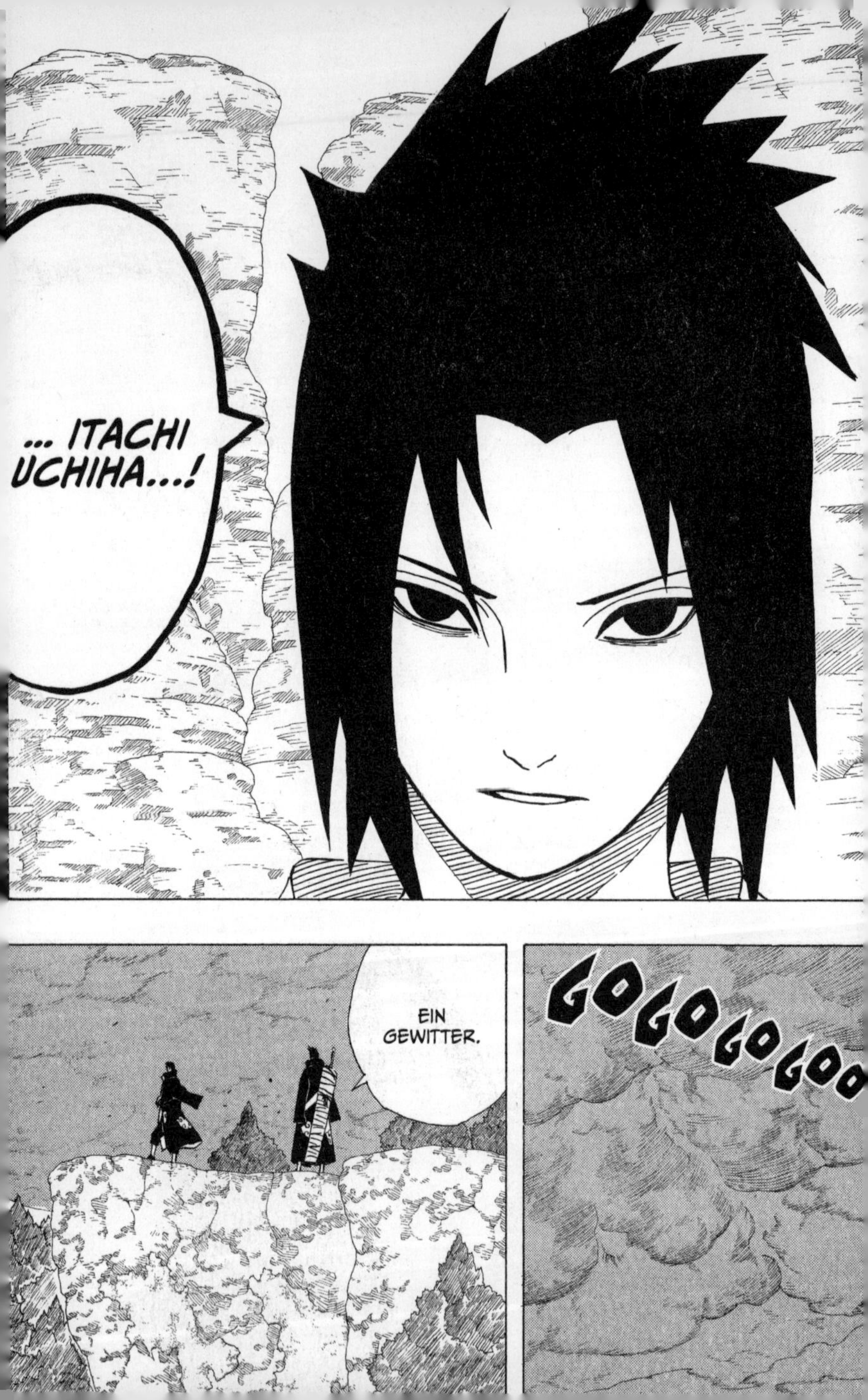
... ITACHI UCHIHA...!
GOGOGOGOO
EIN GEWITTER.

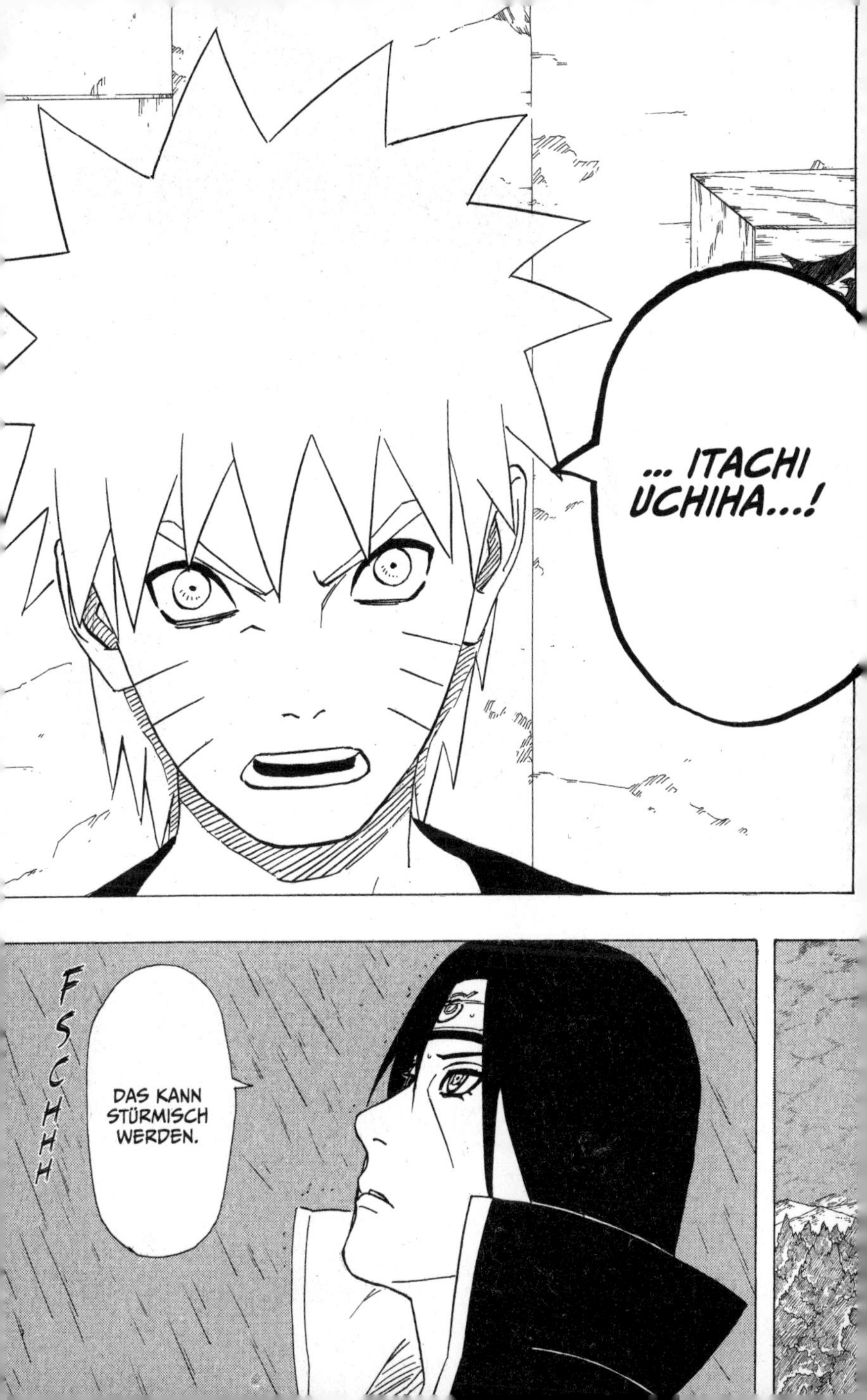
... ITACHI UCHIHA...!
FSCHHH
DAS KANN STÜRMISCH WERDEN.

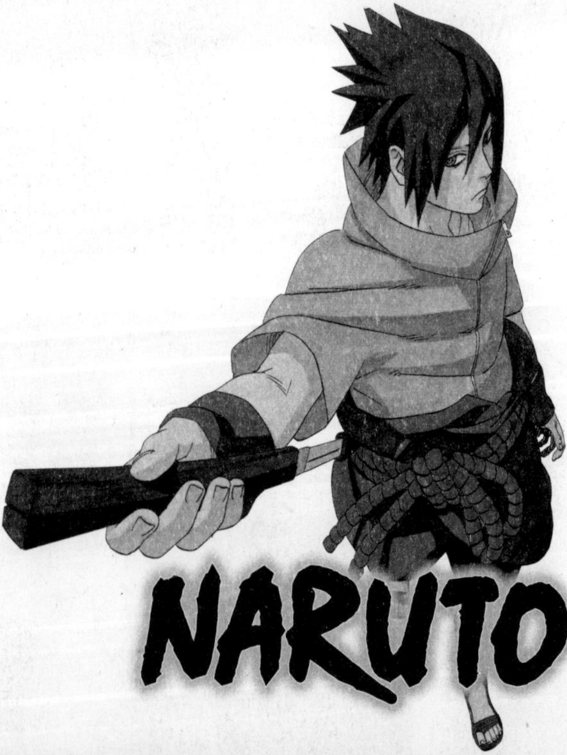
NARUTO

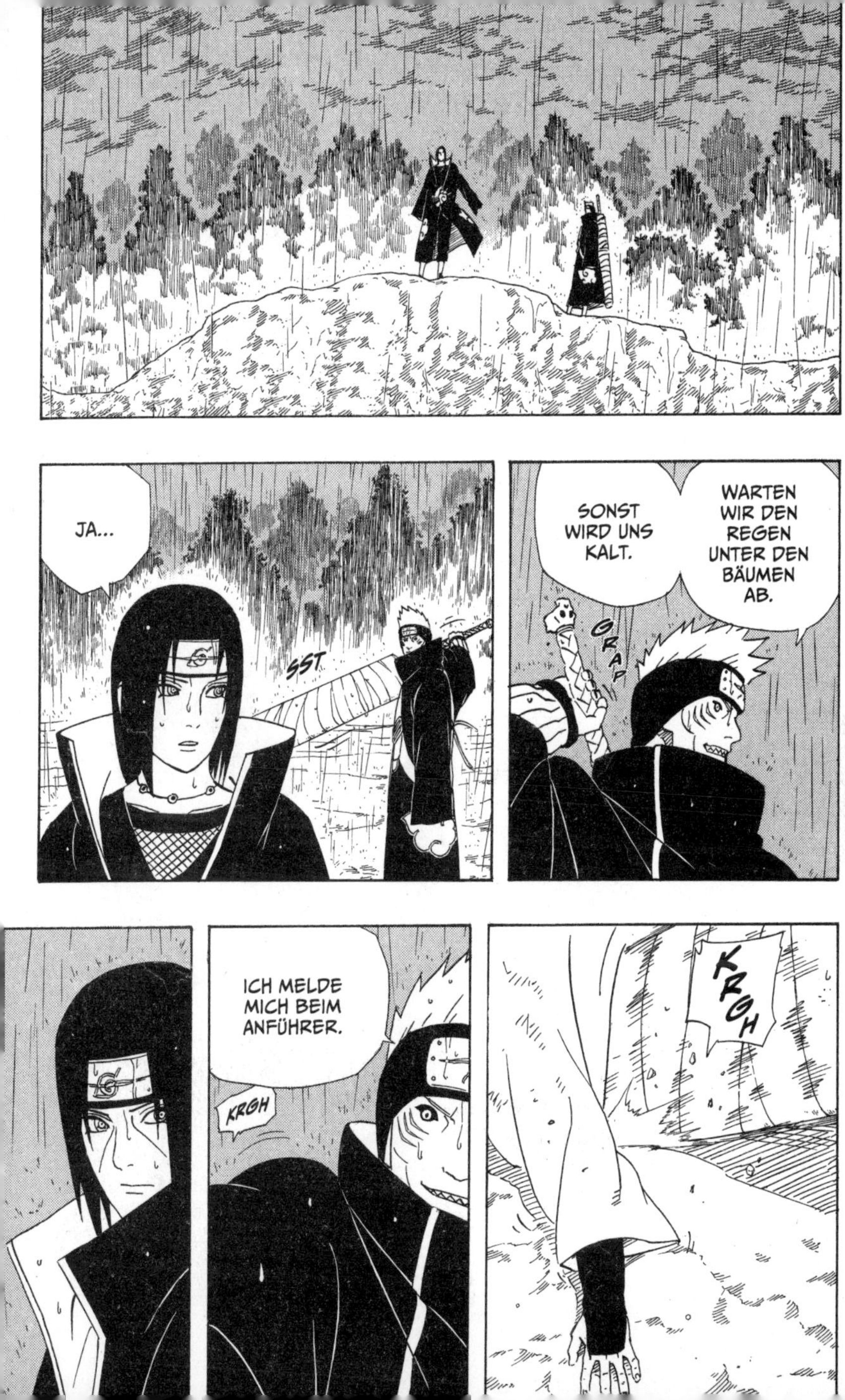
WARTEN WIR DEN REGEN UNTER DEN BÄUMEN AB.
SONST WIRD UNS KALT.
GRAP
SST
JA...
KRGH
ICH MELDE MICH BEIM ANFÜHRER.
KRGH

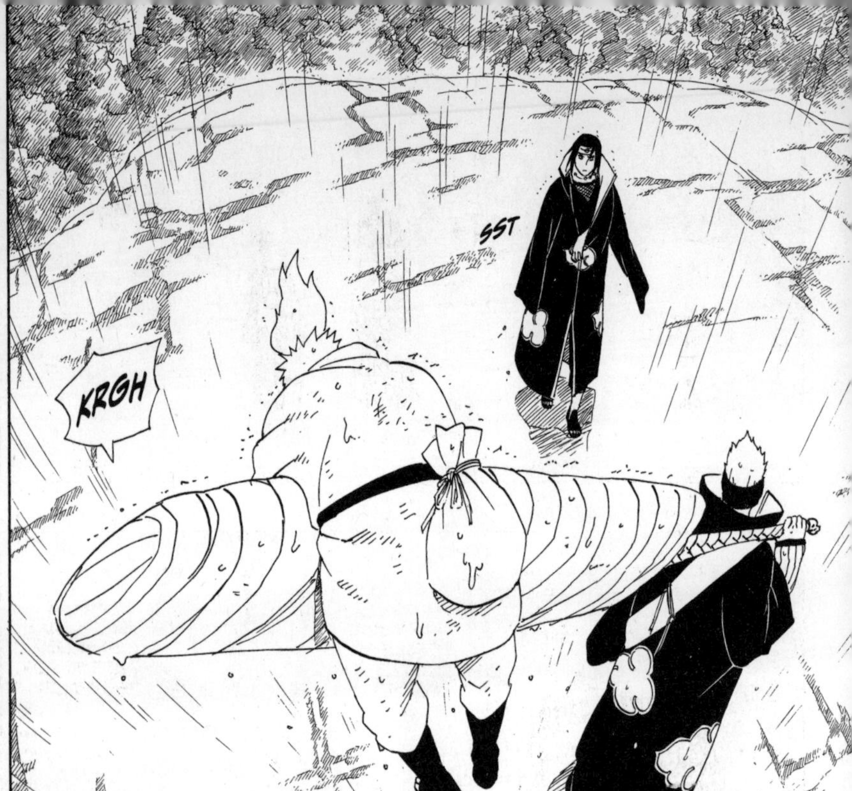

353. Kapitel: Akatsuki versammelt sich

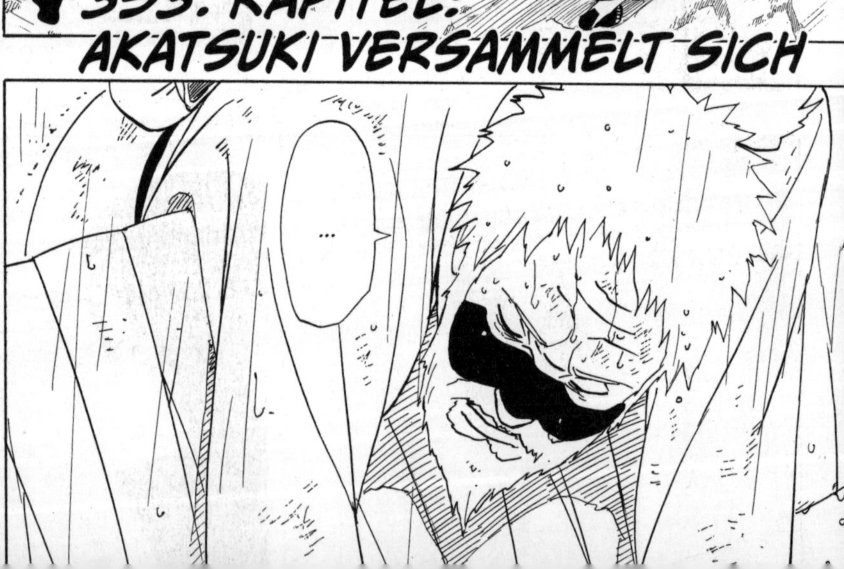

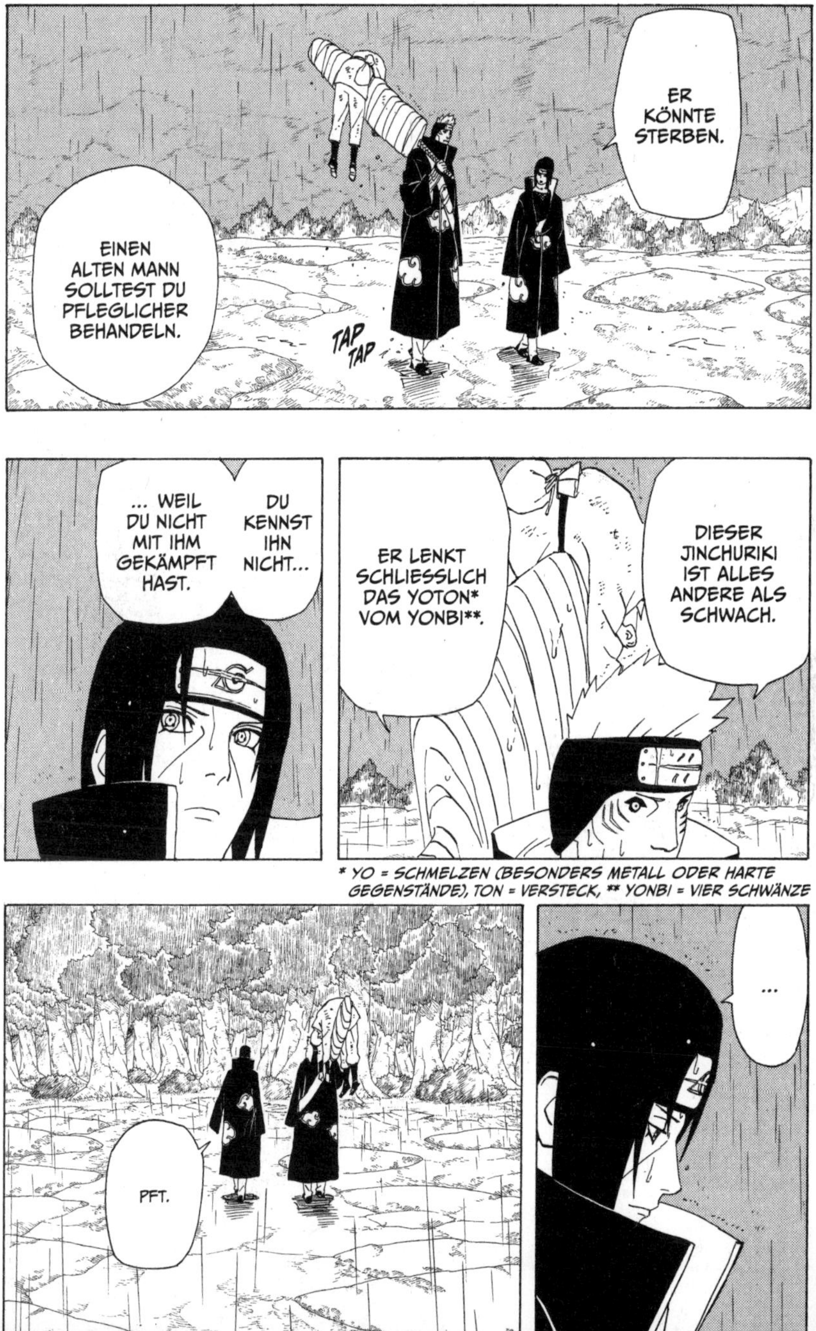

* YO = SCHMELZEN (BESONDERS METALL ODER HARTE GEGENSTÄNDE), TON = VERSTECK, ** YONBI = VIER SCHWÄNZE

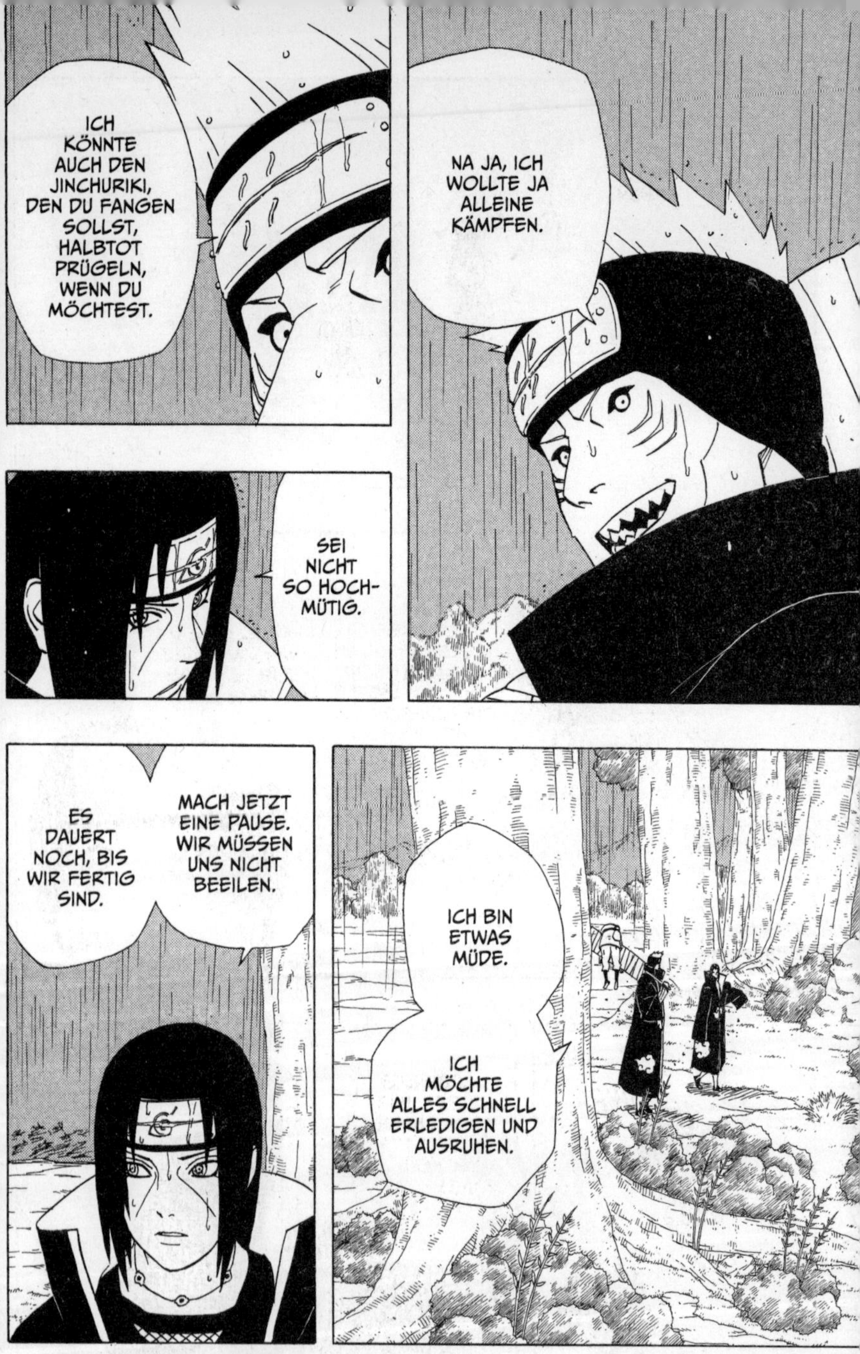
NA JA, ICH WOLLTE JA ALLEINE KÄMPFEN.
ICH KÖNNTE AUCH DEN JINCHURIKI, DEN DU FANGEN SOLLST, HALBTOT PRÜGELN, WENN DU MÖCHTEST.
SEI NICHT SO HOCH-MÜTIG.
ICH BIN ETWAS MÜDE.
ICH MÖCHTE ALLES SCHNELL ERLEDIGEN UND AUSRUHEN.
MACH JETZT EINE PAUSE. WIR MÜSSEN UNS NICHT BEEILEN.
ES DAUERT NOCH, BIS WIR FERTIG SIND.

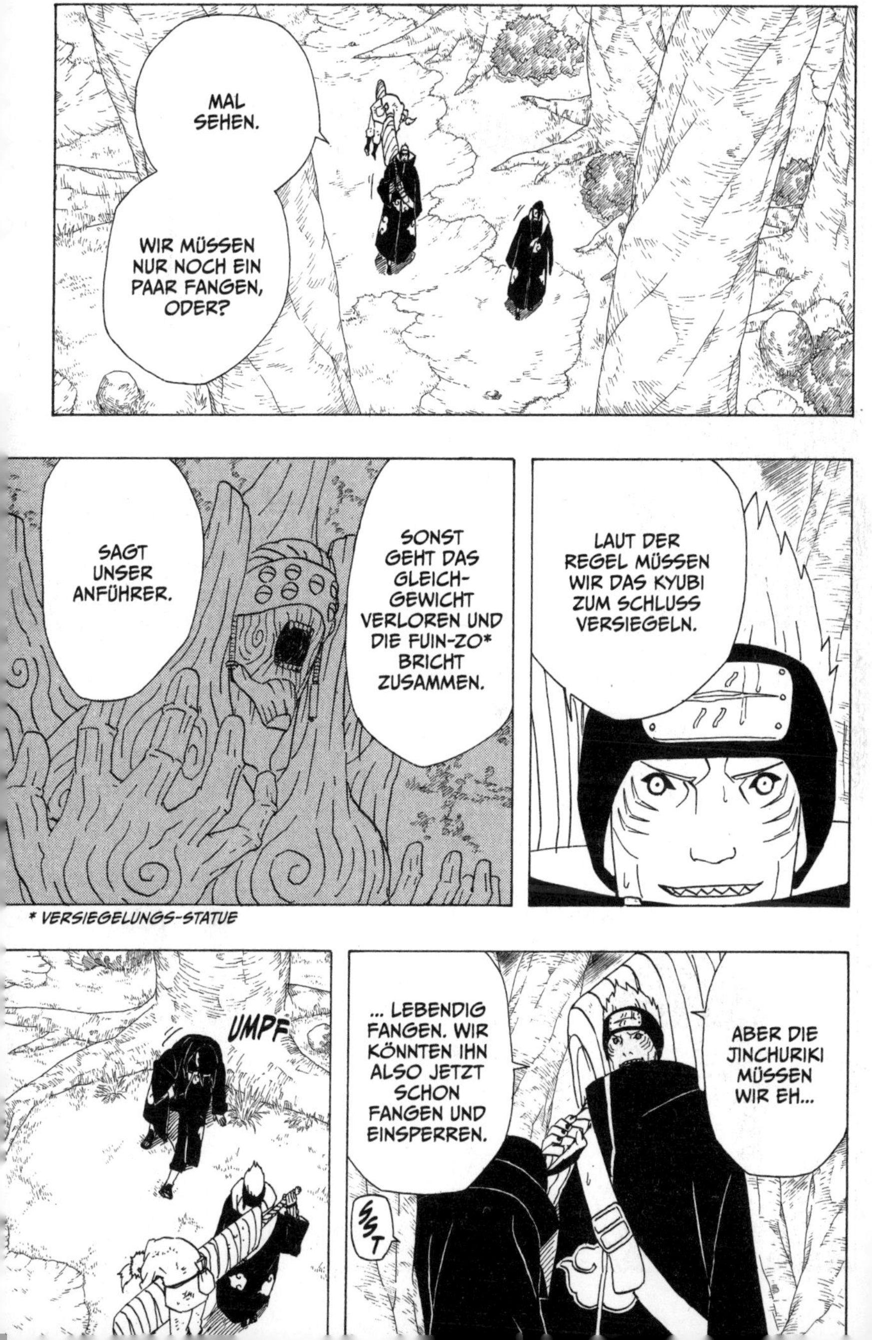

* VERSIEGELUNGS-STATUE

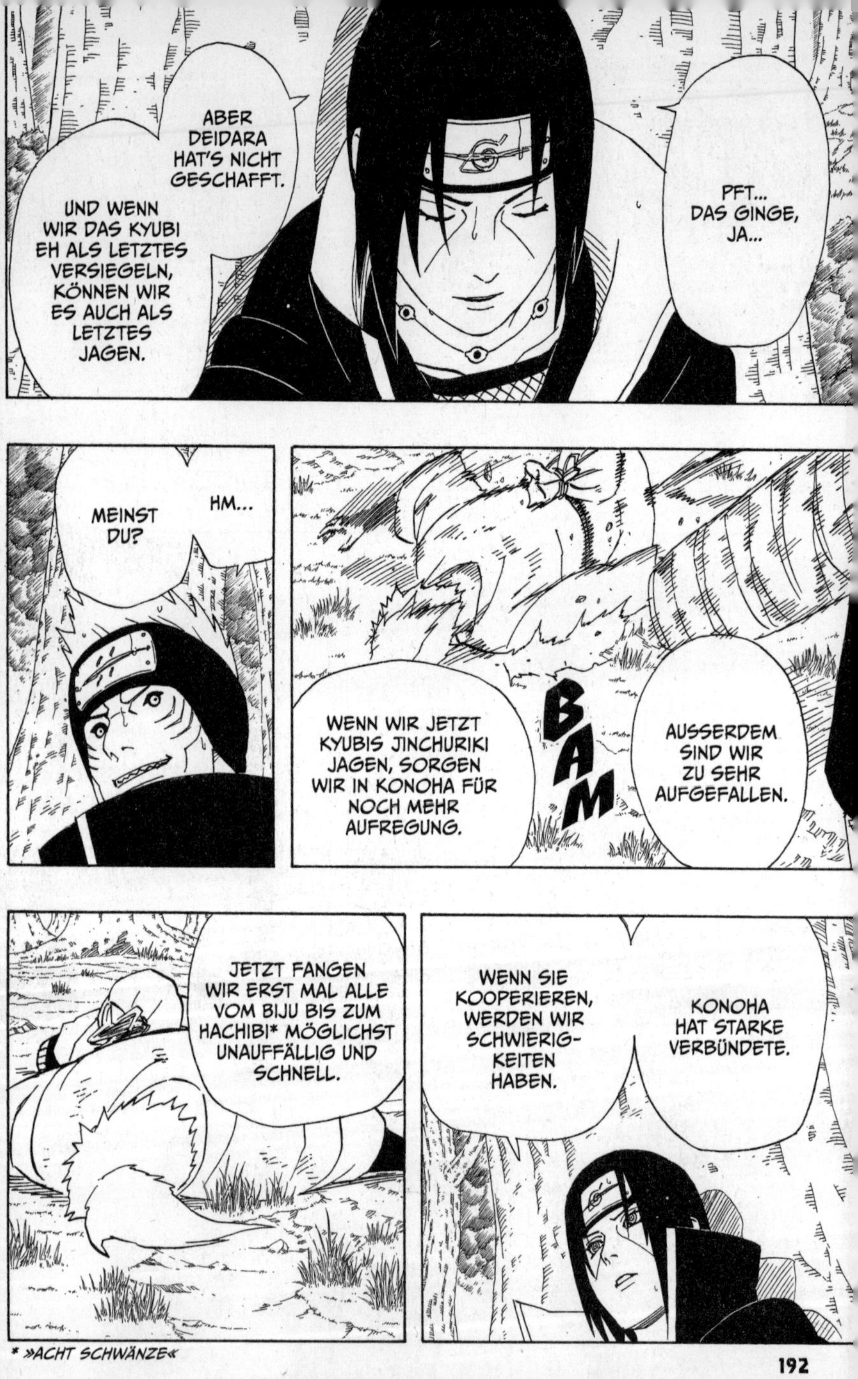

* »ACHT SCHWÄNZE«

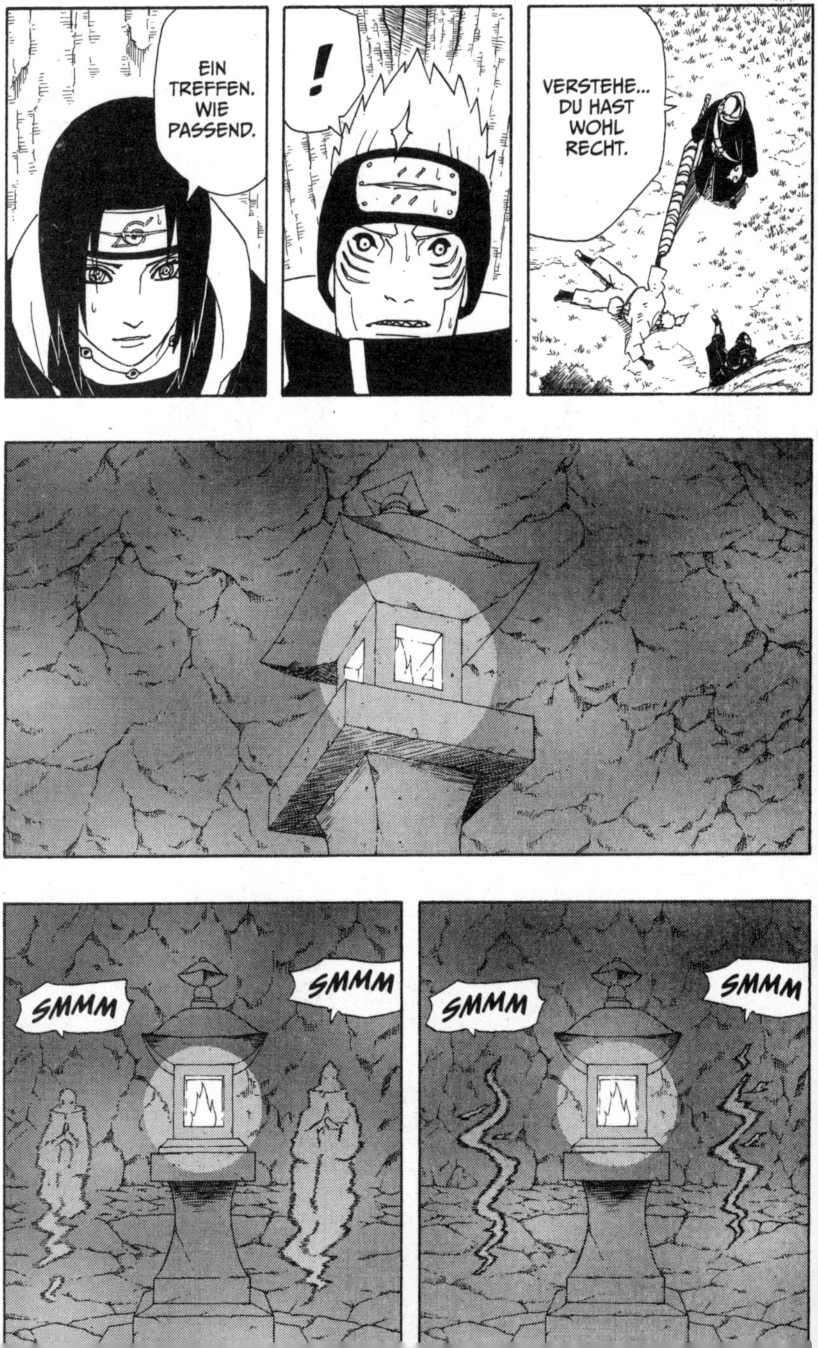

EIN TREFFEN. WIE PASSEND.
!
VERSTEHE... DU HAST WOHL RECHT.
SMMM
SMMM
SMMM
SMMM

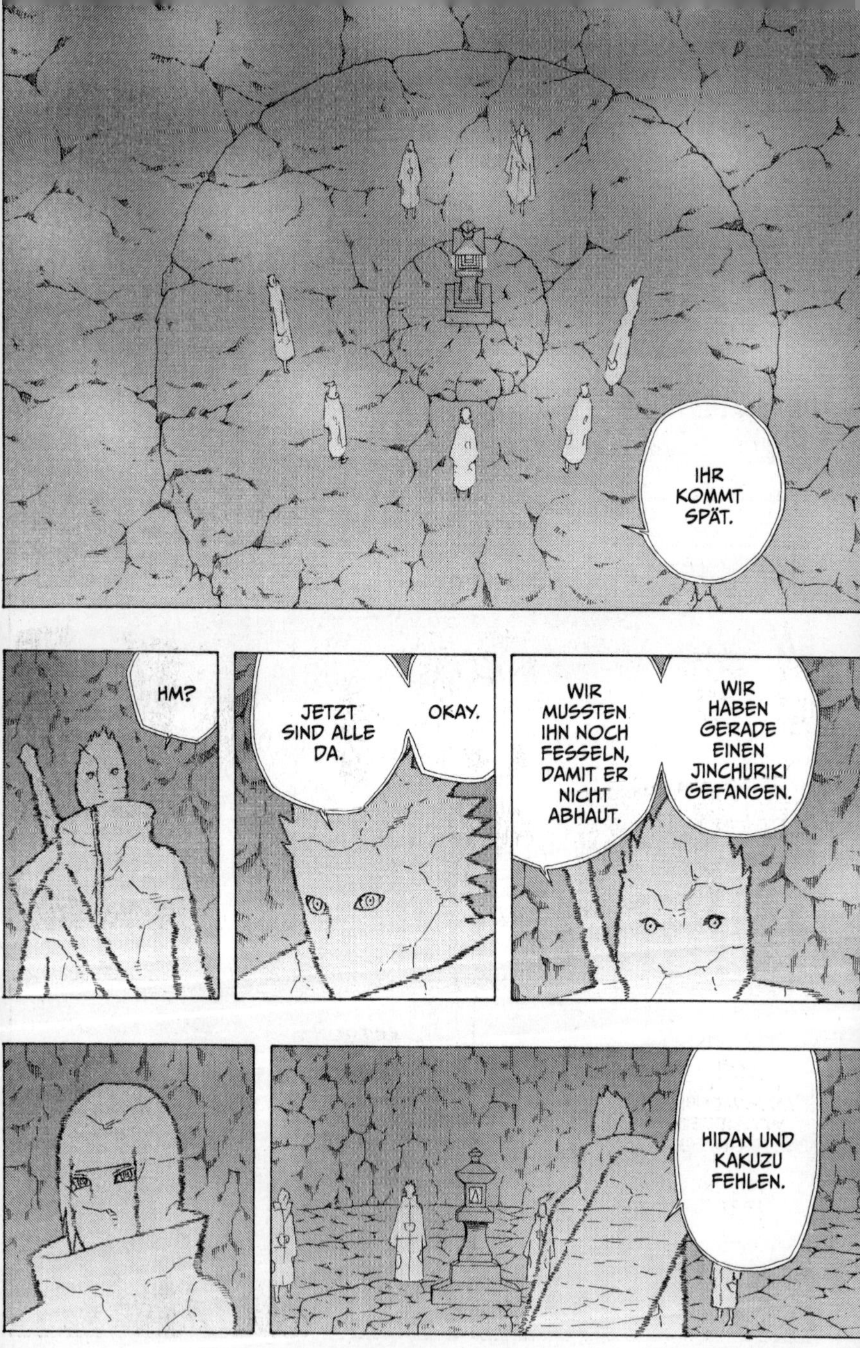
IHR KOMMT SPÄT.
WIR HABEN GERADE EINEN JINCHURIKI GEFANGEN.
WIR MUSSTEN IHN NOCH FESSELN, DAMIT ER NICHT ABHAUT.
OKAY.
JETZT SIND ALLE DA.
HM?
HIDAN UND KAKUZU FEHLEN.

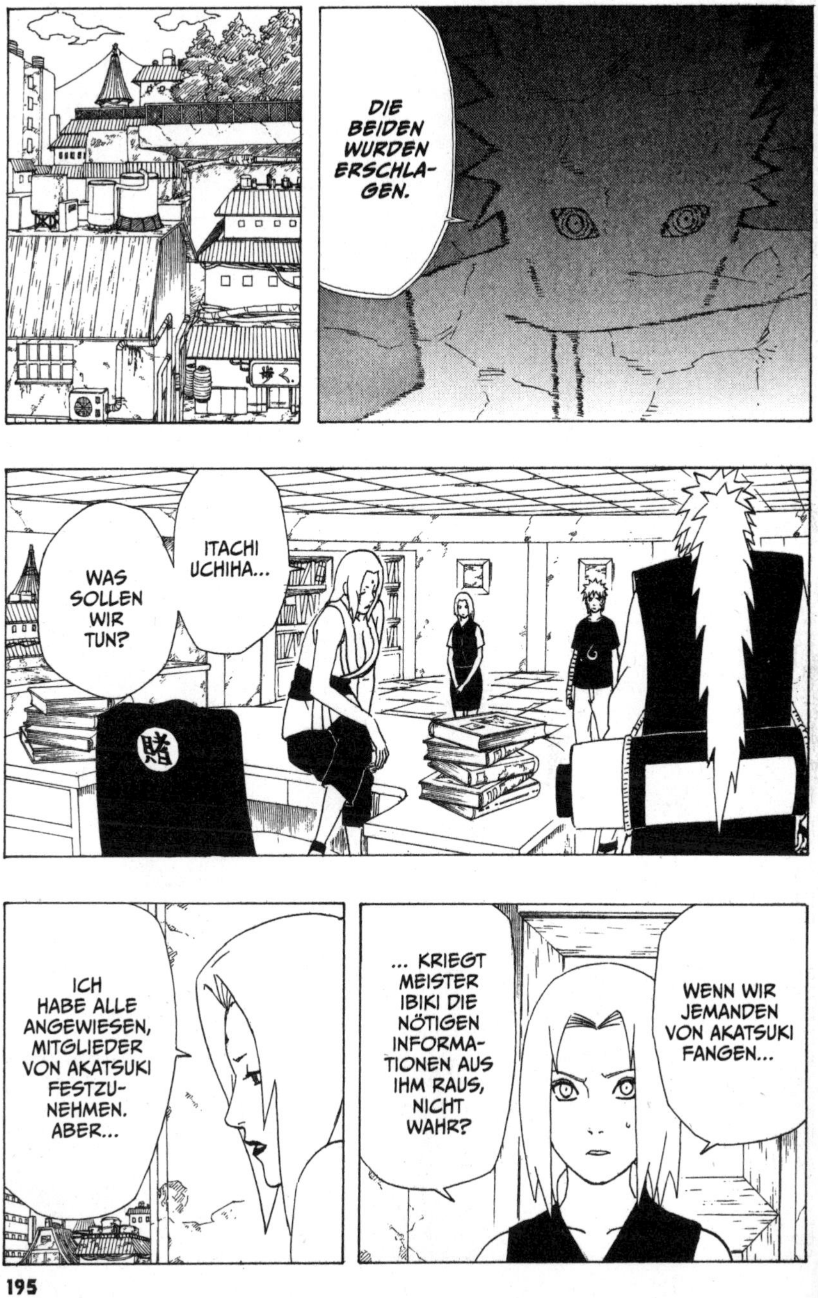
DIE BEIDEN WURDEN ERSCHLAGEN.
ITACHI UCHIHA...
WAS SOLLEN WIR TUN?
WENN WIR JEMANDEN VON AKATSUKI FANGEN...
... KRIEGT MEISTER IBIKI DIE NÖTIGEN INFORMATIONEN AUS IHM RAUS, NICHT WAHR?
ICH HABE ALLE ANGEWIESEN, MITGLIEDER VON AKATSUKI FESTZUNEHMEN. ABER...

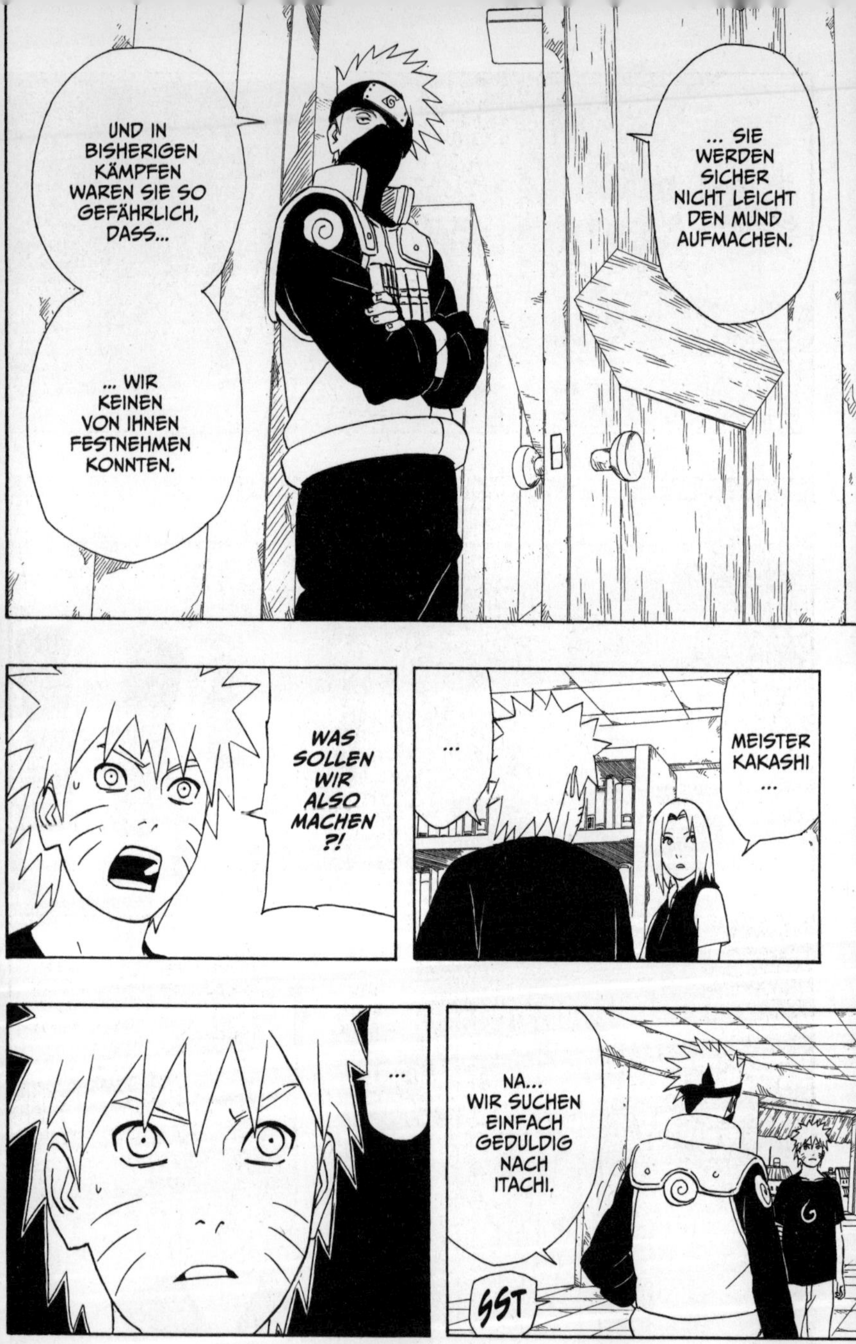
... SIE WERDEN SICHER NICHT LEICHT DEN MUND AUFMACHEN.
UND IN BISHERIGEN KÄMPFEN WAREN SIE SO GEFÄHRLICH, DASS...
... WIR KEINEN VON IHNEN FESTNEHMEN KONNTEN.
MEISTER KAKASHI ...
...
WAS SOLLEN WIR ALSO MACHEN ?!
NA... WIR SUCHEN EINFACH GEDULDIG NACH ITACHI.
SST
...

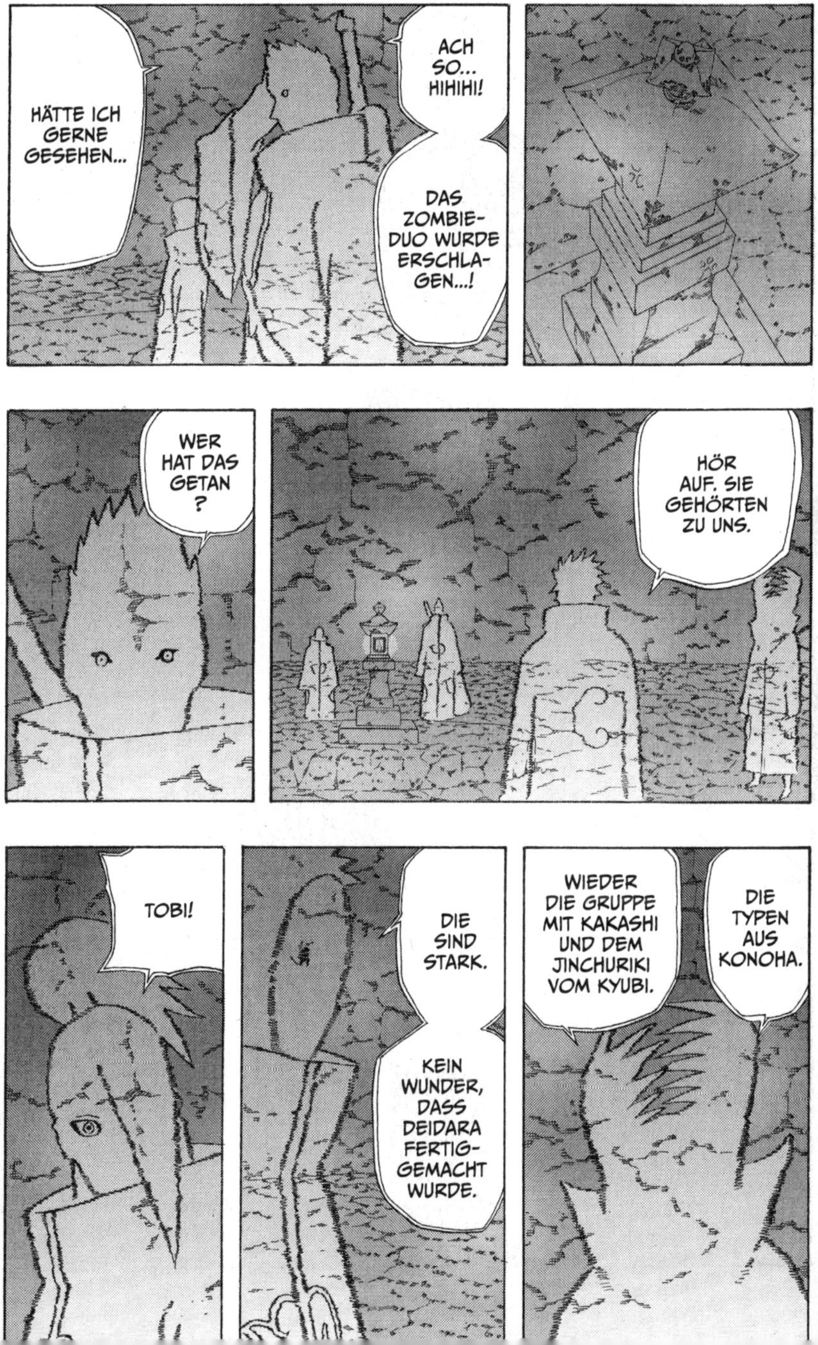
ACH SO... HIHIHI!
DAS ZOMBIE-DUO WURDE ERSCHLA-GEN...!
HÄTTE ICH GERNE GESEHEN...
HÖR AUF. SIE GEHÖRTEN ZU UNS.
WER HAT DAS GETAN ?
DIE TYPEN AUS KONOHA.
WIEDER DIE GRUPPE MIT KAKASHI UND DEM JINCHURIKI VOM KYUBI.
DIE SIND STARK.
KEIN WUNDER, DASS DEIDARA FERTIG-GEMACHT WURDE.
TOBI!

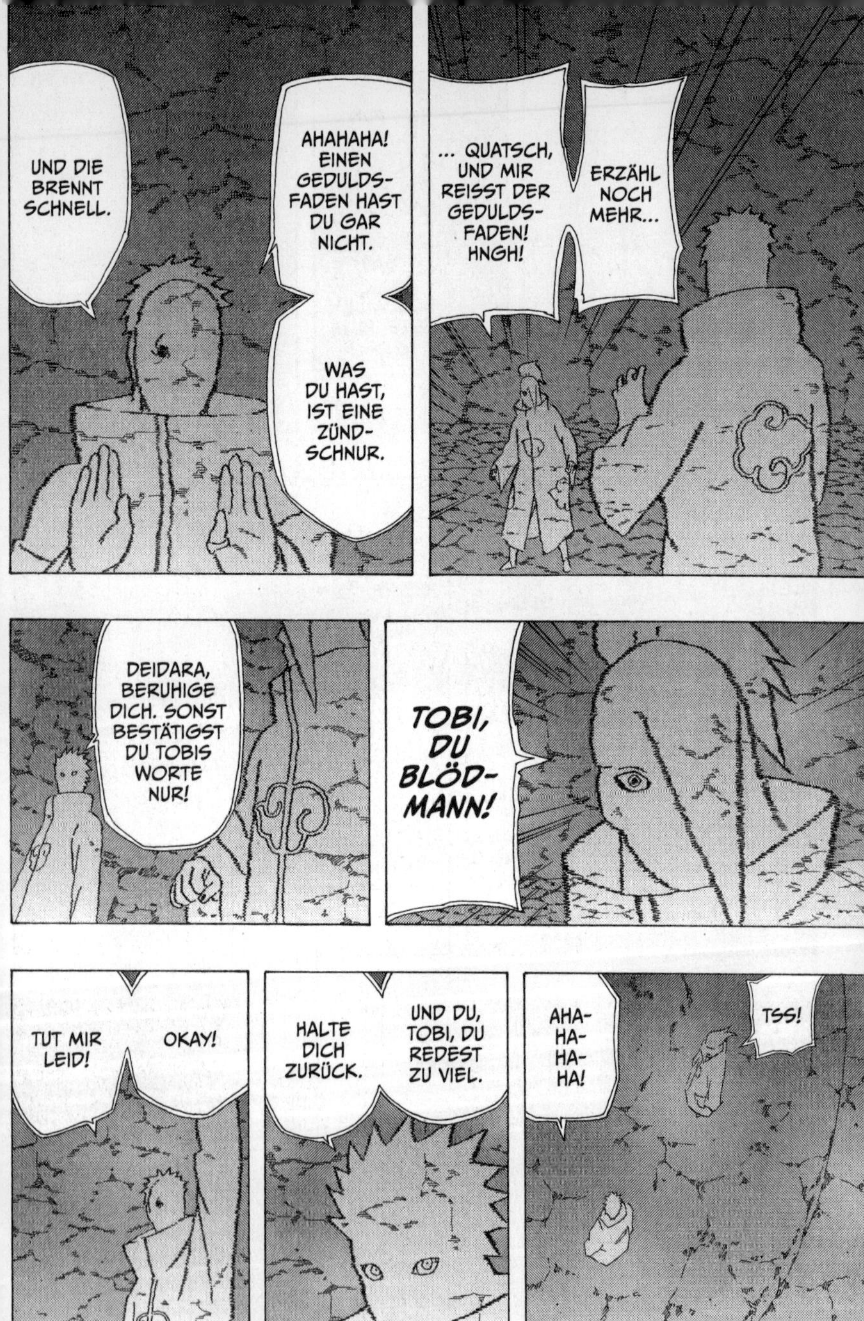
ERZÄHL NOCH MEHR...
... QUATSCH, UND MIR REISST DER GEDULDSFADEN! HNGH!
AHAHAHA! EINEN GEDULDSFADEN HAST DU GAR NICHT.
WAS DU HAST, IST EINE ZÜNDSCHNUR.
UND DIE BRENNT SCHNELL.
TOBI, DU BLÖDMANN!
DEIDARA, BERUHIGE DICH. SONST BESTÄTIGST DU TOBIS WORTE NUR!
TSS!
AHA-HA-HA-HA!
UND DU, TOBI, DU REDEST ZU VIEL.
HALTE DICH ZURÜCK.
OKAY!
TUT MIR LEID!

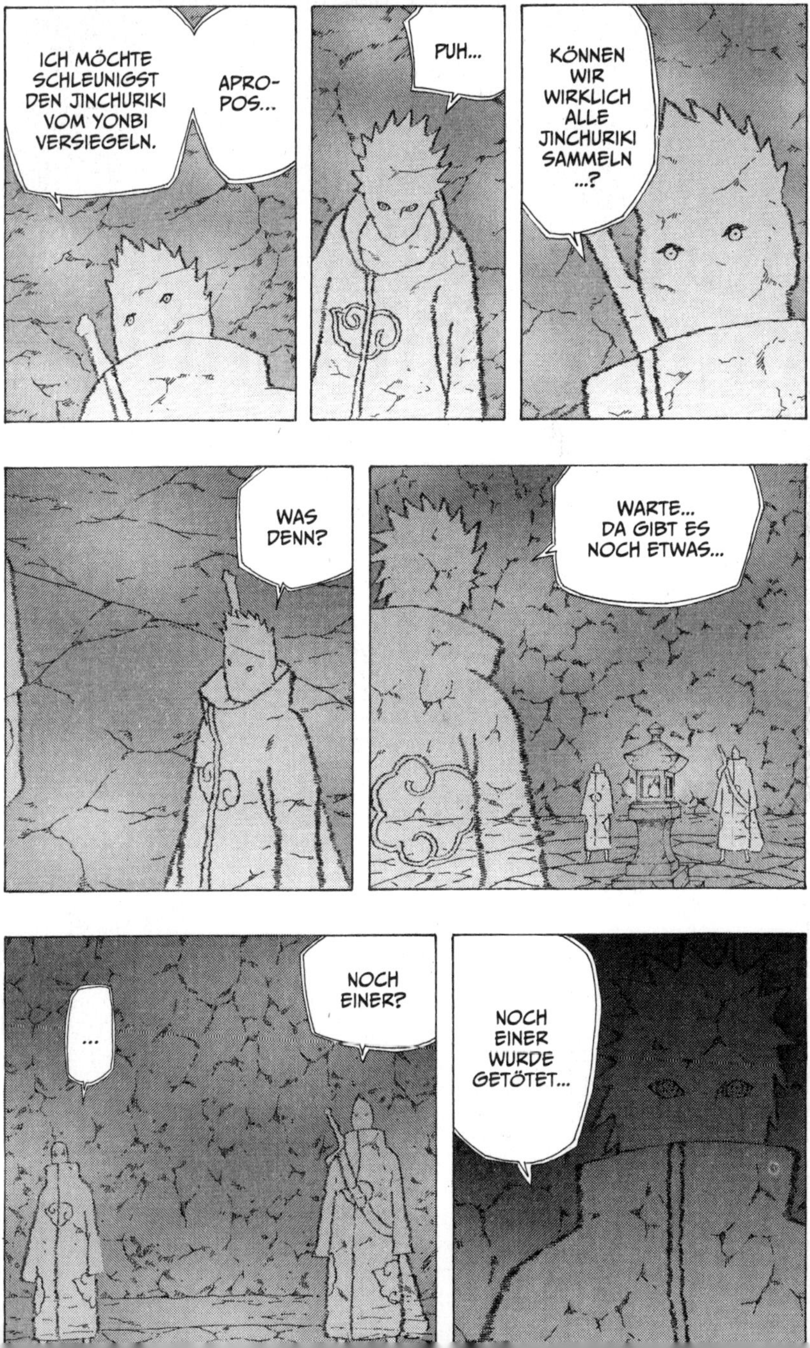
KÖNNEN WIR WIRKLICH ALLE JINCHURIKI SAMMELN ...?
PUH...
APRO-POS...
ICH MÖCHTE SCHLEUNIGST DEN JINCHURIKI VOM YONBI VERSIEGELN.
WARTE... DA GIBT ES NOCH ETWAS...
WAS DENN?
NOCH EINER WURDE GETÖTET...
NOCH EINER?
...

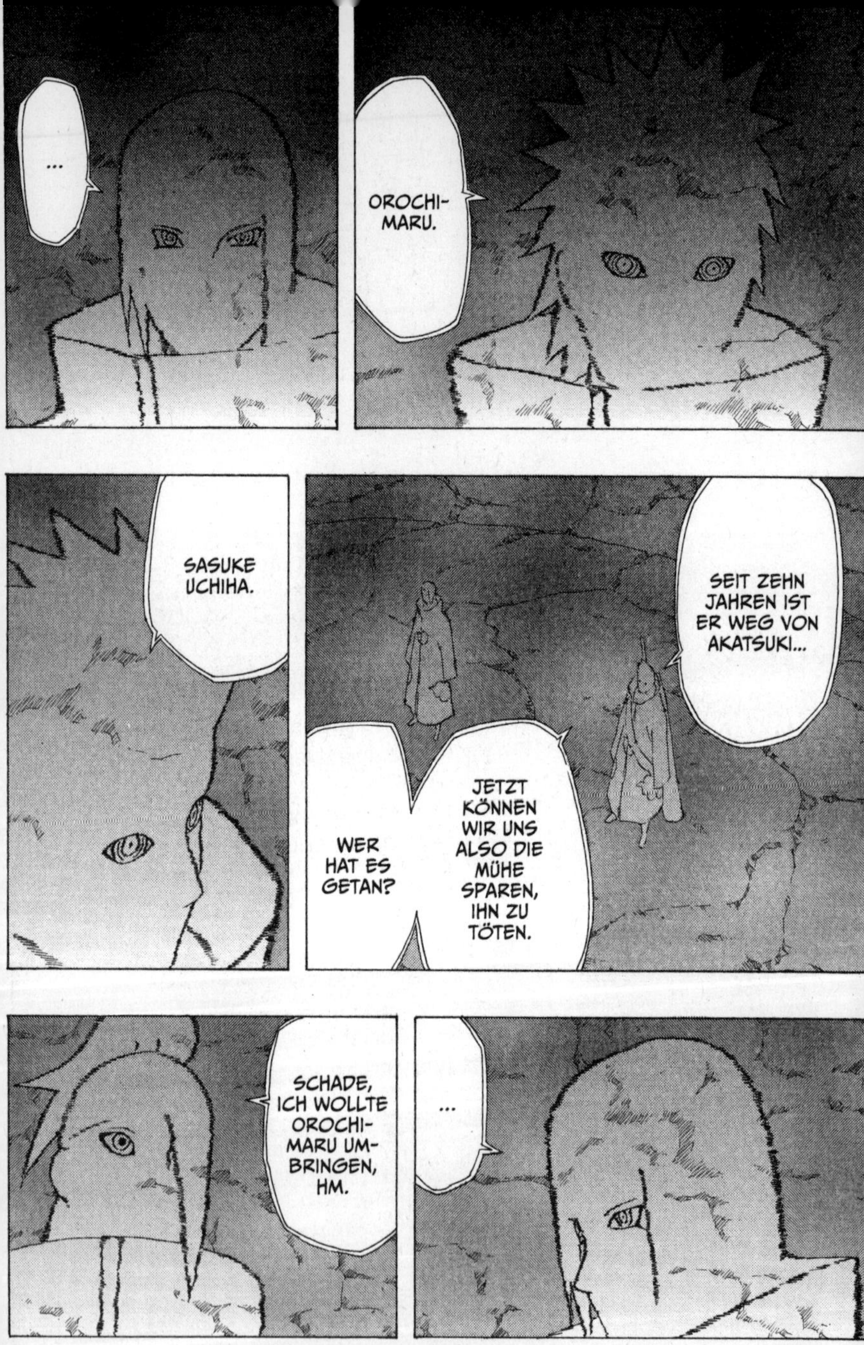
OROCHI-MARU.
...
SEIT ZEHN JAHREN IST ER WEG VON AKATSUKI...
JETZT KÖNNEN WIR UNS ALSO DIE MÜHE SPAREN, IHN ZU TÖTEN.
WER HAT ES GETAN?
SASUKE UCHIHA.
...
SCHADE, ICH WOLLTE OROCHI-MARU UMBRINGEN, HM.

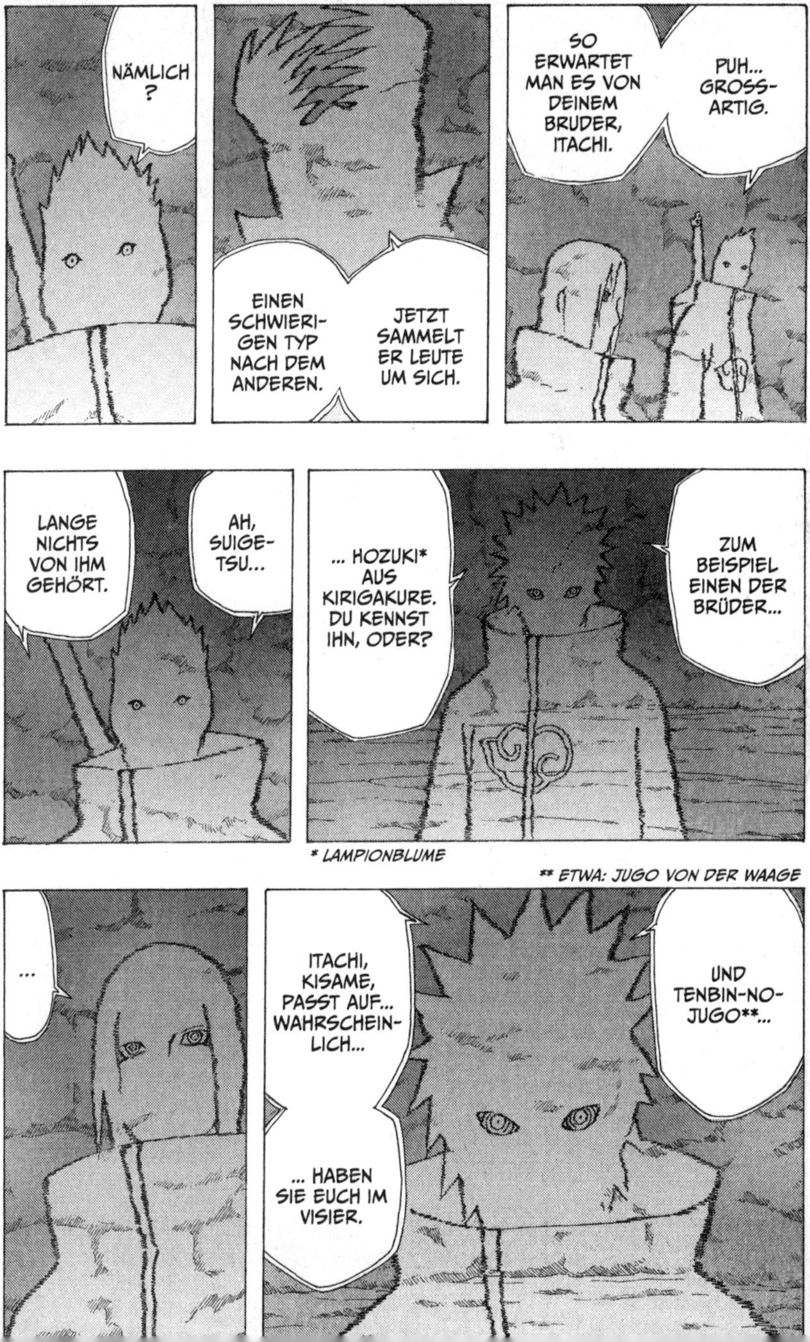

* LAMPIONBLUME

** ETWA: JUGO VON DER WAAGE

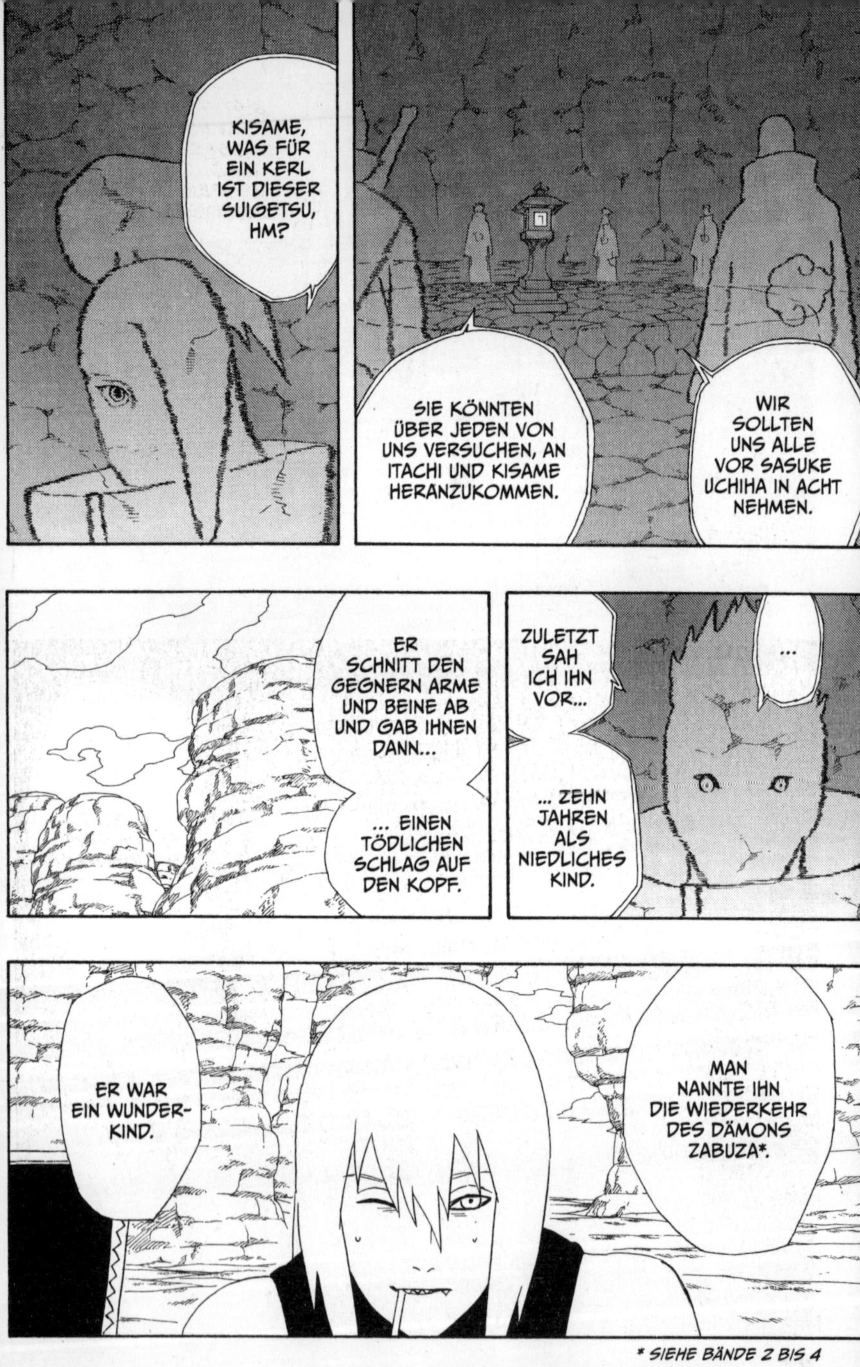

* SIEHE BÄNDE 2 BIS 4

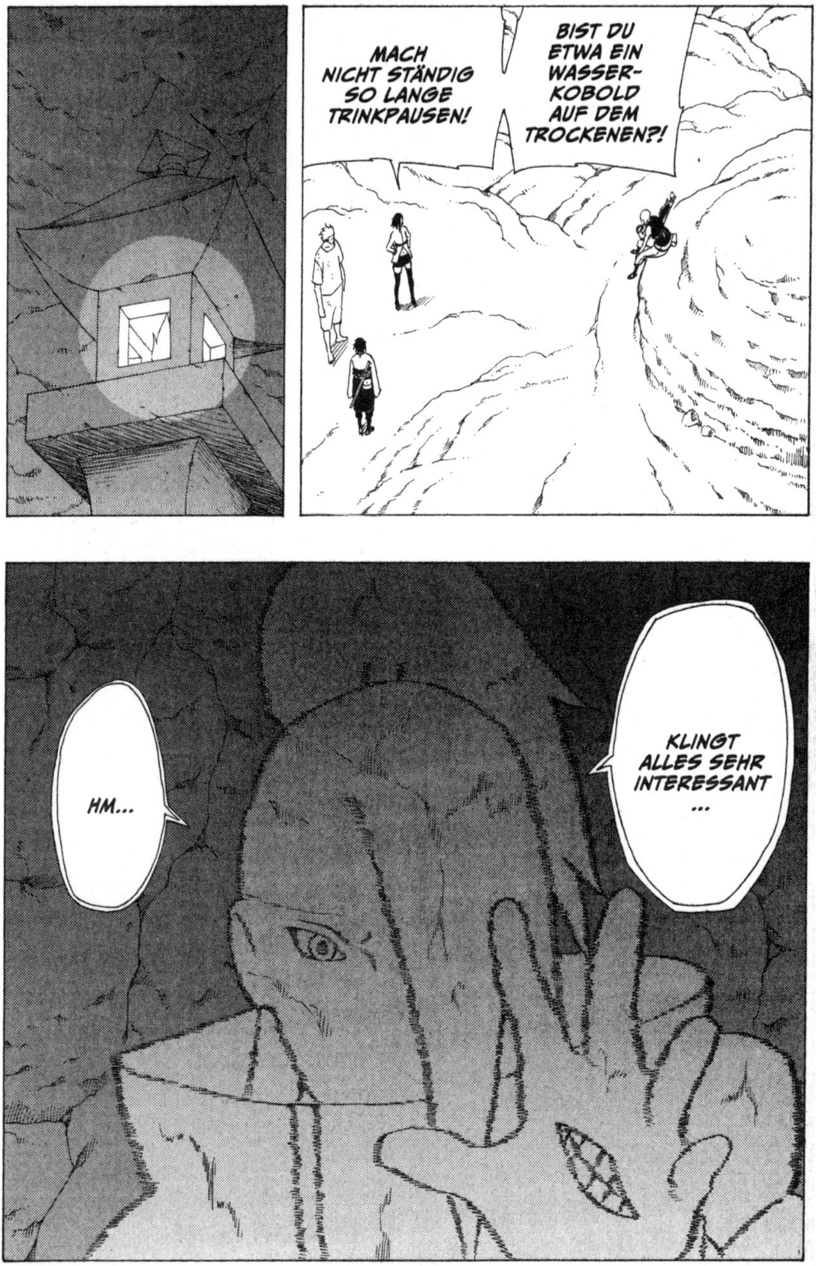
BIST DU ETWA EIN WASSER-KOBOLD AUF DEM TROCKENEN?!
MACH NICHT STÄNDIG SO LANGE TRINKPAUSEN!
KLINGT ALLES SEHR INTERESSANT ...
HM...

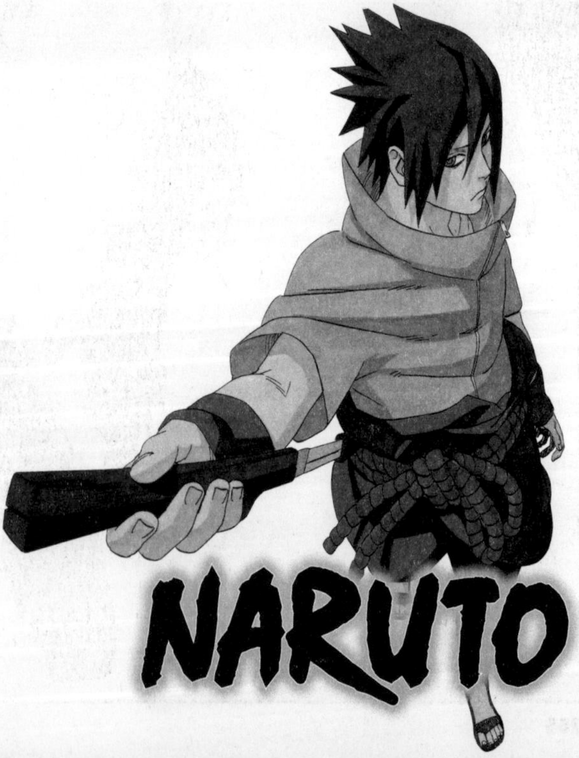
NARUTO

354. Kapitel: Aufbruch

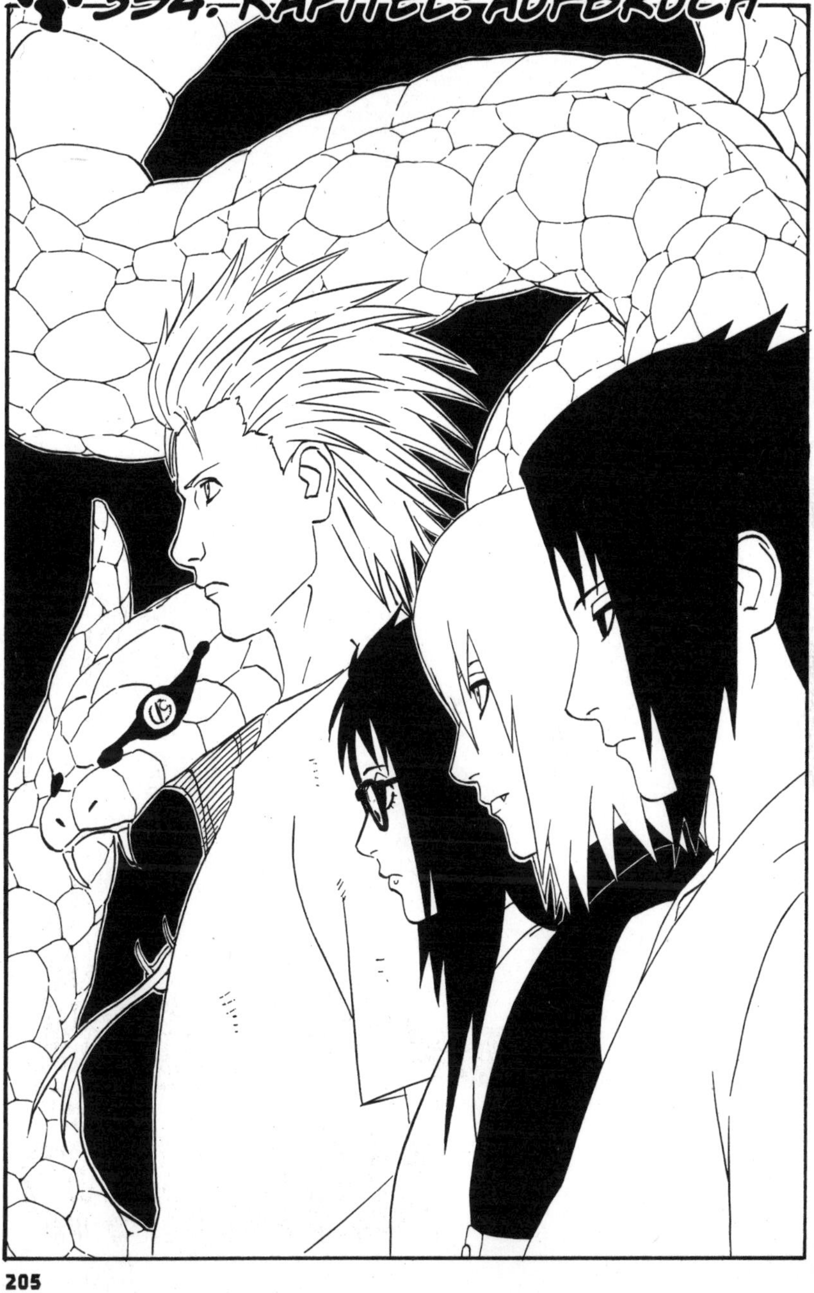

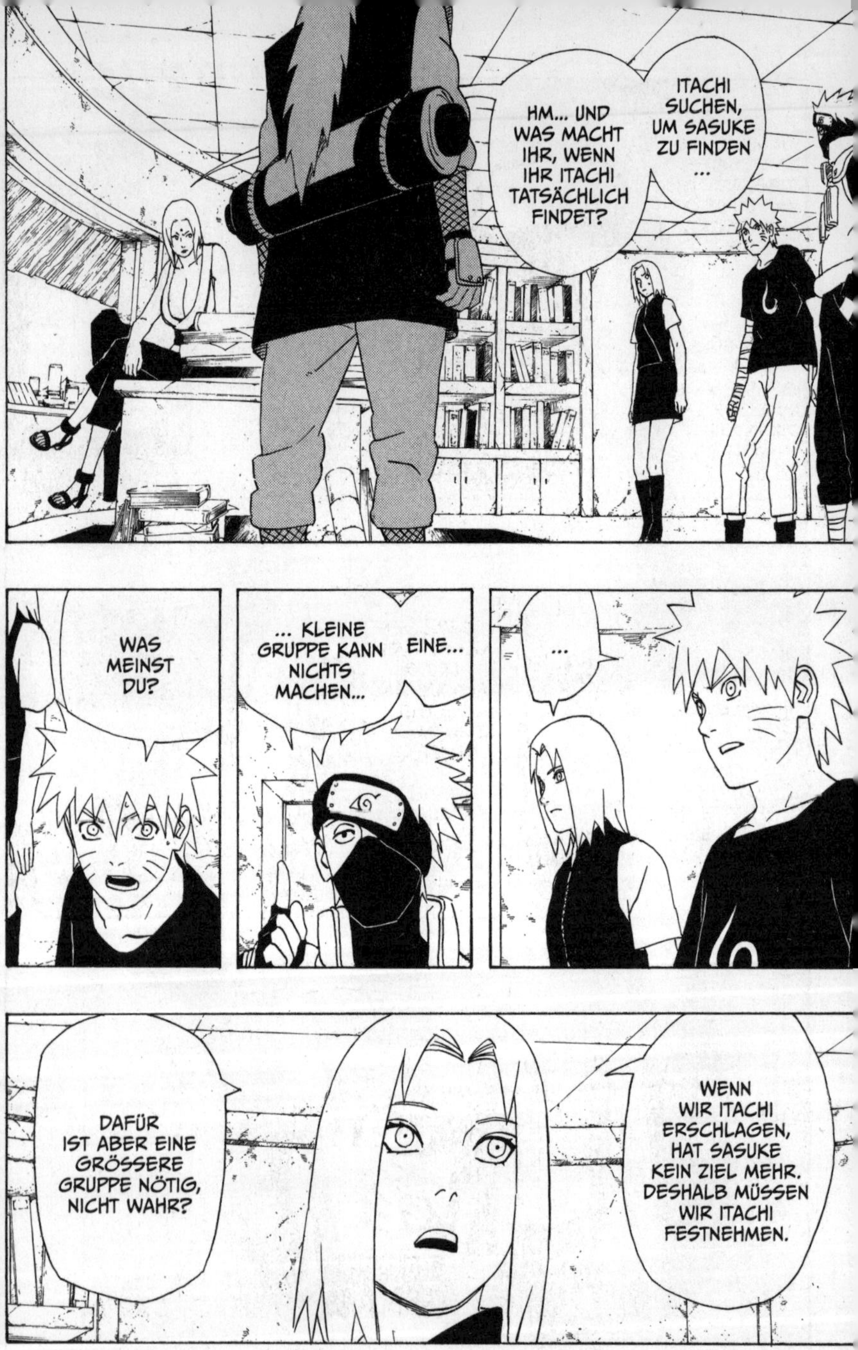
ITACHI SUCHEN, UM SASUKE ZU FINDEN ...
HM... UND WAS MACHT IHR, WENN IHR ITACHI TATSÄCHLICH FINDET?
...
EINE...
... KLEINE GRUPPE KANN NICHTS MACHEN...
WAS MEINST DU?
WENN WIR ITACHI ERSCHLAGEN, HAT SASUKE KEIN ZIEL MEHR. DESHALB MÜSSEN WIR ITACHI FESTNEHMEN.
DAFÜR IST ABER EINE GRÖSSERE GRUPPE NÖTIG, NICHT WAHR?

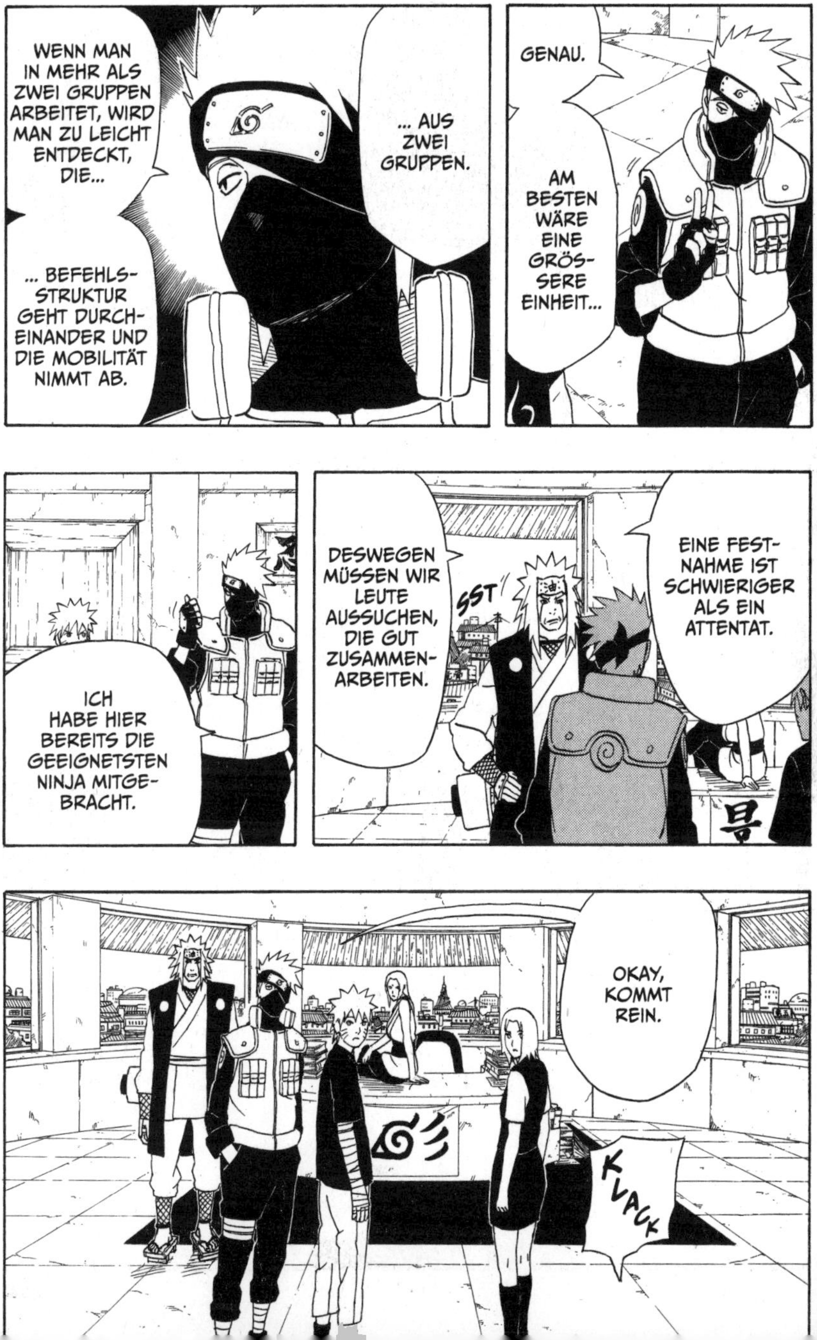

GENAU.
AM BESTEN WÄRE EINE GRÖS-SERE EINHEIT...
... AUS ZWEI GRUPPEN.
WENN MAN IN MEHR ALS ZWEI GRUPPEN ARBEITET, WIRD MAN ZU LEICHT ENTDECKT, DIE...
... BEFEHLS-STRUKTUR GEHT DURCH-EINANDER UND DIE MOBILITÄT NIMMT AB.
EINE FEST-NAHME IST SCHWIERIGER ALS EIN ATTENTAT.
SST
DESWEGEN MÜSSEN WIR LEUTE AUSSUCHEN, DIE GUT ZUSAMMEN-ARBEITEN.
ICH HABE HIER BEREITS DIE GEEIGNETSTEN NINJA MITGE-BRACHT.
OKAY, KOMMT REIN.
KLACK

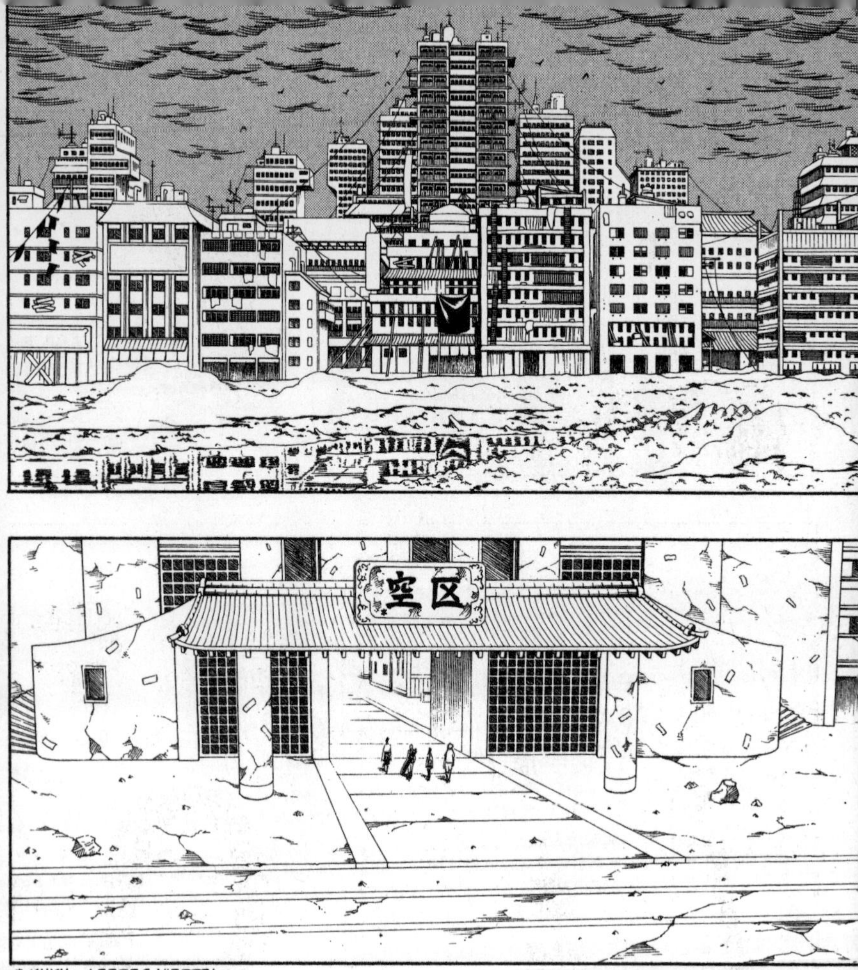

* KUKU = LEERES VIERTEL

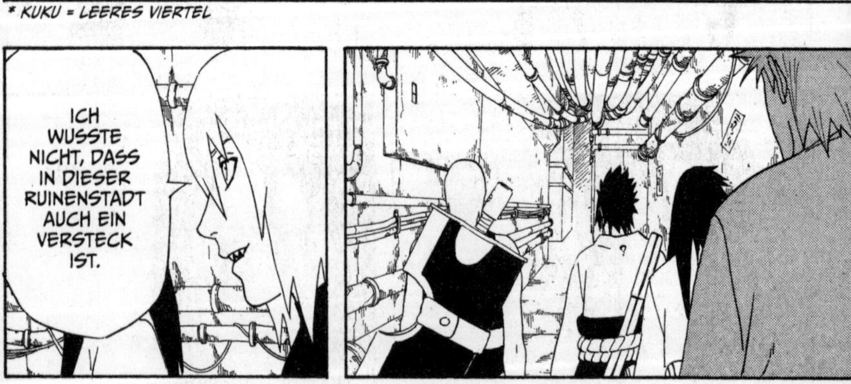

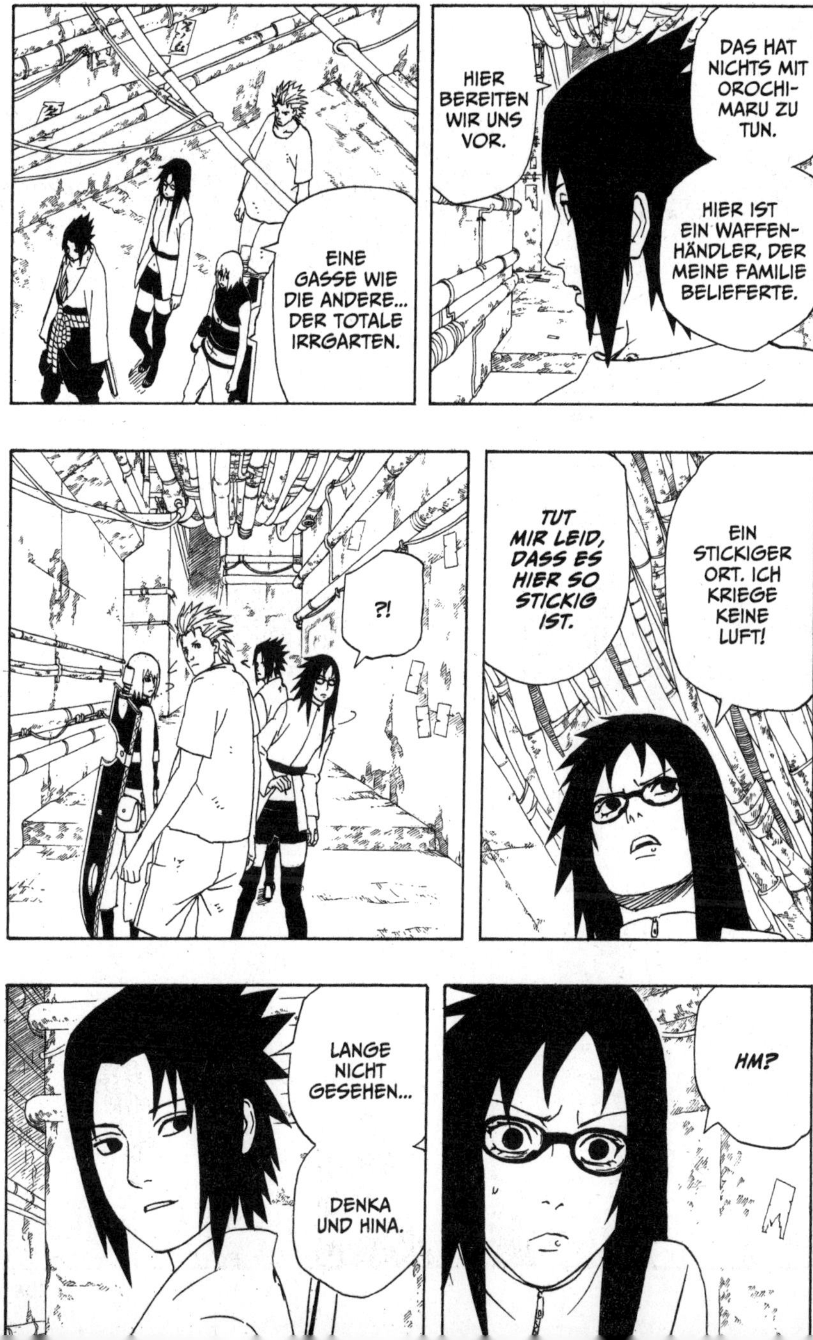
DAS HAT NICHTS MIT OROCHI-MARU ZU TUN.
HIER IST EIN WAFFEN-HÄNDLER, DER MEINE FAMILIE BELIEFERTE.
HIER BEREITEN WIR UNS VOR.
EINE GASSE WIE DIE ANDERE... DER TOTALE IRRGARTEN.
EIN STICKIGER ORT. ICH KRIEGE KEINE LUFT!
TUT MIR LEID, DASS ES HIER SO STICKIG IST.
?!
HM?
LANGE NICHT GESEHEN...
DENKA UND HINA.

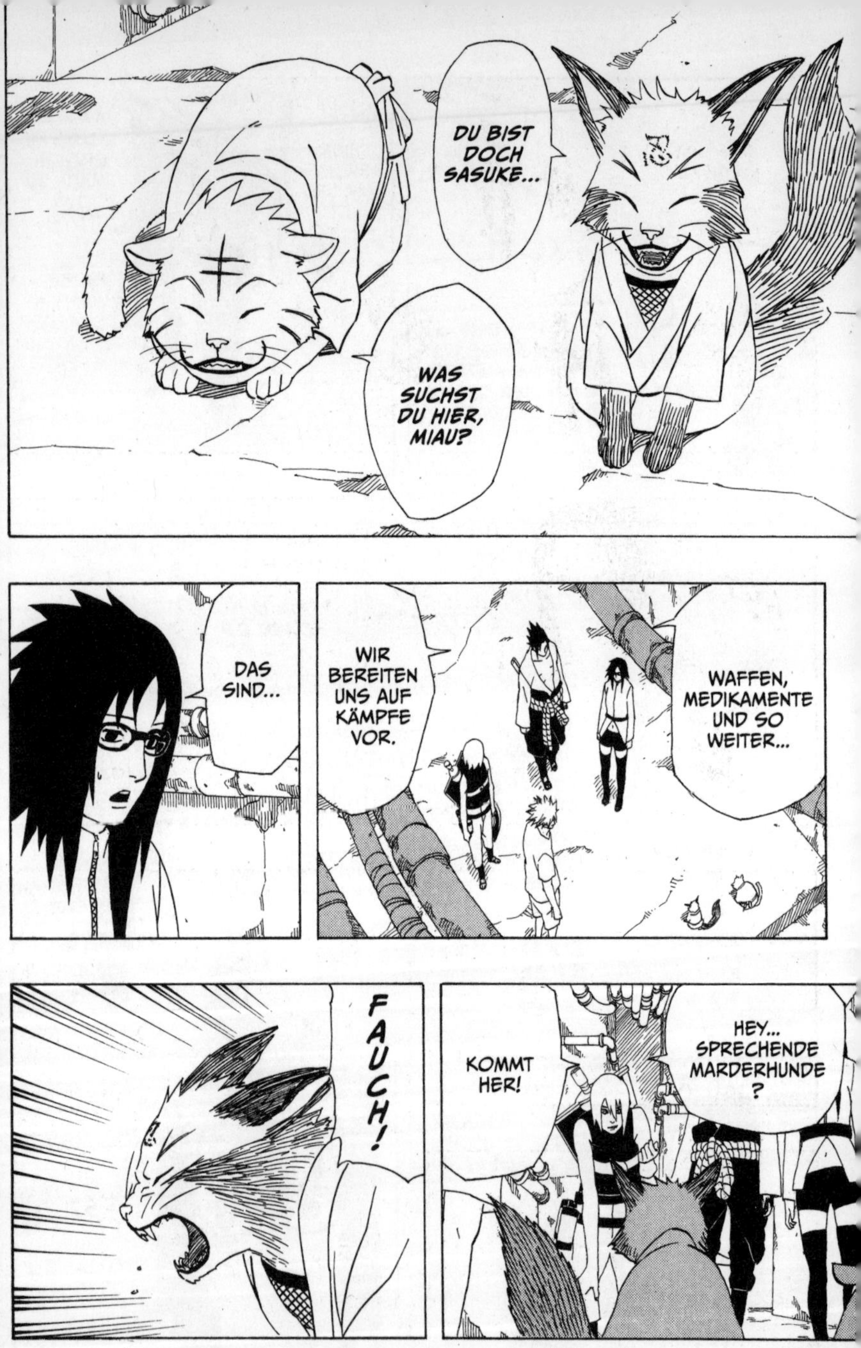
DU BIST DOCH SASUKE...
WAS SUCHST DU HIER, MIAU?
WAFFEN, MEDIKAMENTE UND SO WEITER...
WIR BEREITEN UNS AUF KÄMPFE VOR.
DAS SIND...
HEY... SPRECHENDE MARDERHUNDE ?
KOMMT HER!
FAUCH!

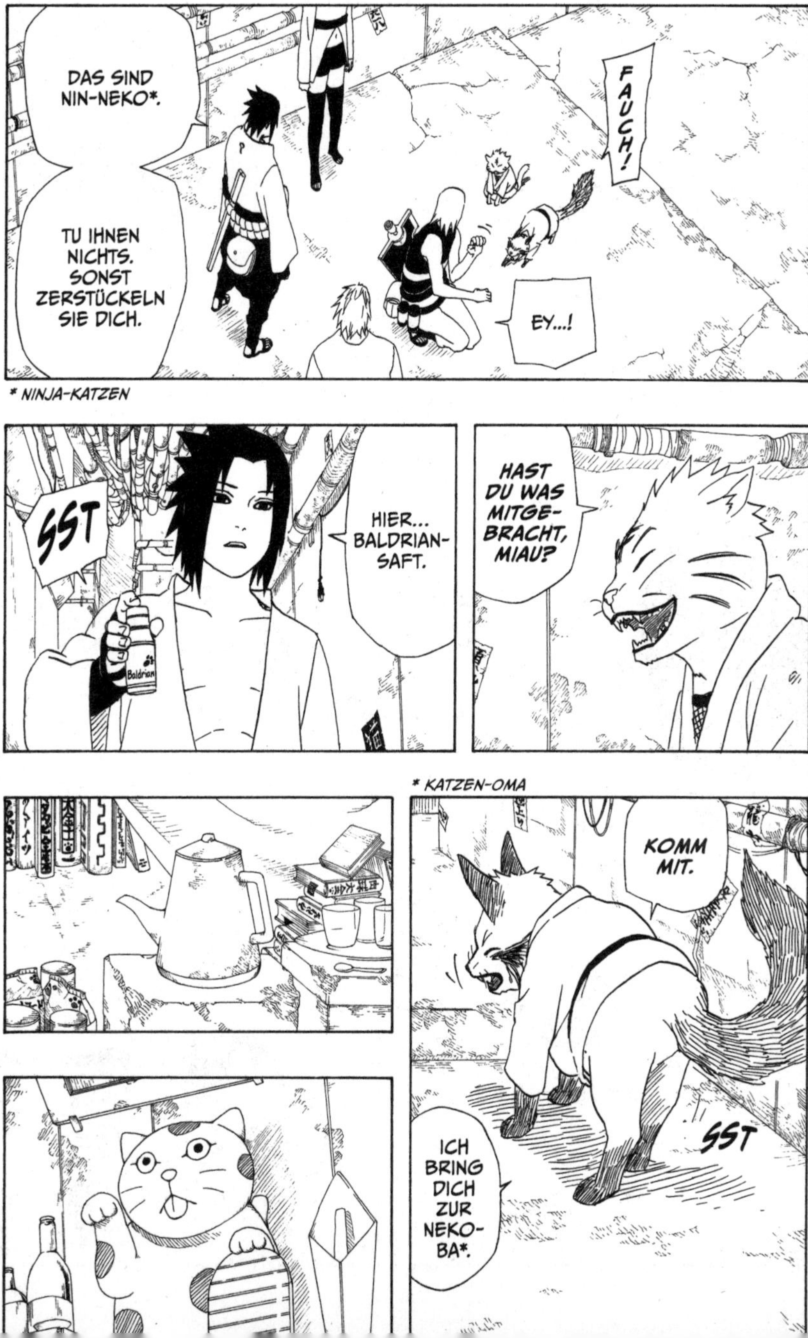

* NINJA-KATZEN

* KATZEN-OMA

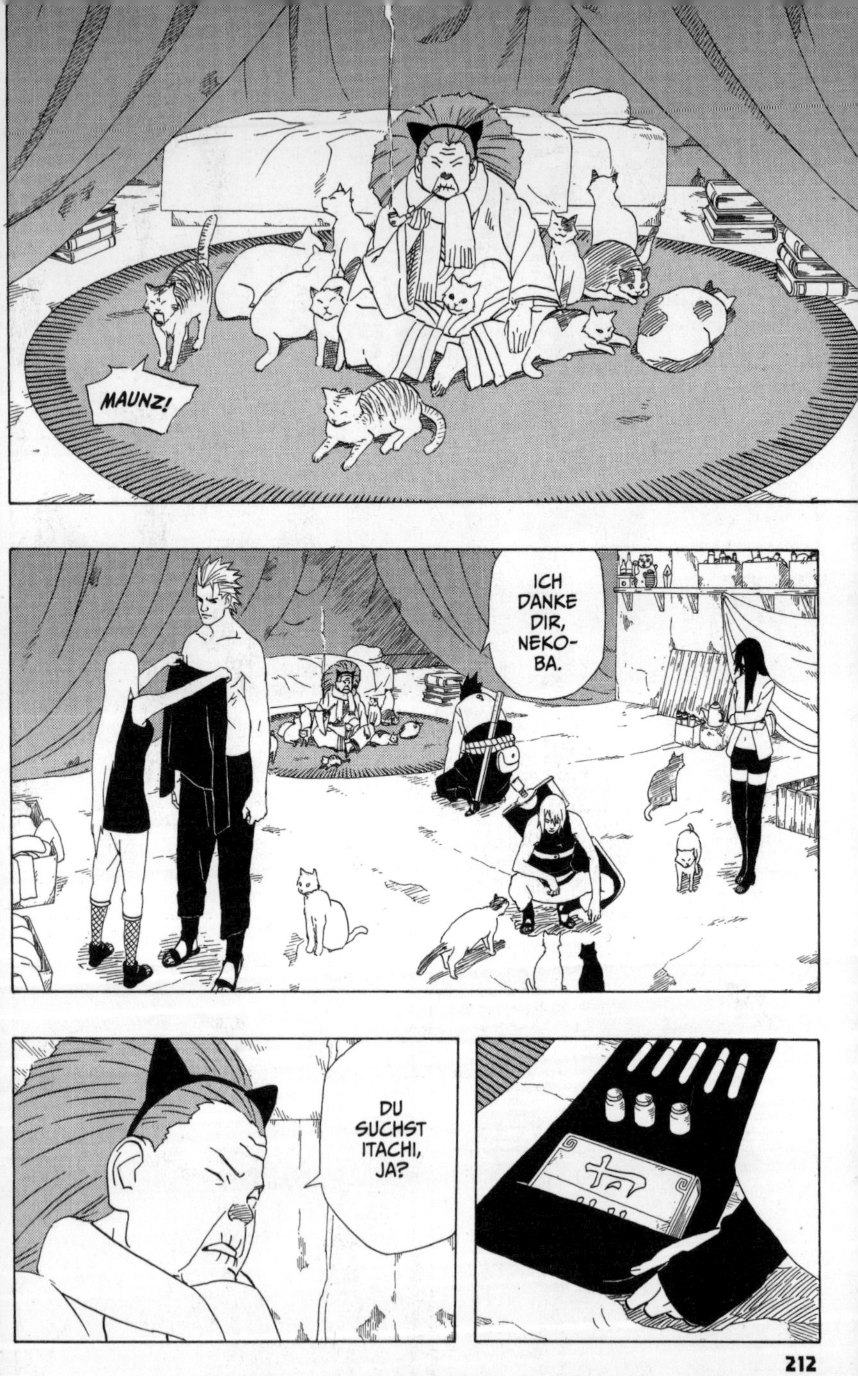
MAUNZ!
ICH DANKE DIR, NEKO-BA.
DU SUCHST ITACHI, JA?

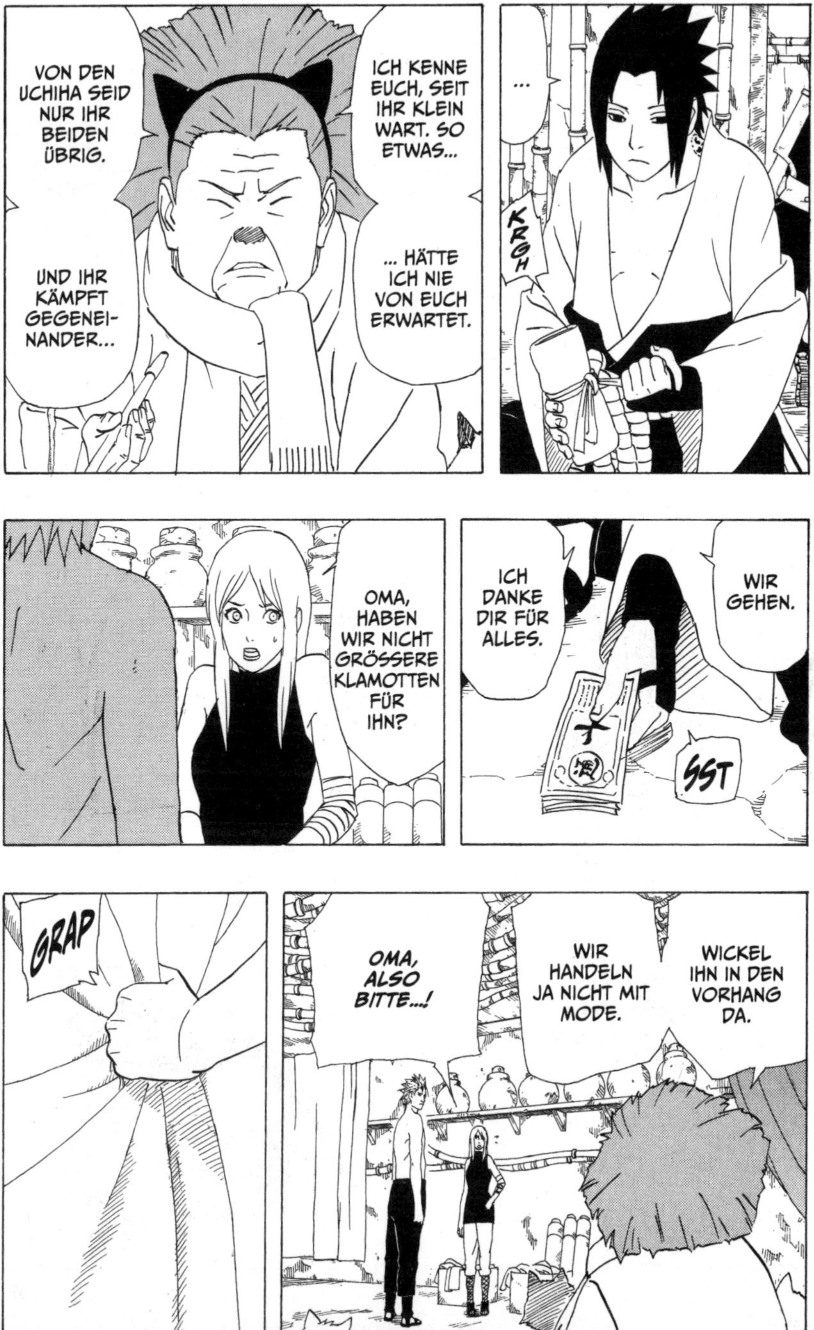
...
KRGH
ICH KENNE EUCH, SEIT IHR KLEIN WART. SO ETWAS...
... HÄTTE ICH NIE VON EUCH ERWARTET.
VON DEN UCHIHA SEID NUR IHR BEIDEN ÜBRIG.
UND IHR KÄMPFT GEGENEI-NANDER...
WIR GEHEN.
ICH DANKE DIR FÜR ALLES.
SST
OMA, HABEN WIR NICHT GRÖSSERE KLAMOTTEN FÜR IHN?
WICKEL IHN IN DEN VORHANG DA.
WIR HANDELN JA NICHT MIT MODE.
OMA, ALSO BITTE...!
GRAP

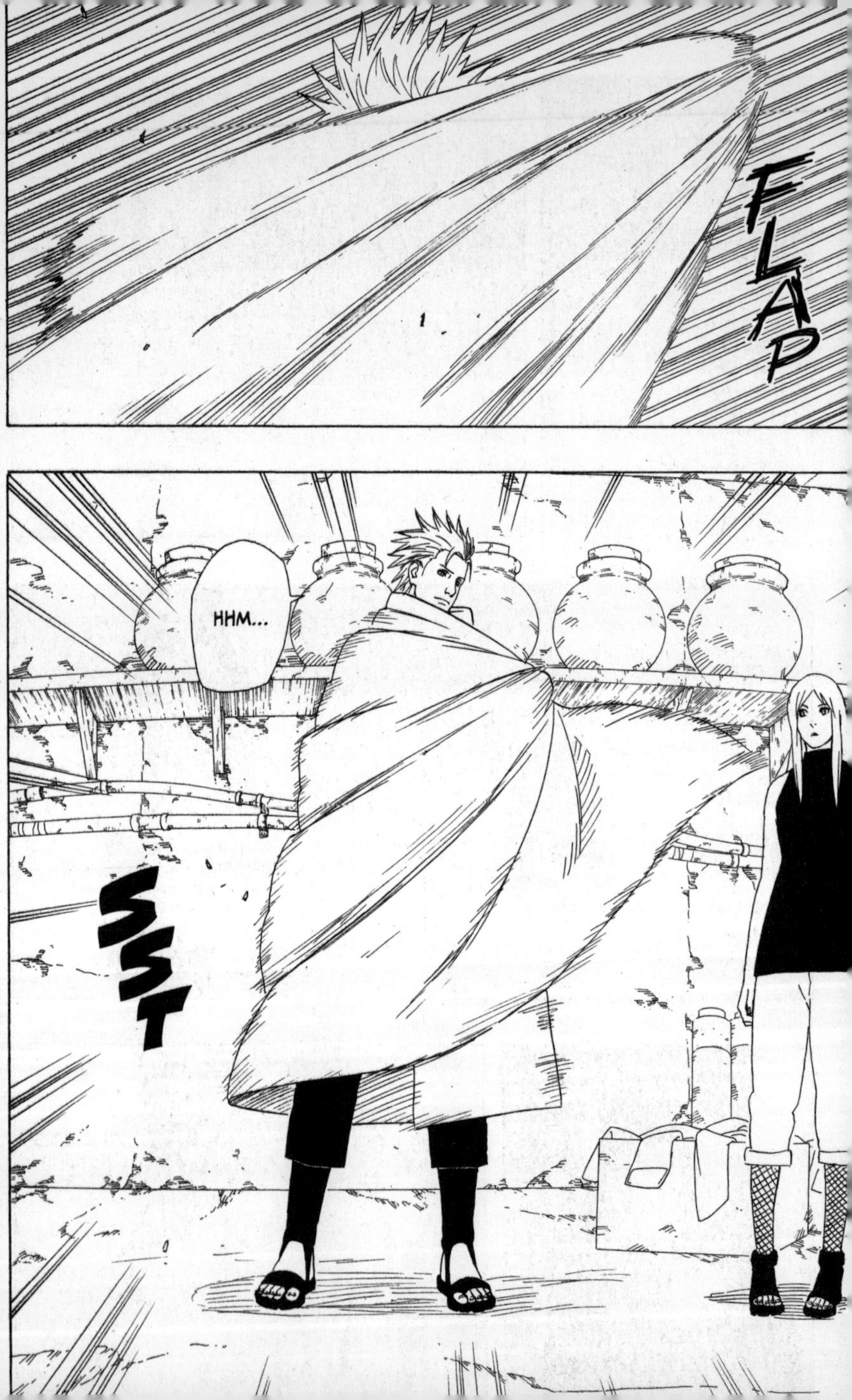
FLAP
HHM...
SST

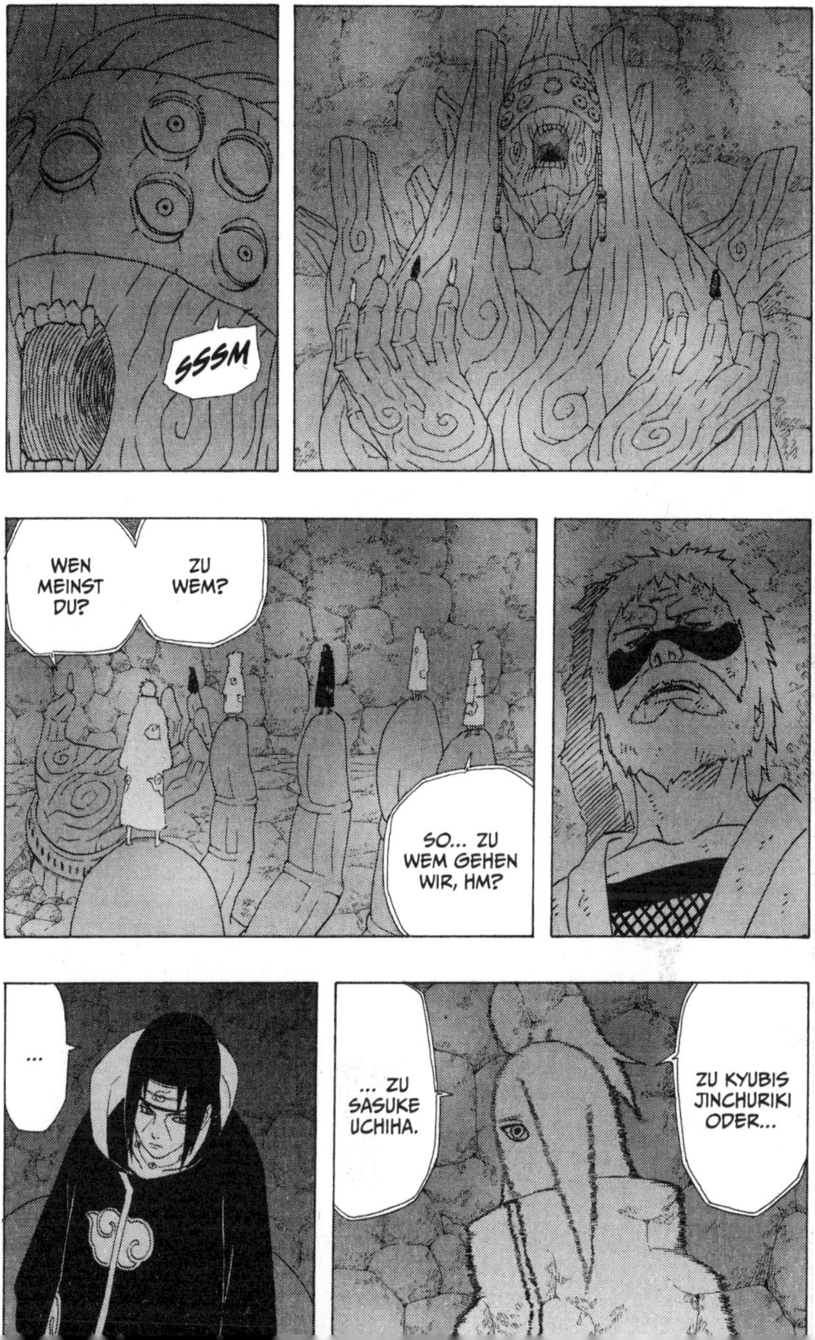
SSSM
ZU WEM?
WEN MEINST DU?
SO... ZU WEM GEHEN WIR, HM?
ZU KYUBIS JINCHURIKI ODER...
... ZU SASUKE UCHIHA.
...

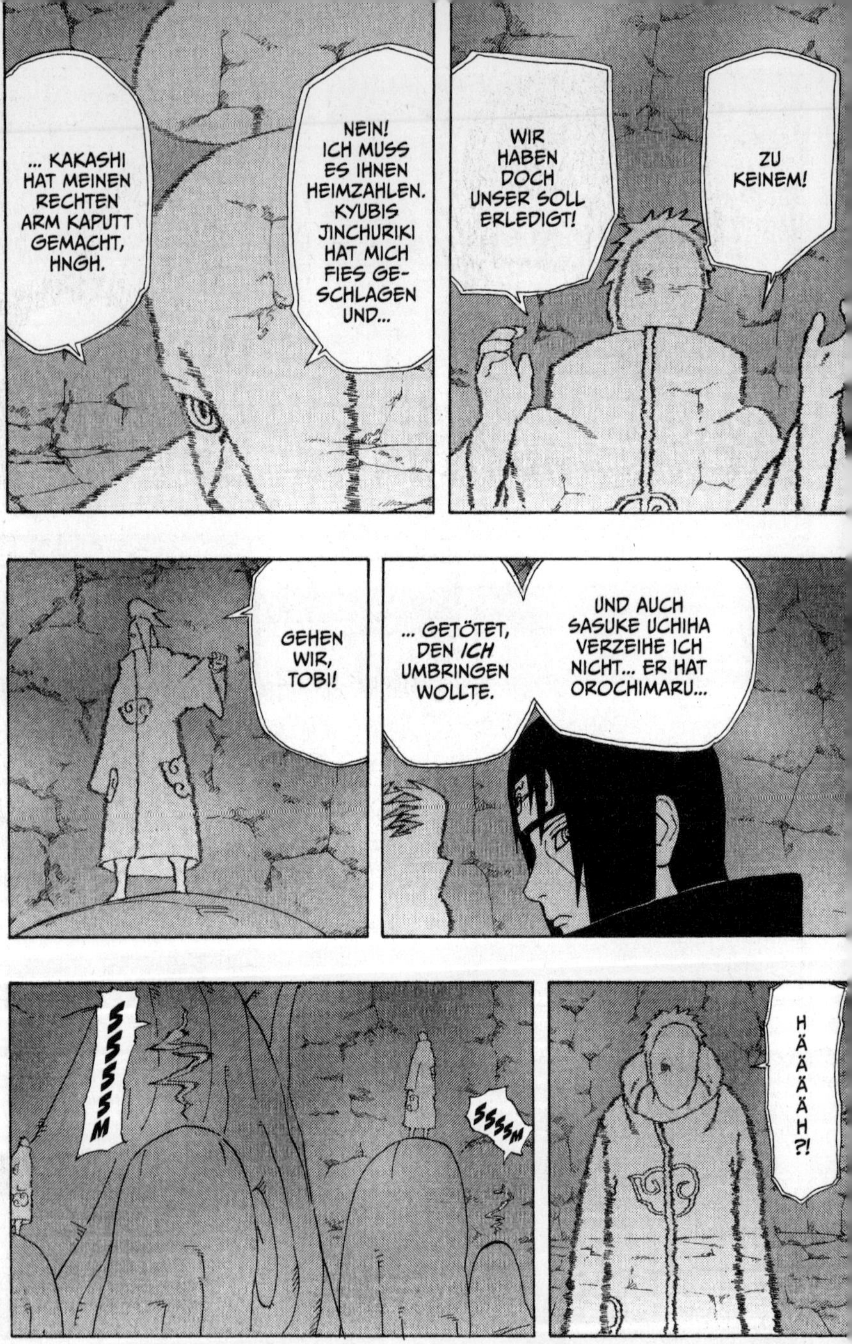
ZU KEINEM!
WIR HABEN DOCH UNSER SOLL ERLEDIGT!
NEIN! ICH MUSS ES IHNEN HEIMZAHLEN. KYUBIS JINCHURIKI HAT MICH FIES GE-SCHLAGEN UND...
... KAKASHI HAT MEINEN RECHTEN ARM KAPUTT GEMACHT, HNGH.
UND AUCH SASUKE UCHIHA VERZEIHE ICH NICHT... ER HAT OROCHIMARU...
... GETÖTET, DEN *ICH* UMBRINGEN WOLLTE.
GEHEN WIR, TOBI!
HÄÄÄÄH?!
SSSSM
SSSSSM

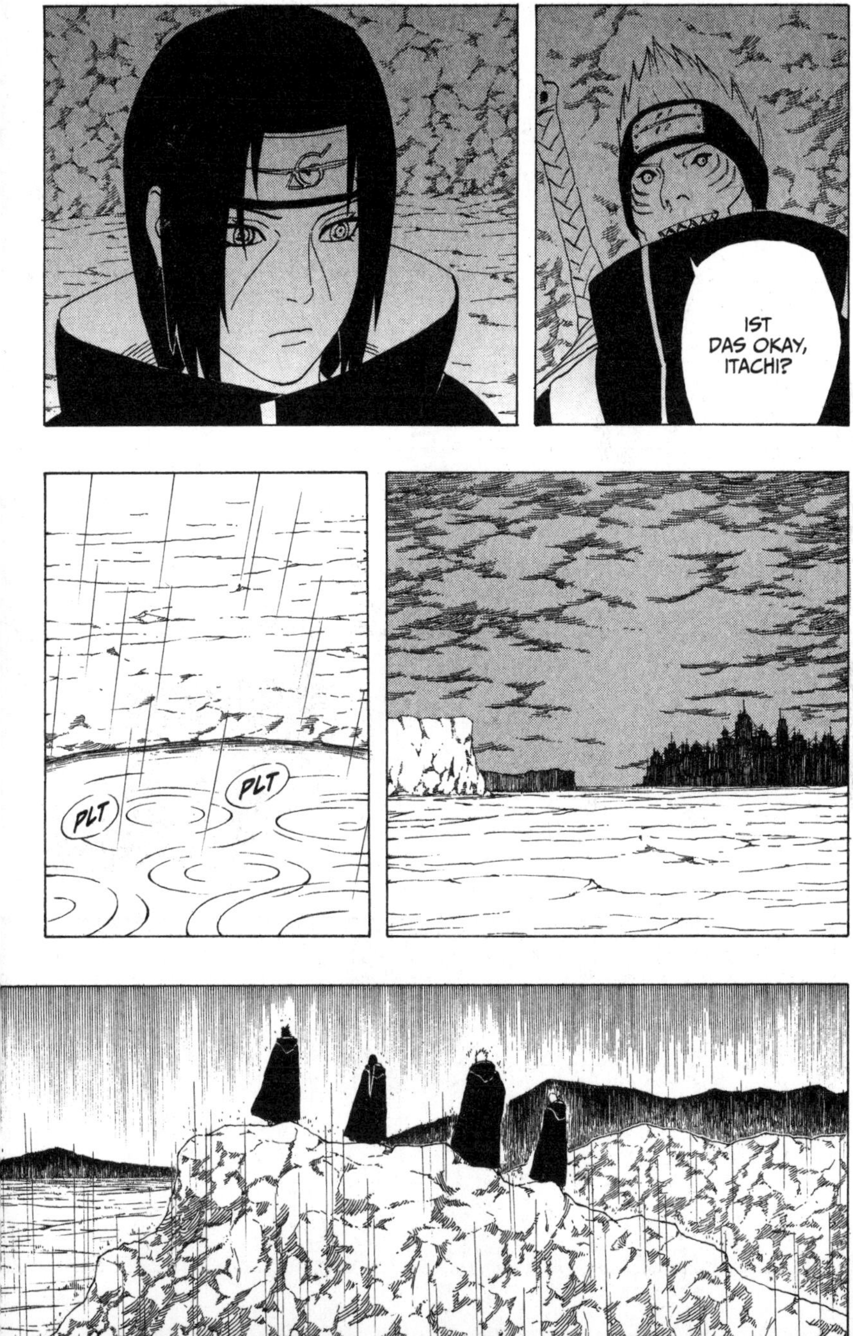
IST DAS OKAY, ITACHI?
PLT
PLT

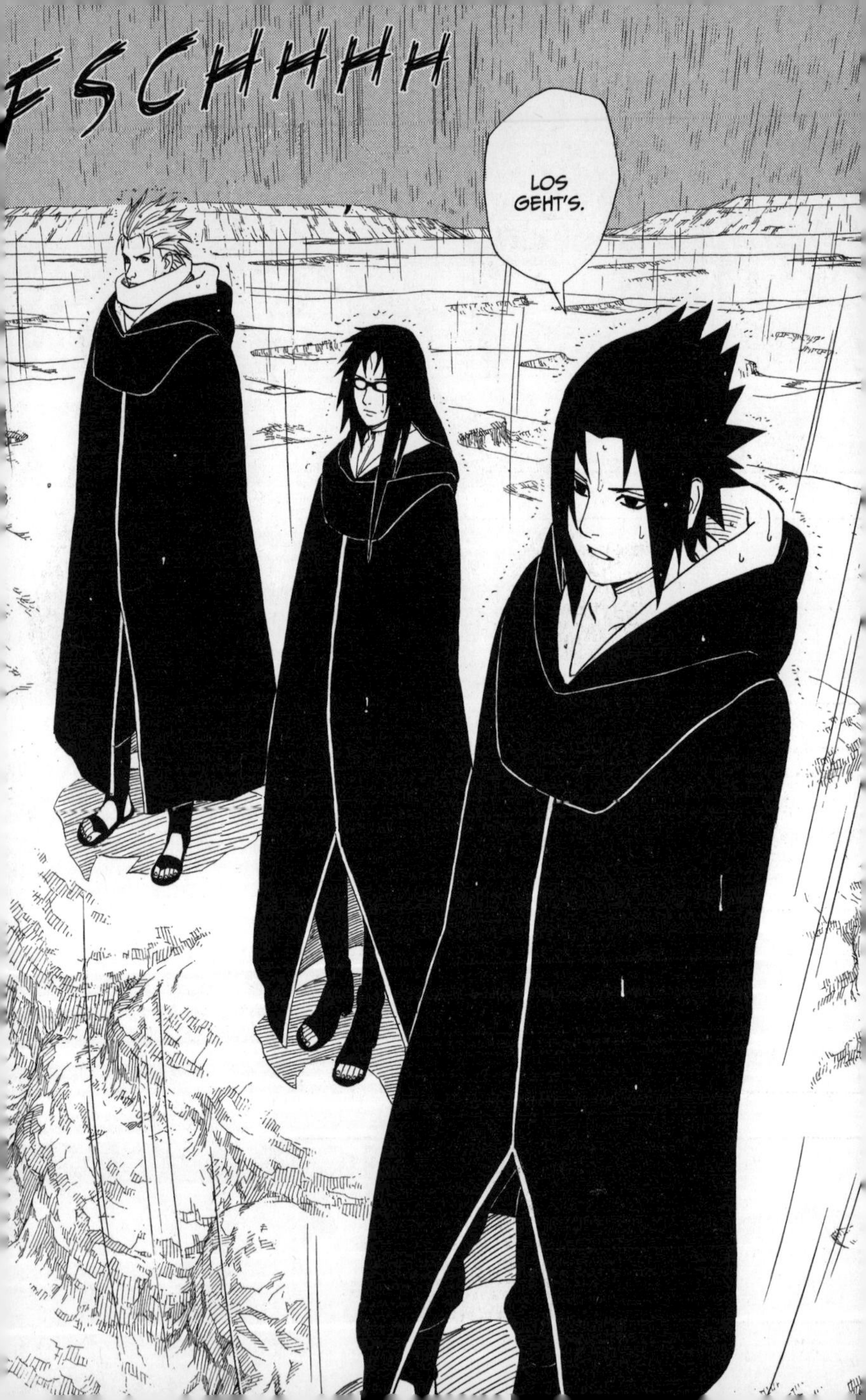
FSCHHHH
LOS GEHT'S.

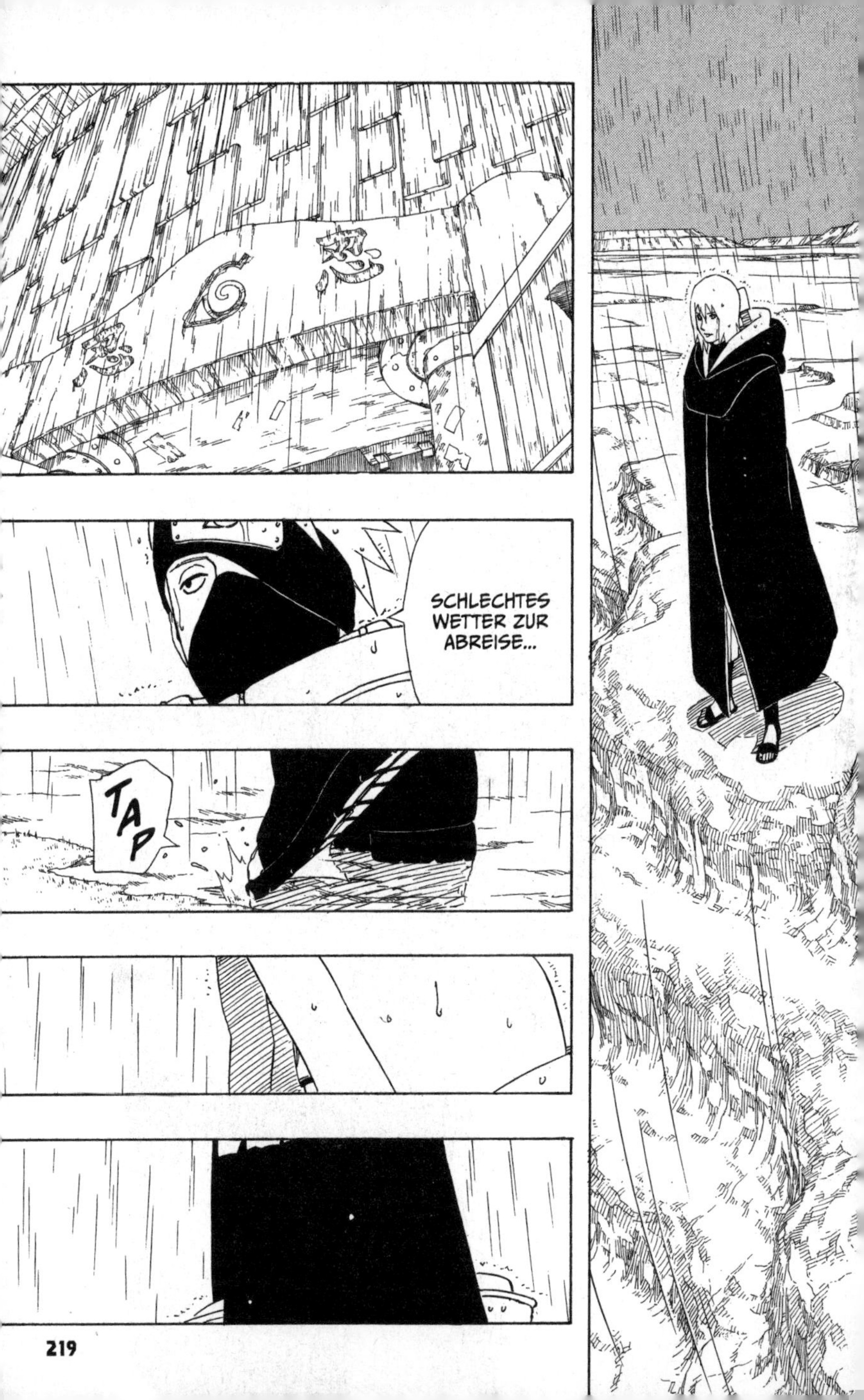
SCHLECHTES WETTER ZUR ABREISE...
TAP

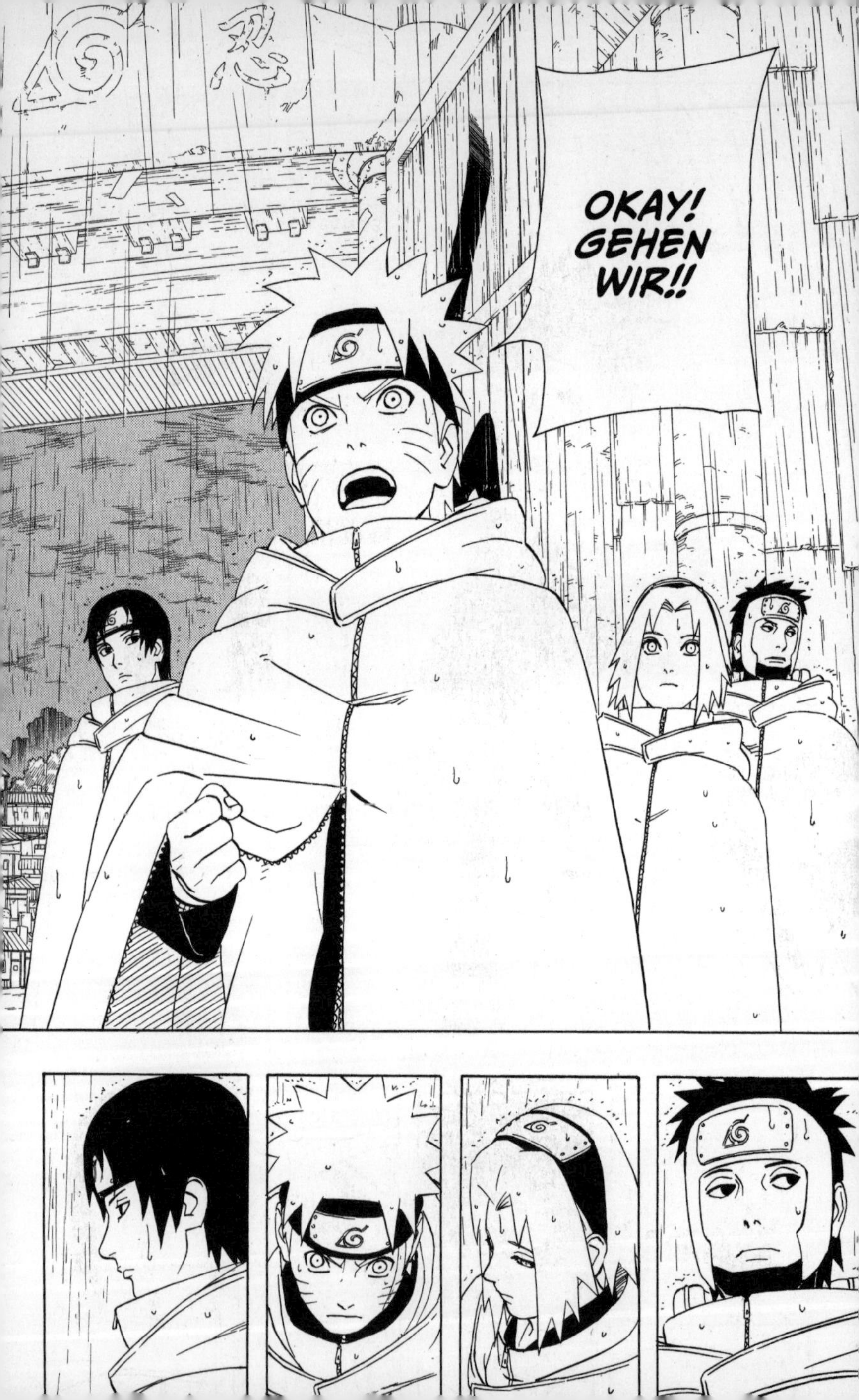
OKAY! GEHEN WIR!!

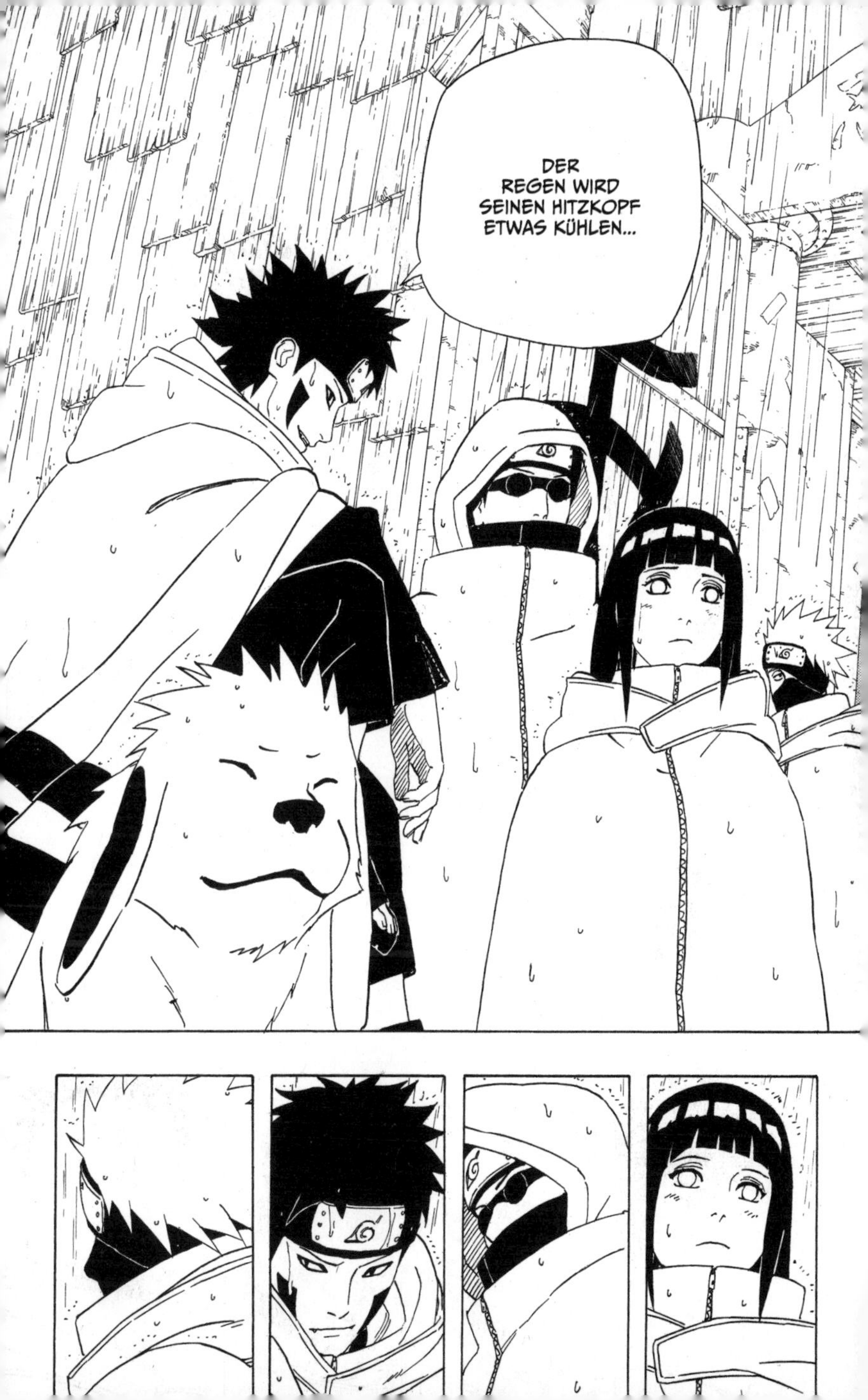
DER REGEN WIRD SEINEN HITZKOPF ETWAS KÜHLEN...

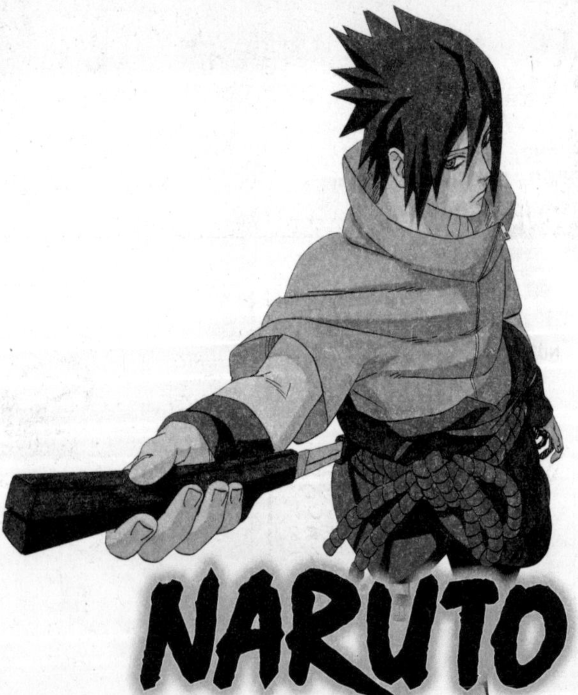
NARUTO

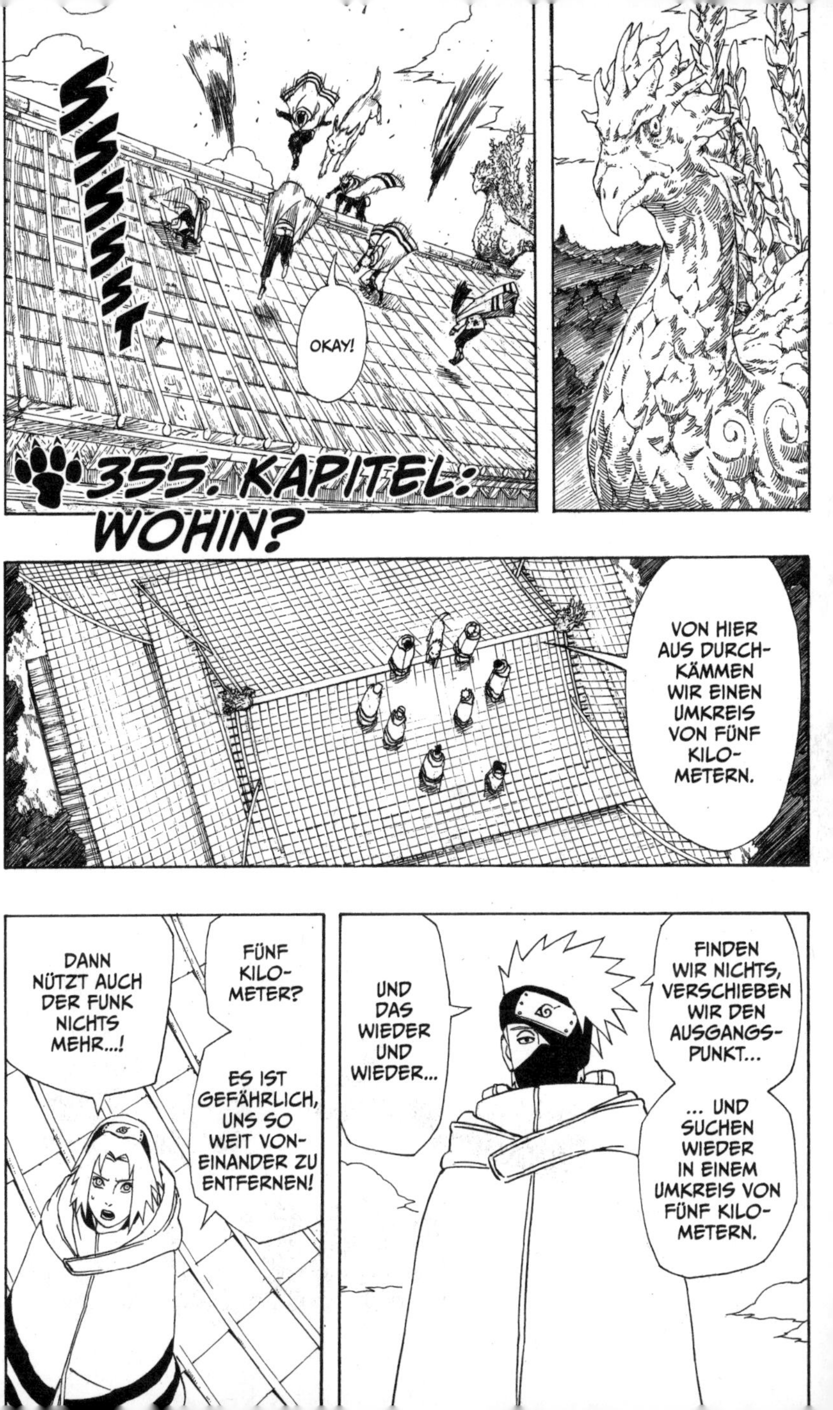
SSSSST
OKAY!
355. KAPITEL: WOHIN?
VON HIER AUS DURCHKÄMMEN WIR EINEN UMKREIS VON FÜNF KILOMETERN.
FINDEN WIR NICHTS, VERSCHIEBEN WIR DEN AUSGANGSPUNKT...
... UND SUCHEN WIEDER IN EINEM UMKREIS VON FÜNF KILOMETERN.
UND DAS WIEDER UND WIEDER...
FÜNF KILOMETER?
ES IST GEFÄHRLICH, UNS SO WEIT VONEINANDER ZU ENTFERNEN!
DANN NÜTZT AUCH DER FUNK NICHTS MEHR...!

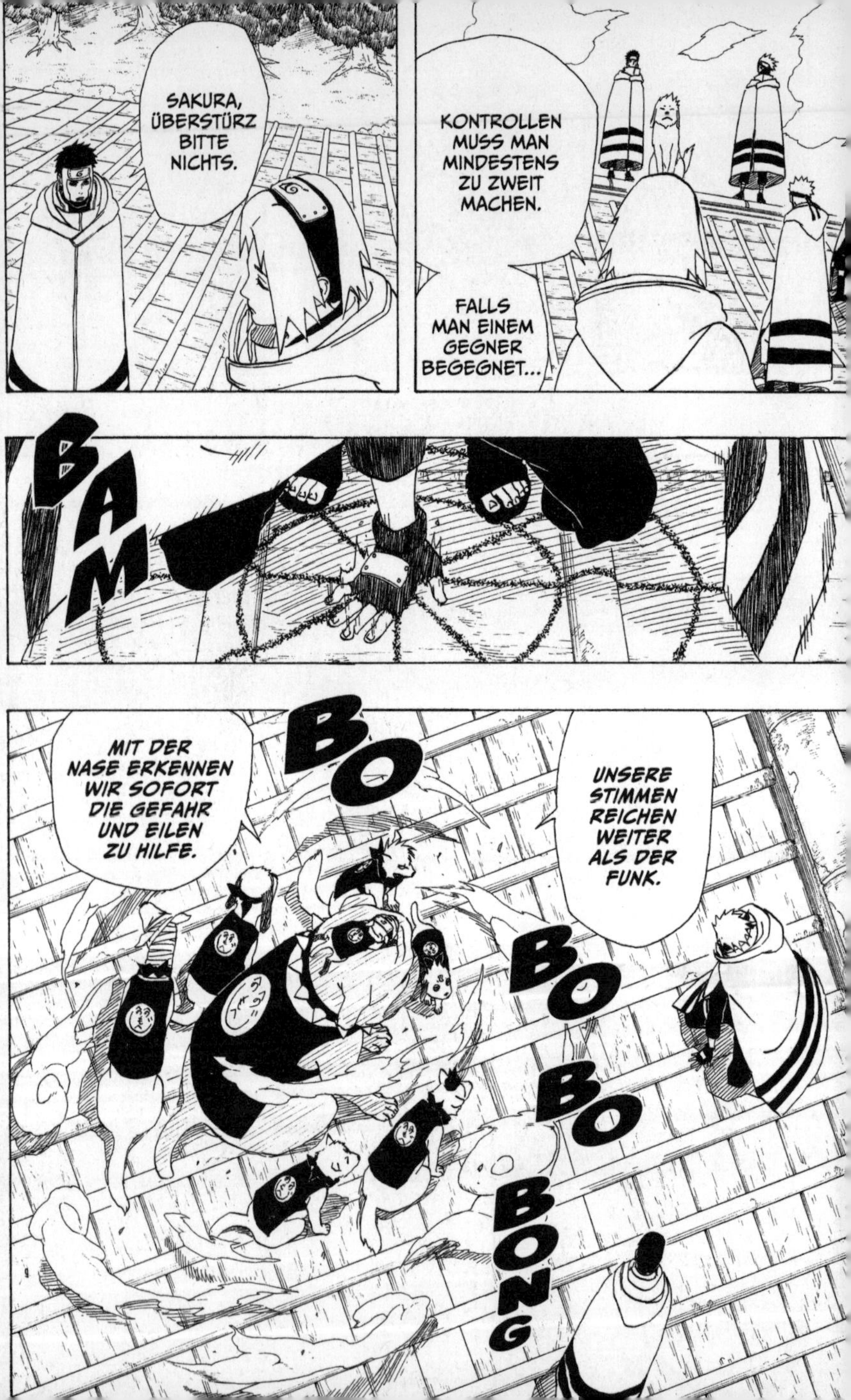
KONTROLLEN MUSS MAN MINDESTENS ZU ZWEIT MACHEN.
FALLS MAN EINEM GEGNER BEGEGNET...
SAKURA, ÜBERSTÜRZ BITTE NICHTS.
BAM
UNSERE STIMMEN REICHEN WEITER ALS DER FUNK.
MIT DER NASE ERKENNEN WIR SOFORT DIE GEFAHR UND EILEN ZU HILFE.
BO
BO BO BO
BONG

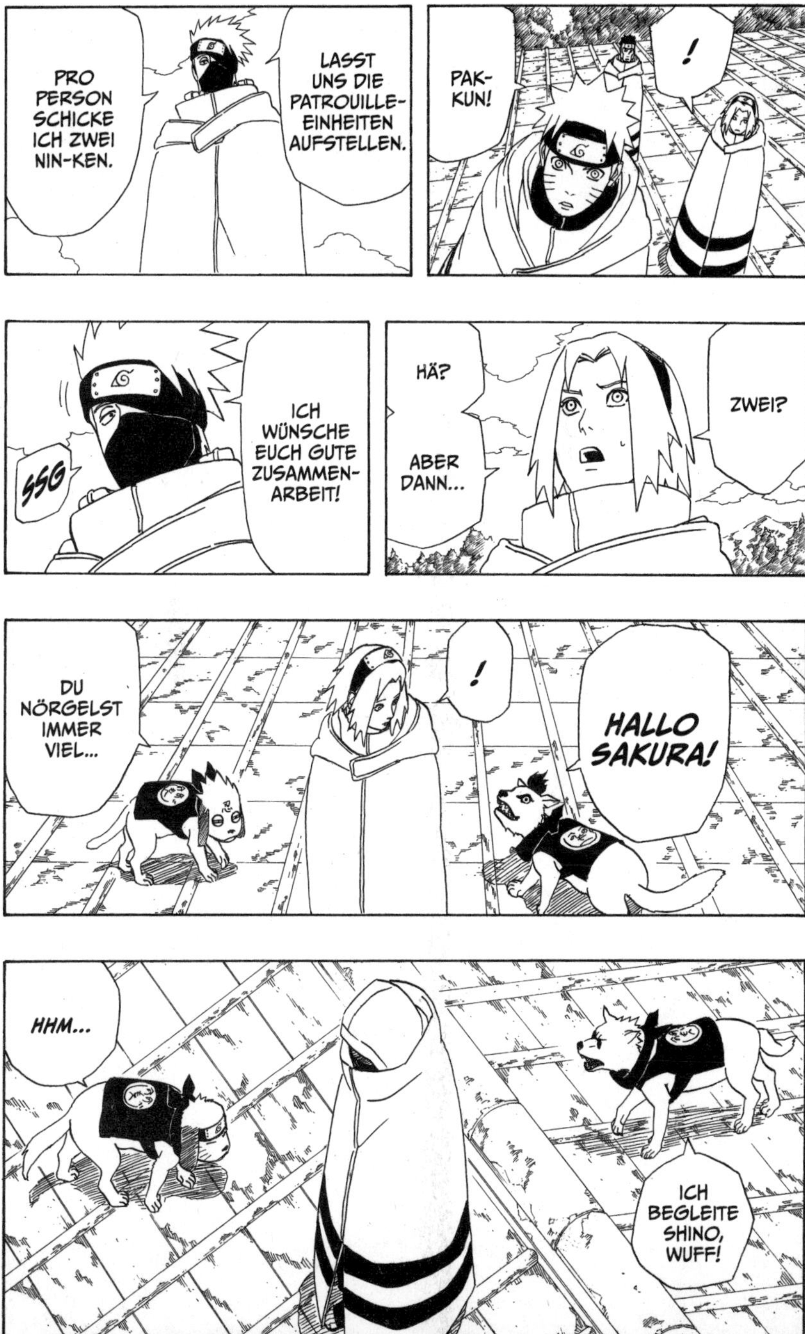
!
PAK-KUN!
LASST UNS DIE PATROUILLE-EINHEITEN AUFSTELLEN.
PRO PERSON SCHICKE ICH ZWEI NIN-KEN.
ZWEI?
HÄ?
ABER DANN...
ICH WÜNSCHE EUCH GUTE ZUSAMMEN-ARBEIT!
SSG
HALLO SAKURA!
!
DU NÖRGELST IMMER VIEL...
ICH BEGLEITE SHINO, WUFF!
HHM...

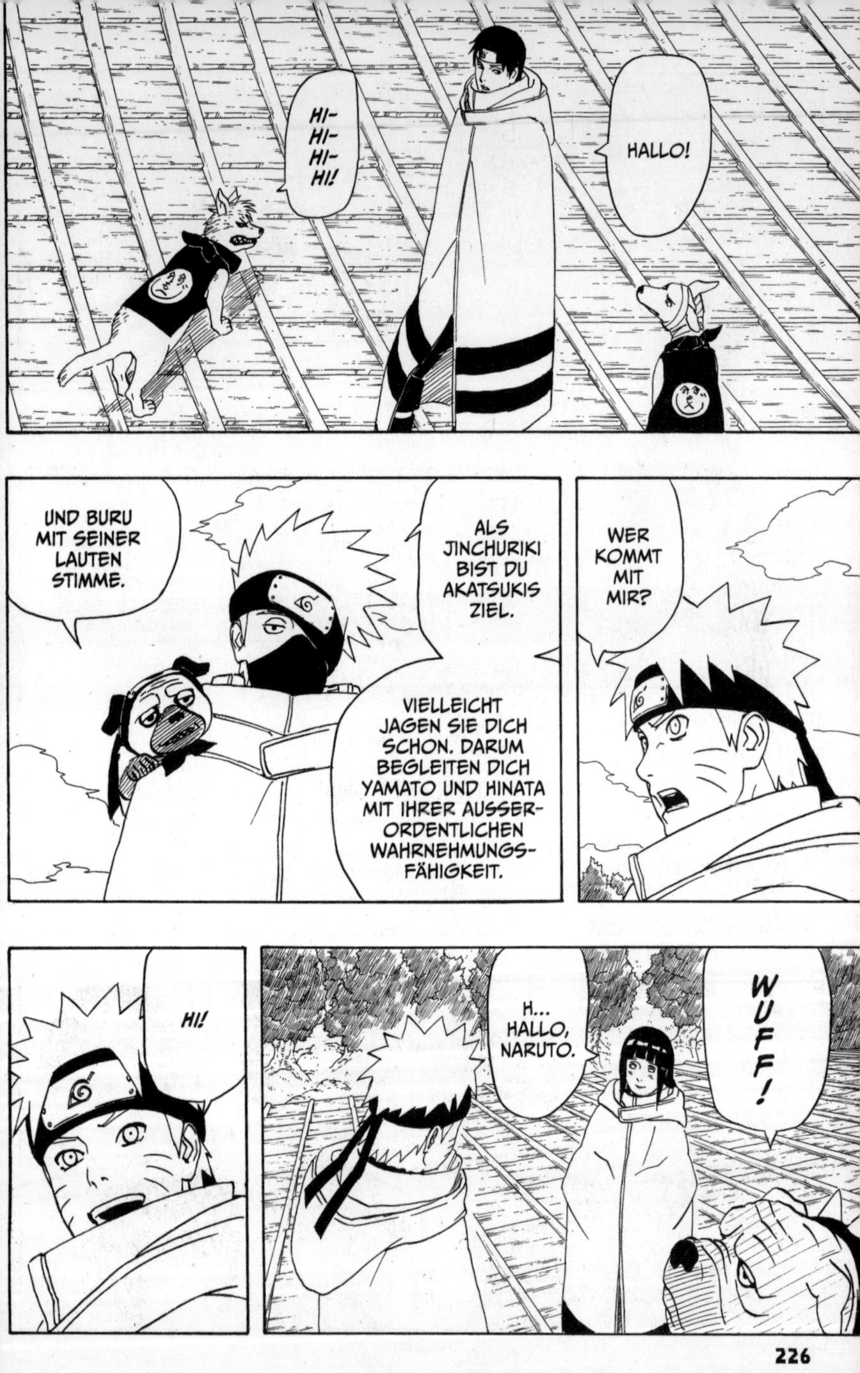
HI-HI-HI-HI!
HALLO!
UND BURU MIT SEINER LAUTEN STIMME.
ALS JINCHURIKI BIST DU AKATSUKIS ZIEL.
VIELLEICHT JAGEN SIE DICH SCHON. DARUM BEGLEITEN DICH YAMATO UND HINATA MIT IHRER AUSSER-ORDENTLICHEN WAHRNEHMUNGS-FÄHIGKEIT.
WER KOMMT MIT MIR?
HI!
H... HALLO, NARUTO.
WUFF!

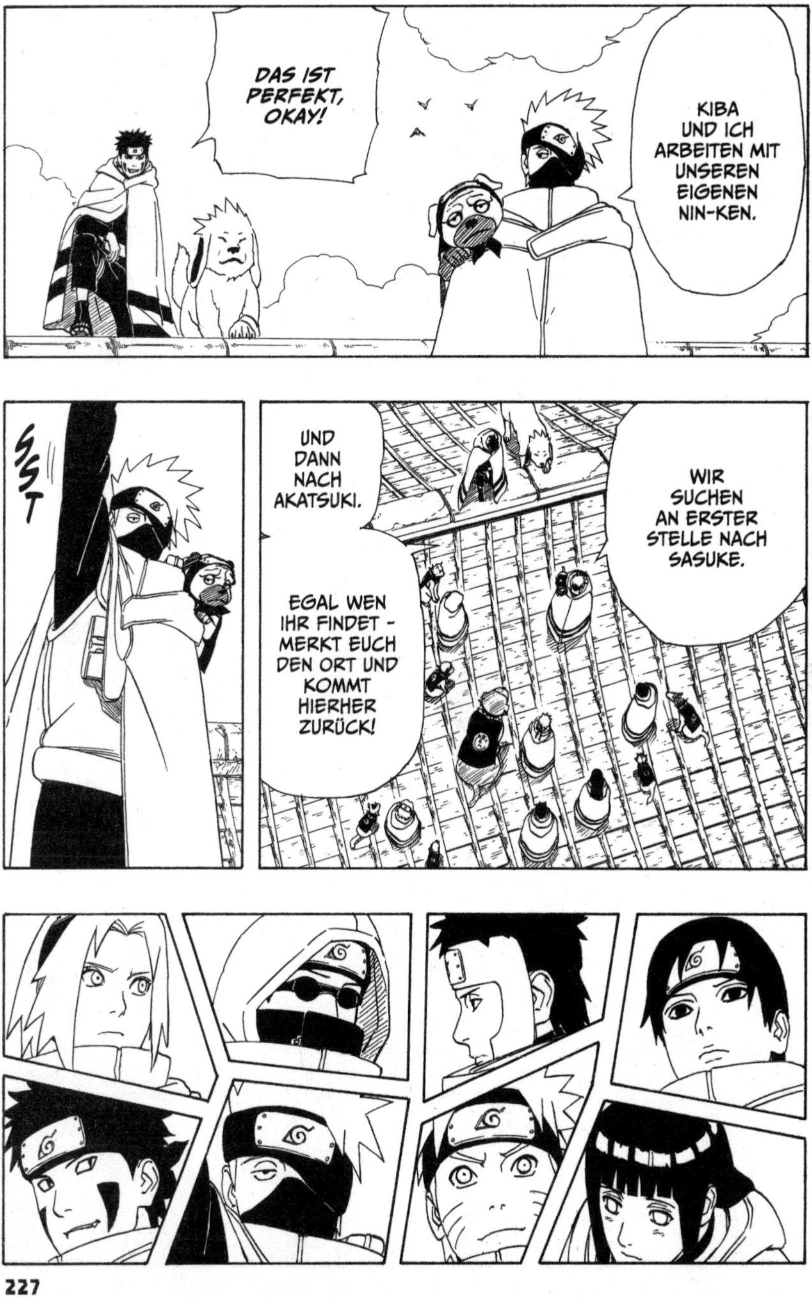
KIBA UND ICH ARBEITEN MIT UNSEREN EIGENEN NIN-KEN.
DAS IST PERFEKT, OKAY!
WIR SUCHEN AN ERSTER STELLE NACH SASUKE.
UND DANN NACH AKATSUKI.
EGAL WEN IHR FINDET - MERKT EUCH DEN ORT UND KOMMT HIERHER ZURÜCK!
SST

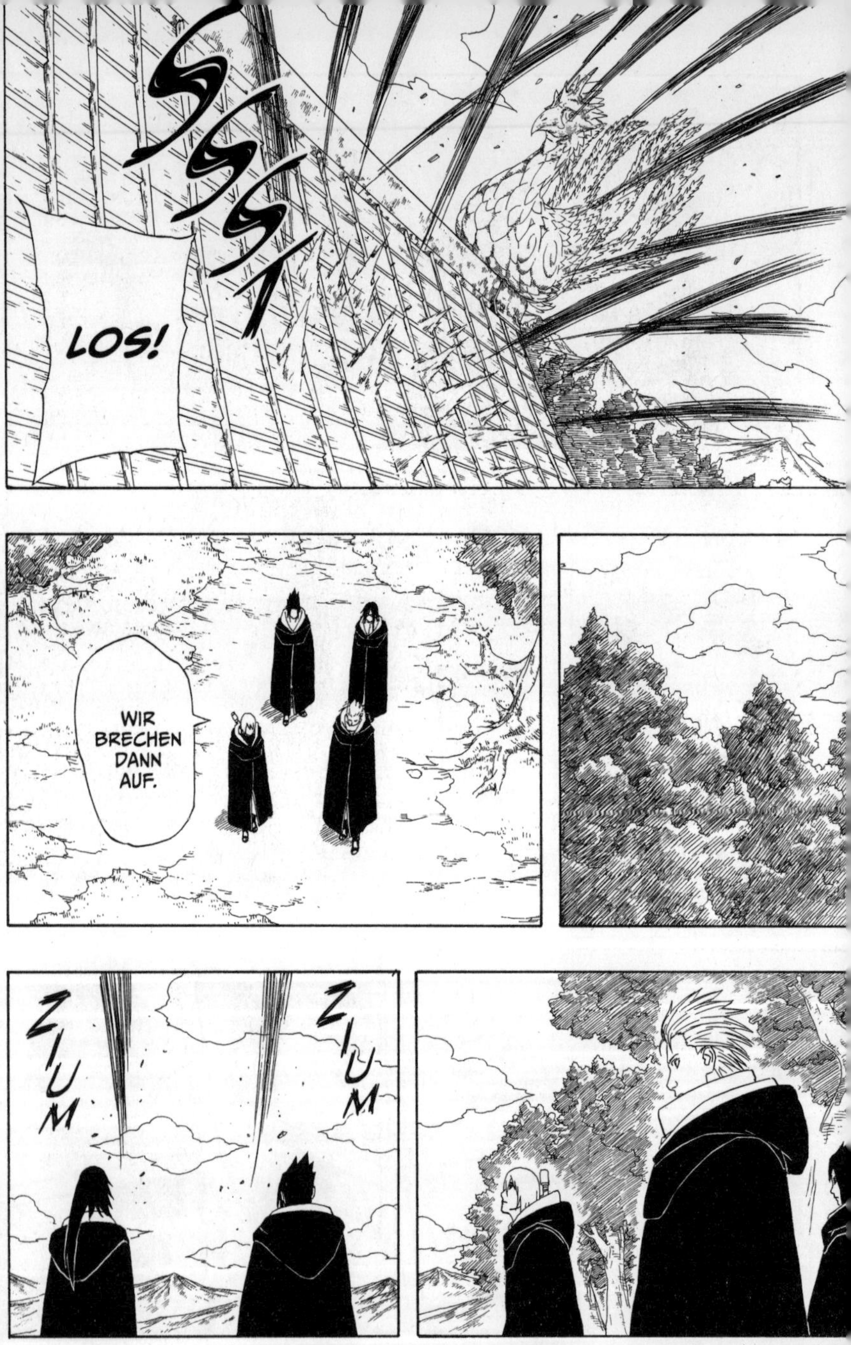
SSST
LOS!
WIR BRECHEN DANN AUF.
ZIUM
ZIUM

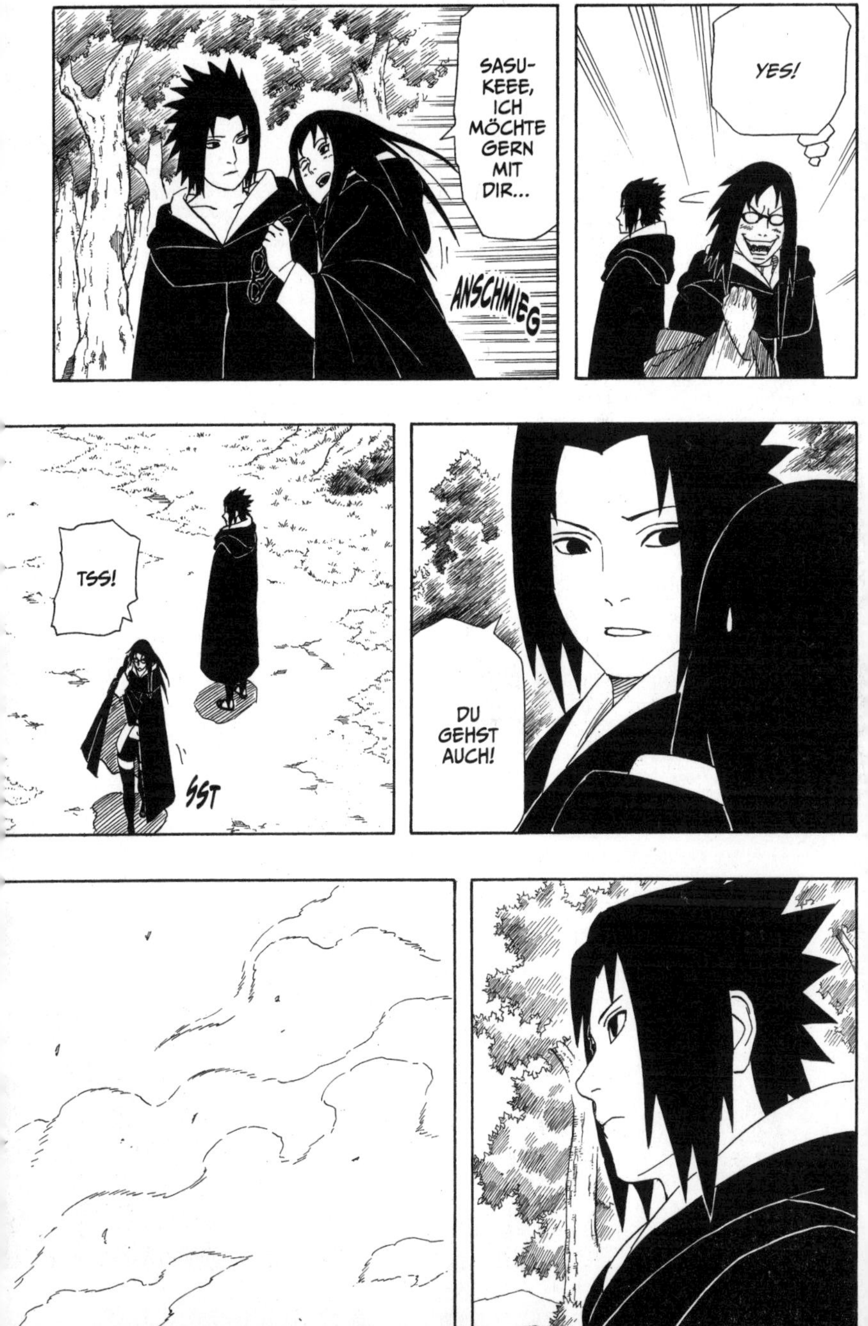

YES!
SASU-
KEEE,
ICH
MÖCHTE
GERN
MIT
DIR...
ANSCHMIEG
DU
GEHST
AUCH!
TSS!
SST

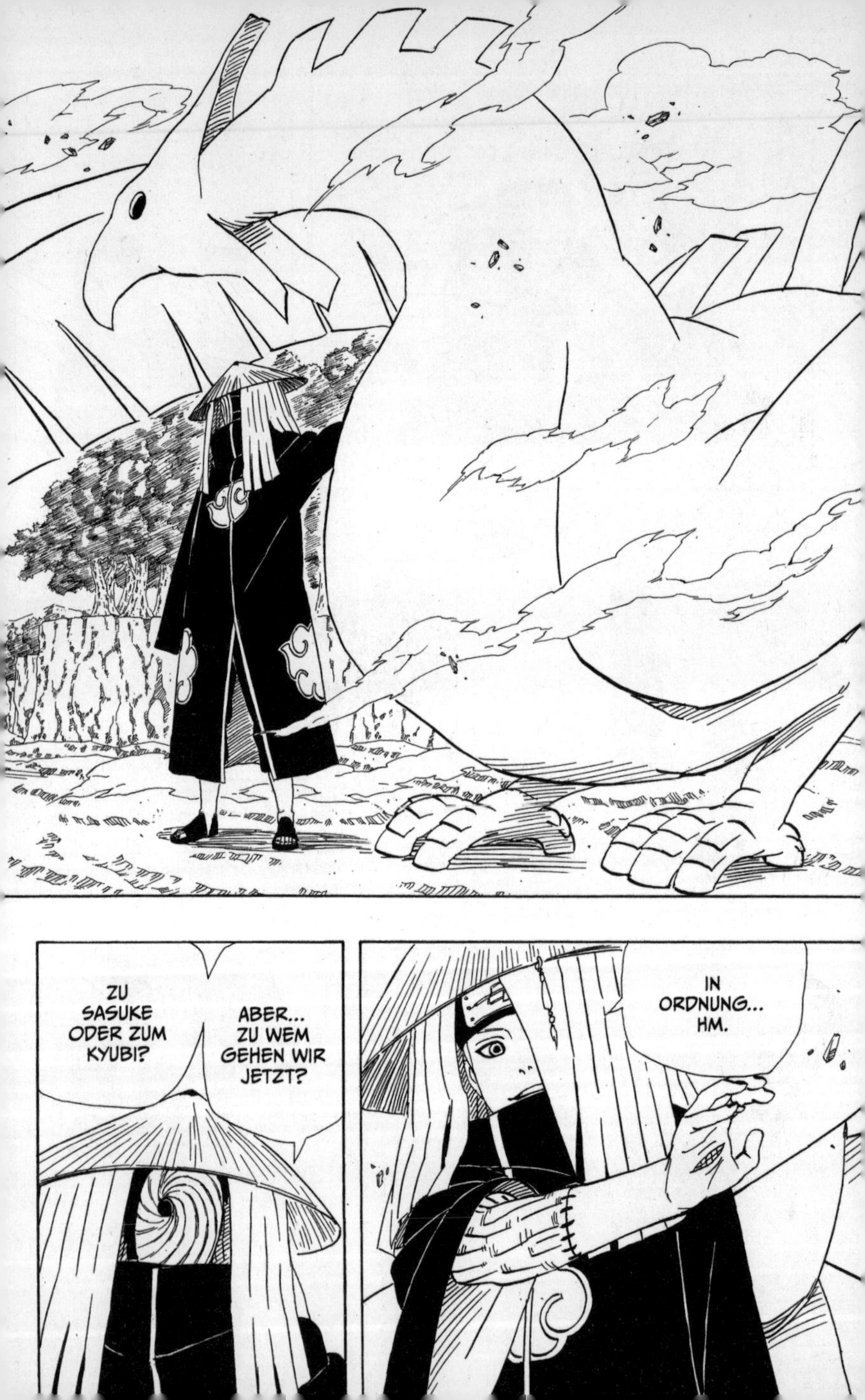
IN ORDNUNG... HM.
ABER... ZU WEM GEHEN WIR JETZT?
ZU SASUKE ODER ZUM KYUBI?

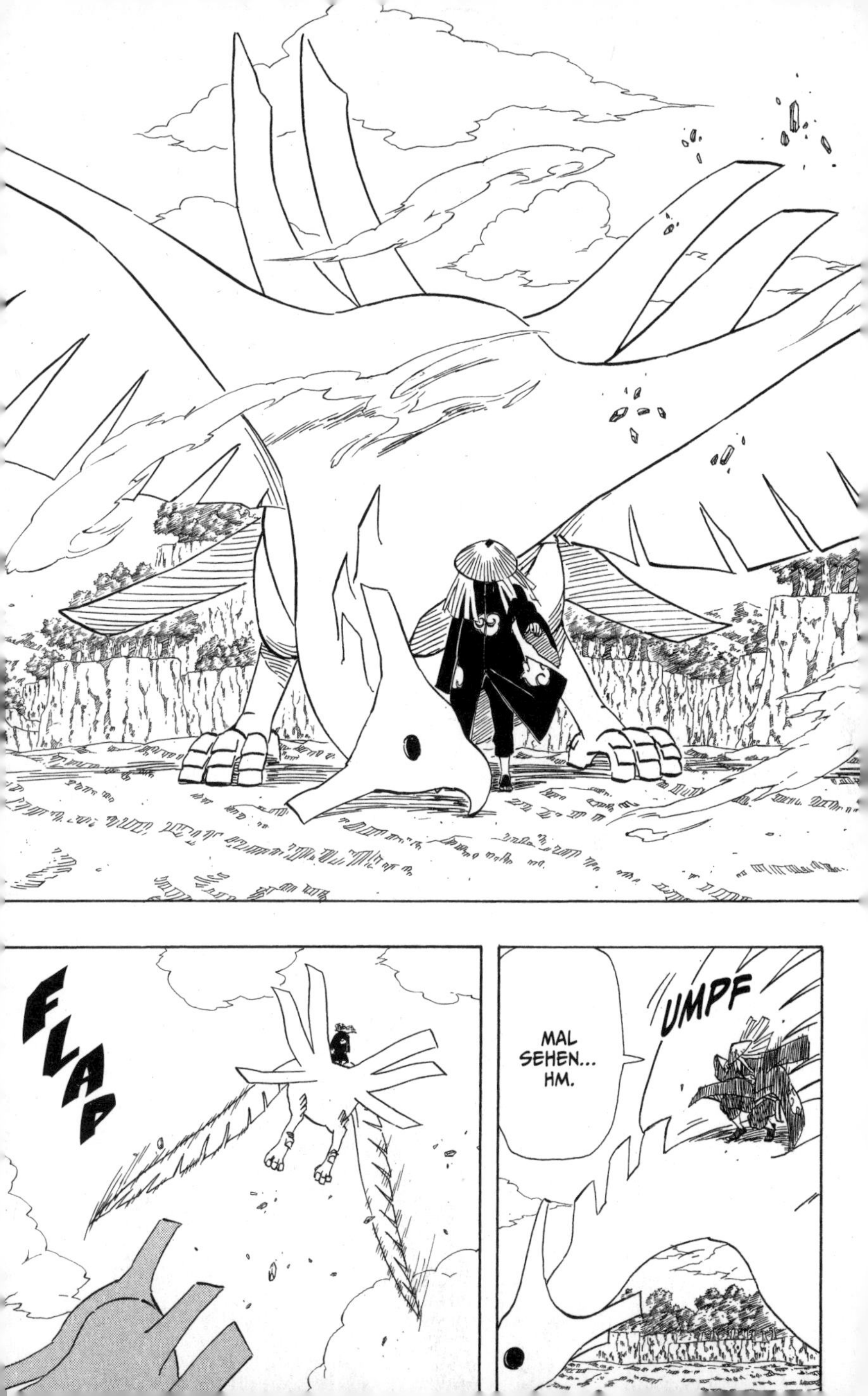
UMPF
MAL SEHEN... HM.
FLAP

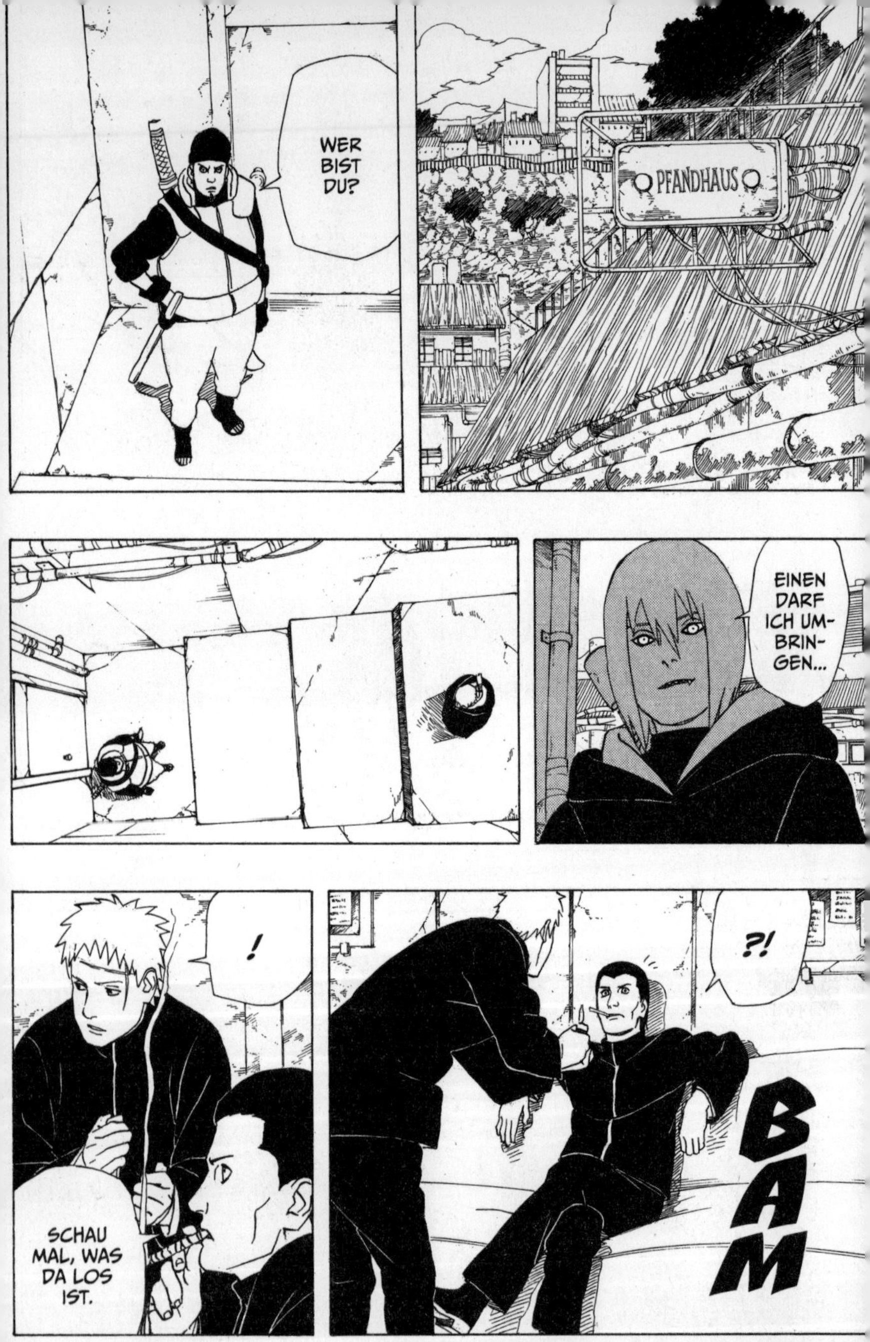
WER BIST DU?
PFANDHAUS
EINEN DARF ICH UMBRINGEN...
!
SCHAU MAL, WAS DA LOS IST.
?!
BAM

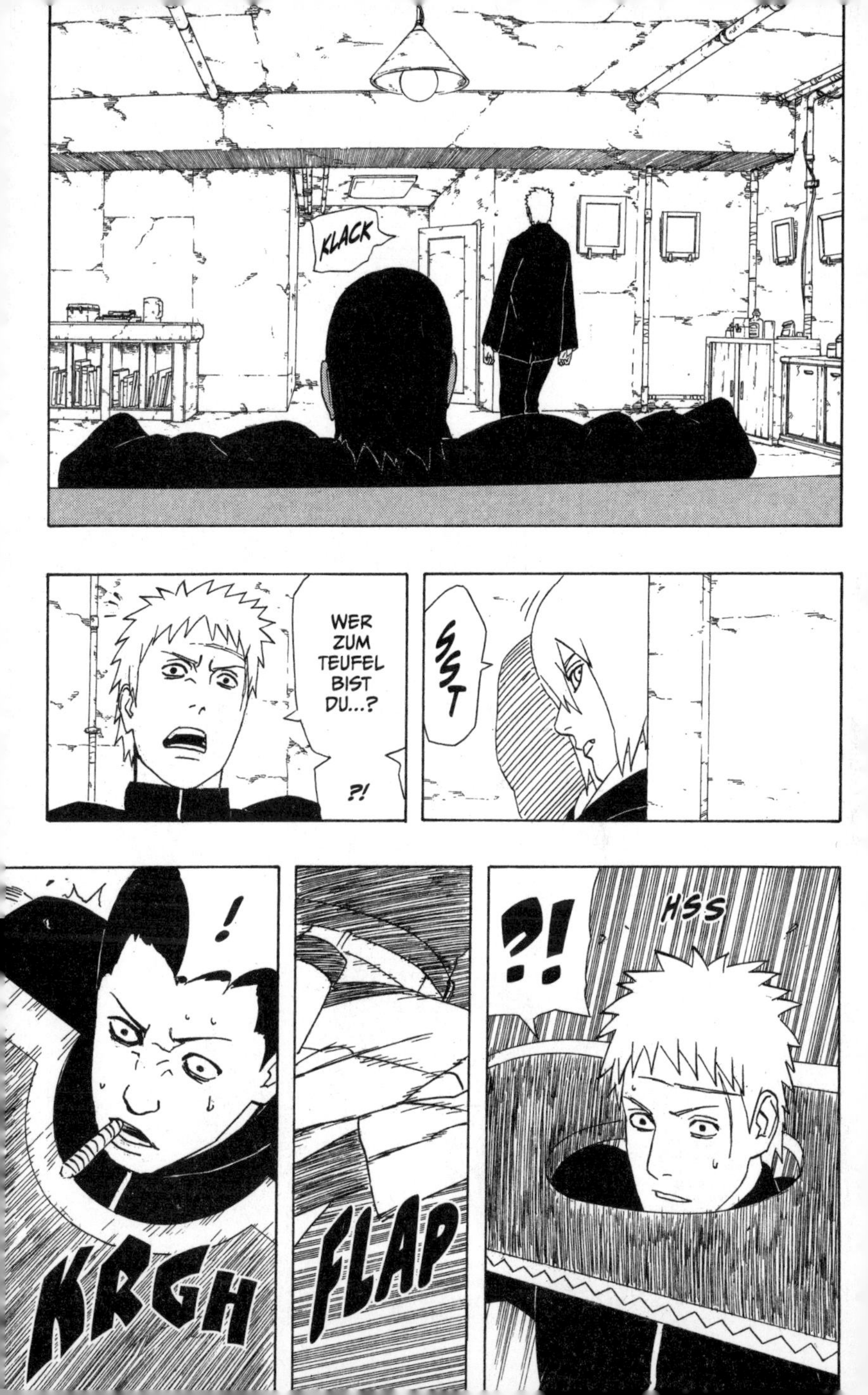
KLACK
WER ZUM TEUFEL BIST DU...?
?!
SST
!
KRGH
FLAP
?!
HSS

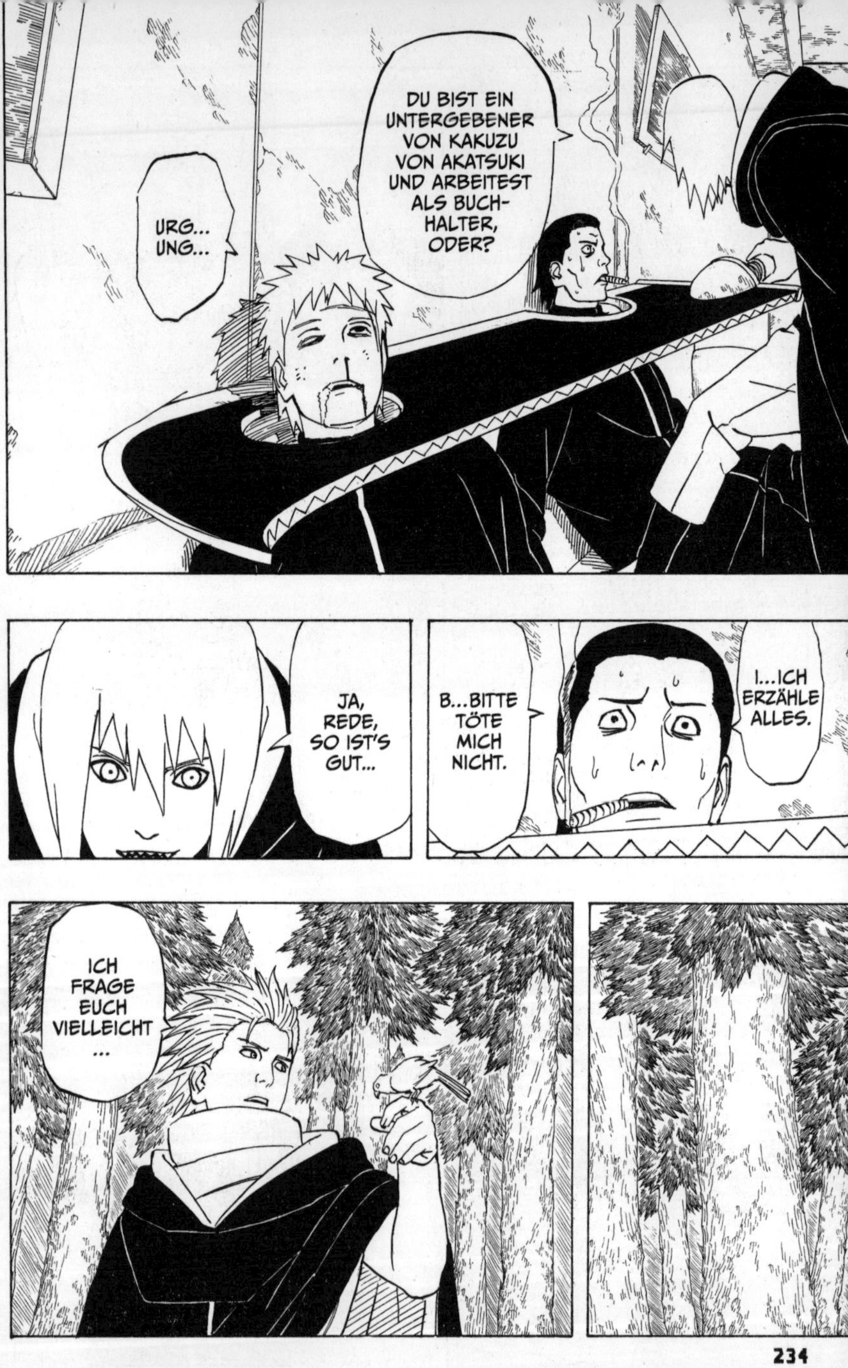
DU BIST EIN UNTERGEBENER VON KAKUZU VON AKATSUKI UND ARBEITEST ALS BUCH-HALTER, ODER?
URG... UNG...
I...ICH ERZÄHLE ALLES.
B...BITTE TÖTE MICH NICHT.
JA, REDE, SO IST'S GUT...
ICH FRAGE EUCH VIELLEICHT ...

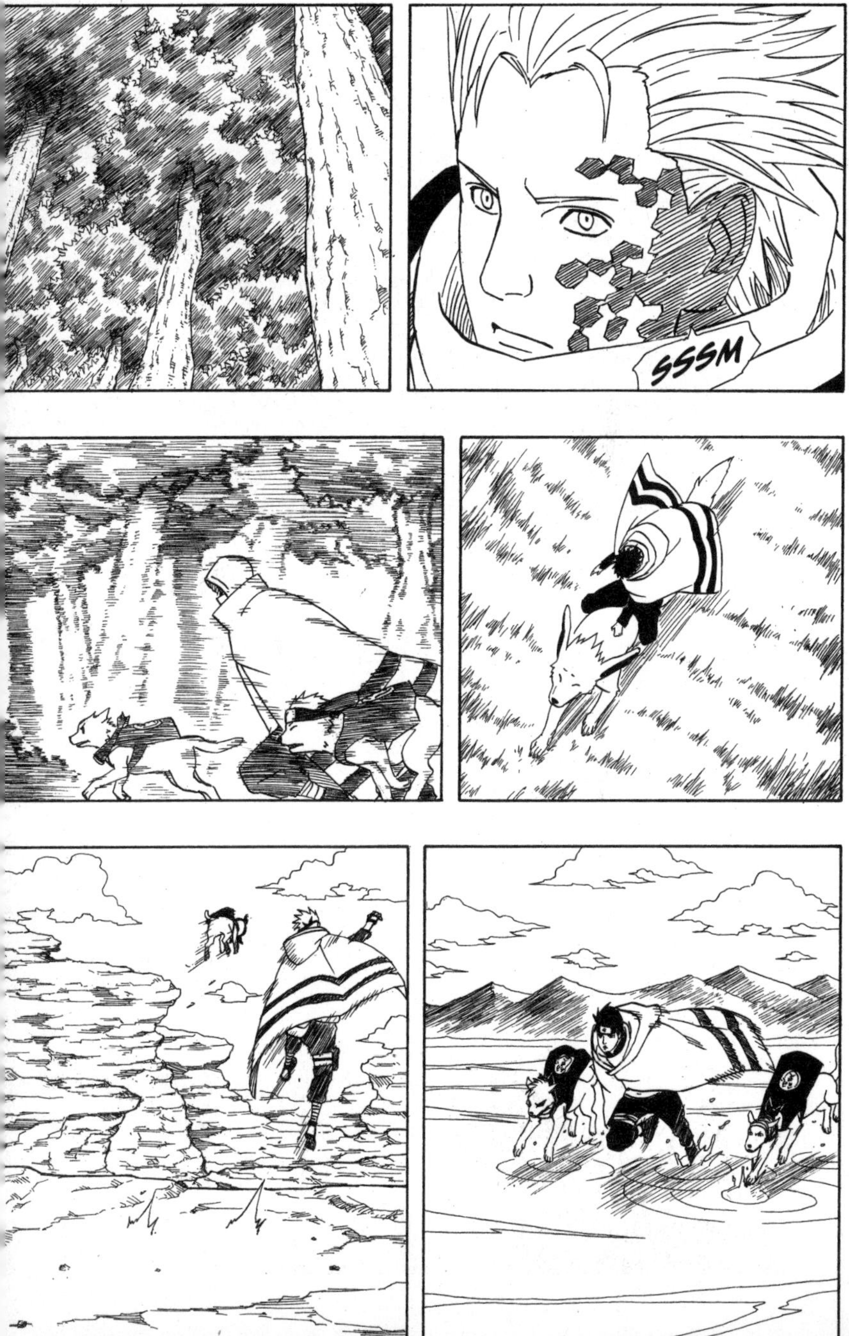
SSSM

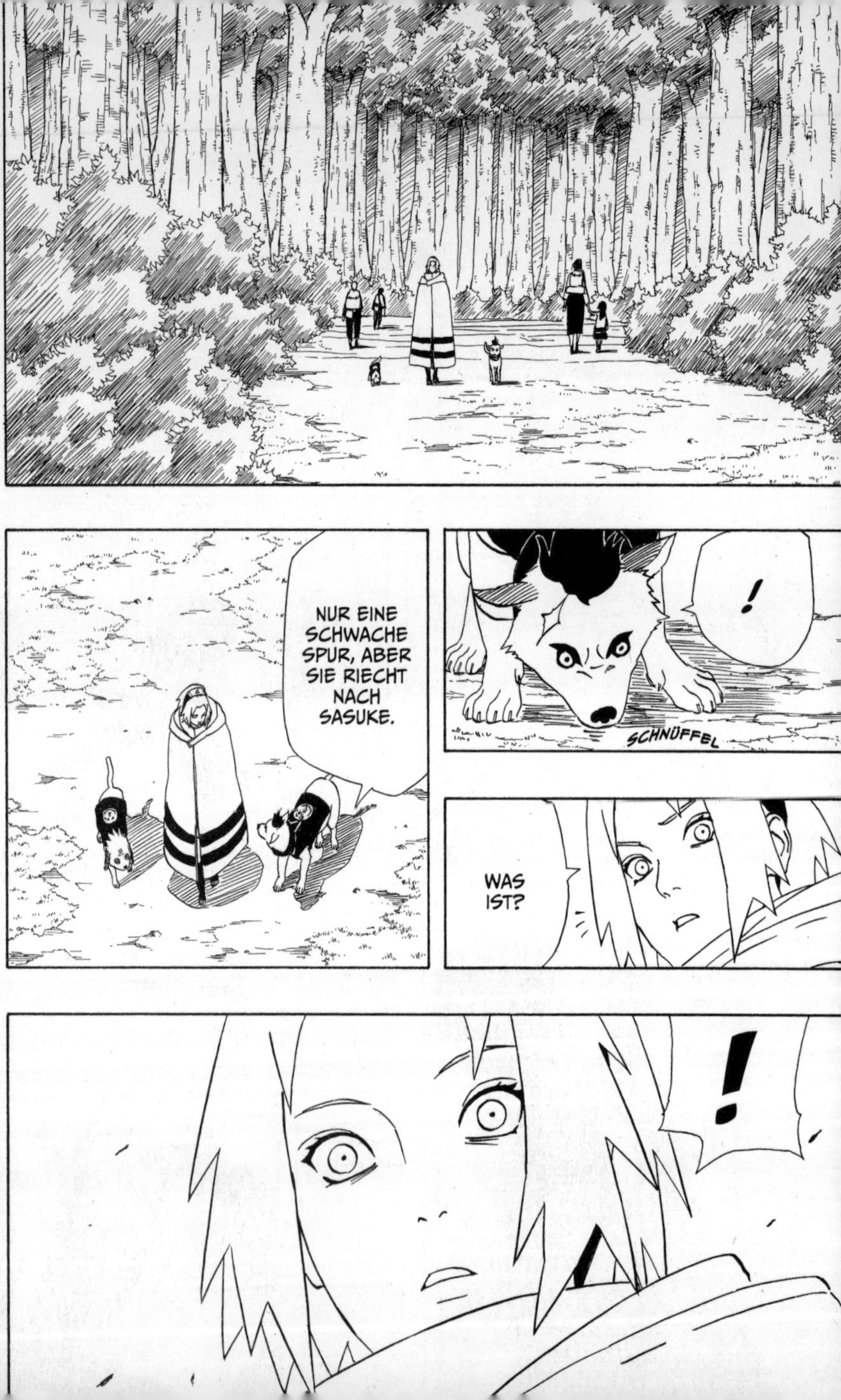
!
SCHNÜFFEL
NUR EINE SCHWACHE SPUR, ABER SIE RIECHT NACH SASUKE.
WAS IST?
!

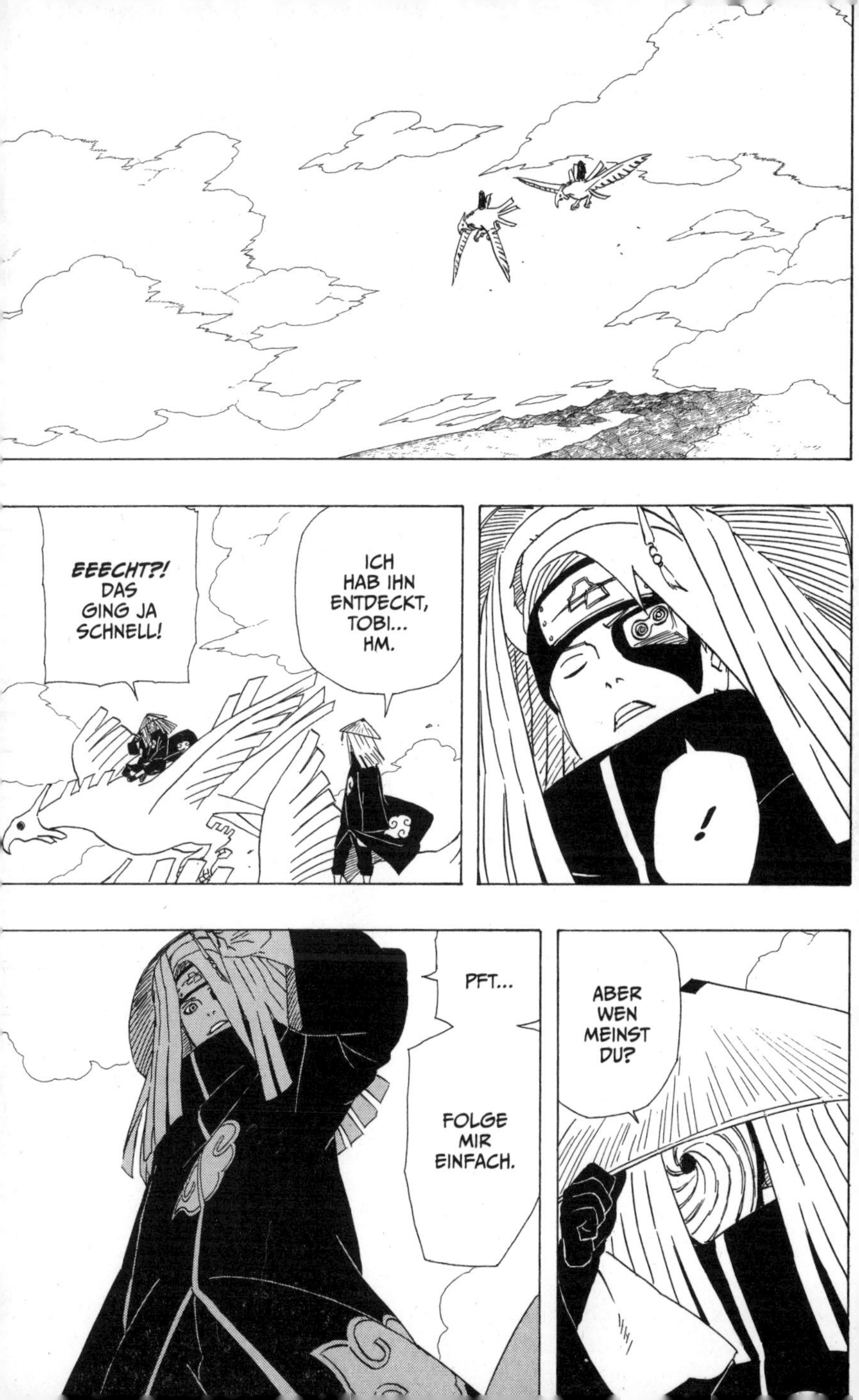
!
ICH HAB IHN ENTDECKT, TOBI... HM.
EEECHT?! DAS GING JA SCHNELL!
ABER WEN MEINST DU?
PFT...
FOLGE MIR EINFACH.

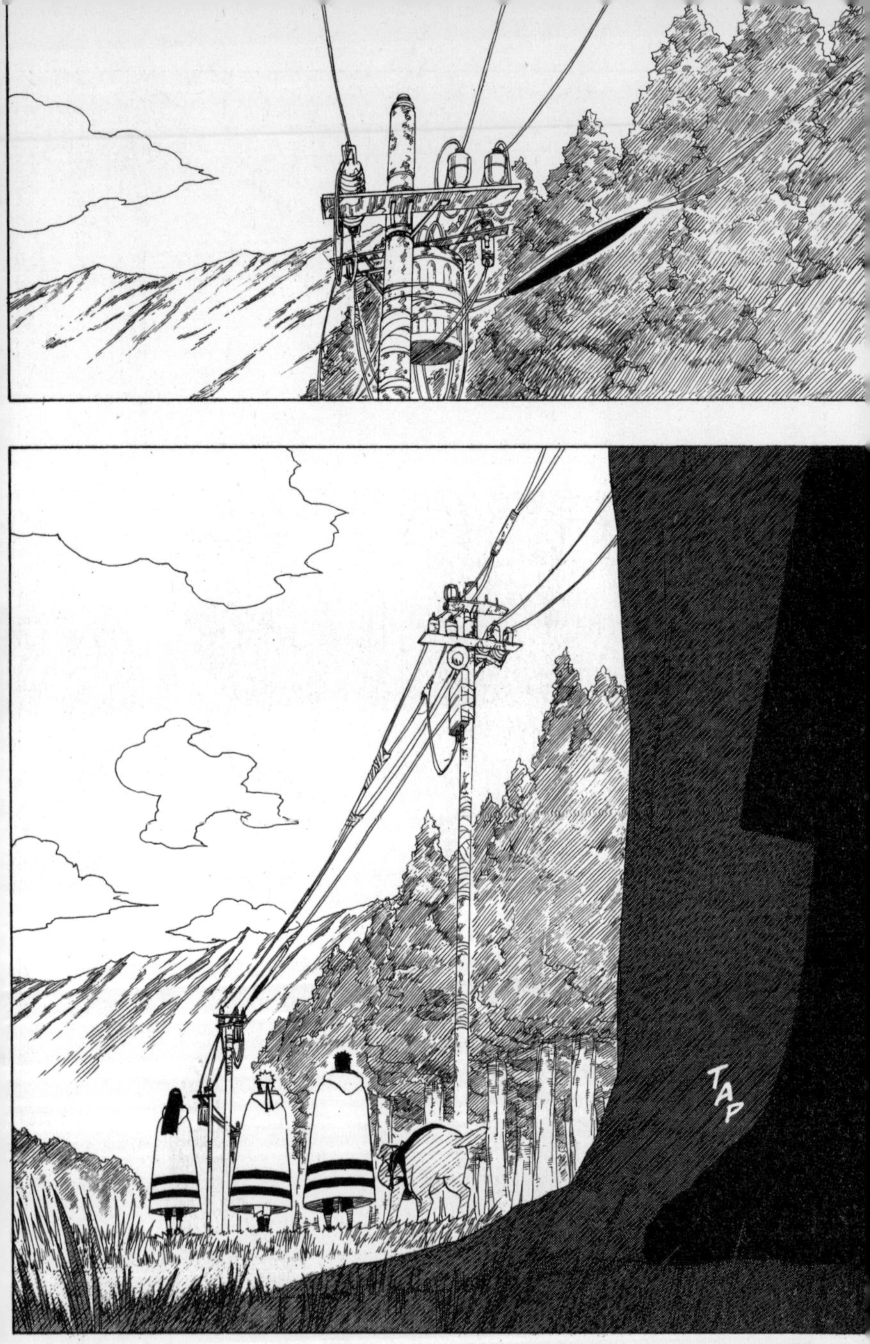
TAP

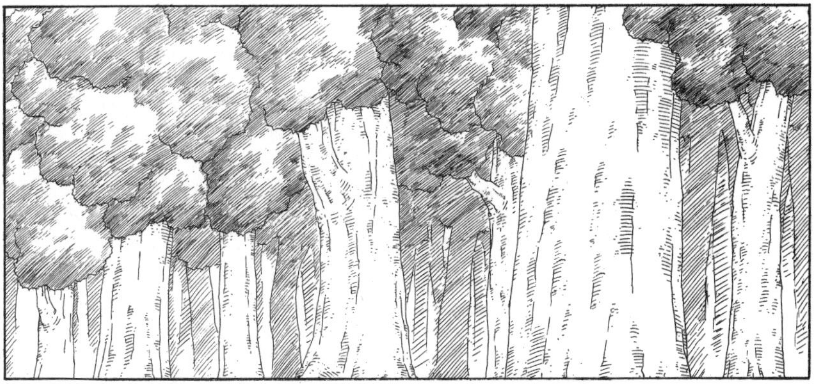

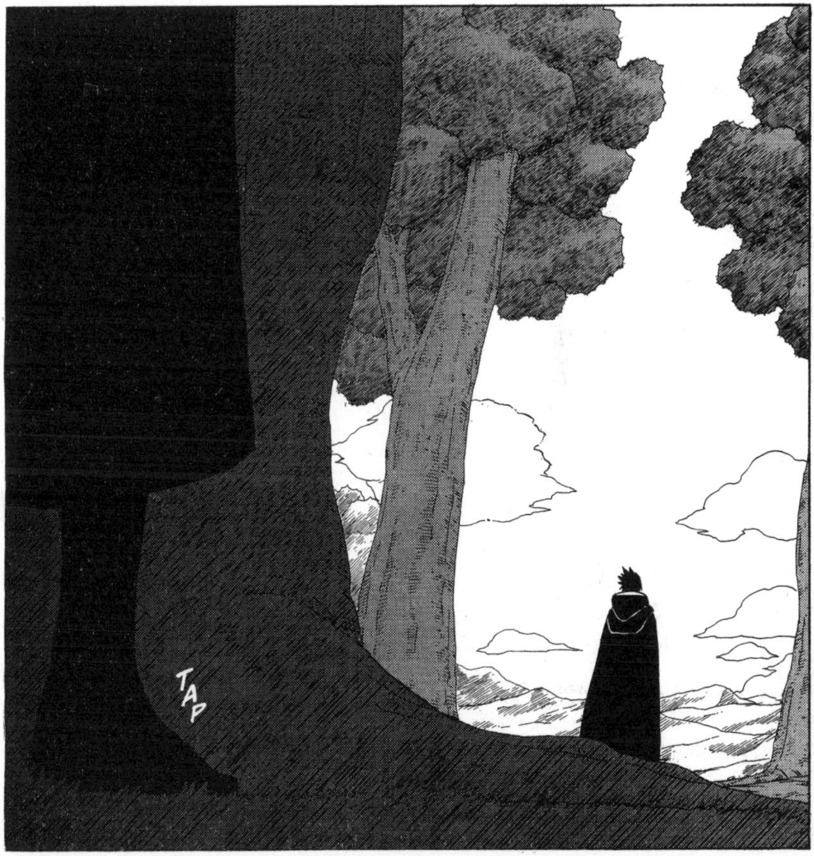
TAP

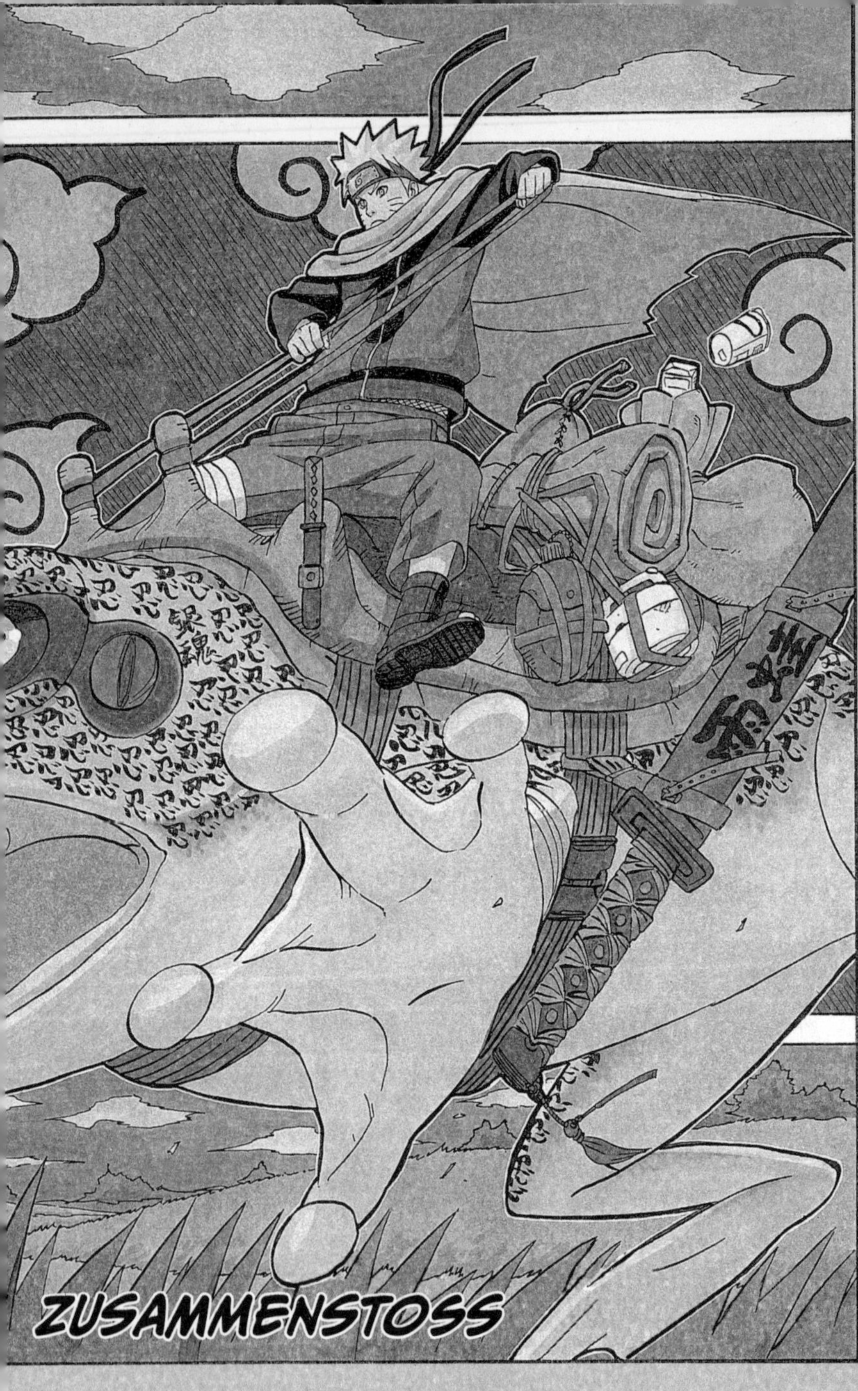
ZUSAMMENSTOSS

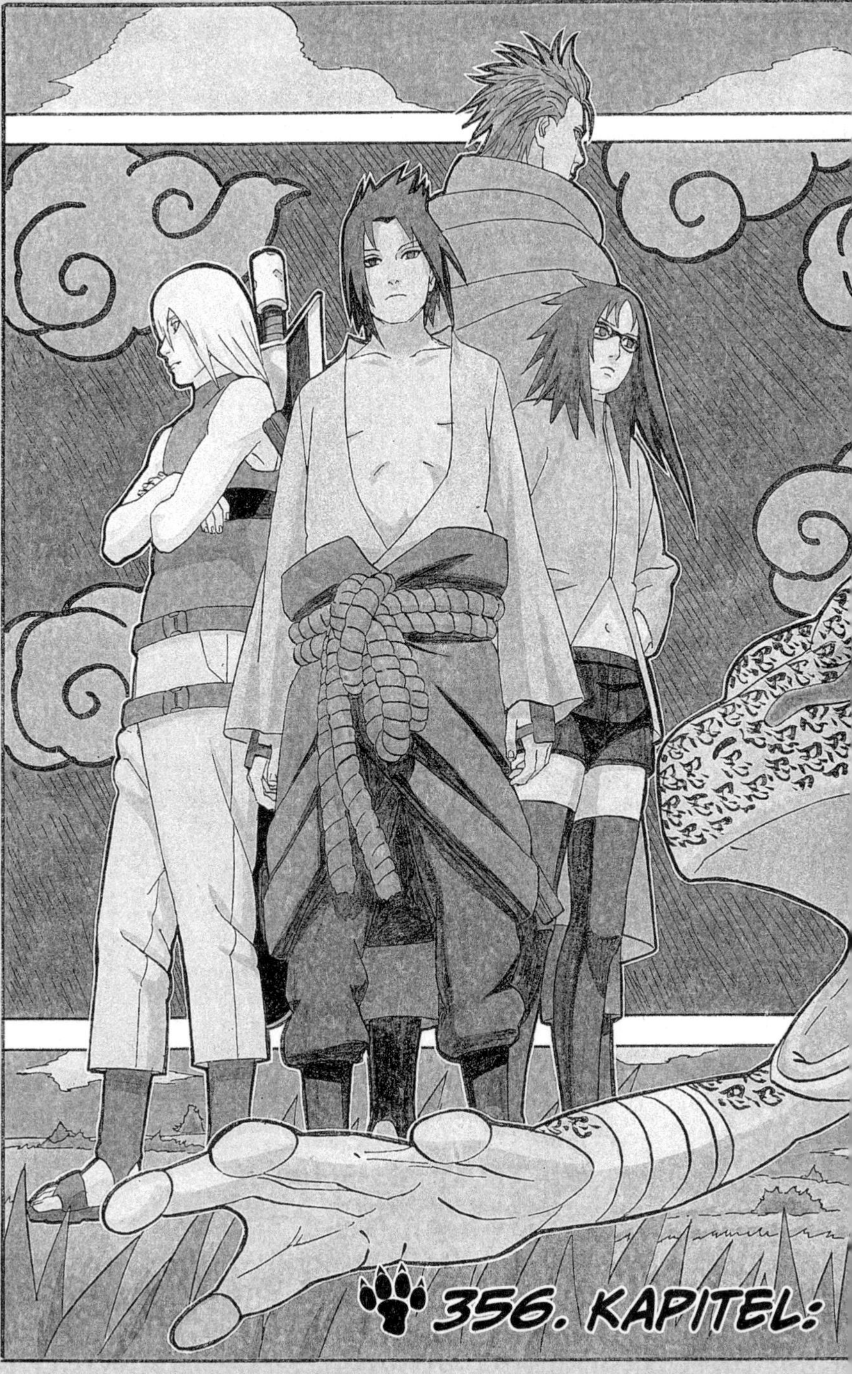
356. KAPITEL:

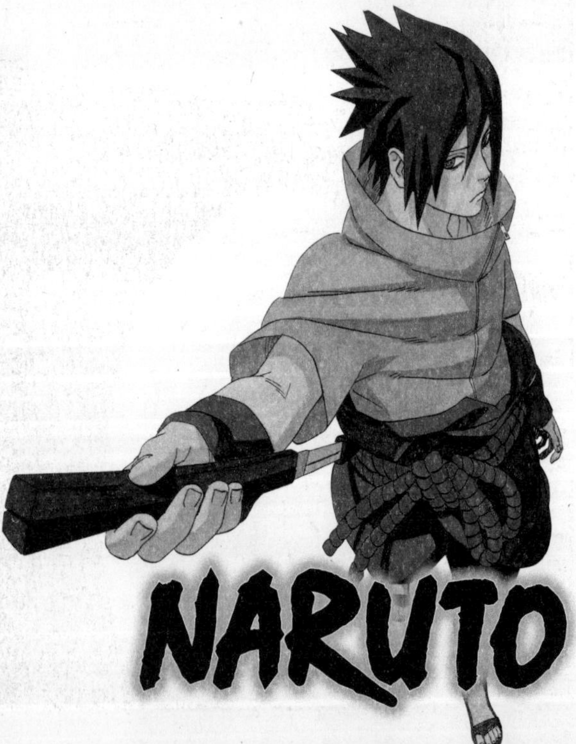
NARUTO

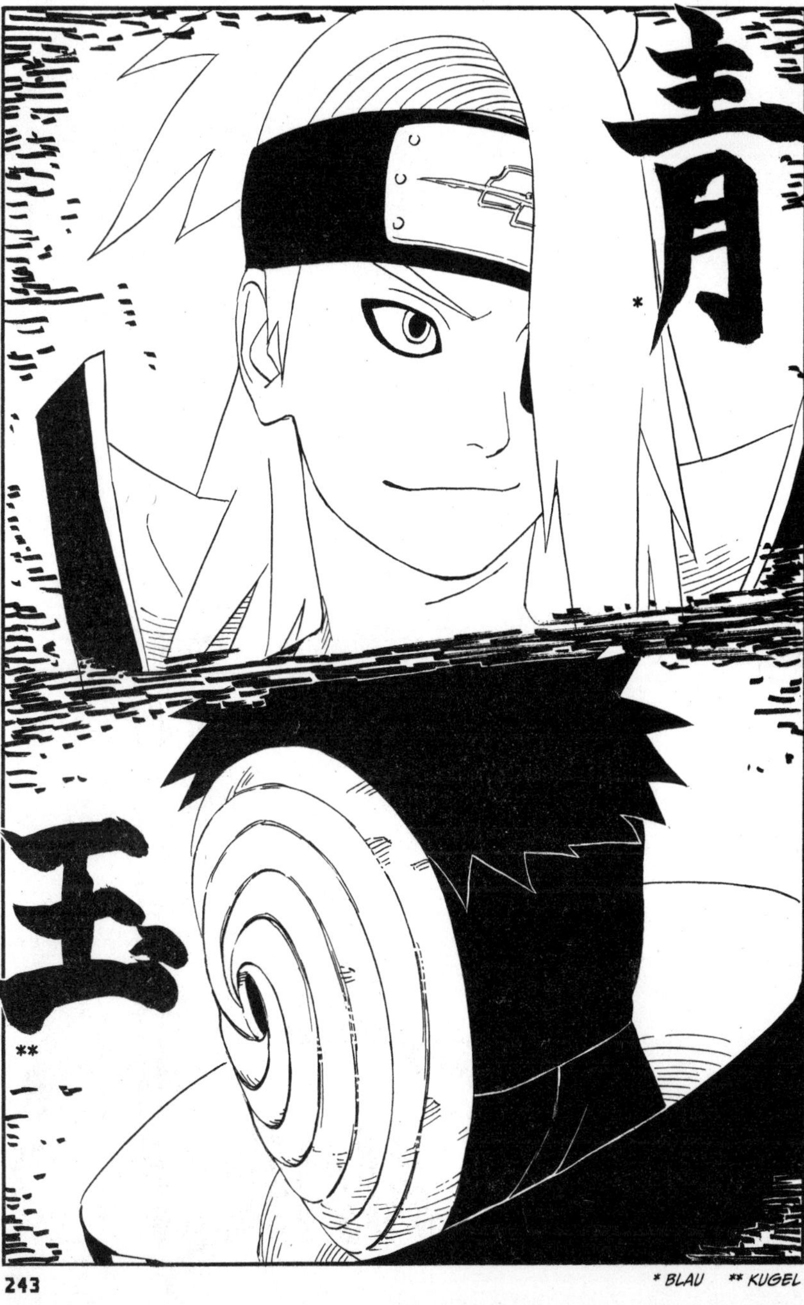

* BLAU ** KUGEL

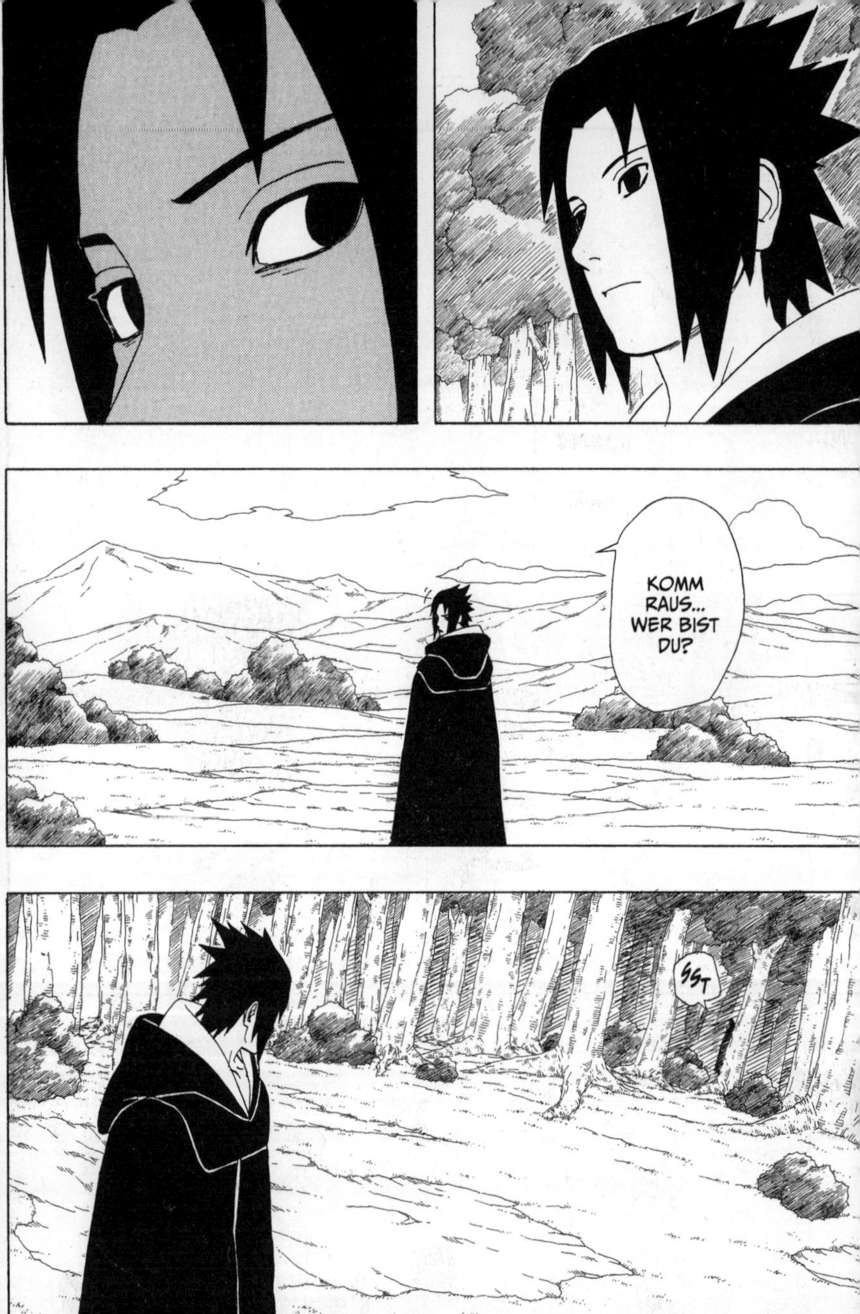
KOMM RAUS... WER BIST DU?
SST

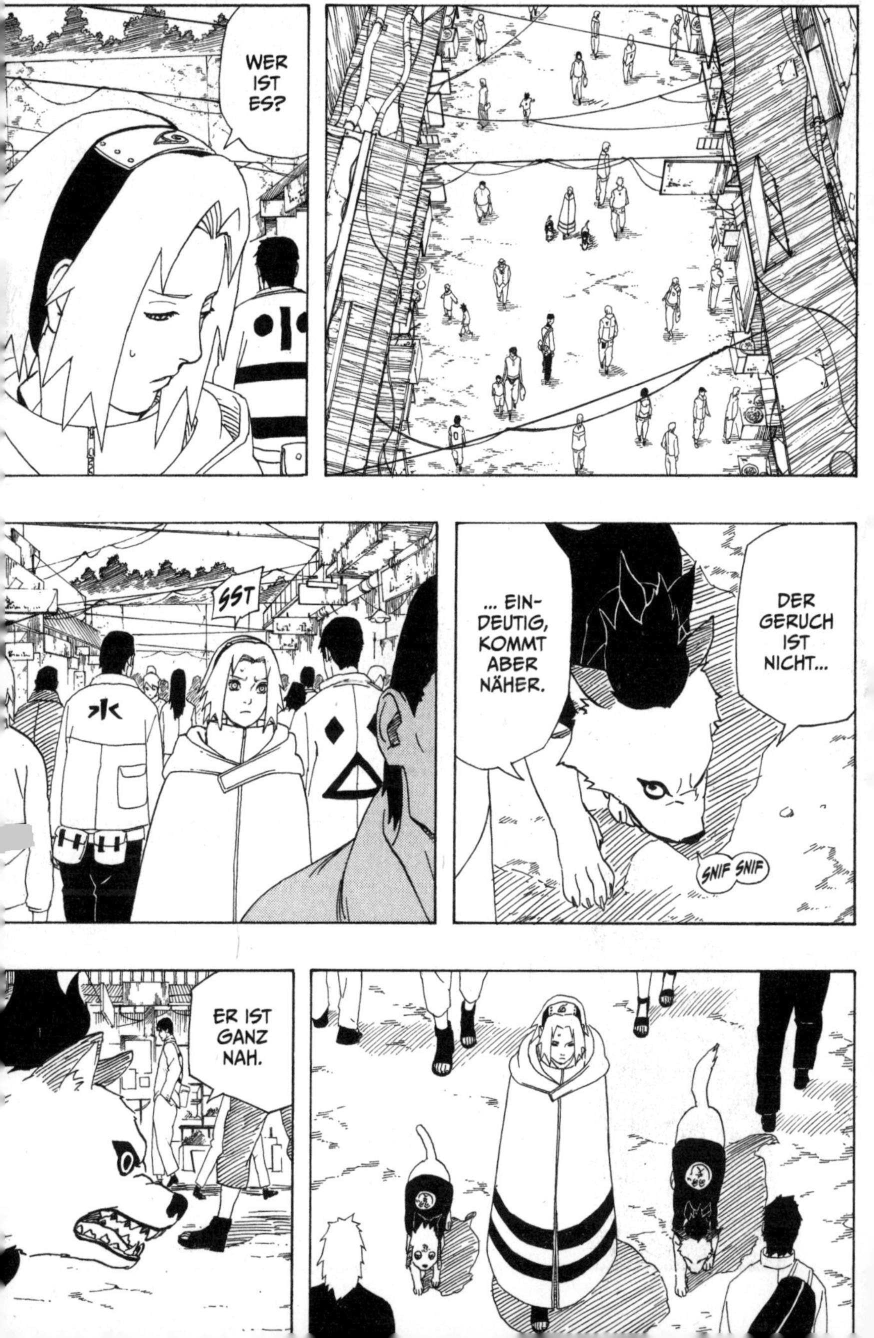
WER IST ES?
DER GERUCH IST NICHT...
... EINDEUTIG, KOMMT ABER NÄHER.
SNIF SNIF
SST
ER IST GANZ NAH.

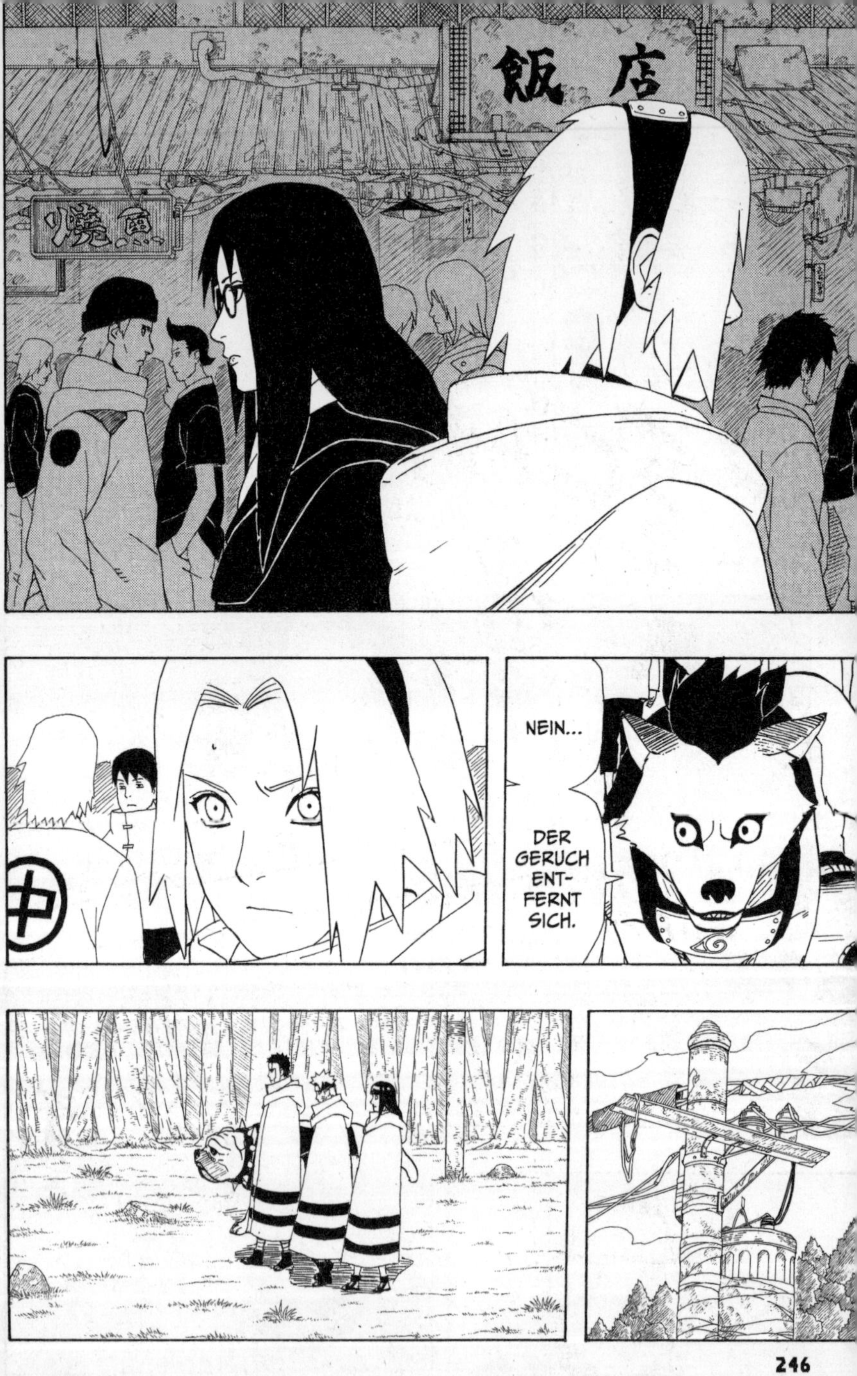
飯店
NEIN...
DER GERUCH ENT- FERNT SICH.

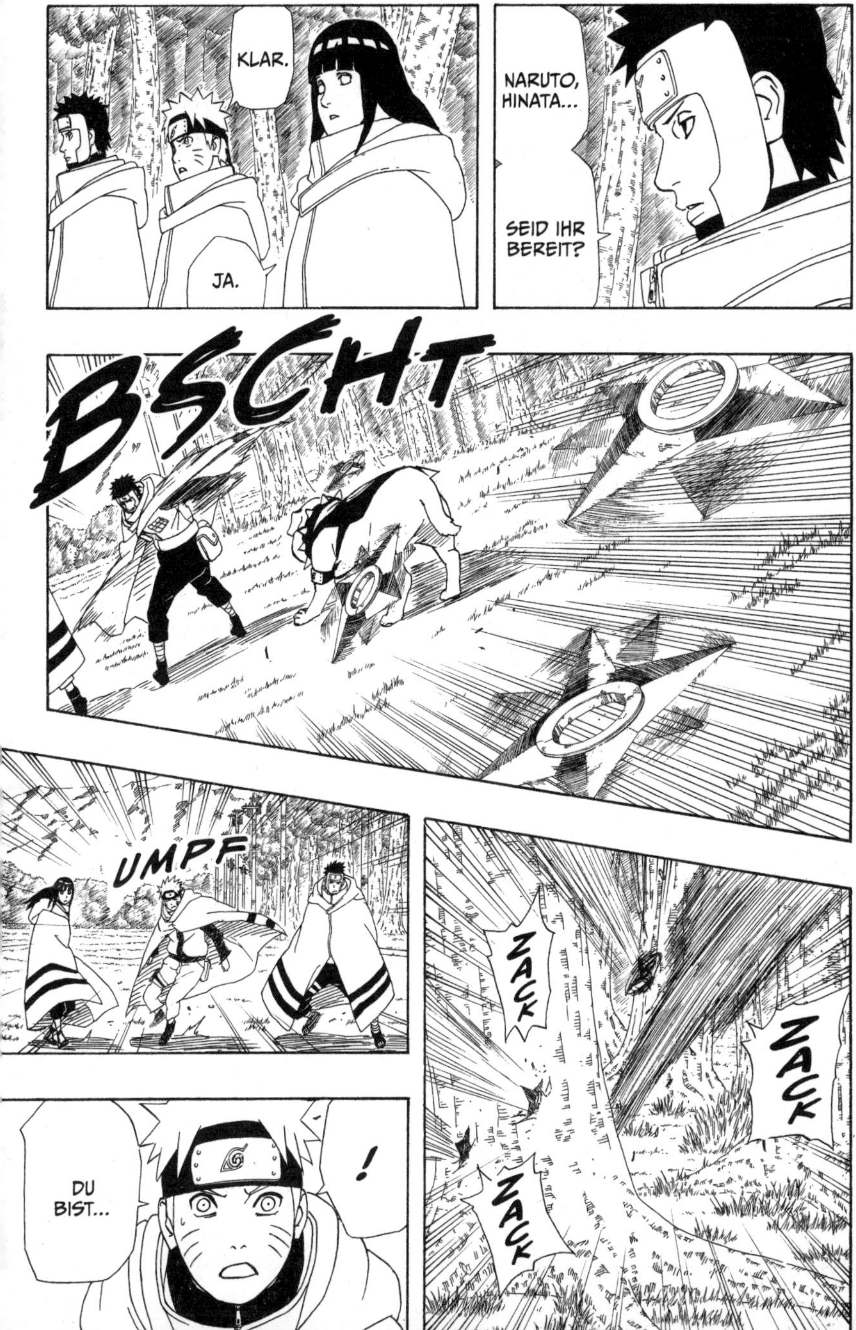
NARUTO, HINATA...
SEID IHR BEREIT?
KLAR.
JA.
BSCHT
ZACK
ZACK
ZACK
UMPF
DU BIST...
!

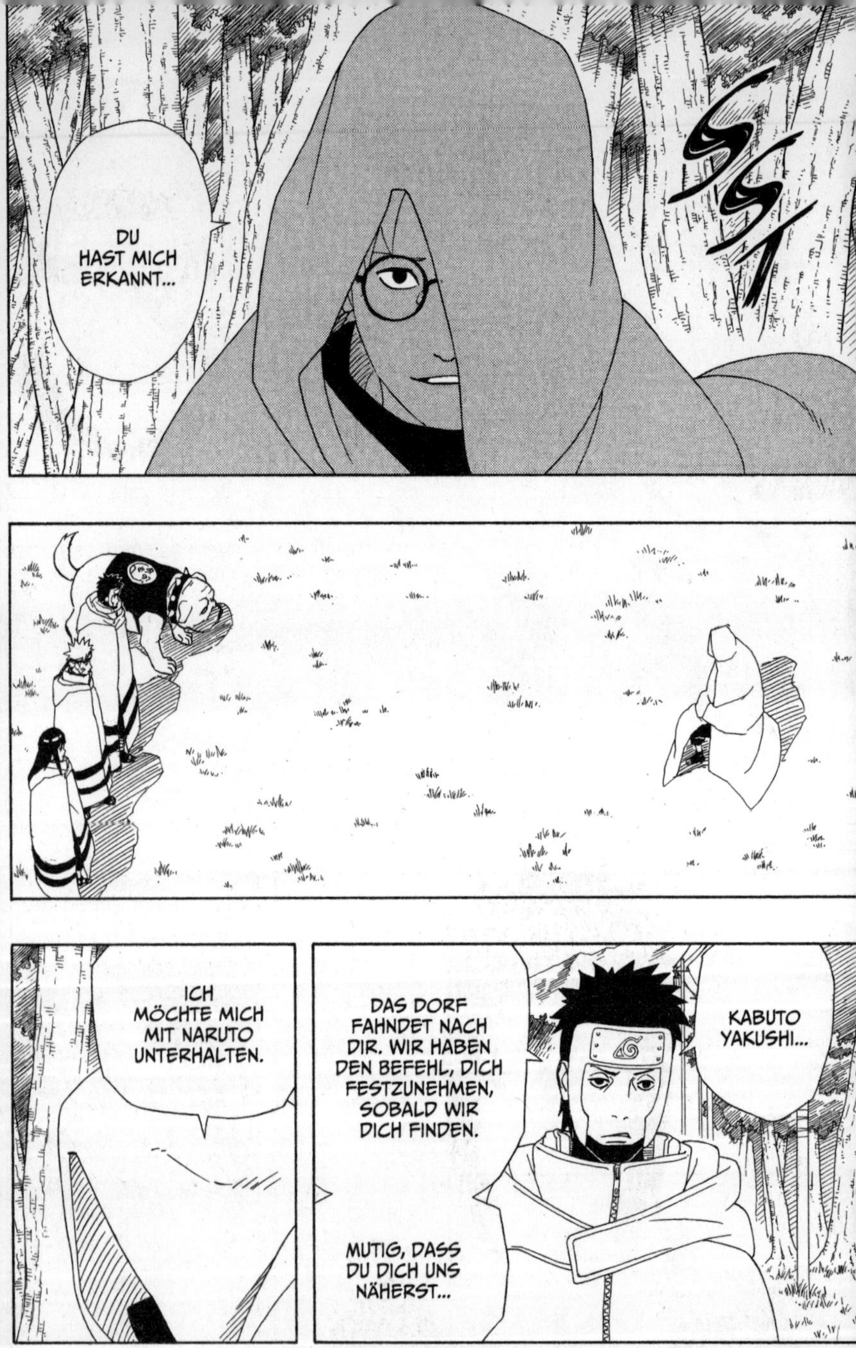
SST
DU HAST MICH ERKANNT...
KABUTO YAKUSHI...
DAS DORF FAHNDET NACH DIR. WIR HABEN DEN BEFEHL, DICH FESTZUNEHMEN, SOBALD WIR DICH FINDEN.
MUTIG, DASS DU DICH UNS NÄHERST...
ICH MÖCHTE MICH MIT NARUTO UNTERHALTEN.

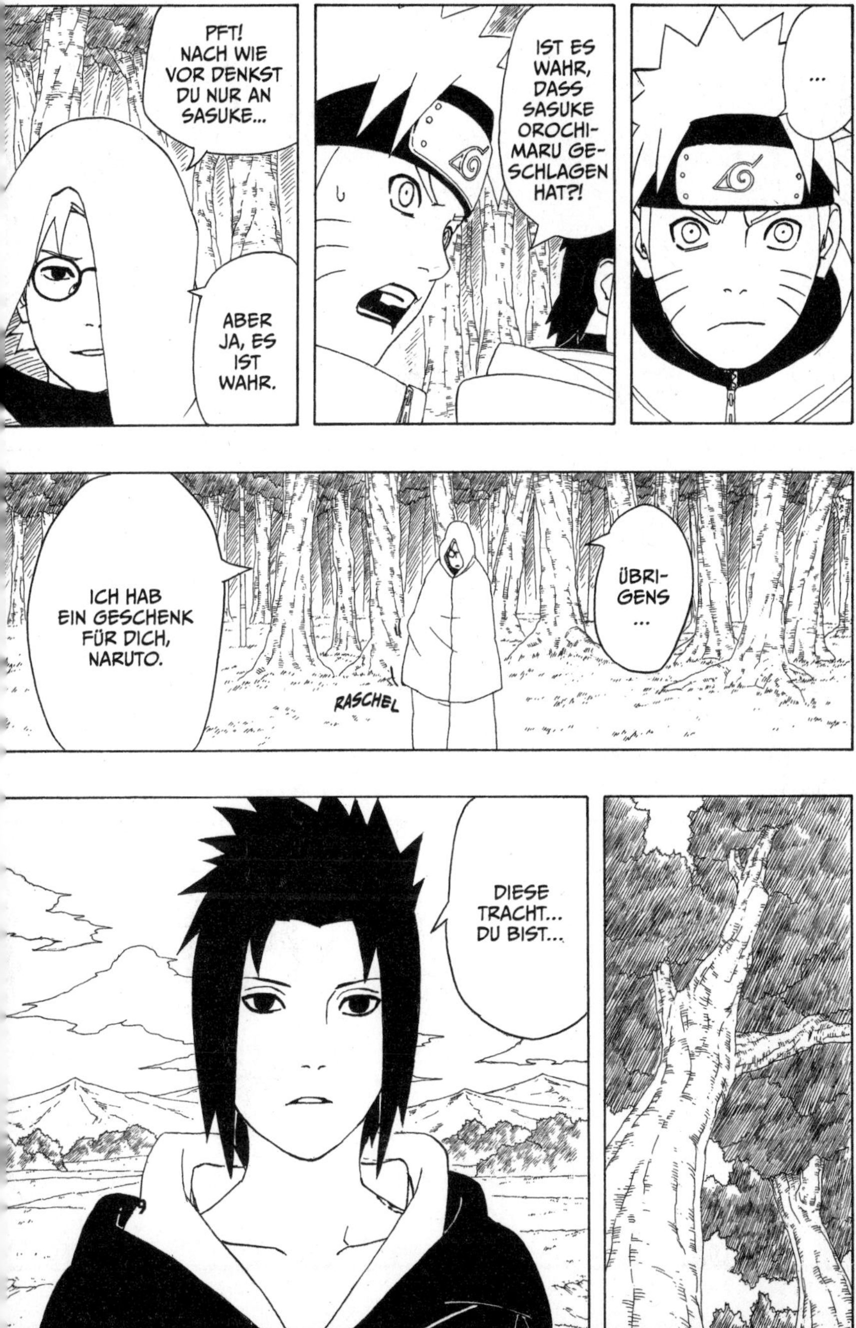
...
IST ES WAHR, DASS SASUKE OROCHIMARU GESCHLAGEN HAT?!
PFT! NACH WIE VOR DENKST DU NUR AN SASUKE...
ABER JA, ES IST WAHR.
ÜBRIGENS ...
RASCHEL
ICH HAB EIN GESCHENK FÜR DICH, NARUTO.
DIESE TRACHT... DU BIST...

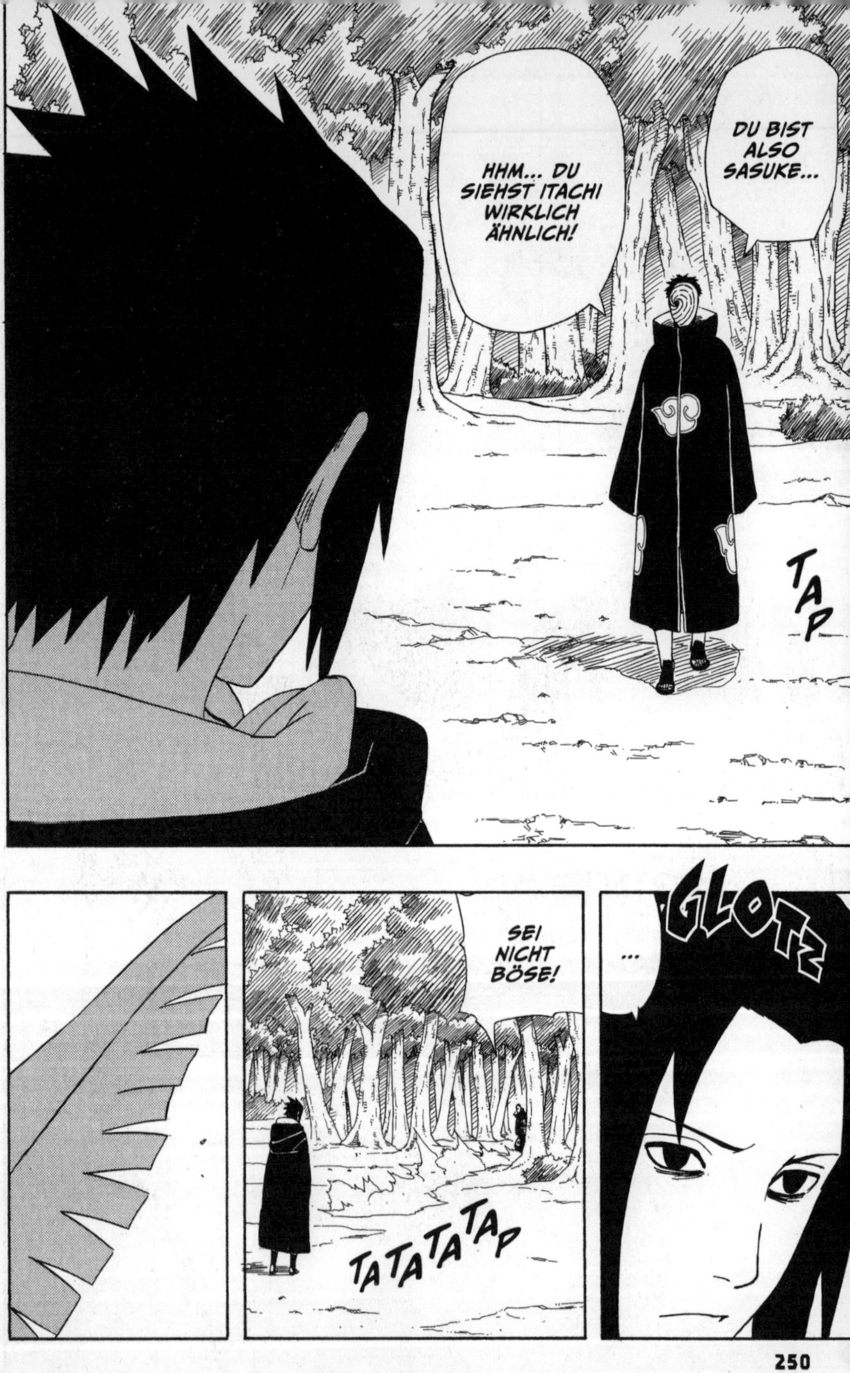
DU BIST ALSO SASUKE...
HHM... DU SIEHST ITACHI WIRKLICH ÄHNLICH!
TAP
GLOTZ
...
SEI NICHT BÖSE!
TATATATAP

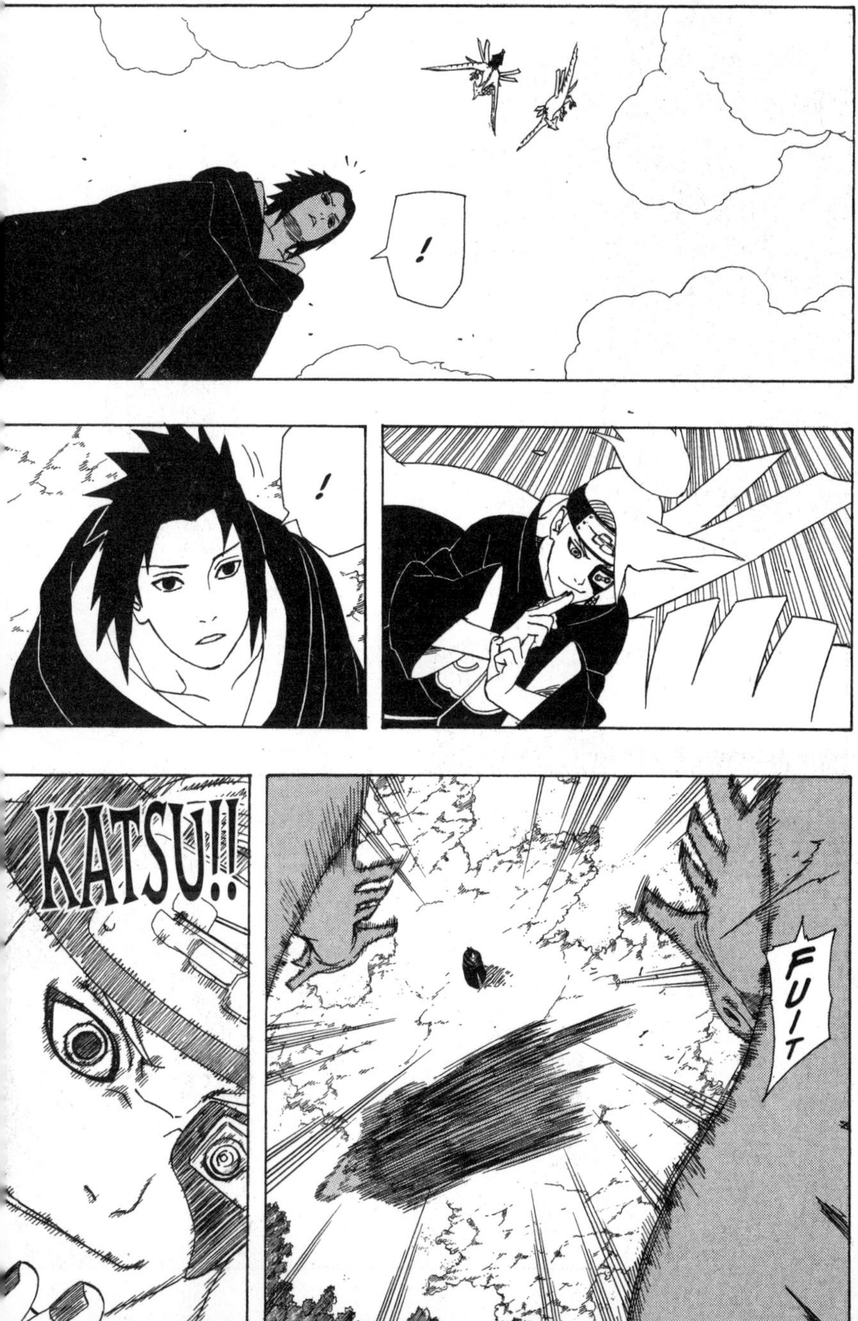
!
!
KATSU!!
FUIT

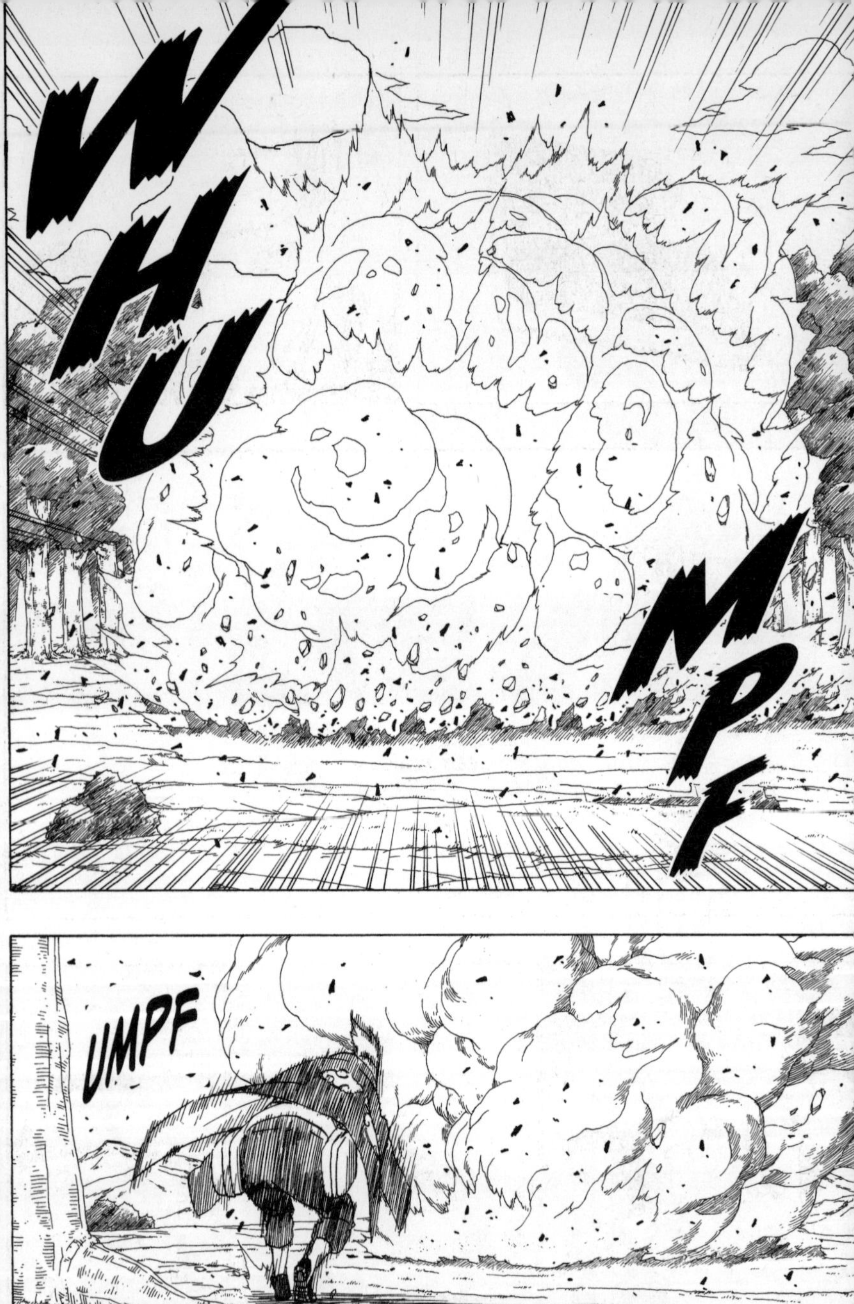
WHUMPF
UMPF

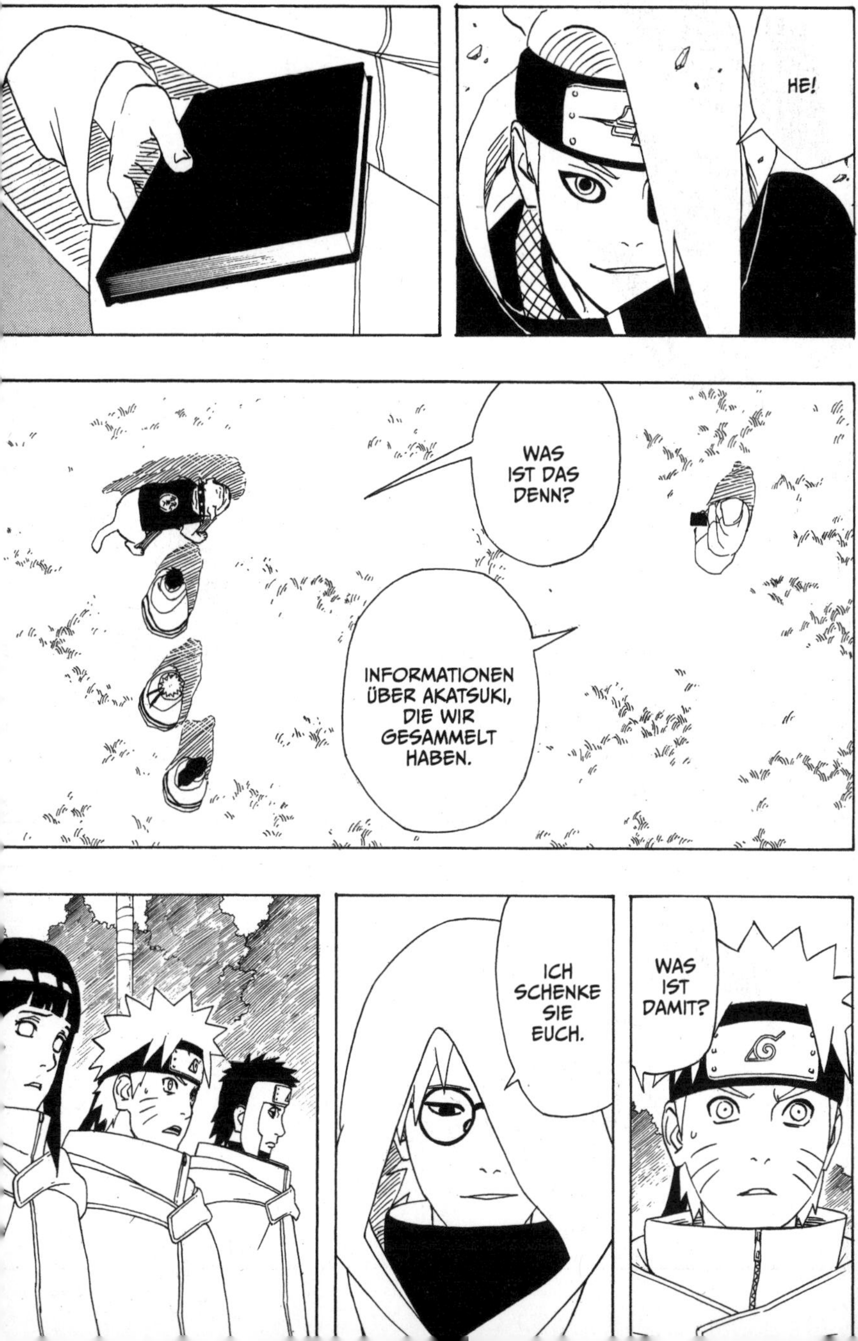
HE!
WAS IST DAS DENN?
INFORMATIONEN ÜBER AKATSUKI, DIE WIR GESAMMELT HABEN.
WAS IST DAMIT?
ICH SCHENKE SIE EUCH.

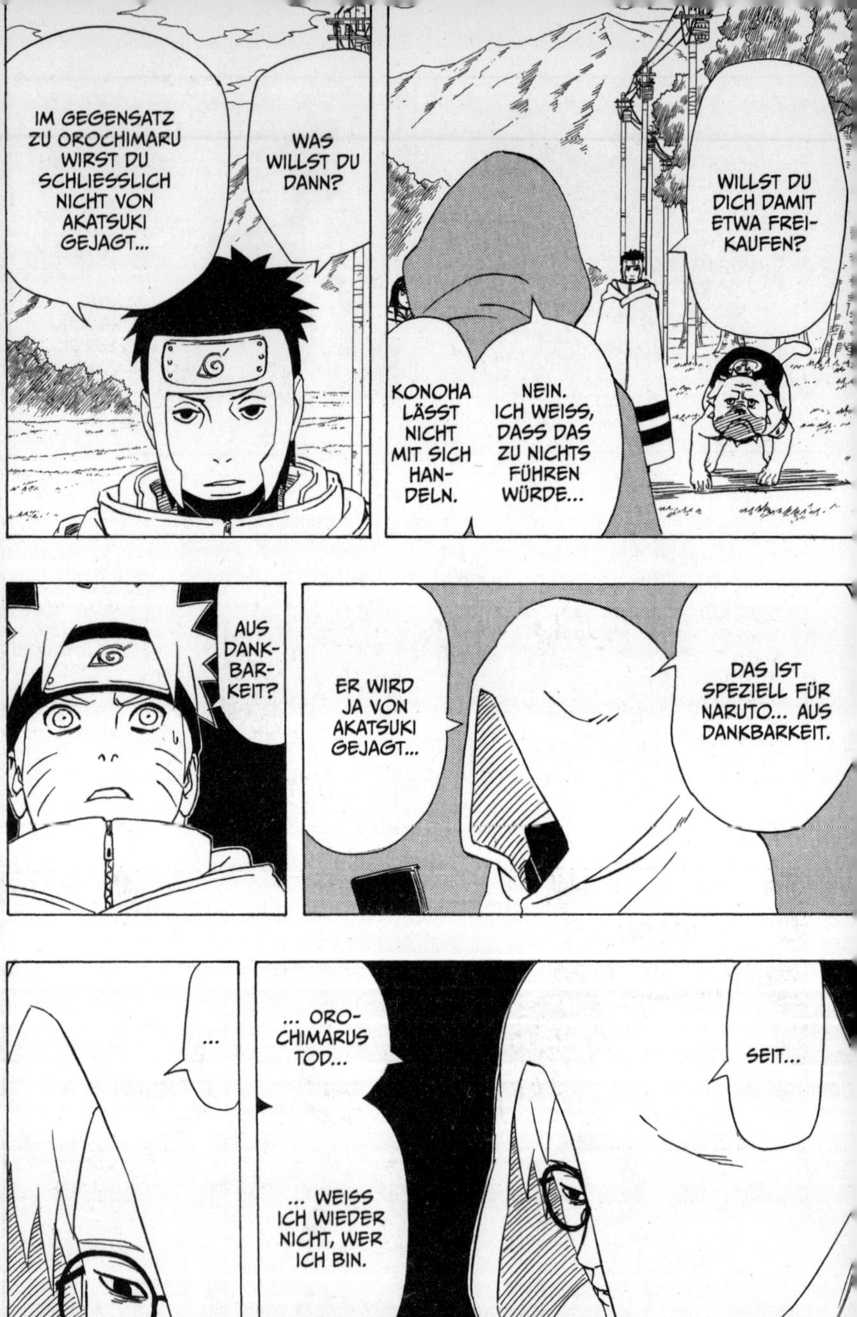
WILLST DU DICH DAMIT ETWA FREIKAUFEN?
NEIN. ICH WEISS, DASS DAS ZU NICHTS FÜHREN WÜRDE...
KONOHA LÄSST NICHT MIT SICH HANDELN.
WAS WILLST DU DANN?
IM GEGENSATZ ZU OROCHIMARU WIRST DU SCHLIESSLICH NICHT VON AKATSUKI GEJAGT...
DAS IST SPEZIELL FÜR NARUTO... AUS DANKBARKEIT.
ER WIRD JA VON AKATSUKI GEJAGT...
AUS DANKBARKEIT?
SEIT...
... OROCHIMARUS TOD...
... WEISS ICH WIEDER NICHT, WER ICH BIN.
...

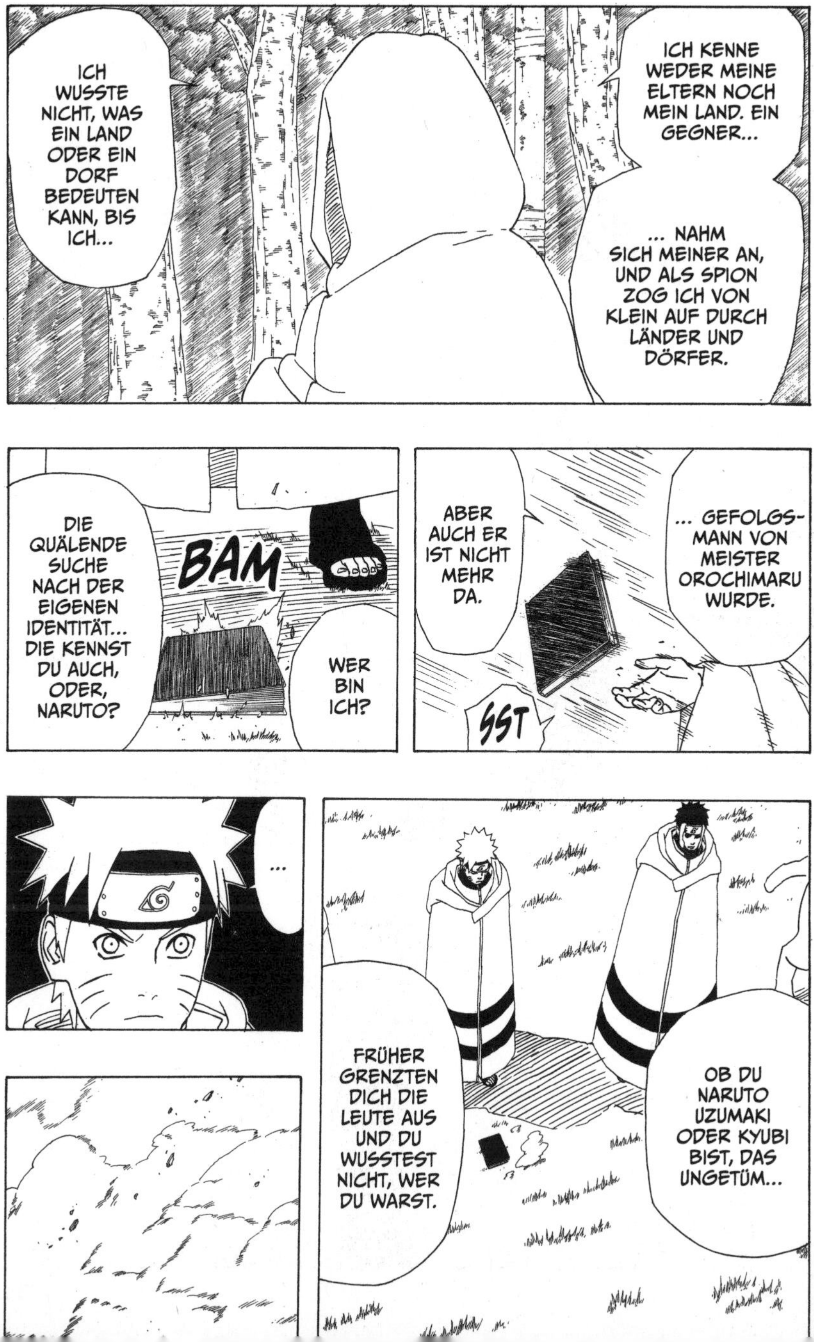
ICH KENNE WEDER MEINE ELTERN NOCH MEIN LAND. EIN GEGNER...
... NAHM SICH MEINER AN, UND ALS SPION ZOG ICH VON KLEIN AUF DURCH LÄNDER UND DÖRFER.
ICH WUSSTE NICHT, WAS EIN LAND ODER EIN DORF BEDEUTEN KANN, BIS ICH...
... GEFOLGSMANN VON MEISTER OROCHIMARU WURDE.
ABER AUCH ER IST NICHT MEHR DA.
SST
BAM
WER BIN ICH?
DIE QUÄLENDE SUCHE NACH DER EIGENEN IDENTITÄT... DIE KENNST DU AUCH, ODER, NARUTO?
OB DU NARUTO UZUMAKI ODER KYUBI BIST, DAS UNGETÜM...
FRÜHER GRENZTEN DICH DIE LEUTE AUS UND DU WUSSTEST NICHT, WER DU WARST.
...

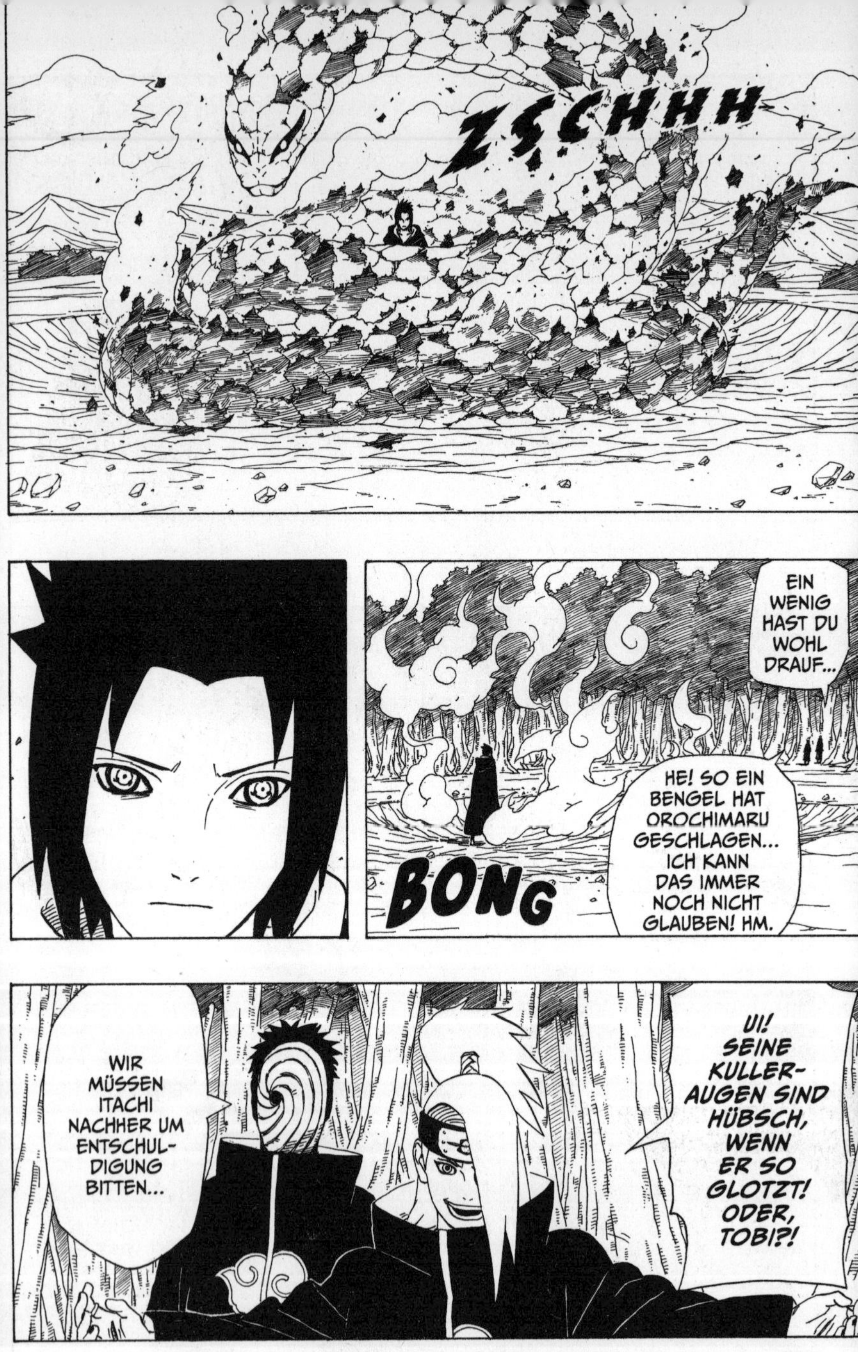
ZSCHHH
EIN WENIG HAST DU WOHL DRAUF...
HE! SO EIN BENGEL HAT OROCHIMARU GESCHLAGEN... ICH KANN DAS IMMER NOCH NICHT GLAUBEN! HM.
BONG
UI! SEINE KULLER-AUGEN SIND HÜBSCH, WENN ER SO GLOTZT! ODER, TOBI?!
WIR MÜSSEN ITACHI NACHHER UM ENTSCHUL-DIGUNG BITTEN...

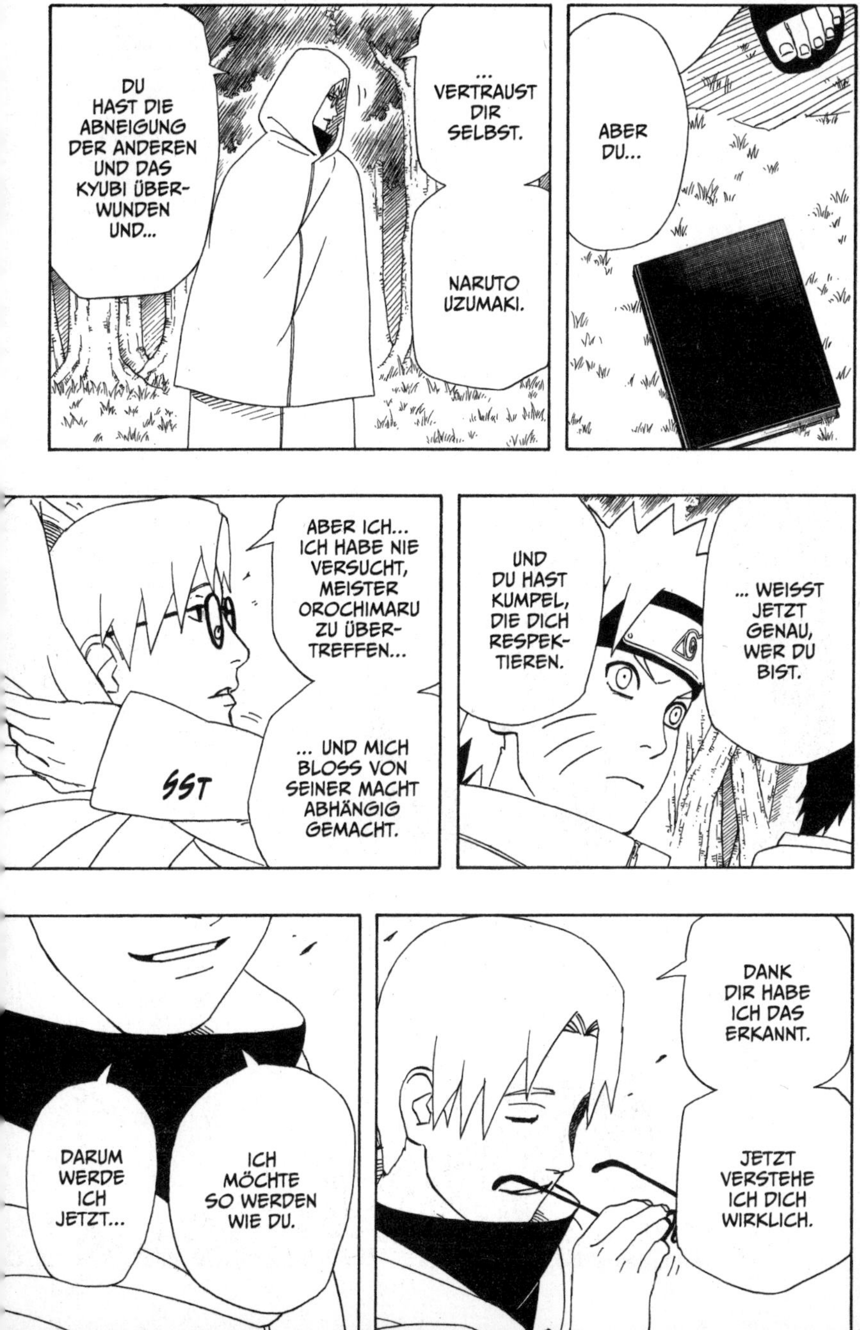

... VERTRAUST DIR SELBST.
NARUTO UZUMAKI.
DU HAST DIE ABNEIGUNG DER ANDEREN UND DAS KYUBI ÜBER-WUNDEN UND...
ABER DU...
... WEISST JETZT GENAU, WER DU BIST.
UND DU HAST KUMPEL, DIE DICH RESPEK-TIEREN.
ABER ICH... ICH HABE NIE VERSUCHT, MEISTER OROCHIMARU ZU ÜBER-TREFFEN...
... UND MICH BLOSS VON SEINER MACHT ABHÄNGIG GEMACHT.
SST
DANK DIR HABE ICH DAS ERKANNT.
JETZT VERSTEHE ICH DICH WIRKLICH.
ICH MÖCHTE SO WERDEN WIE DU.
DARUM WERDE ICH JETZT...

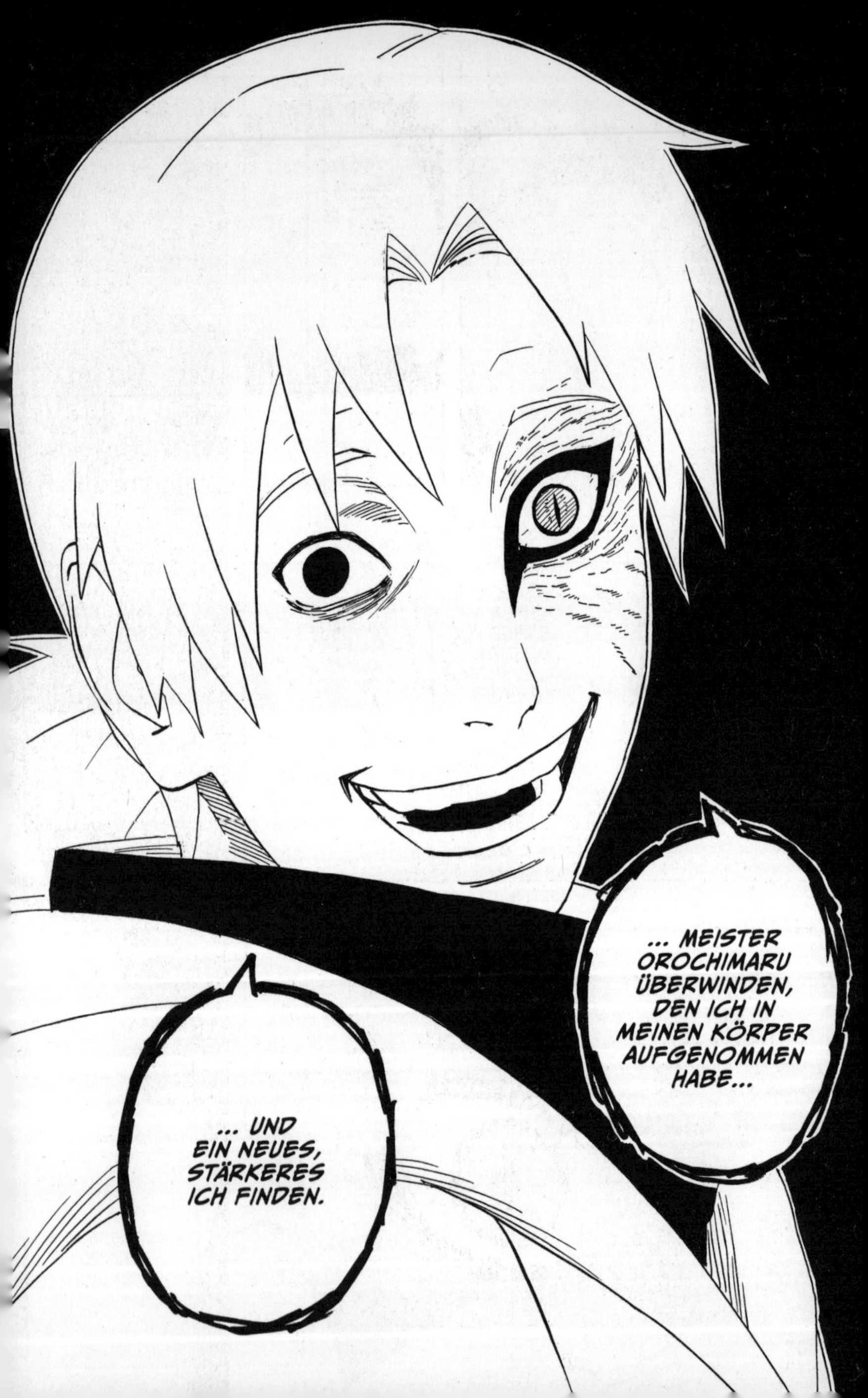
... MEISTER OROCHIMARU ÜBERWINDEN, DEN ICH IN MEINEN KÖRPER AUFGENOMMEN HABE...
... UND EIN NEUES, STÄRKERES ICH FINDEN.

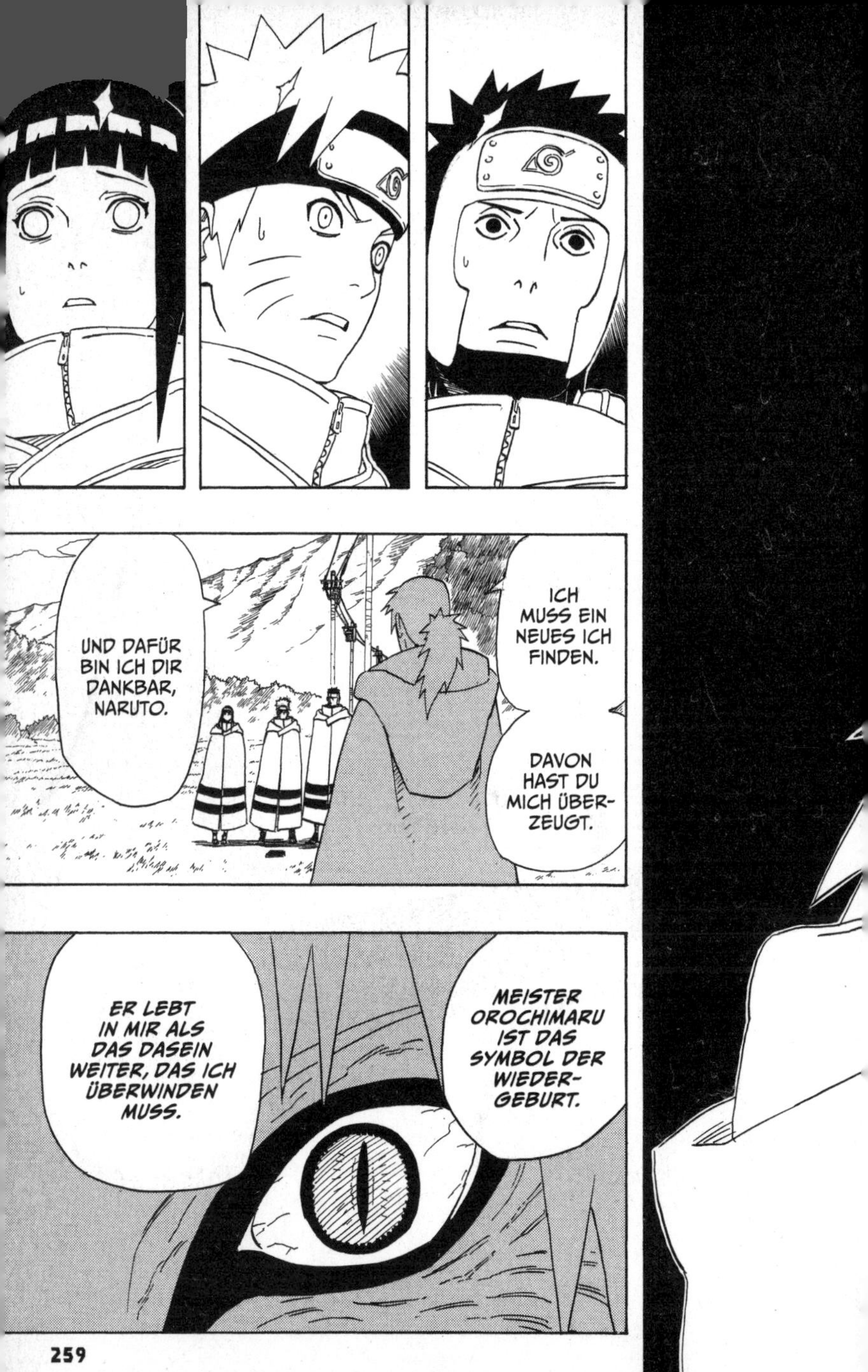
ICH MUSS EIN NEUES ICH FINDEN.
DAVON HAST DU MICH ÜBERZEUGT.
UND DAFÜR BIN ICH DIR DANKBAR, NARUTO.
MEISTER OROCHIMARU IST DAS SYMBOL DER WIEDERGEBURT.
ER LEBT IN MIR ALS DAS DASEIN WEITER, DAS ICH ÜBERWINDEN MUSS.

NARUTO

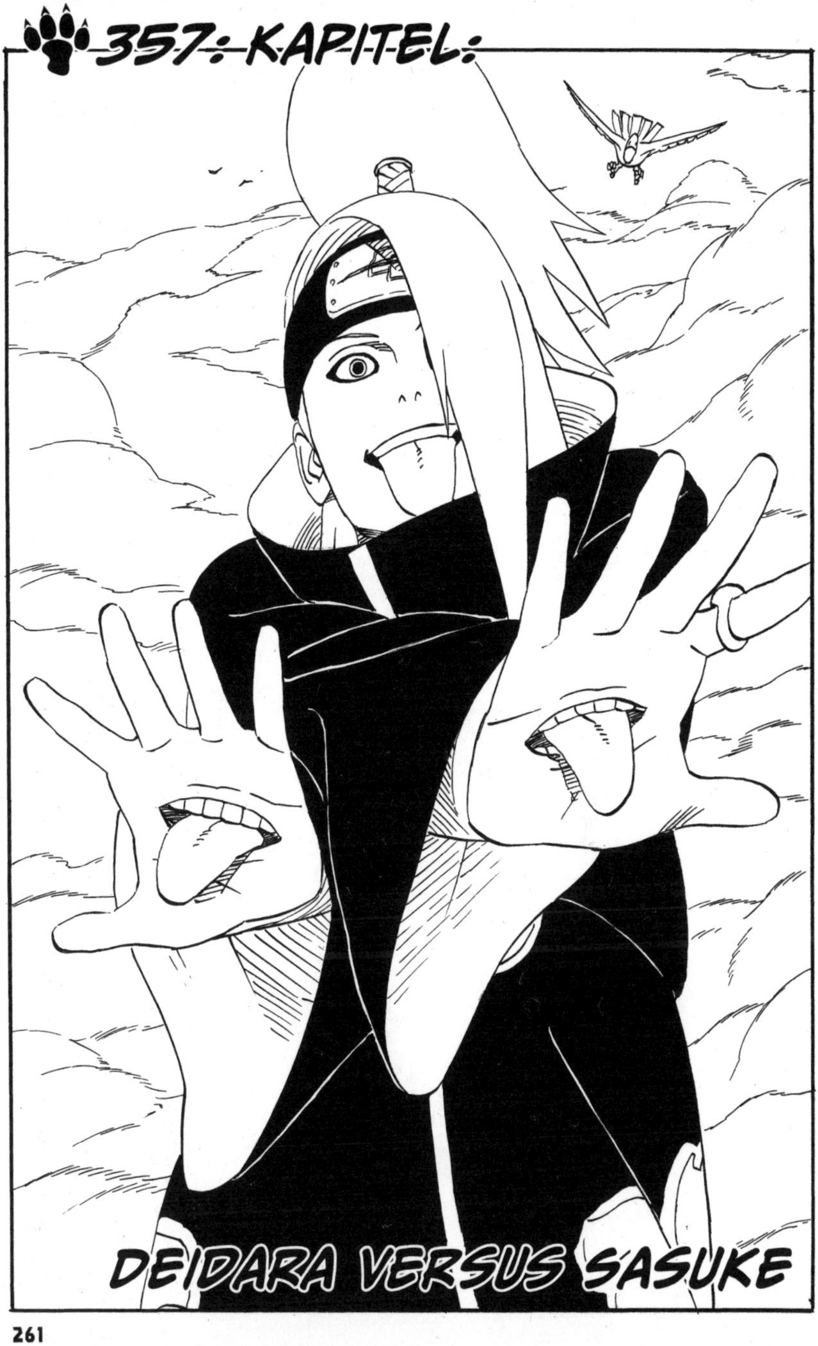
357: KAPITEL:
DEIDARA VERSUS SASUKE

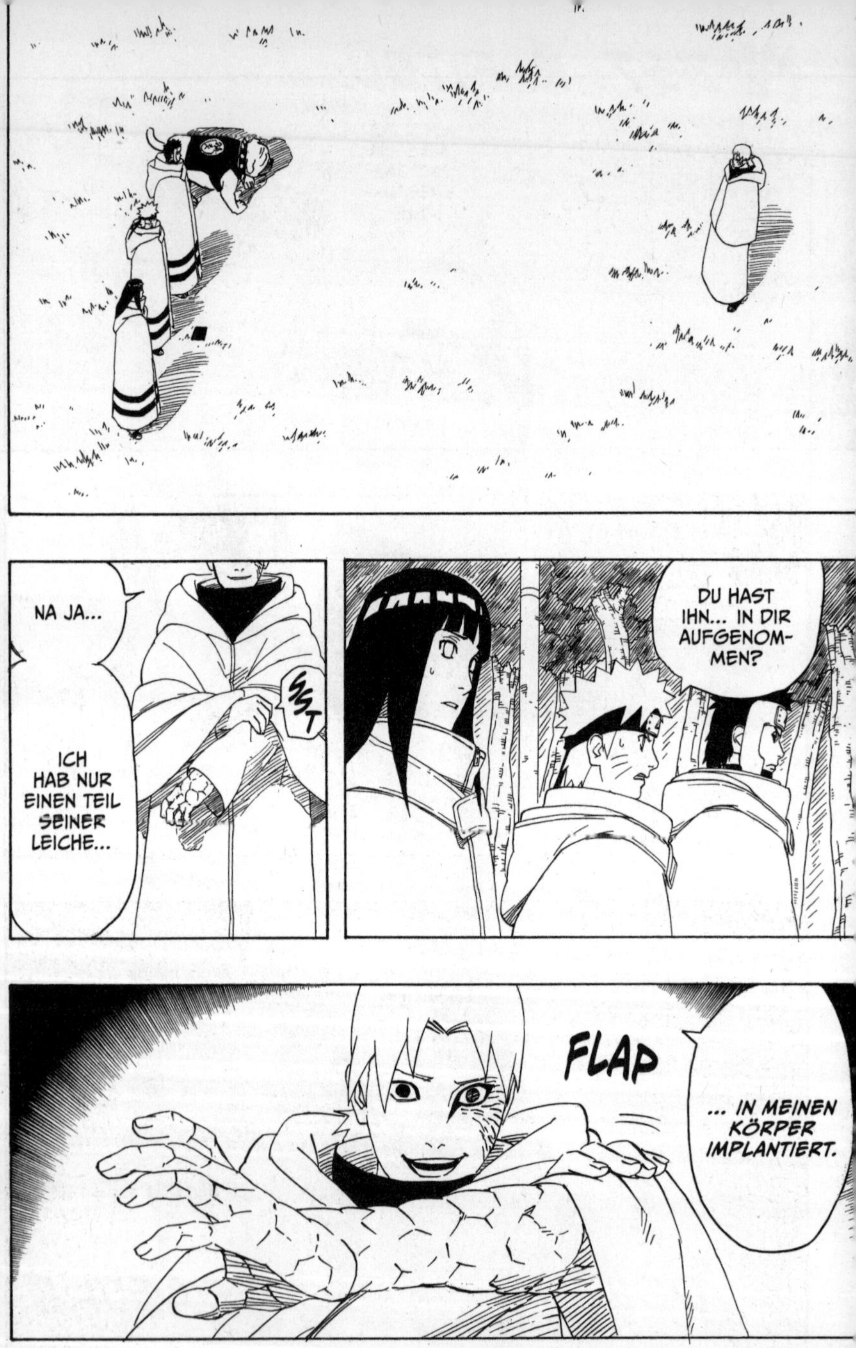
DU HAST IHN... IN DIR AUFGENOMMEN?
NA JA...
WST
ICH HAB NUR EINEN TEIL SEINER LEICHE...
FLAP
... IN MEINEN KÖRPER IMPLANTIERT.

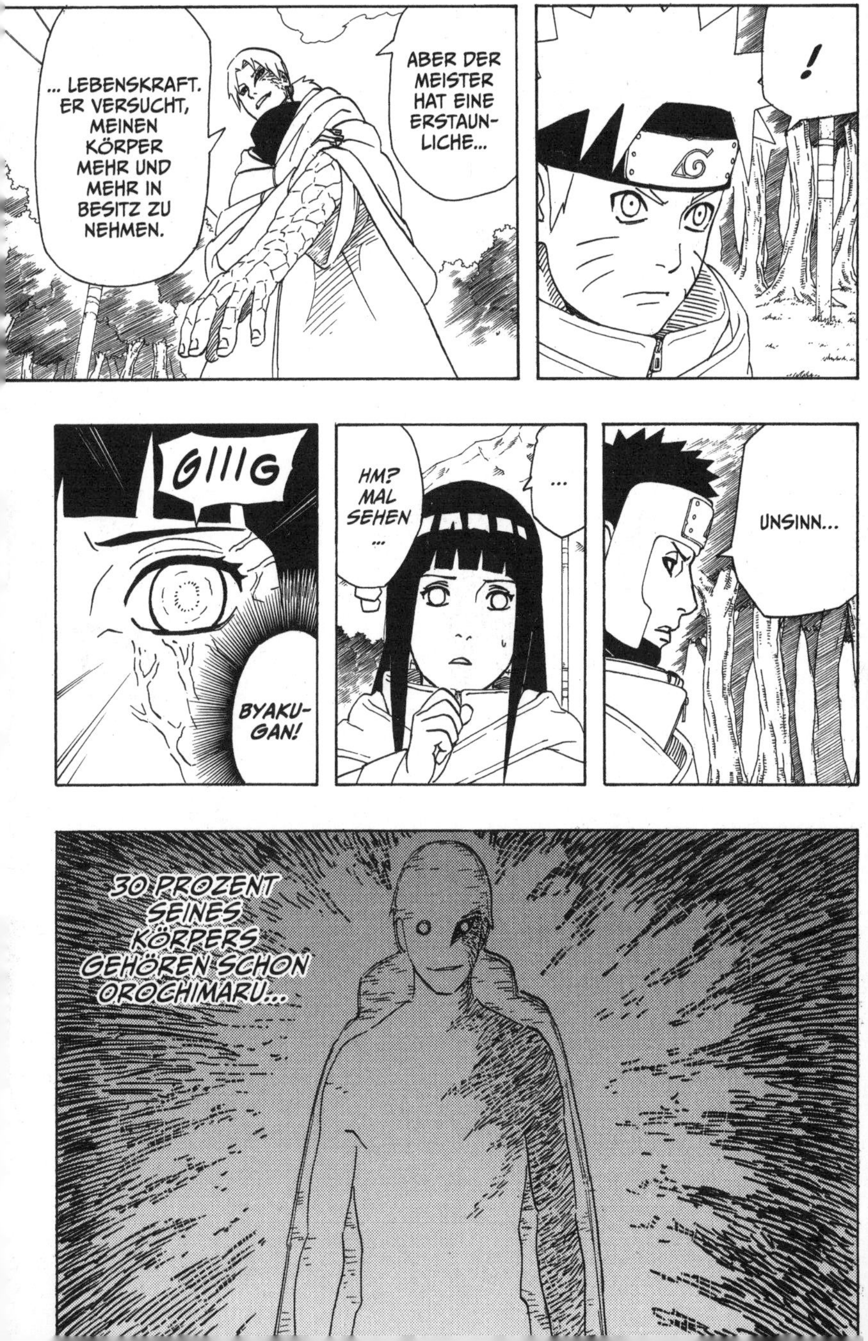
!
ABER DER MEISTER HAT EINE ERSTAUN-LICHE...
... LEBENSKRAFT. ER VERSUCHT, MEINEN KÖRPER MEHR UND MEHR IN BESITZ ZU NEHMEN.
UNSINN...
...
HM? MAL SEHEN ...
GIIIG
BYAKU-GAN!
30 PROZENT SEINES KÖRPERS GEHÖREN SCHON OROCHIMARU...

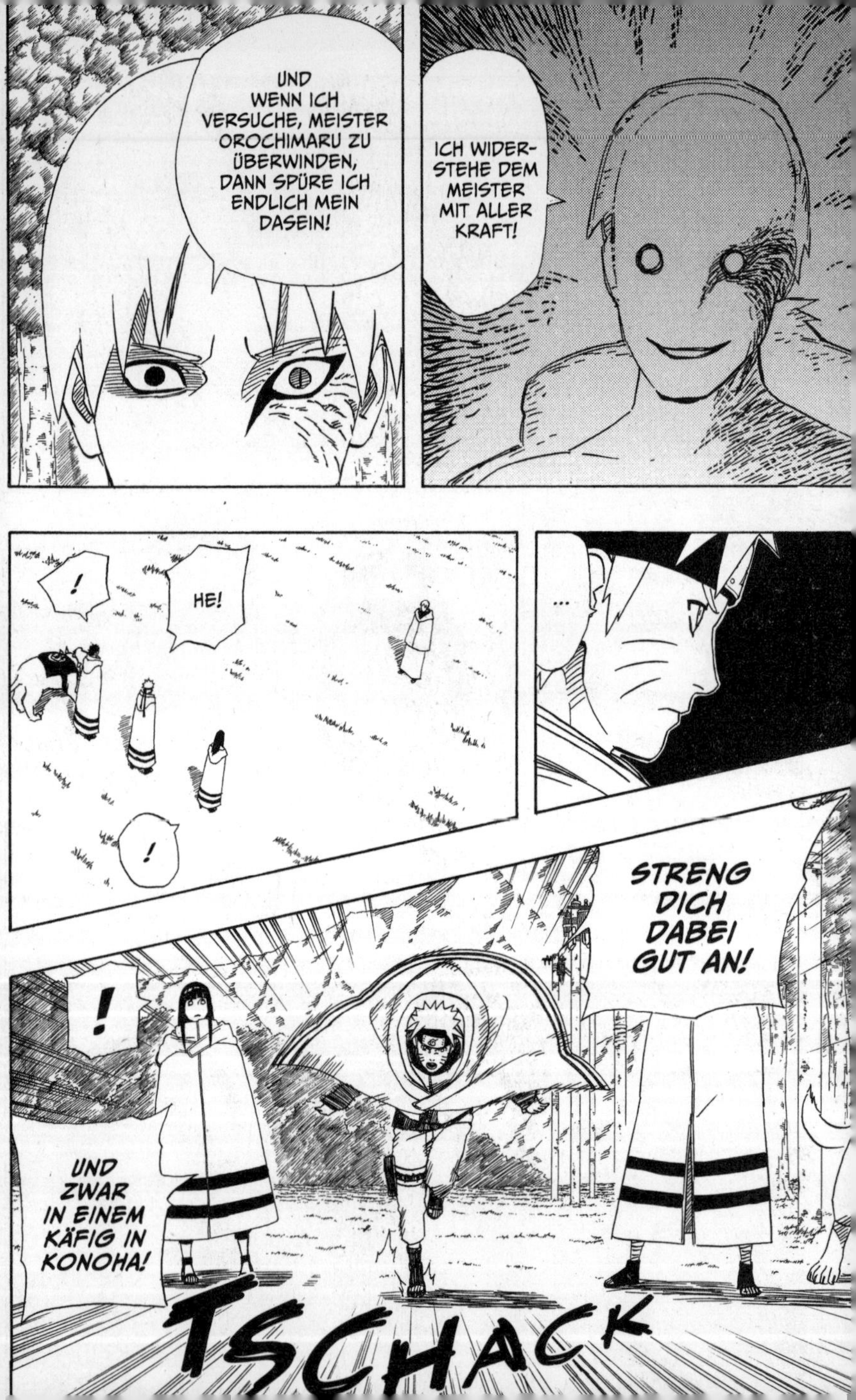
ICH WIDER-STEHE DEM MEISTER MIT ALLER KRAFT!
UND WENN ICH VERSUCHE, MEISTER OROCHIMARU ZU ÜBERWINDEN, DANN SPÜRE ICH ENDLICH MEIN DASEIN!
...
HE!
!
!
STRENG DICH DABEI GUT AN!
!
UND ZWAR IN EINEM KÄFIG IN KONOHA!
TSCHACK

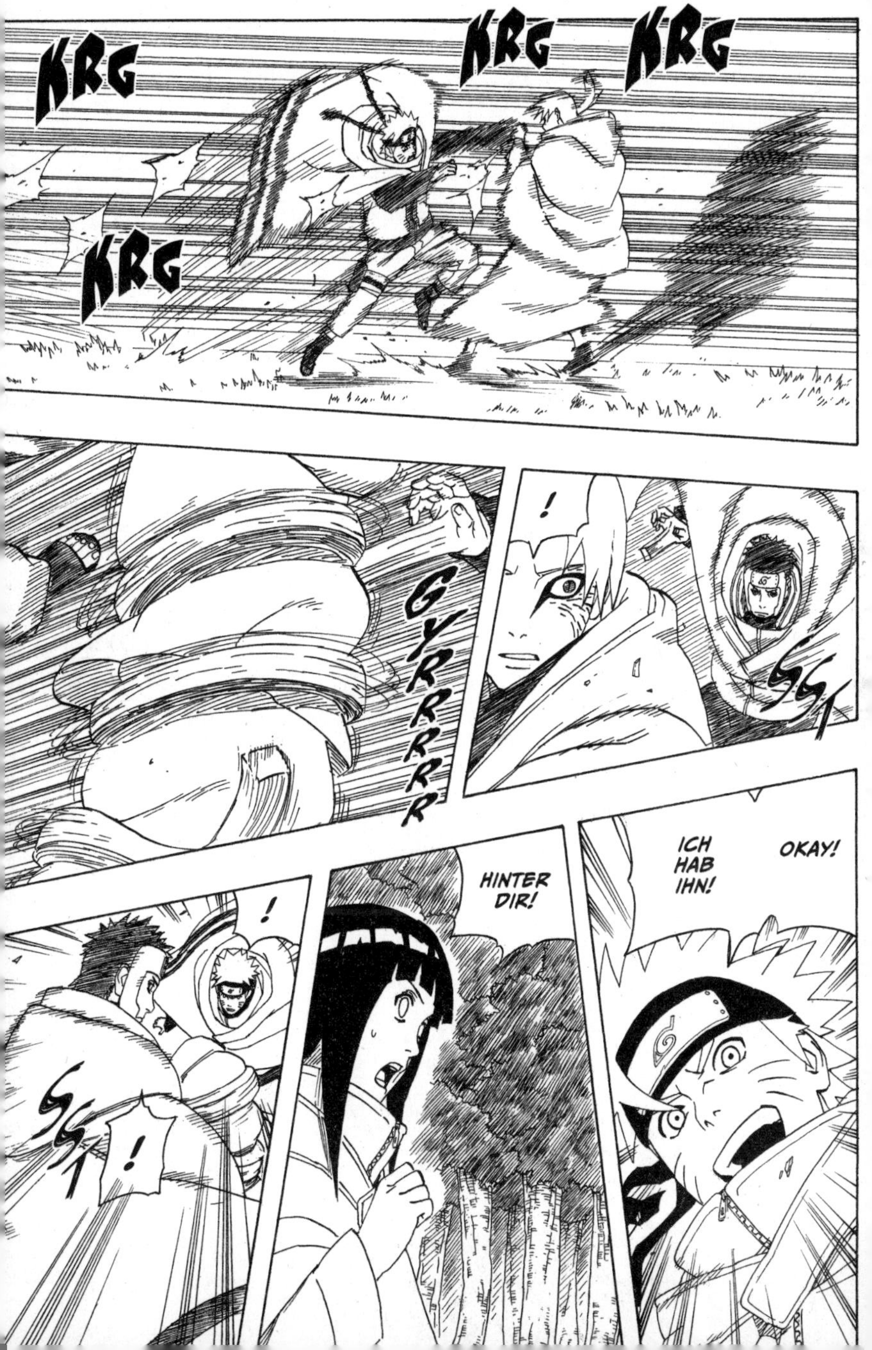
KRG
KRG
KRG
KRG
!
SST
GYRRRRR
OKAY!
ICH HAB IHN!
HINTER DIR!
!
SST
!

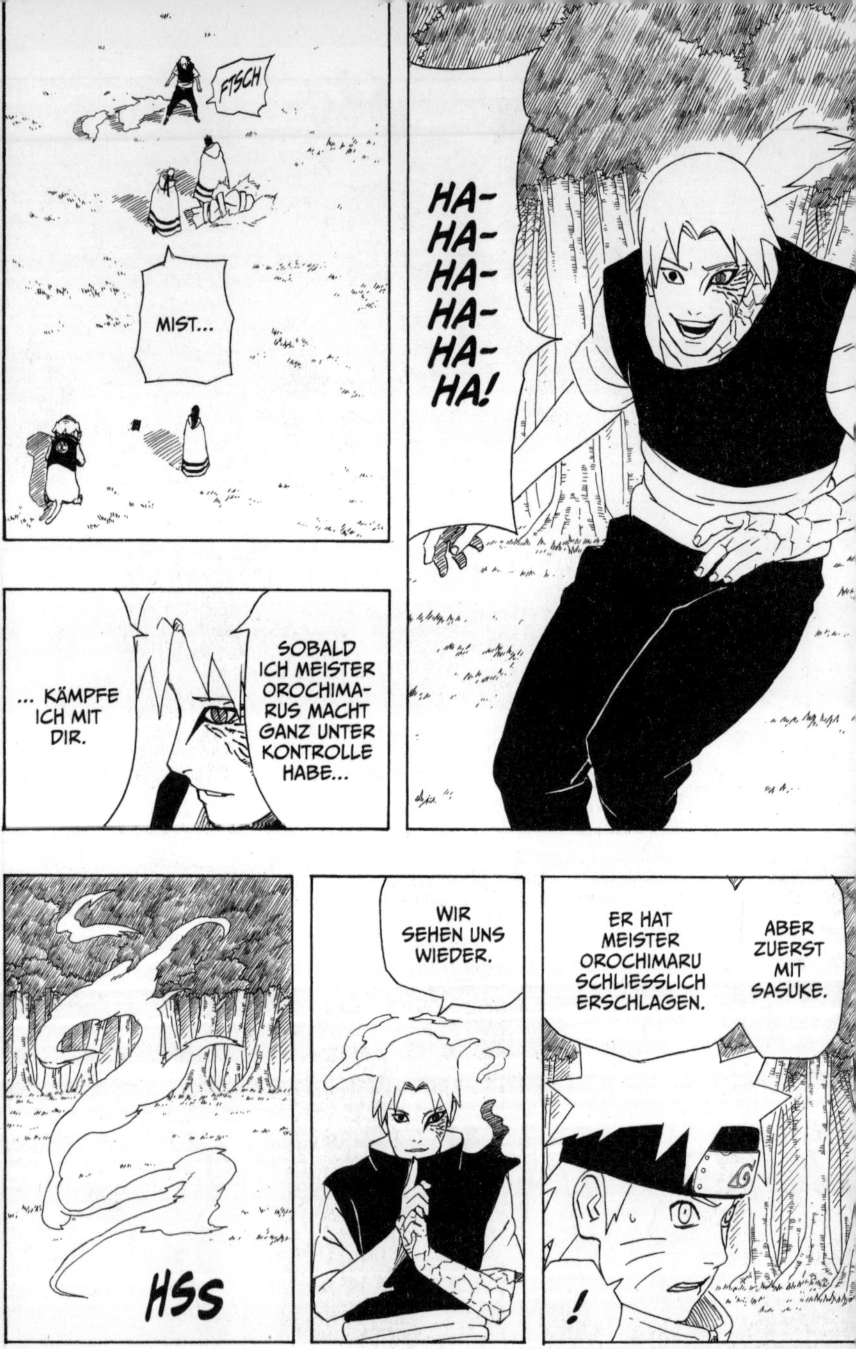
HA-
HA-
HA-
HA-
HA-
HA!
FTSCH
MIST...
SOBALD ICH MEISTER OROCHIMARUS MACHT GANZ UNTER KONTROLLE HABE...
... KÄMPFE ICH MIT DIR.
ABER ZUERST MIT SASUKE.
ER HAT MEISTER OROCHIMARU SCHLIESSLICH ERSCHLAGEN.
!
WIR SEHEN UNS WIEDER.
HSS

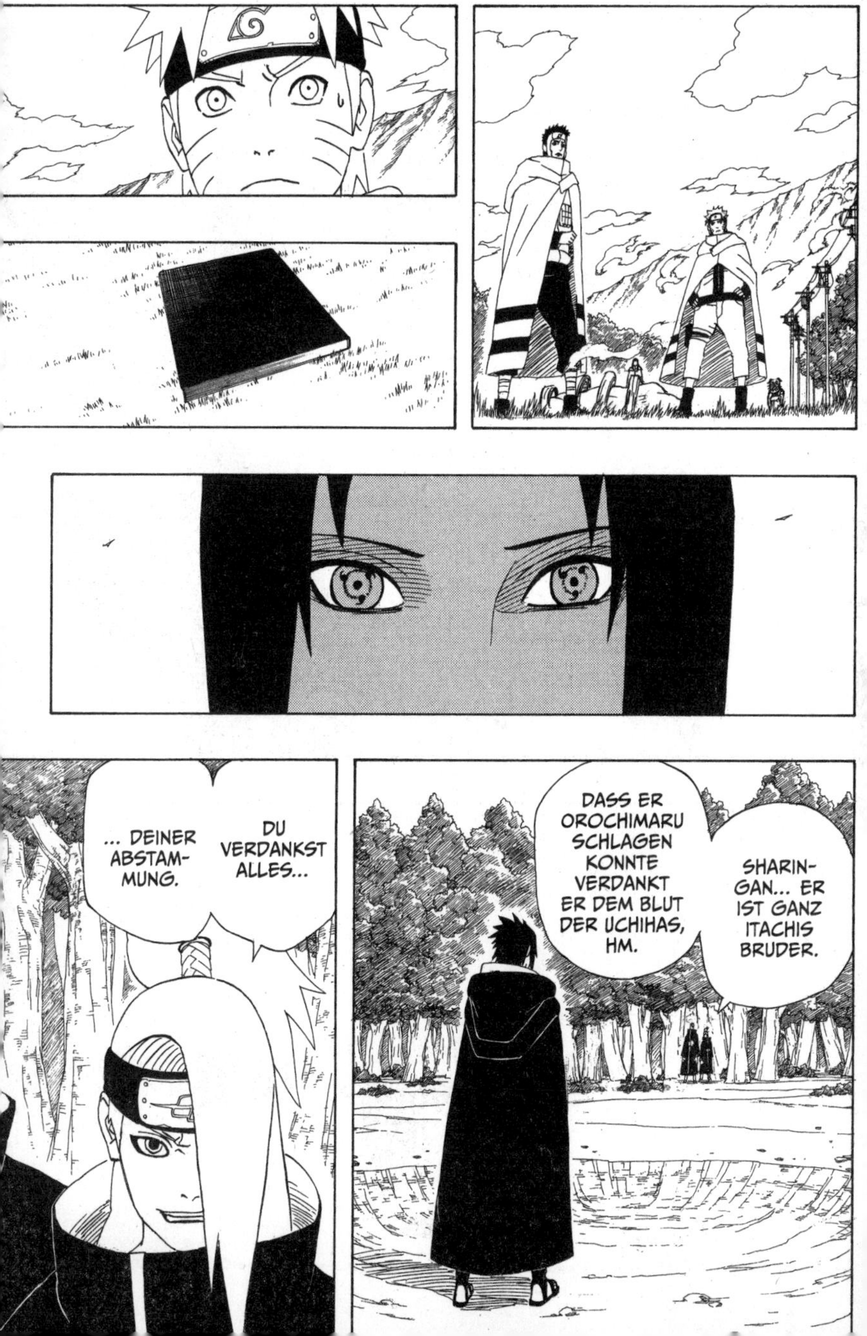
SHARIN-GAN... ER IST GANZ ITACHIS BRUDER.
DASS ER OROCHIMARU SCHLAGEN KONNTE VERDANKT ER DEM BLUT DER UCHIHAS, HM.
DU VERDANKST ALLES...
... DEINER ABSTAM-MUNG.

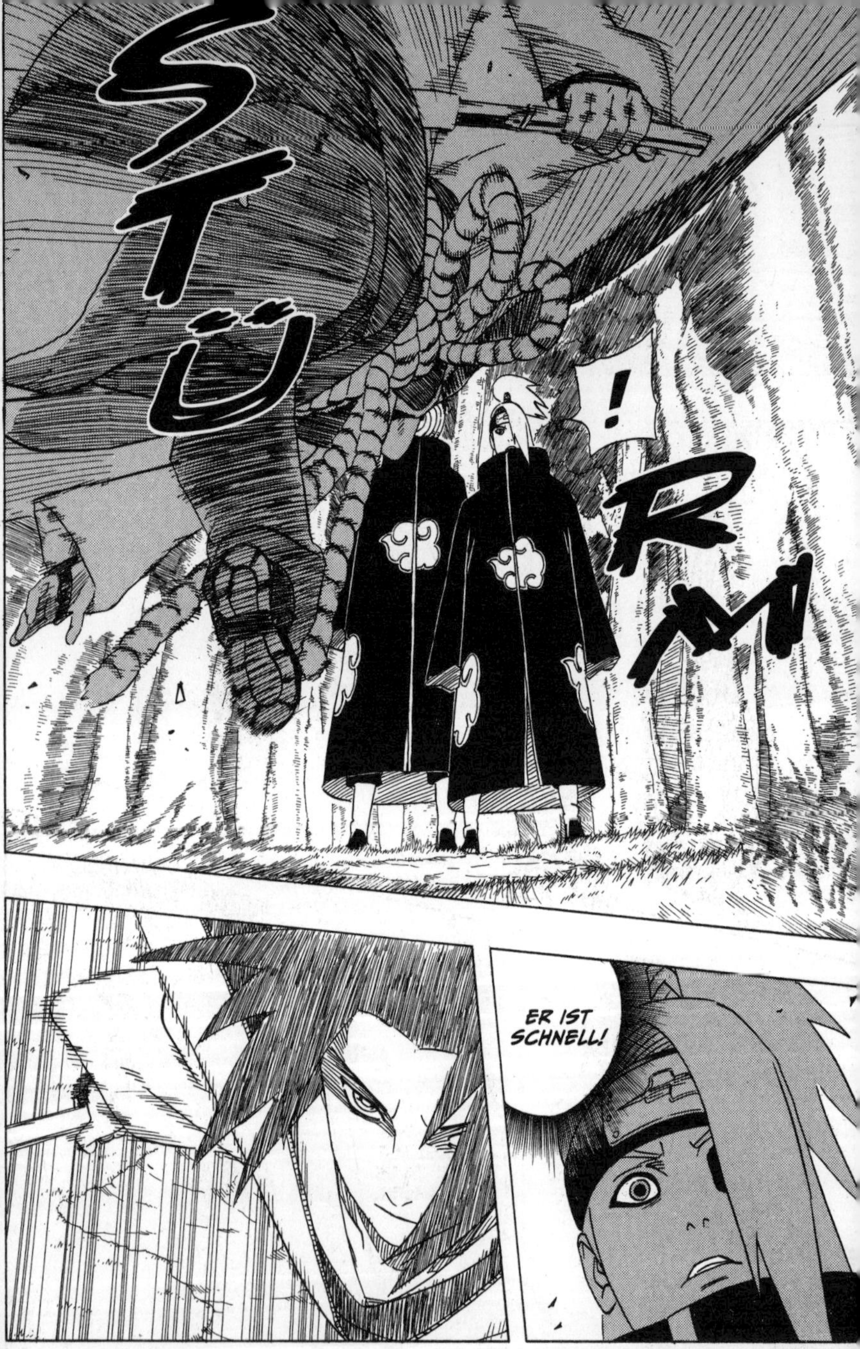
!
ER IST SCHNELL!

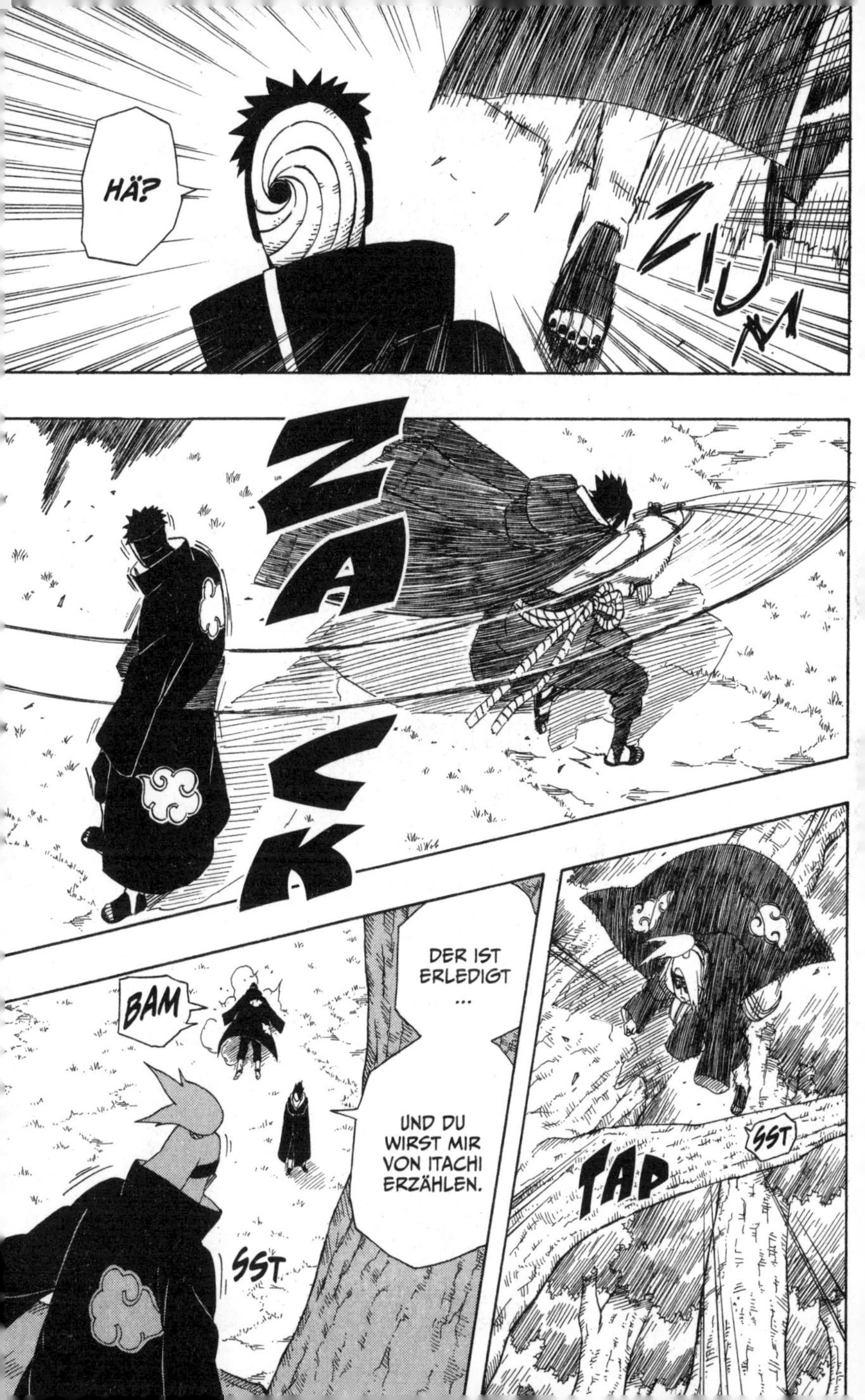
ZIUM
HÄ?
ZACK
SST
TAP
DER IST ERLEDIGT ...
UND DU WIRST MIR VON ITACHI ERZÄHLEN.
BAM
SST

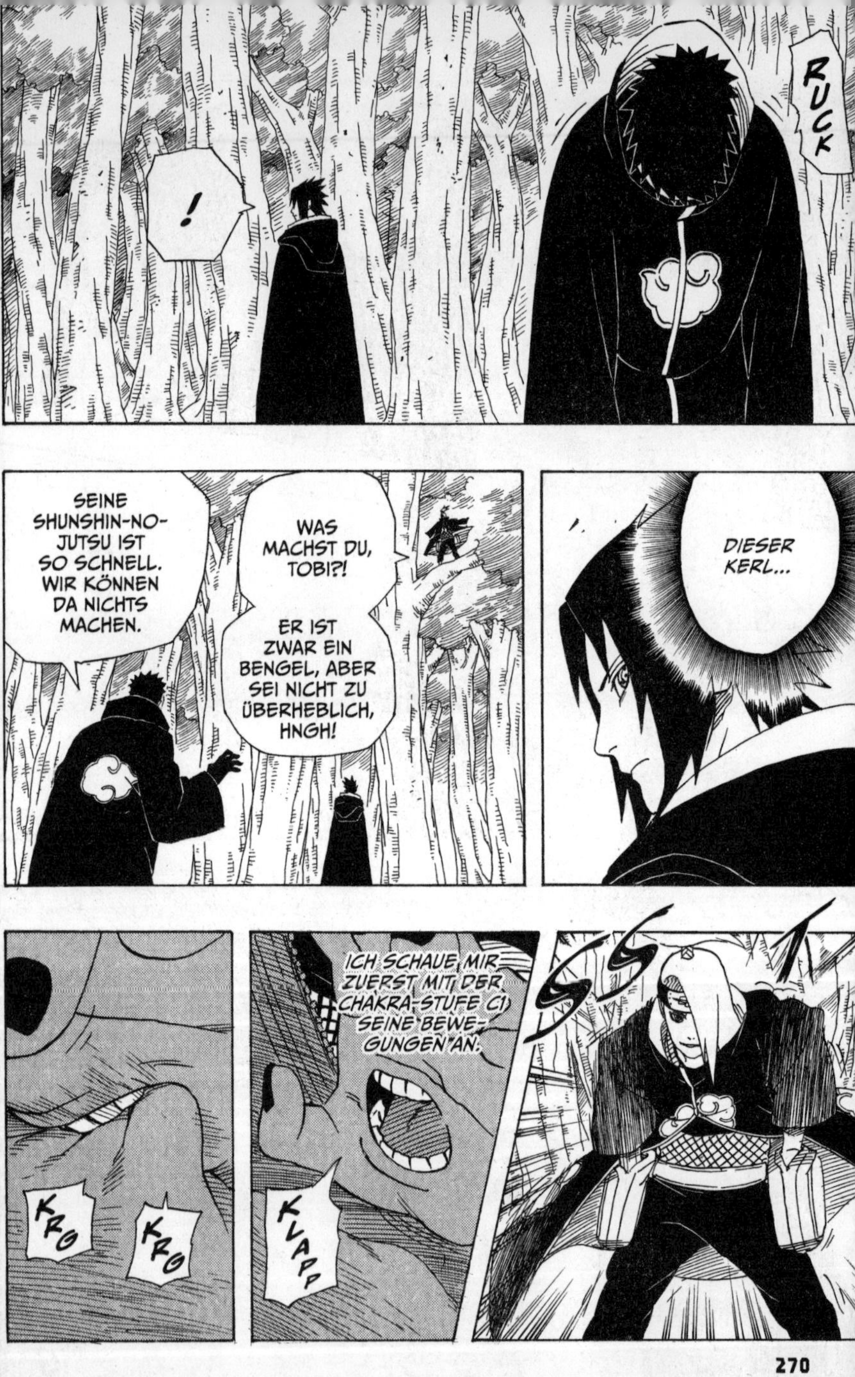
RUCK
!
DIESER KERL...
WAS MACHST DU, TOBI?!
ER IST ZWAR EIN BENGEL, ABER SEI NICHT ZU ÜBERHEBLICH, HNGH!
SEINE SHUNSHIN-NO-JUTSU IST SO SCHNELL. WIR KÖNNEN DA NICHTS MACHEN.
ICH SCHAUE MIR ZUERST MIT DER CHAKRA-STUFE C1 SEINE BEWEGUNGEN AN.
KLAPP
KRG
KRG

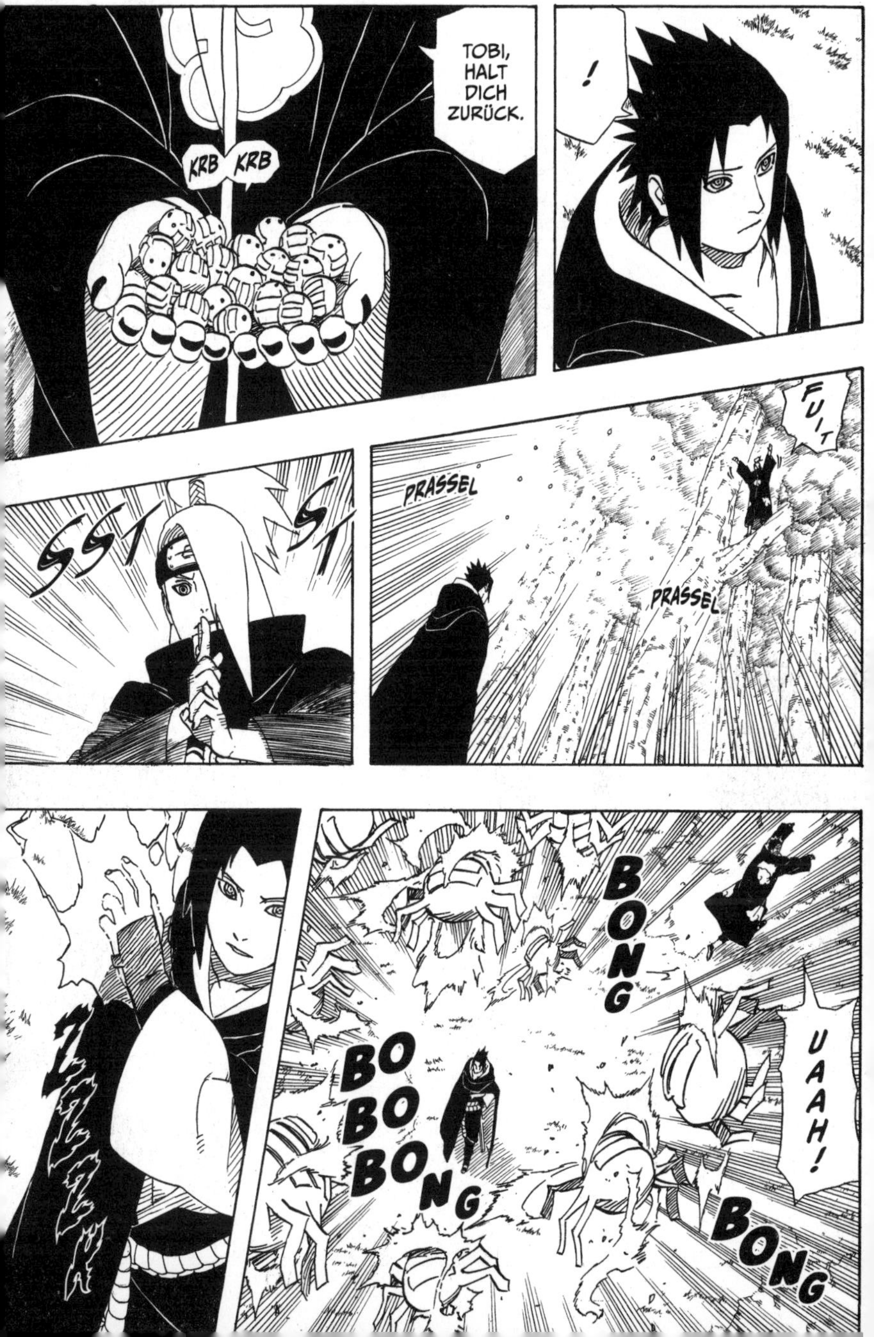
!
TOBI, HALT DICH ZURÜCK.
KRB
KRB
FUIT
PRASSEL
PRASSEL
SST
ST
BONG
UAAH!
BOBOBONG
BONG

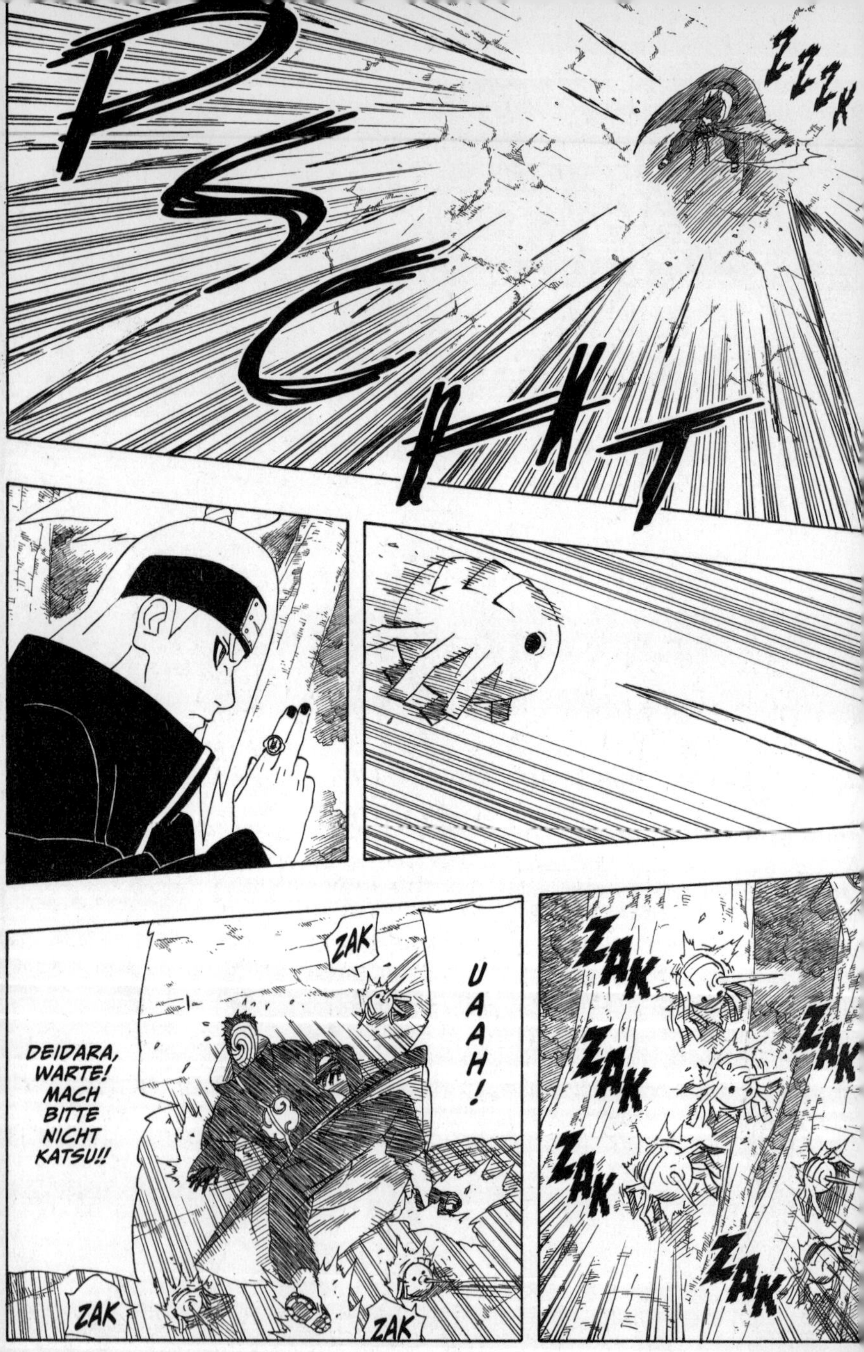
ZZZK
PSCHHT
ZAK
UAAAH!
DEIDARA, WARTE! MACH BITTE NICHT KATSU!!
ZAK
ZAK
ZAK
ZAK
ZAK
ZAK
ZAK

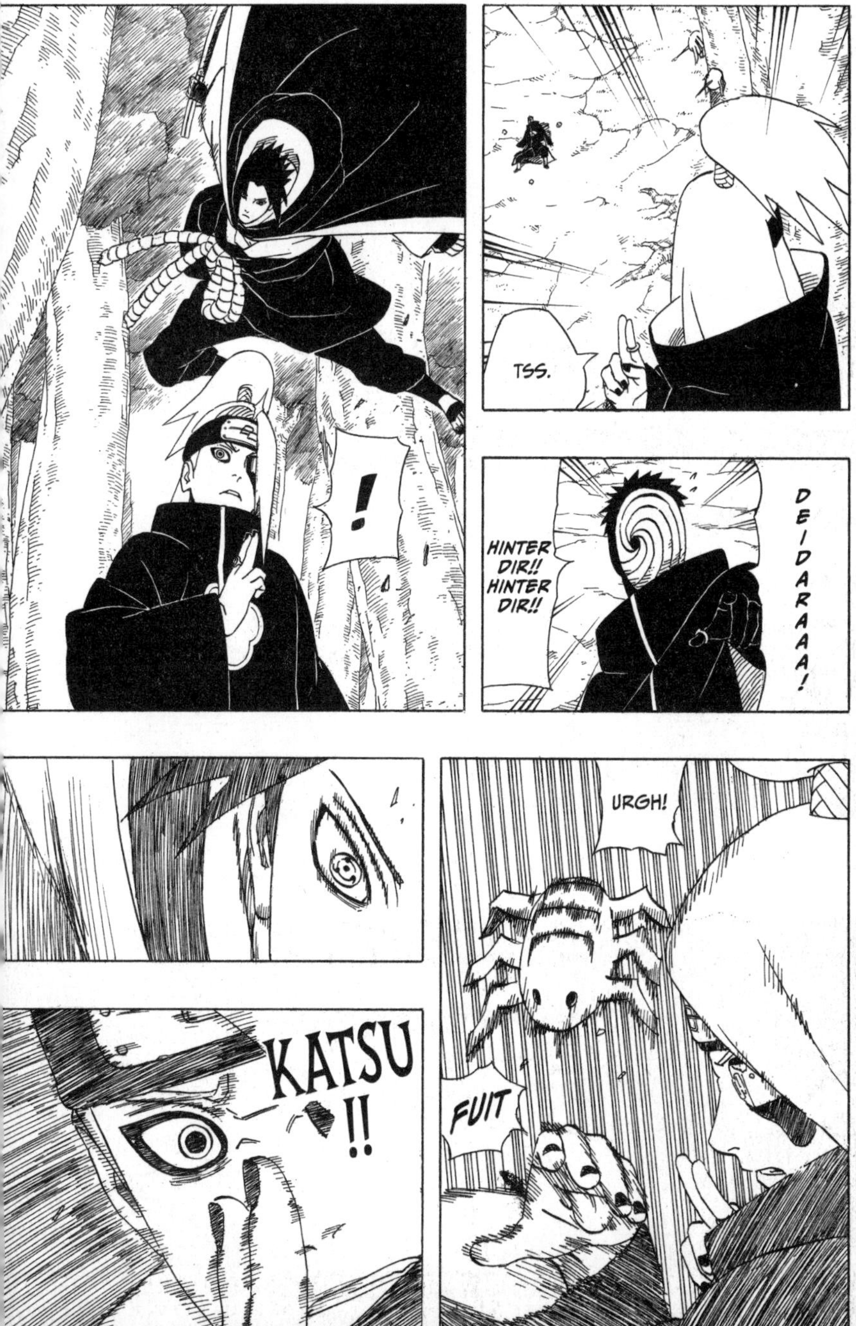
TSS.
HINTER DIR!! HINTER DIR!!
DEIDARAAA!
!
URGH!
FUIT
KATSU!!

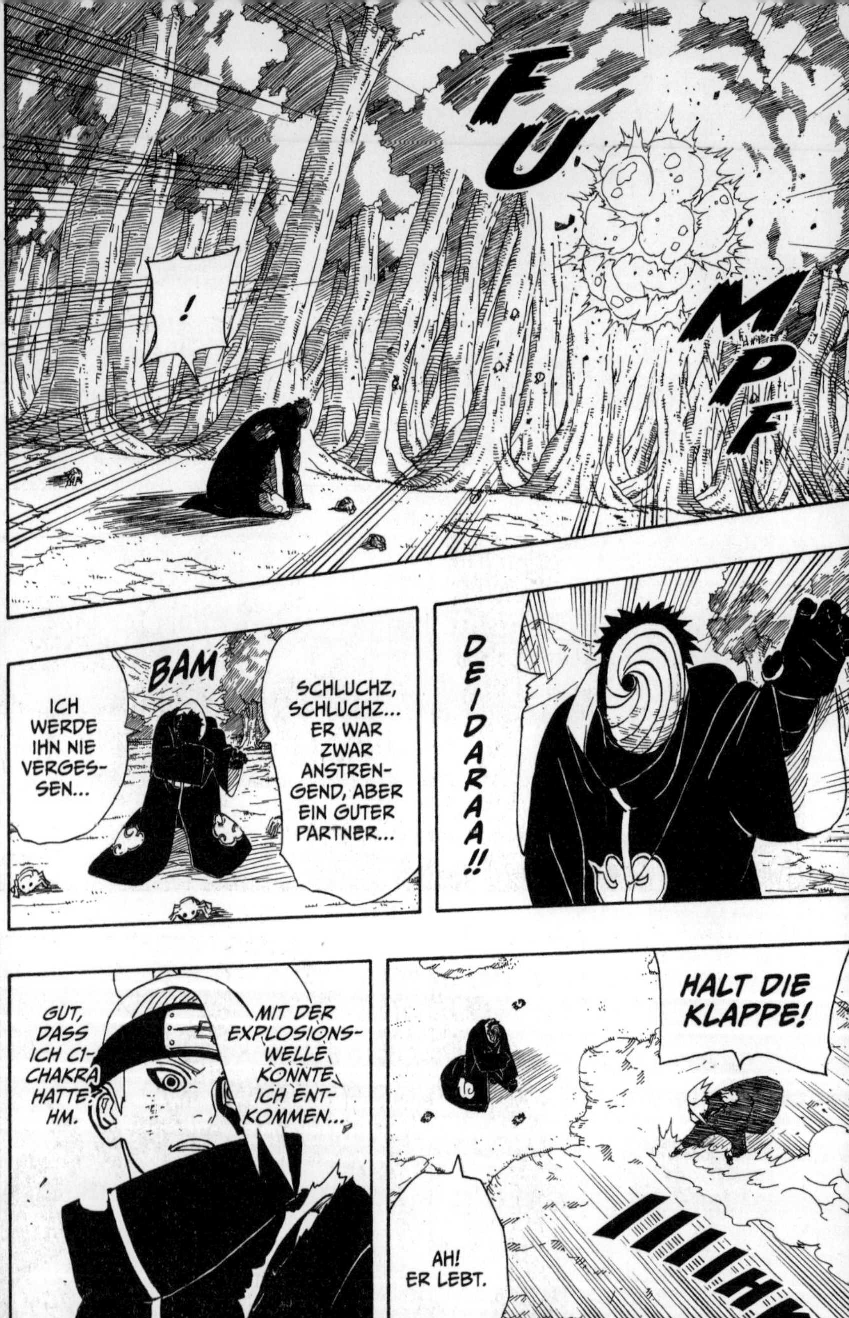
FUMPF
!
DEIDARAA!!
SCHLUCHZ, SCHLUCHZ... ER WAR ZWAR ANSTRENGEND, ABER EIN GUTER PARTNER...
BAM
ICH WERDE IHN NIE VERGESSEN...
HALT DIE KLAPPE!
IIIIHK
AH! ER LEBT.
MIT DER EXPLOSIONSWELLE KONNTE ICH ENTKOMMEN...
GUT, DASS ICH C1-CHAKRA HATTE. HM.

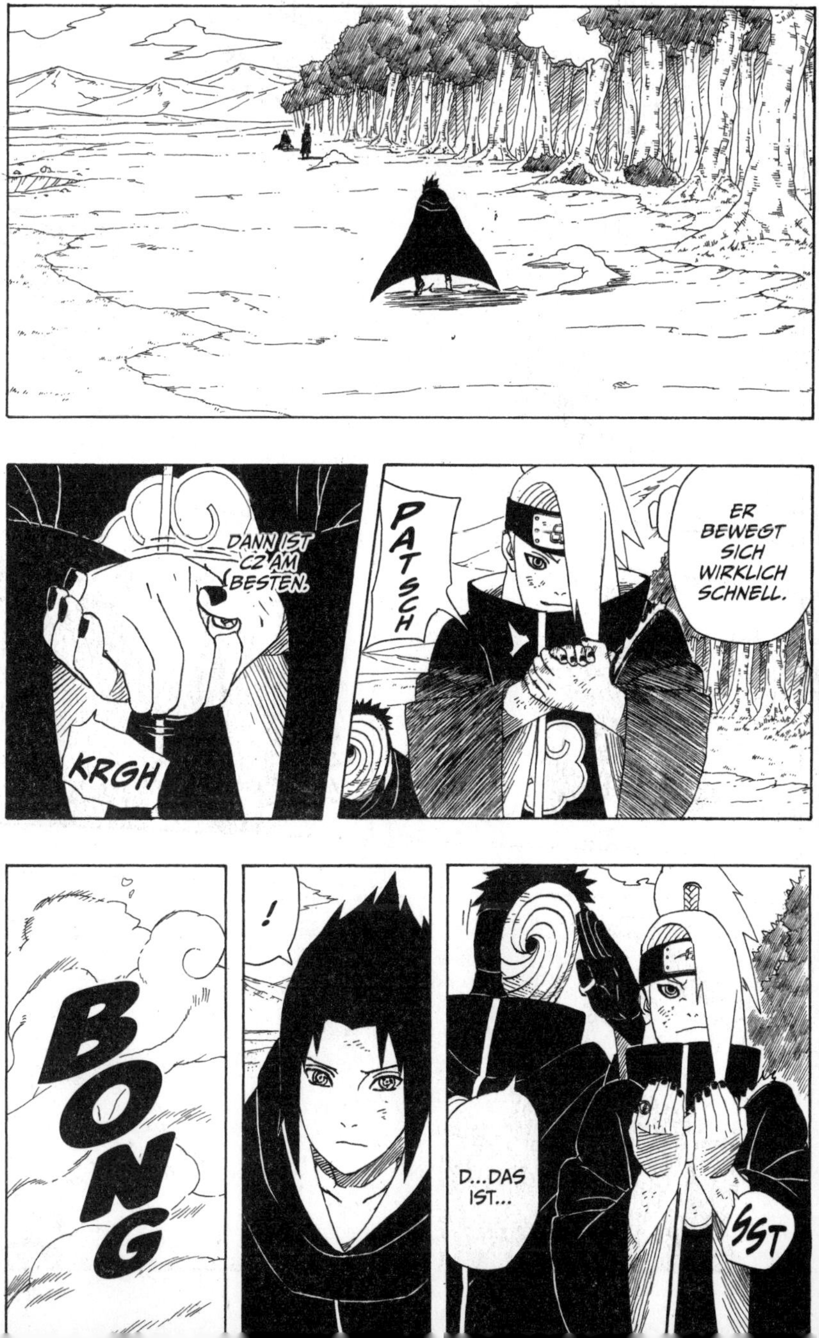

ER BEWEGT SICH WIRKLICH SCHNELL.
PATSCH
DANN IST C2 AM BESTEN.
KRGH
SST
D...DAS IST...
!
BONG

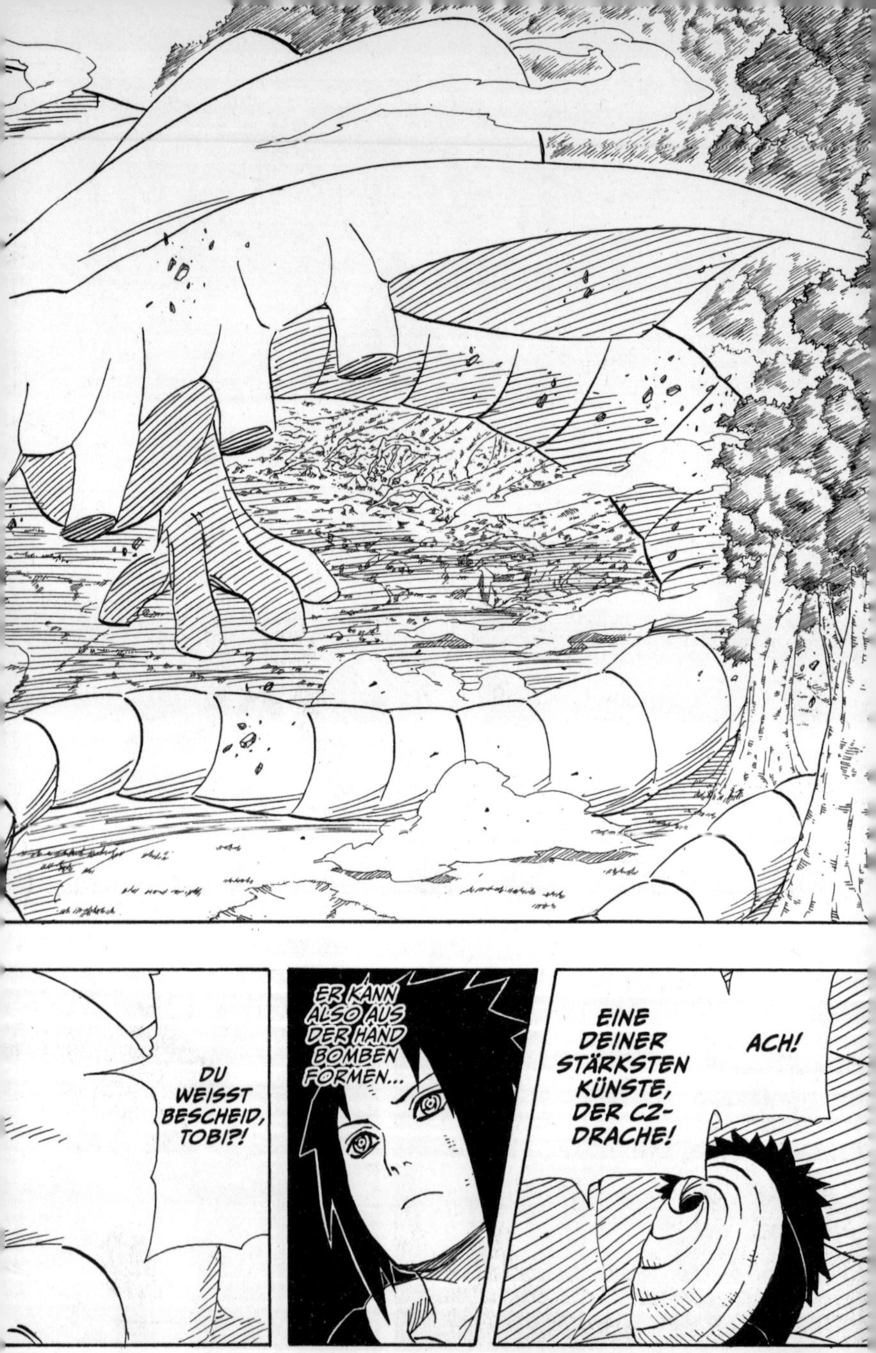
ACH!
EINE DEINER STÄRKSTEN KÜNSTE, DER C2-DRACHE!
ER KANN ALSO AUS DER HAND BOMBEN FORMEN...
DU WEISST BESCHEID, TOBI?!

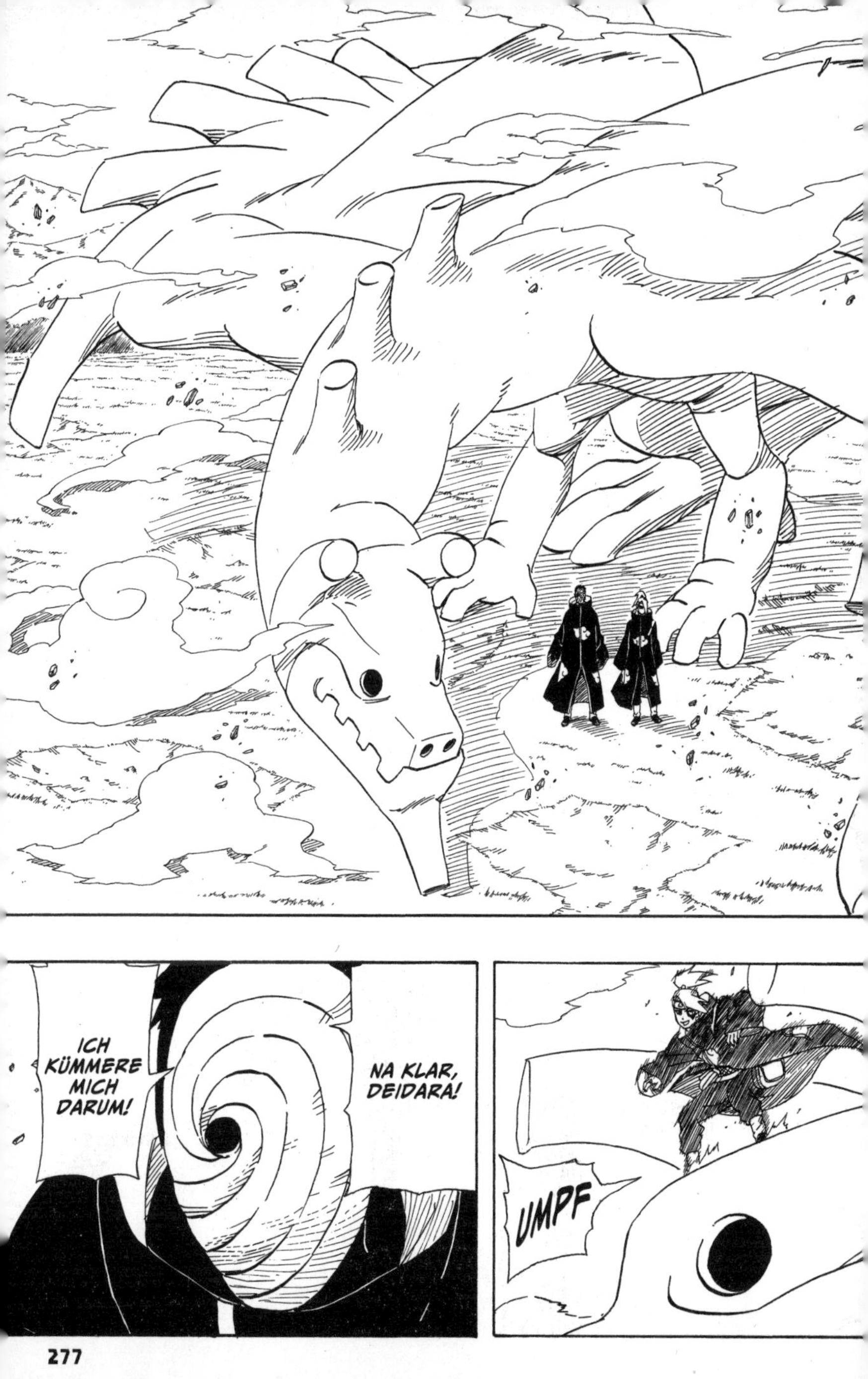
NA KLAR, DEIDARA!
ICH KÜMMERE MICH DARUM!
UMPF

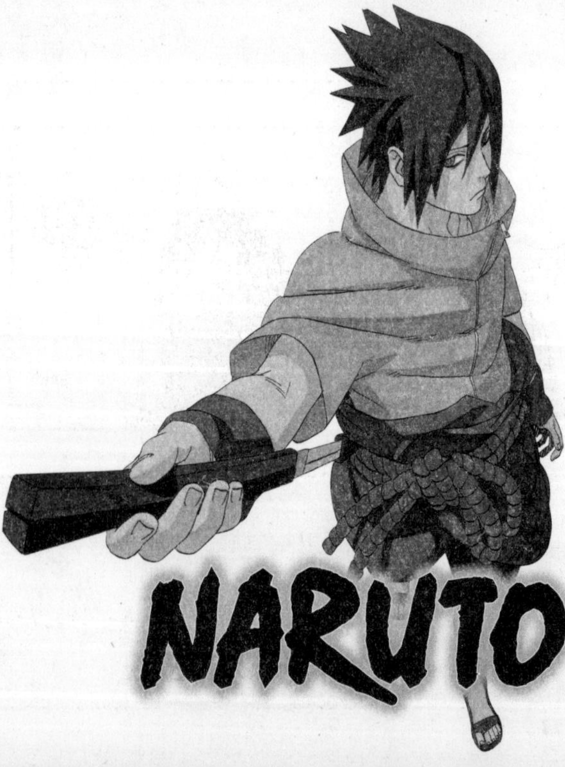
NARUTO

358. Kapitel: C2 treibt ihn in die Enge!

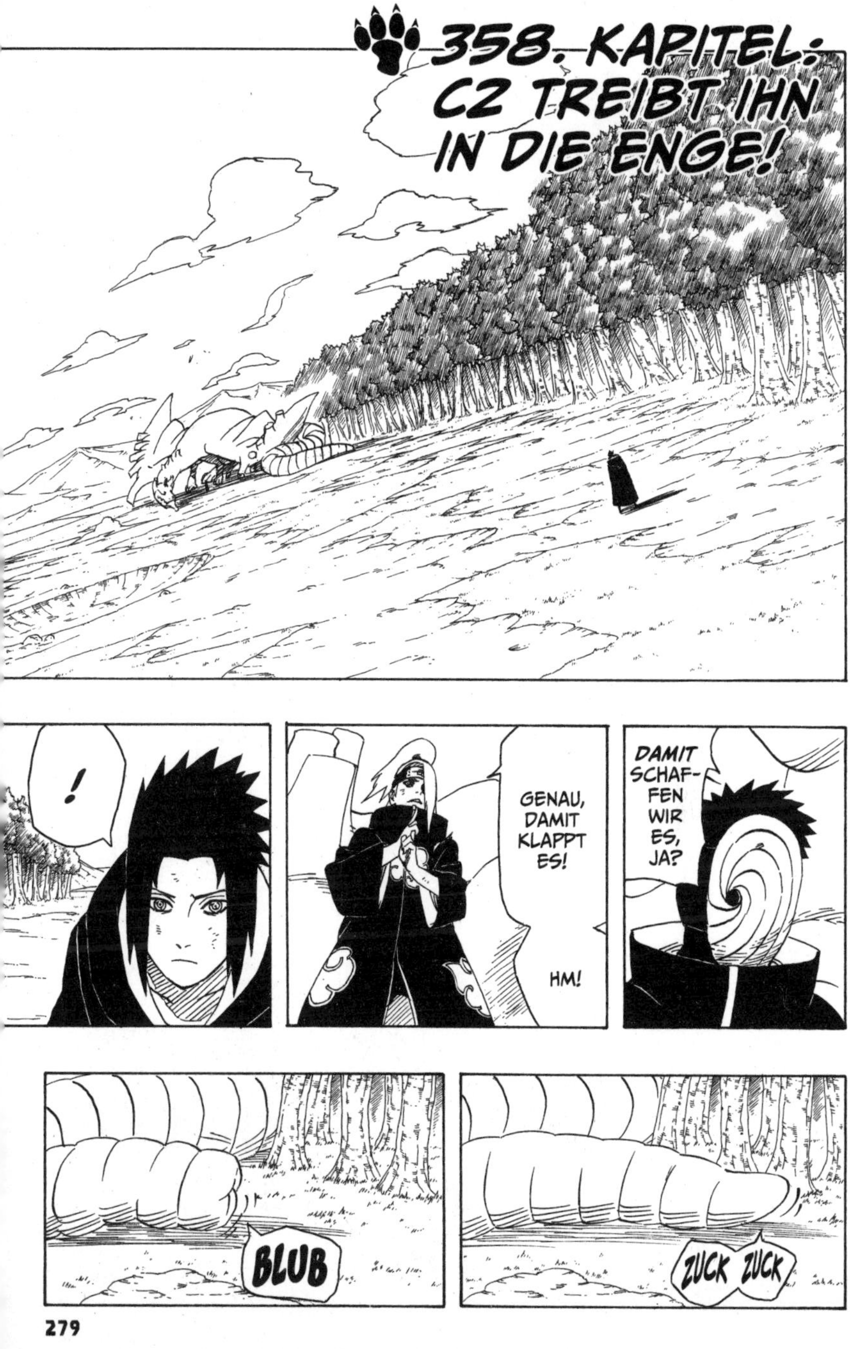

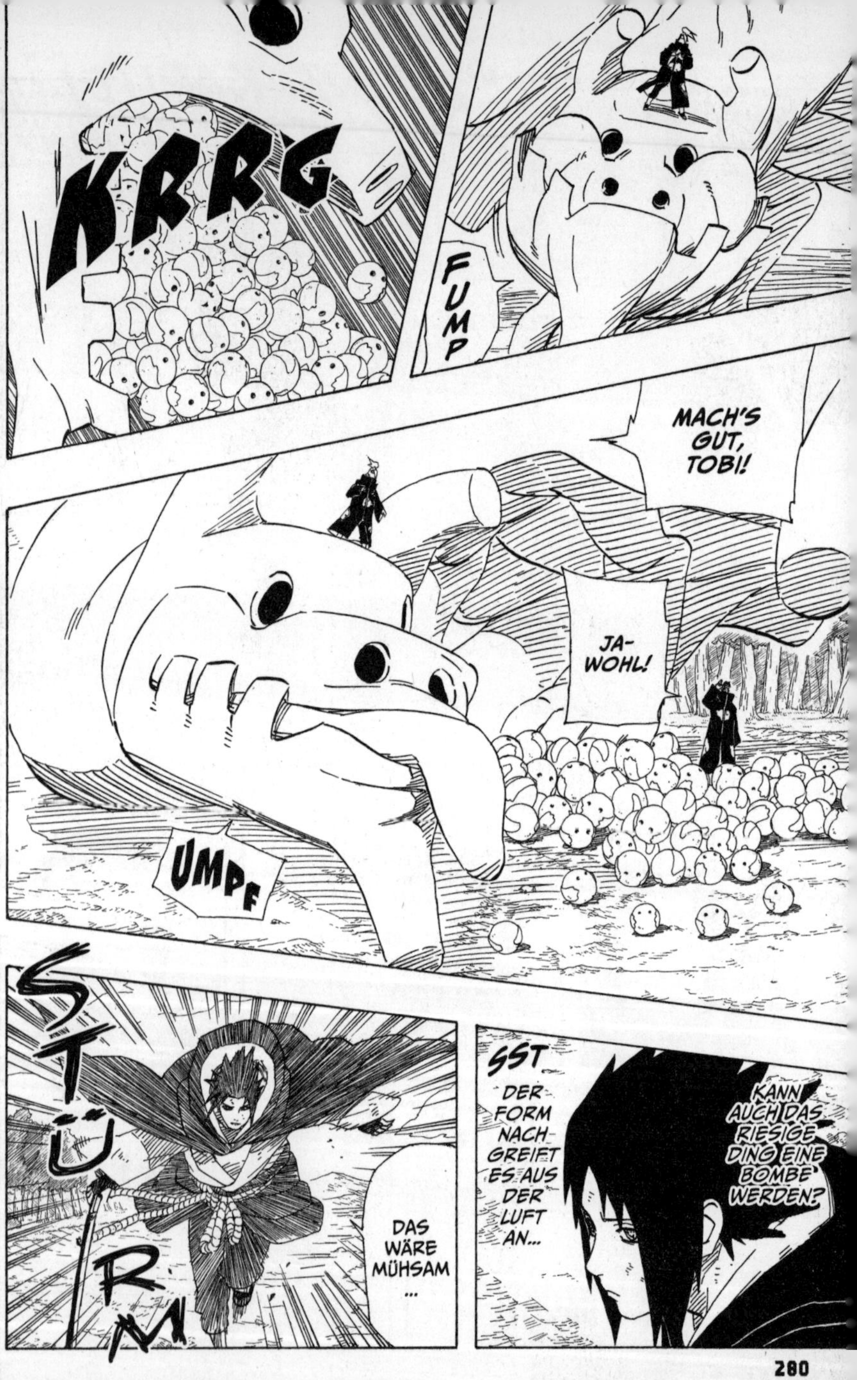
KRRG
FUMP
MACH'S GUT, TOBI!
JA-WOHL!
UMPF
KANN AUCH DAS RIESIGE DING EINE BOMBE WERDEN?
SST
DER FORM NACHGREIFT ES AUS DER LUFT AN...
DAS WÄRE MÜHSAM ...
STÜRM

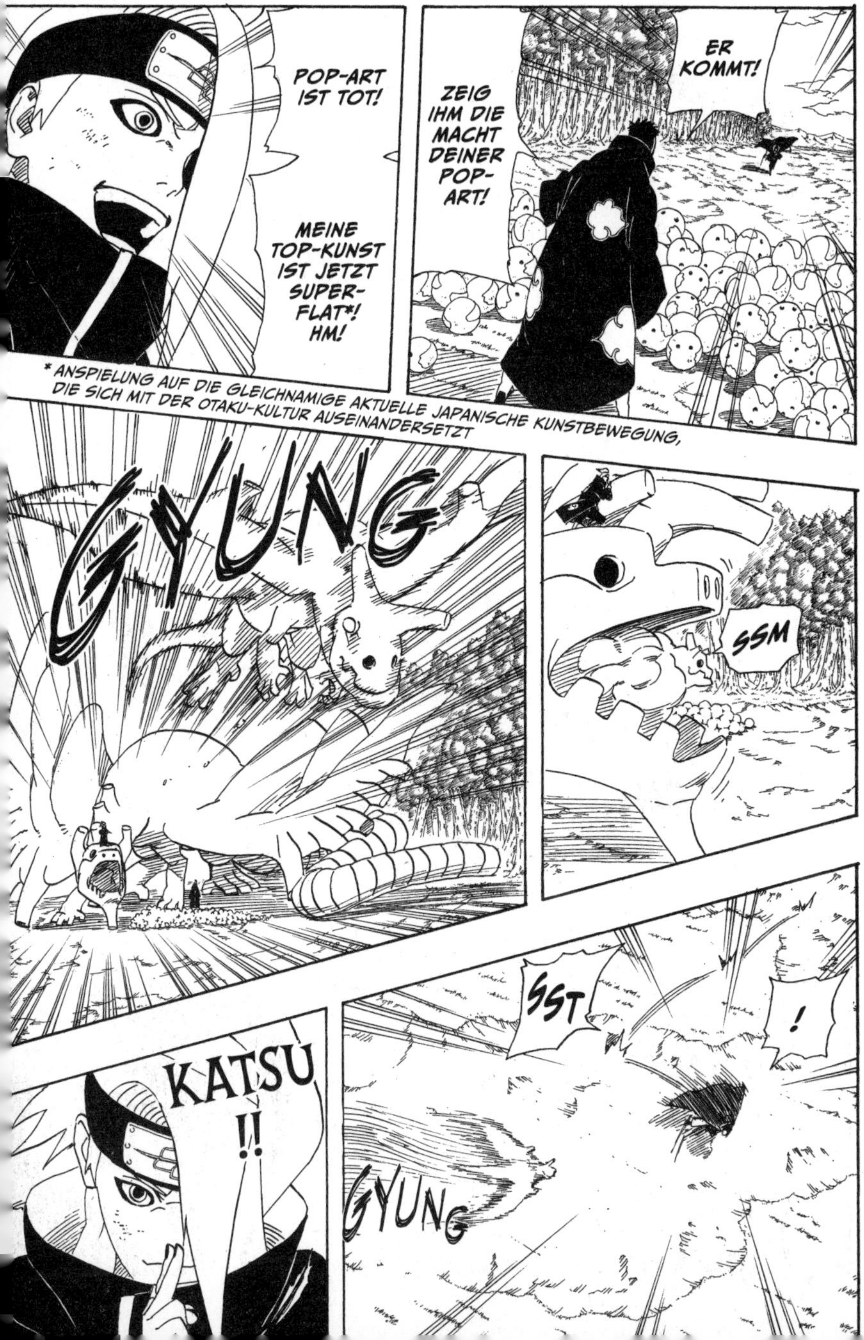

* ANSPIELUNG AUF DIE GLEICHNAMIGE AKTUELLE JAPANISCHE KUNSTBEWEGUNG, DIE SICH MIT DER OTAKU-KULTUR AUSEINANDERSETZT

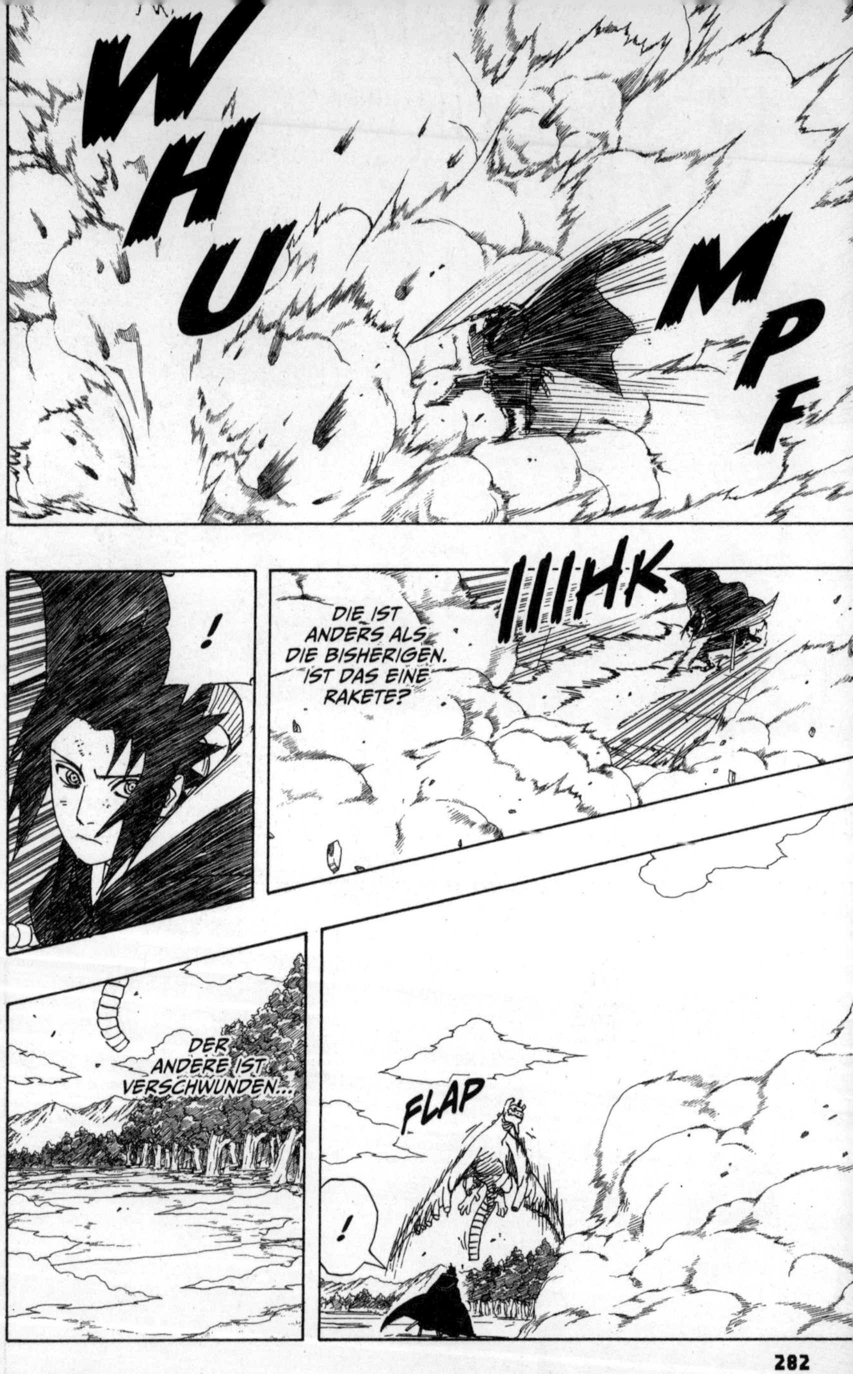
WHUMPF
IIIHK
DIE IST ANDERS ALS DIE BISHERIGEN. IST DAS EINE RAKETE?
!
FLAP
!
DER ANDERE IST VERSCHWUNDEN...

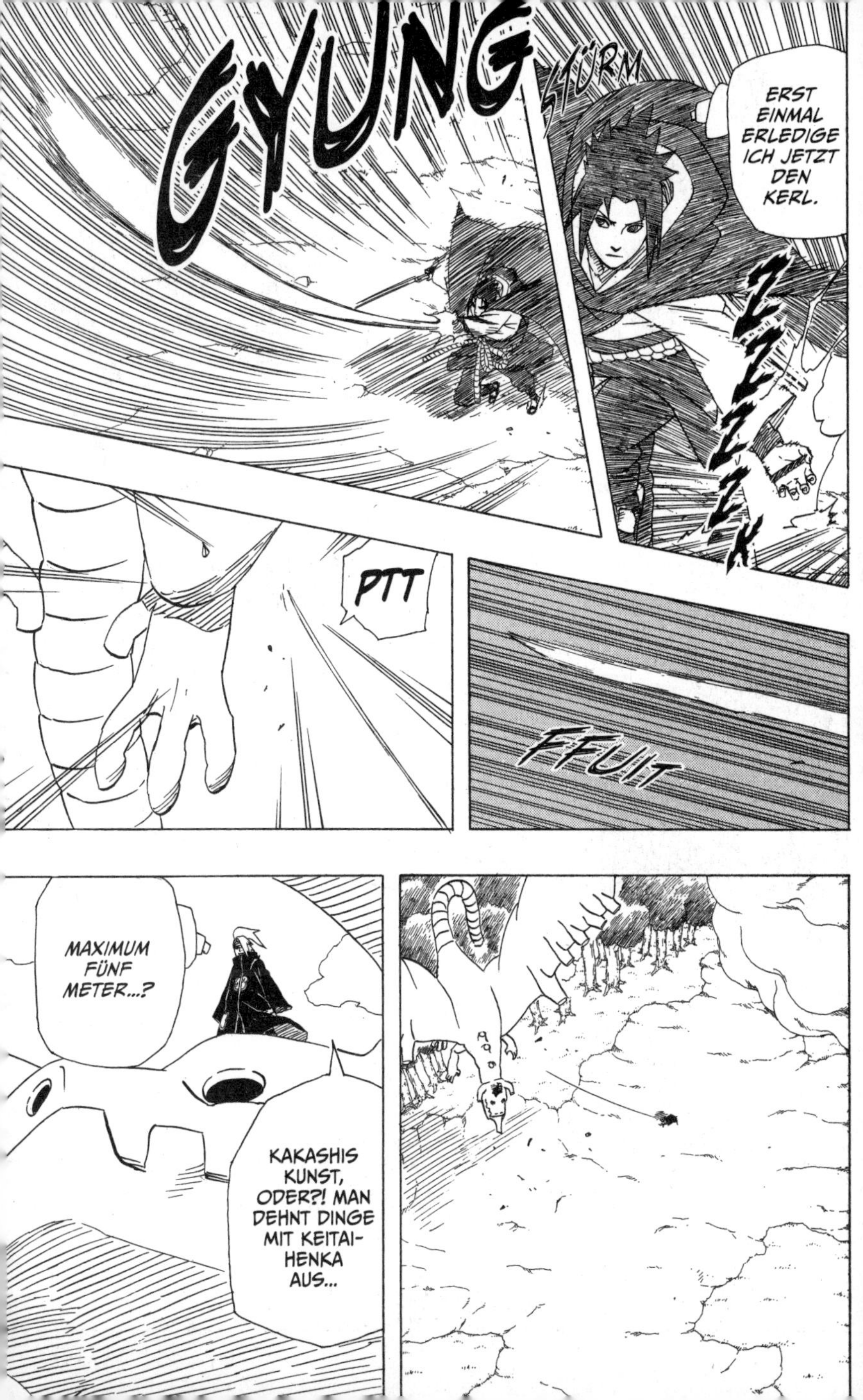
ERST EINMAL ERLEDIGE ICH JETZT DEN KERL.
STÜRM
GYUNG
ZZZZZK
PTT
FFUIT
MAXIMUM FÜNF METER...?
KAKASHIS KUNST, ODER?! MAN DEHNT DINGE MIT KEITAI-HENKA AUS...

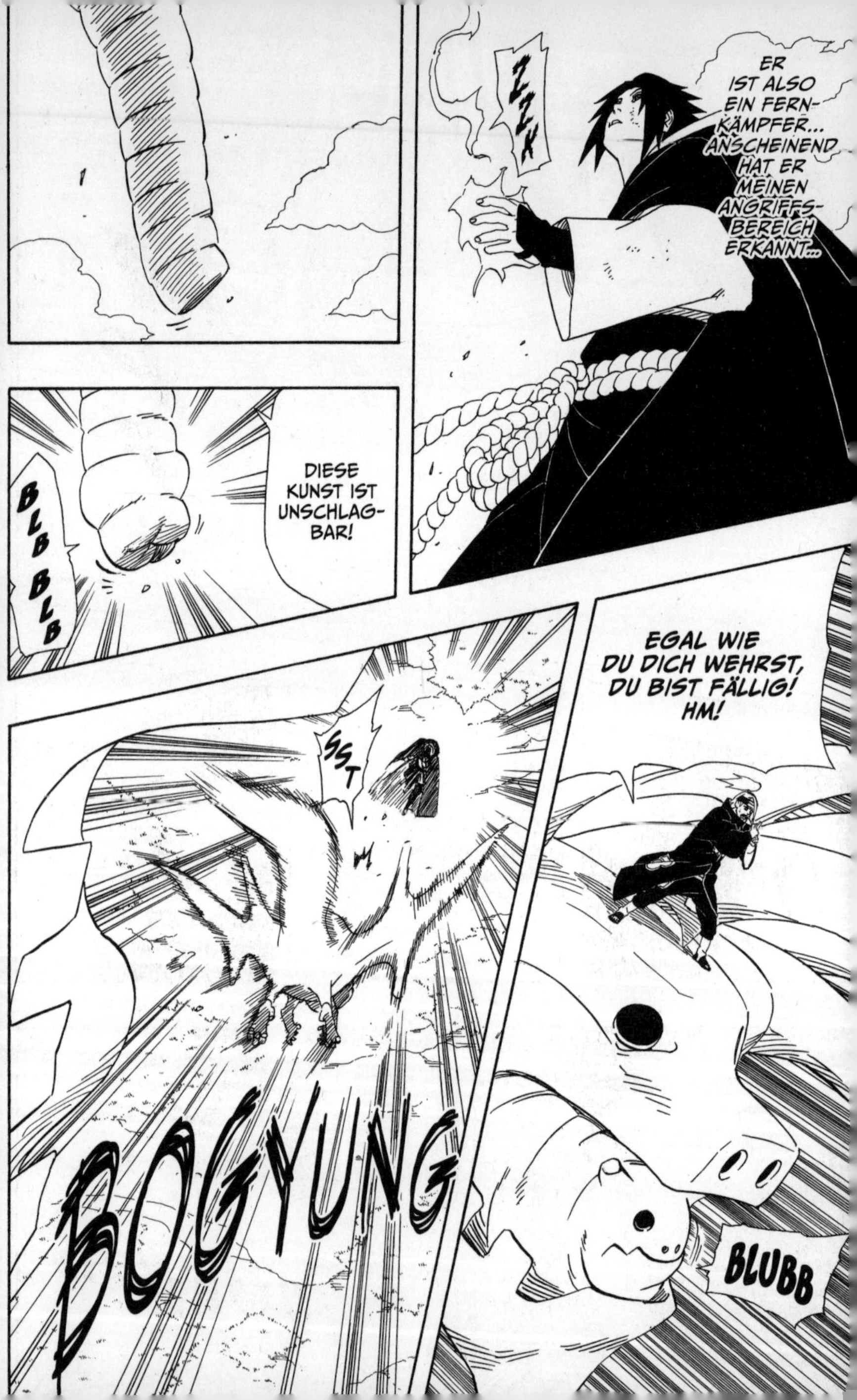
ER IST ALSO EIN FERN-KÄMPFER... ANSCHEINEND HAT ER MEINEN ANGRIFFS-BEREICH ERKANNT...
ZZZK
DIESE KUNST IST UNSCHLAG-BAR!
BLB BLB BLB
EGAL WIE DU DICH WEHRST, DU BIST FÄLLIG! HM!
BLUBB
SST
BOGYUNG

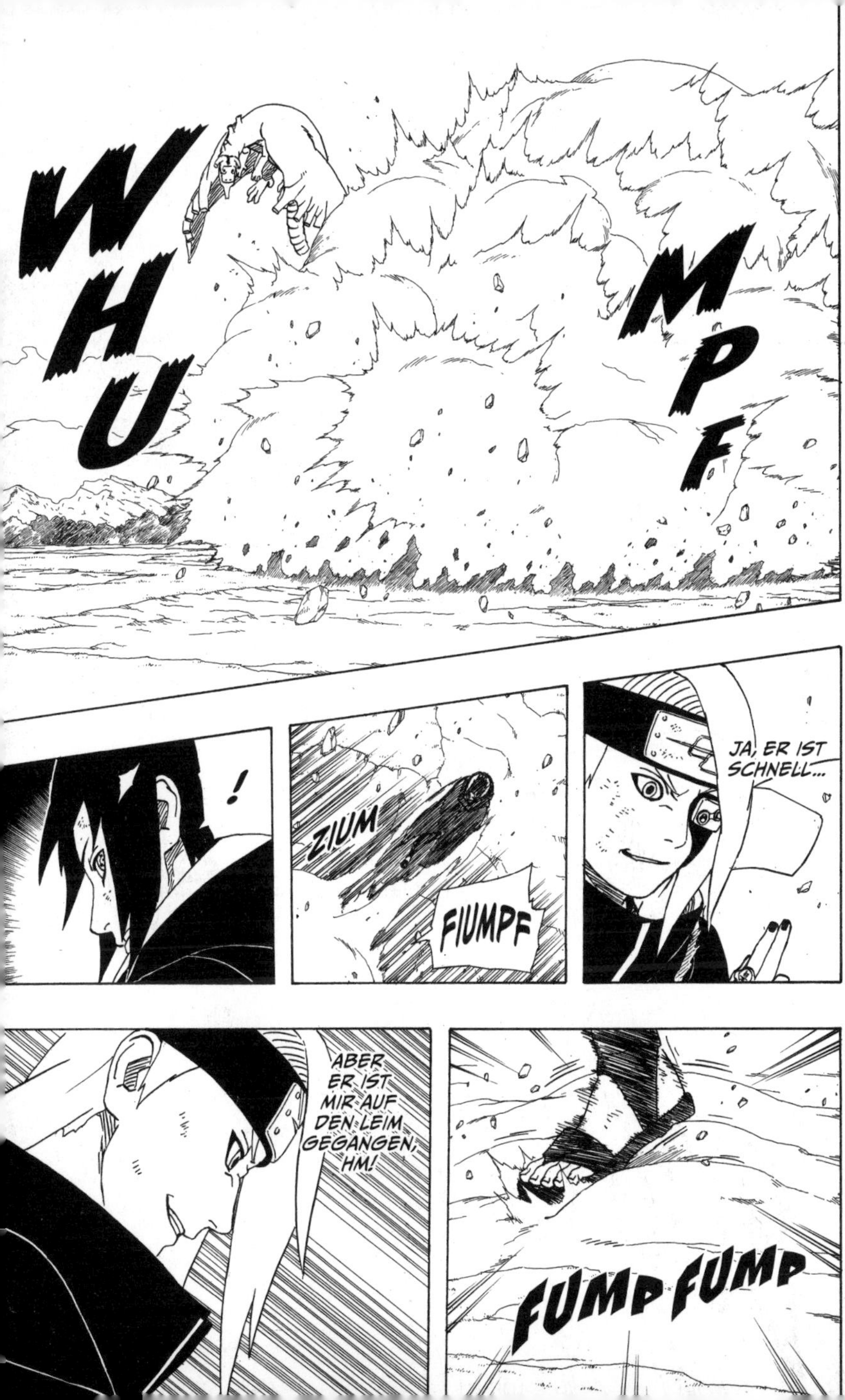
WHUMPF
JA, ER IST SCHNELL...
ZIUM
FIUMPF
!
FUMP FUMP
ABER ER IST MIR AUF DEN LEIM GEGANGEN, HM!

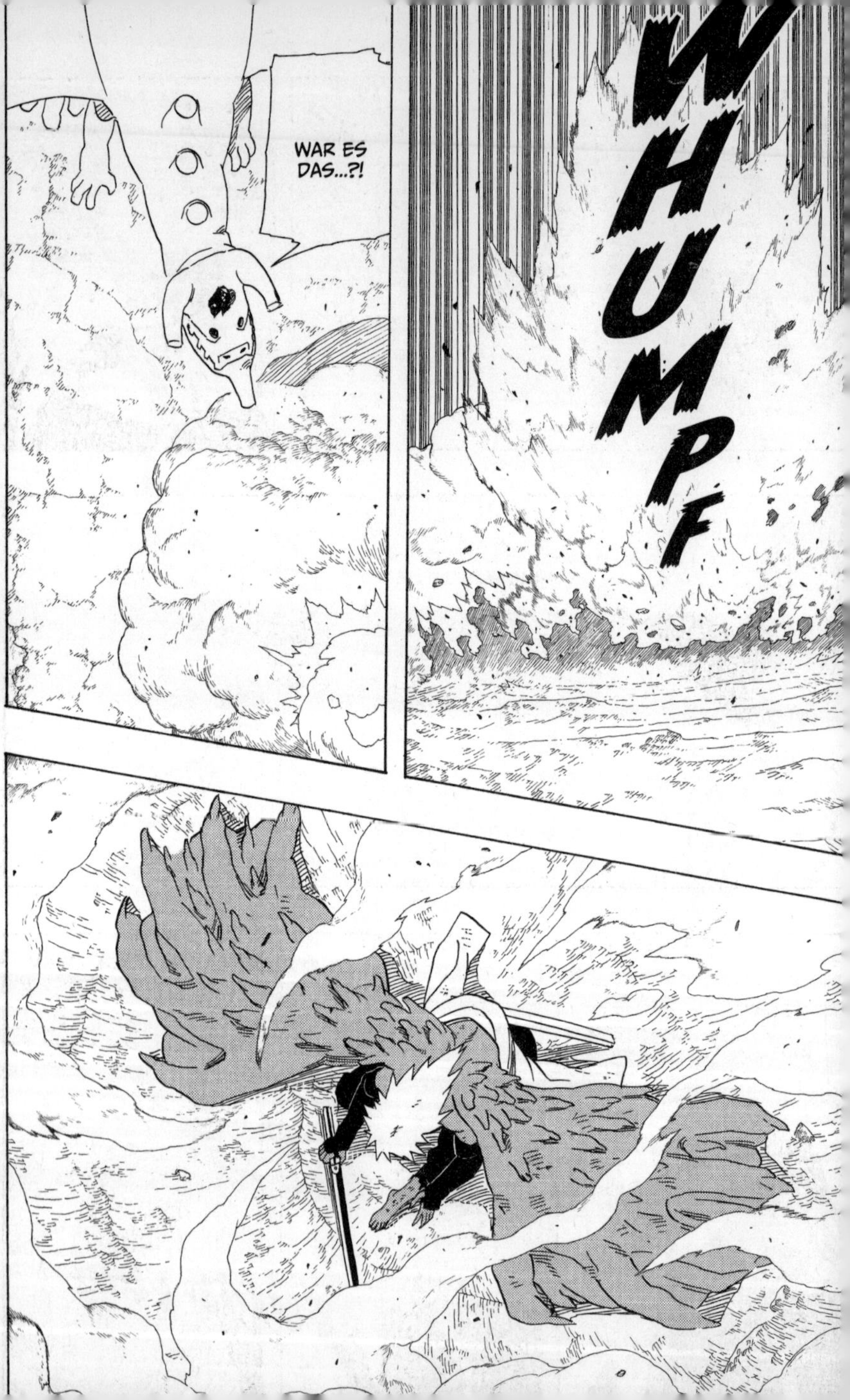
WHUMPF
WAR ES DAS...?!

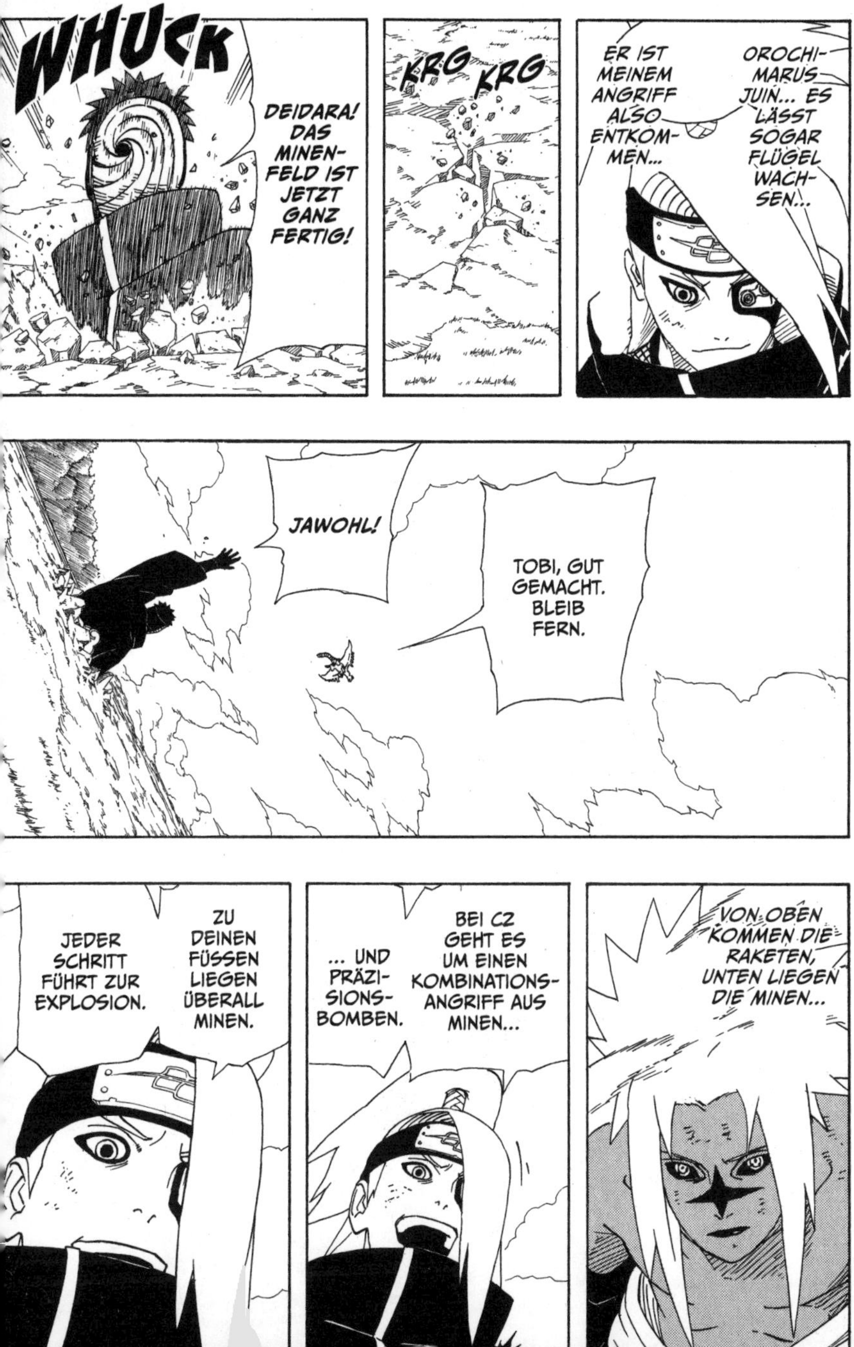

OROCHIMARUS JUIN... ES LÄSST SOGAR FLÜGEL WACHSEN...
ER IST MEINEM ANGRIFF ALSO ENTKOMMEN...
KRG KRG
WHUCK
DEIDARA! DAS MINENFELD IST JETZT GANZ FERTIG!
TOBI, GUT GEMACHT. BLEIB FERN.
JAWOHL!
VON OBEN KOMMEN DIE RAKETEN, UNTEN LIEGEN DIE MINEN...
BEI C2 GEHT ES UM EINEN KOMBINATIONSANGRIFF AUS MINEN...
... UND PRÄZISIONSBOMBEN.
ZU DEINEN FÜSSEN LIEGEN ÜBERALL MINEN.
JEDER SCHRITT FÜHRT ZUR EXPLOSION.

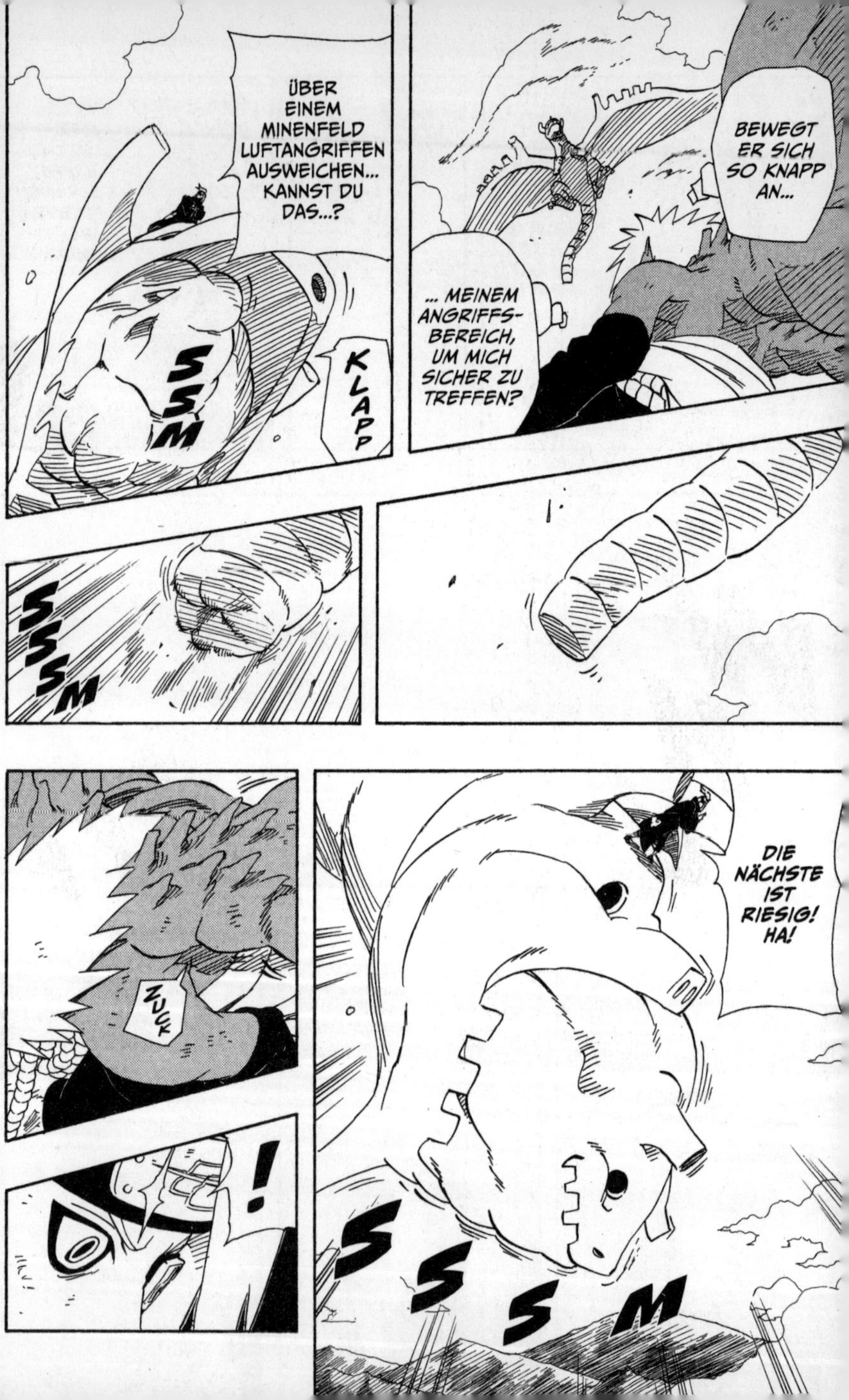
BEWEGT ER SICH SO KNAPP AN...
... MEINEM ANGRIFFS-BEREICH, UM MICH SICHER ZU TREFFEN?
ÜBER EINEM MINENFELD LUFTANGRIFFEN AUSWEICHEN... KANNST DU DAS...?
KLAPP
SSM
SSSM
DIE NÄCHSTE IST RIESIG! HA!
SSSSM
ZUCK
!

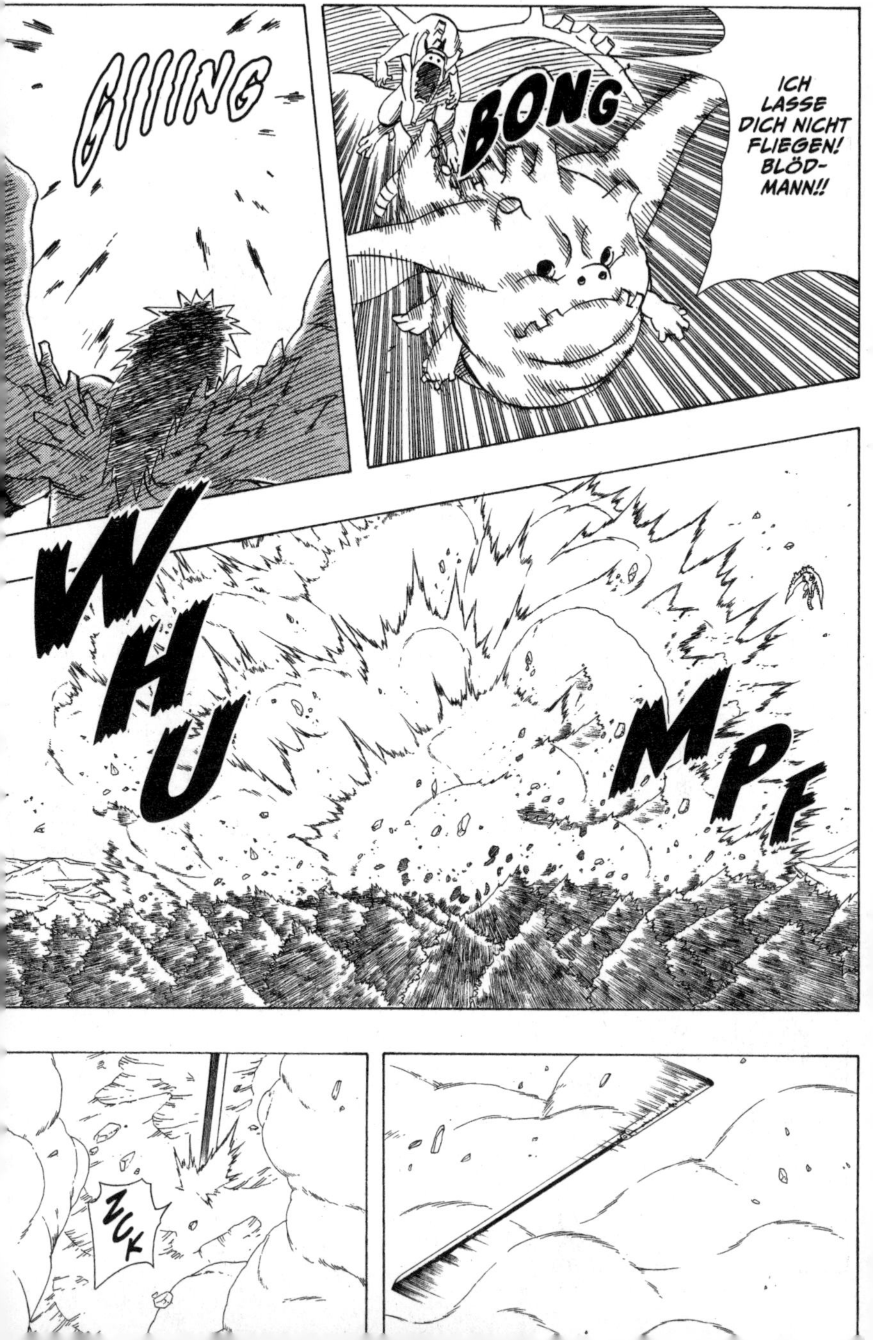
BONG
ICH LASSE DICH NICHT FLIEGEN! BLÖD-MANN!!
GIIING
WHUMPF
ZUCK

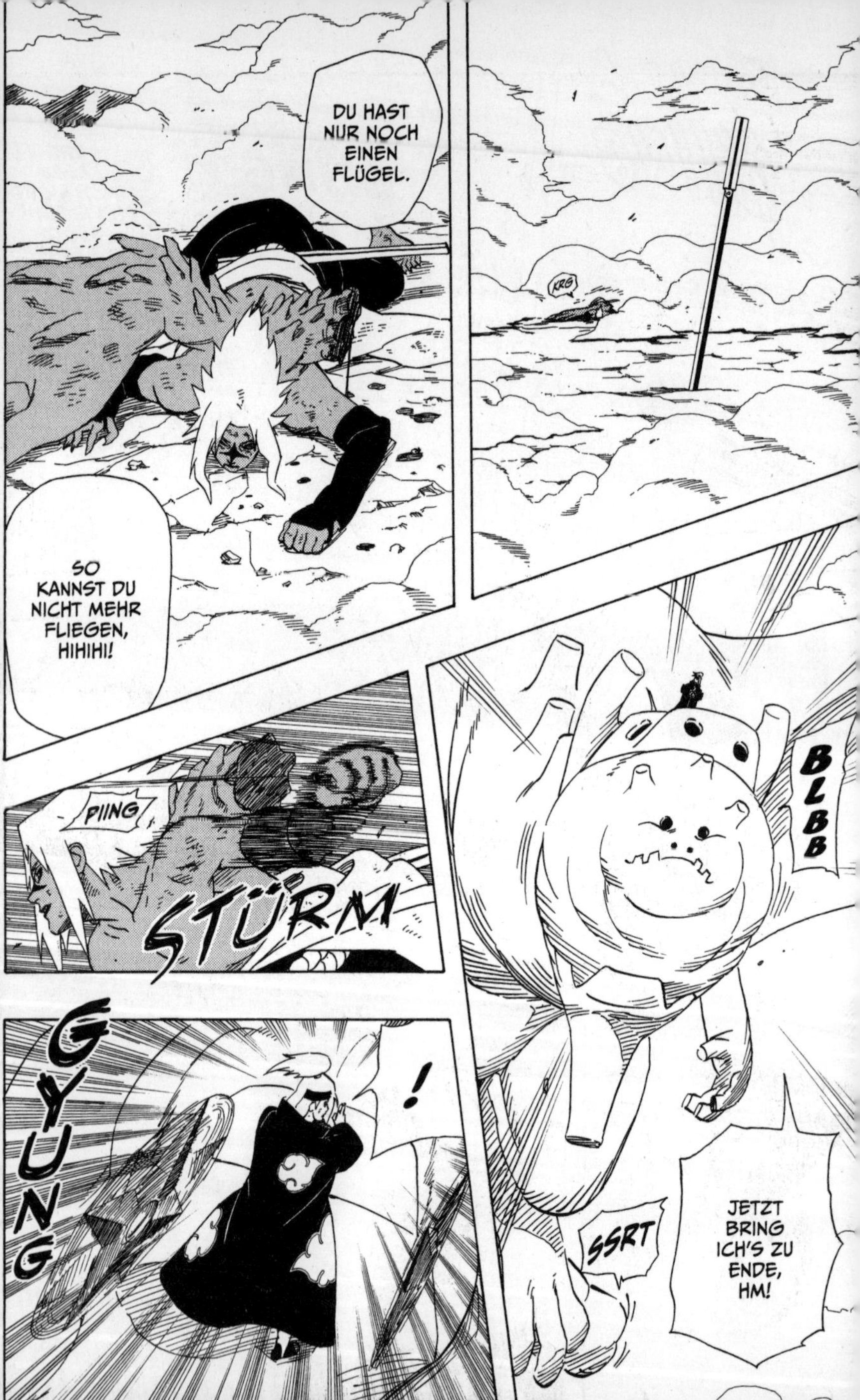
KRG
DU HAST NUR NOCH EINEN FLÜGEL.
SO KANNST DU NICHT MEHR FLIEGEN, HIHIHI!
BLBB
SSRT
JETZT BRING ICH'S ZU ENDE, HM!
PIING
STÜRM
GYUNG
!

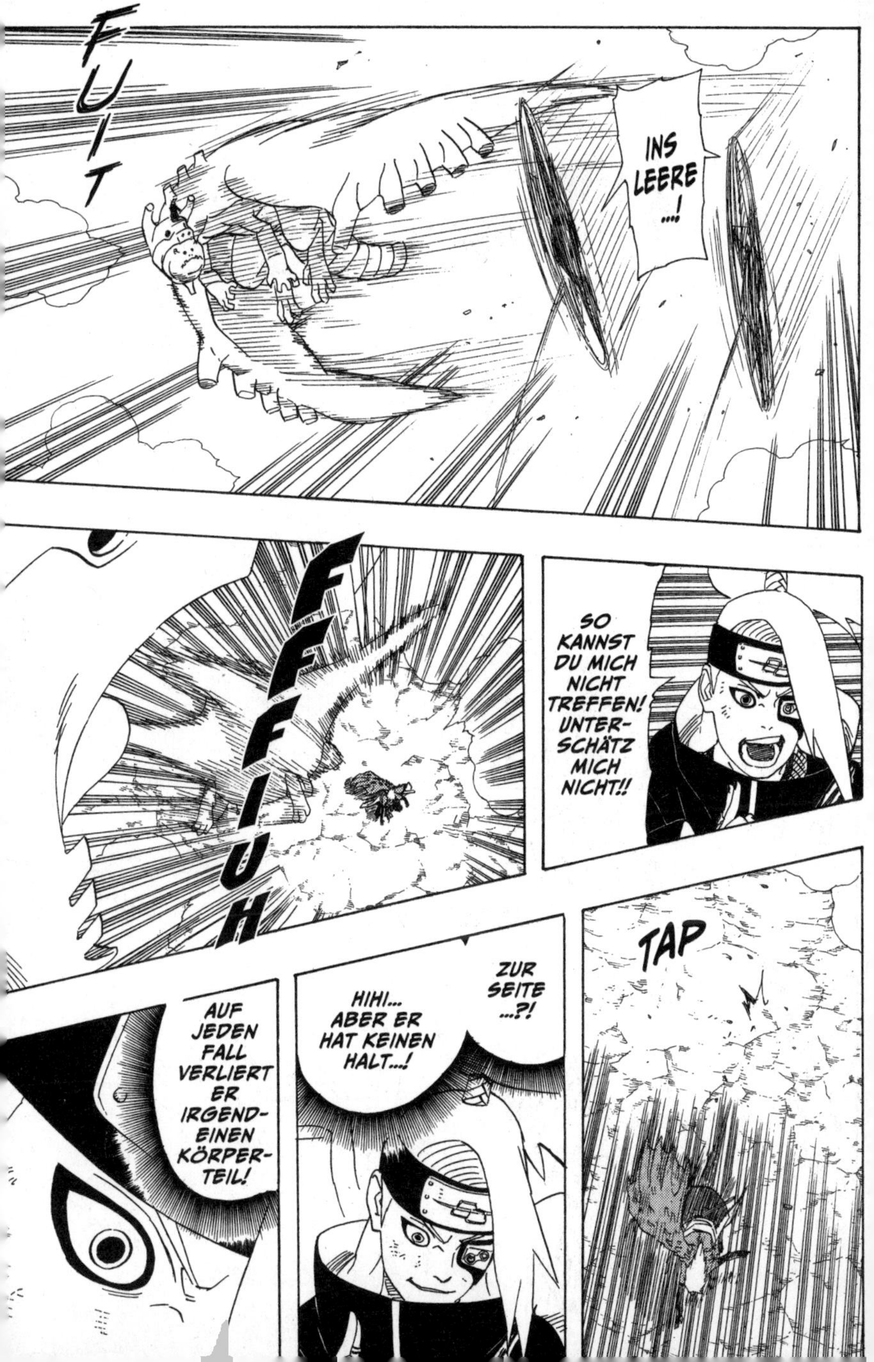
FUIT
INS LEERE ...!
SO KANNST DU MICH NICHT TREFFEN! UNTERSCHÄTZ MICH NICHT!!
FFFFIUH
TAP
ZUR SEITE ...?!
HIHI... ABER ER HAT KEINEN HALT...!
AUF JEDEN FALL VERLIERT ER IRGENDEINEN KÖRPERTEIL!

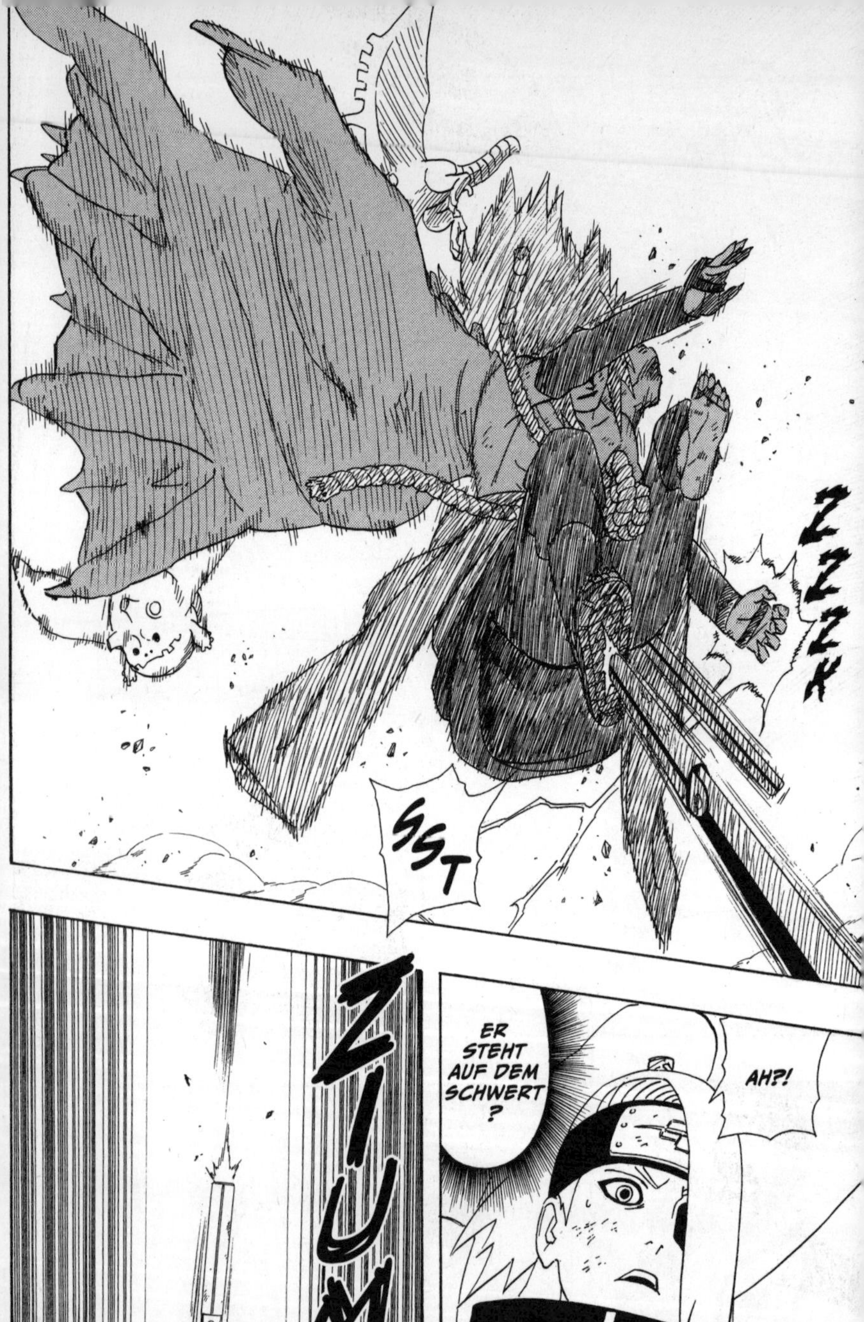
ZZZK
SST
AH?!
ER STEHT AUF DEM SCHWERT?
ZIUM

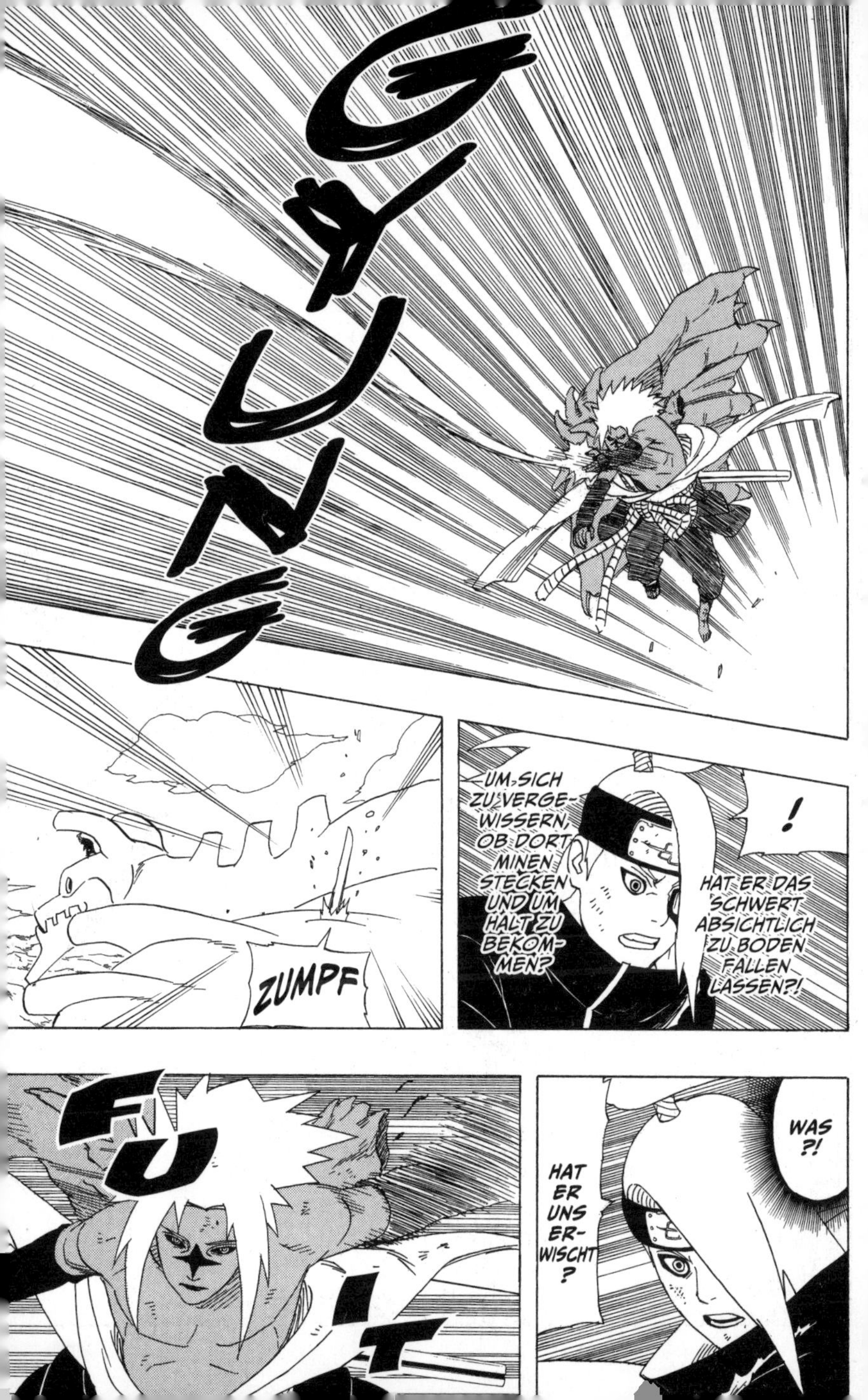
GGUNG
!
HAT ER DAS SCHWERT ABSICHTLICH ZU BODEN FALLEN LASSEN?!
UM SICH ZU VERGEWISSERN, OB DORT MINEN STECKEN UND UM HALT ZU BEKOMMEN?
ZUMPF
WAS?!
HAT ER UNS ERWISCHT?
FUIT

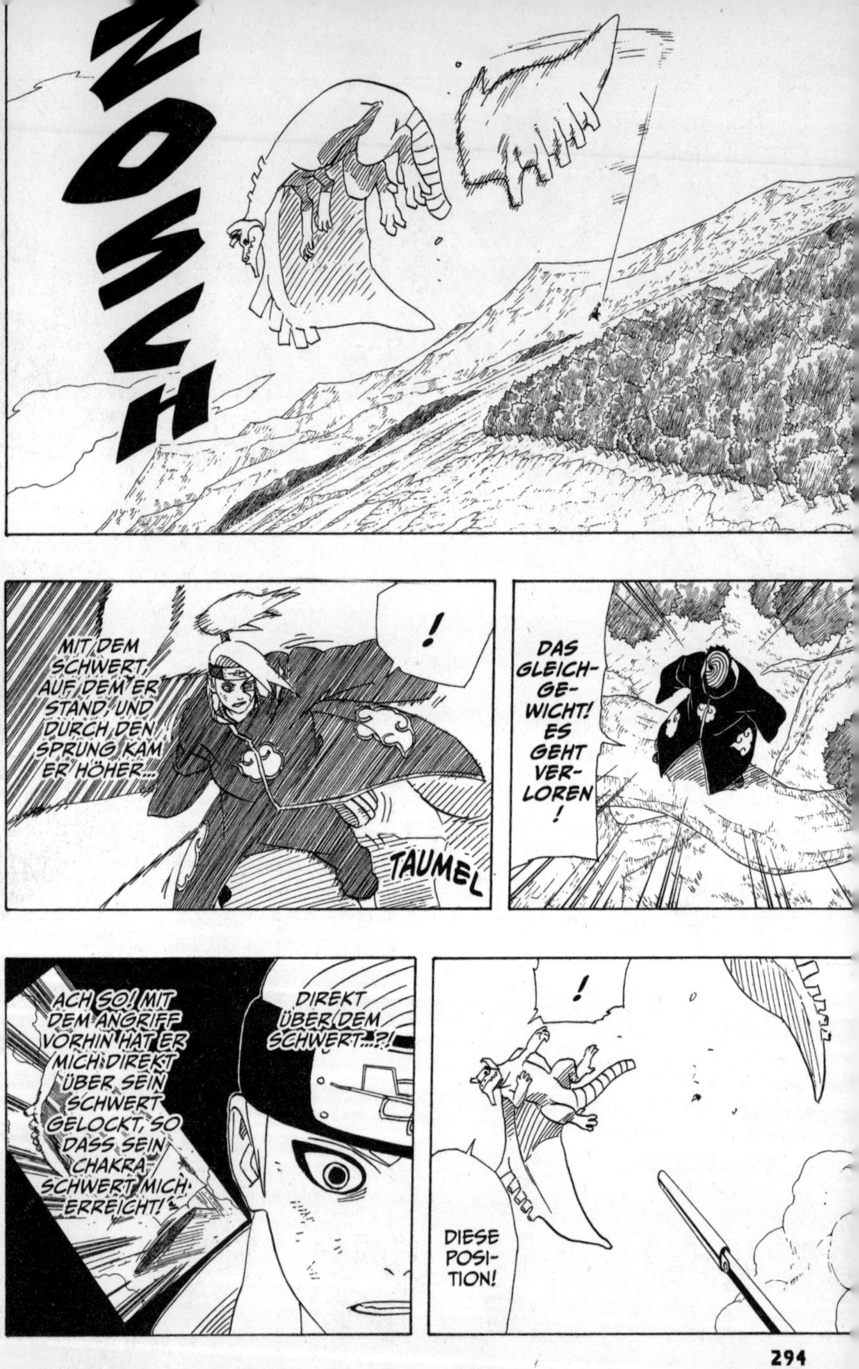
WOSCH
DAS GLEICHGEWICHT! ES GEHT VERLOREN!
!
MIT DEM SCHWERT, AUF DEM ER STAND, UND DURCH DEN SPRUNG KAM ER HÖHER...
TAUMEL
!
DIESE POSITION!
DIREKT ÜBER DEM SCHWERT...?!
ACH SO! MIT DEM ANGRIFF VORHIN HAT ER MICH DIREKT ÜBER SEIN SCHWERT GELOCKT, SO DASS SEIN CHAKRA-SCHWERT MICH ERREICHT!

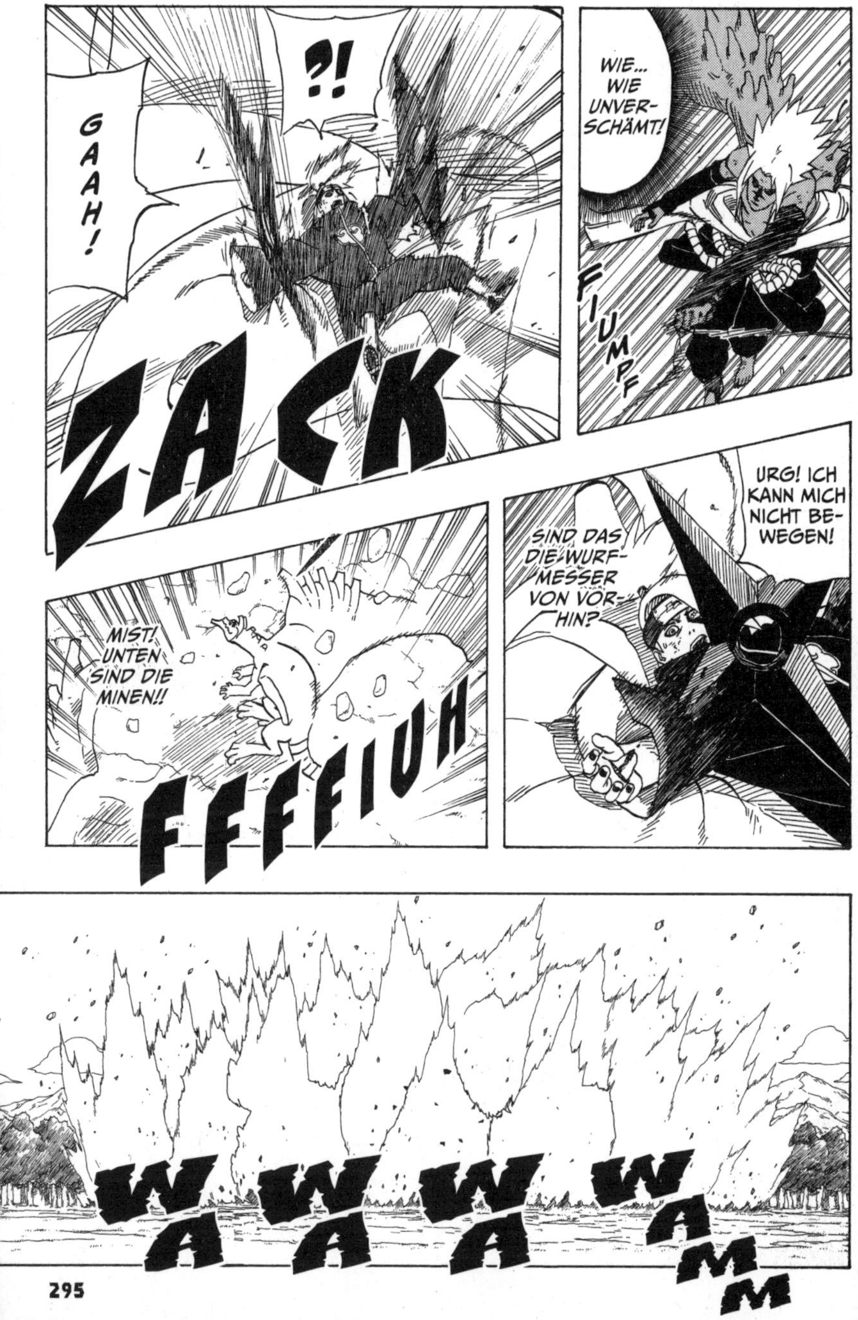
WIE... WIE UNVERSCHÄMT!
FIUMPF
?!
GAAH!
ZACK
URG! ICH KANN MICH NICHT BEWEGEN!
SIND DAS DIE WURFMESSER VON VORHIN?
MIST! UNTEN SIND DIE MINEN!!
FFFFIUH
WAWAWAWAWAMM

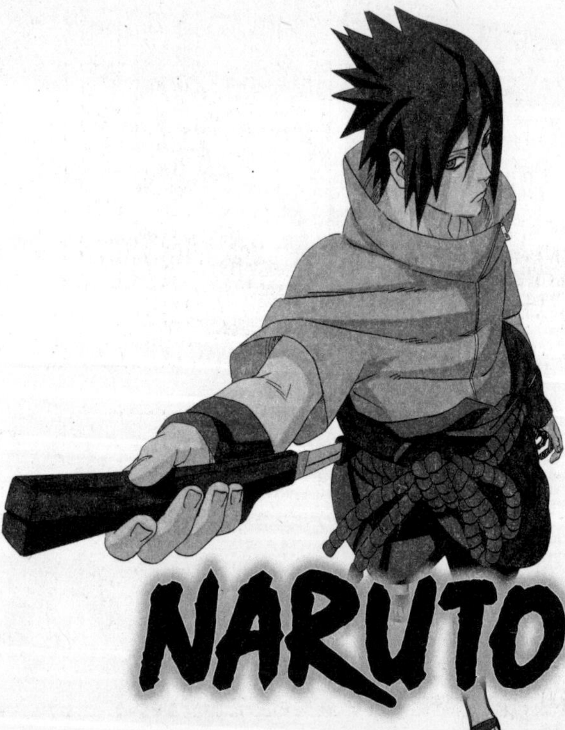
NARUTO

359. Kapitel: Diese Augen

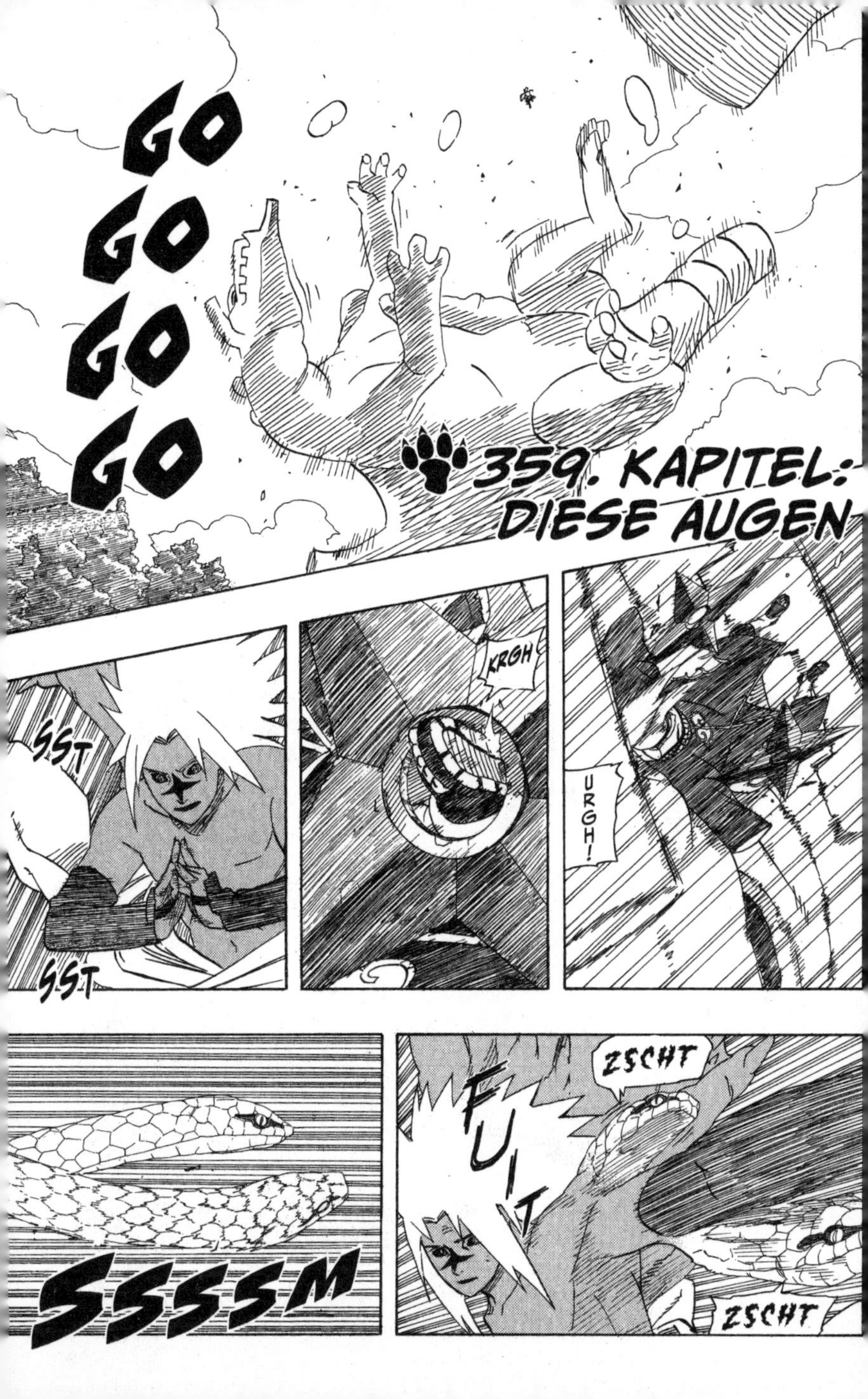

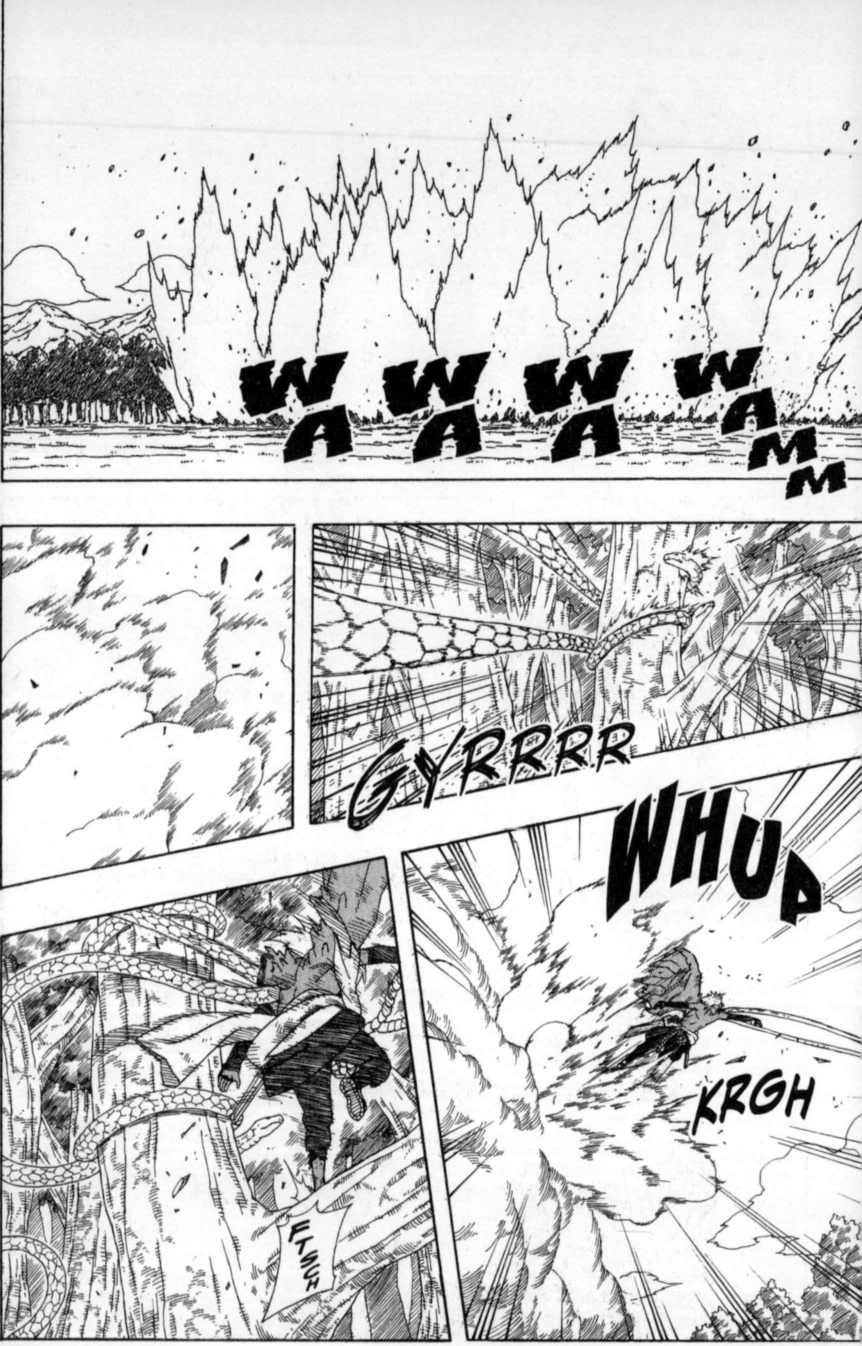
WAWAWAWAMM
GYRRRR
WHUP
KRGH
FTSCH

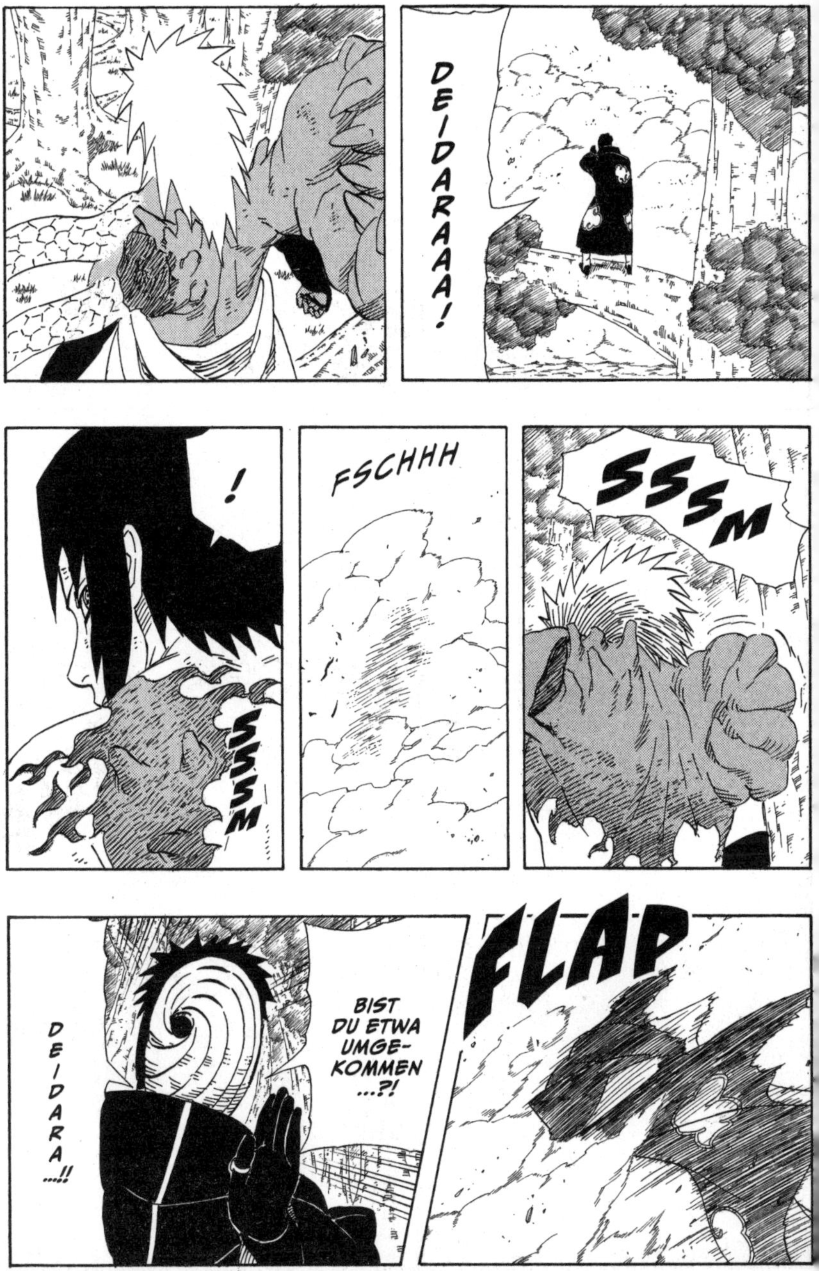
DEIDARAAA!
SSSM
FSCHHH
!
SSSM
FLAP
BIST DU ETWA UMGE-KOMMEN ...?!
DEIDARA ...!!

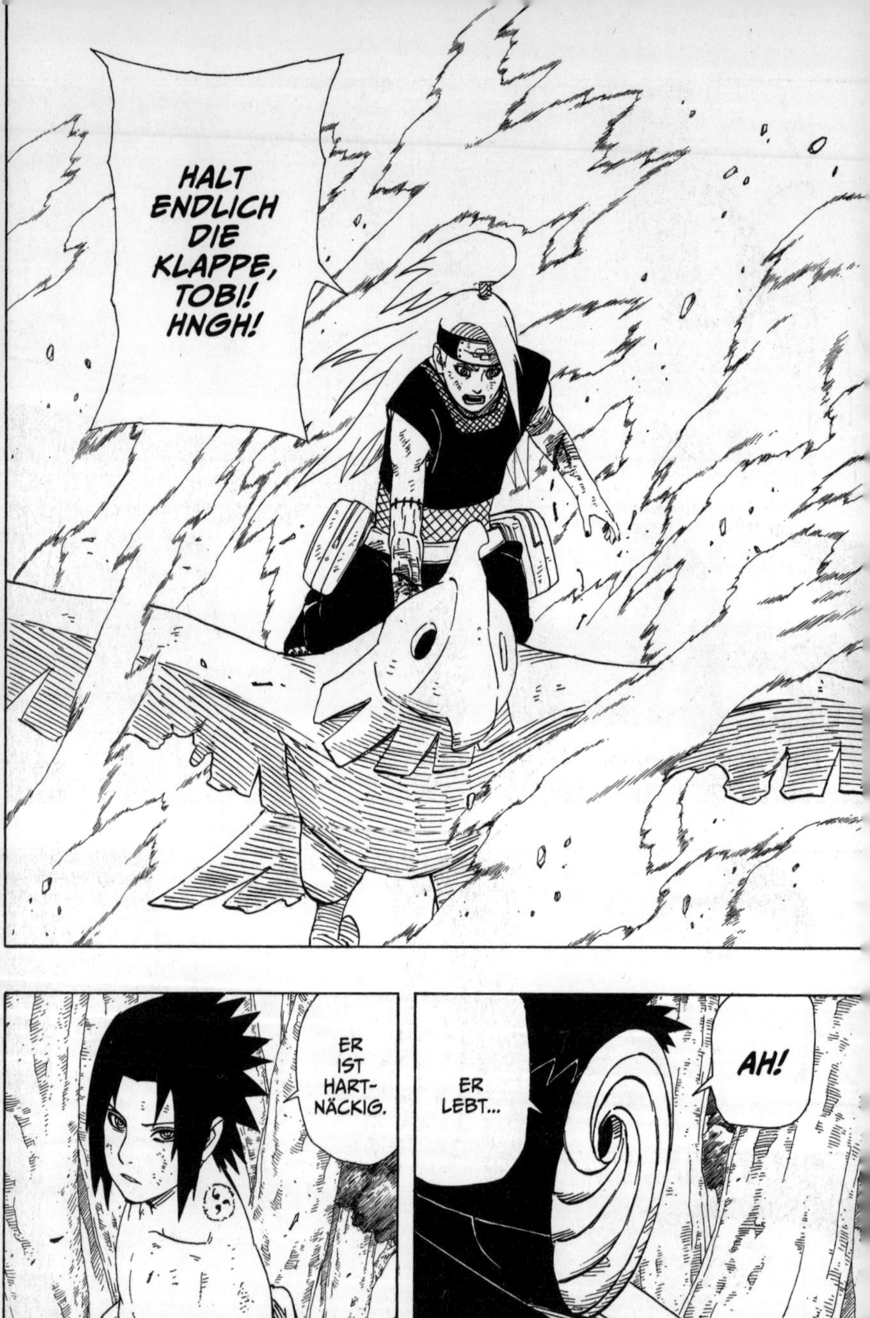
HALT ENDLICH DIE KLAPPE, TOBI! HNGH!
AH!
ER LEBT...
ER IST HART-NÄCKIG.

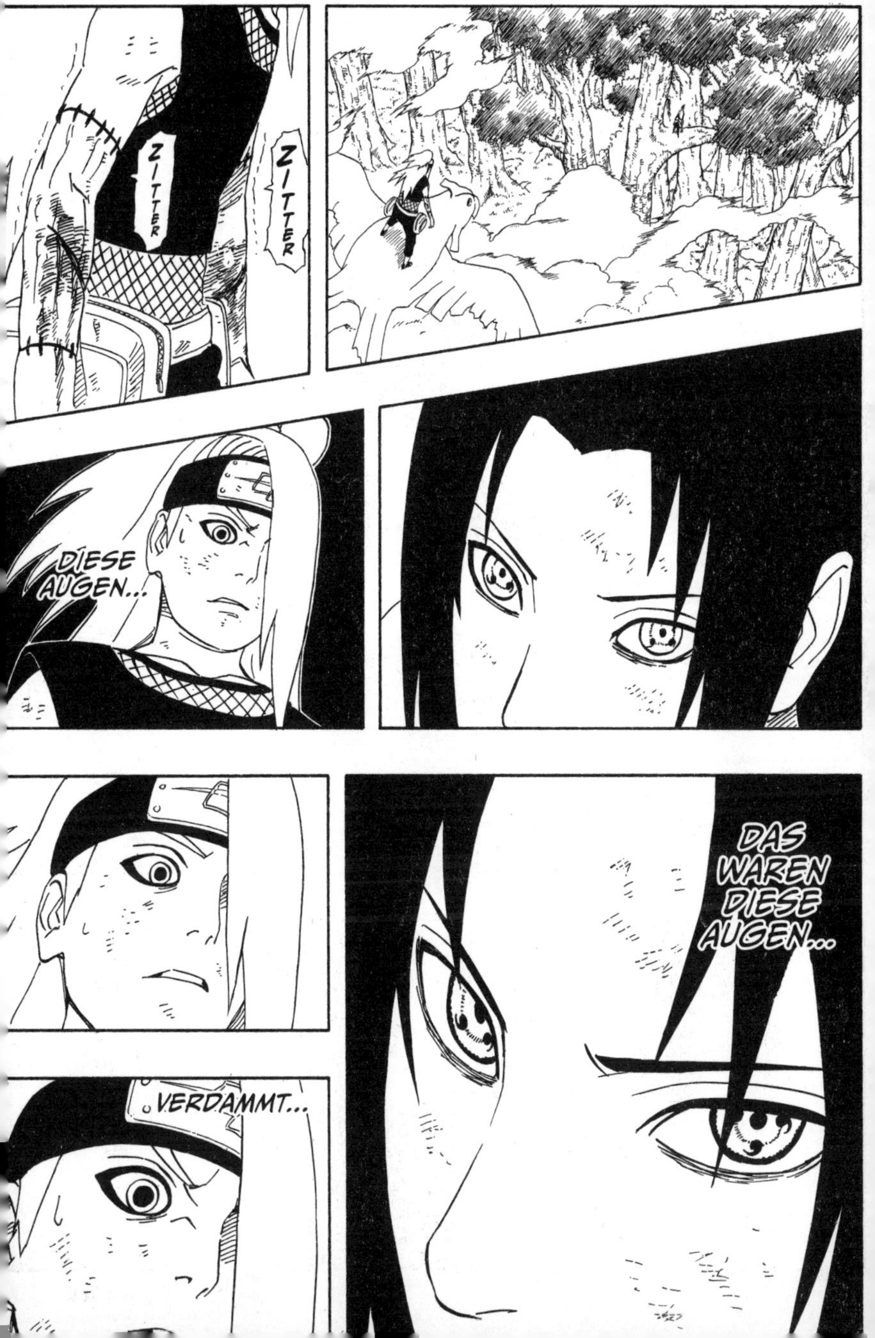
ZITTER
ZITTER
DIESE AUGEN...
DAS WAREN DIESE AUGEN...
VERDAMMT...

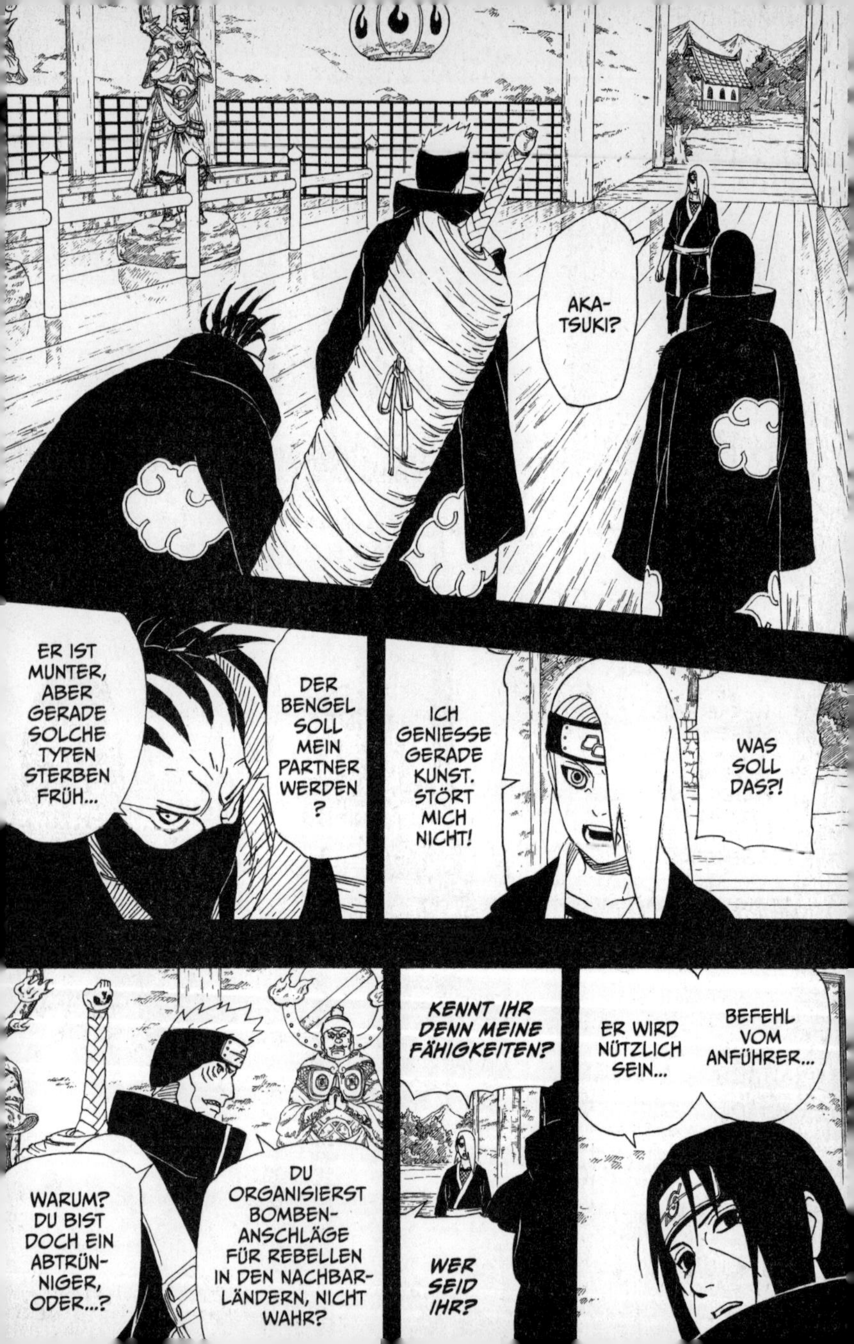
AKA-TSUKI?
WAS SOLL DAS?!
ICH GENIESSE GERADE KUNST. STÖRT MICH NICHT!
DER BENGEL SOLL MEIN PARTNER WERDEN ?
ER IST MUNTER, ABER GERADE SOLCHE TYPEN STERBEN FRÜH...
BEFEHL VOM ANFÜHRER...
ER WIRD NÜTZLICH SEIN...
KENNT IHR DENN MEINE FÄHIGKEITEN?
WER SEID IHR?
DU ORGANISIERST BOMBEN-ANSCHLÄGE FÜR REBELLEN IN DEN NACHBAR-LÄNDERN, NICHT WAHR?
WARUM? DU BIST DOCH EIN ABTRÜN-NIGER, ODER...?

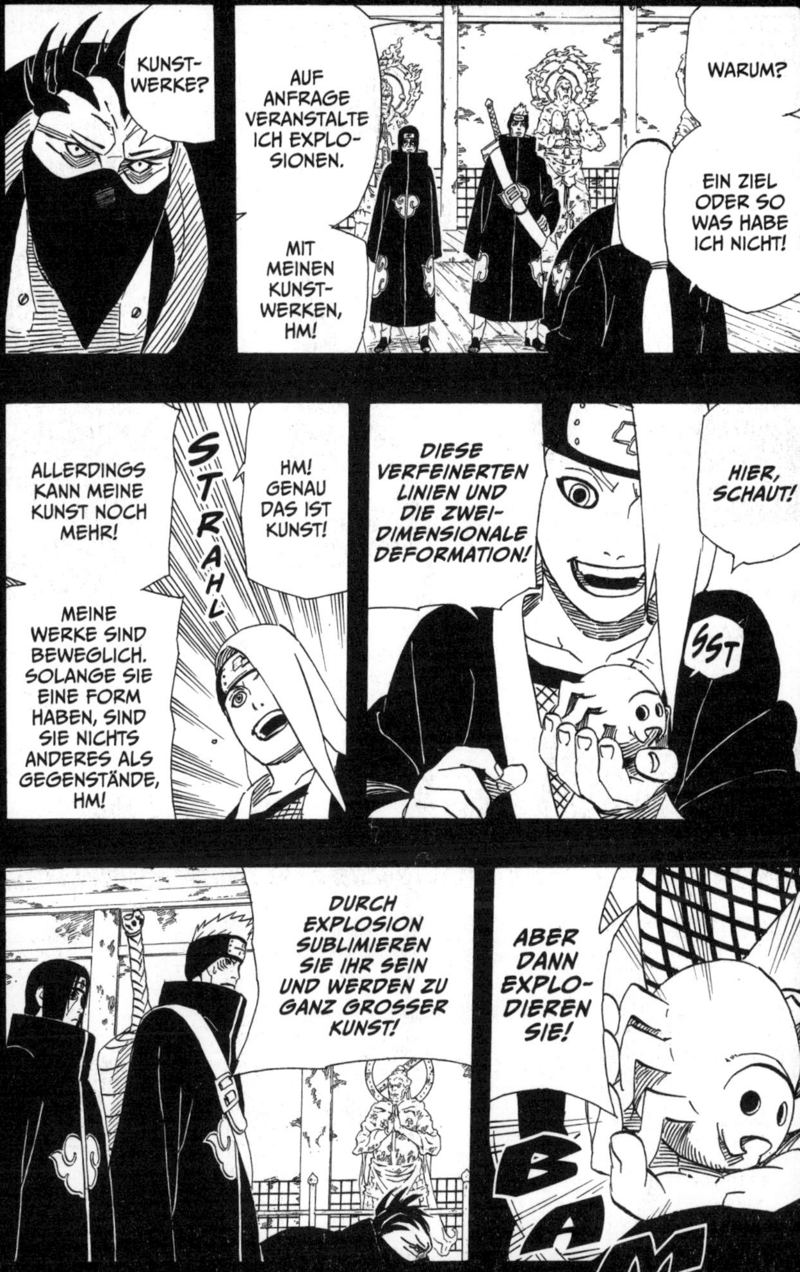
WARUM?
EIN ZIEL ODER SO WAS HABE ICH NICHT!
AUF ANFRAGE VERANSTALTE ICH EXPLOSIONEN.
MIT MEINEN KUNSTWERKEN, HM!
KUNSTWERKE?
HIER, SCHAUT!
DIESE VERFEINERTEN LINIEN UND DIE ZWEIDIMENSIONALE DEFORMATION!
SST
HM! GENAU DAS IST KUNST!
STRAHL
ALLERDINGS KANN MEINE KUNST NOCH MEHR!
MEINE WERKE SIND BEWEGLICH. SOLANGE SIE EINE FORM HABEN, SIND SIE NICHTS ANDERES ALS GEGENSTÄNDE, HM!
ABER DANN EXPLODIEREN SIE!
BAM
DURCH EXPLOSION SUBLIMIEREN SIE IHR SEIN UND WERDEN ZU GANZ GROSSER KUNST!

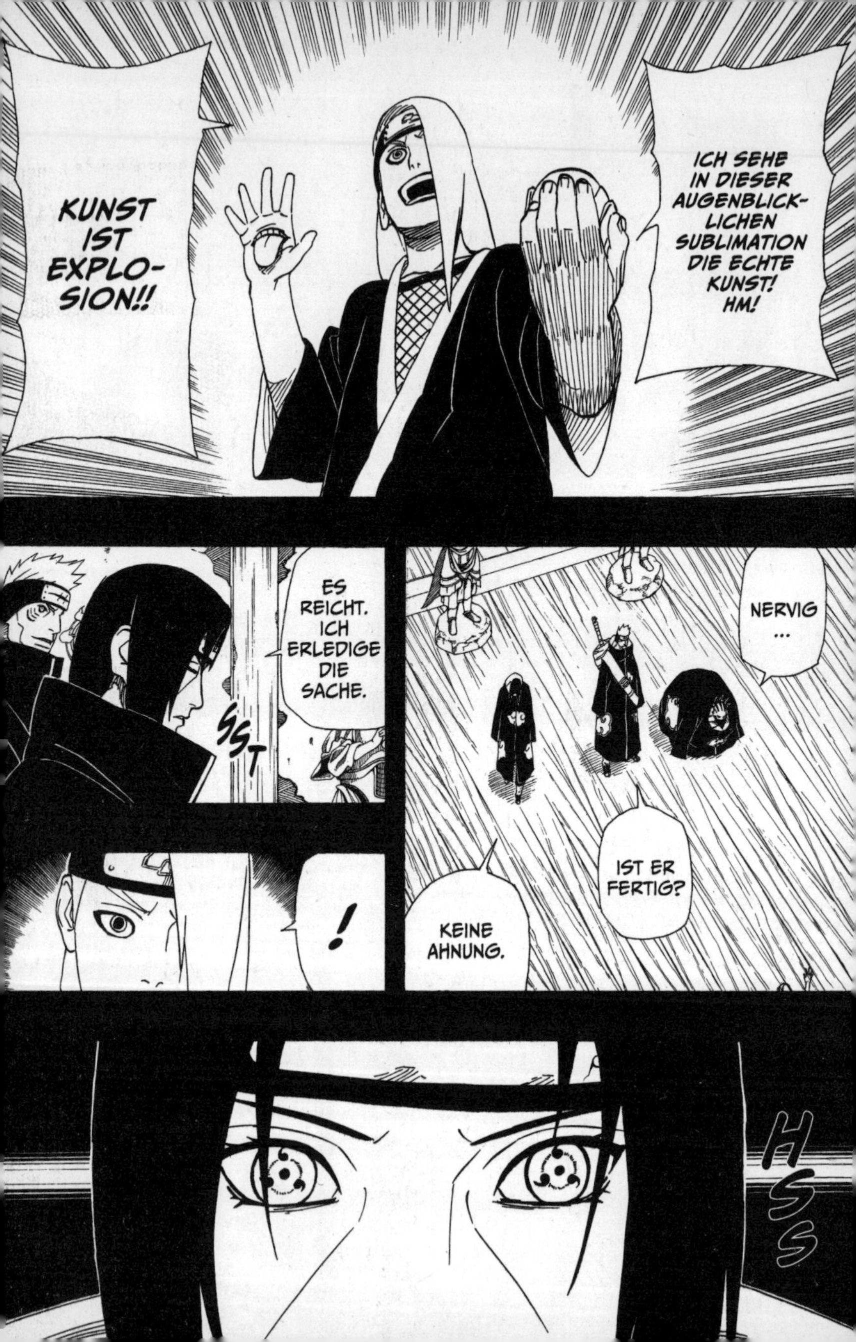
ICH SEHE IN DIESER AUGENBLICK-LICHEN SUBLIMATION DIE ECHTE KUNST! HM!
KUNST IST EXPLO-SION!!
NERVIG ...
IST ER FERTIG?
KEINE AHNUNG.
ES REICHT. ICH ERLEDIGE DIE SACHE.
SST
!
HSS

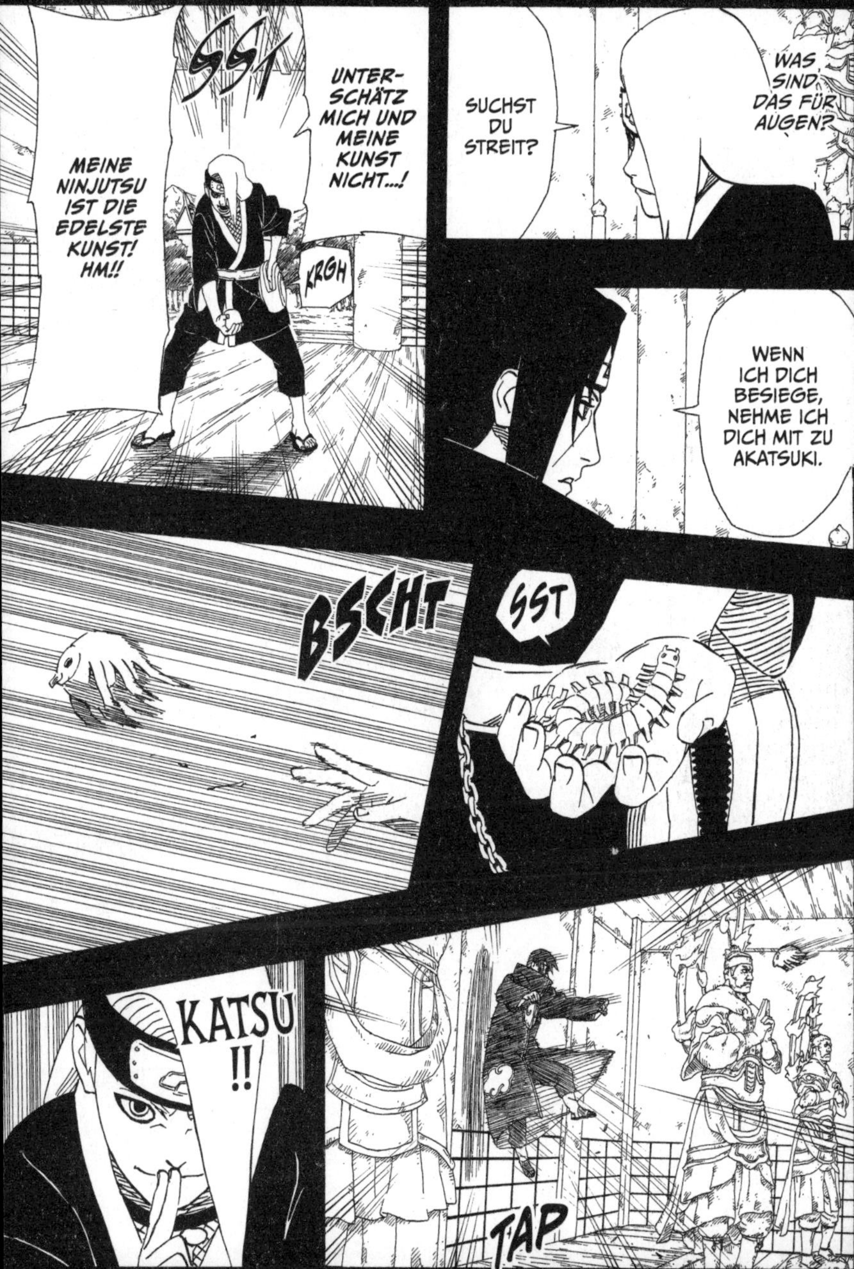

WAS SIND DAS FÜR AUGEN?
SUCHST DU STREIT?
UNTERSCHÄTZ MICH UND MEINE KUNST NICHT...!
SST
MEINE NINJUTSU IST DIE EDELSTE KUNST! HM!!
KRGH
WENN ICH DICH BESIEGE, NEHME ICH DICH MIT ZU AKATSUKI.
SST
BSCHT
TAP
KATSU !!

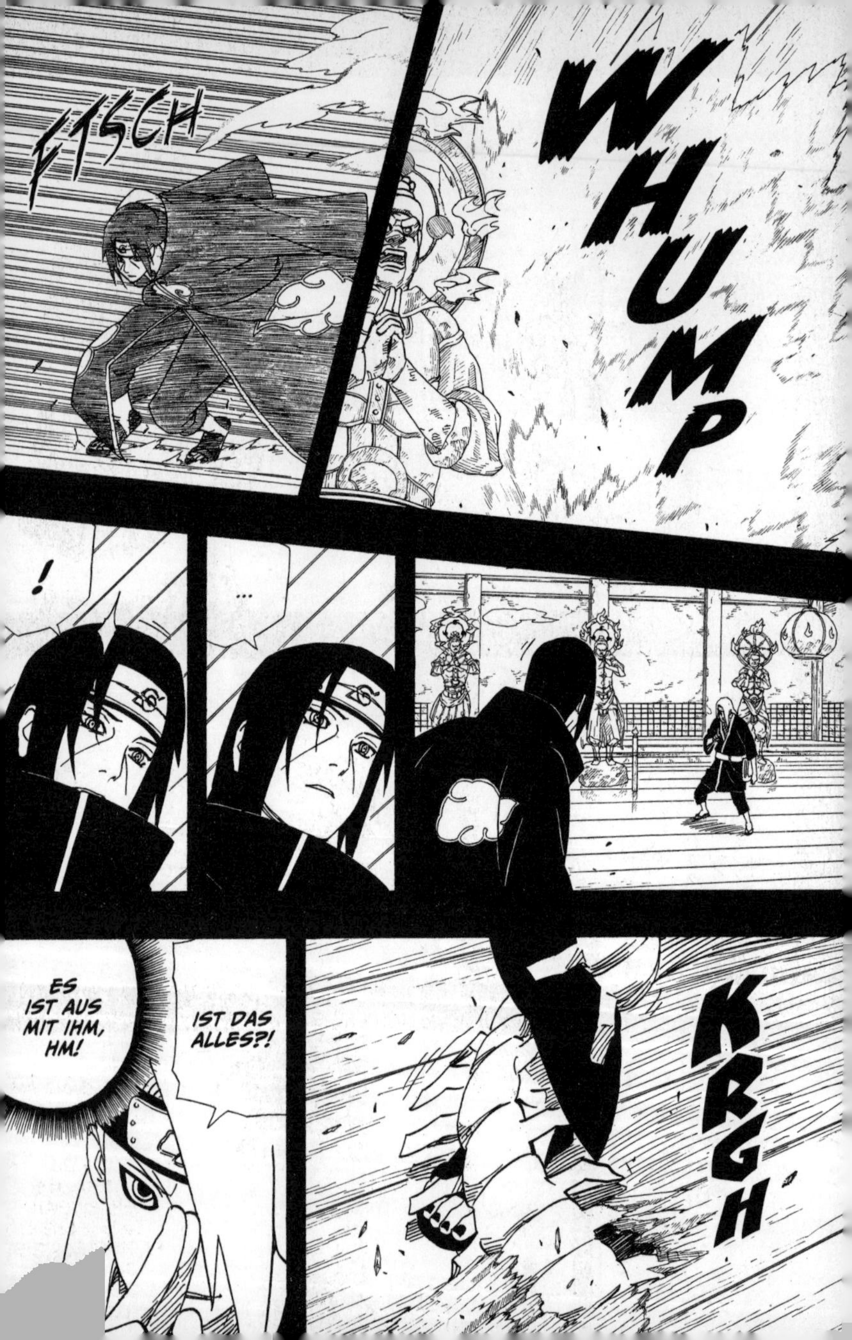
WHUMP
FTSCH
...
!
KRGH
IST DAS ALLES?!
ES IST AUS MIT IHM, HM!

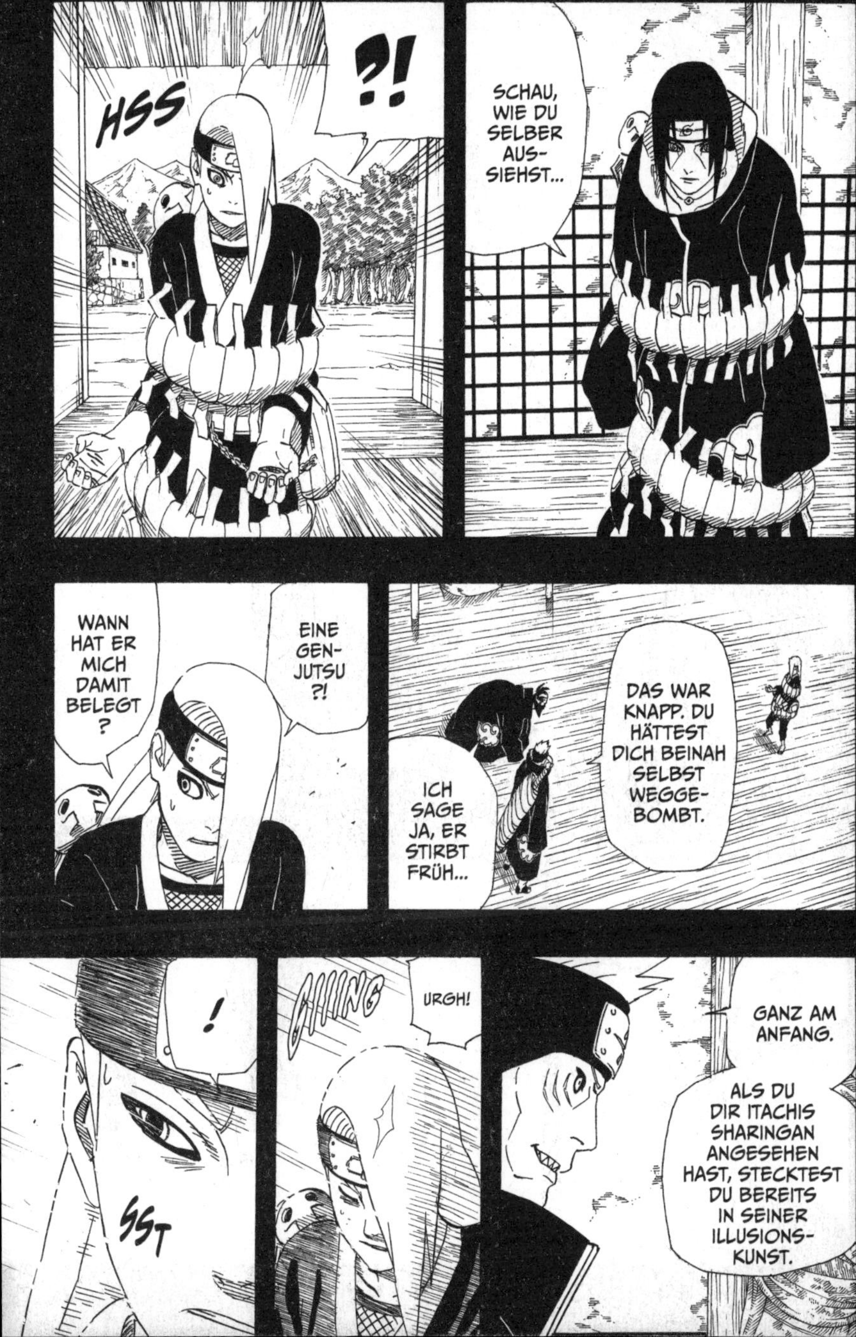

SCHAU, WIE DU SELBER AUS-SIEHST...
HSS
?!
DAS WAR KNAPP. DU HÄTTEST DICH BEINAH SELBST WEGGE-BOMBT.
ICH SAGE JA, ER STIRBT FRÜH...
EINE GEN-JUTSU ?!
WANN HAT ER MICH DAMIT BELEGT ?
GANZ AM ANFANG.
ALS DU DIR ITACHIS SHARINGAN ANGESEHEN HAST, STECKTEST DU BEREITS IN SEINER ILLUSIONS-KUNST.
CHING
URGH!
!
SST

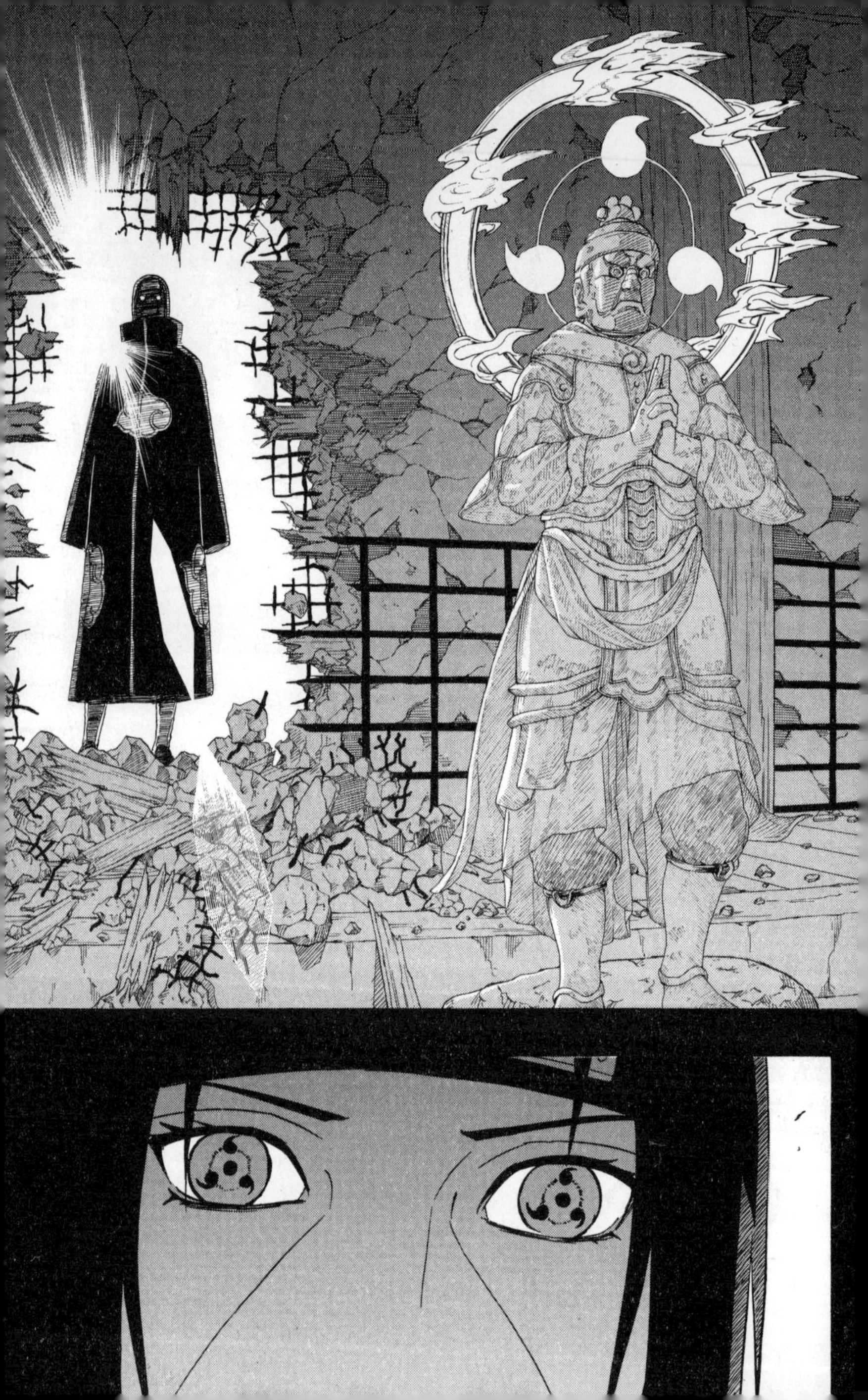

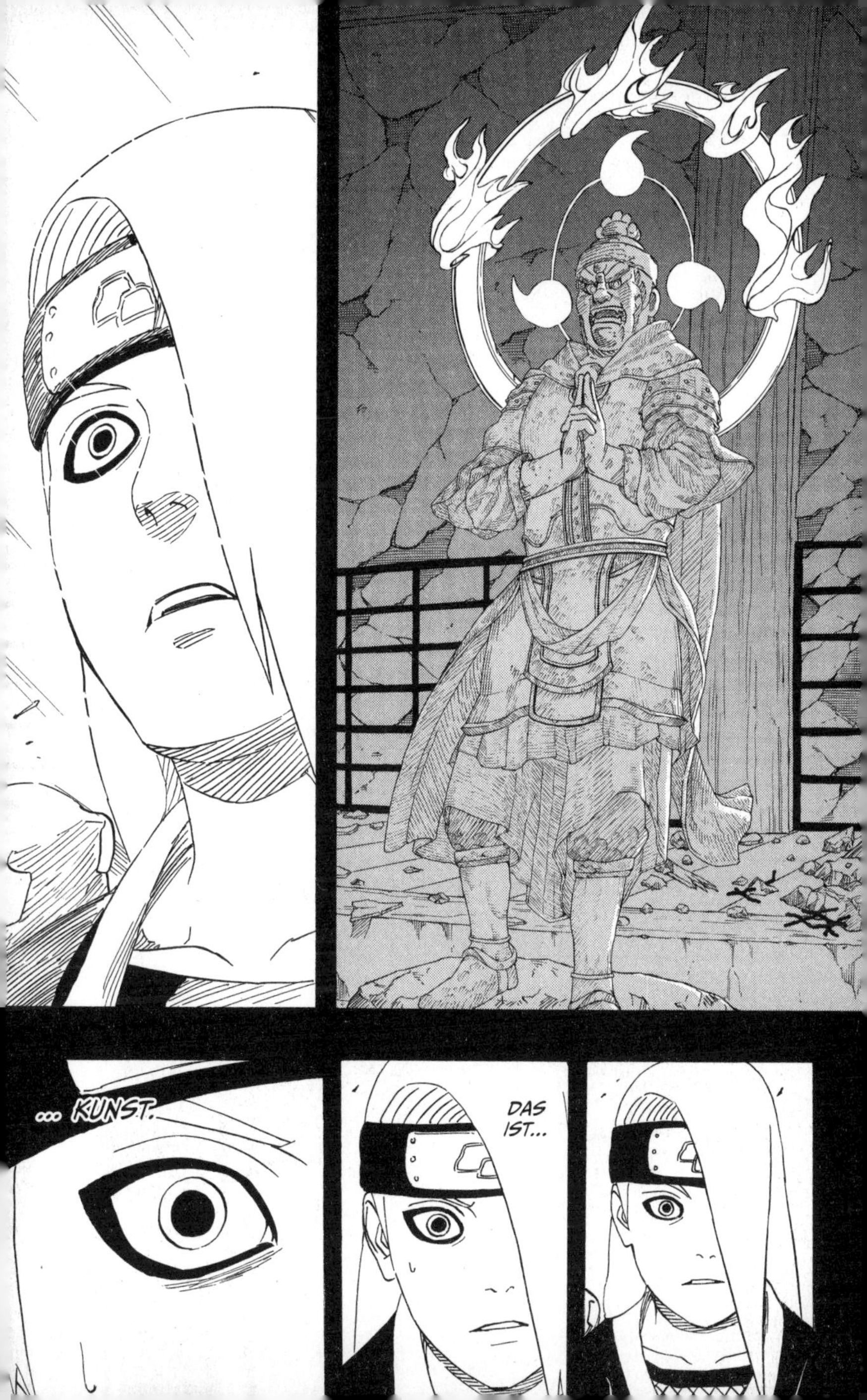

... KUNST.
DAS IST...

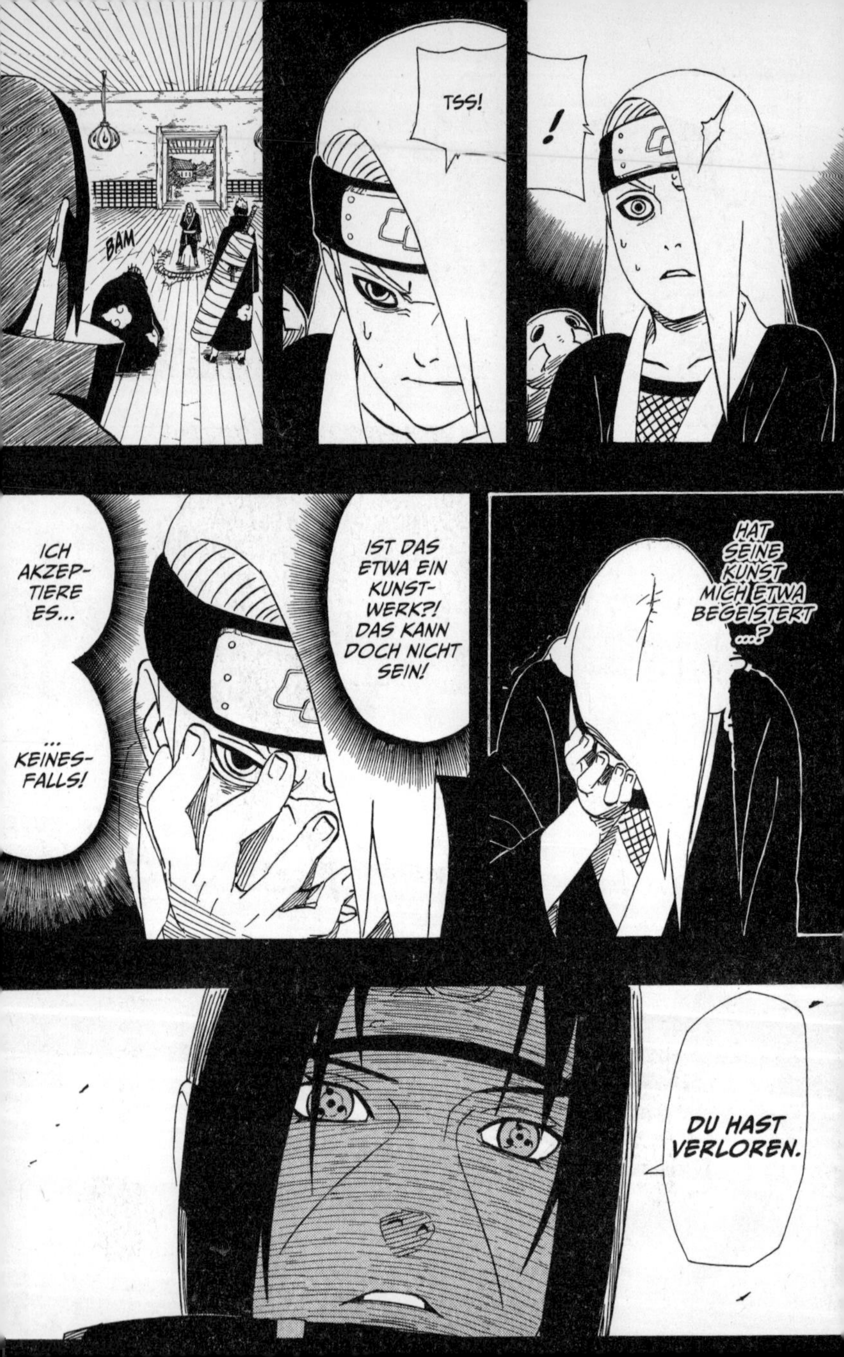

!
TSS!
BAM
HAT SEINE KUNST MICH ETWA BEGEISTERT ...?
IST DAS ETWA EIN KUNST-WERK?! DAS KANN DOCH NICHT SEIN!
ICH AKZEP-TIERE ES...
... KEINES-FALLS!
DU HAST VERLOREN.

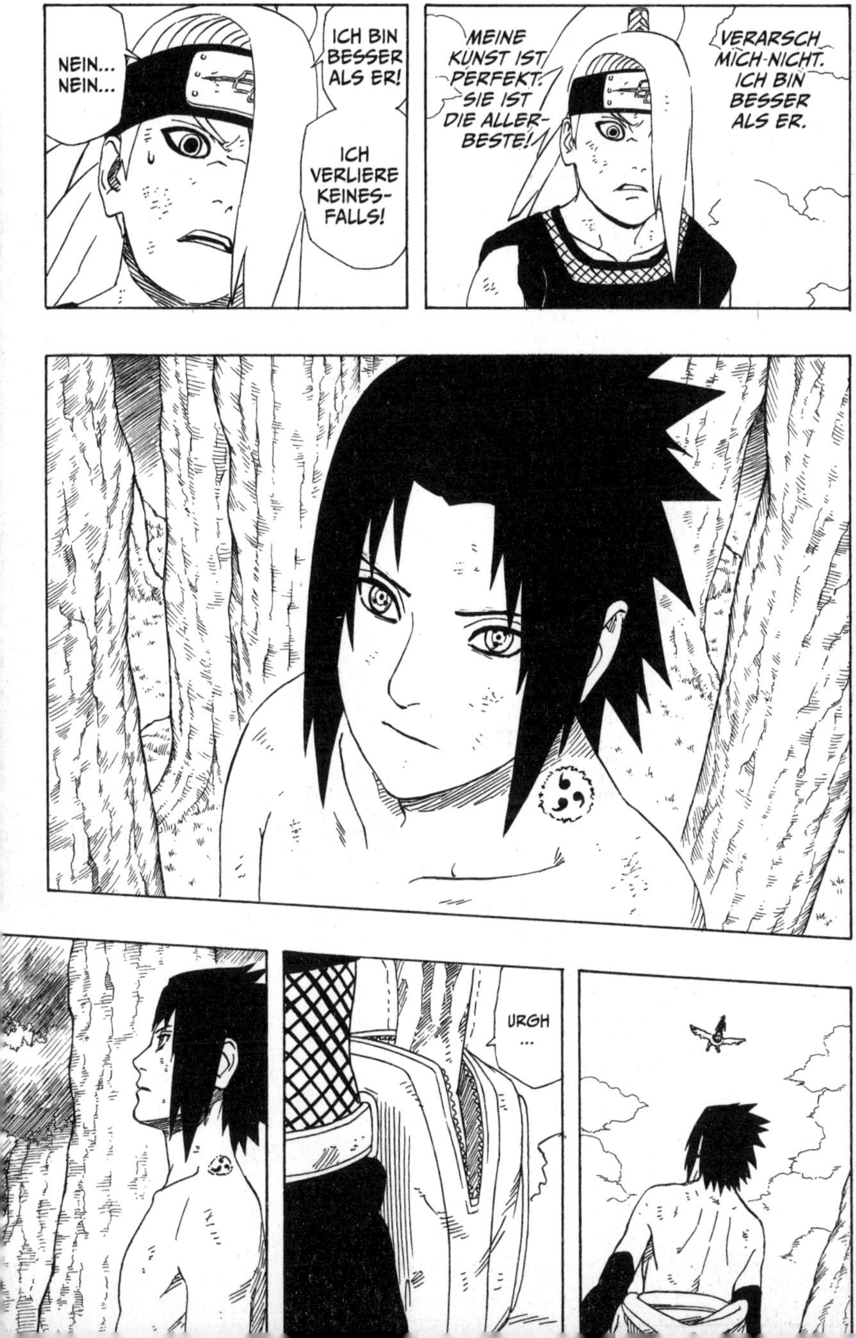
VERARSCH MICH-NICHT. ICH BIN BESSER ALS ER.
MEINE KUNST IST PERFEKT. SIE IST DIE ALLER-BESTE!
ICH BIN BESSER ALS ER!
ICH VERLIERE KEINES-FALLS!
NEIN... NEIN...
URGH ...

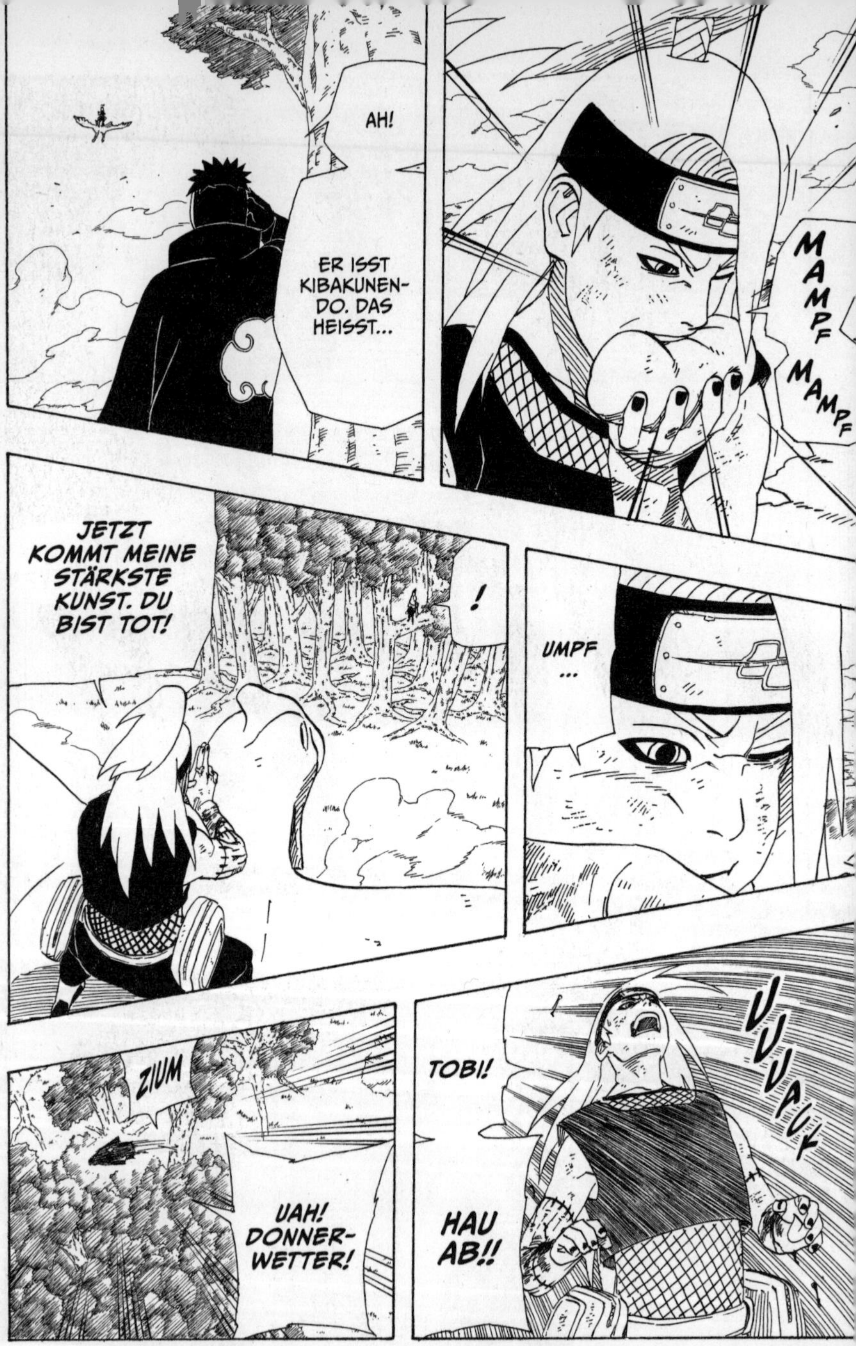
MAMPF MAMPF
AH!
ER ISST KIBAKUNEN-DO. DAS HEISST...
UMPF ...
!
JETZT KOMMT MEINE STÄRKSTE KUNST. DU BIST TOT!
TOBI!
HAU AB!!
ZIUM
UAH! DONNER-WETTER!

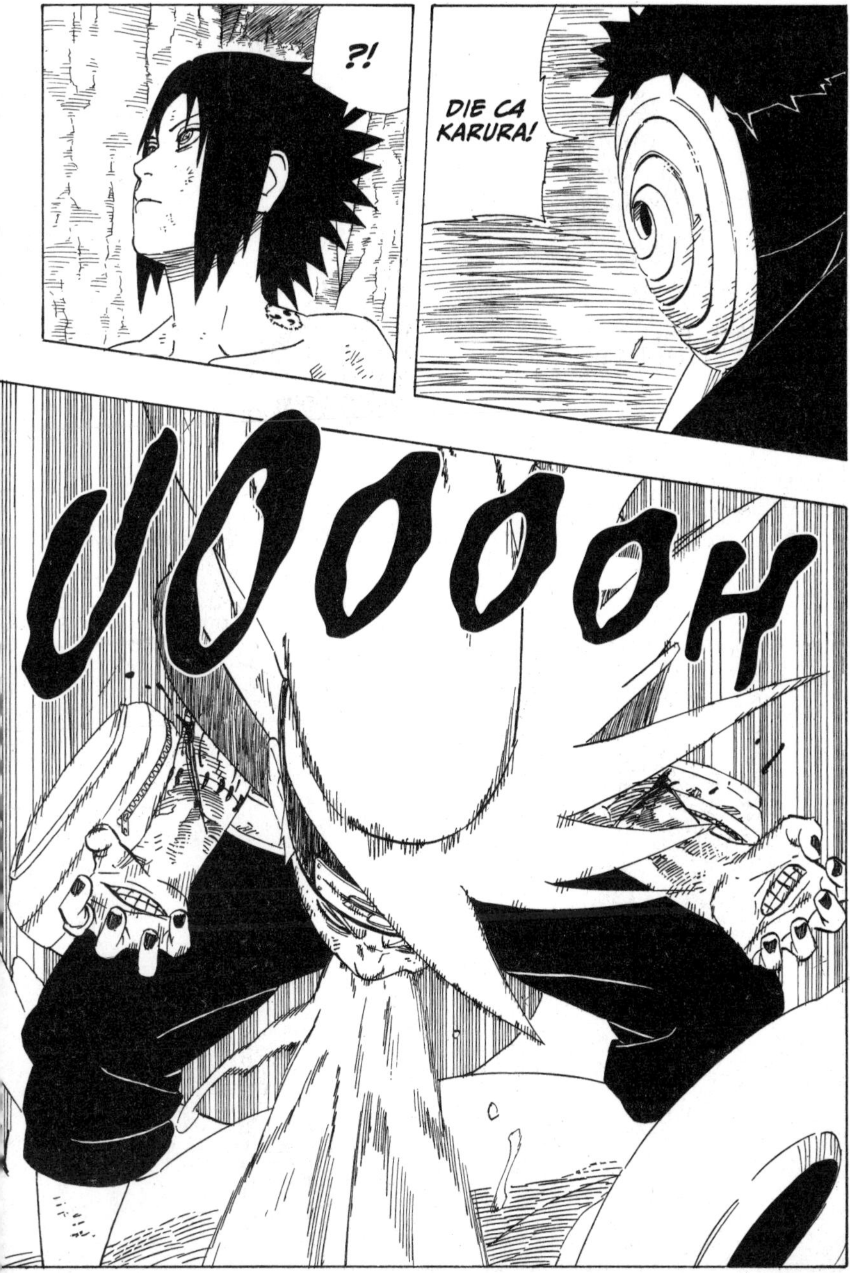
DIE CA
KARURA!
?!
UOOOOH

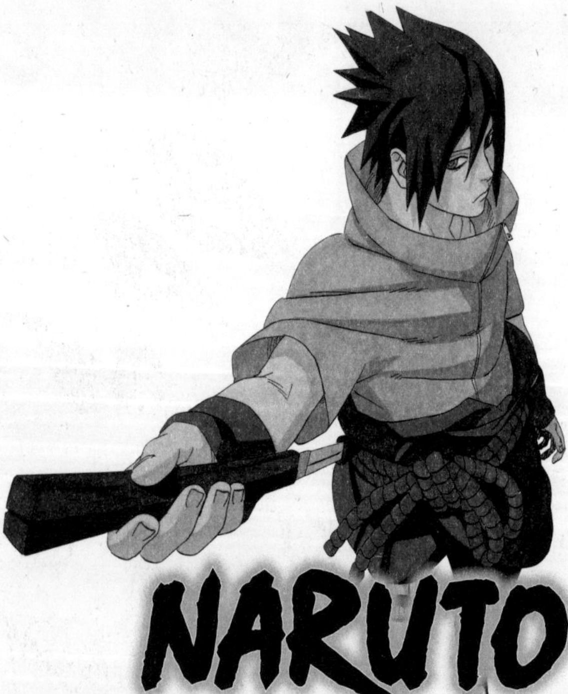
NARUTO

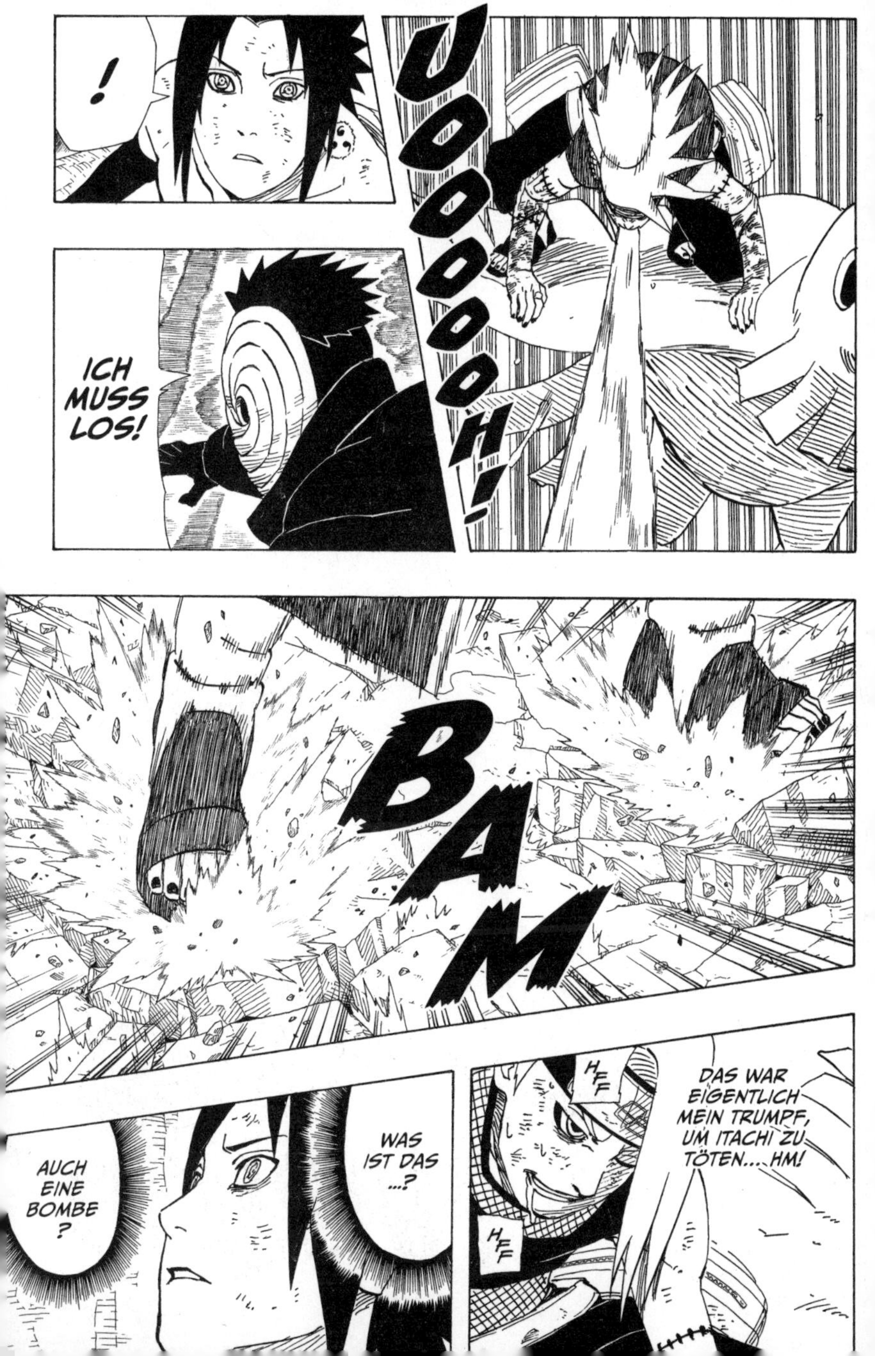
UOOOOOOH!
!
ICH MUSS LOS!
BAM
HFF
DAS WAR EIGENTLICH MEIN TRUMPF, UM ITACHI ZU TÖTEN.... HM!
HFF
WAS IST DAS ...?
AUCH EINE BOMBE ?

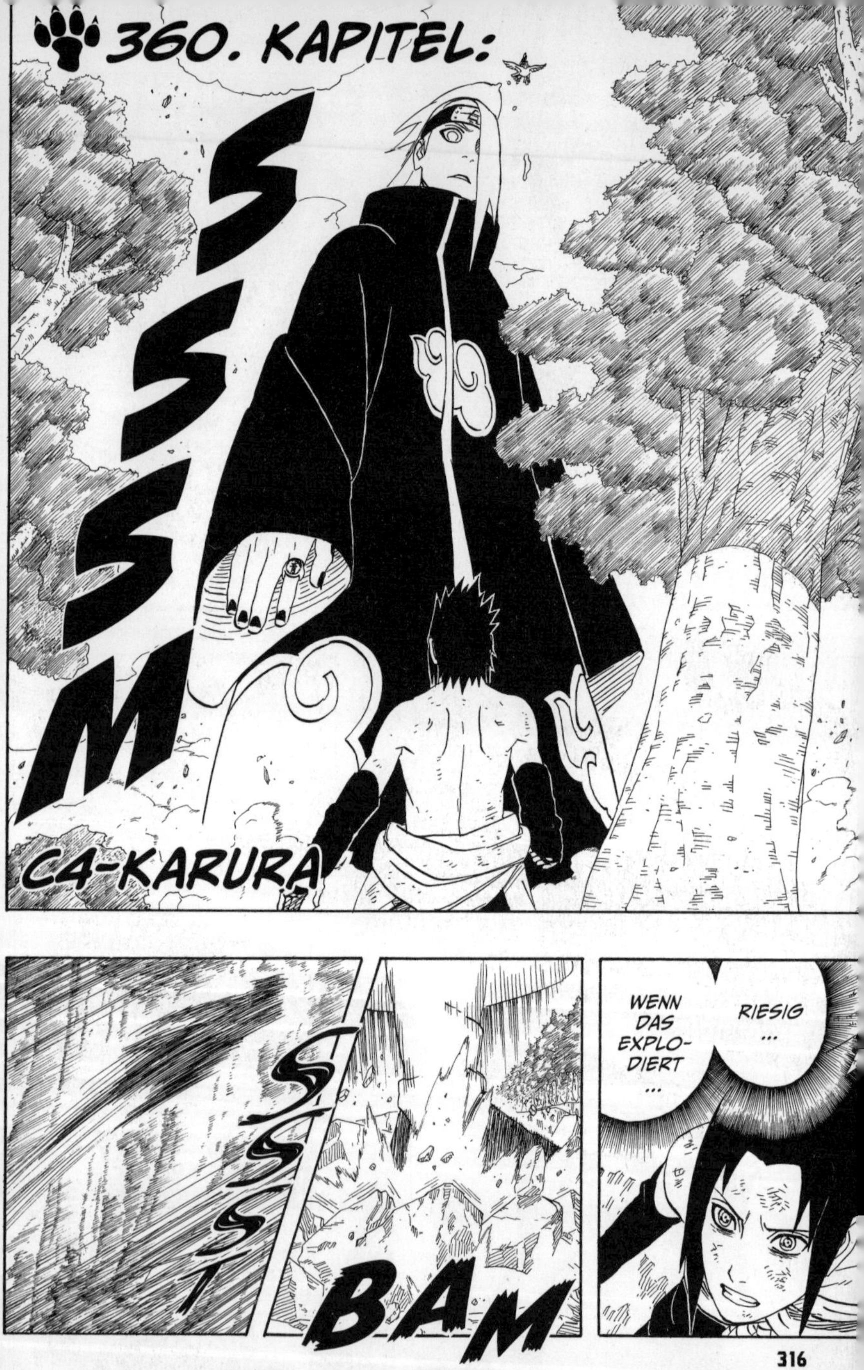
360. KAPITEL:
C4-KARURA
SSSM
RIESIG ...
WENN DAS EXPLO-DIERT ...
BAM
SSSST

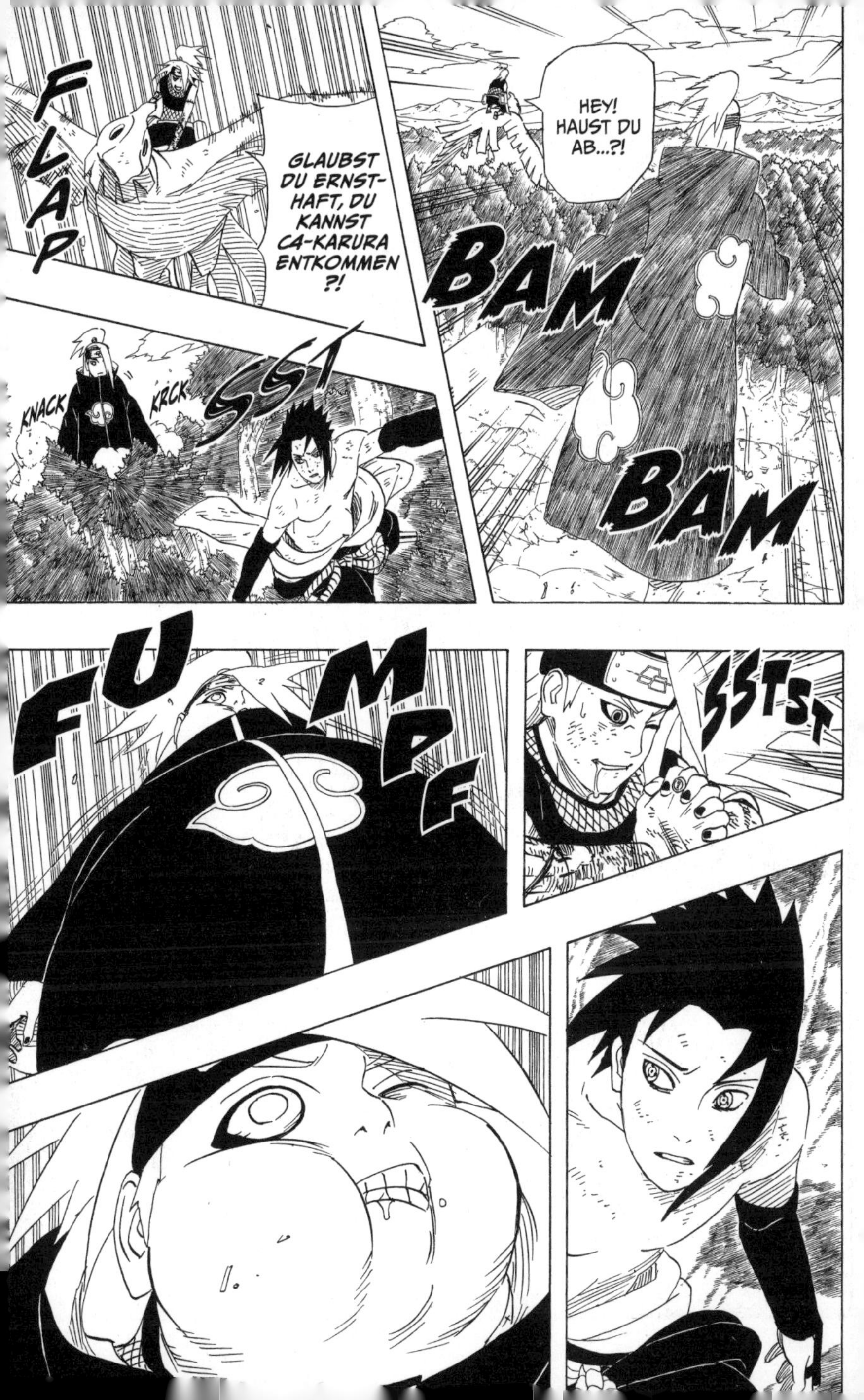

HEY!
HAUST DU
AB...?!
BAM
BAM
GLAUBST DU ERNSTHAFT, DU KANNST C4-KARURA ENTKOMMEN ?!
FLAP
SSST
KRCK
KNACK
SSTST
FUMPF

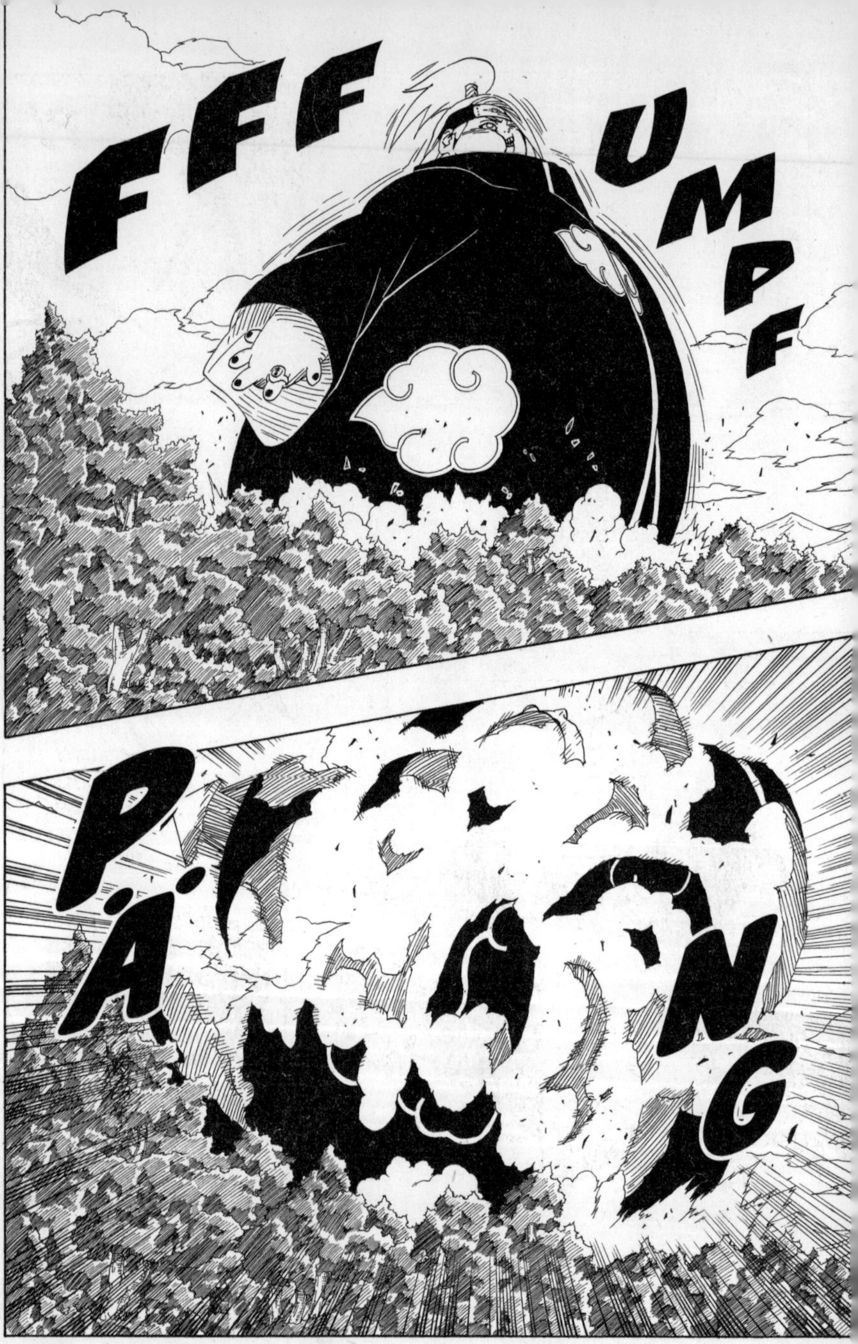
FFFUMPF
PÄNG

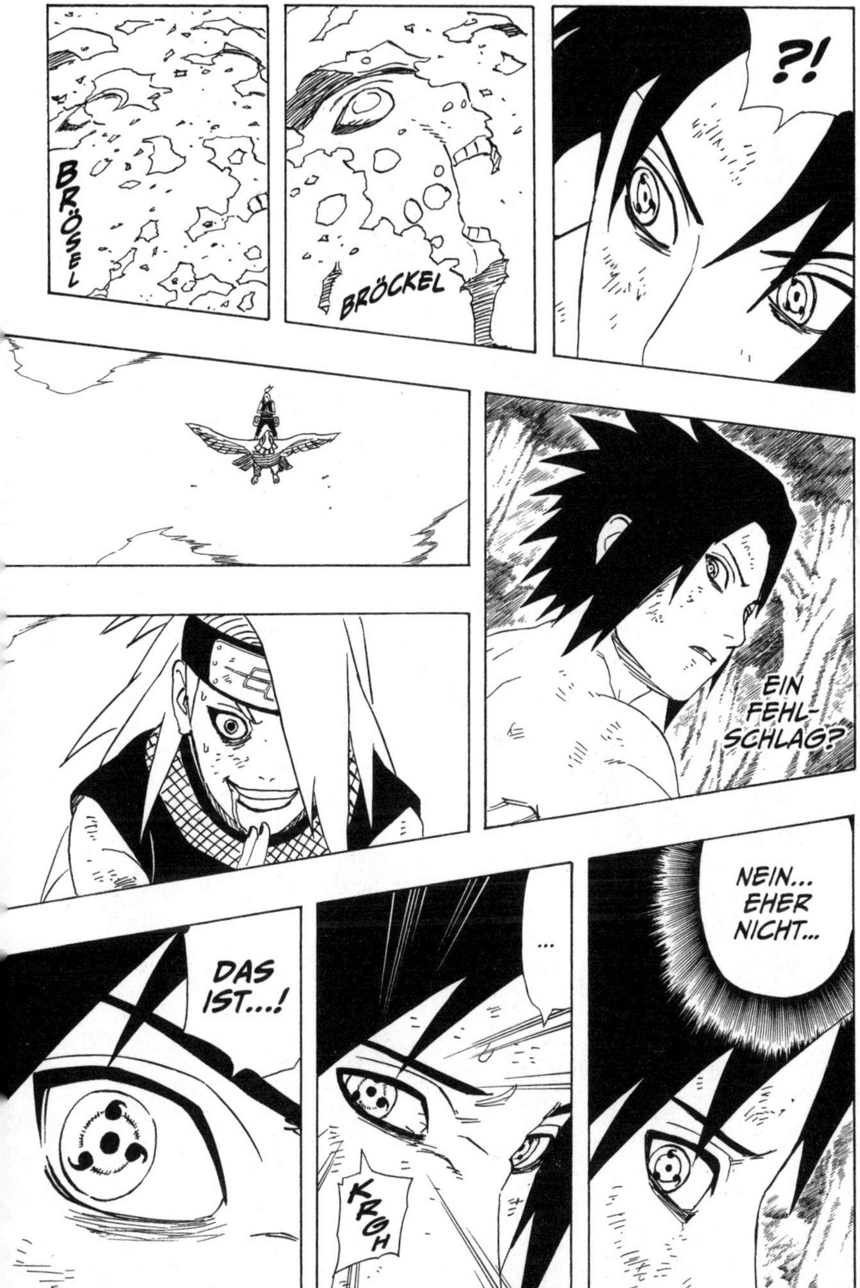
BRÖSEL
BRÖCKEL
?!
EIN FEHL-SCHLAG?
NEIN... EHER NICHT...
...
DAS IST...!
KRGH

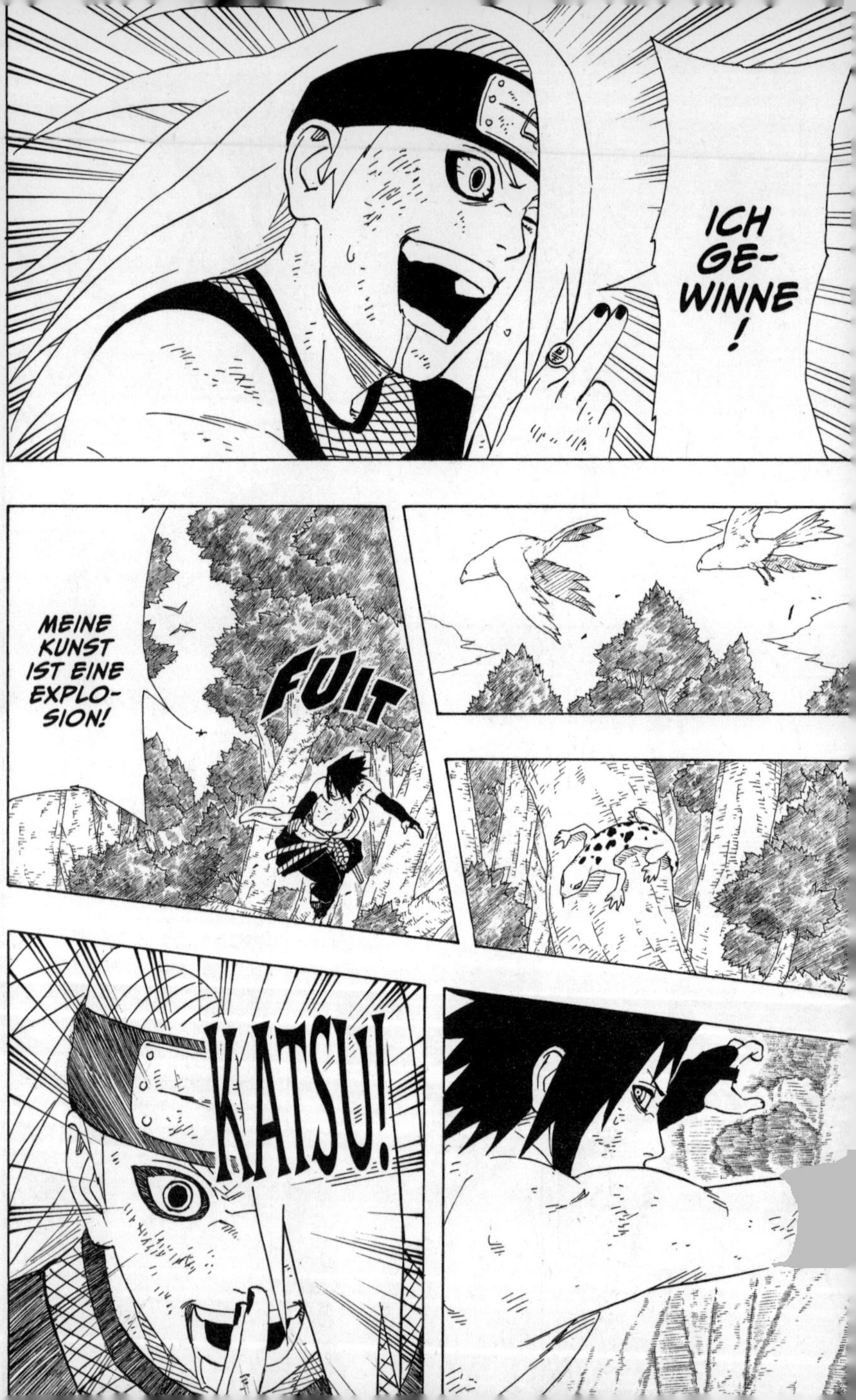

ICH GE-WINNE!
MEINE KUNST IST EINE EXPLOSION!
FUIT
KATSU!

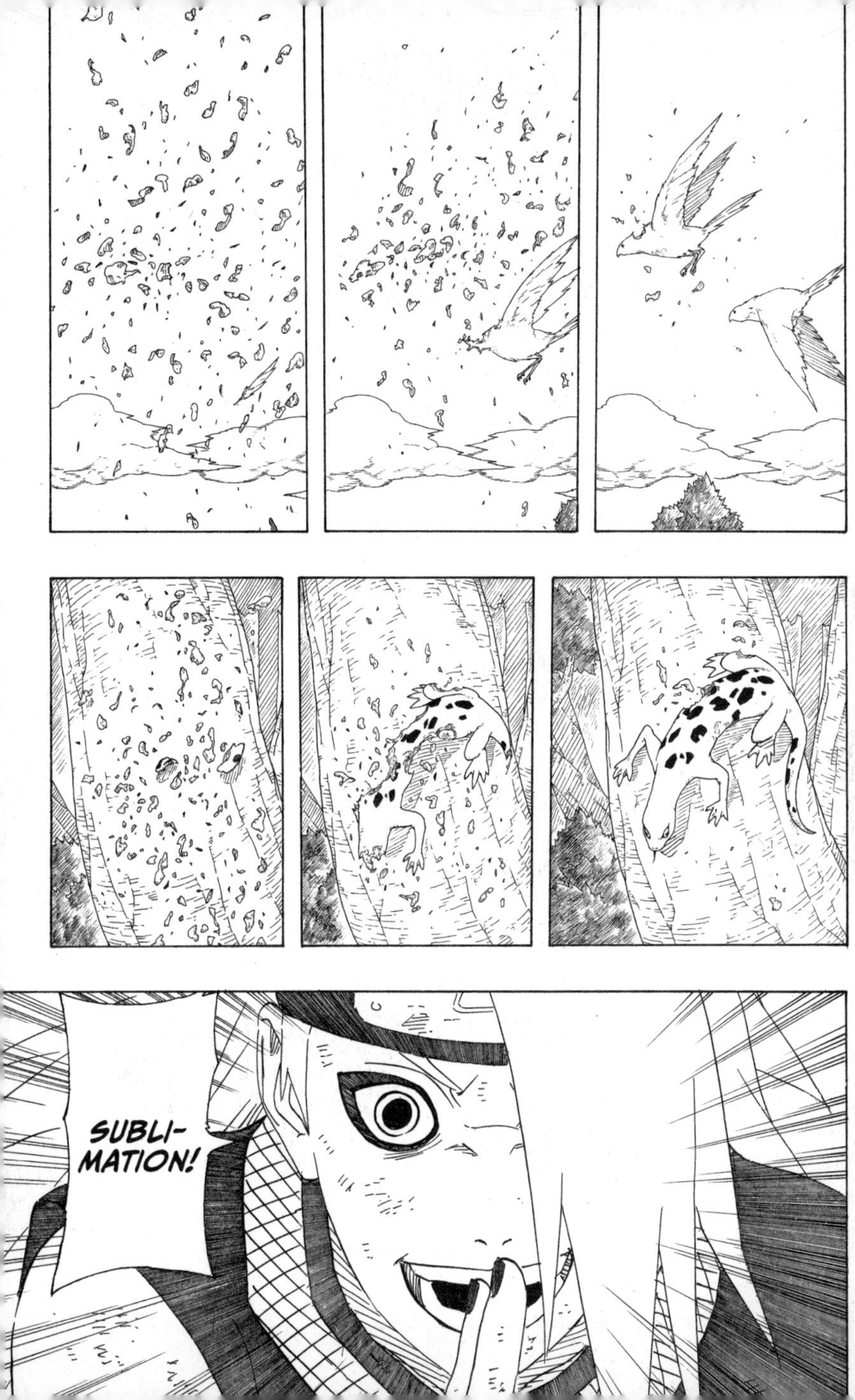
SUBLI-
MATION!

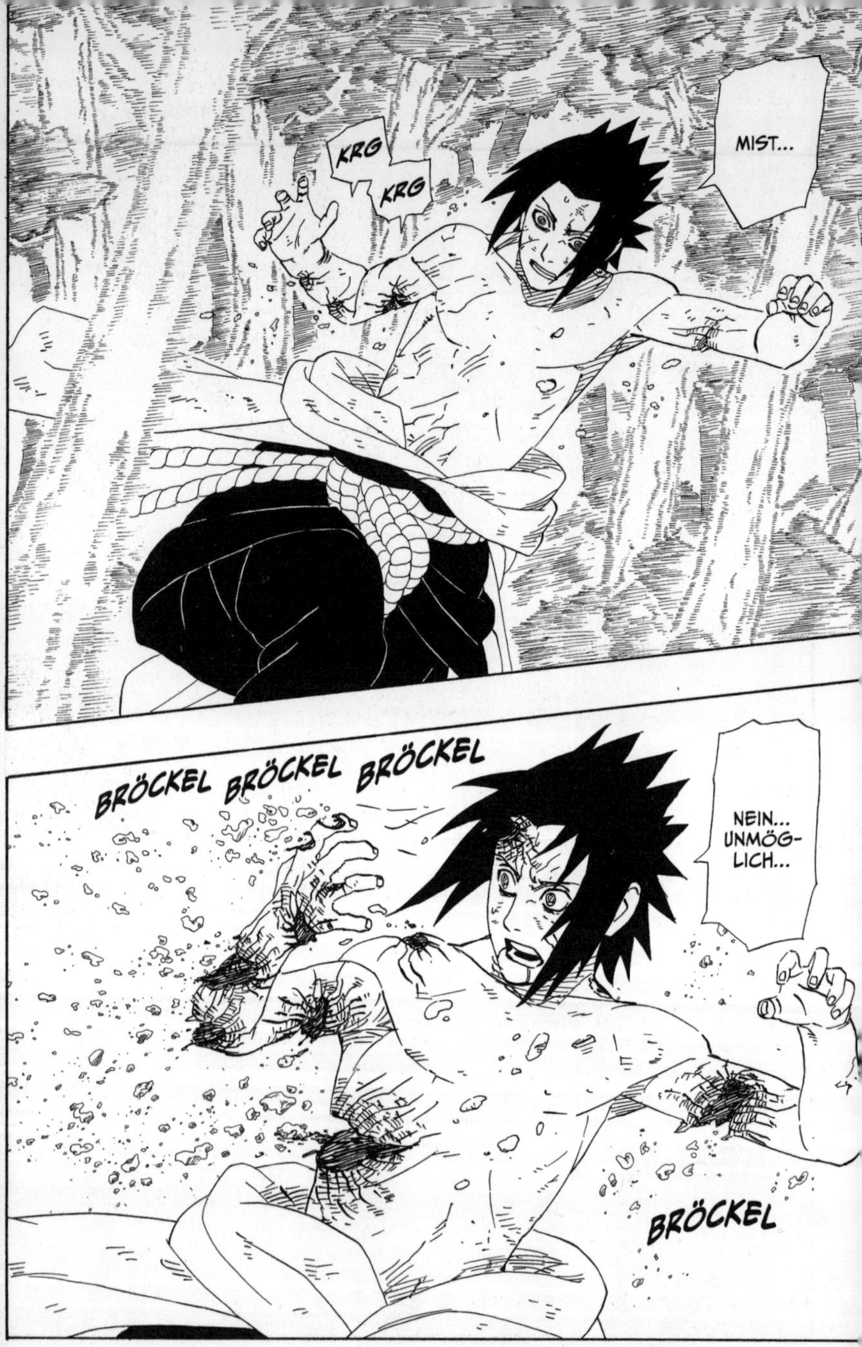
MIST...
KRG
KRG
NEIN... UNMÖG-LICH...
BRÖCKEL BRÖCKEL BRÖCKEL
BRÖCKEL

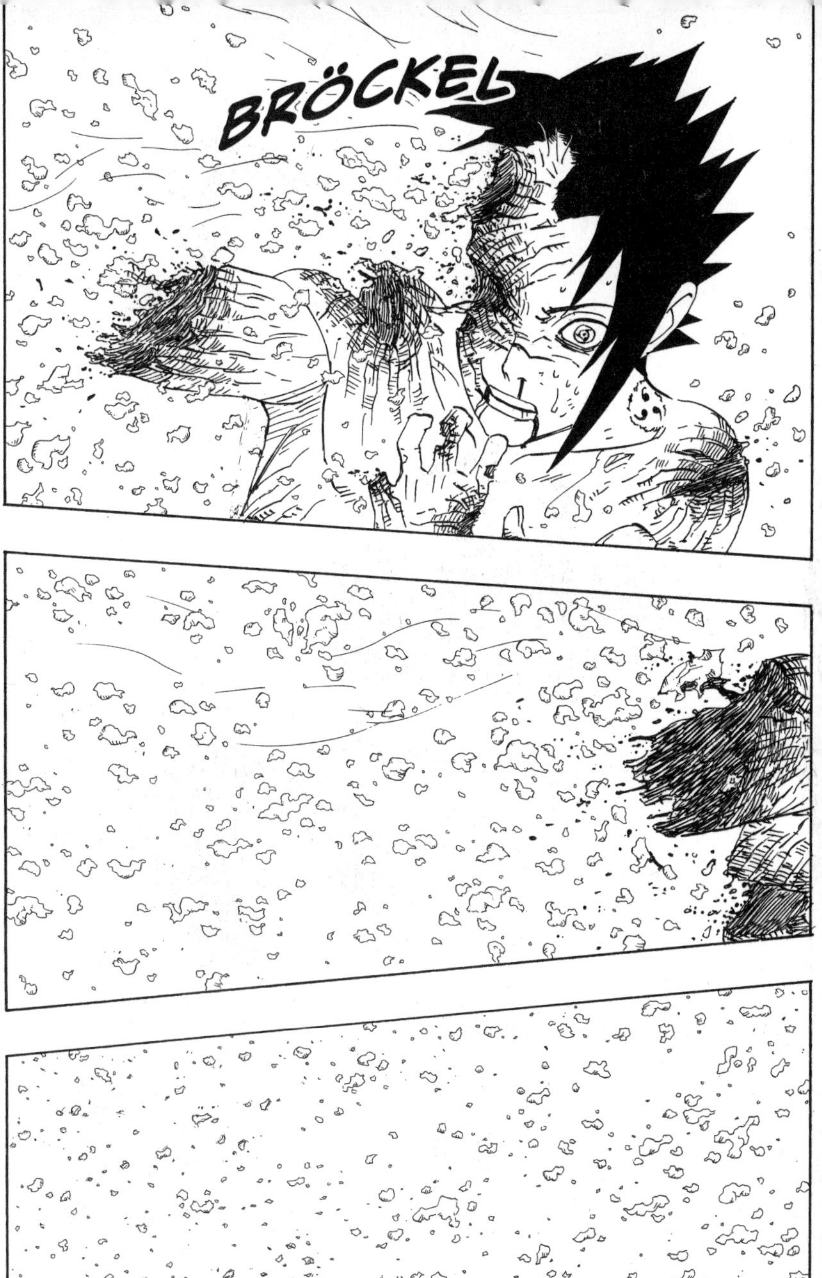
BRÖCKEL

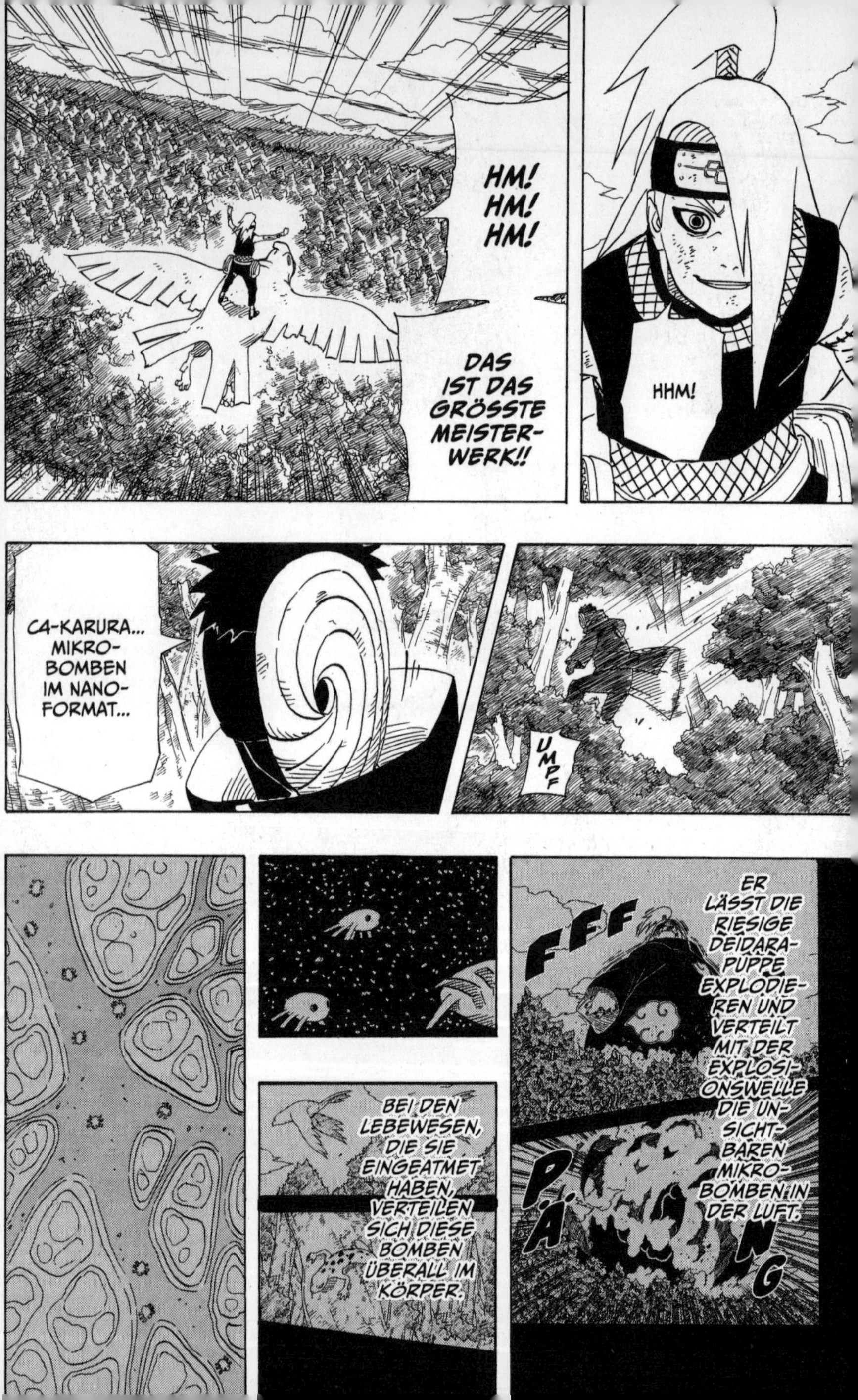
HHM!
HM!
HM!
HM!
DAS IST DAS GRÖSSTE MEISTER-WERK!!
UMPF
C4-KARURA... MIKRO-BOMBEN IM NANO-FORMAT...
ER LÄSST DIE RIESIGE DEIDARA-PUPPE EXPLODIE-REN UND VERTEILT MIT DER EXPLOSI-ONSWELLE DIE UN-SICHT-BAREN MIKRO-BOMBEN IN DER LUFT.
FFF
PÄNG
BEI DEN LEBEWESEN, DIE SIE EINGEATMET HABEN, VERTEILEN SICH DIESE BOMBEN ÜBERALL IM KÖRPER.

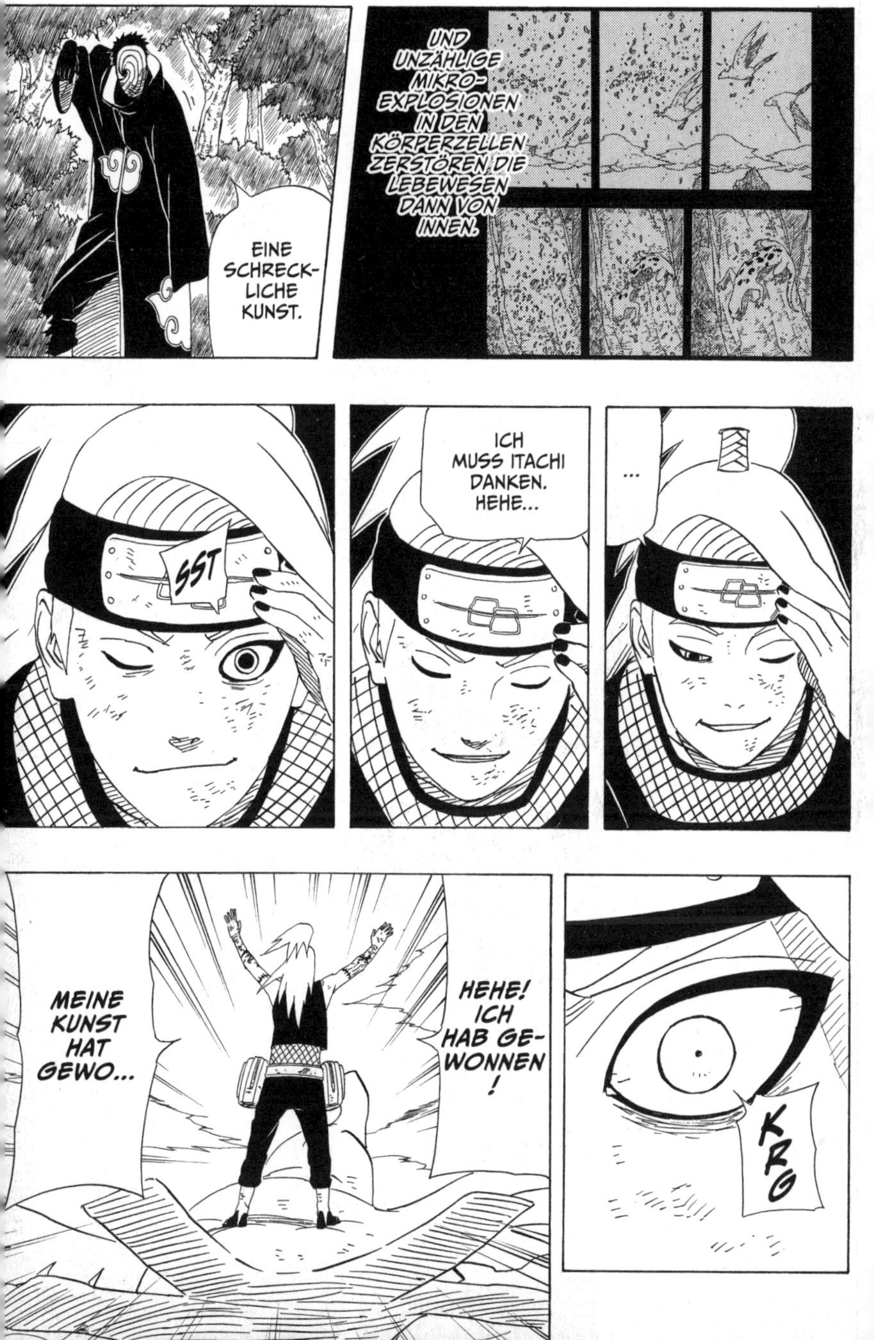

UND UNZÄHLIGE MIKRO-EXPLOSIONEN IN DEN KÖRPERZELLEN ZERSTÖREN DIE LEBEWESEN DANN VON INNEN.
EINE SCHRECK-LICHE KUNST.
...
ICH MUSS ITACHI DANKEN. HEHE...
SST
KRG
HEHE! ICH HAB GE-WONNEN!
MEINE KUNST HAT GEWO...

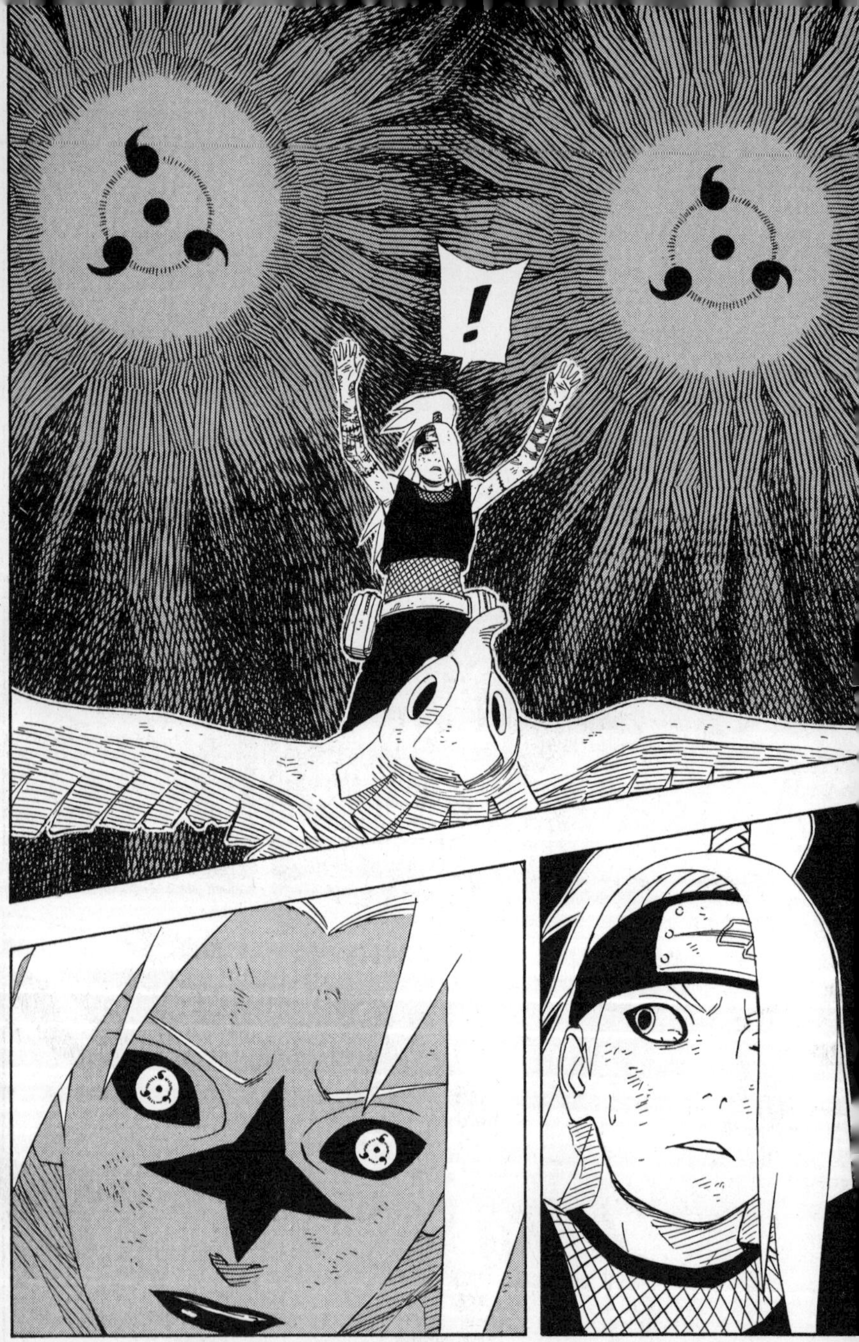

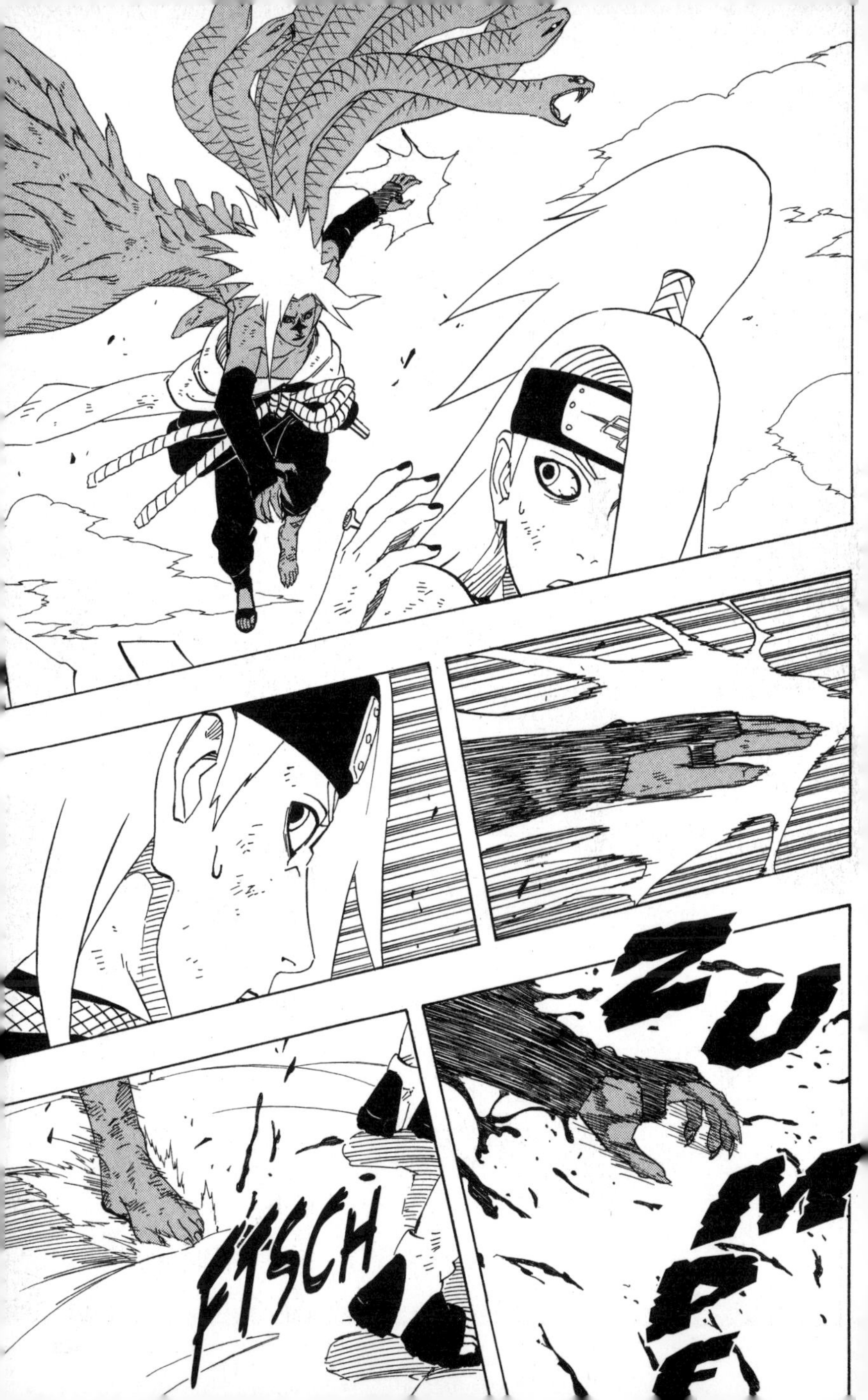
ZUMPF
FITSCH

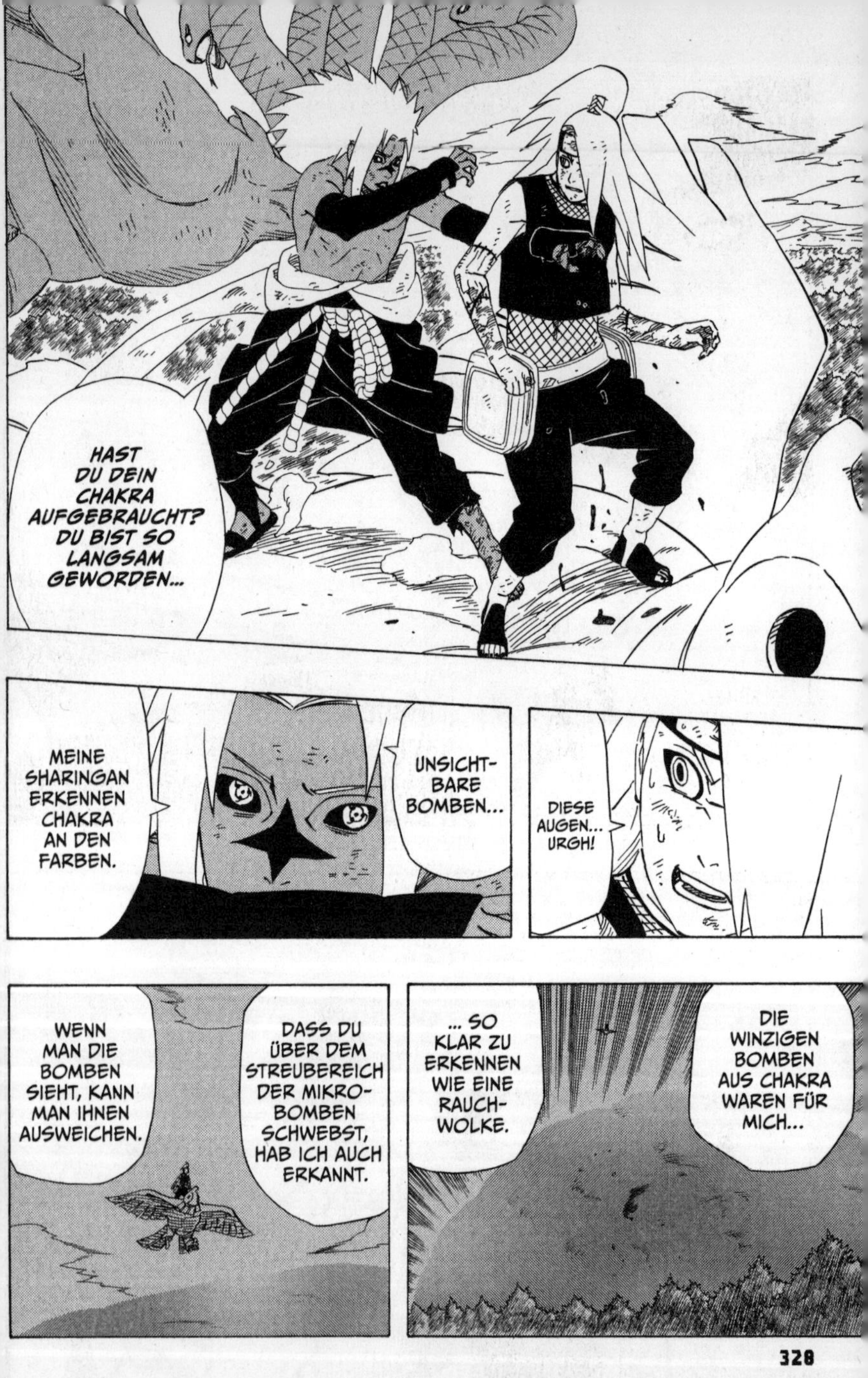
HAST DU DEIN CHAKRA AUFGEBRAUCHT? DU BIST SO LANGSAM GEWORDEN...
DIESE AUGEN... URGH!
UNSICHTBARE BOMBEN...
MEINE SHARINGAN ERKENNEN CHAKRA AN DEN FARBEN.
DIE WINZIGEN BOMBEN AUS CHAKRA WAREN FÜR MICH...
... SO KLAR ZU ERKENNEN WIE EINE RAUCHWOLKE.
DASS DU ÜBER DEM STREUBEREICH DER MIKROBOMBEN SCHWEBST, HAB ICH AUCH ERKANNT.
WENN MAN DIE BOMBEN SIEHT, KANN MAN IHNEN AUSWEICHEN.

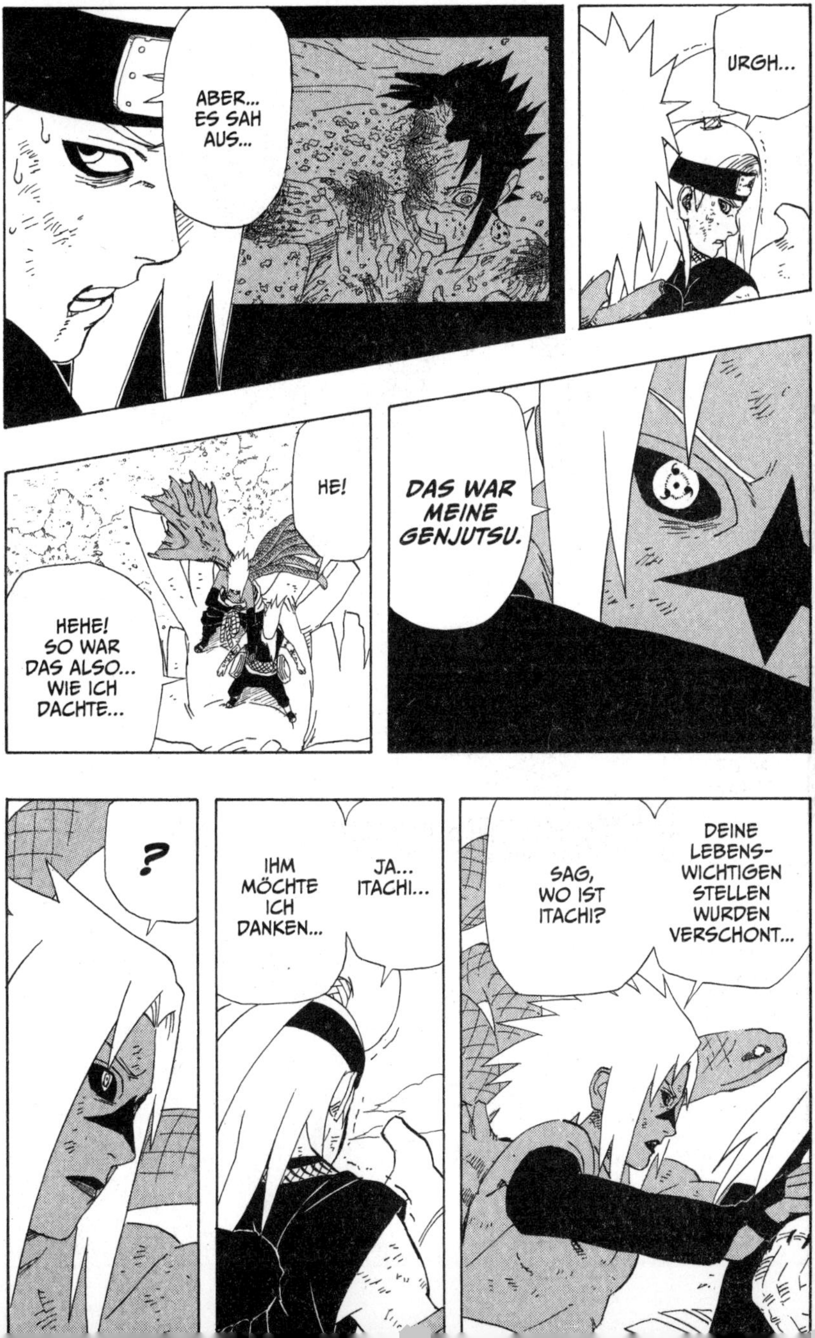
URGH...
ABER... ES SAH AUS...
DAS WAR MEINE GENJUTSU.
HE!
HEHE! SO WAR DAS ALSO... WIE ICH DACHTE...
DEINE LEBENS-WICHTIGEN STELLEN WURDEN VERSCHONT...
SAG, WO IST ITACHI?
JA... ITACHI...
IHM MÖCHTE ICH DANKEN...
?

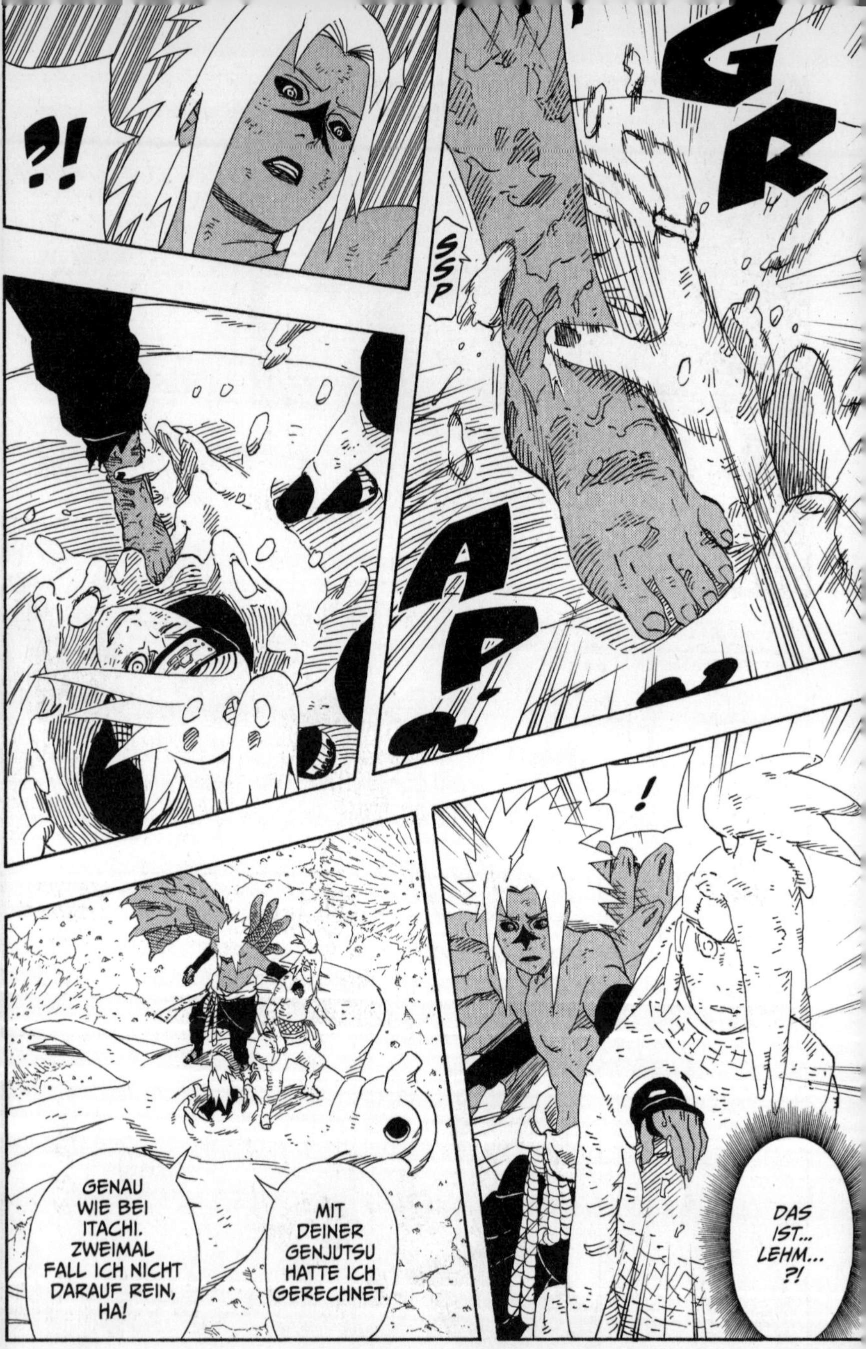

GR
SSP
?!
AP
!
DAS IST... LEHM... ?!
MIT DEINER GENJUTSU HATTE ICH GERECHNET.
GENAU WIE BEI ITACHI. ZWEIMAL FALL ICH NICHT DARAUF REIN, HA!

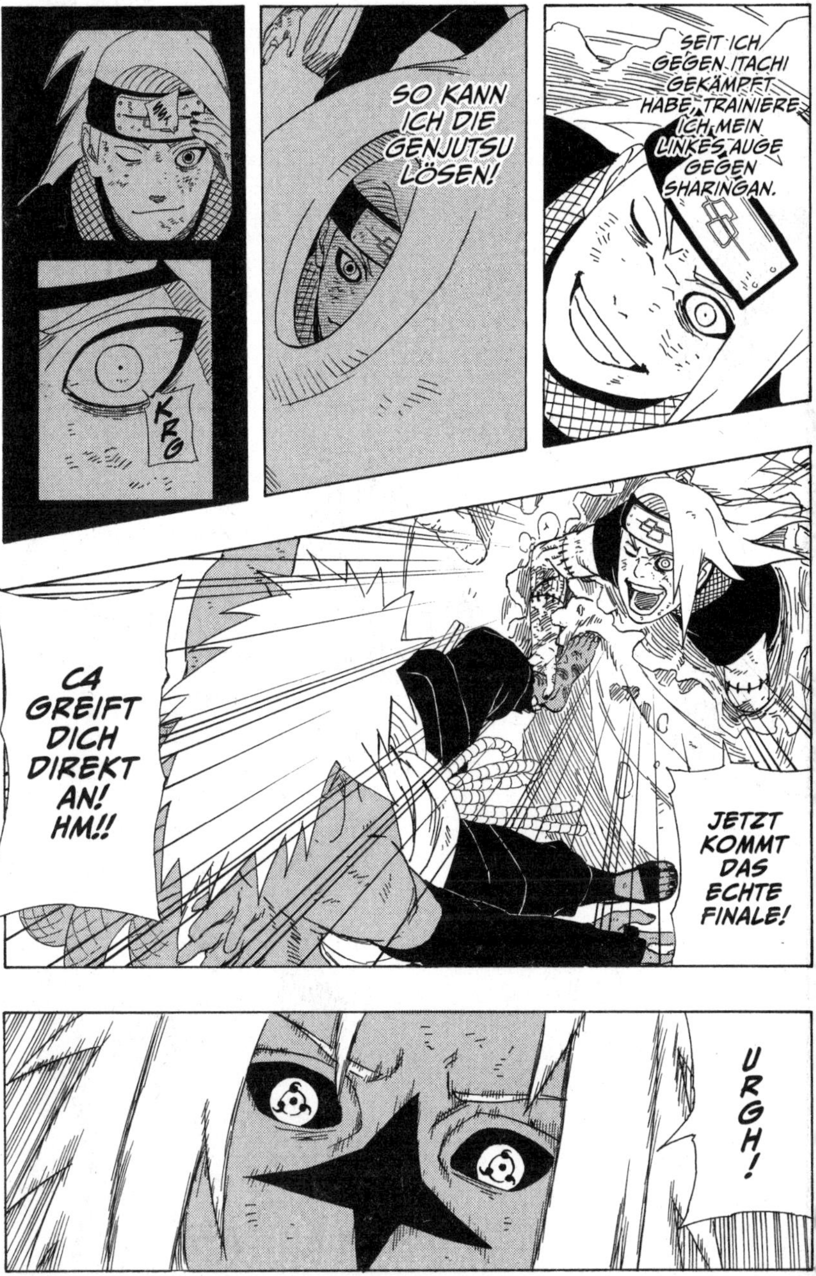
SEIT ICH GEGEN ITACHI GEKÄMPFT HABE, TRAINIERE ICH MEIN LINKES AUGE GEGEN SHARINGAN.
SO KANN ICH DIE GENJUTSU LÖSEN!
KRG
JETZT KOMMT DAS ECHTE FINALE!
C4 GREIFT DICH DIREKT AN! HM!!
URGH!

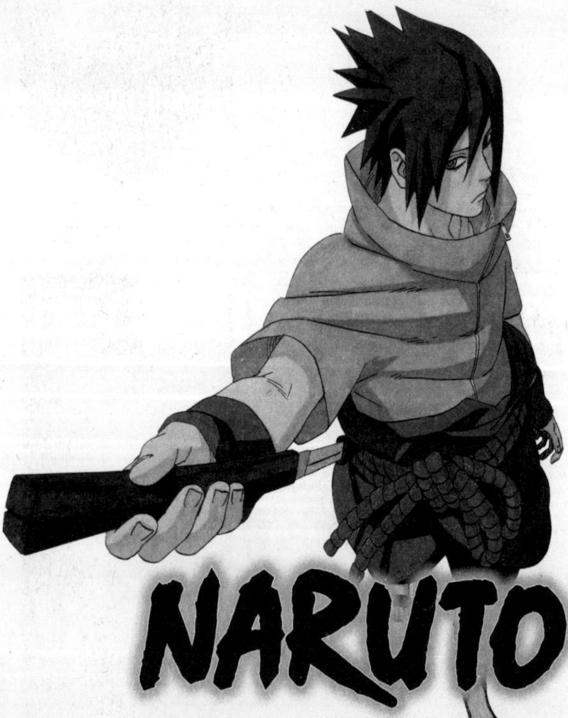
NARUTO

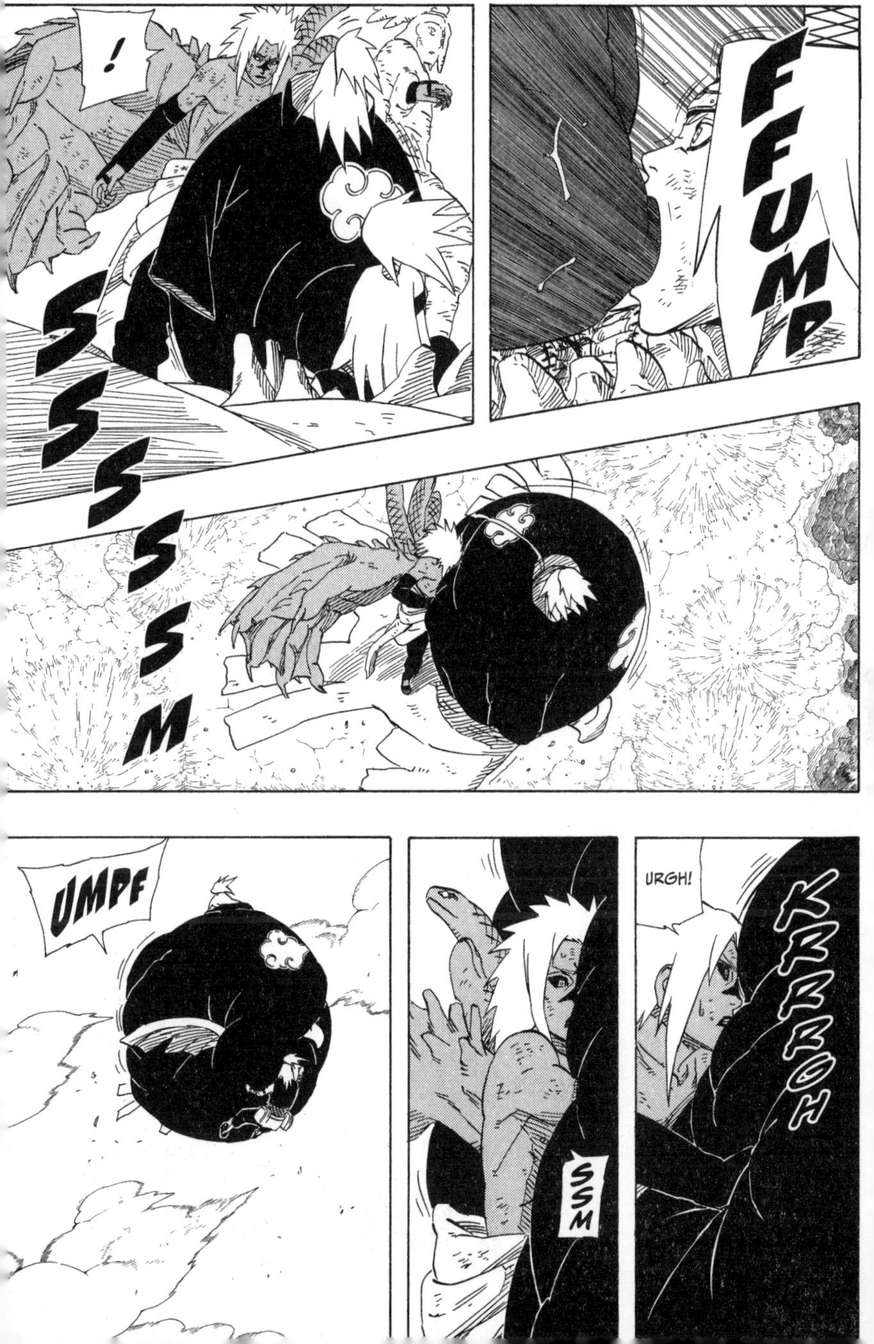
!
FFUMP
SSSSSSM
UMPF
URGH!
KRRROH
SSM

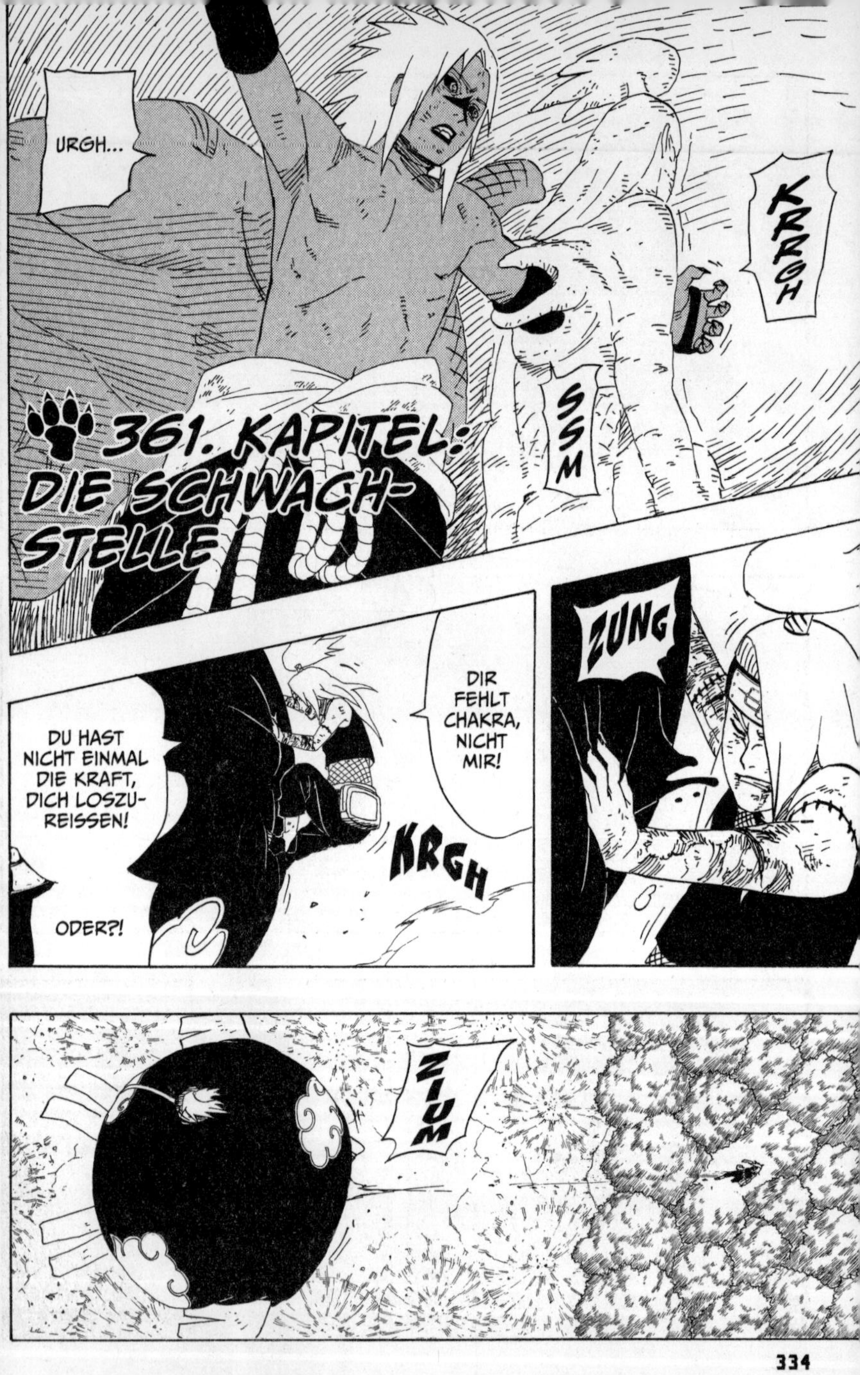
KRRGH
URGH...
SSM
361. KAPITEL: DIE SCHWACH-STELLE
ZUNG
DIR FEHLT CHAKRA, NICHT MIR!
KRGH
DU HAST NICHT EINMAL DIE KRAFT, DICH LOSZU-REISSEN!
ODER?!
ZIUM

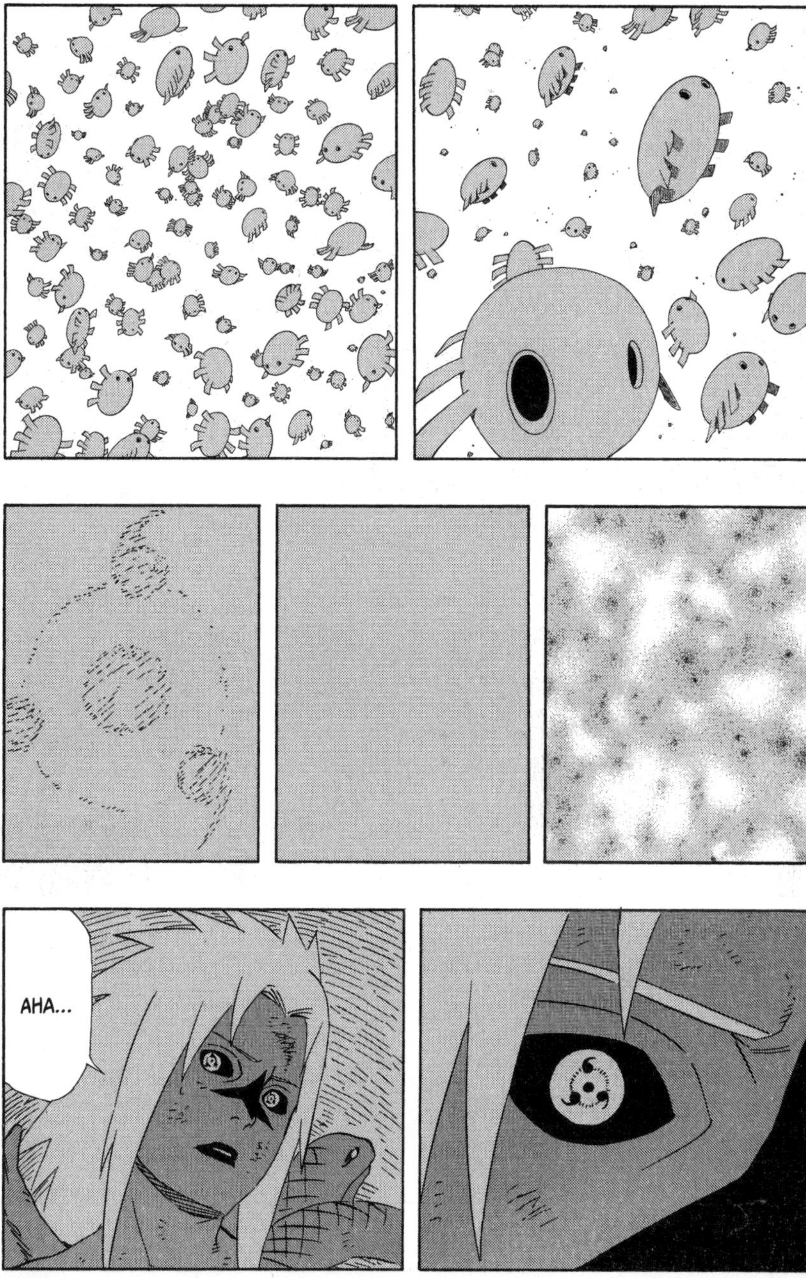
AHA...

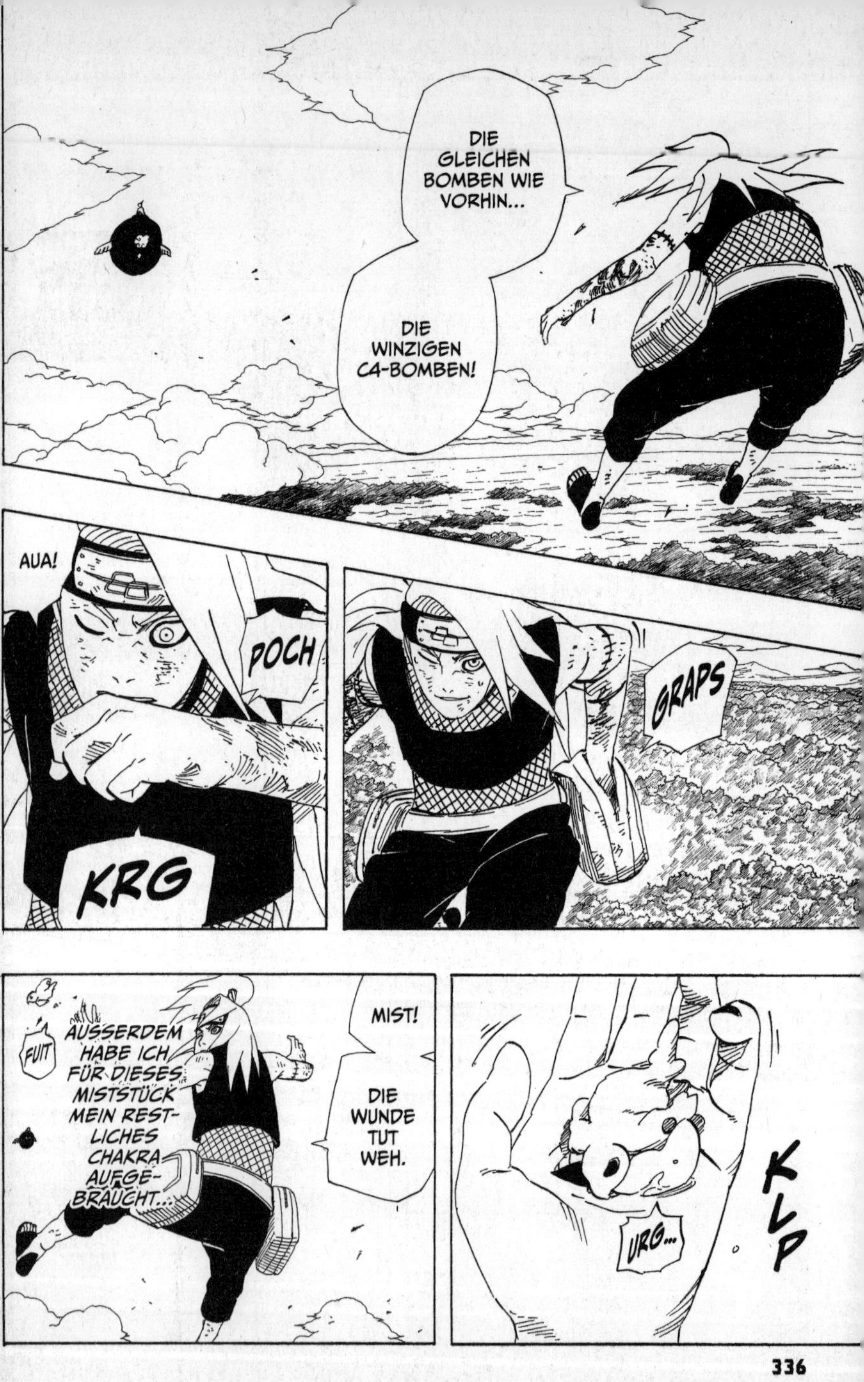

DIE GLEICHEN BOMBEN WIE VORHIN...
DIE WINZIGEN C4-BOMBEN!
GRAPS
AUA!
POCH
KRG
KLP
URG...
MIST!
DIE WUNDE TUT WEH.
AUSSERDEM HABE ICH FÜR DIESES MISTSTÜCK MEIN RESTLICHES CHAKRA AUFGEBRAUCHT...
FUIT

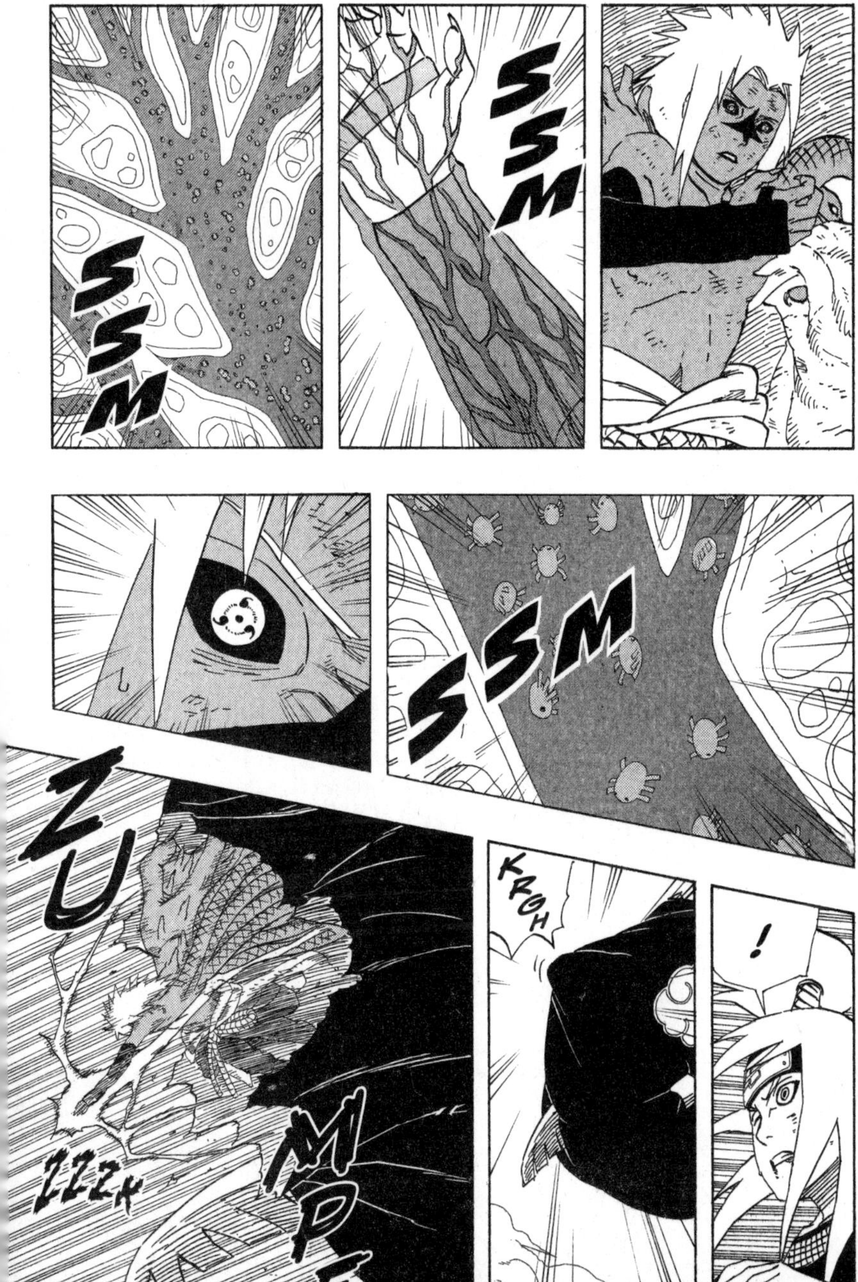
SSM
SSM
SSM
SSM
ZUMPF
ZZZK
KROH
!

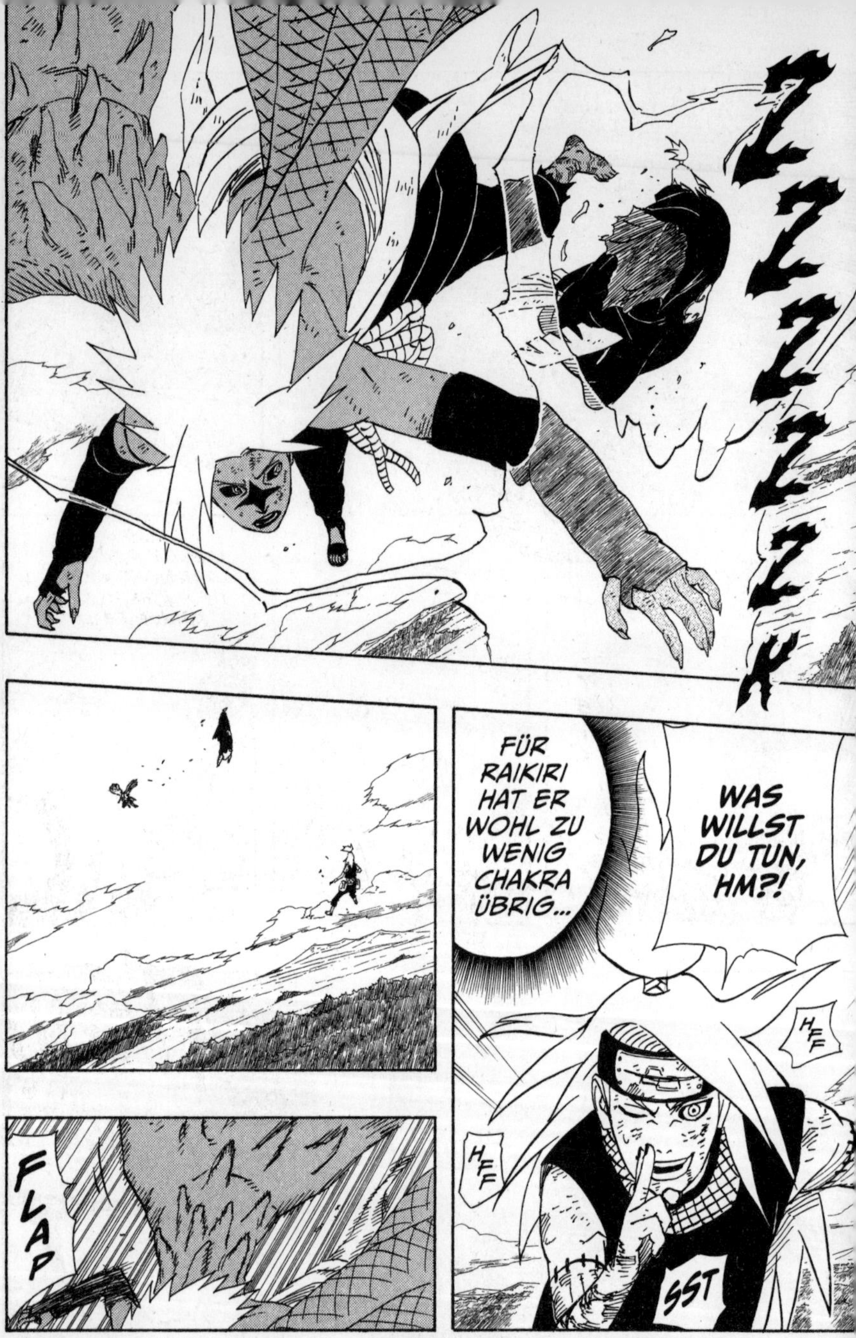
ZZZZZZZK
FÜR RAIKIRI HAT ER WOHL ZU WENIG CHAKRA ÜBRIG...
WAS WILLST DU TUN, HM?!
HFF
HFF
SST
FLAP

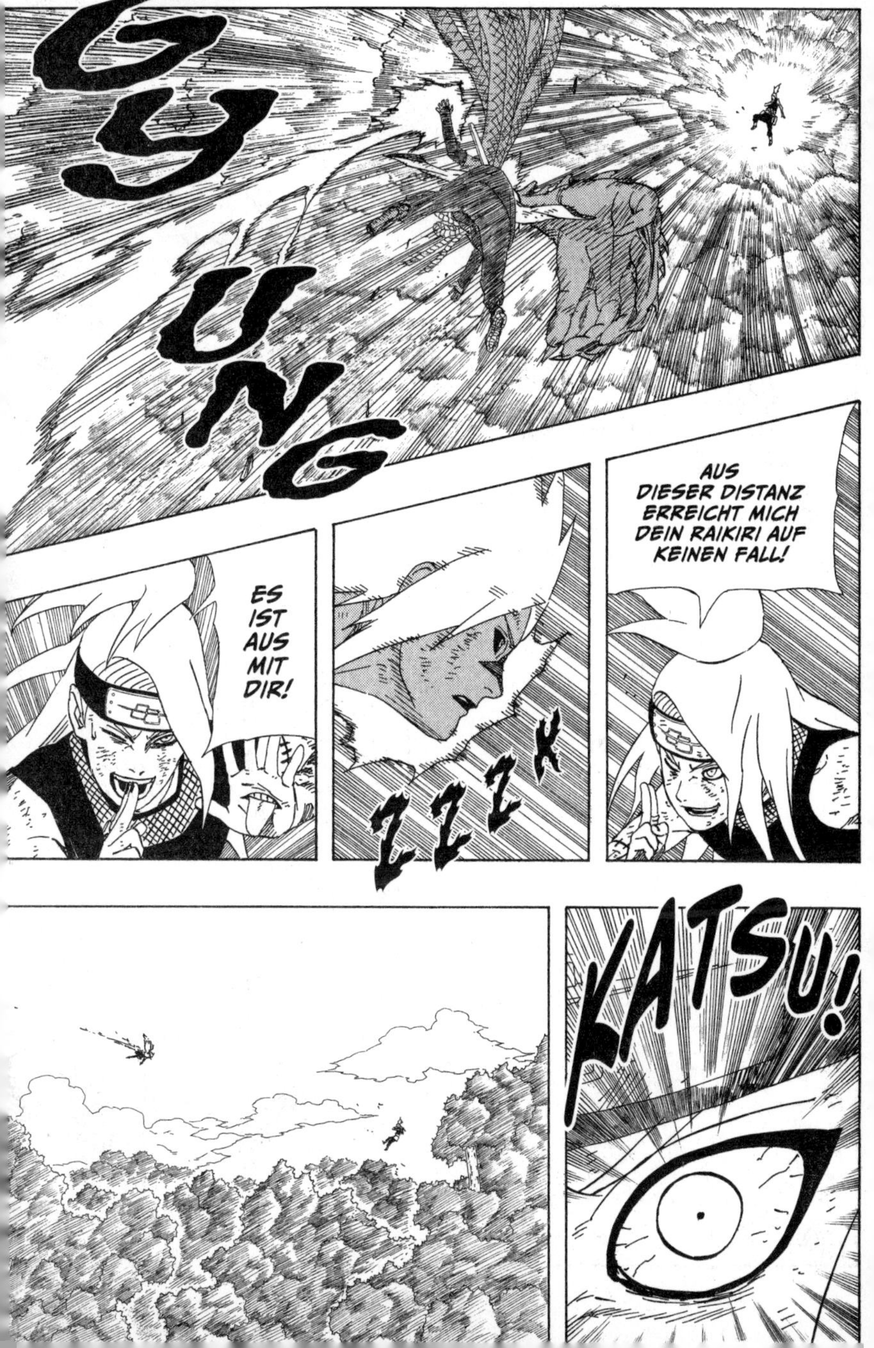
GYUNG
AUS DIESER DISTANZ ERREICHT MICH DEIN RAIKIRI AUF KEINEN FALL!
ZZZK
ES IST AUS MIT DIR!
KATSU!

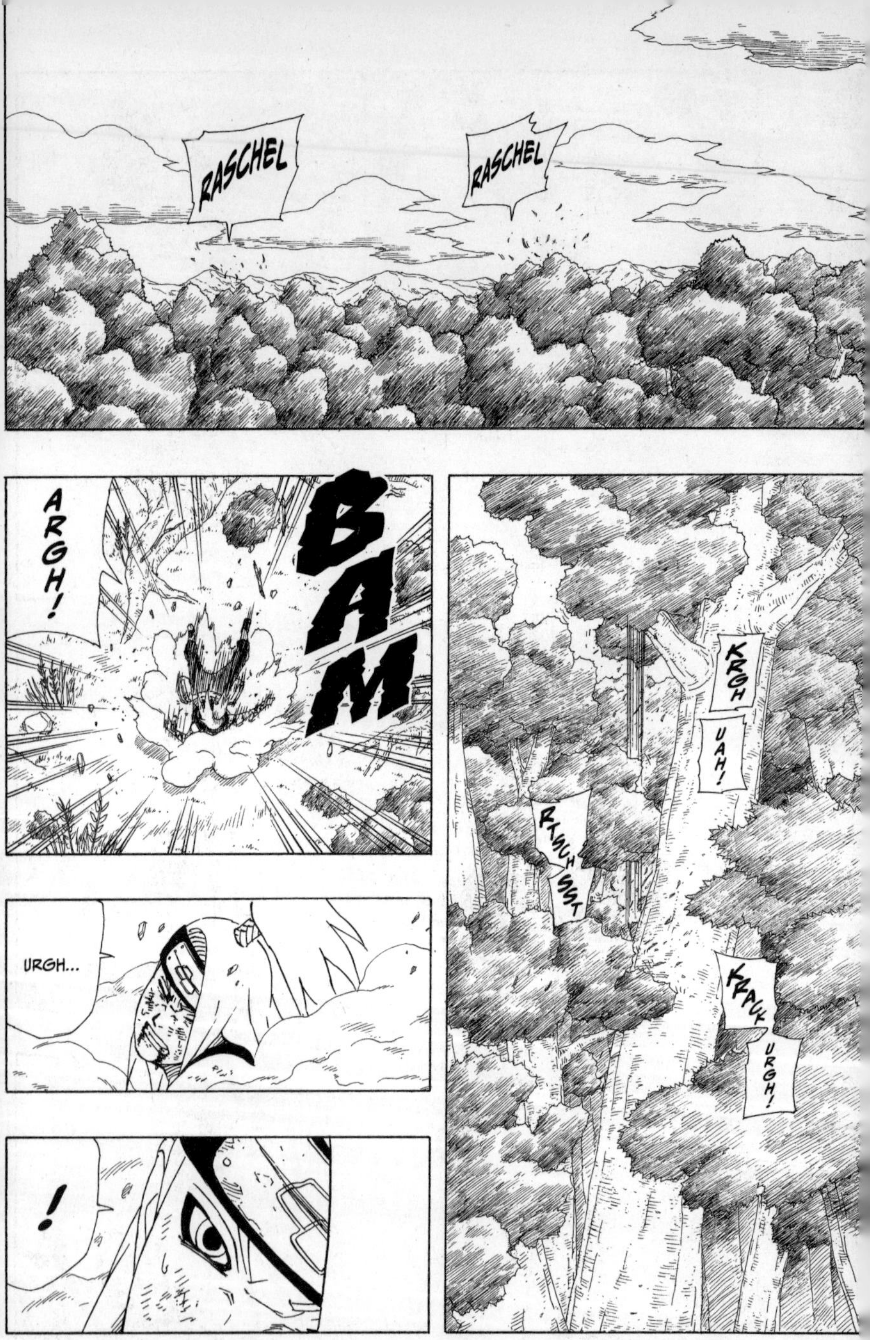
RASCHEL
RASCHEL
ARGH!
BAM
URGH...
!
KRGH
UAH!
RTSCH SST
KRACK
URGH!

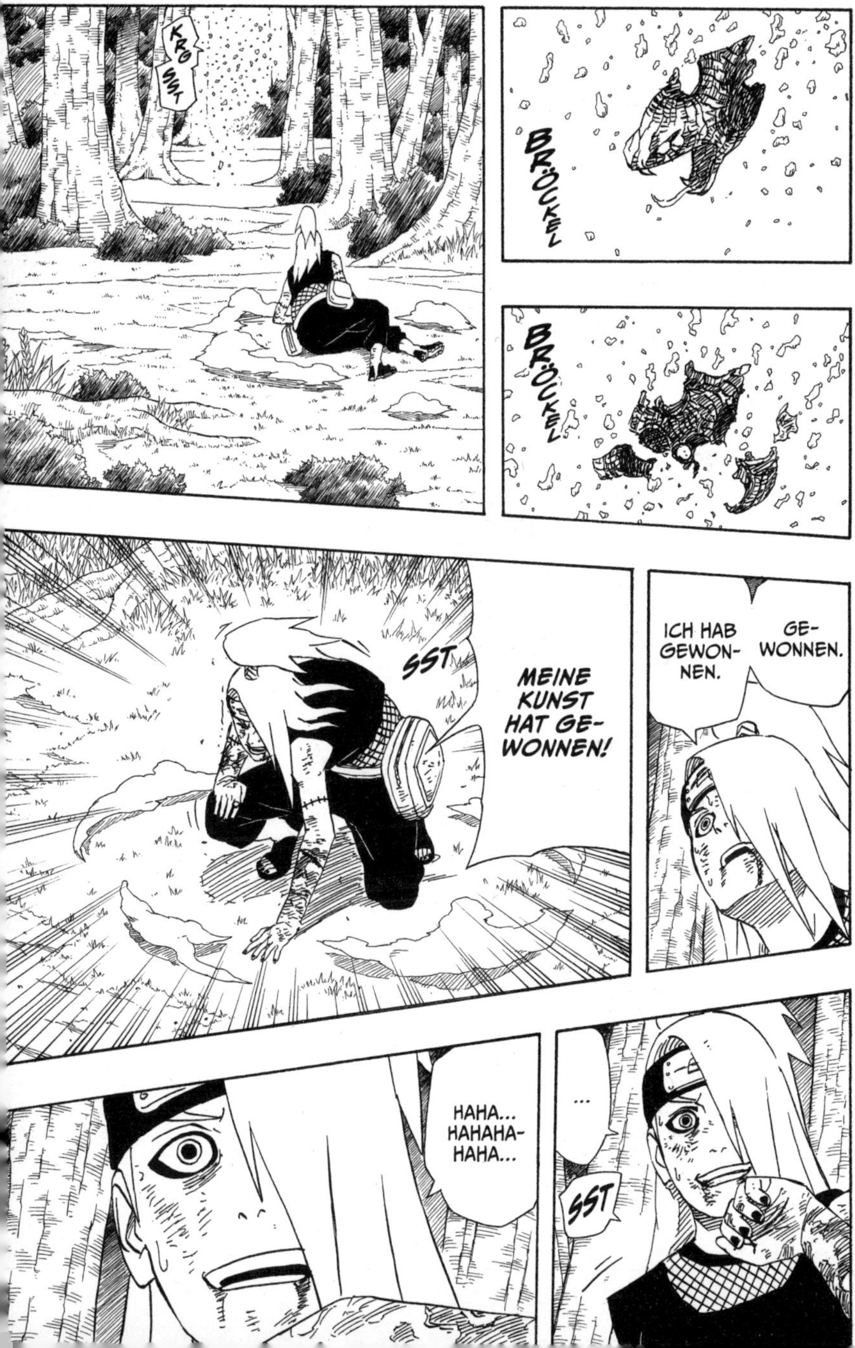
BRÖCKEL
KRG SST
BRÖCKEL
ICH HAB GEWONNEN.
GEWONNEN.
MEINE KUNST HAT GEWONNEN!
SST
...
SST
HAHA... HAHAHAHAHA...

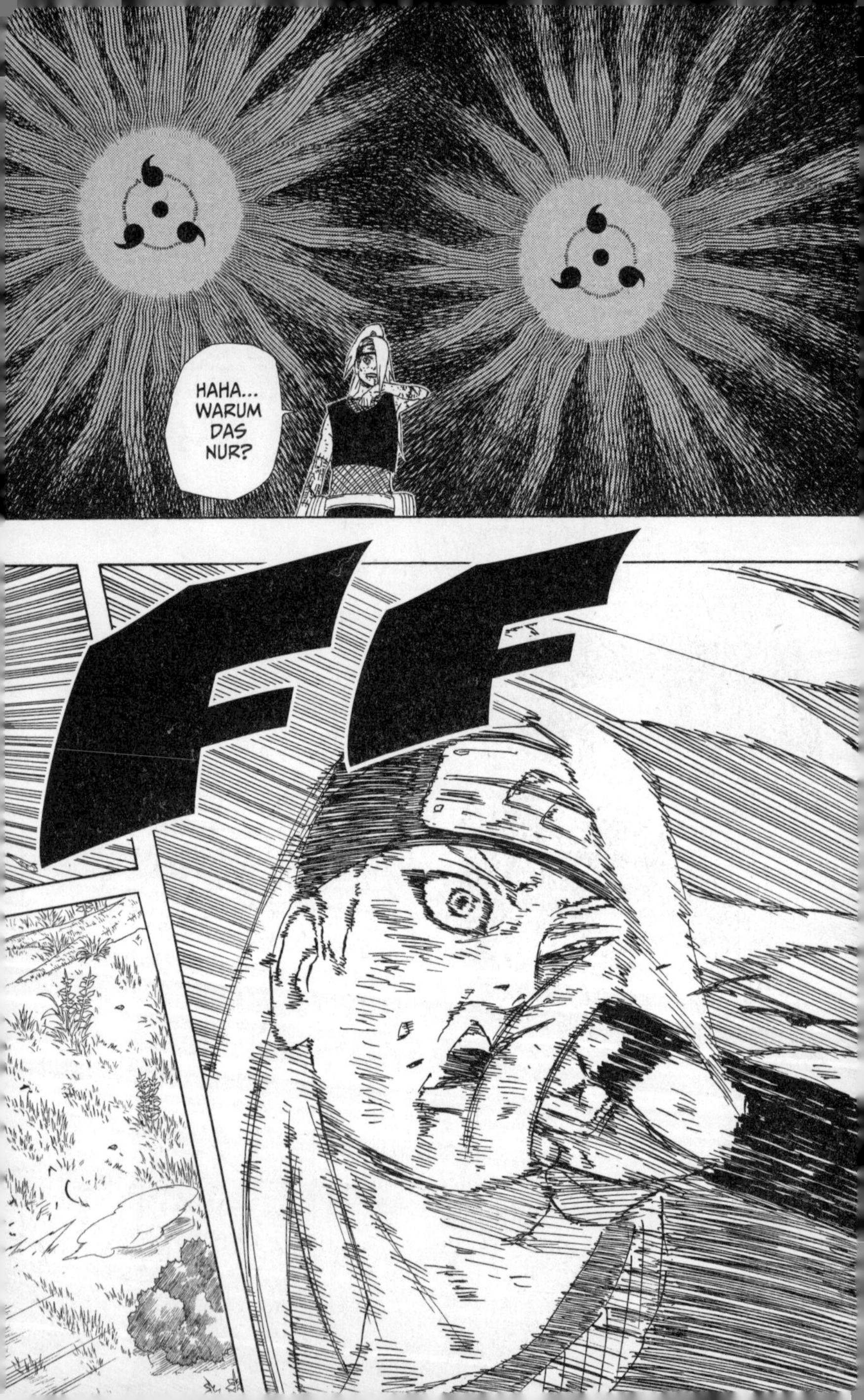
HAHA... WARUM DAS NUR?
FF

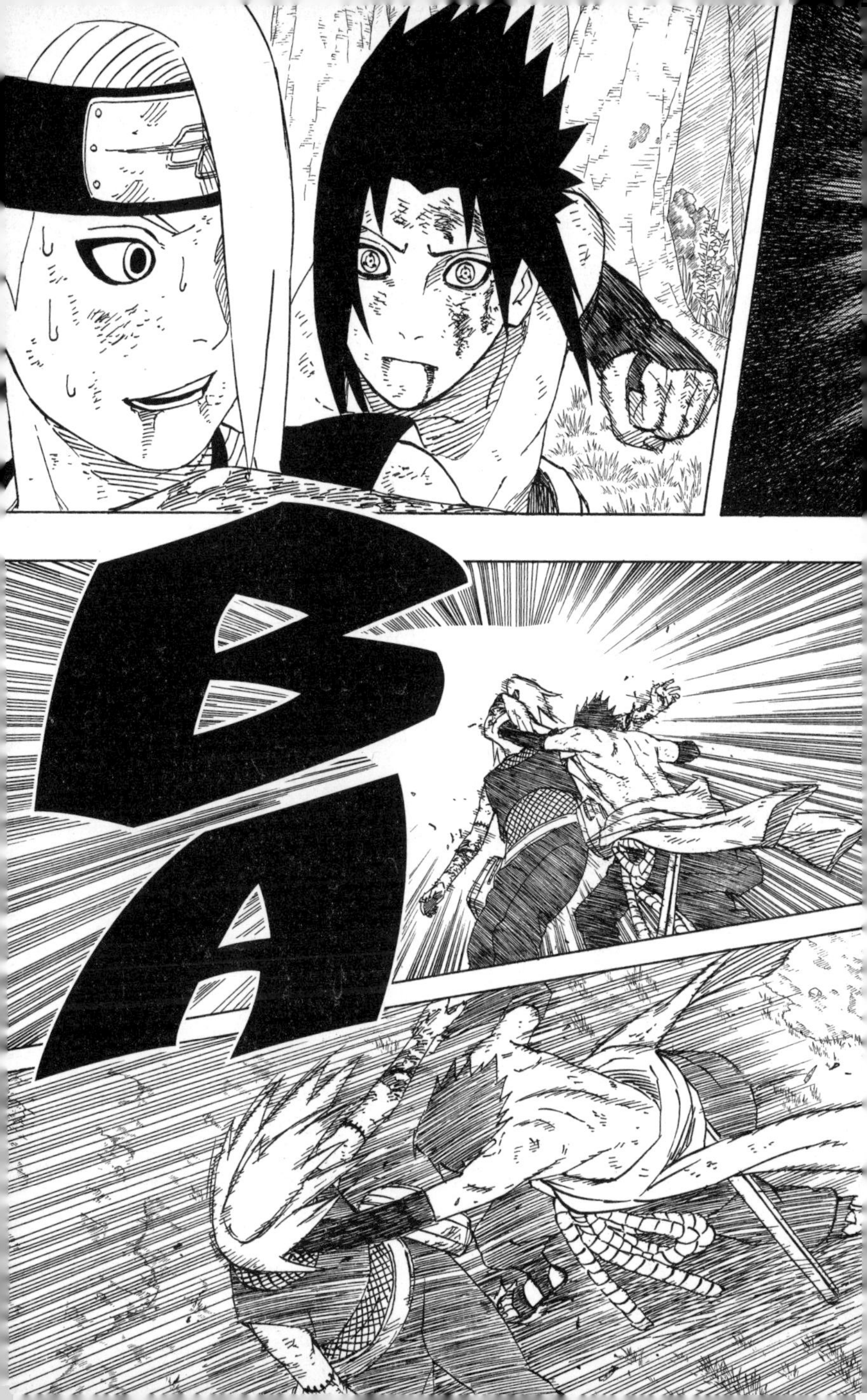
BA

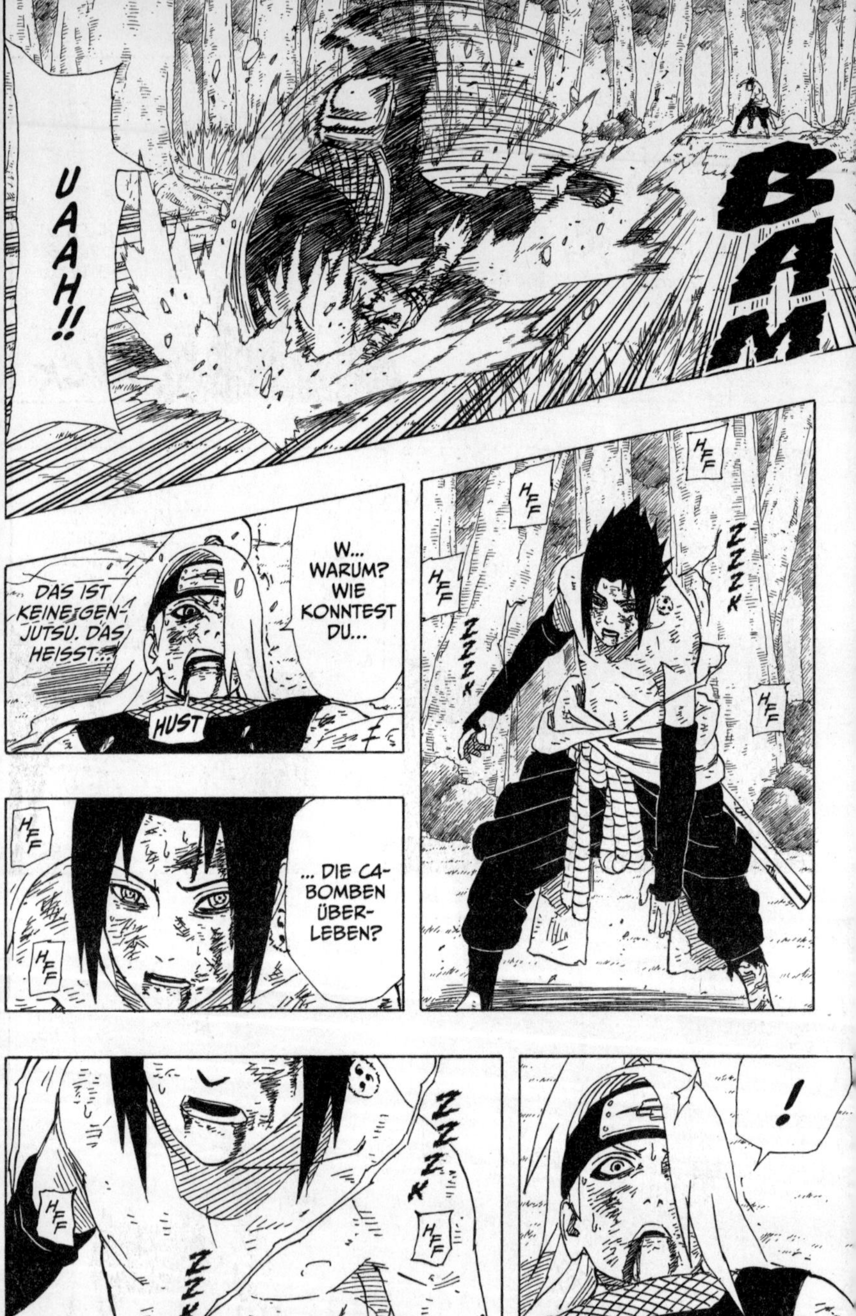
BAM
UAAAH!!
DAS IST KEINE GEN-JUTSU. DAS HEISST...
HUST
W... WARUM? WIE KONNTEST DU...
HFF
ZZZK
HFF
HFF
... DIE C4-BOMBEN ÜBER-LEBEN?
!
ZZZK
HFF
ZZK

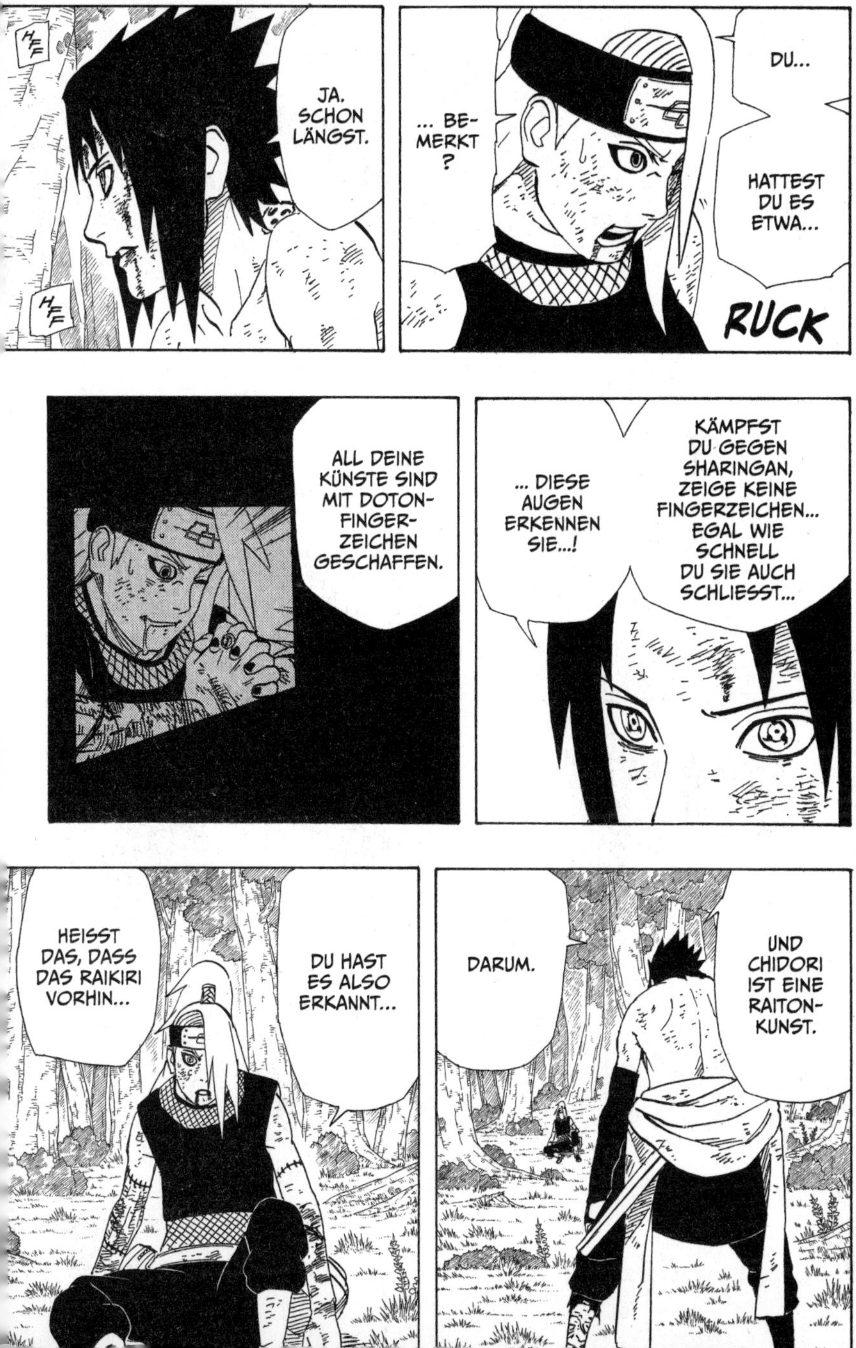
DU...
HATTEST DU ES ETWA...
... BE-MERKT?
RUCK
HFF
JA. SCHON LÄNGST.
HFF
KÄMPFST DU GEGEN SHARINGAN, ZEIGE KEINE FINGERZEICHEN... EGAL WIE SCHNELL DU SIE AUCH SCHLIESST...
... DIESE AUGEN ERKENNEN SIE...!
ALL DEINE KÜNSTE SIND MIT DOTON-FINGER-ZEICHEN GESCHAFFEN.
UND CHIDORI IST EINE RAITON-KUNST.
DARUM.
DU HAST ES ALSO ERKANNT...
HEISST DAS, DASS DAS RAIKIRI VORHIN...

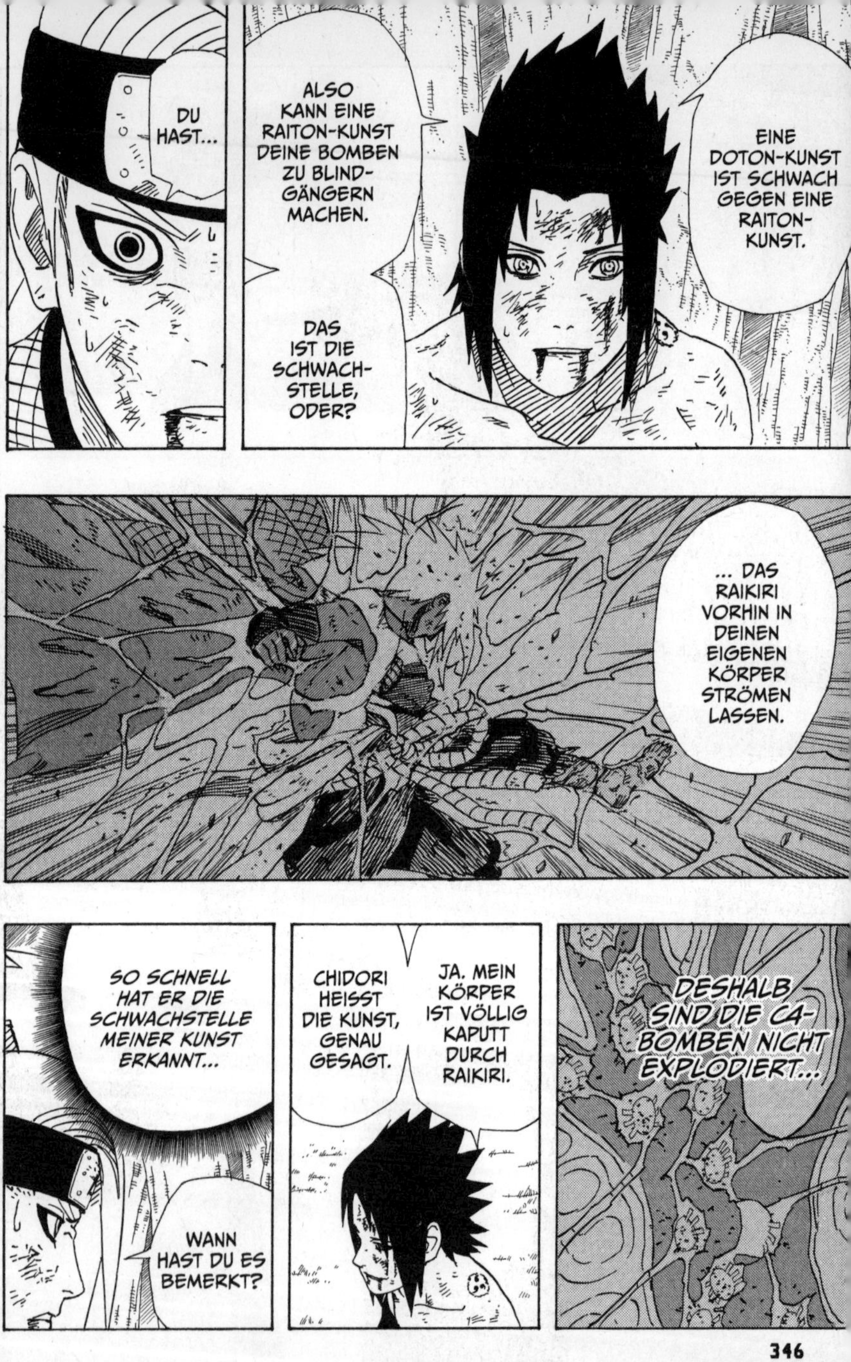
EINE DOTON-KUNST IST SCHWACH GEGEN EINE RAITON-KUNST.
ALSO KANN EINE RAITON-KUNST DEINE BOMBEN ZU BLINDGÄNGERN MACHEN.
DAS IST DIE SCHWACHSTELLE, ODER?
DU HAST...
... DAS RAIKIRI VORHIN IN DEINEN EIGENEN KÖRPER STRÖMEN LASSEN.
DESHALB SIND DIE C4-BOMBEN NICHT EXPLODIERT...
JA. MEIN KÖRPER IST VÖLLIG KAPUTT DURCH RAIKIRI.
CHIDORI HEISST DIE KUNST, GENAU GESAGT.
SO SCHNELL HAT ER DIE SCHWACHSTELLE MEINER KUNST ERKANNT...
WANN HAST DU ES BEMERKT?

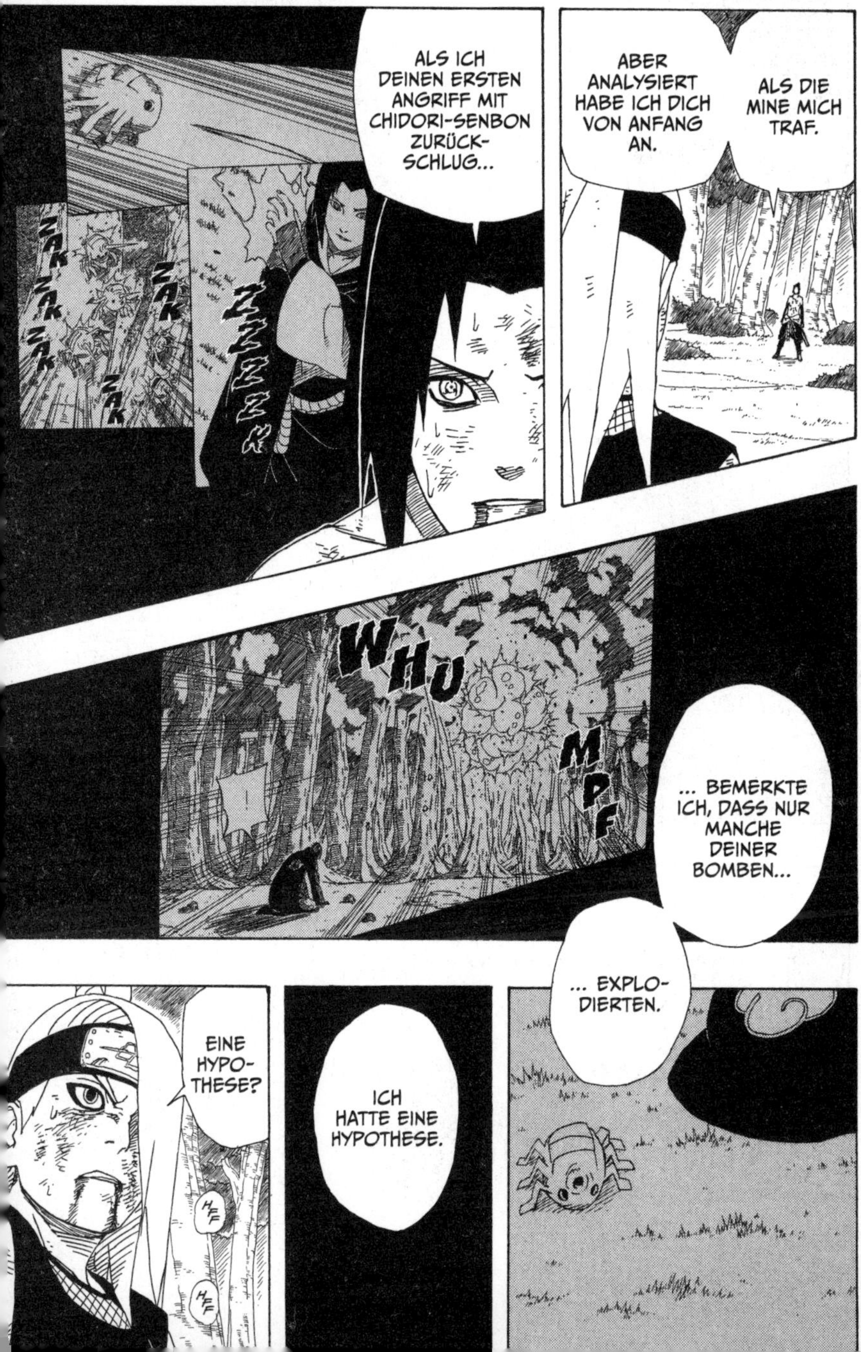
ALS DIE MINE MICH TRAF.
ABER ANALYSIERT HABE ICH DICH VON ANFANG AN.
ALS ICH DEINEN ERSTEN ANGRIFF MIT CHIDORI-SENBON ZURÜCK-SCHLUG...
ZZZZK
ZAK
ZAK ZAK ZAK
ZAK
WHUMPF
... BEMERKTE ICH, DASS NUR MANCHE DEINER BOMBEN...
... EXPLO-DIERTEN.
ICH HATTE EINE HYPOTHESE.
EINE HYPO-THESE?
HEF
HEF

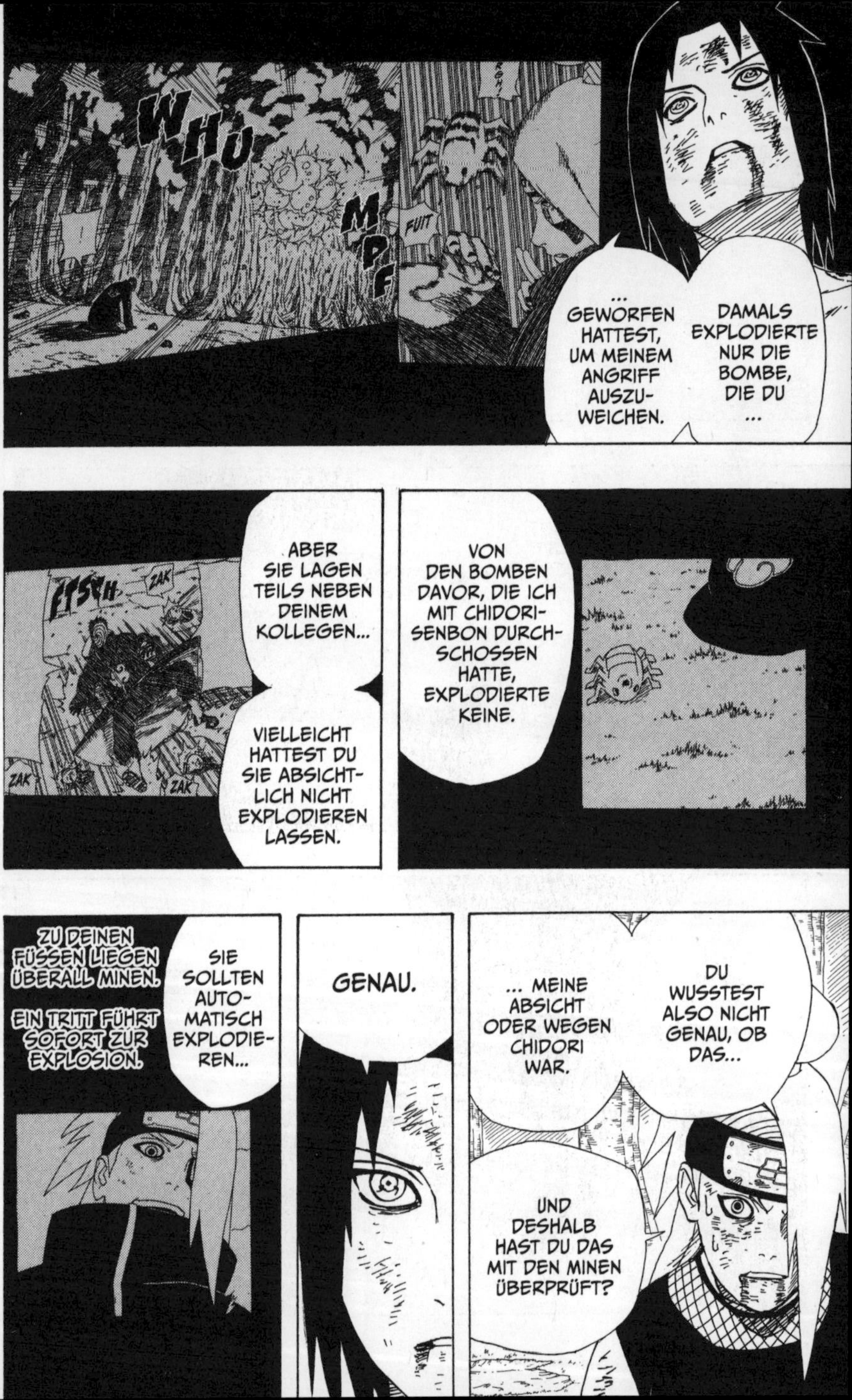

WHUMPF
FUIT
DAMALS EXPLODIERTE NUR DIE BOMBE, DIE DU ...
... GEWORFEN HATTEST, UM MEINEM ANGRIFF AUSZUWEICHEN.
VON DEN BOMBEN DAVOR, DIE ICH MIT CHIDORI-SENBON DURCHSCHOSSEN HATTE, EXPLODIERTE KEINE.
ABER SIE LAGEN TEILS NEBEN DEINEM KOLLEGEN...
VIELLEICHT HATTEST DU SIE ABSICHTLICH NICHT EXPLODIEREN LASSEN.
ZAK
ZAK
ZAK
DU WUSSTEST ALSO NICHT GENAU, OB DAS...
... MEINE ABSICHT ODER WEGEN CHIDORI WAR.
UND DESHALB HAST DU DAS MIT DEN MINEN ÜBERPRÜFT?
GENAU.
SIE SOLLTEN AUTOMATISCH EXPLODIEREN...
ZU DEINEN FÜSSEN LIEGEN ÜBERALL MINEN.
EIN TRITT FÜHRT SOFORT ZUR EXPLOSION.

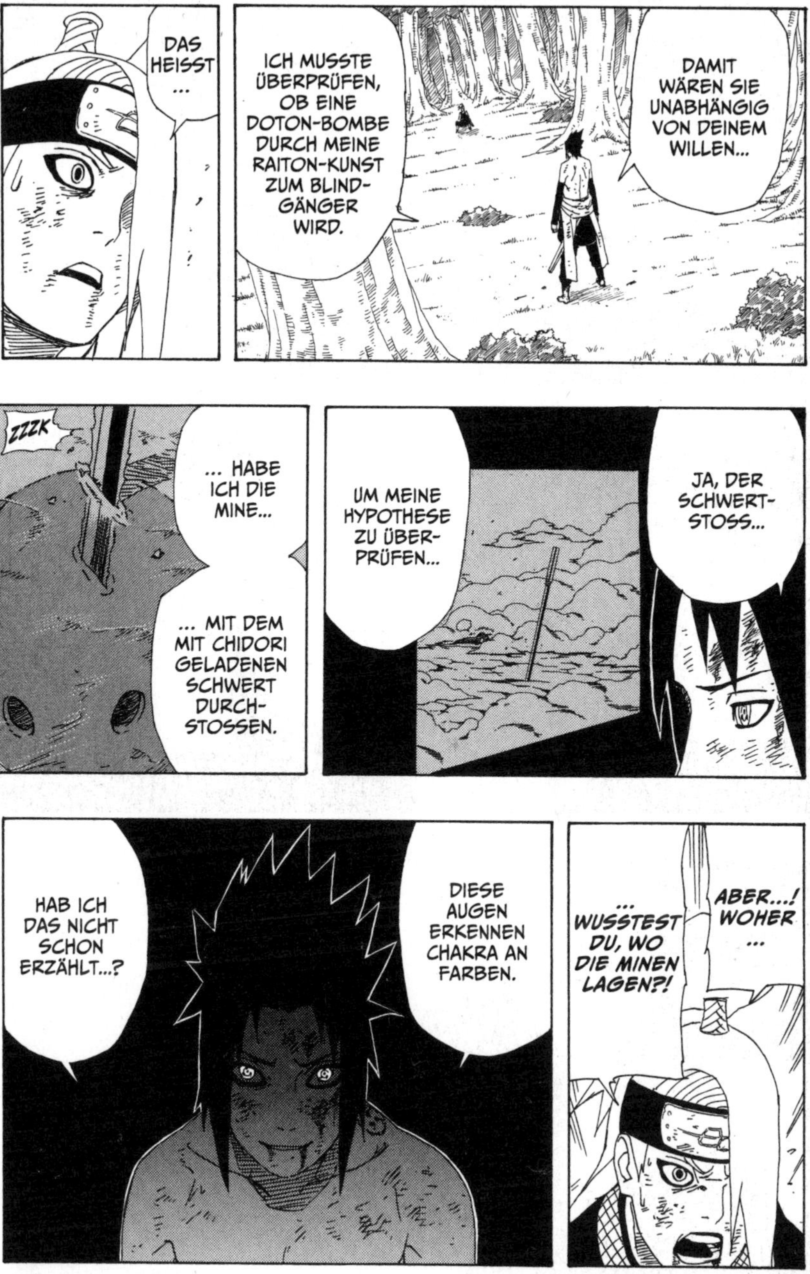
DAMIT WÄREN SIE UNABHÄNGIG VON DEINEM WILLEN...
ICH MUSSTE ÜBERPRÜFEN, OB EINE DOTON-BOMBE DURCH MEINE RAITON-KUNST ZUM BLINDGÄNGER WIRD.
DAS HEISST ...
JA, DER SCHWERTSTOSS...
UM MEINE HYPOTHESE ZU ÜBERPRÜFEN...
... HABE ICH DIE MINE...
... MIT DEM MIT CHIDORI GELADENEN SCHWERT DURCHSTOSSEN.
ZZZK
ABER...! WOHER ...
... WUSSTEST DU, WO DIE MINEN LAGEN?!
DIESE AUGEN ERKENNEN CHAKRA AN FARBEN.
HAB ICH DAS NICHT SCHON ERZÄHLT...?

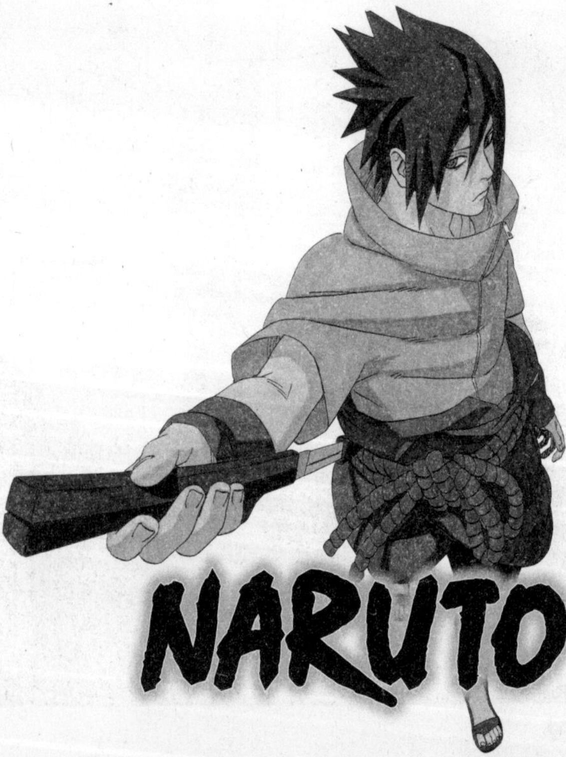
NARUTO

362. Kapitel:

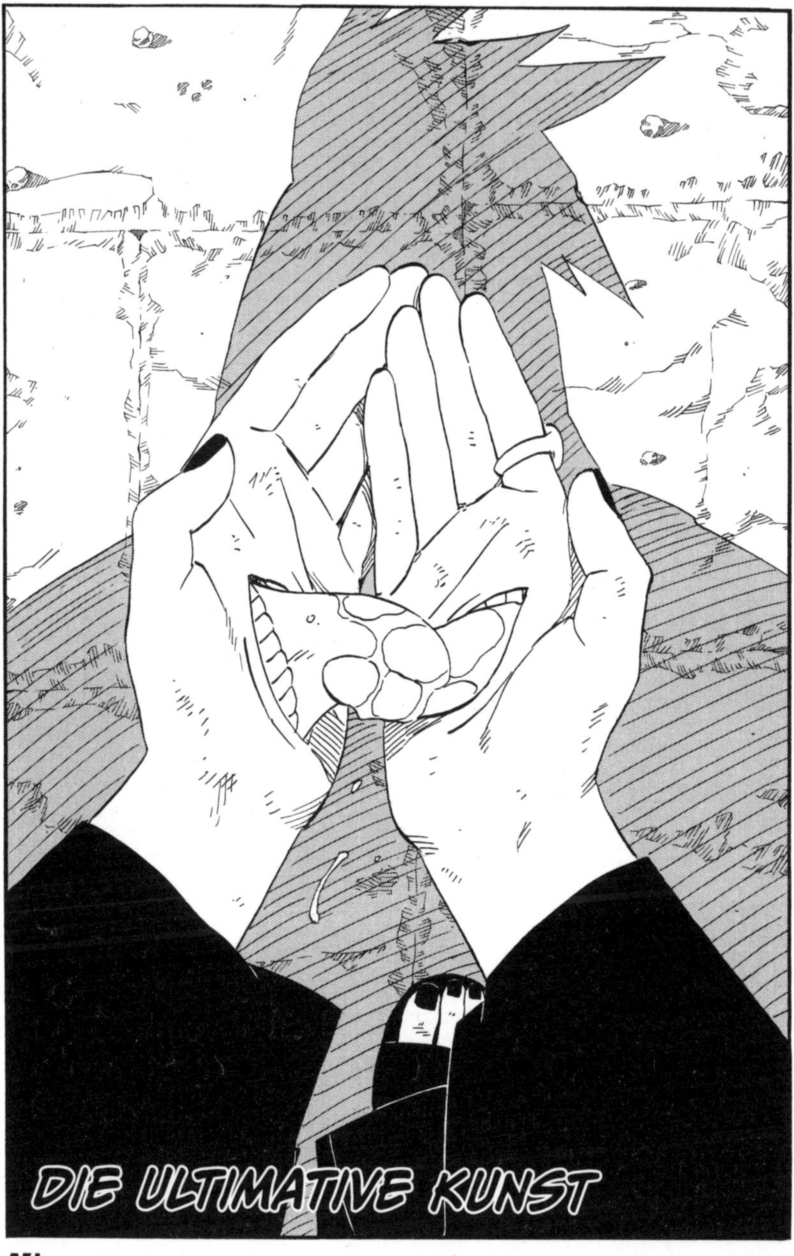

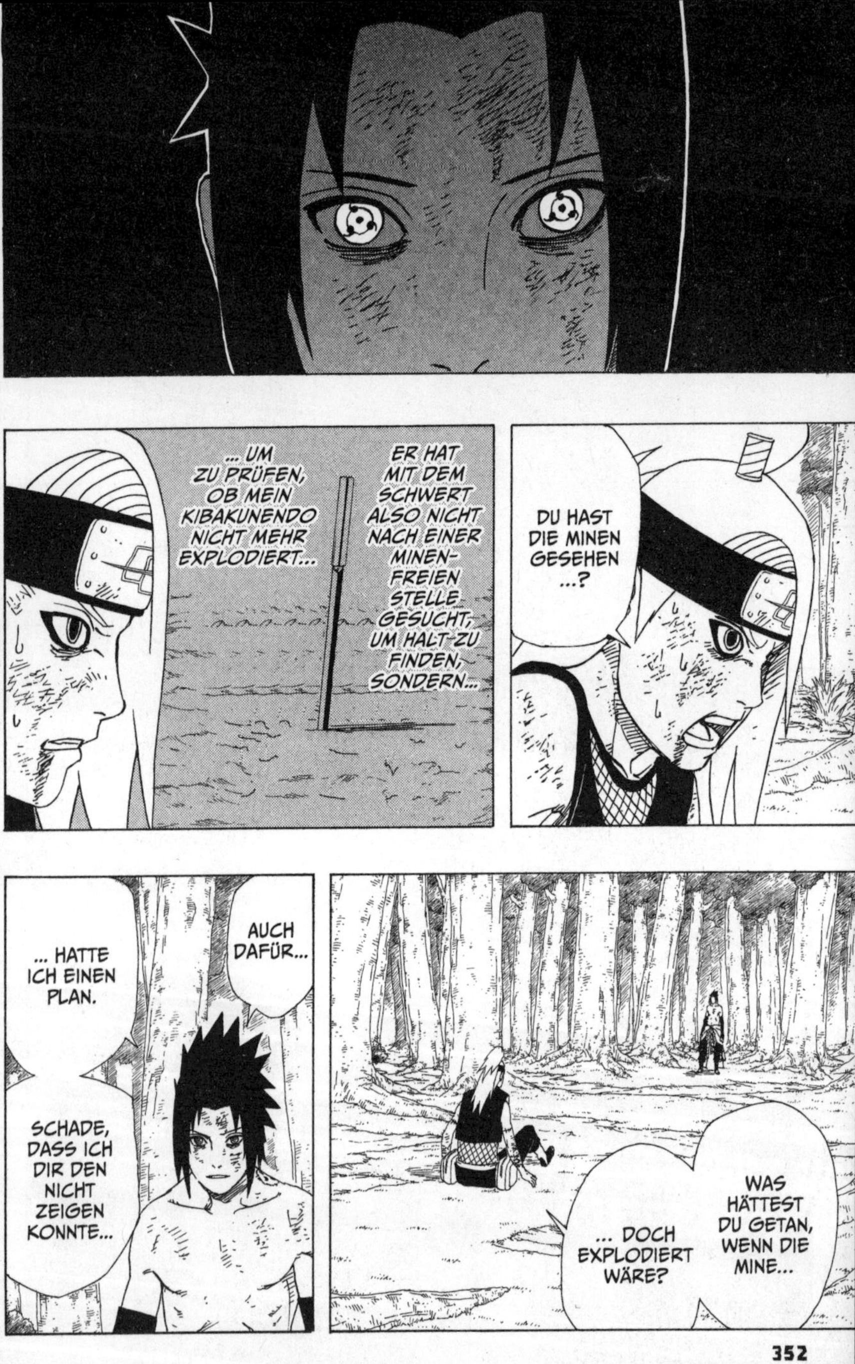
DU HAST DIE MINEN GESEHEN ...?
ER HAT MIT DEM SCHWERT ALSO NICHT NACH EINER MINEN-FREIEN STELLE GESUCHT, UM HALT ZU FINDEN, SONDERN...
... UM ZU PRÜFEN, OB MEIN KIBAKUNENDO NICHT MEHR EXPLODIERT...
WAS HÄTTEST DU GETAN, WENN DIE MINE...
... DOCH EXPLODIERT WÄRE?
AUCH DAFÜR...
... HATTE ICH EINEN PLAN.
SCHADE, DASS ICH DIR DEN NICHT ZEIGEN KONNTE...

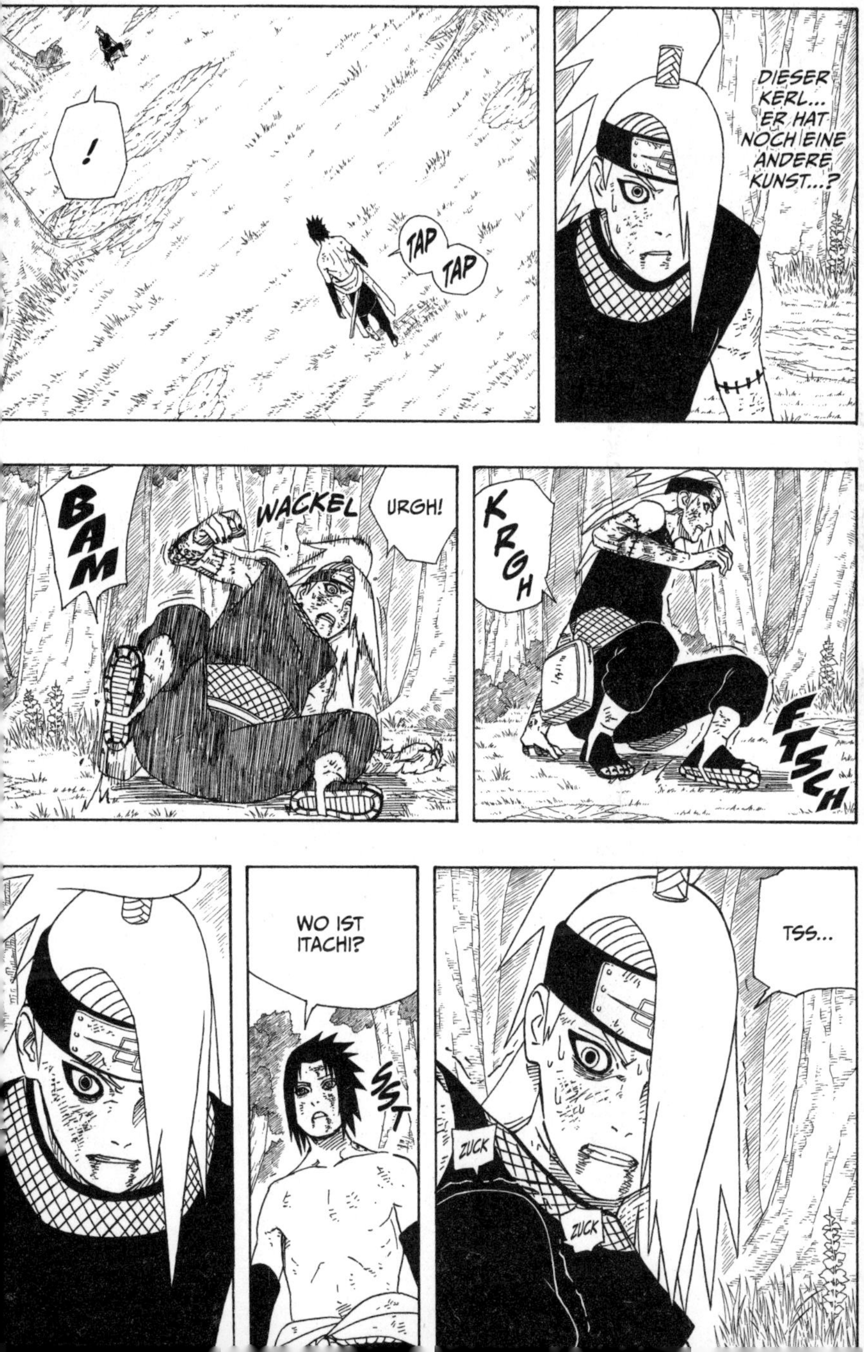

DIESER KERL... ER HAT NOCH EINE ANDERE KUNST...?
!
TAP
TAP
KRGH
FTSCH
URGH!
WACKEL
BAM
TSS...
ZUCK
ZUCK
WO IST ITACHI?
SST

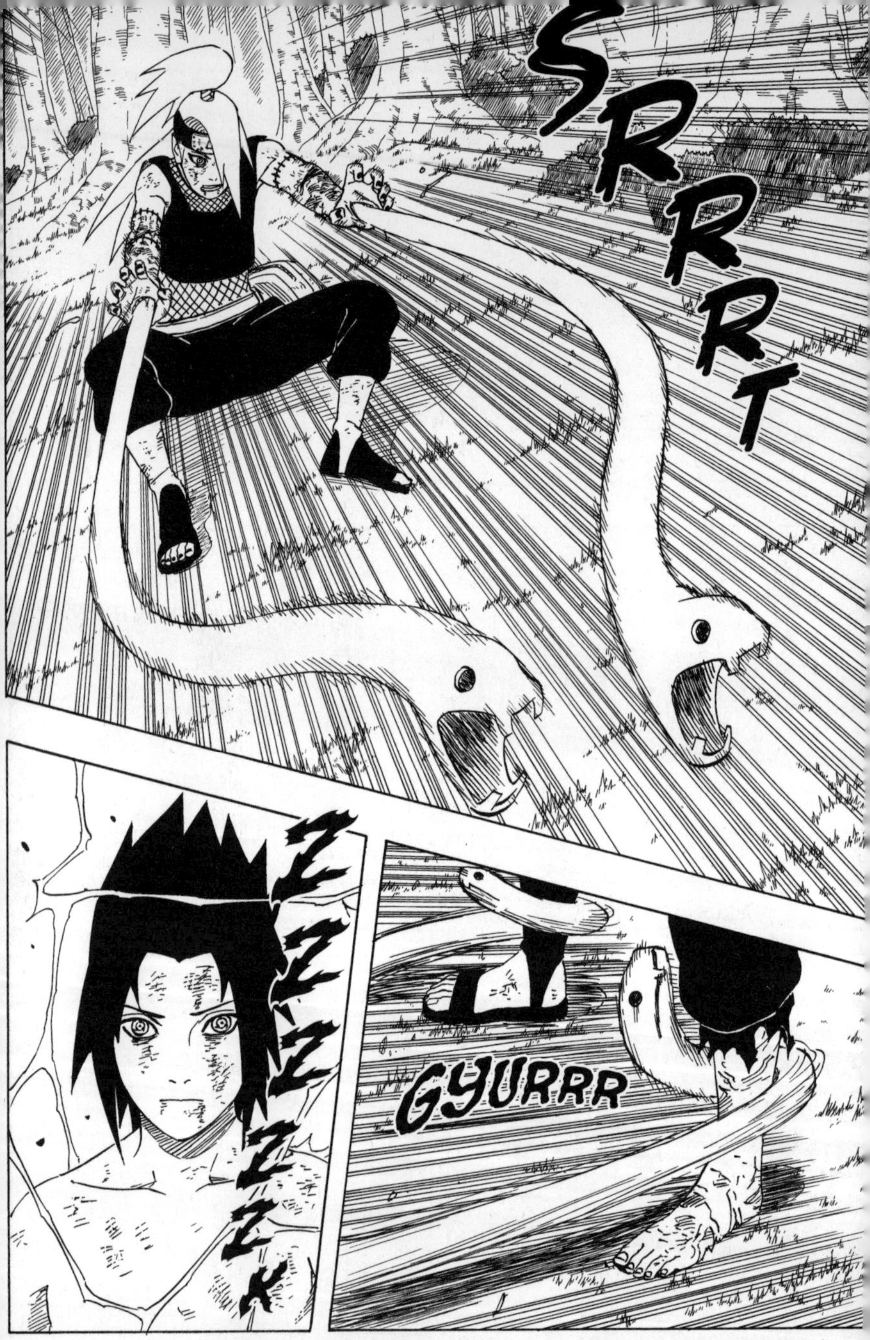
SRRRT
GYURRR
ZZZZZZZK

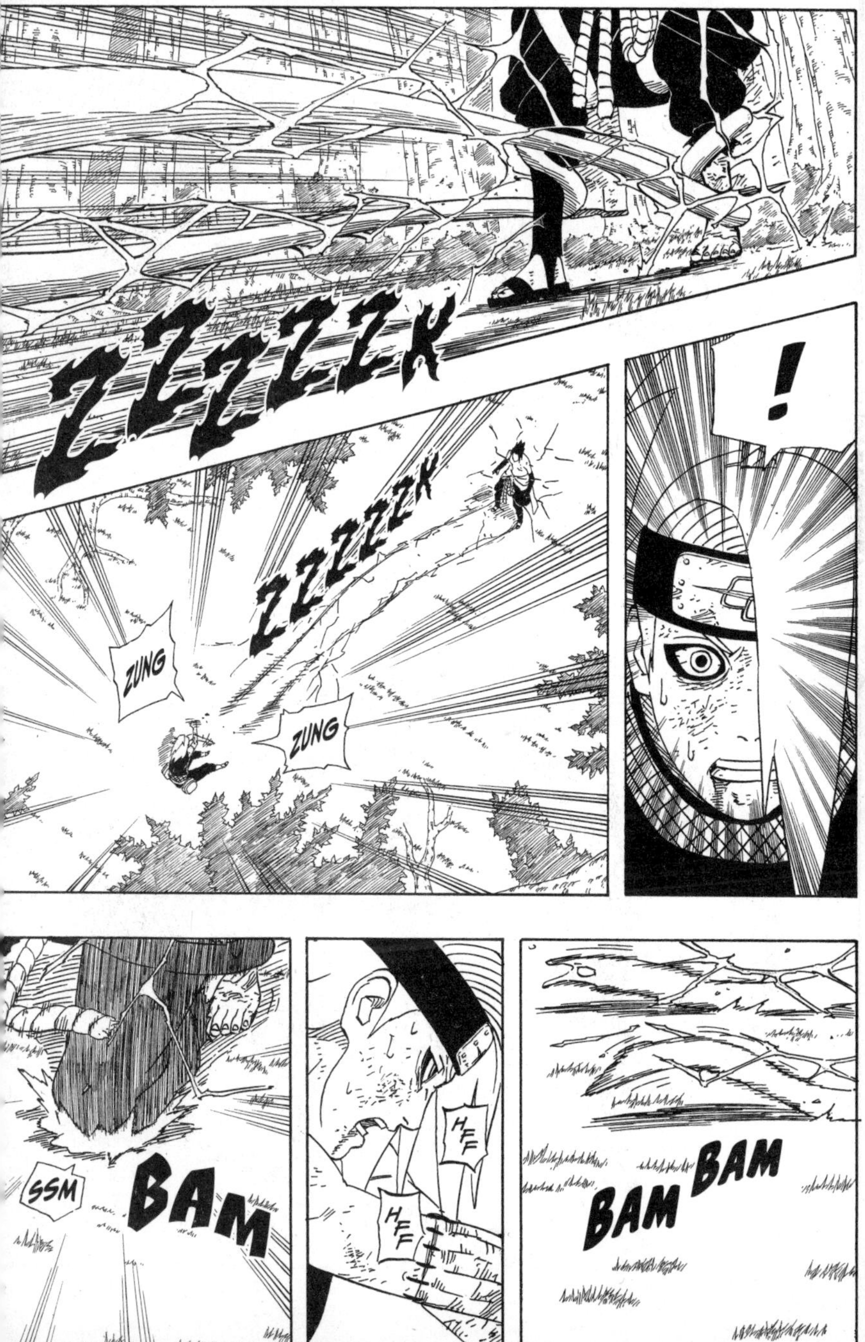
ZZZZZK
!
ZZZZZK
ZUNG
ZUNG
BAM
BAM
HFF
HFF
BAM
SSM

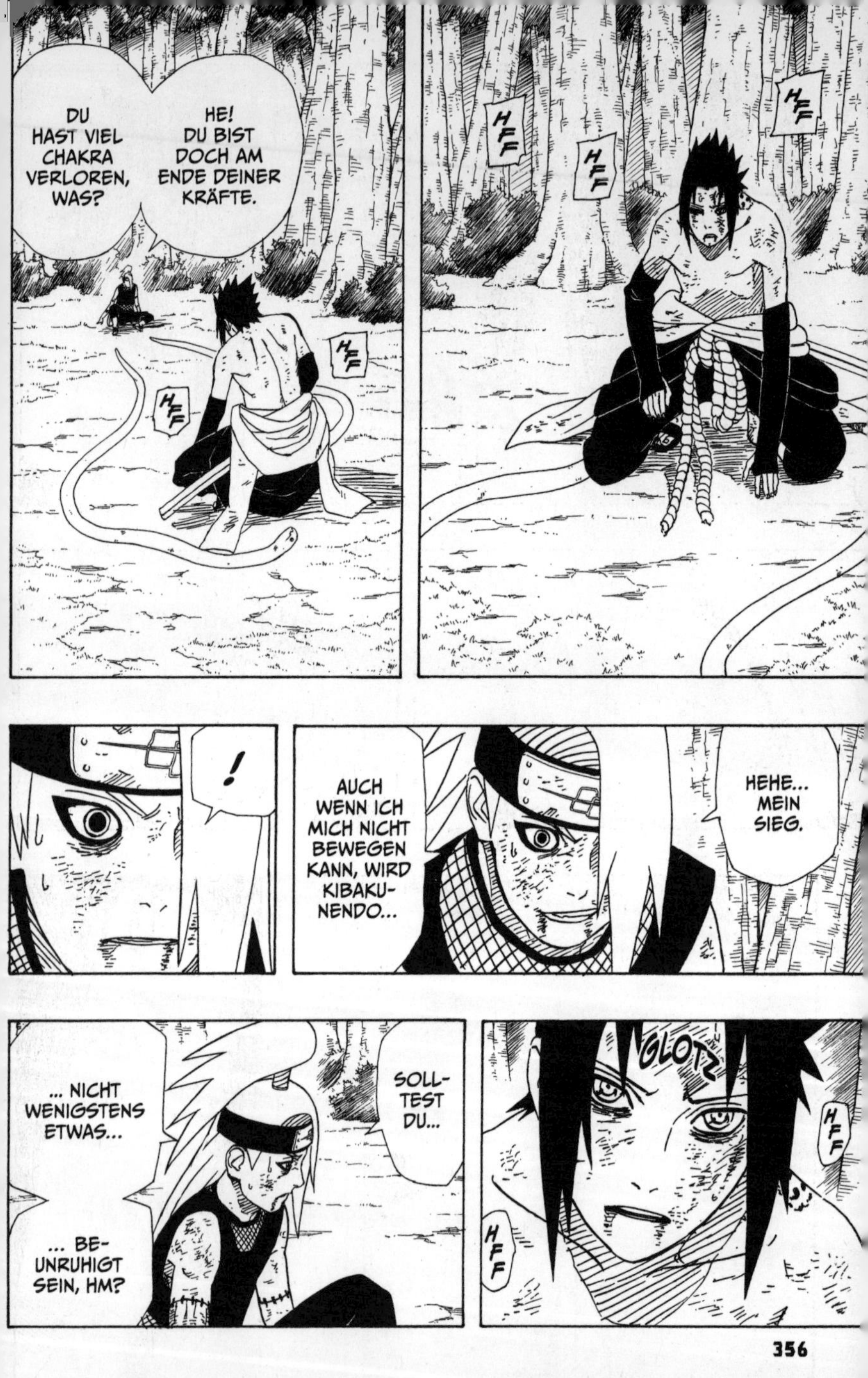
HFF
HFF
HFF
HE! DU BIST DOCH AM ENDE DEINER KRÄFTE.
DU HAST VIEL CHAKRA VERLOREN, WAS?
HFF
HFF
HEHE... MEIN SIEG.
AUCH WENN ICH MICH NICHT BEWEGEN KANN, WIRD KIBAKU-NENDO...
!
GLOTZ
HFF
HFF
SOLL-TEST DU...
... NICHT WENIGSTENS ETWAS...
... BE-UNRUHIGT SEIN, HM?

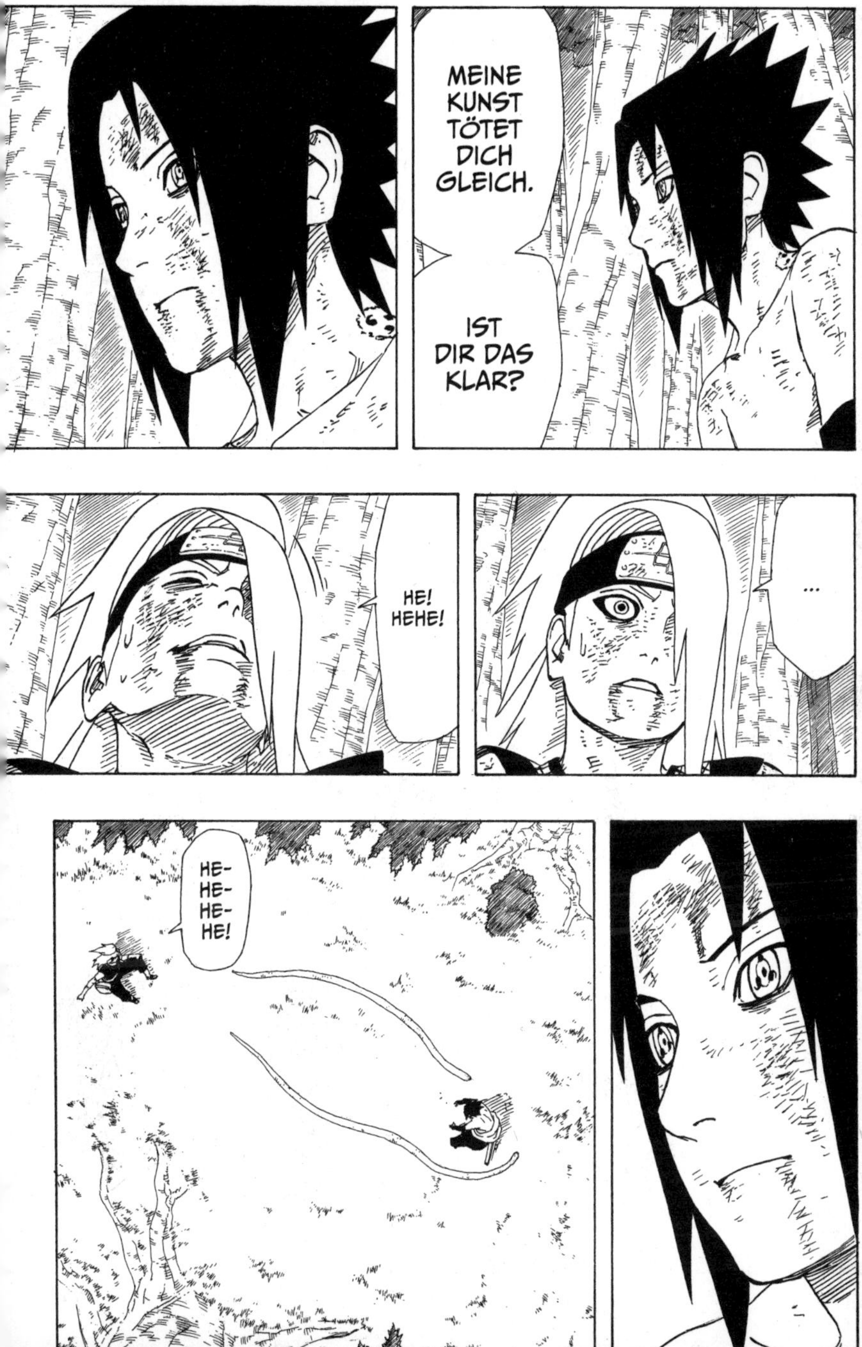
MEINE KUNST TÖTET DICH GLEICH.
IST DIR DAS KLAR?
...
HE! HEHE!
HE-HE-HE-HE!

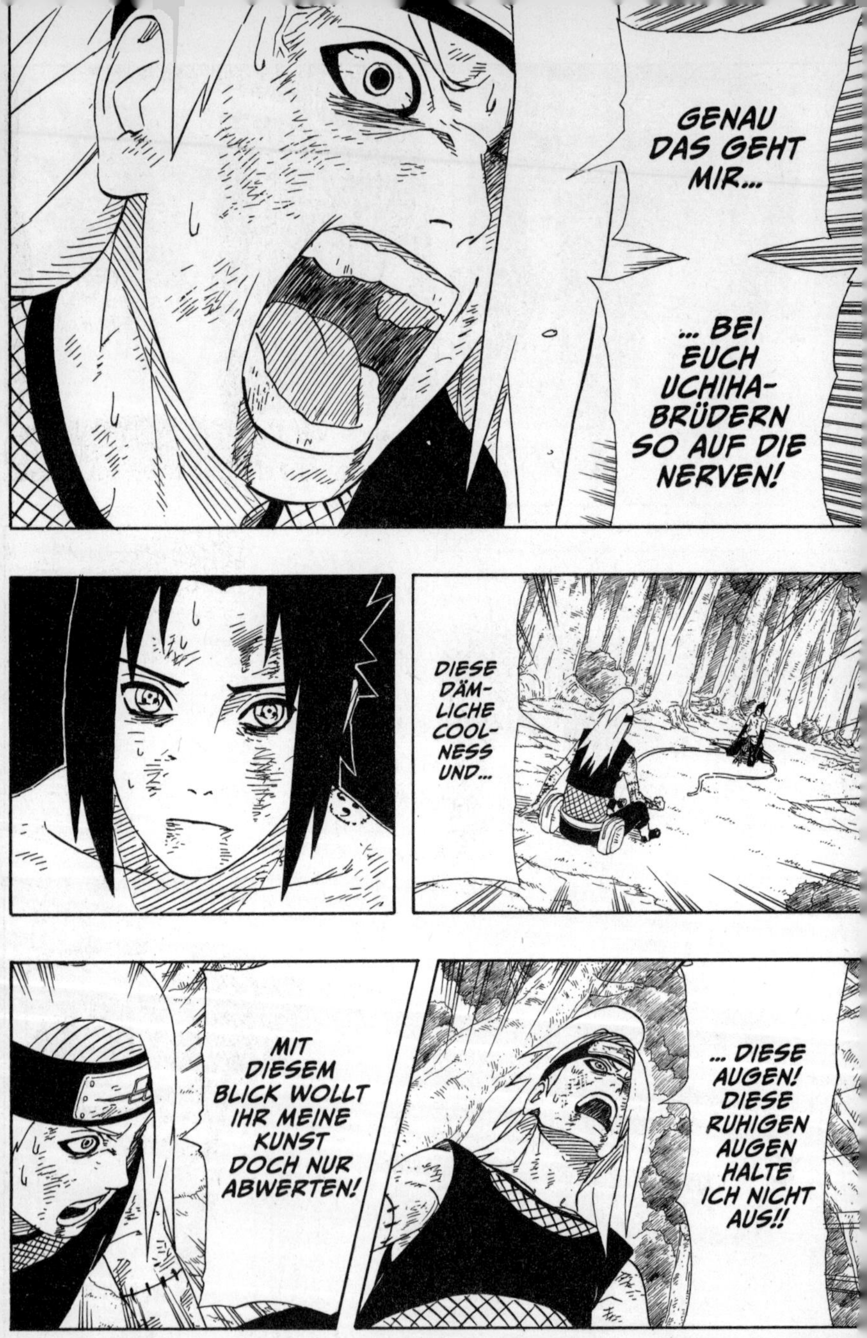
GENAU DAS GEHT MIR...
... BEI EUCH UCHIHA-BRÜDERN SO AUF DIE NERVEN!
DIESE DÄMLICHE COOL-NESS UND...
... DIESE AUGEN! DIESE RUHIGEN AUGEN HALTE ICH NICHT AUS!!
MIT DIESEM BLICK WOLLT IHR MEINE KUNST DOCH NUR ABWERTEN!

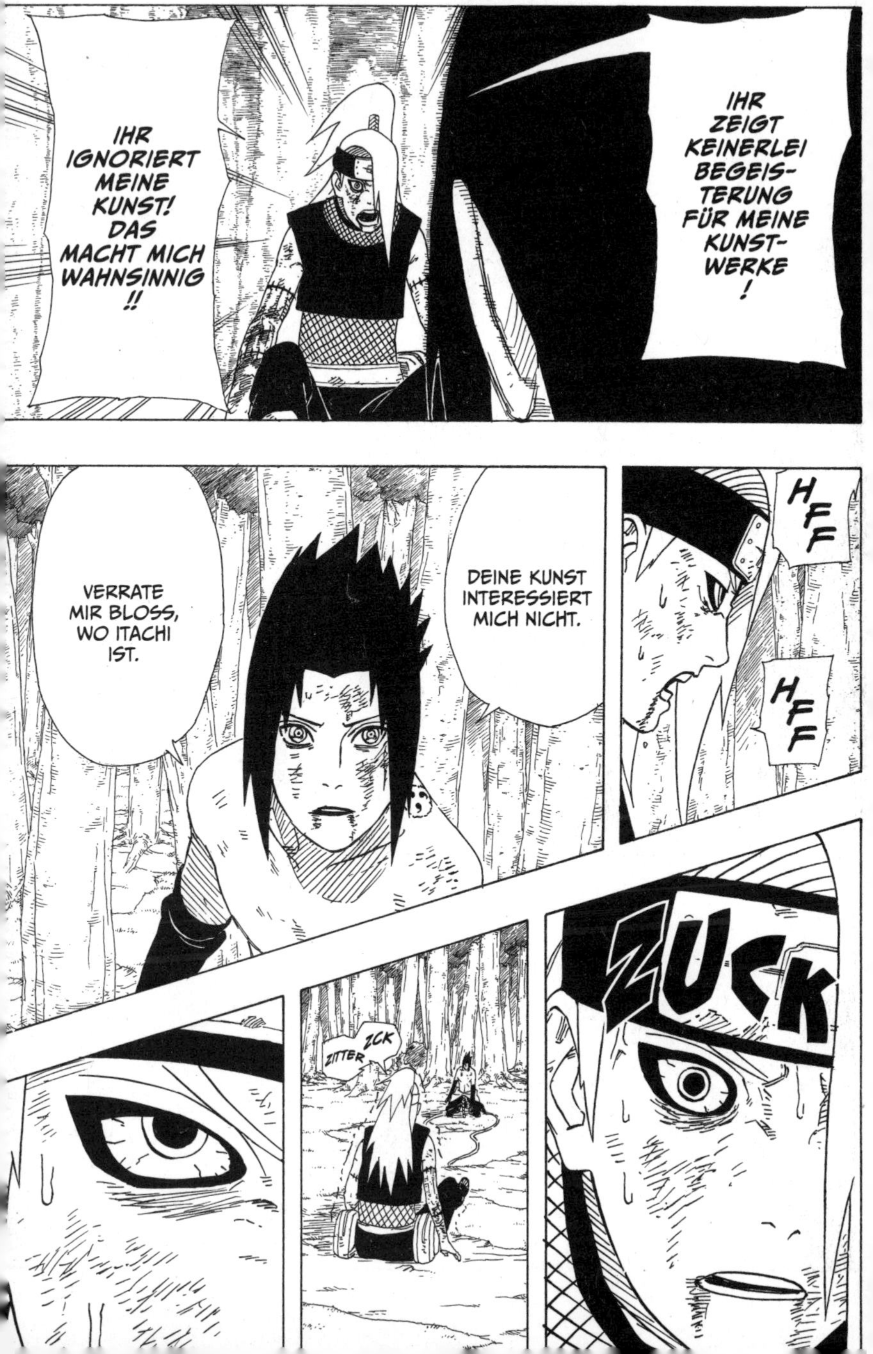
IHR ZEIGT KEINERLEI BEGEIS- TERUNG FÜR MEINE KUNST- WERKE !
IHR IGNORIERT MEINE KUNST! DAS MACHT MICH WAHNSINNIG !!
HFF
HFF
DEINE KUNST INTERESSIERT MICH NICHT.
VERRATE MIR BLOSS, WO ITACHI IST.
ZÜCK
ZCK
ZITTER

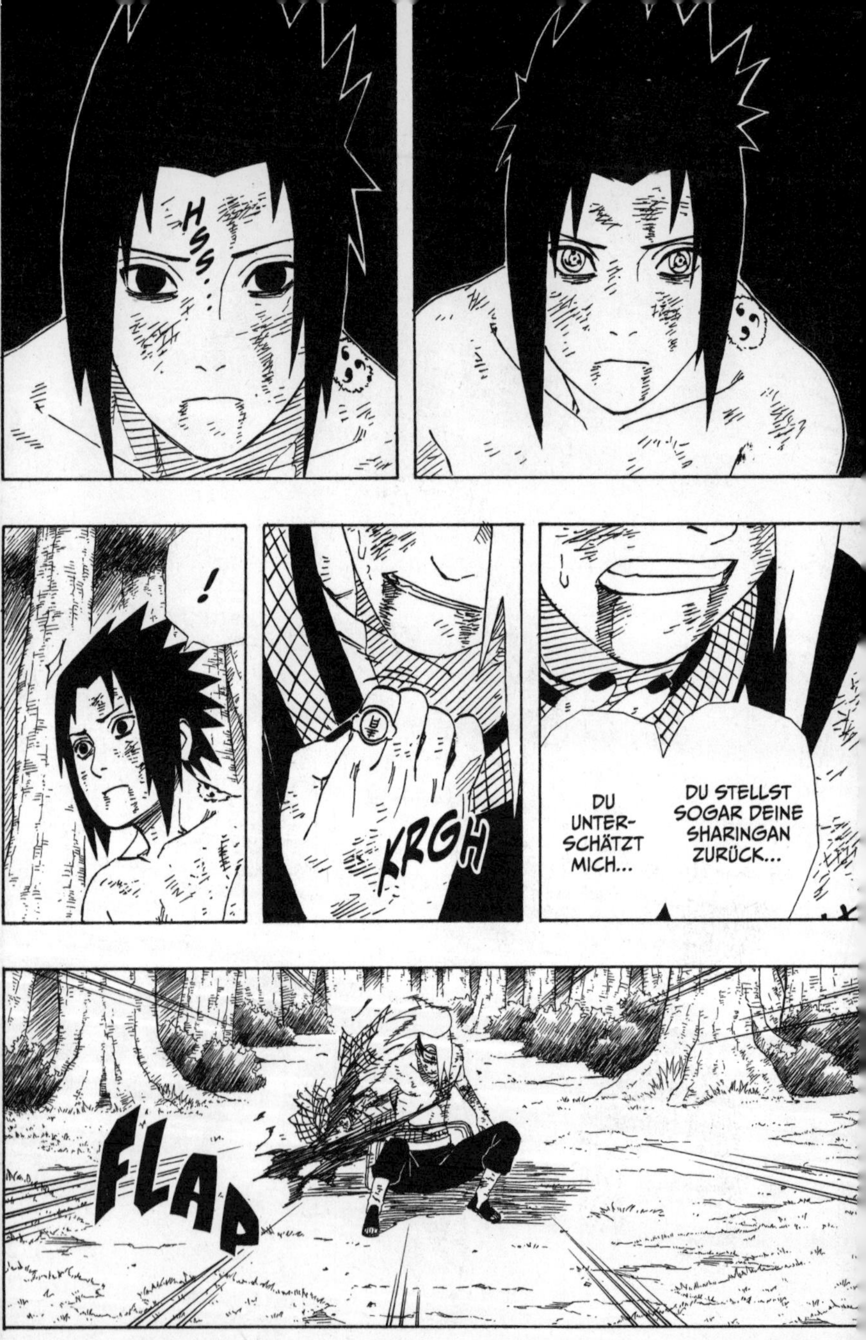
HSS...
!
KRGH
DU STELLST SOGAR DEINE SHARINGAN ZURÜCK...
DU UNTER-SCHÄTZT MICH...
FLAP

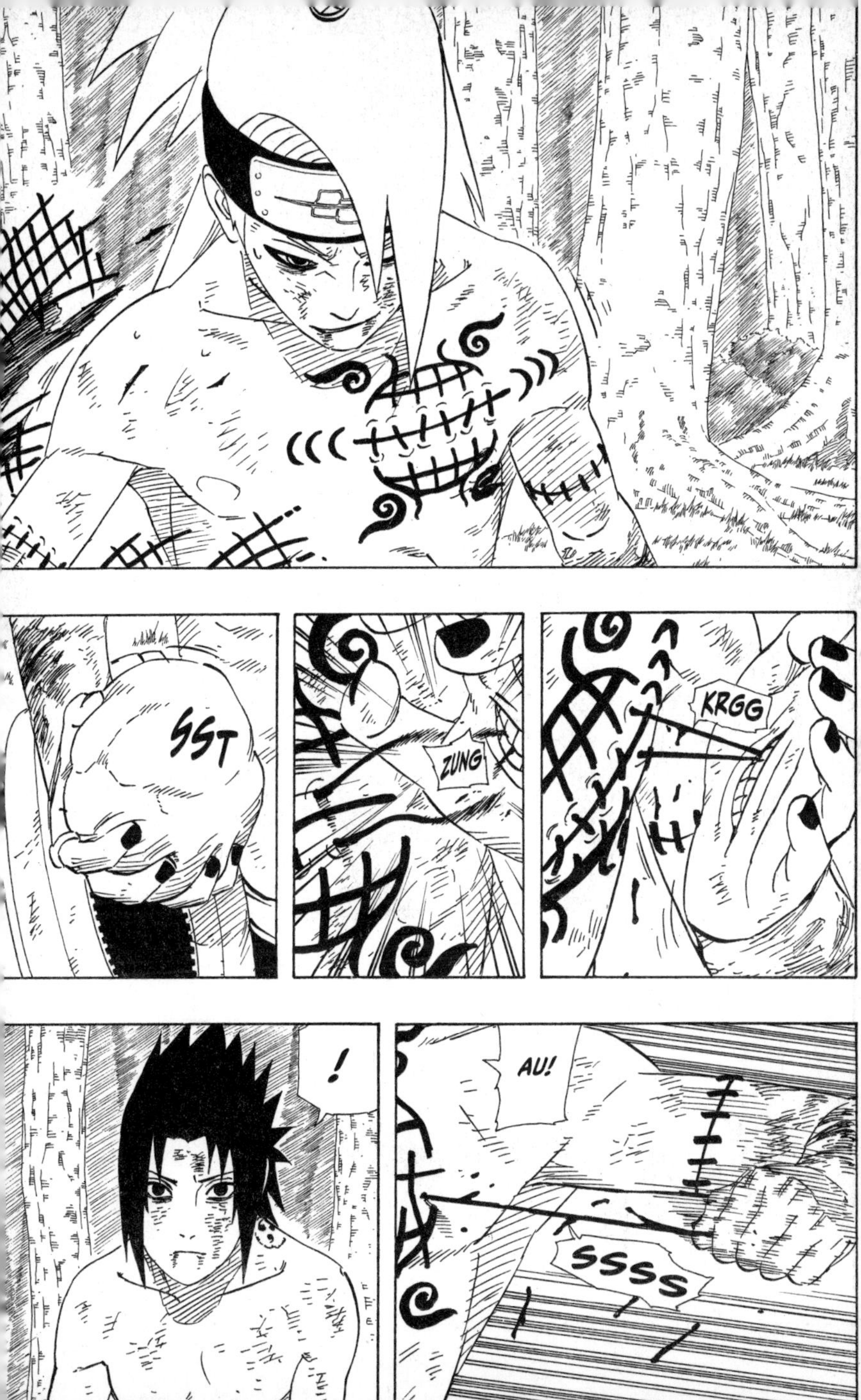
KRGG
ZUNG
SST
AU!
SSSS
!

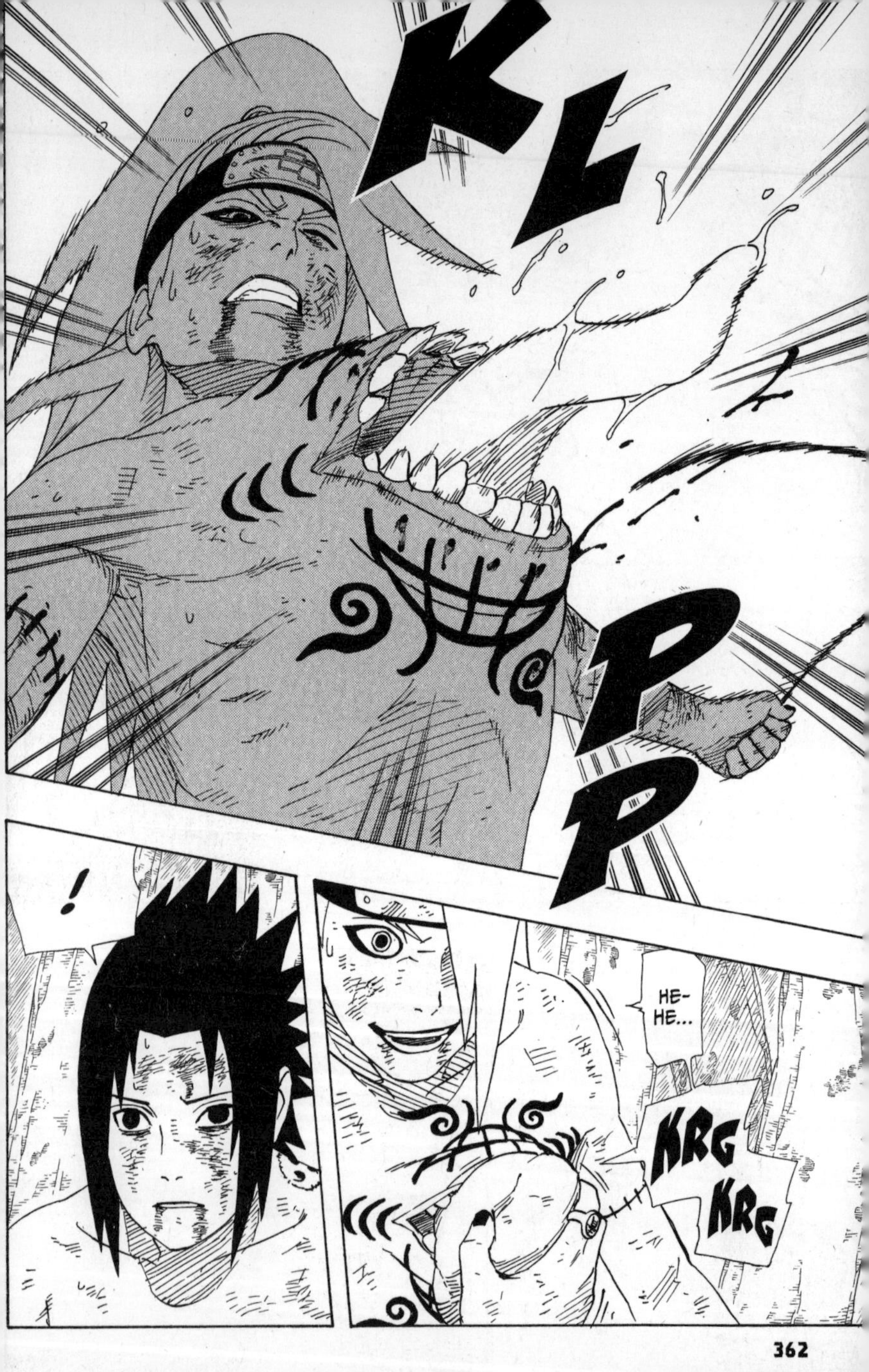
KL
PP
HE-HE...
KRG KRG
!

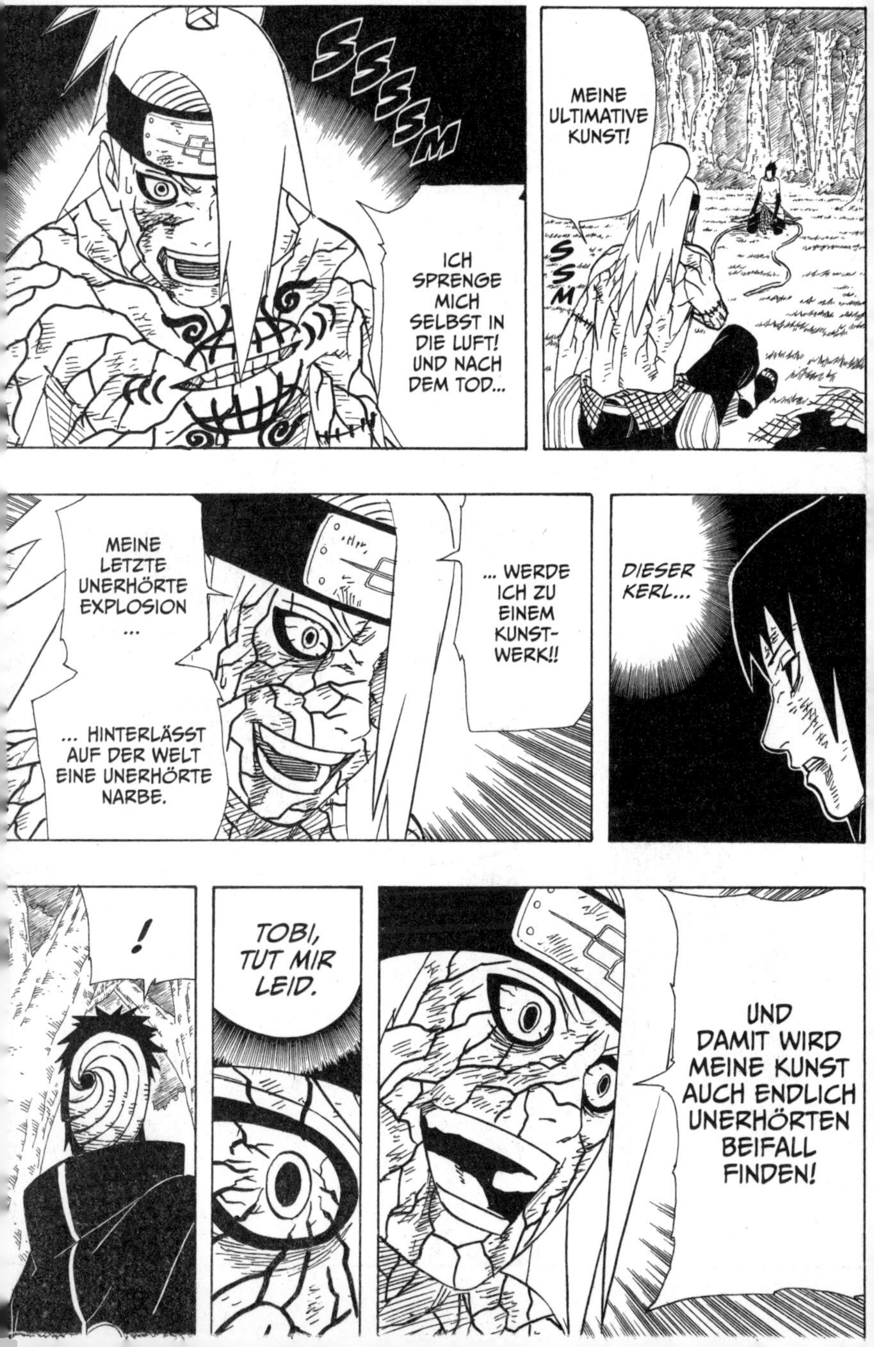
MEINE ULTIMATIVE KUNST!
SSM
SSSSM
ICH SPRENGE MICH SELBST IN DIE LUFT! UND NACH DEM TOD...
DIESER KERL...
... WERDE ICH ZU EINEM KUNST-WERK!!
MEINE LETZTE UNERHÖRTE EXPLOSION ...
... HINTERLÄSST AUF DER WELT EINE UNERHÖRTE NARBE.
UND DAMIT WIRD MEINE KUNST AUCH ENDLICH UNERHÖRTEN BEIFALL FINDEN!
TOBI, TUT MIR LEID.
!

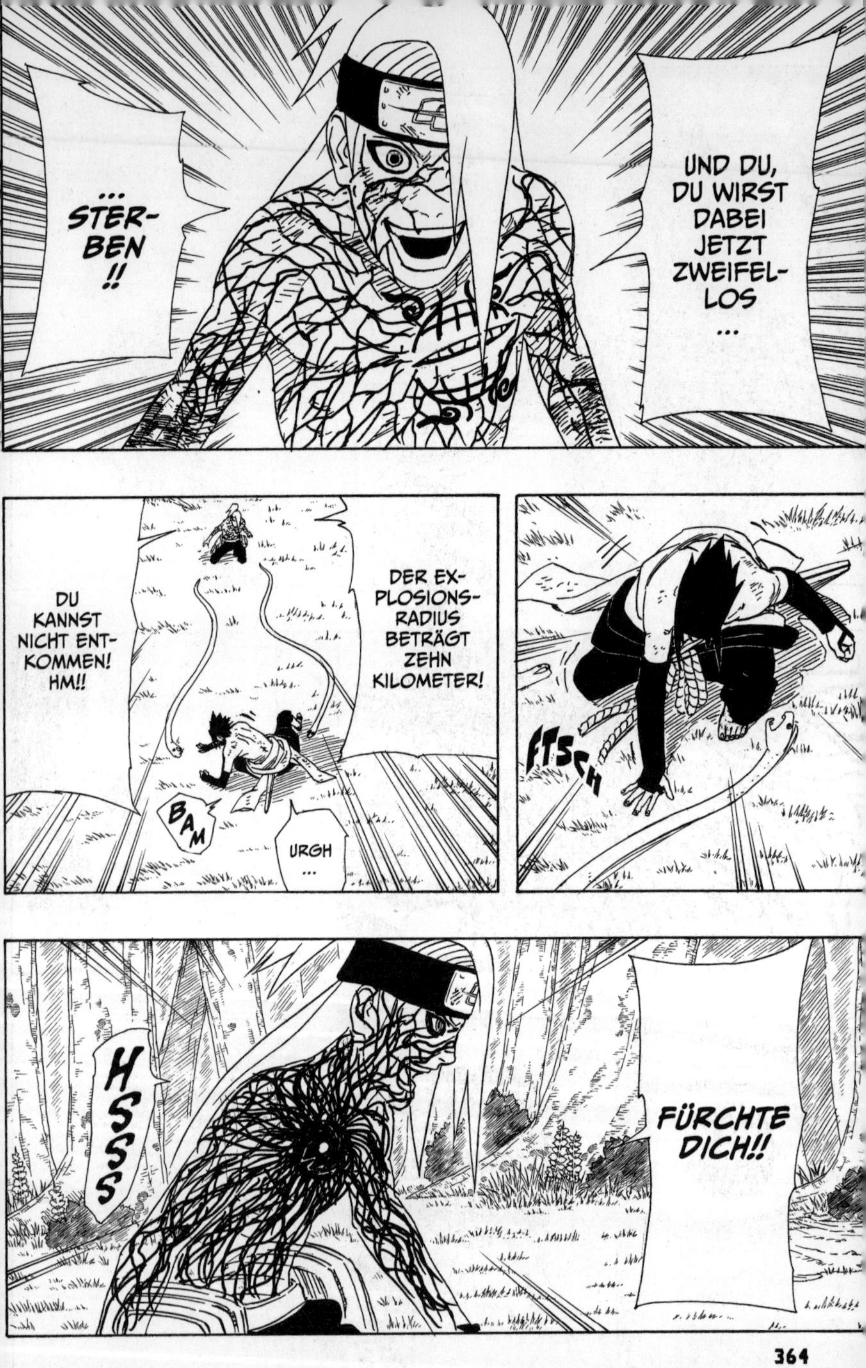
UND DU, DU WIRST DABEI JETZT ZWEIFELLOS ...
... STERBEN !!
DER EXPLOSIONSRADIUS BETRÄGT ZEHN KILOMETER!
DU KANNST NICHT ENTKOMMEN! HM!!
BAM
URGH ...
FTSCH
FÜRCHTE DICH!!
HSSS

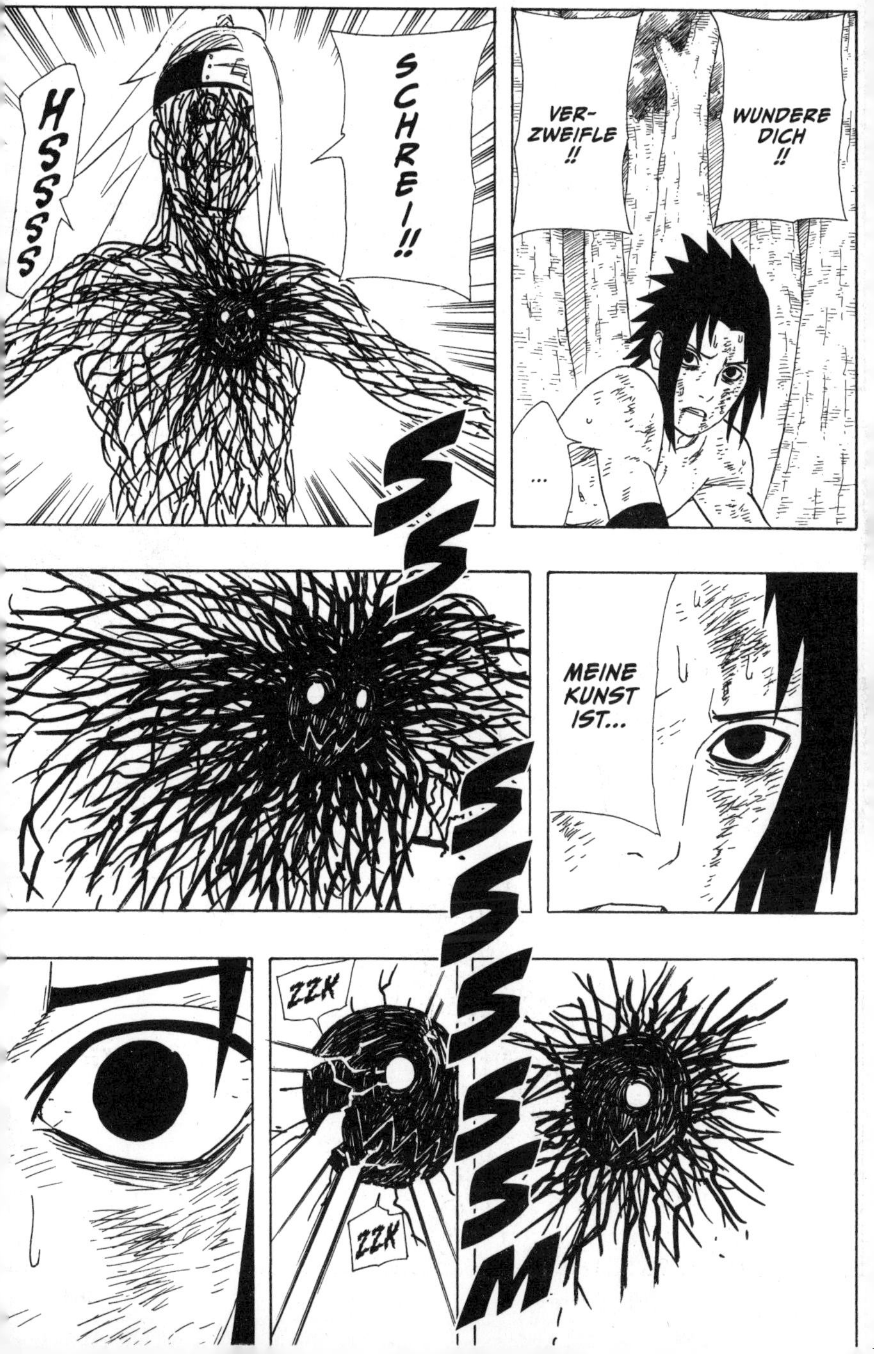
WUNDERE DICH!!
VER-ZWEIFLE!!
...
SCHREI!!
HSSSSS
MEINE KUNST IST...
SSSSSSSSSM
ZZK
ZZK

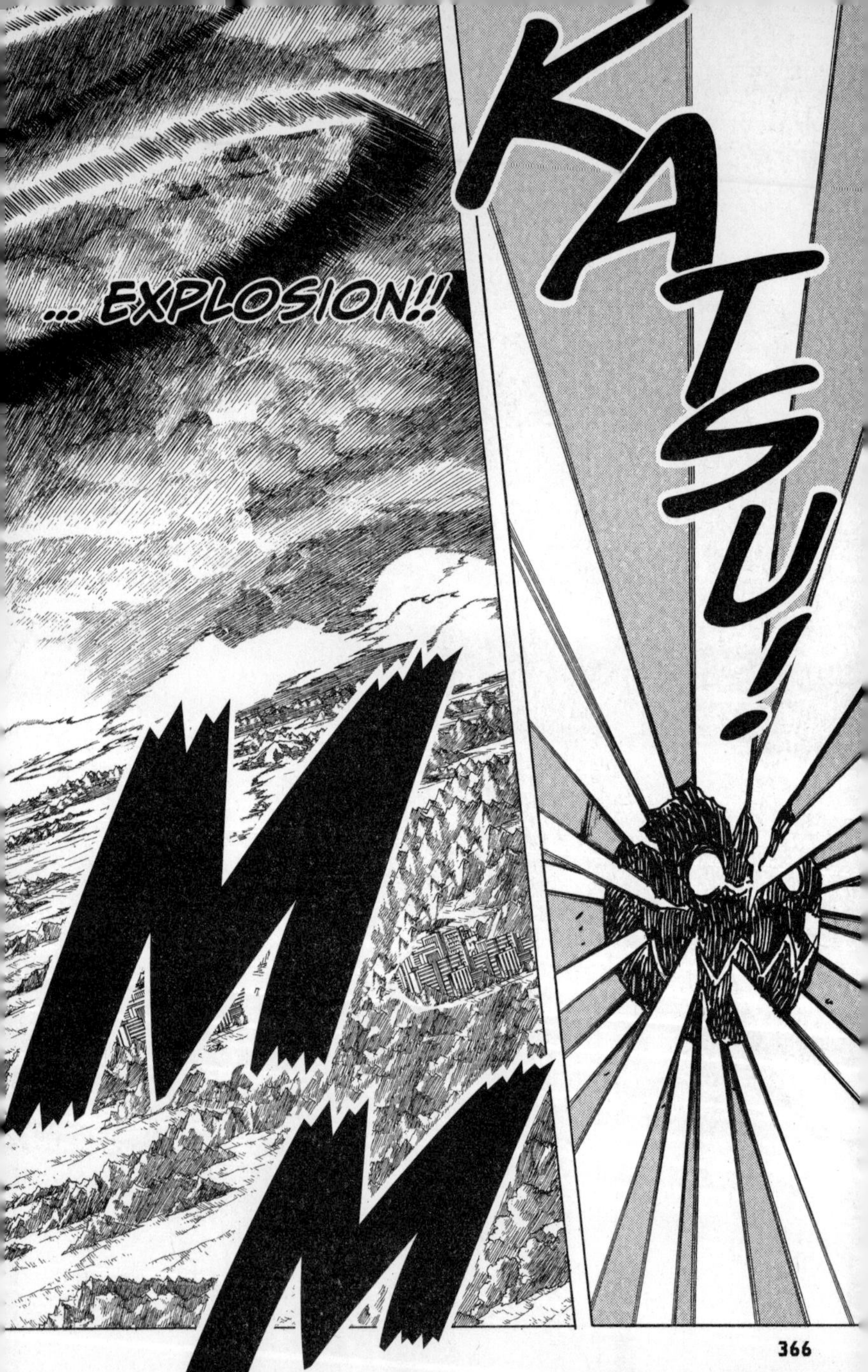
... EXPLOSION!!
KATSU!
MMM

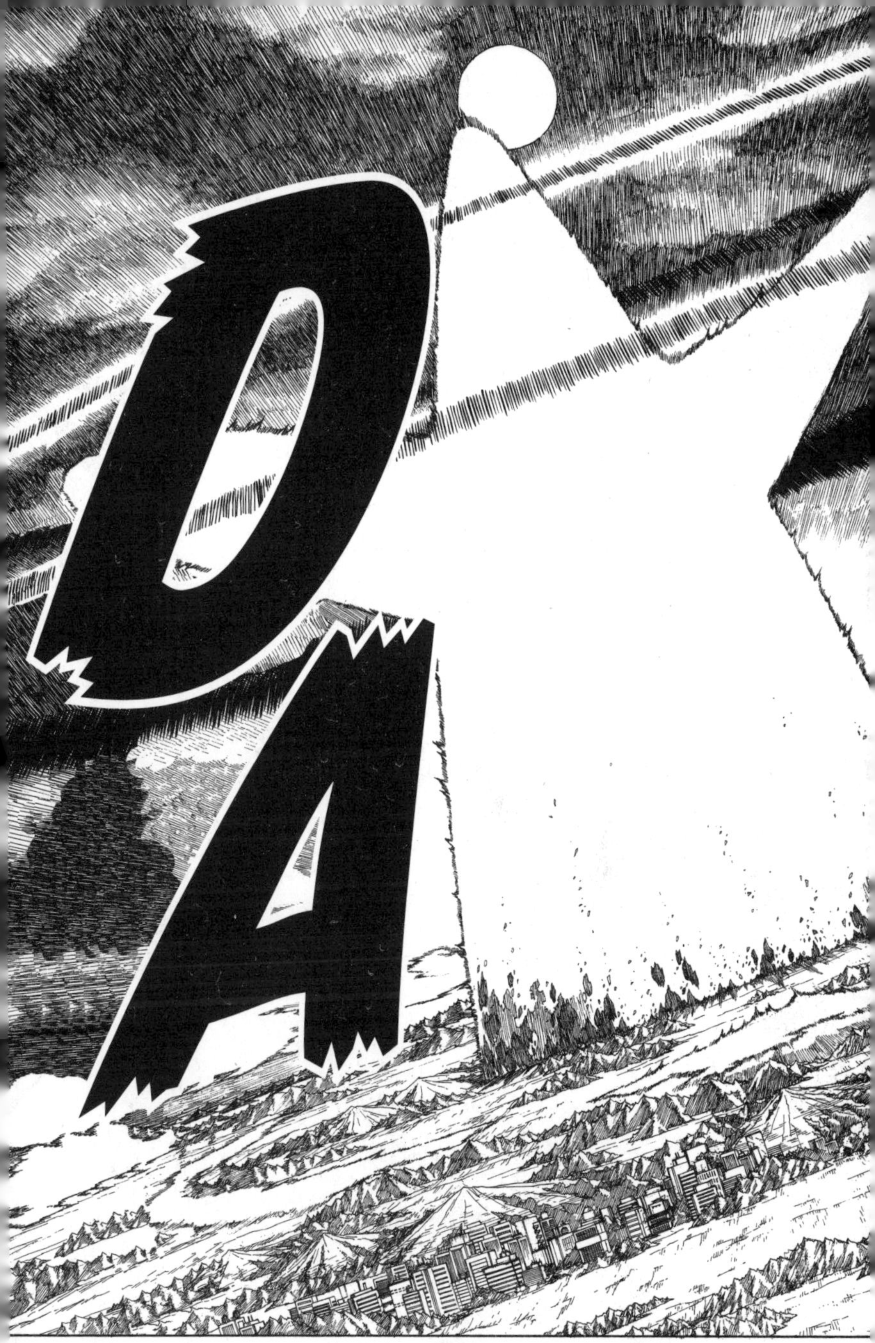
DA

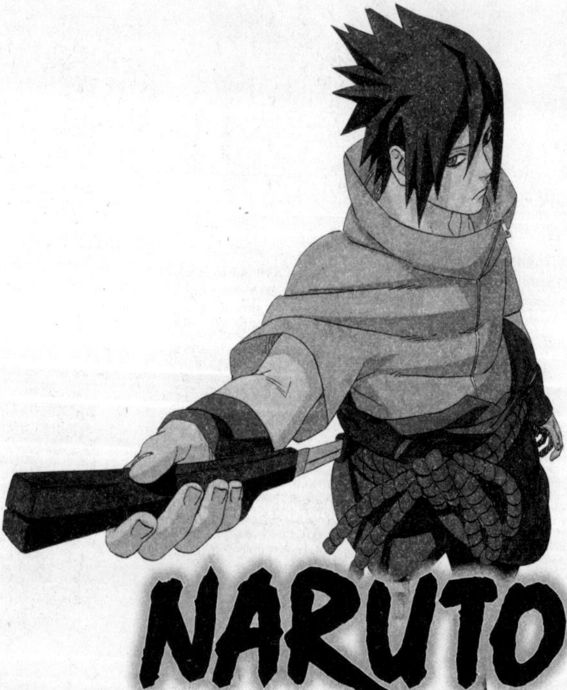
NARUTO

363. Kapitel: Sasukes Tod

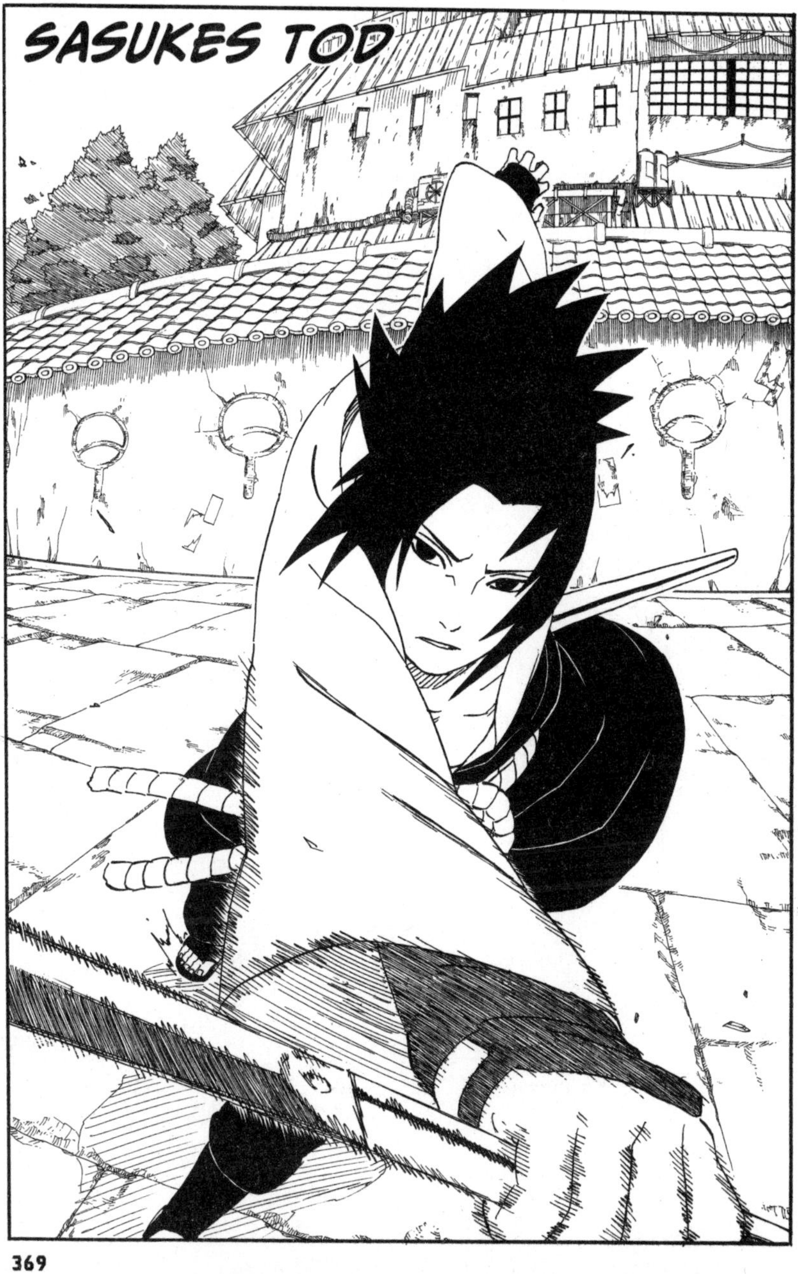

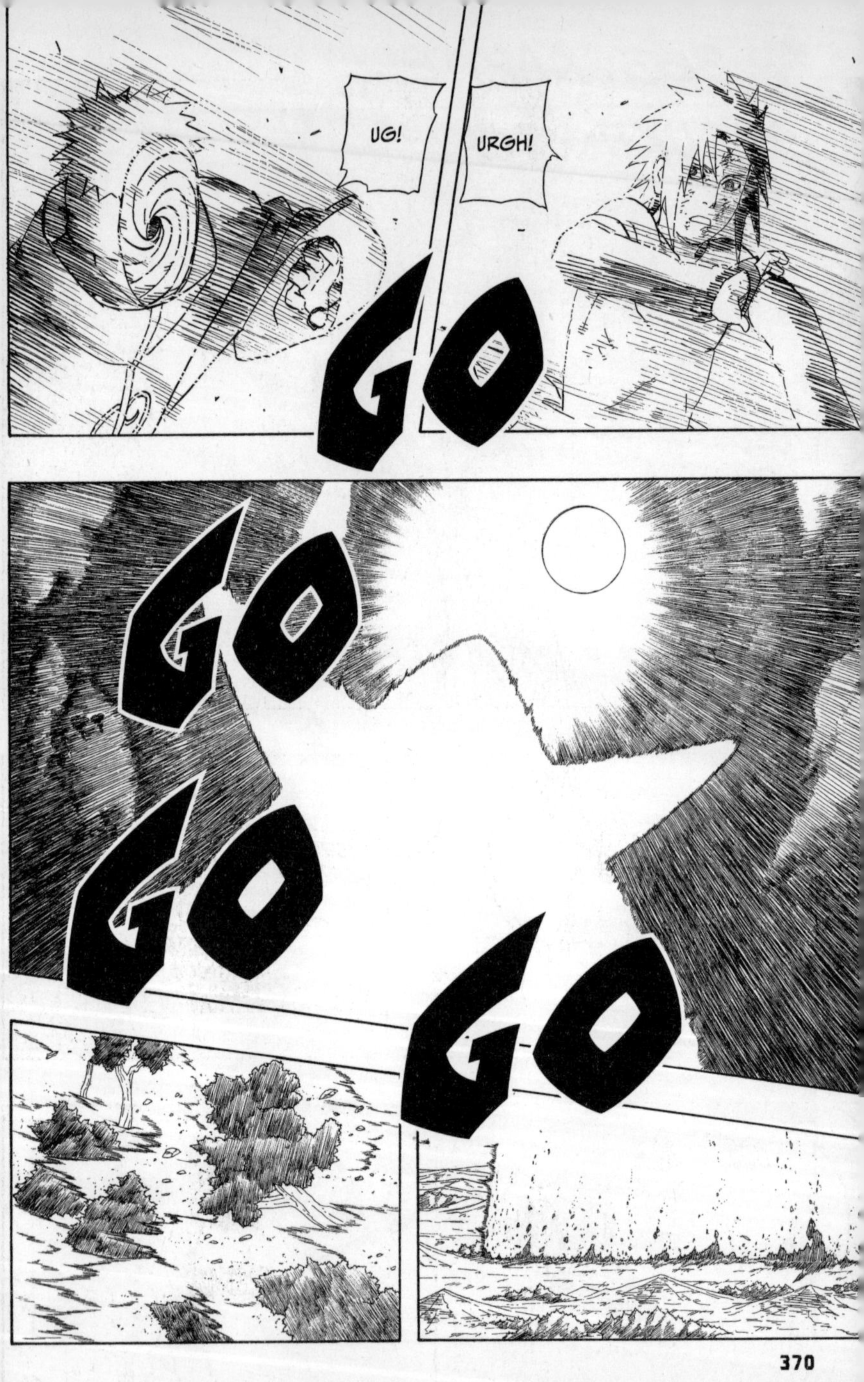
URGH!
UG!
GO
GO
GO
GO

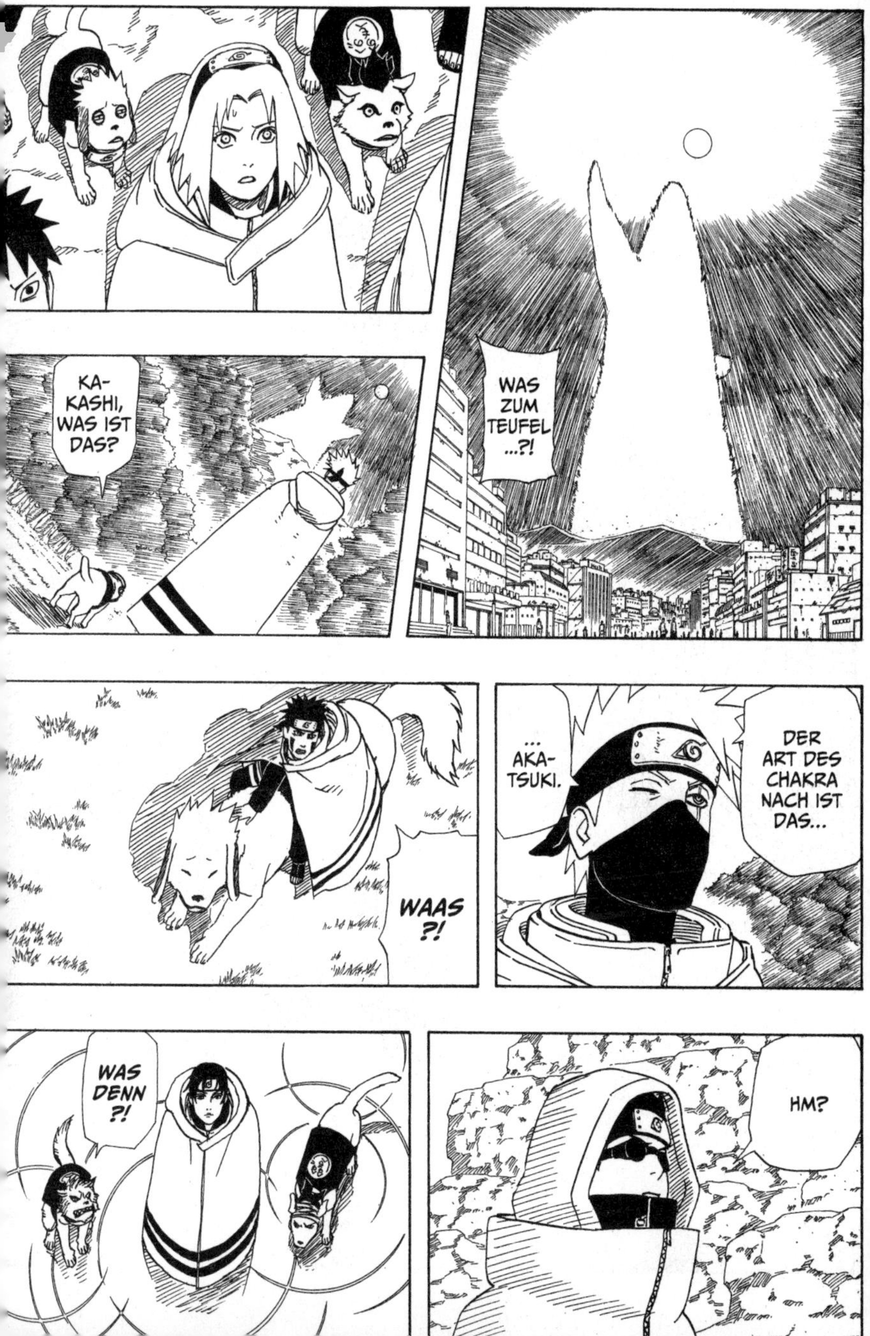
WAS ZUM TEUFEL ...?!
KA-KASHI, WAS IST DAS?
DER ART DES CHAKRA NACH IST DAS...
... AKA-TSUKI.
WAAS ?!
HM?
WAS DENN ?!

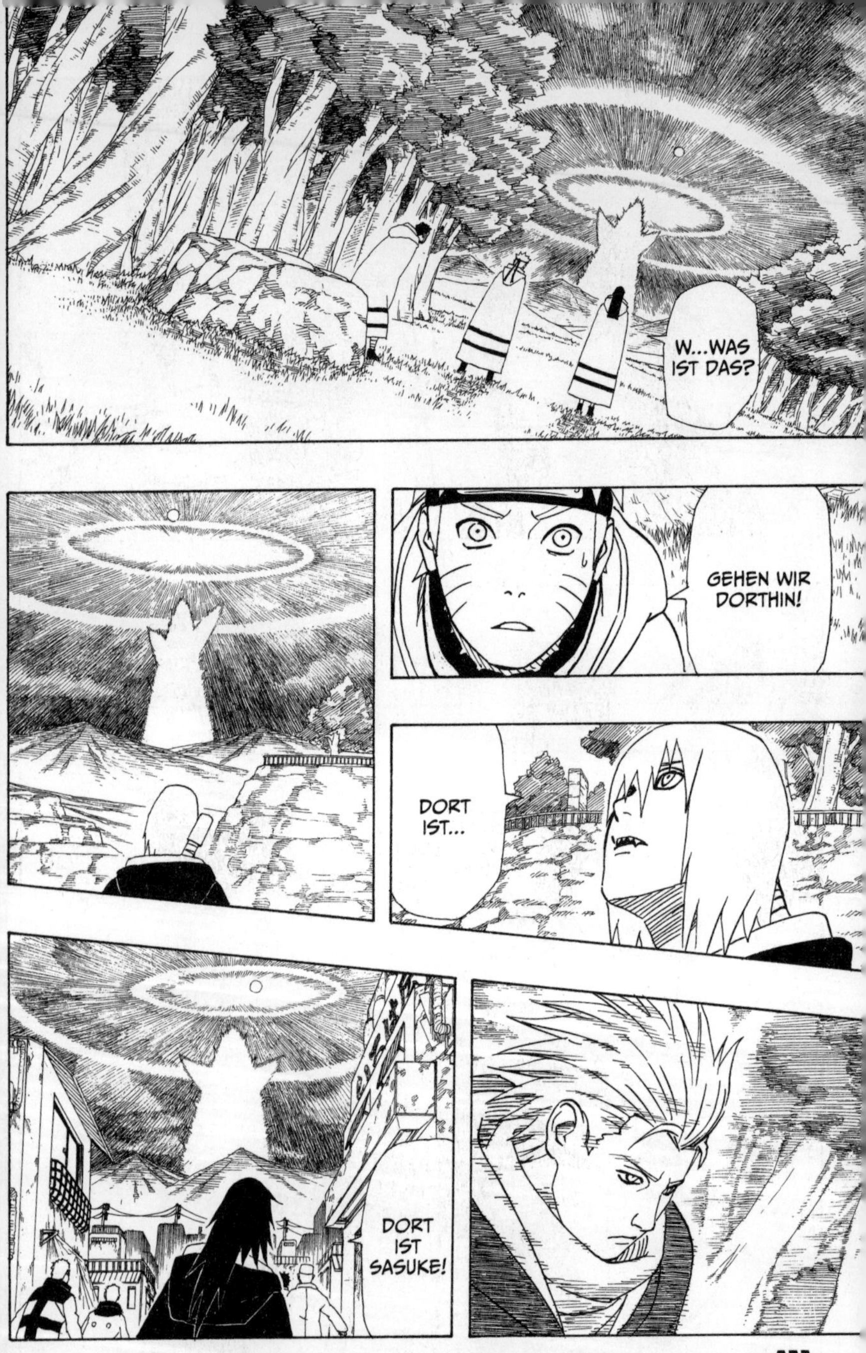
W...WAS IST DAS?
GEHEN WIR DORTHIN!
DORT IST...
DORT IST SASUKE!

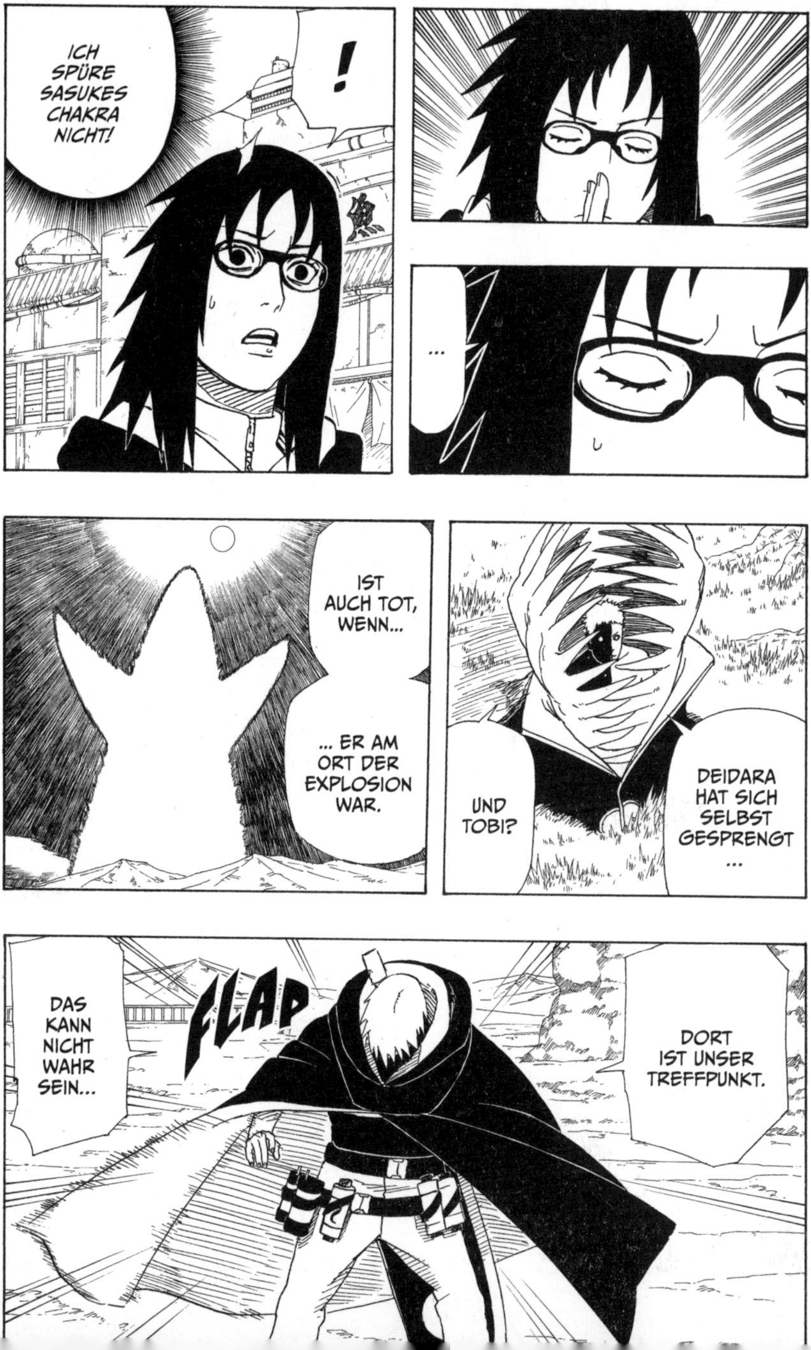
...
!
ICH SPÜRE SASUKES CHAKRA NICHT!
DEIDARA HAT SICH SELBST GESPRENGT ...
UND TOBI?
IST AUCH TOT, WENN...
... ER AM ORT DER EXPLOSION WAR.
DORT IST UNSER TREFFPUNKT.
FLAP
DAS KANN NICHT WAHR SEIN...

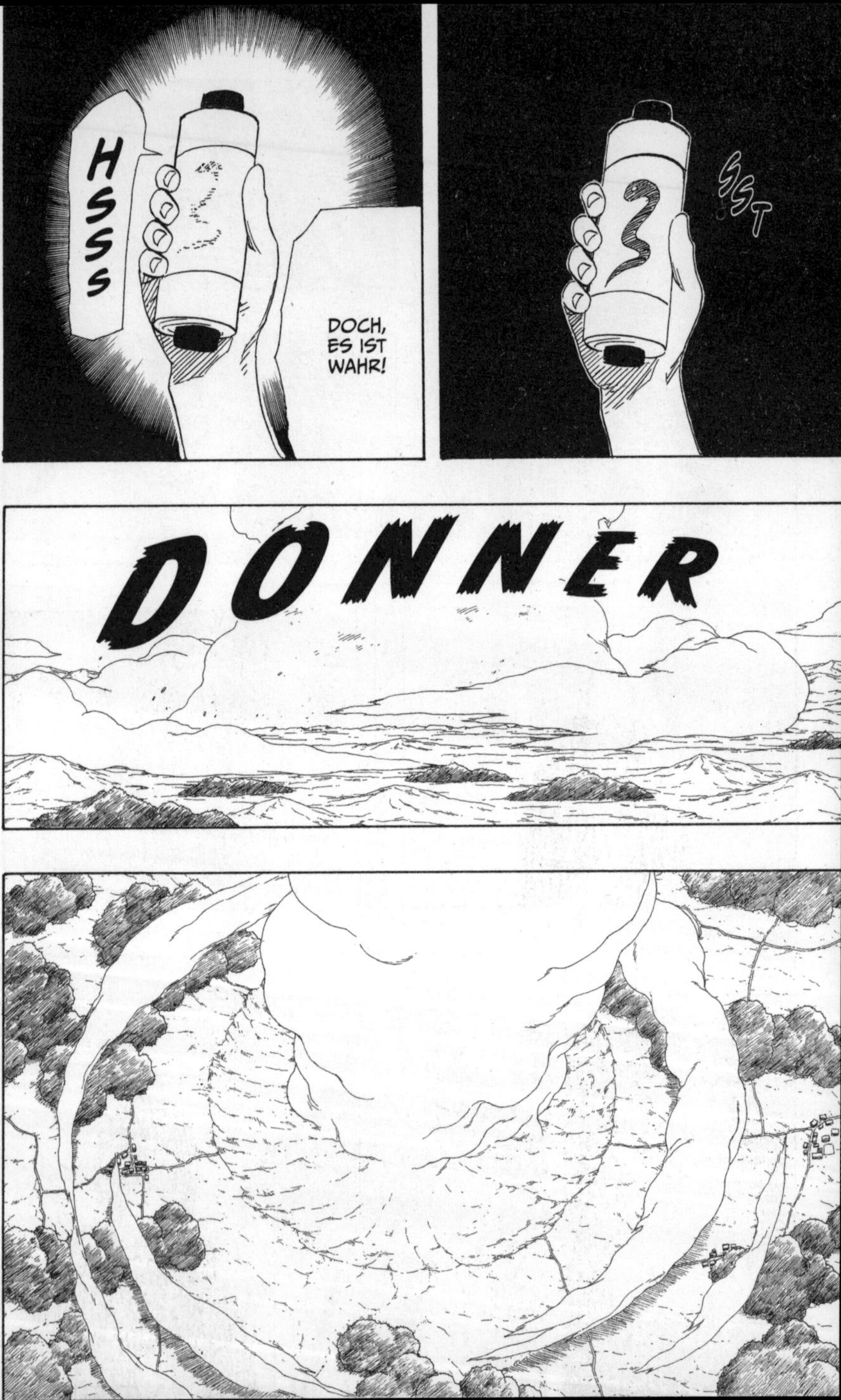
SST
HSSS
DOCH, ES IST WAHR!
DONNER

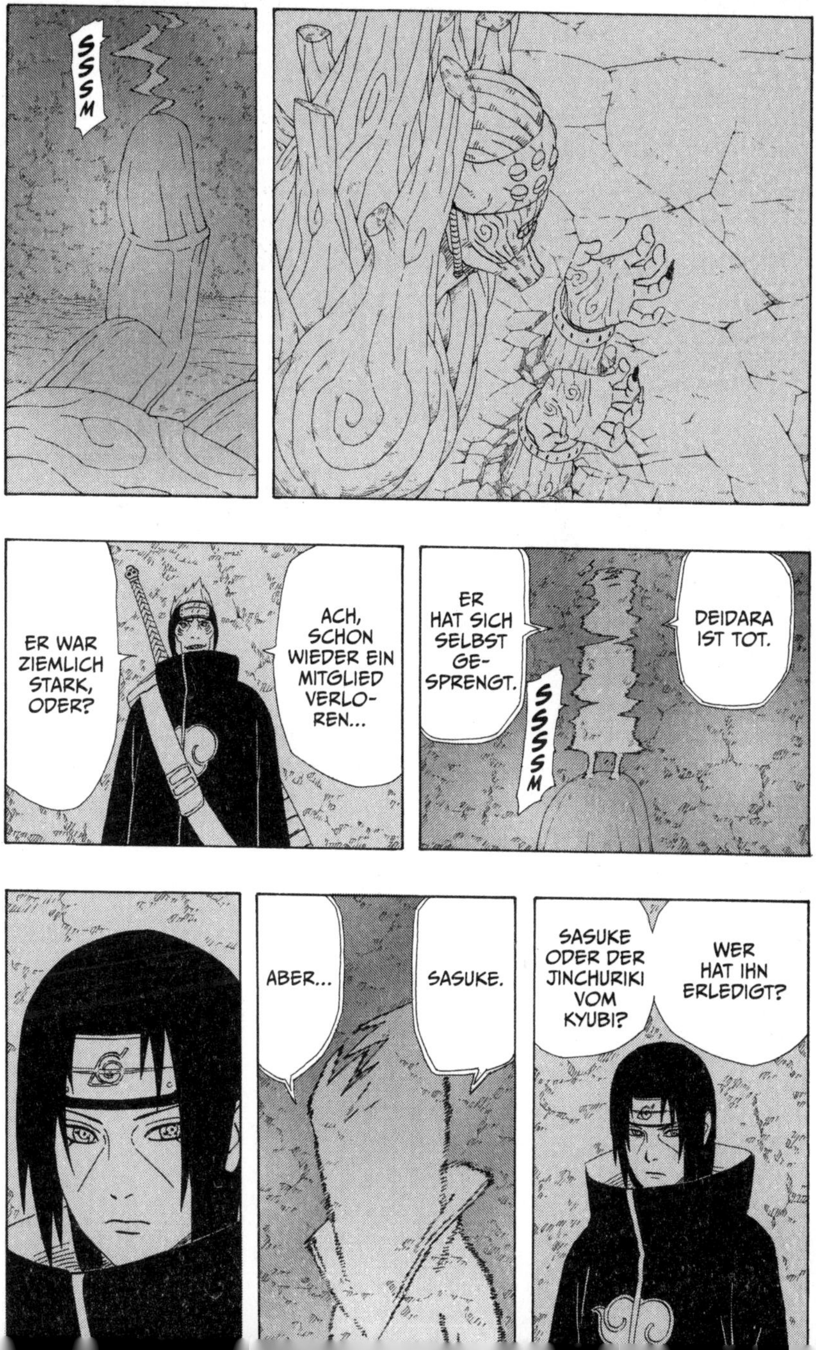
SSSM
DEIDARA IST TOT.
ER HAT SICH SELBST GE-SPRENGT.
SSSSM
ACH, SCHON WIEDER EIN MITGLIED VERLO-REN...
ER WAR ZIEMLICH STARK, ODER?
WER HAT IHN ERLEDIGT?
SASUKE ODER DER JINCHURIKI VOM KYUBI?
SASUKE.
ABER...

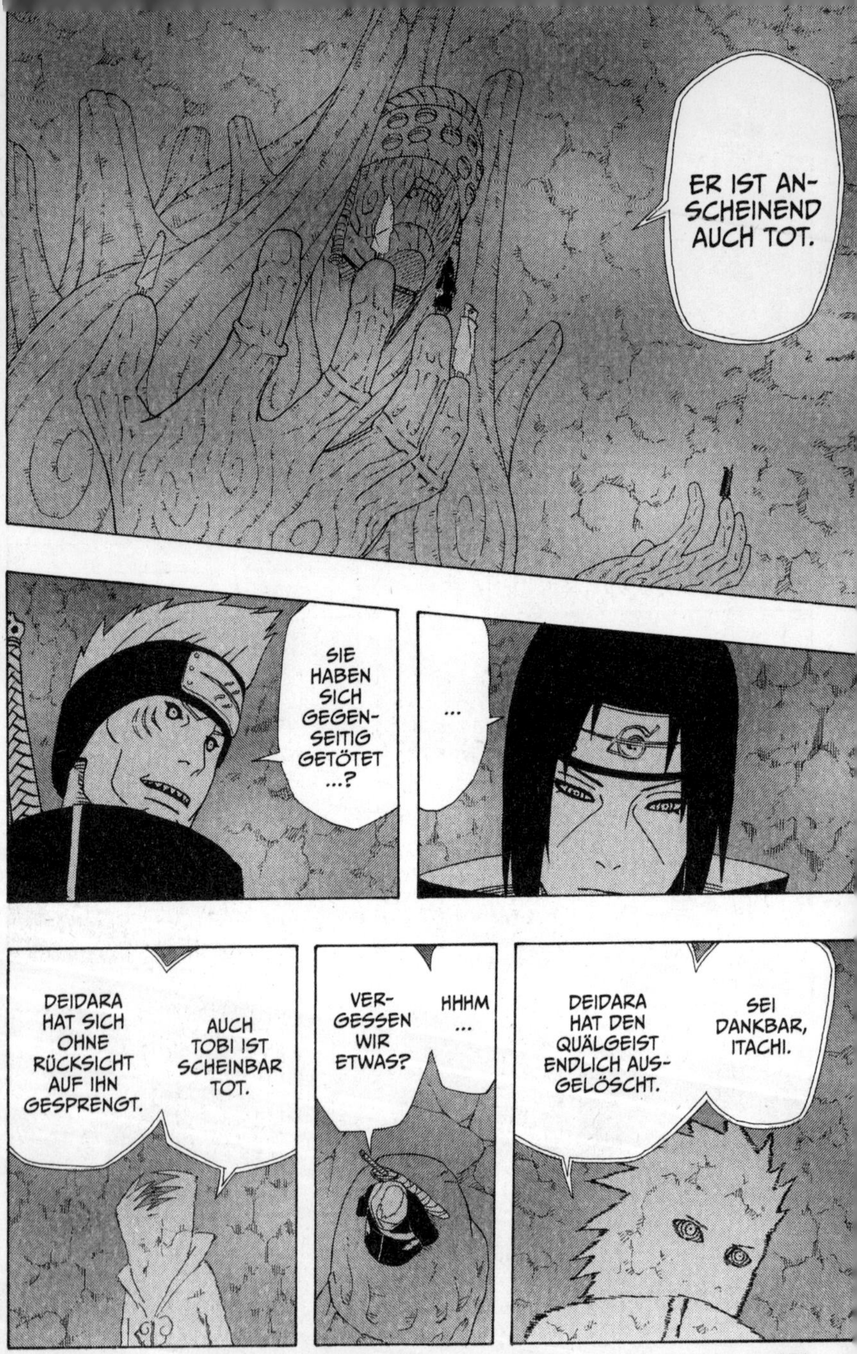
ER IST ANSCHEINEND AUCH TOT.
...
SIE HABEN SICH GEGENSEITIG GETÖTET ...?
SEI DANKBAR, ITACHI.
DEIDARA HAT DEN QUÄLGEIST ENDLICH AUSGELÖSCHT.
HHHM ...
VERGESSEN WIR ETWAS?
AUCH TOBI IST SCHEINBAR TOT.
DEIDARA HAT SICH OHNE RÜCKSICHT AUF IHN GESPRENGT.

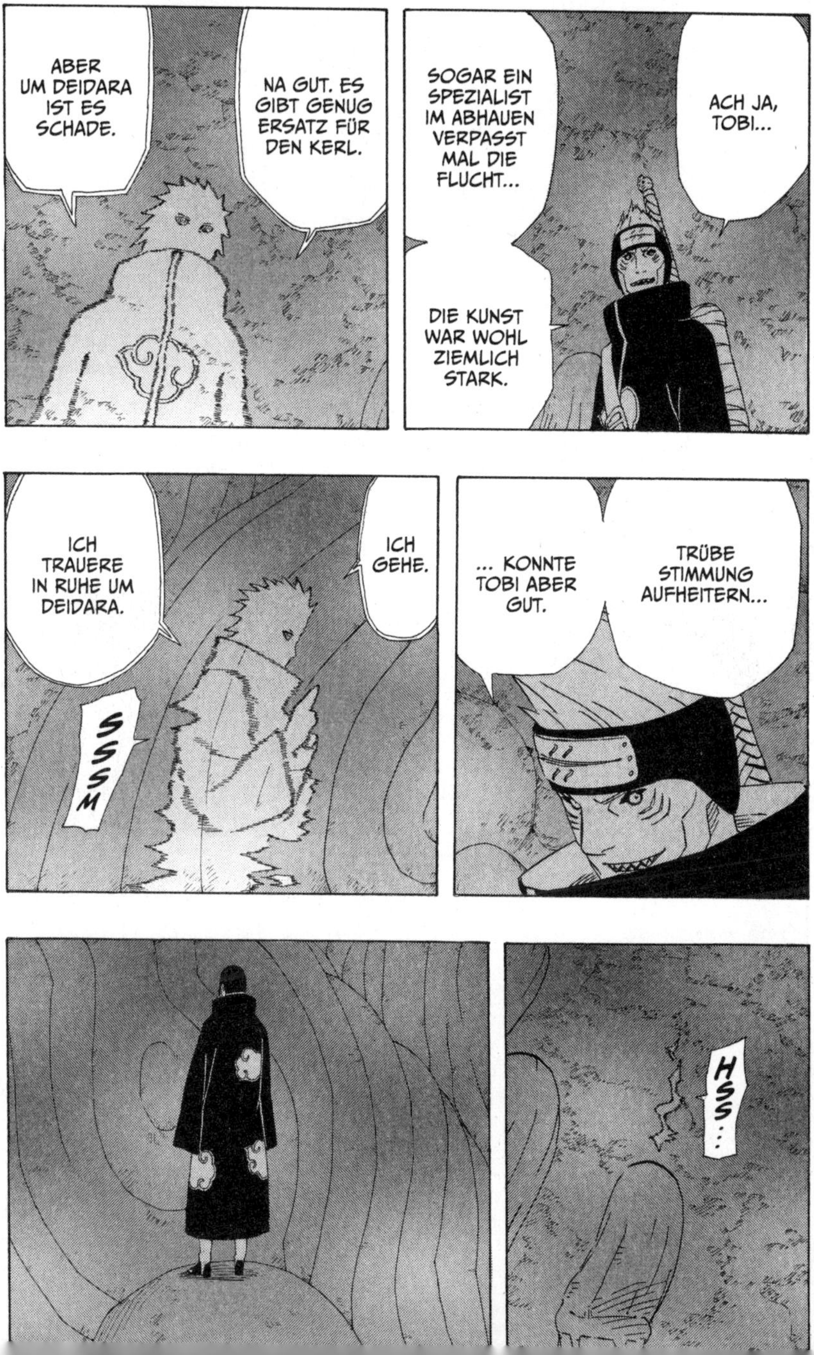
ACH JA, TOBI...
SOGAR EIN SPEZIALIST IM ABHAUEN VERPASST MAL DIE FLUCHT...
DIE KUNST WAR WOHL ZIEMLICH STARK.
NA GUT. ES GIBT GENUG ERSATZ FÜR DEN KERL.
ABER UM DEIDARA IST ES SCHADE.
TRÜBE STIMMUNG AUFHEITERN...
... KONNTE TOBI ABER GUT.
ICH GEHE.
ICH TRAUERE IN RUHE UM DEIDARA.
SSSM
HSS...

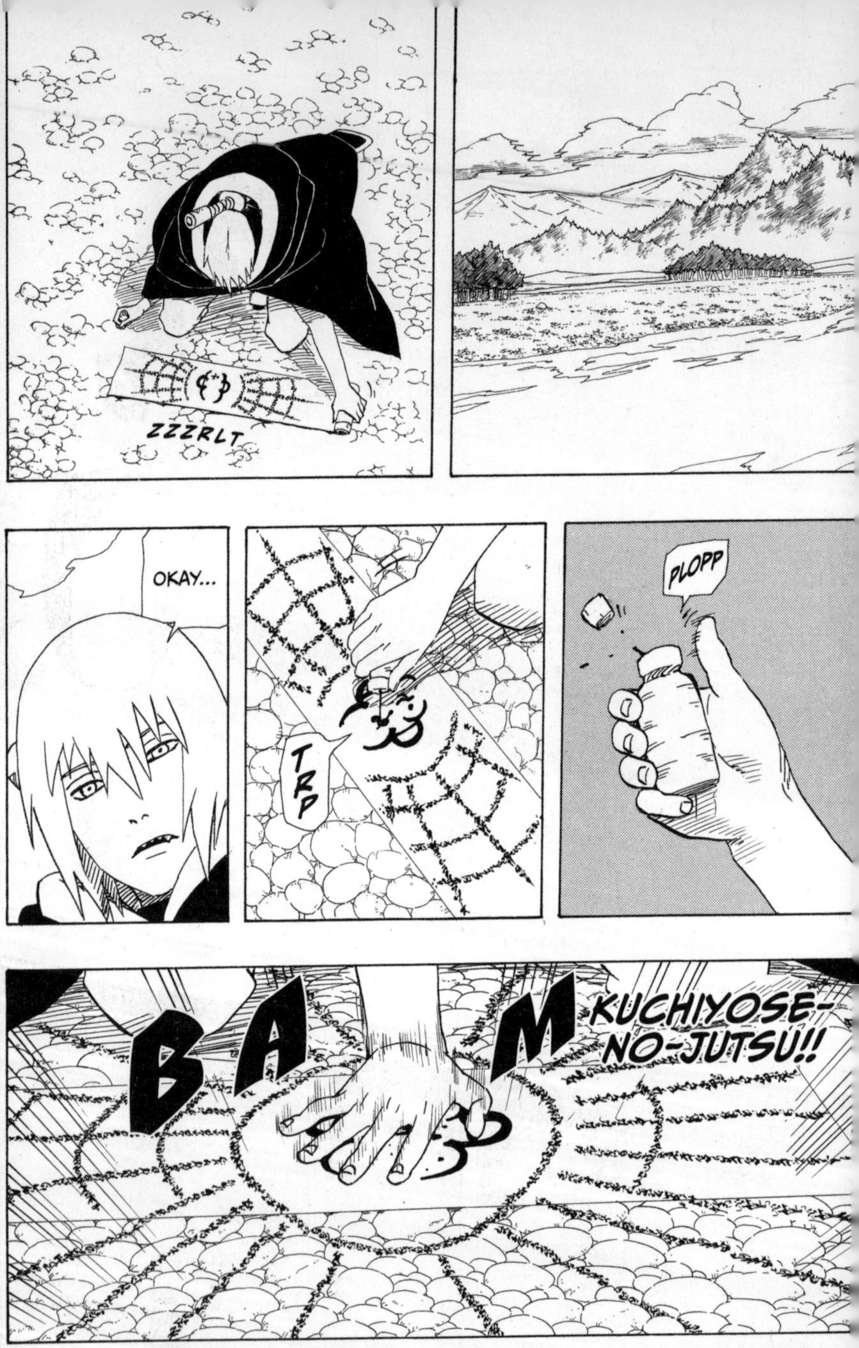
ZZZRLT
OKAY...
TRP
PLOPP
BAM
KUCHIYOSE-NO-JUTSU!!

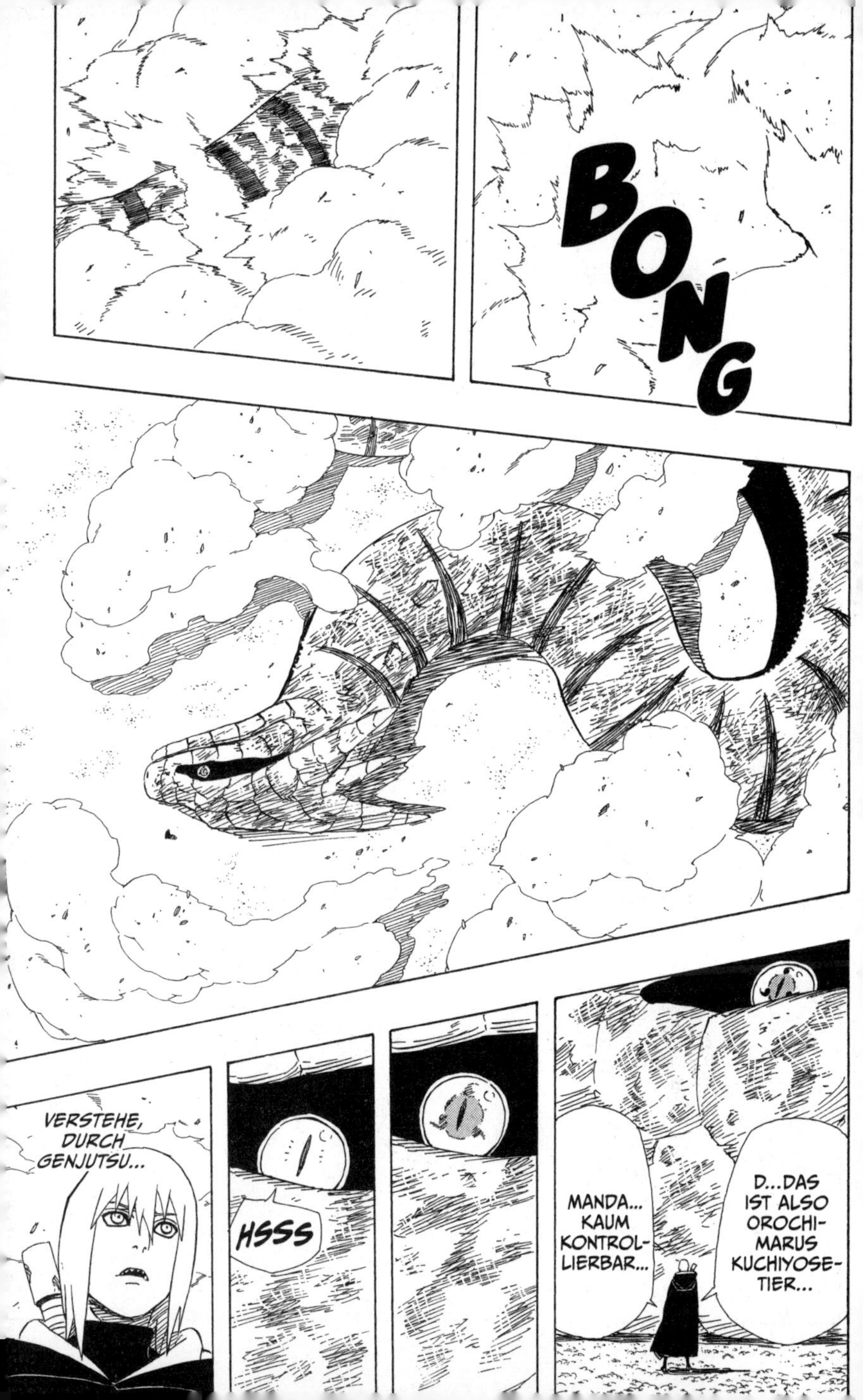
BONG
D...DAS IST ALSO OROCHI-MARUS KUCHIYOSE-TIER...
MANDA... KAUM KONTROL-LIERBAR...
HSSS
VERSTEHE, DURCH GENJUTSU...

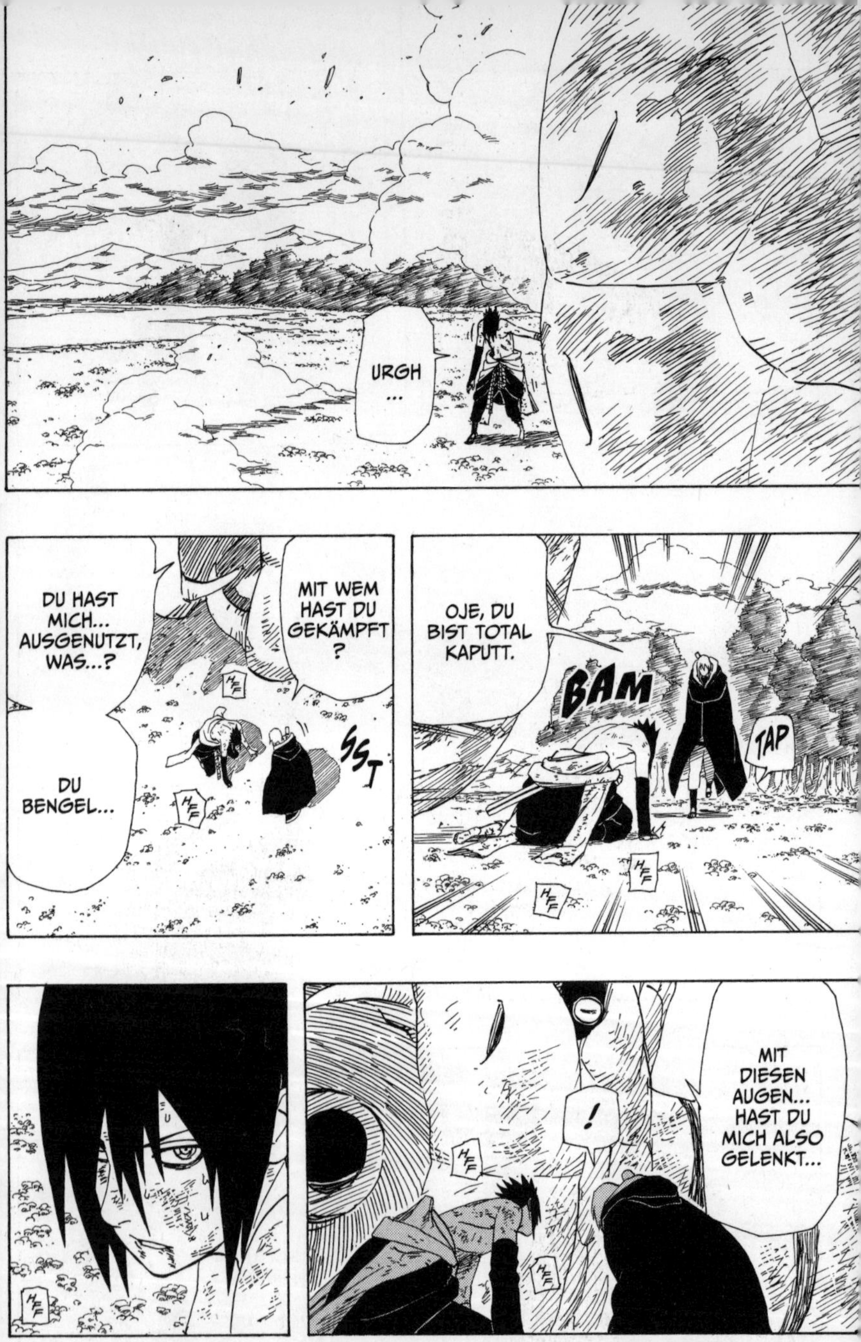
URGH ...
OJE, DU BIST TOTAL KAPUTT.
BAM
TAP
HEF
HEF
MIT WEM HAST DU GEKÄMPFT ?
SST
HEF
DU HAST MICH... AUSGENUTZT, WAS...?
HEF
DU BENGEL...
MIT DIESEN AUGEN... HAST DU MICH ALSO GELENKT...
!
HEF
HEF
HEF

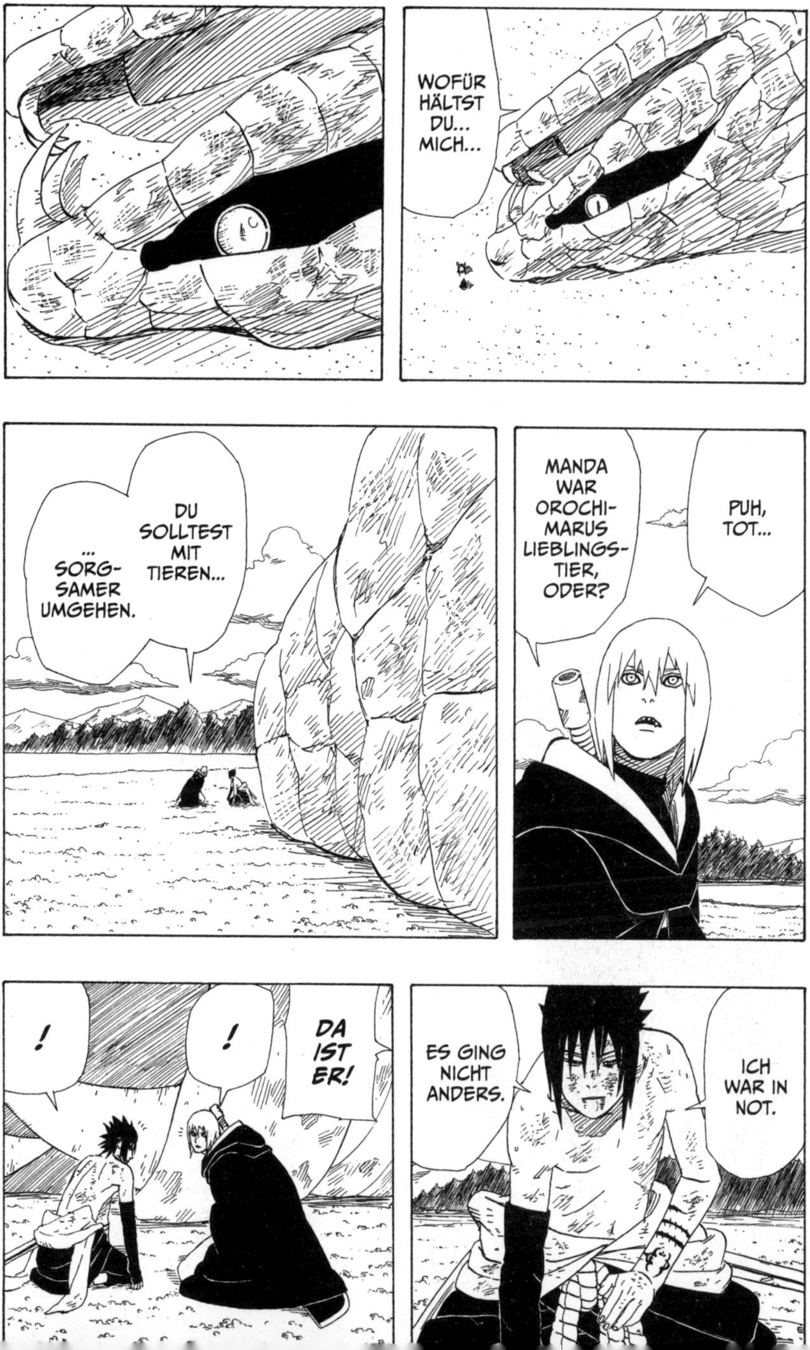
WOFÜR HÄLTST DU... MICH...
PUH, TOT...
MANDA WAR OROCHI-MARUS LIEBLINGS-TIER, ODER?
DU SOLLTEST MIT TIEREN...
... SORG-SAMER UMGEHEN.
ICH WAR IN NOT.
ES GING NICHT ANDERS.
DA IST ER!
!
!

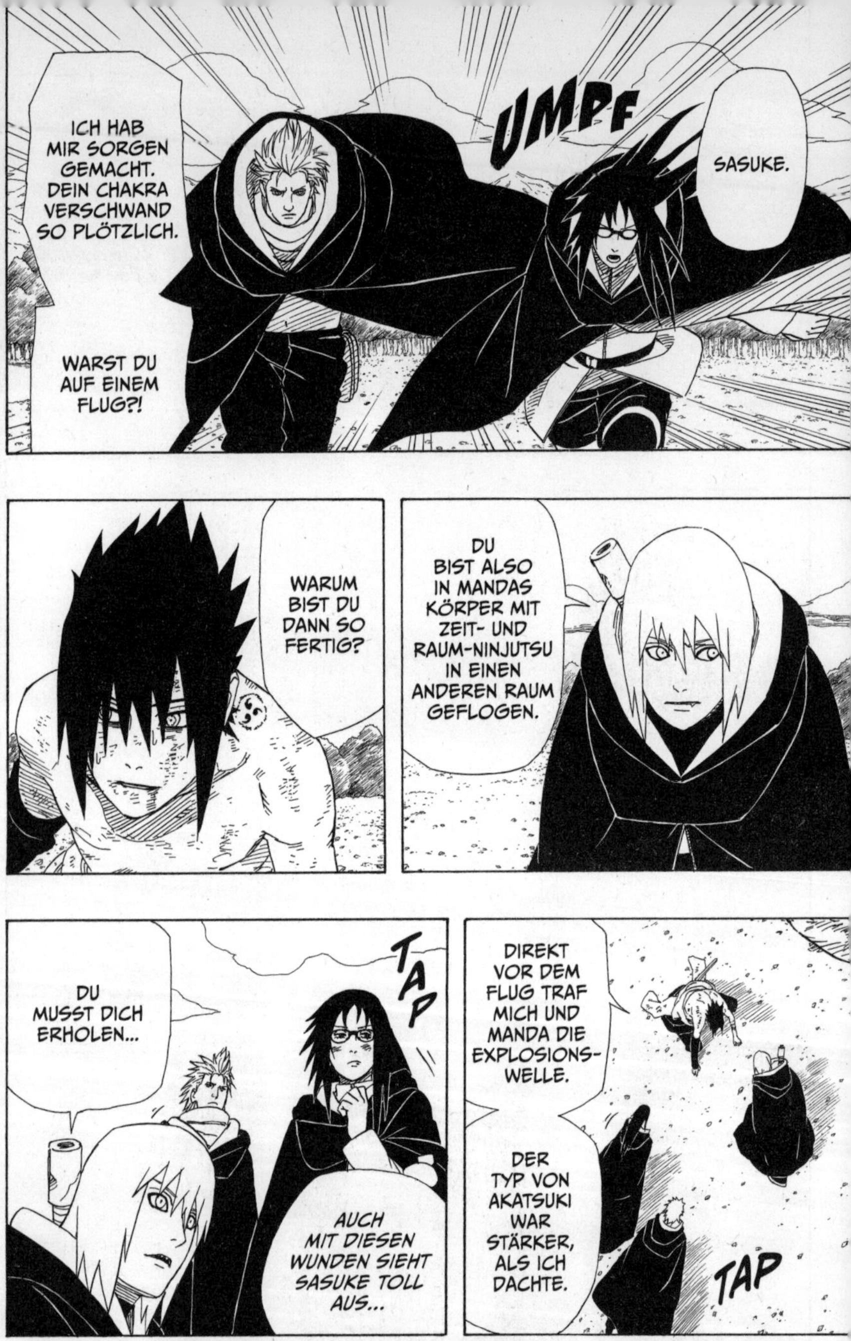
SASUKE.
UMPF
ICH HAB MIR SORGEN GEMACHT. DEIN CHAKRA VERSCHWAND SO PLÖTZLICH.
WARST DU AUF EINEM FLUG?!
DU BIST ALSO IN MANDAS KÖRPER MIT ZEIT- UND RAUM-NINJUTSU IN EINEN ANDEREN RAUM GEFLOGEN.
WARUM BIST DU DANN SO FERTIG?
DIREKT VOR DEM FLUG TRAF MICH UND MANDA DIE EXPLOSIONS-WELLE.
DER TYP VON AKATSUKI WAR STÄRKER, ALS ICH DACHTE.
TAP
TAP
DU MUSST DICH ERHOLEN...
AUCH MIT DIESEN WUNDEN SIEHT SASUKE TOLL AUS...

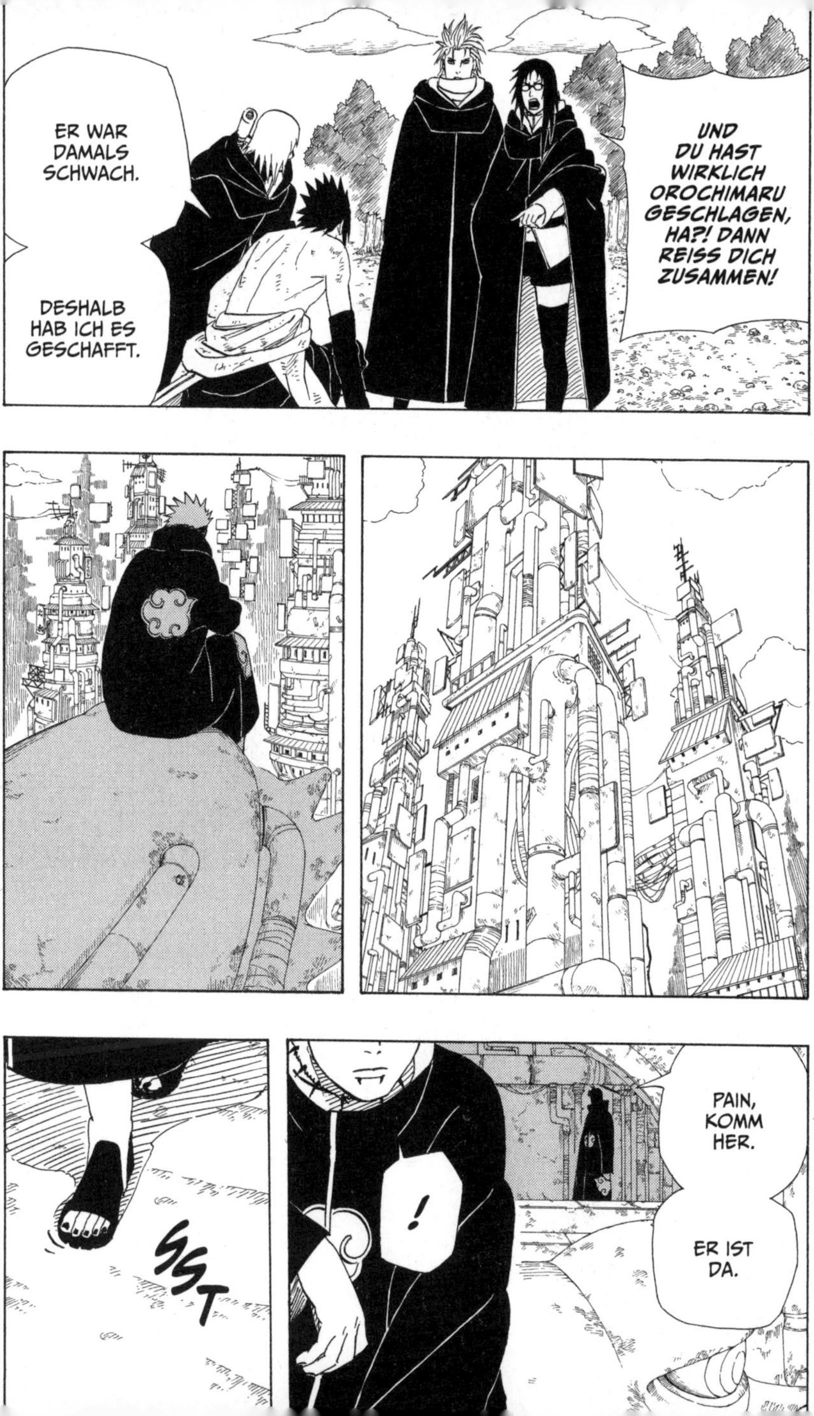
UND DU HAST WIRKLICH OROCHIMARU GESCHLAGEN, HA?! DANN REISS DICH ZUSAMMEN!
ER WAR DAMALS SCHWACH.
DESHALB HAB ICH ES GESCHAFFT.
PAIN, KOMM HER.
ER IST DA.
!
SST

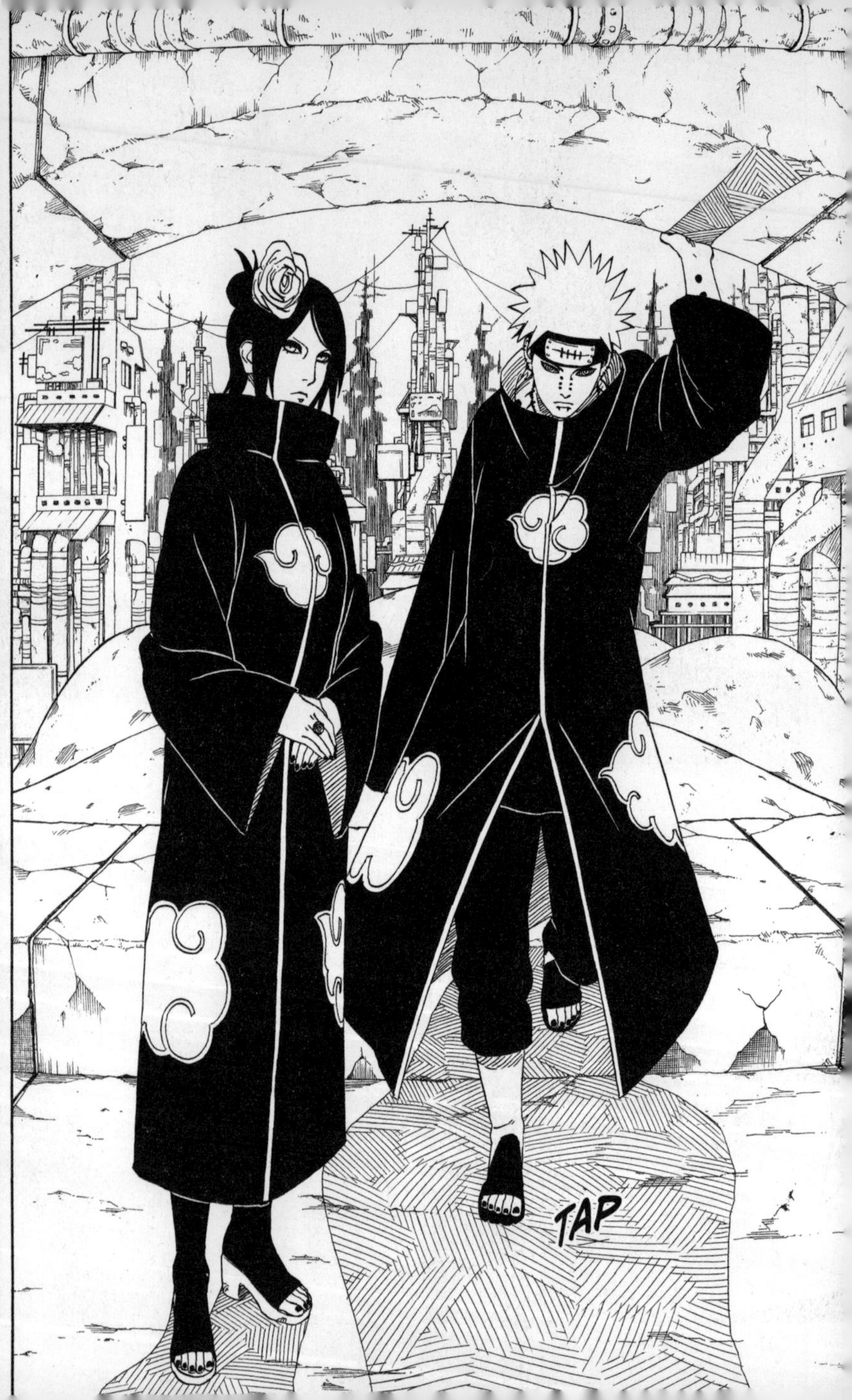
TAP

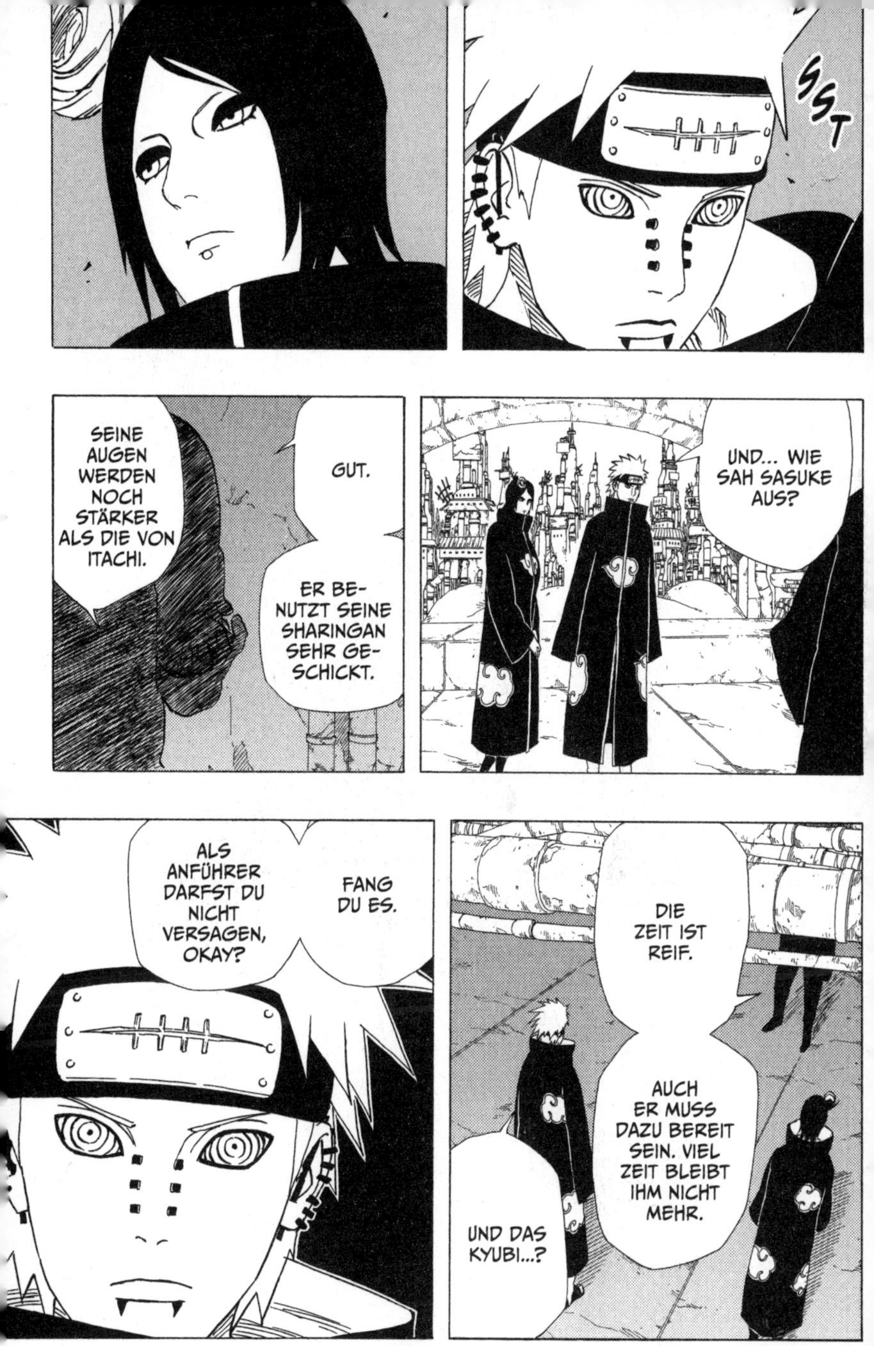
SST
UND... WIE SAH SASUKE AUS?
GUT.
ER BENUTZT SEINE SHARINGAN SEHR GESCHICKT.
SEINE AUGEN WERDEN NOCH STÄRKER ALS DIE VON ITACHI.
UND DAS KYUBI...?
DIE ZEIT IST REIF.
AUCH ER MUSS DAZU BEREIT SEIN. VIEL ZEIT BLEIBT IHM NICHT MEHR.
FANG DU ES.
ALS ANFÜHRER DARFST DU NICHT VERSAGEN, OKAY?

364. Kapitel: Das Ziel

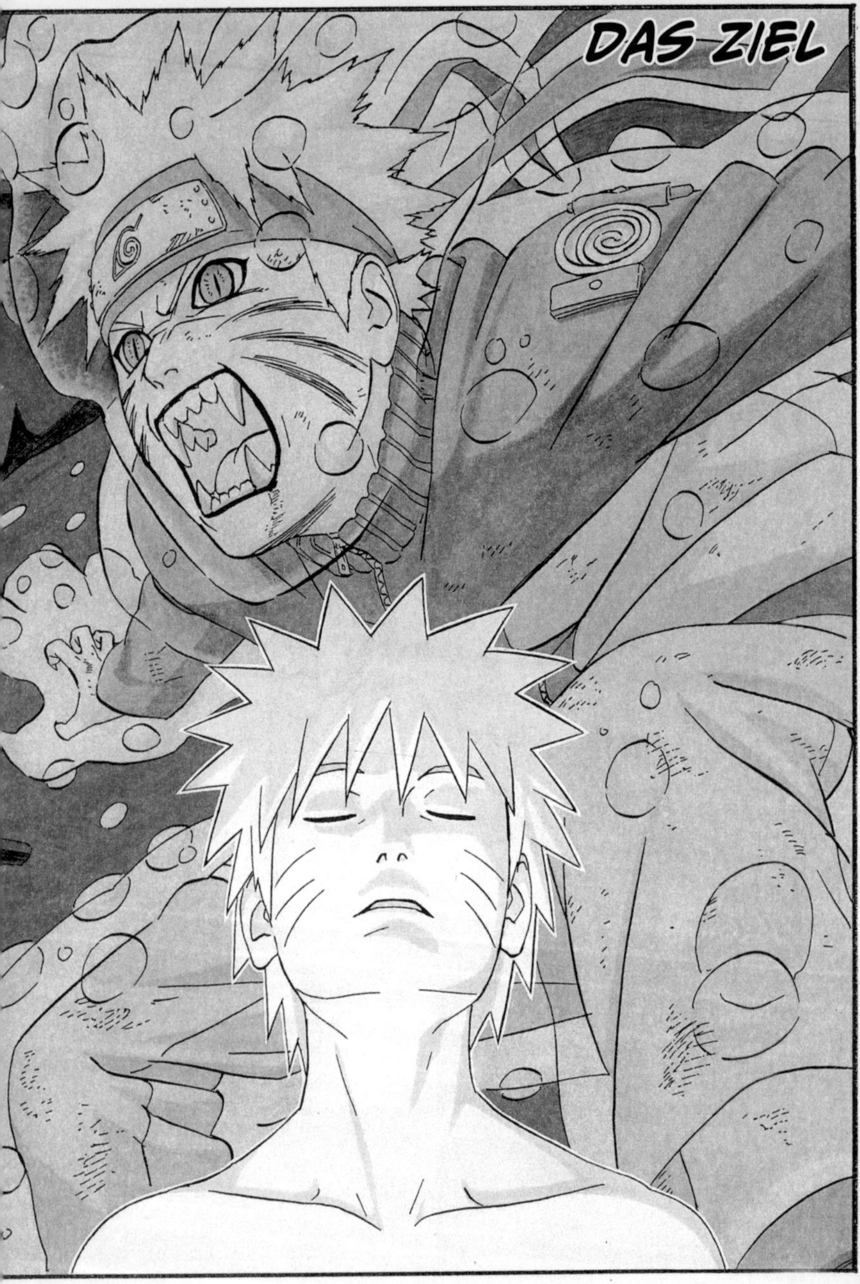

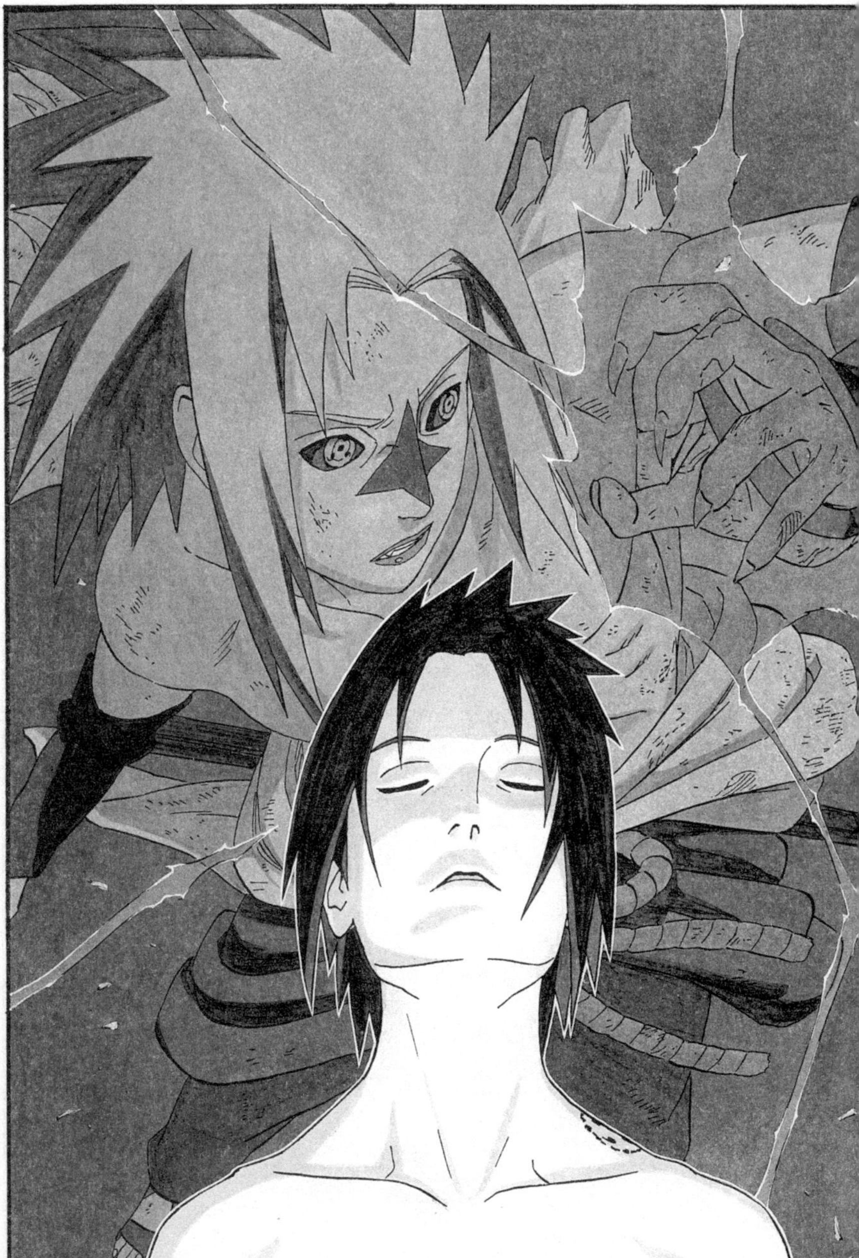

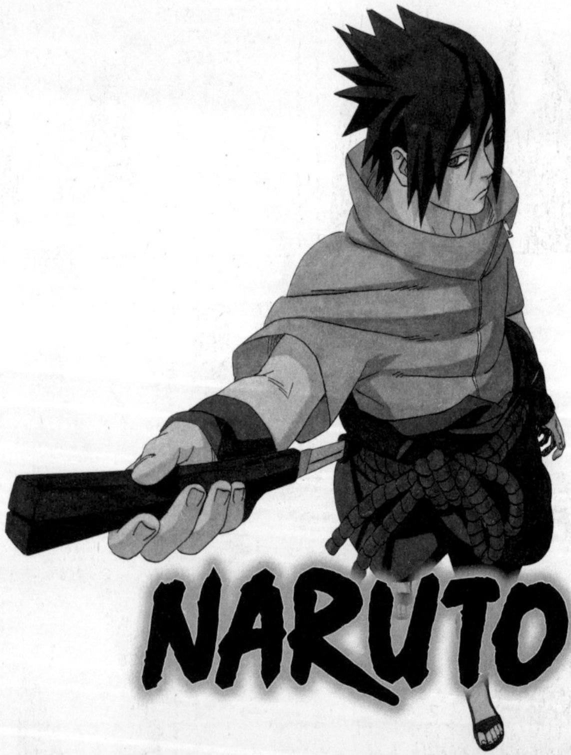
NARUTO

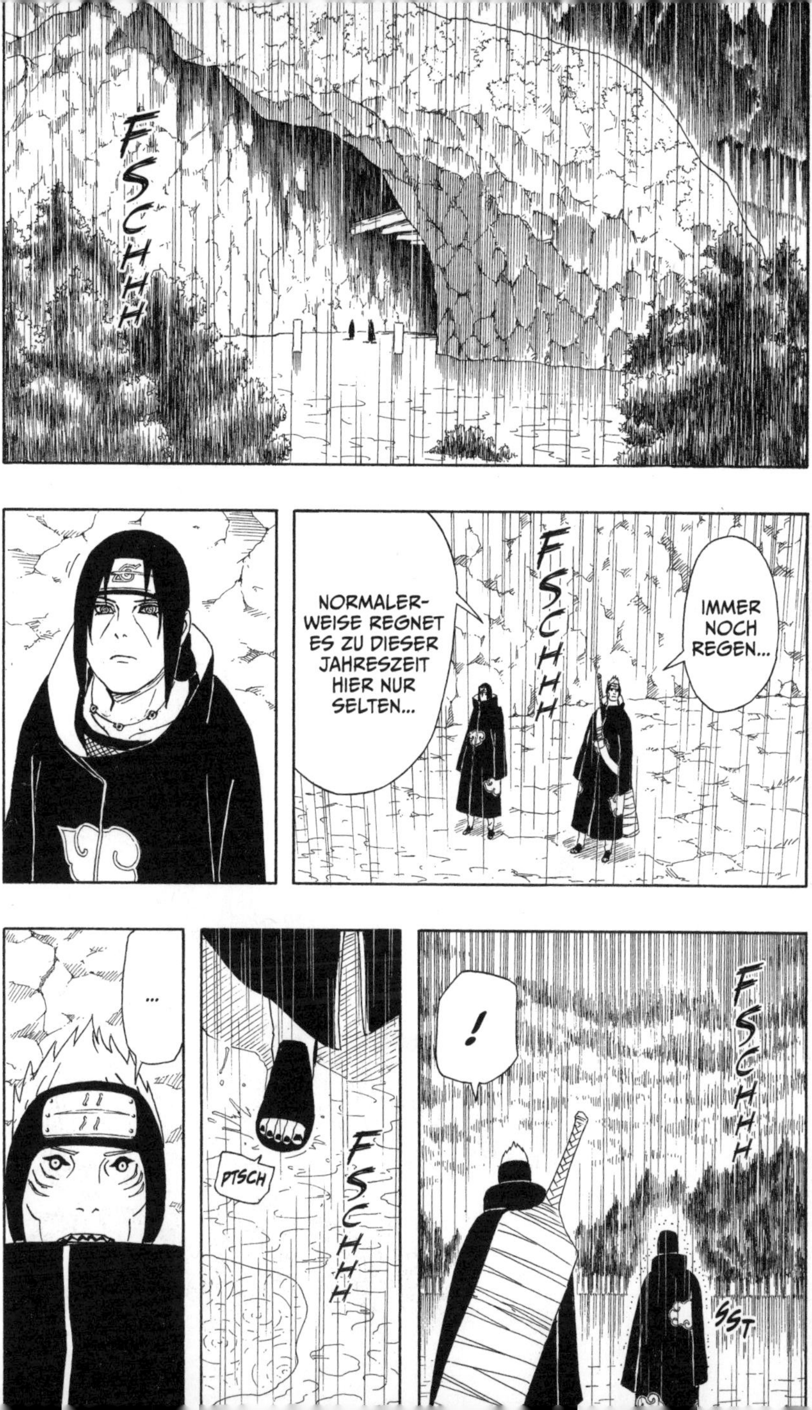
FSCHHH
IMMER NOCH REGEN...
FSCHHH
NORMALER-WEISE REGNET ES ZU DIESER JAHRESZEIT HIER NUR SELTEN...
FSCHHH
!
SST
FSCHHH
PTSCH
...

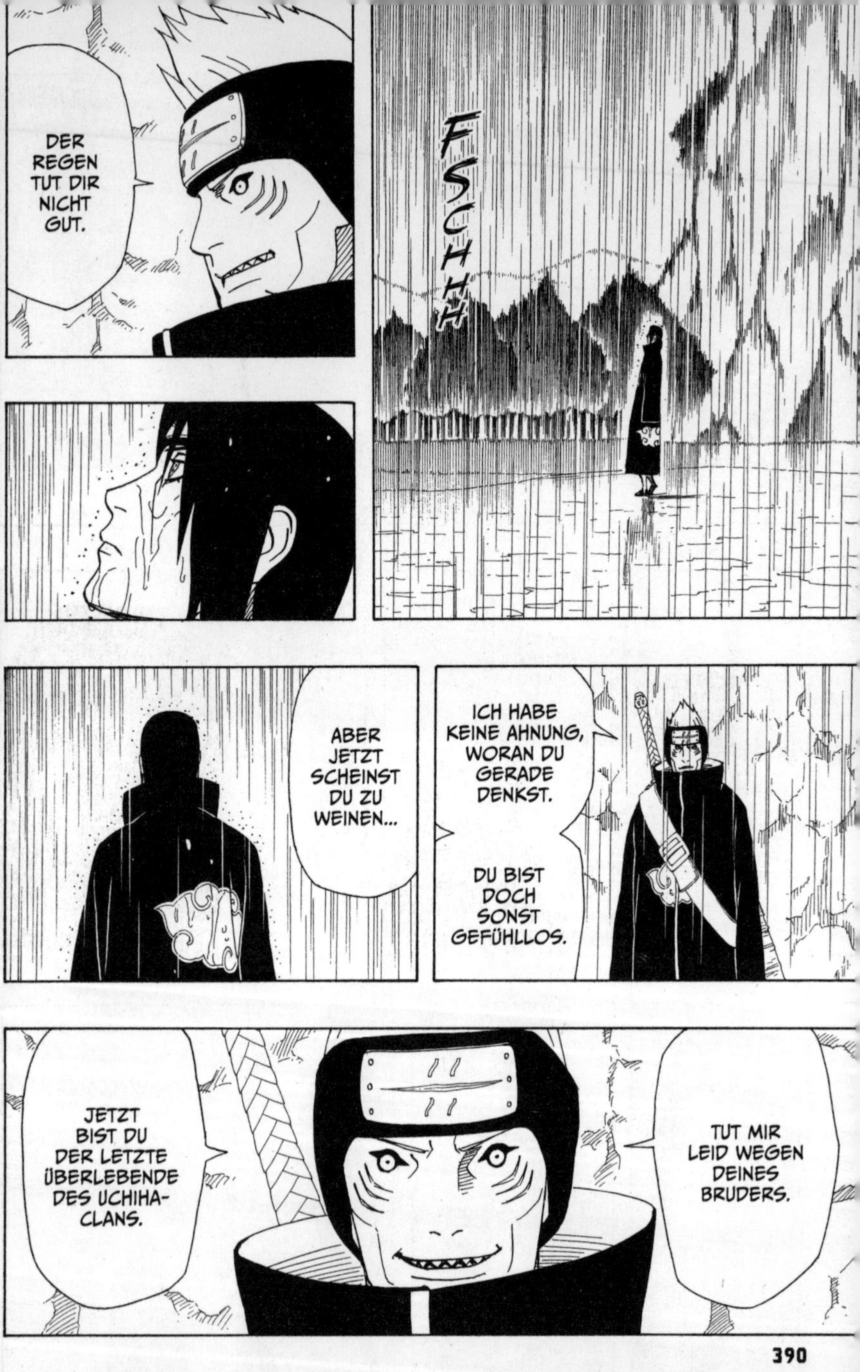
FSCHHH
DER REGEN TUT DIR NICHT GUT.
ICH HABE KEINE AHNUNG, WORAN DU GERADE DENKST.
DU BIST DOCH SONST GEFÜHLLOS.
ABER JETZT SCHEINST DU ZU WEINEN...
TUT MIR LEID WEGEN DEINES BRUDERS.
JETZT BIST DU DER LETZTE ÜBERLEBENDE DES UCHIHA-CLANS.

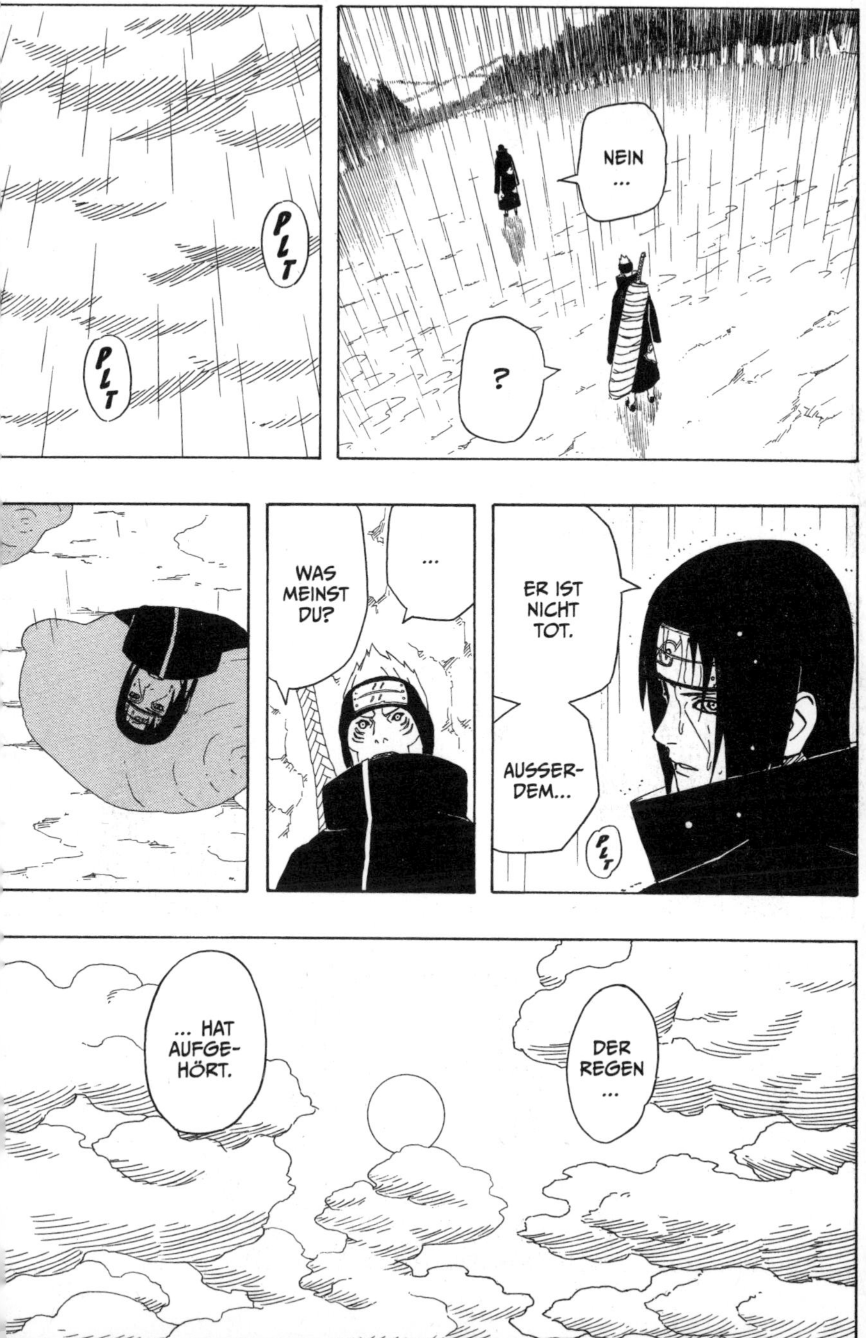
NEIN ...
?
PLT
PLT
ER IST NICHT TOT.
AUSSER-DEM...
PLT
...
WAS MEINST DU?
DER REGEN ...
... HAT AUFGE-HÖRT.

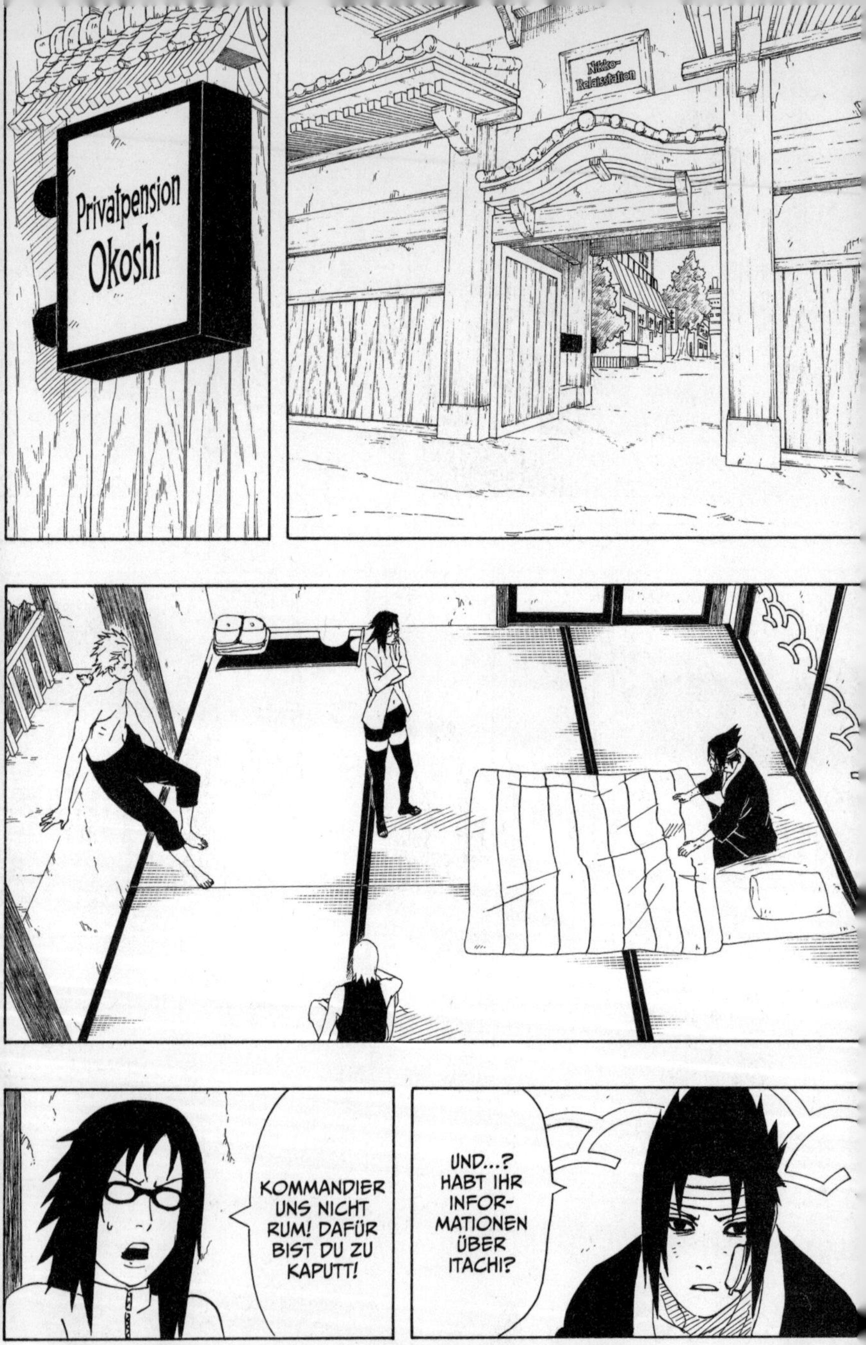
Nikko-Relaisstation
Privatpension Okoshi
UND...? HABT IHR INFOR-MATIONEN ÜBER ITACHI?
KOMMANDIER UNS NICHT RUM! DAFÜR BIST DU ZU KAPUTT!

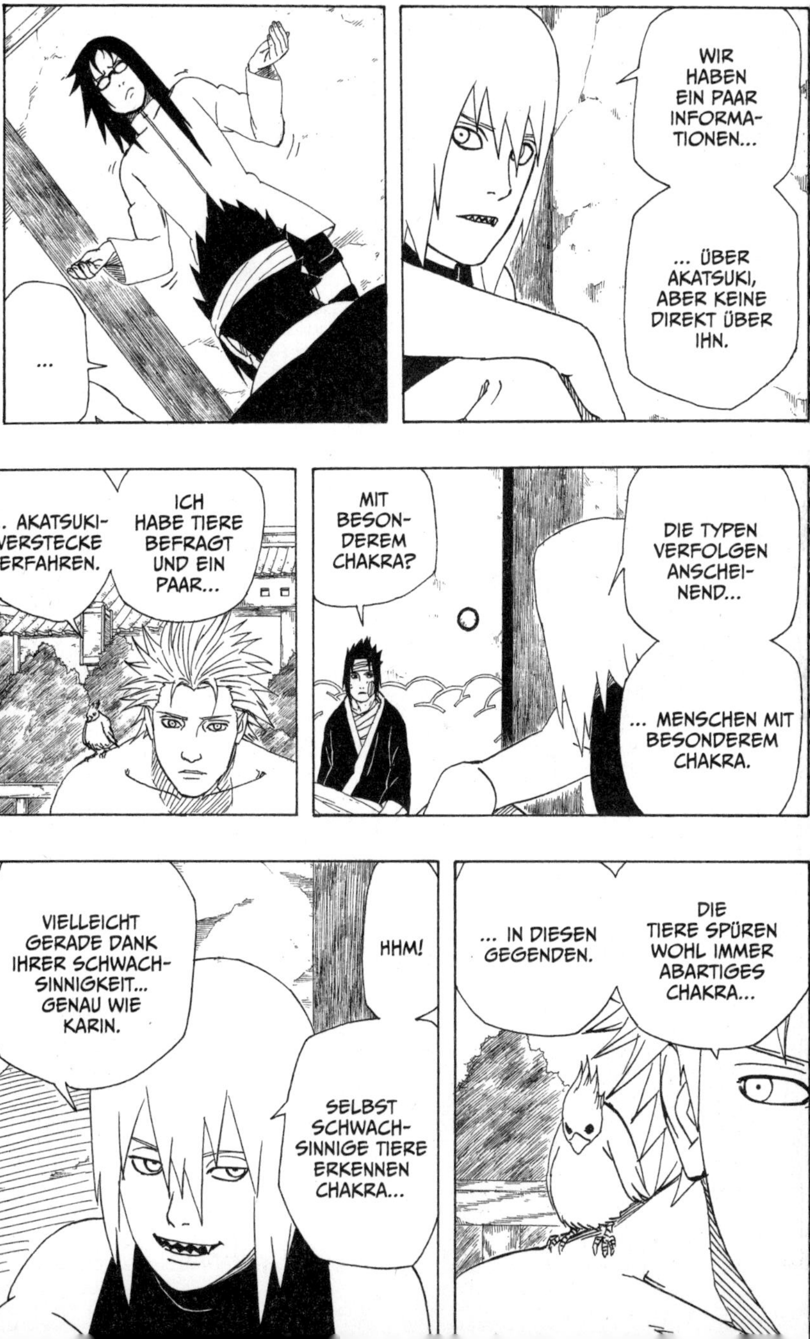
WIR HABEN EIN PAAR INFORMATIONEN...
... ÜBER AKATSUKI, ABER KEINE DIREKT ÜBER IHN.
...
DIE TYPEN VERFOLGEN ANSCHEINEND...
... MENSCHEN MIT BESONDEREM CHAKRA.
MIT BESONDEREM CHAKRA?
ICH HABE TIERE BEFRAGT UND EIN PAAR...
... AKATSUKI-VERSTECKE ERFAHREN.
DIE TIERE SPÜREN WOHL IMMER ABARTIGES CHAKRA...
... IN DIESEN GEGENDEN.
HHM!
SELBST SCHWACHSINNIGE TIERE ERKENNEN CHAKRA...
VIELLEICHT GERADE DANK IHRER SCHWACHSINNIGKEIT... GENAU WIE KARIN.

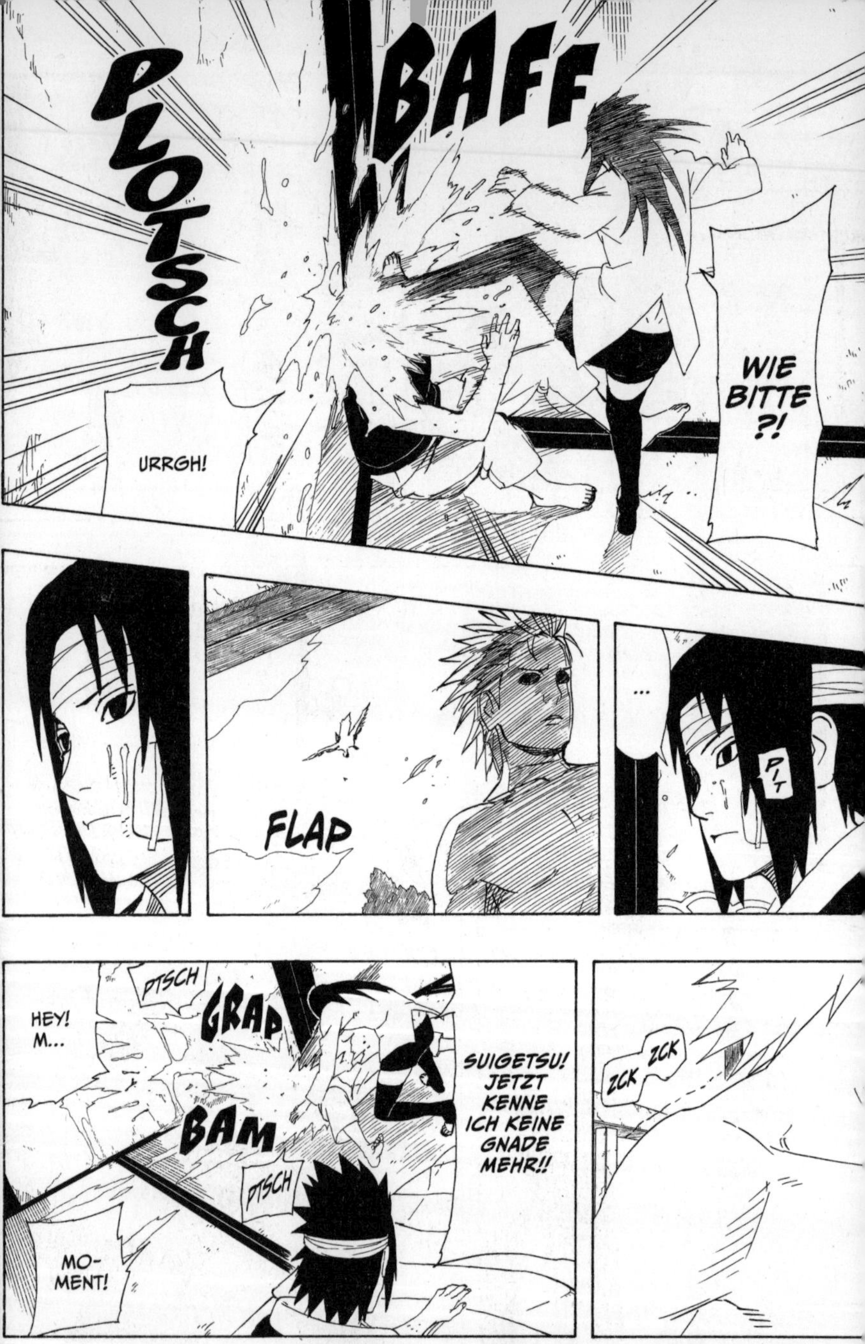
BAFF
PLOTSCH
WIE BITTE?!
URRGH!
...
PIT
FLAP
ZCK
ZCK
SUIGETSU! JETZT KENNE ICH KEINE GNADE MEHR!!
GRAP
PTSCH
HEY! M...
BAM
PTSCH
MO-MENT!

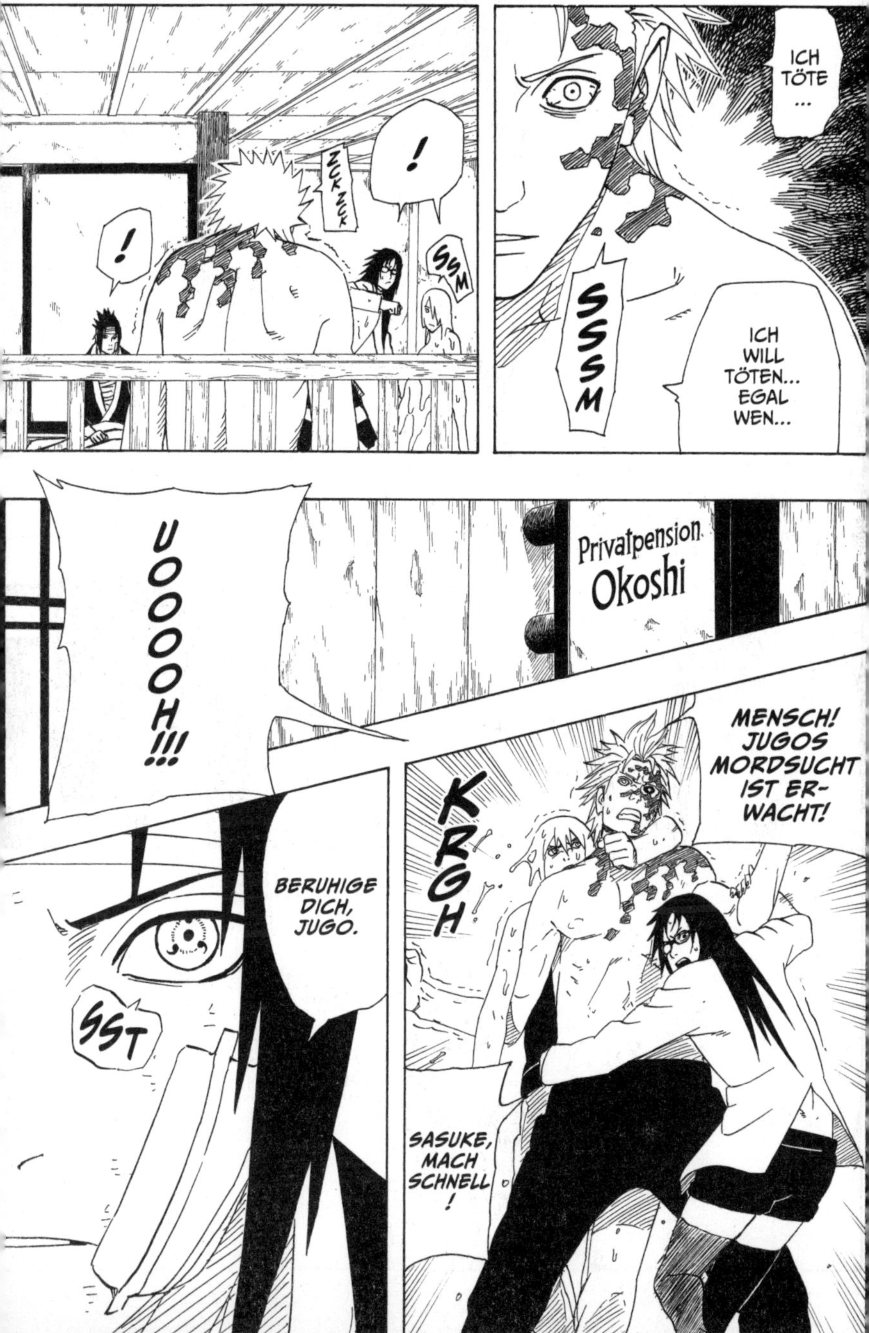
ICH TÖTE ...
ICH WILL TÖTEN... EGAL WEN...
SSSM
!
ZCK ZCK
!
SSM
Privatpension Okoshi
UOOOOOH!!!
MENSCH! JUGOS MORDSUCHT IST ER-WACHT!
KRGH
SASUKE, MACH SCHNELL!
BERUHIGE DICH, JUGO.
SST

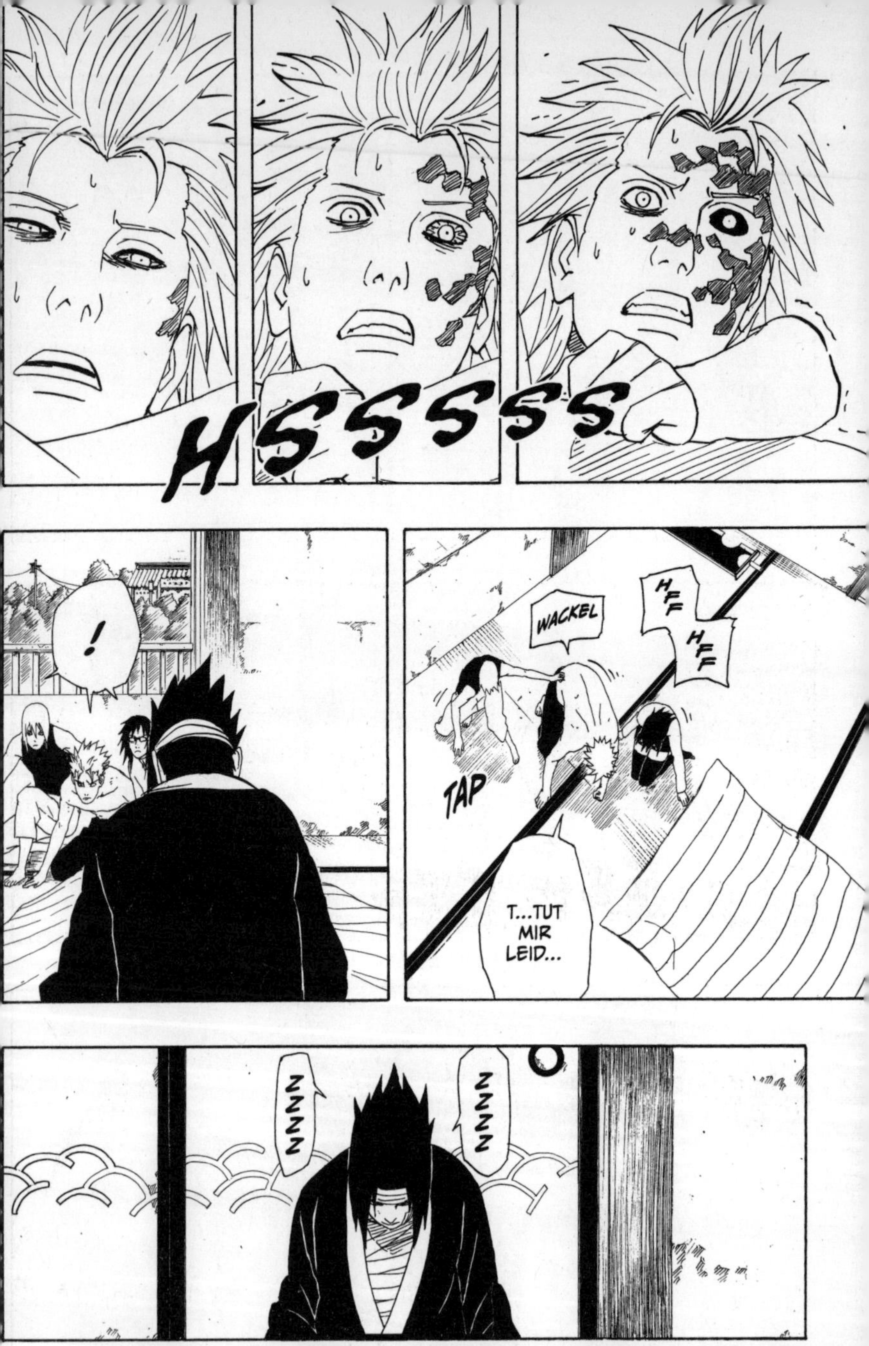

HSSSSS
HFF
HFF
WACKEL
TAP
T...TUT MIR LEID...
!
ZZZZ
ZZZZ

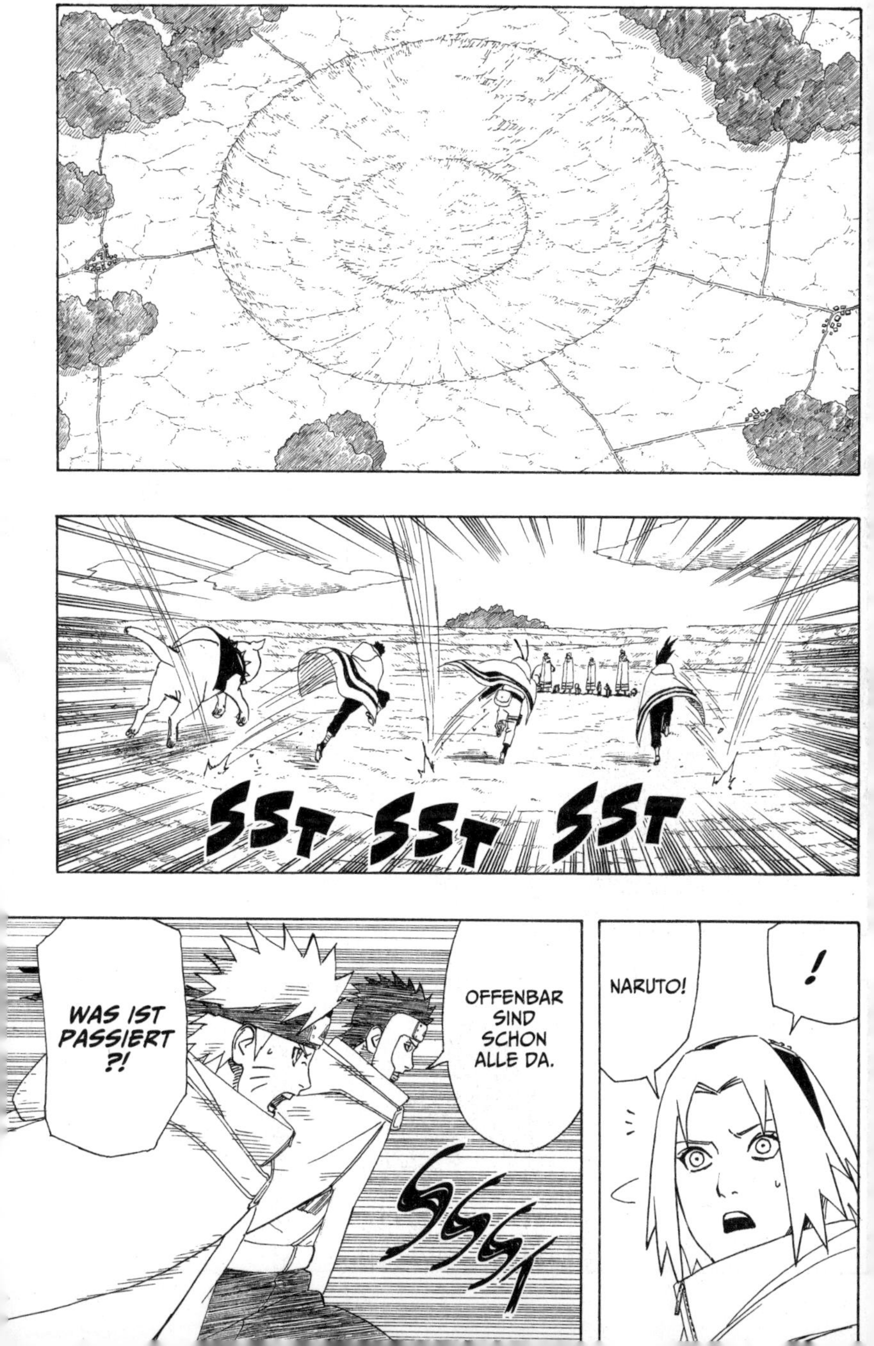
SST SST SST
NARUTO!
!
OFFENBAR SIND SCHON ALLE DA.
WAS IST PASSIERT ?!
SSST

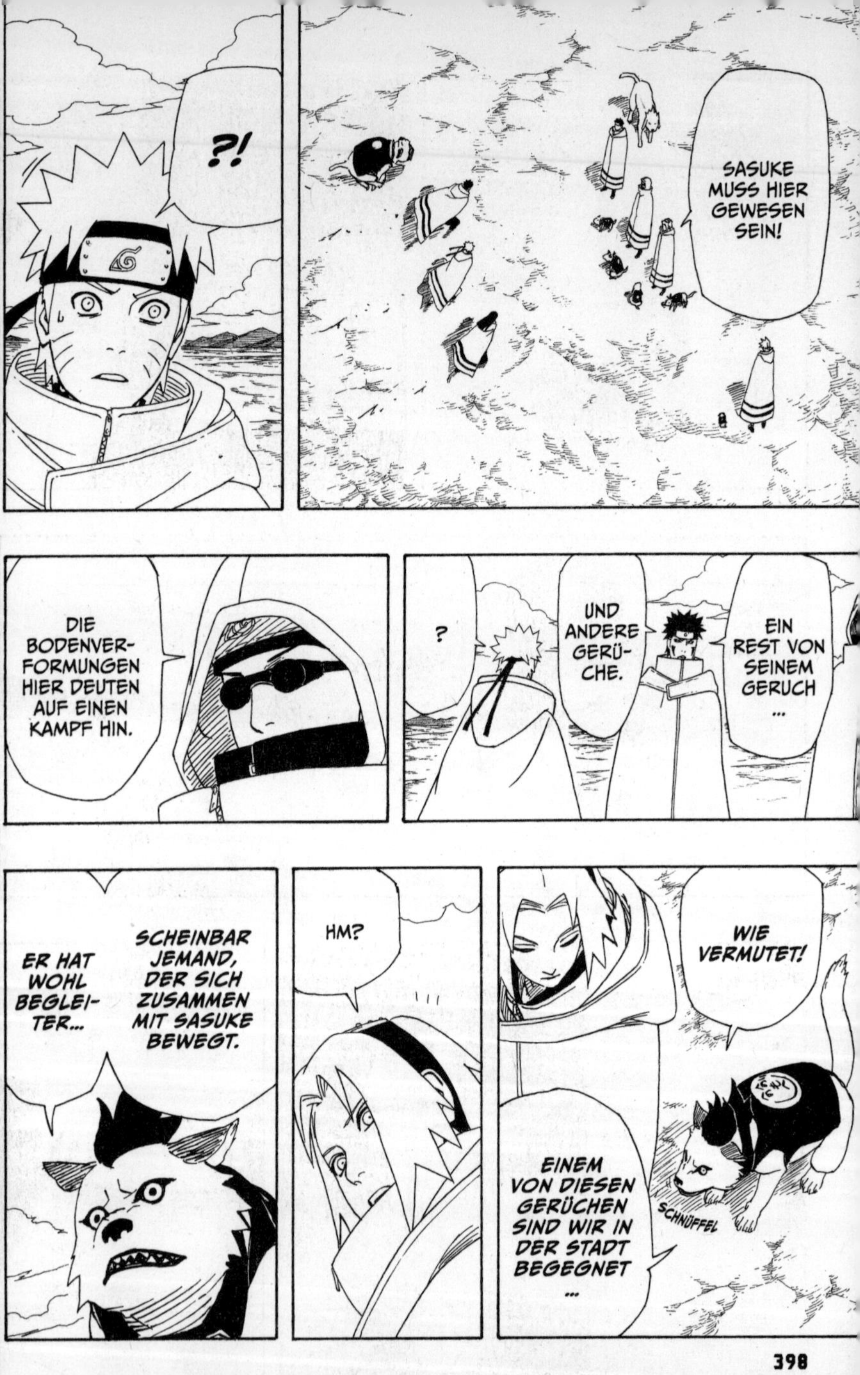
SASUKE MUSS HIER GEWESEN SEIN!
?!
EIN REST VON SEINEM GERUCH ...
UND ANDERE GERÜCHE.
?
DIE BODENVERFORMUNGEN HIER DEUTEN AUF EINEN KAMPF HIN.
WIE VERMUTET!
SCHNÜFFEL
EINEM VON DIESEN GERÜCHEN SIND WIR IN DER STADT BEGEGNET ...
HM?
SCHEINBAR JEMAND, DER SICH ZUSAMMEN MIT SASUKE BEWEGT.
ER HAT WOHL BEGLEITER...

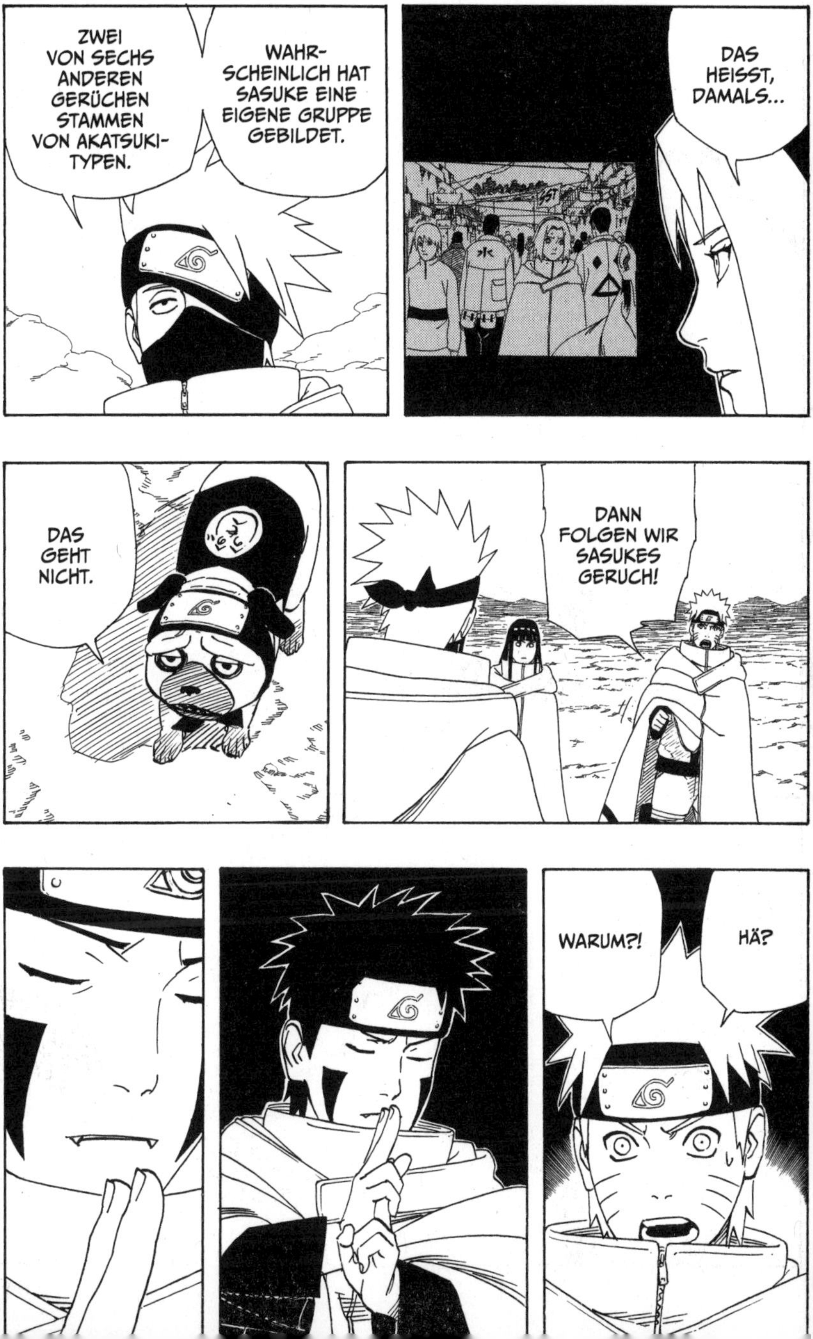
DAS HEISST, DAMALS...
WAHR-SCHEINLICH HAT SASUKE EINE EIGENE GRUPPE GEBILDET.
ZWEI VON SECHS ANDEREN GERÜCHEN STAMMEN VON AKATSUKI-TYPEN.
DANN FOLGEN WIR SASUKES GERUCH!
DAS GEHT NICHT.
HÄ?
WARUM?!

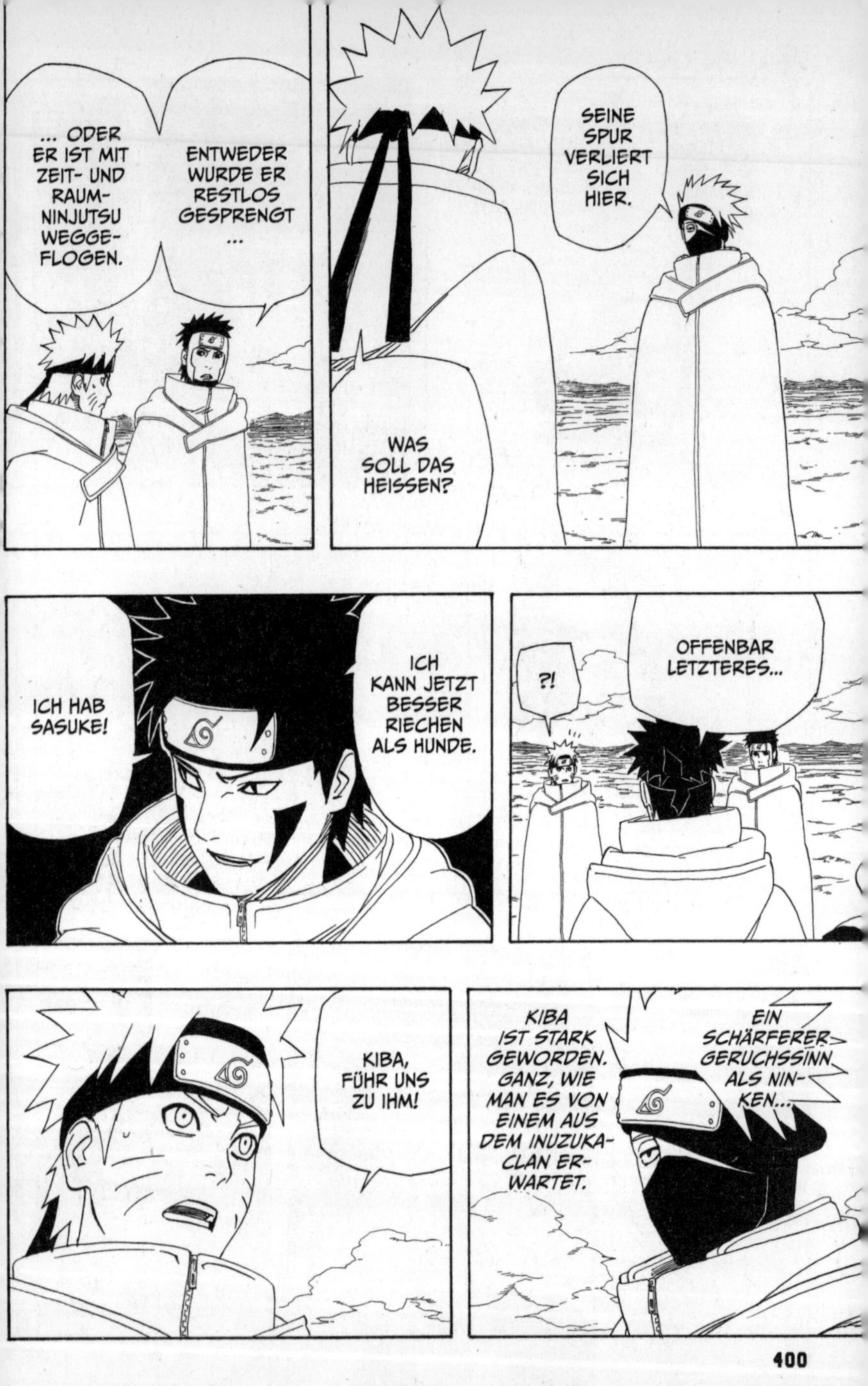
SEINE SPUR VERLIERT SICH HIER.
WAS SOLL DAS HEISSEN?
ENTWEDER WURDE ER RESTLOS GESPRENGT ...
... ODER ER IST MIT ZEIT- UND RAUM-NINJUTSU WEGGE-FLOGEN.
OFFENBAR LETZTERES...
?!
ICH KANN JETZT BESSER RIECHEN ALS HUNDE.
ICH HAB SASUKE!
EIN SCHÄRFERER GERUCHSSINN ALS NIN-KEN...
KIBA IST STARK GEWORDEN. GANZ, WIE MAN ES VON EINEM AUS DEM INUZUKA-CLAN ER-WARTET.
KIBA, FÜHR UNS ZU IHM!

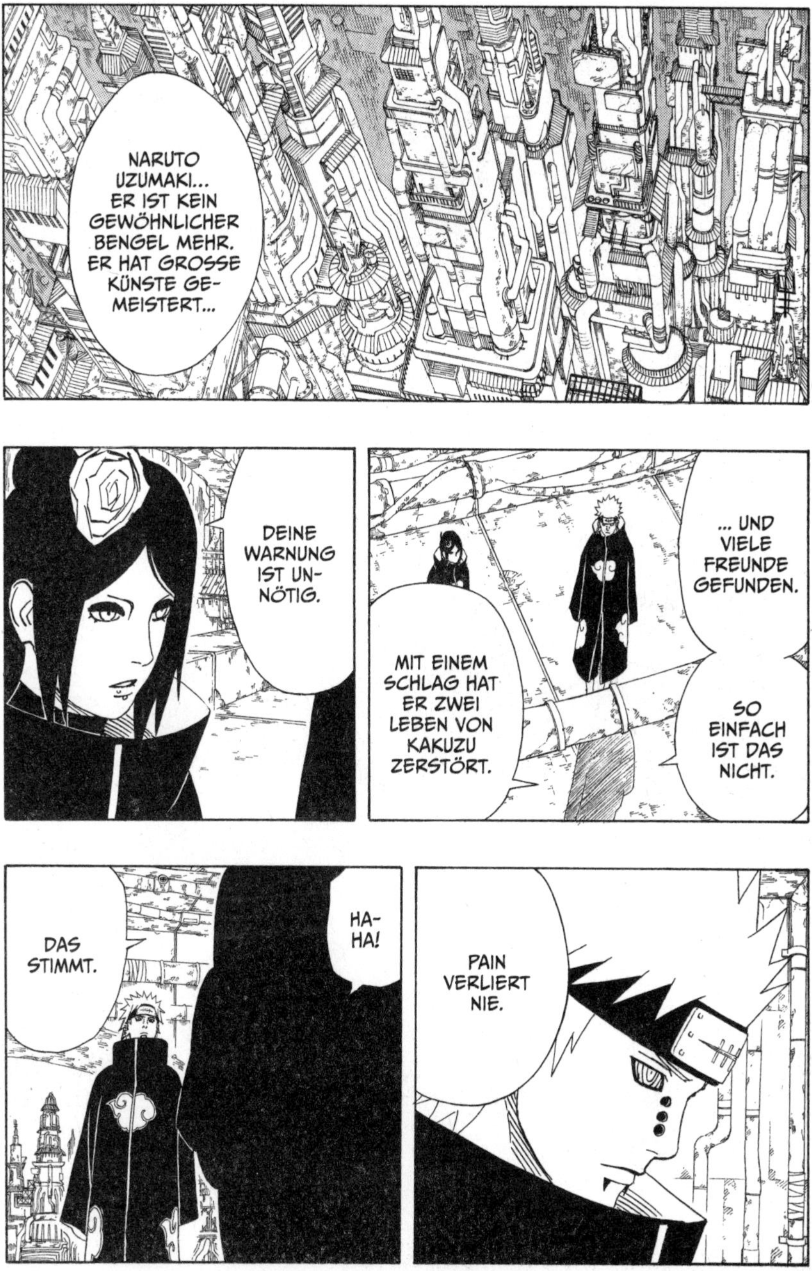
NARUTO UZUMAKI... ER IST KEIN GEWÖHNLICHER BENGEL MEHR. ER HAT GROSSE KÜNSTE GEMEISTERT...
... UND VIELE FREUNDE GEFUNDEN.
SO EINFACH IST DAS NICHT.
MIT EINEM SCHLAG HAT ER ZWEI LEBEN VON KAKUZU ZERSTÖRT.
DEINE WARNUNG IST UNNÖTIG.
PAIN VERLIERT NIE.
HAHA!
DAS STIMMT.

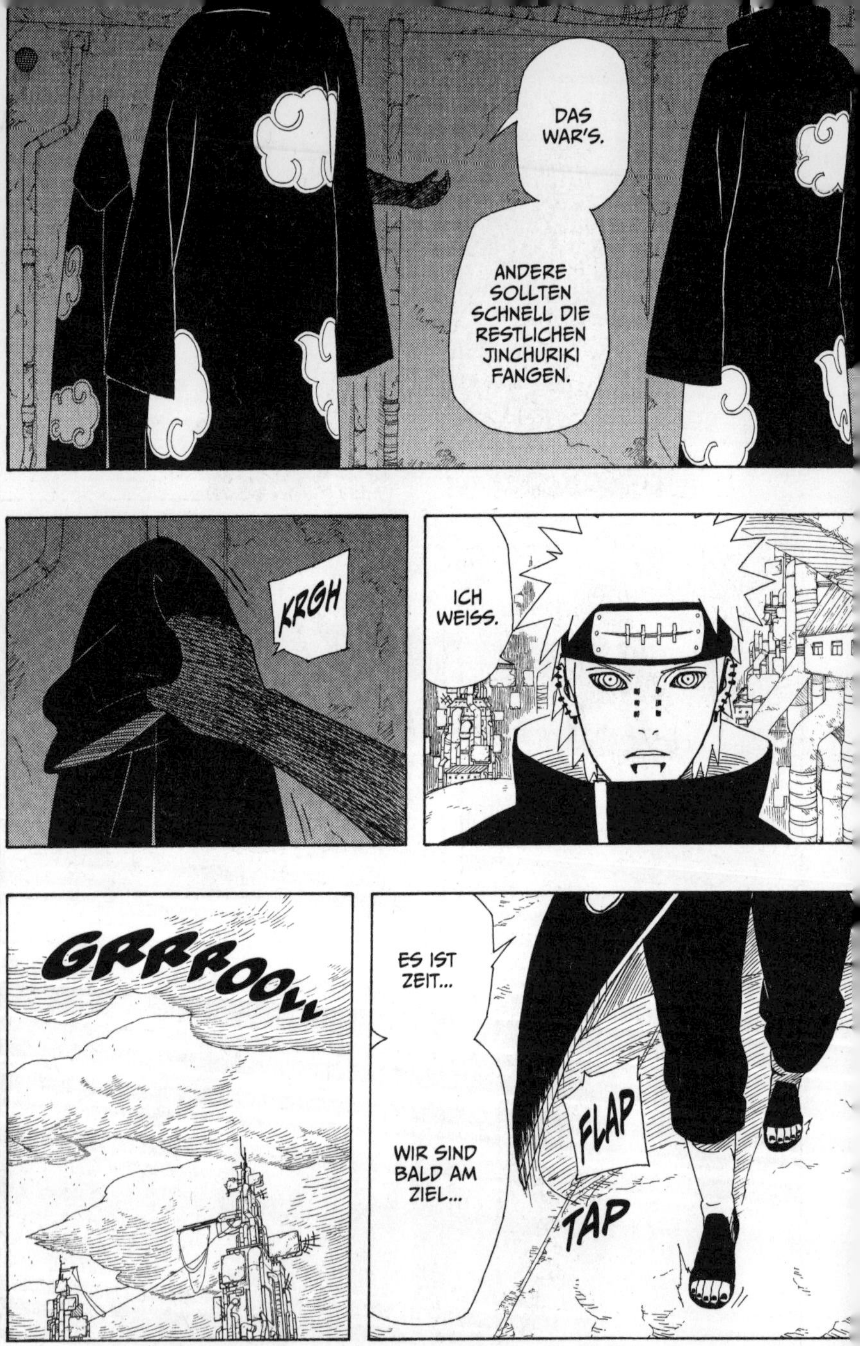
DAS WAR'S.
ANDERE SOLLTEN SCHNELL DIE RESTLICHEN JINCHURIKI FANGEN.
KRGH
ICH WEISS.
GRRROOW
ES IST ZEIT...
WIR SIND BALD AM ZIEL...
FLAP
TAP

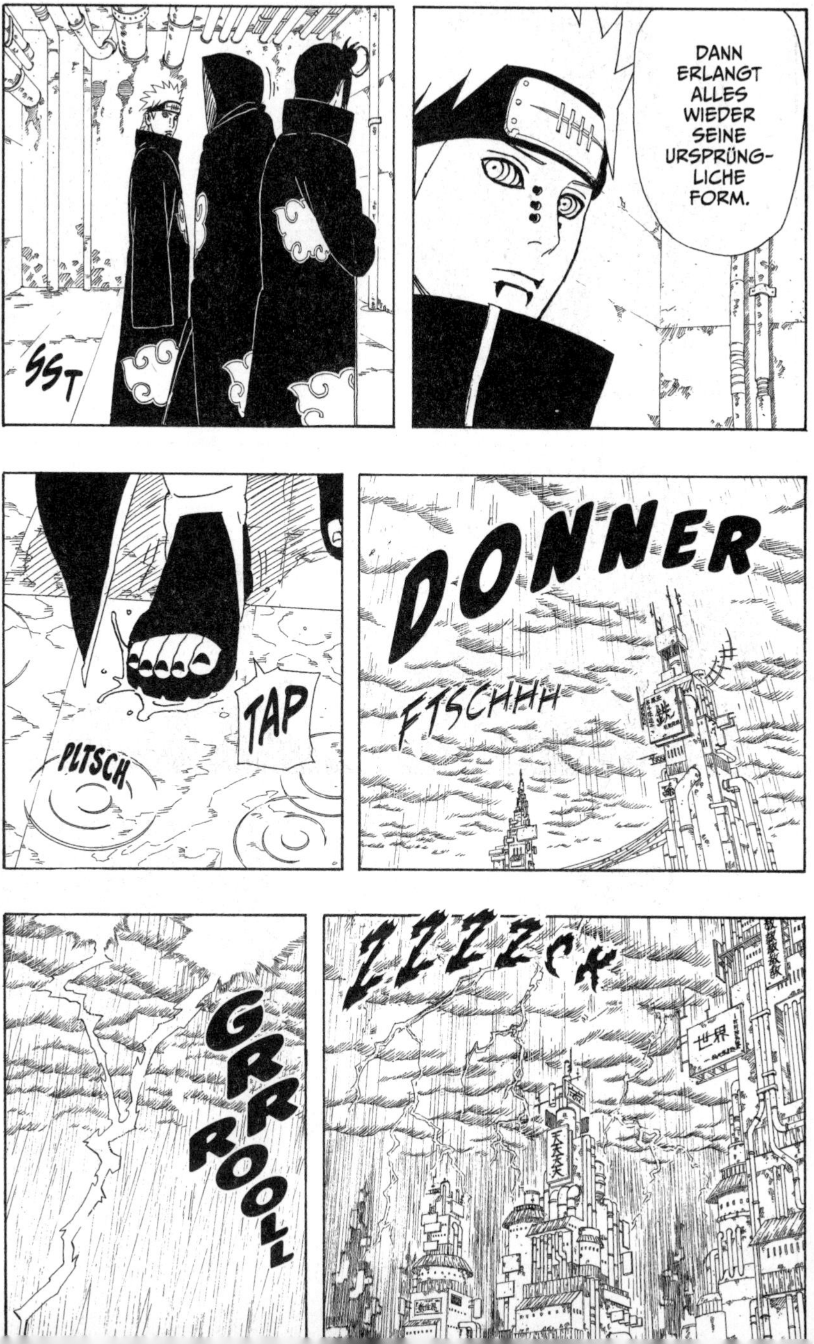
DANN ERLANGT ALLES WIEDER SEINE URSPRÜNGLICHE FORM.
SST
DONNER
FTSCHHH
TAP
PLTSCH
ZZZZCK
GRRROOLL

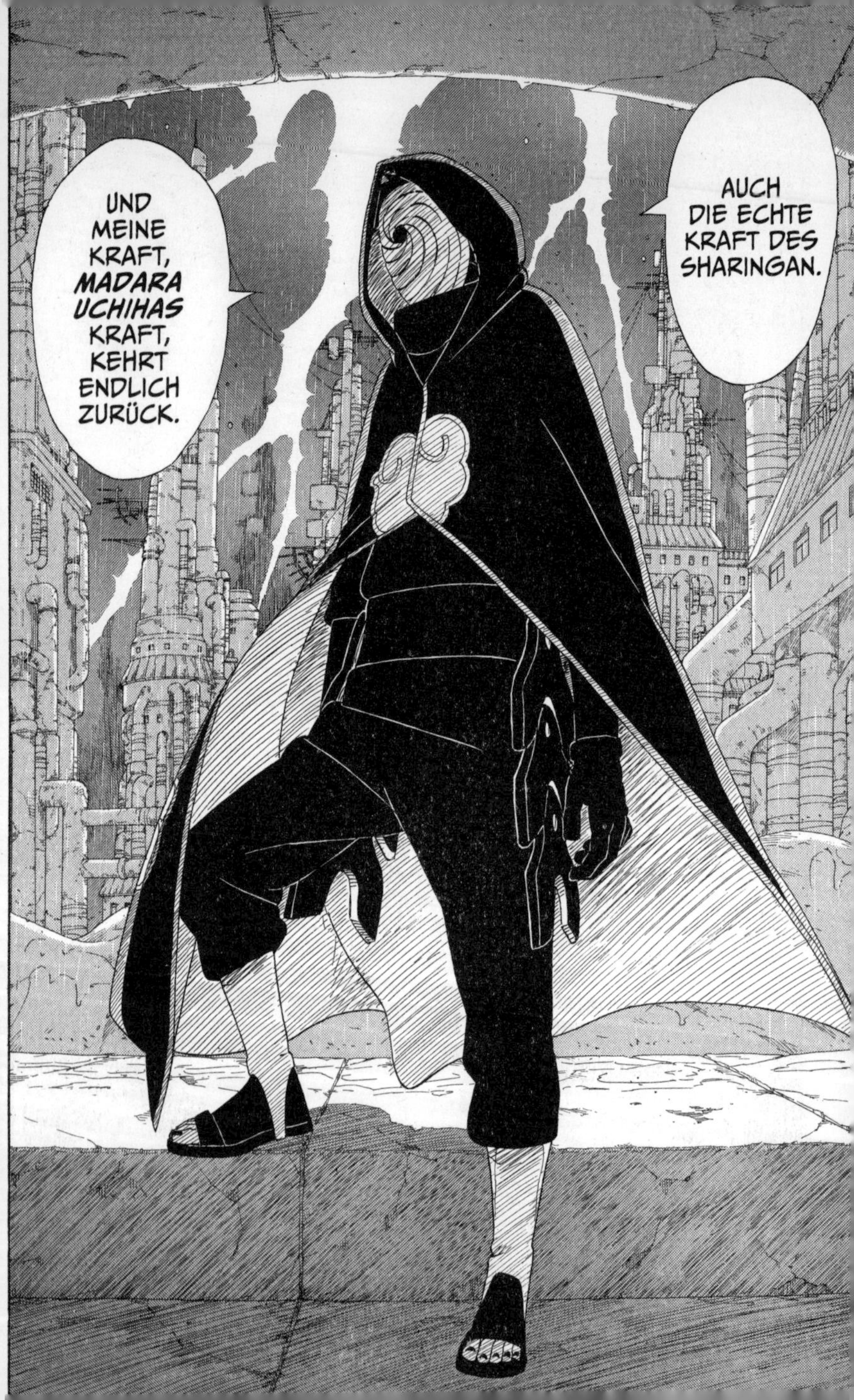
UND MEINE KRAFT, *MADARA UCHIHAS* KRAFT, KEHRT ENDLICH ZURÜCK.
AUCH DIE ECHTE KRAFT DES SHARINGAN.

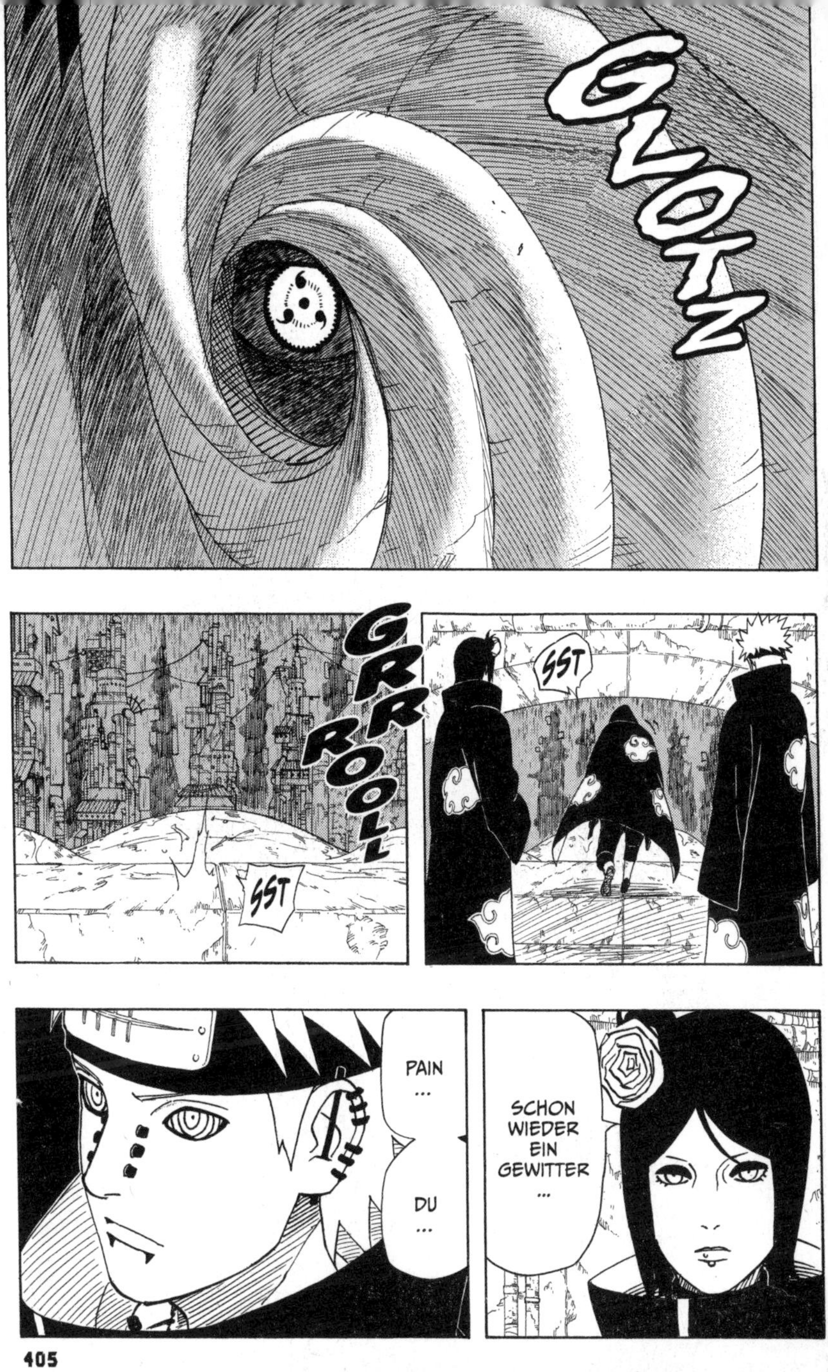
GLOTZ
SST
GRRROOLL
SST
SCHON WIEDER EIN GEWITTER ...
PAIN ...
DU ...

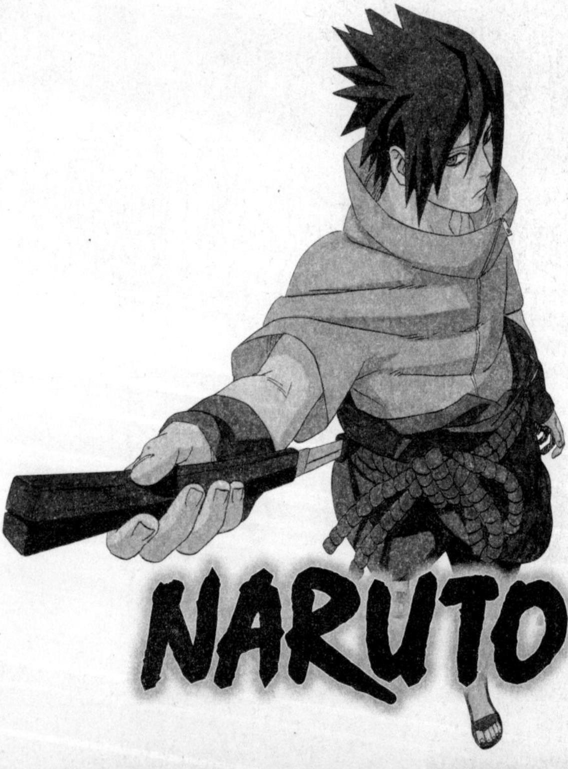
NARUTO

365. Kapitel: Verfolge Itachi!

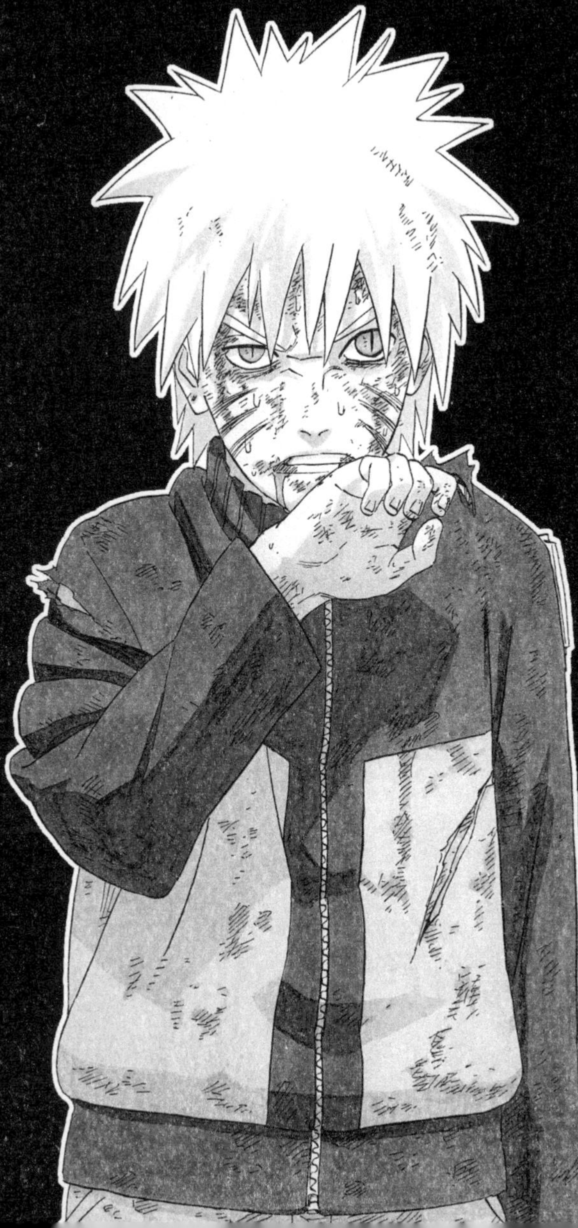

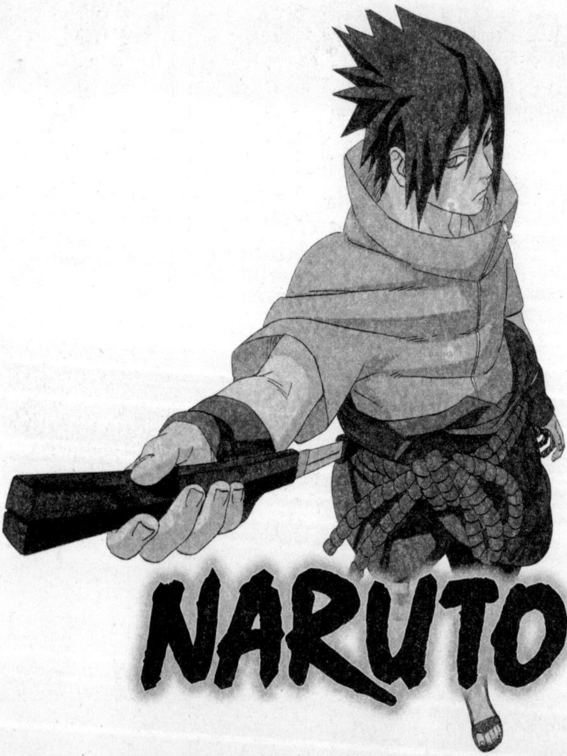
NARUTO

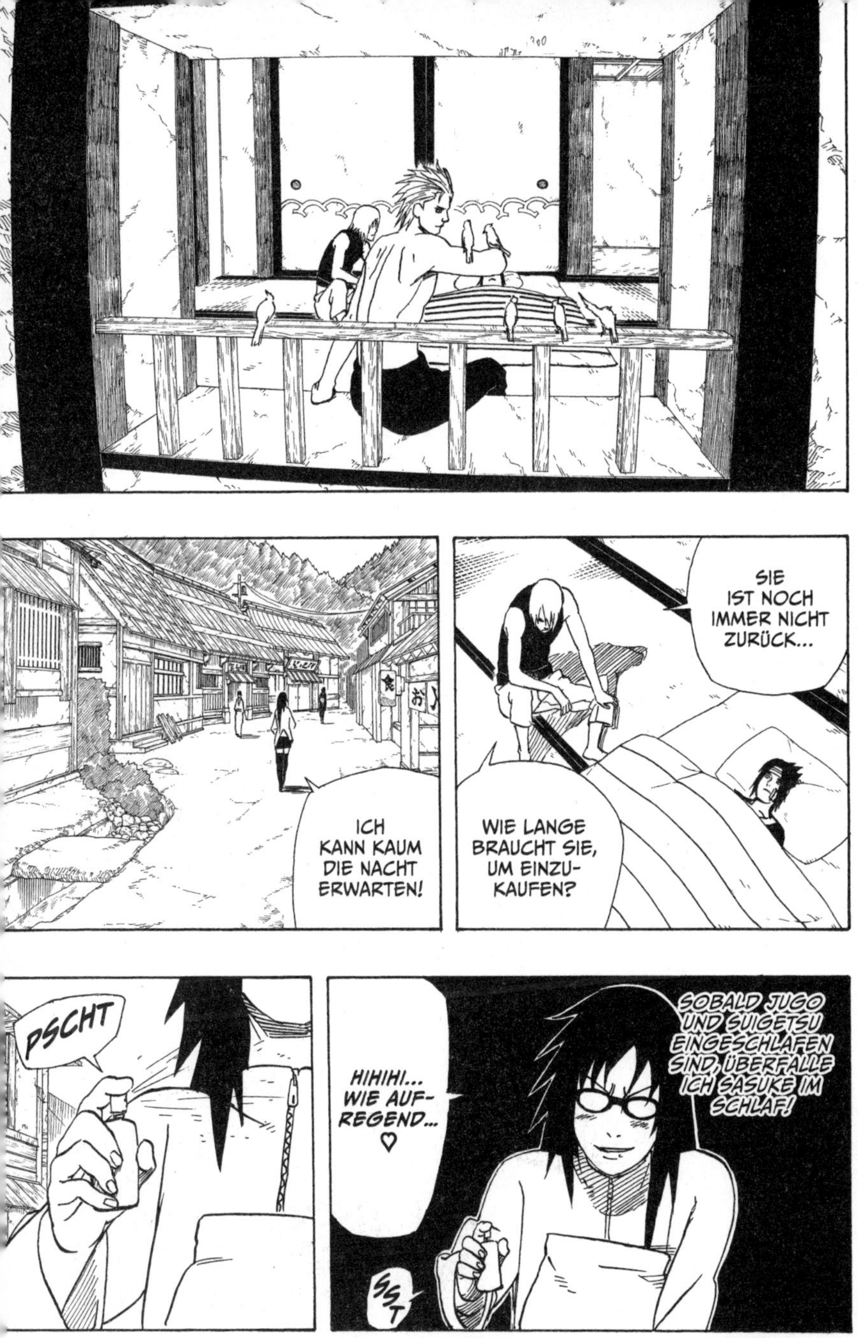
SIE IST NOCH IMMER NICHT ZURÜCK...
WIE LANGE BRAUCHT SIE, UM EINZU-KAUFEN?
ICH KANN KAUM DIE NACHT ERWARTEN!
SOBALD JUGO UND SUIGETSU EINGESCHLAFEN SIND, ÜBERFALLE ICH SASUKE IM SCHLAF!
HIHIHI... WIE AUF-REGEND... ♡
SST
PSCHT

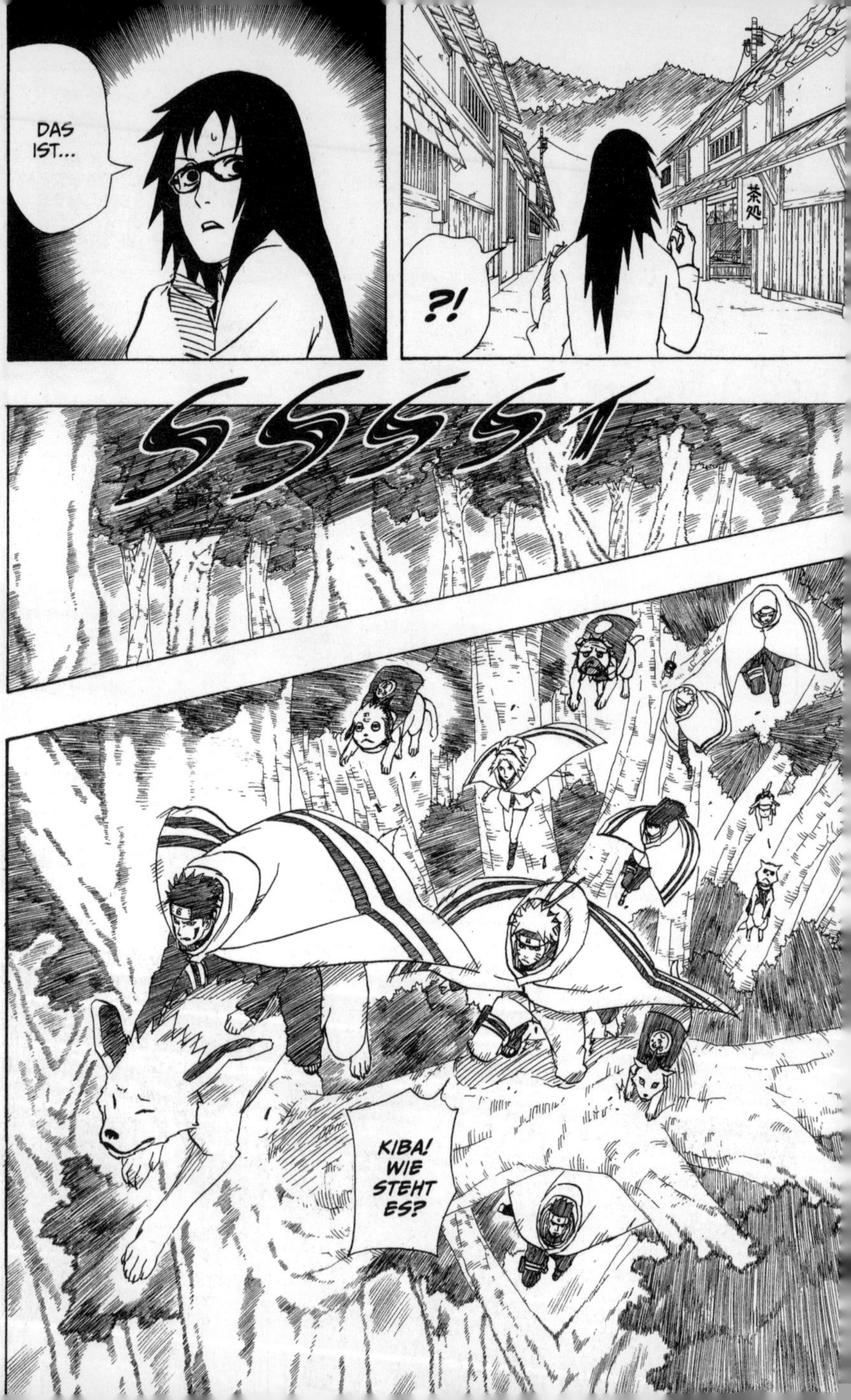
?!
DAS IST...
茶処
SSSST
KIBA! WIE STEHT ES?

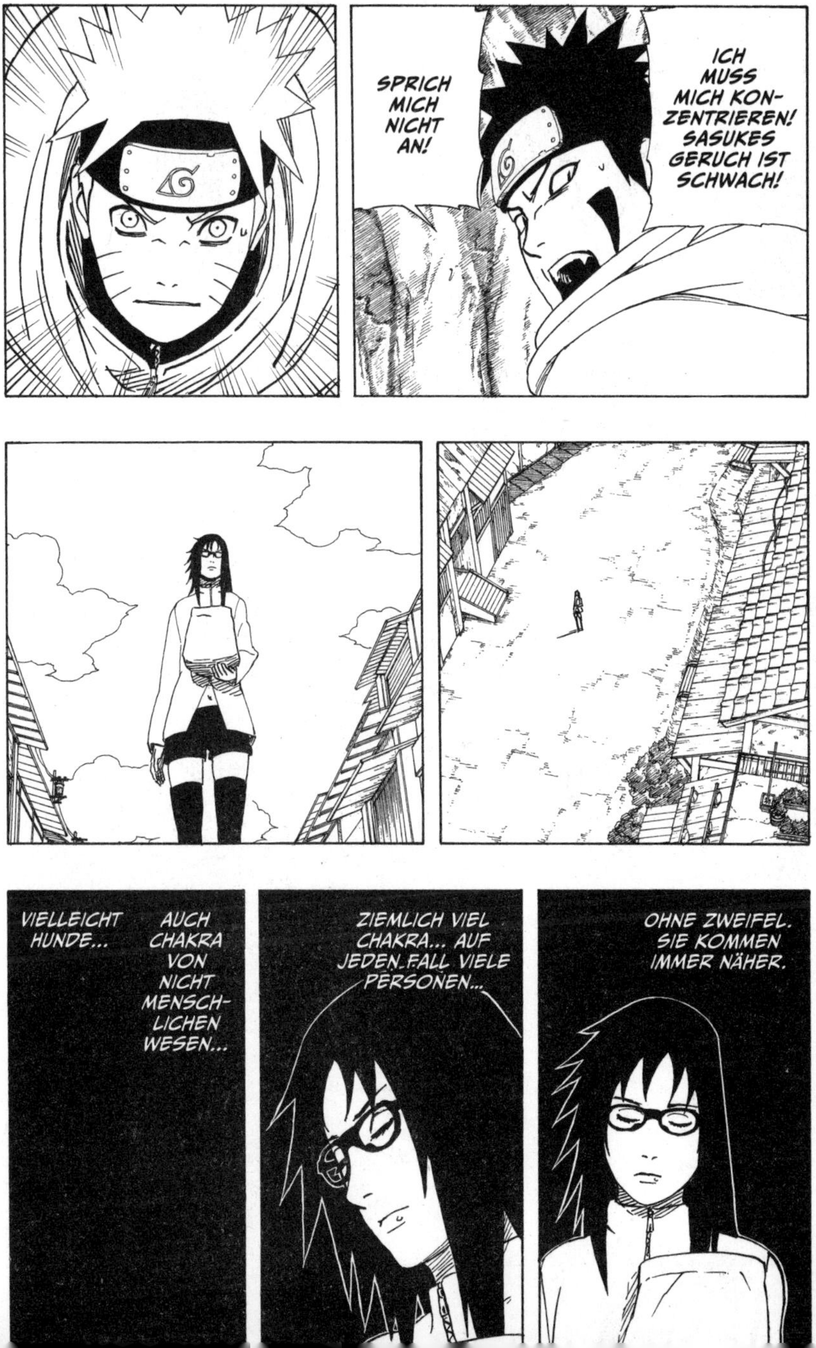
ICH MUSS MICH KONZENTRIEREN! SASUKES GERUCH IST SCHWACH!
SPRICH MICH NICHT AN!
OHNE ZWEIFEL. SIE KOMMEN IMMER NÄHER.
ZIEMLICH VIEL CHAKRA... AUF JEDEN FALL VIELE PERSONEN...
AUCH CHAKRA VON NICHT MENSCH-LICHEN WESEN...
VIELLEICHT HUNDE...

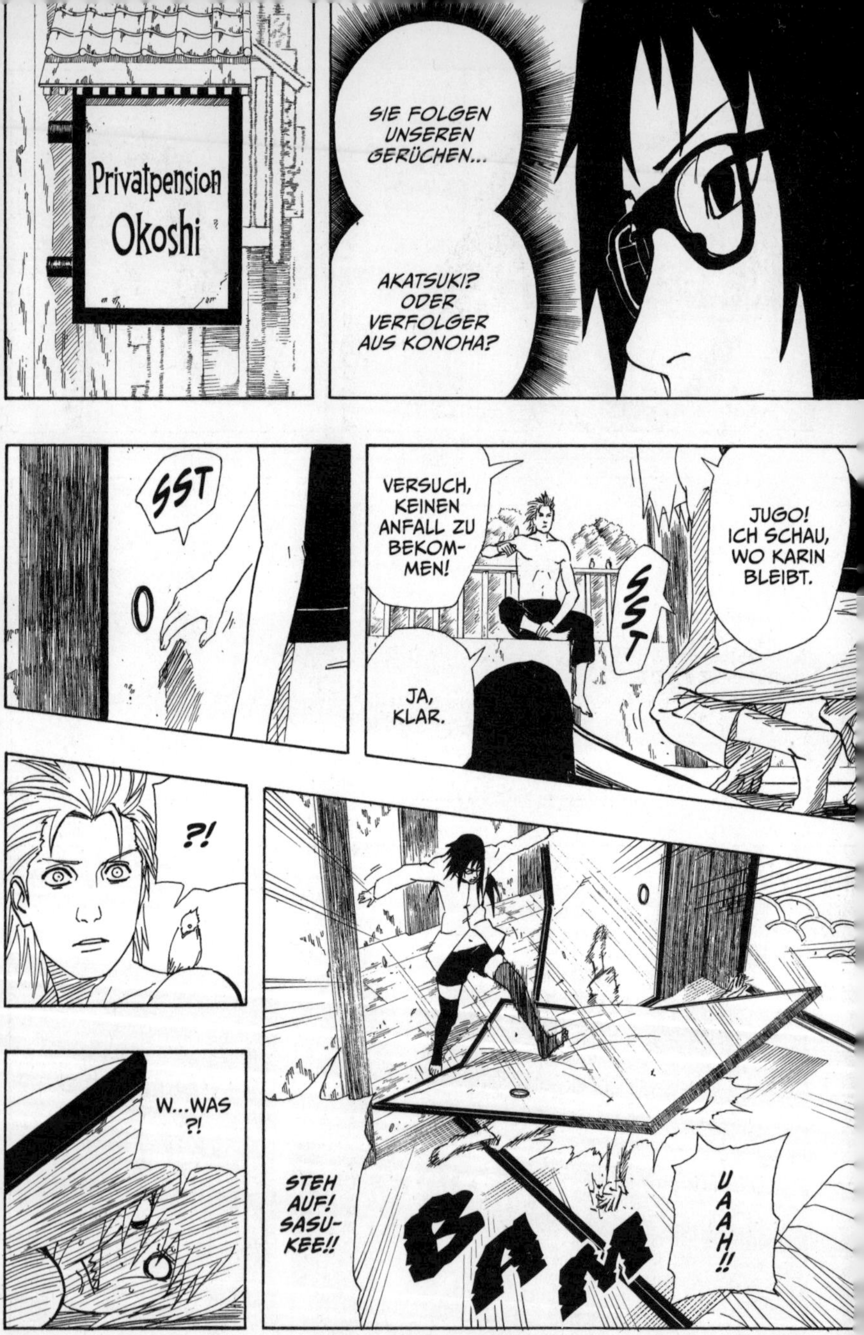
SIE FOLGEN UNSEREN GERÜCHEN...
AKATSUKI? ODER VERFOLGER AUS KONOHA?
Privatpension Okoshi
JUGO! ICH SCHAU, WO KARIN BLEIBT.
SST
VERSUCH, KEINEN ANFALL ZU BEKOMMEN!
JA, KLAR.
SST
UAAH!!
BAM
STEH AUF! SASUKEE!!
?!
W...WAS ?!

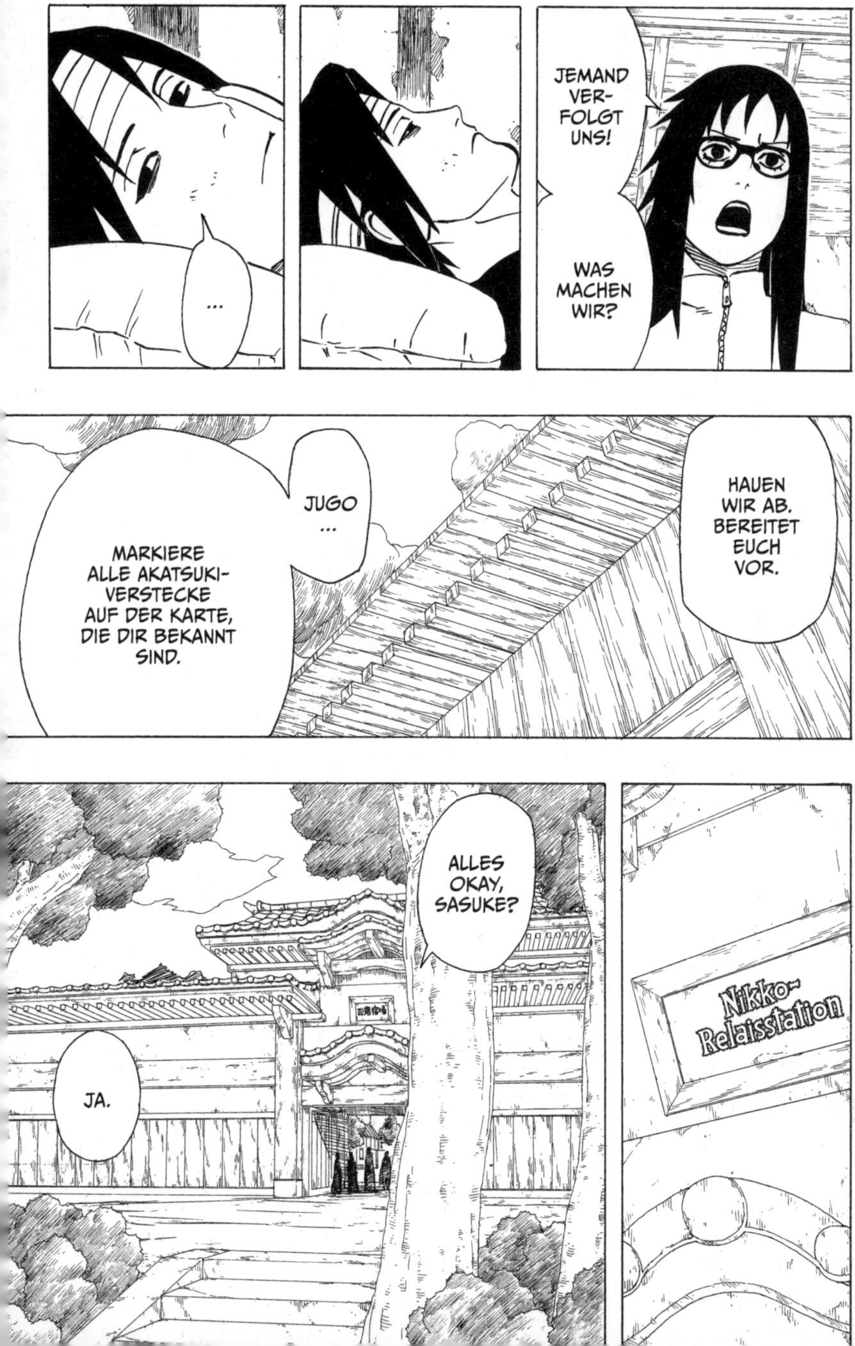
JEMAND VER-FOLGT UNS!
WAS MACHEN WIR?
...
HAUEN WIR AB. BEREITET EUCH VOR.
JUGO ...
MARKIERE ALLE AKATSUKI-VERSTECKE AUF DER KARTE, DIE DIR BEKANNT SIND.
Nikko-Relaisstation
ALLES OKAY, SASUKE?
JA.

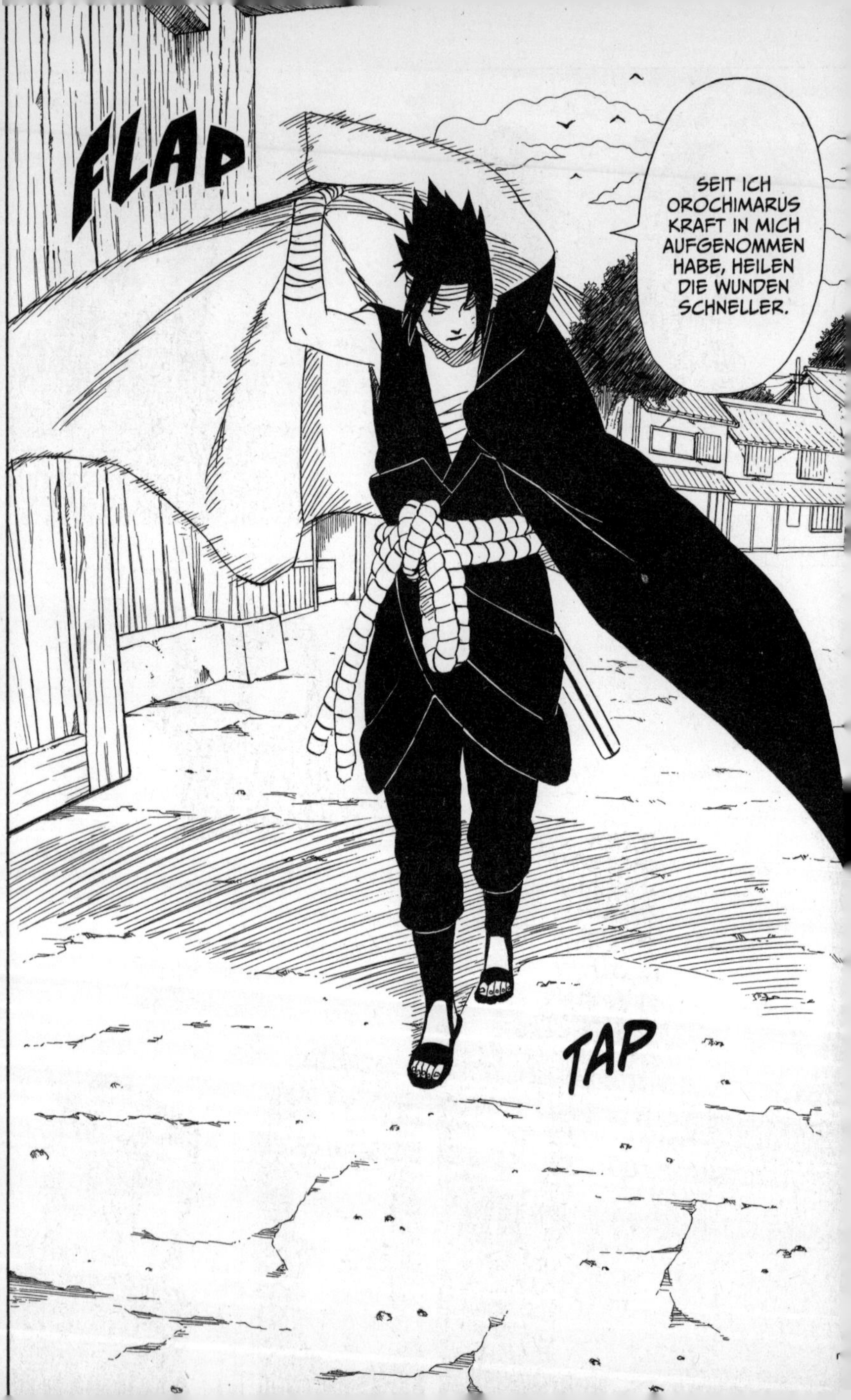
FLAP
SEIT ICH OROCHIMARUS KRAFT IN MICH AUFGENOMMEN HABE, HEILEN DIE WUNDEN SCHNELLER.
TAP

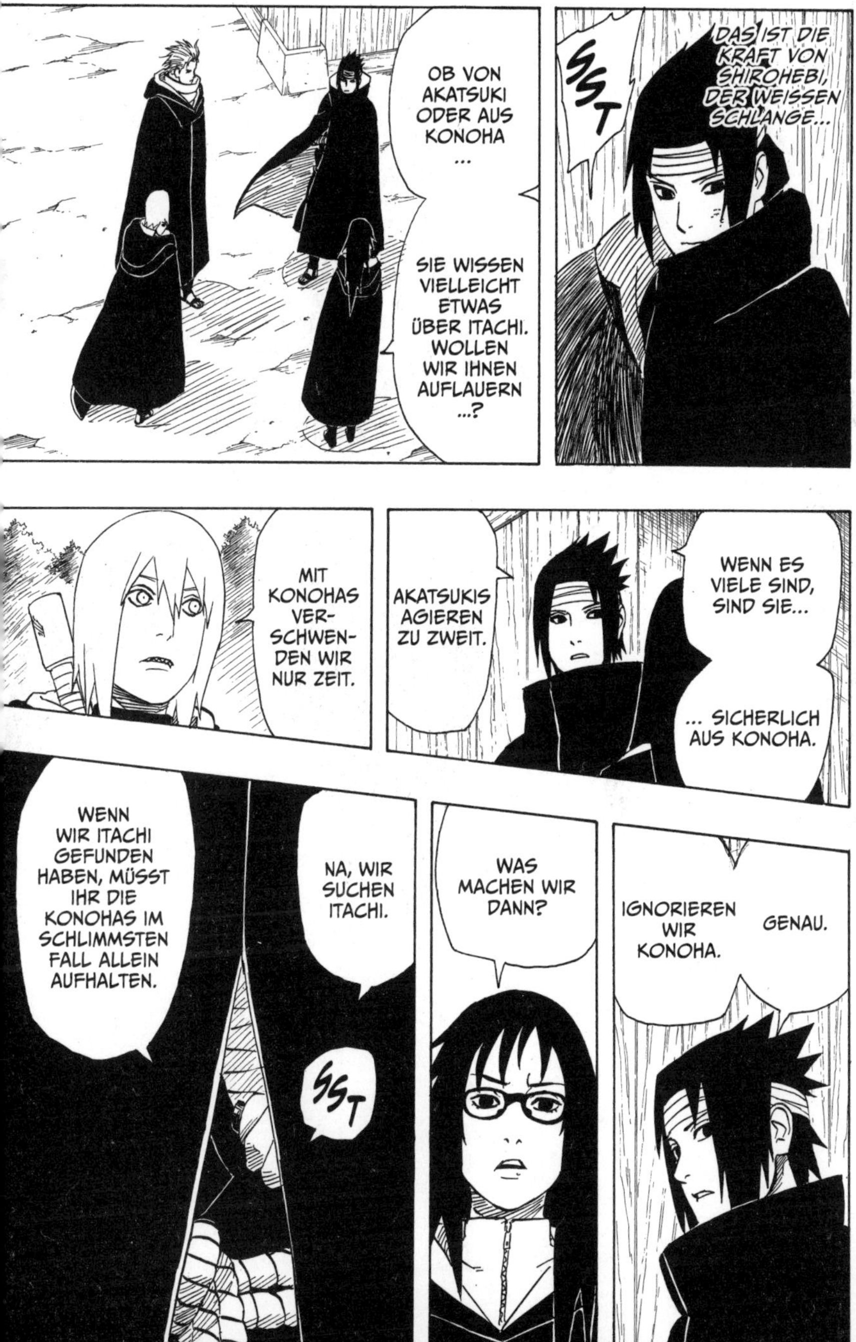
DAS IST DIE KRAFT VON SHIROHEBI, DER WEISSEN SCHLANGE...
SST
OB VON AKATSUKI ODER AUS KONOHA ...
SIE WISSEN VIELLEICHT ETWAS ÜBER ITACHI. WOLLEN WIR IHNEN AUFLAUERN ...?
AKATSUKIS AGIEREN ZU ZWEIT.
WENN ES VIELE SIND, SIND SIE...
... SICHERLICH AUS KONOHA.
MIT KONOHAS VER-SCHWEN-DEN WIR NUR ZEIT.
IGNORIEREN WIR KONOHA.
GENAU.
WAS MACHEN WIR DANN?
NA, WIR SUCHEN ITACHI.
WENN WIR ITACHI GEFUNDEN HABEN, MÜSST IHR DIE KONOHAS IM SCHLIMMSTEN FALL ALLEIN AUFHALTEN.
SST

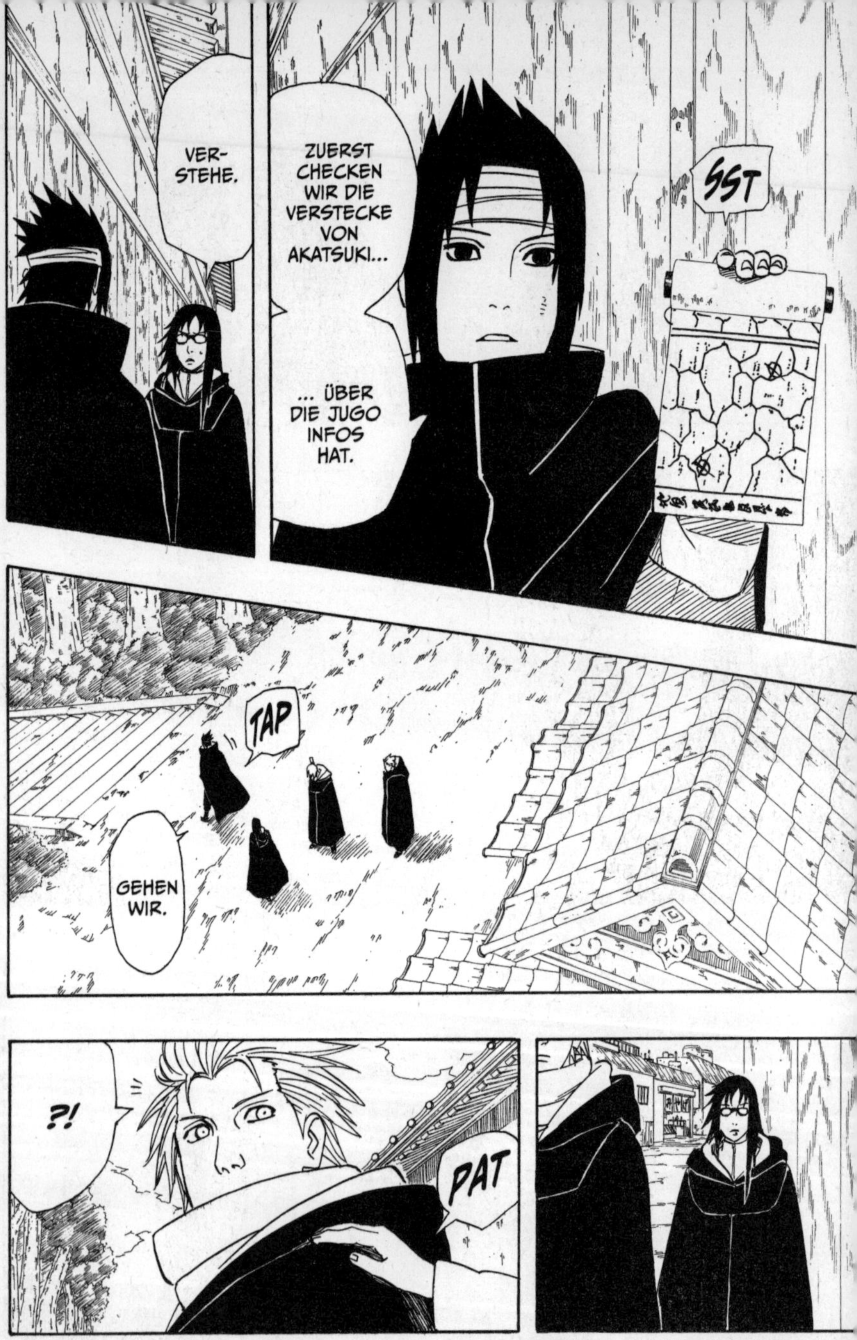
SST
ZUERST CHECKEN WIR DIE VERSTECKE VON AKATSUKI...
... ÜBER DIE JUGO INFOS HAT.
VER-STEHE.
TAP
GEHEN WIR.
PAT
?!

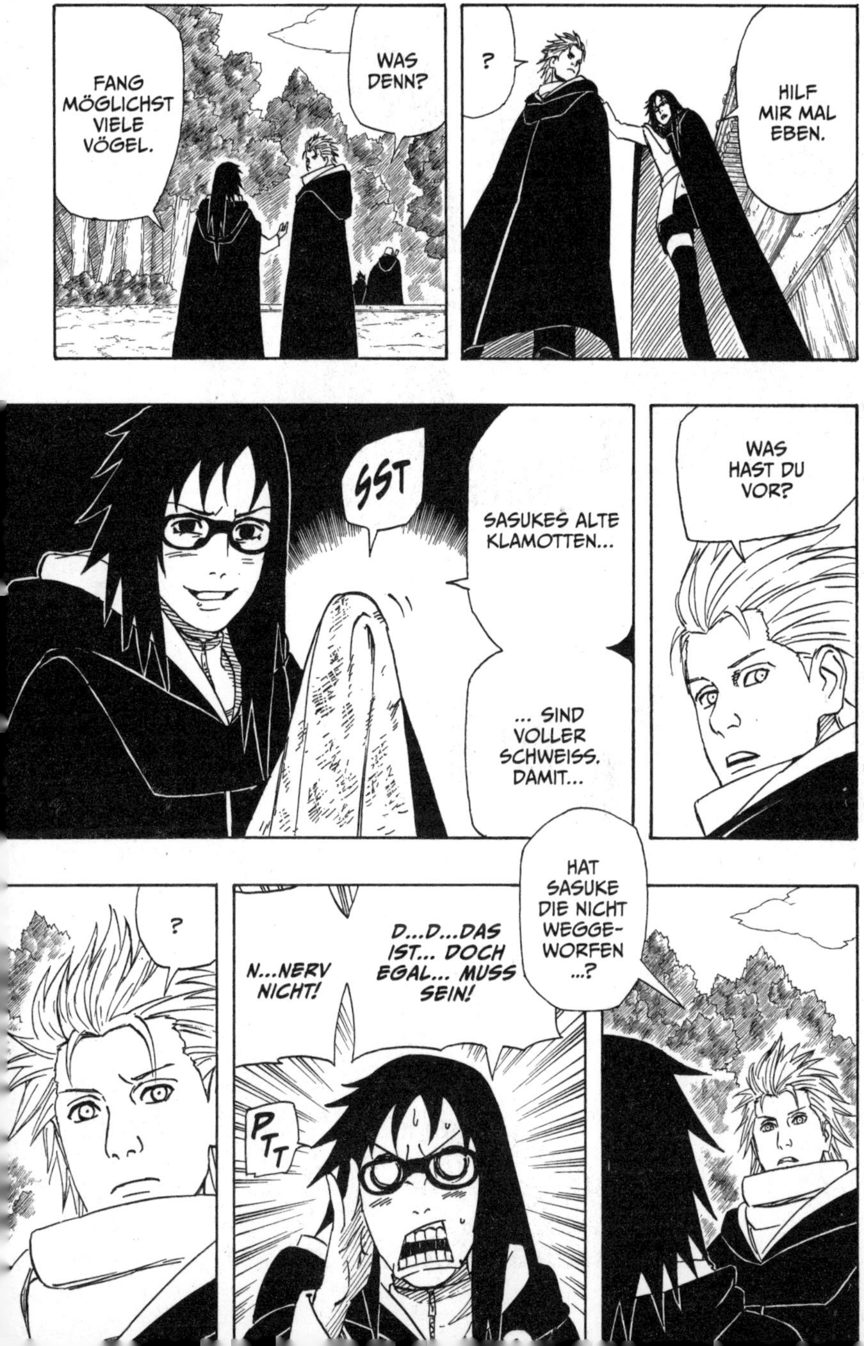
HILF MIR MAL EBEN.
?
WAS DENN?
FANG MÖGLICHST VIELE VÖGEL.
WAS HAST DU VOR?
SST
SASUKES ALTE KLAMOTTEN...
... SIND VOLLER SCHWEISS. DAMIT...
HAT SASUKE DIE NICHT WEGGE-WORFEN ...?
D...D...DAS IST... DOCH EGAL... MUSS SEIN!
N...NERV NICHT!
PTT
?

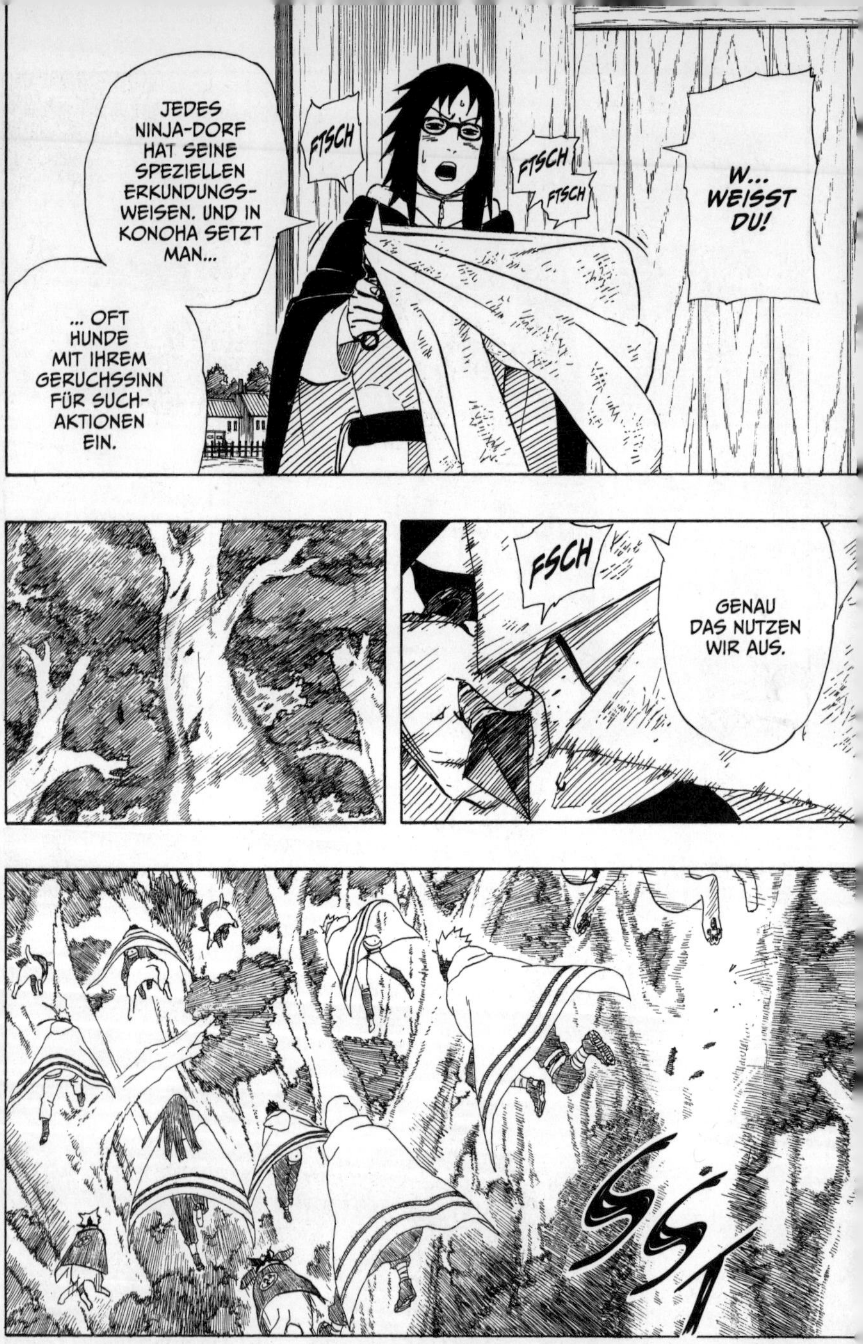
W... WEISST DU!
FTSCH
FTSCH
FTSCH
JEDES NINJA-DORF HAT SEINE SPEZIELLEN ERKUNDUNGS-WEISEN. UND IN KONOHA SETZT MAN...
... OFT HUNDE MIT IHREM GERUCHSSINN FÜR SUCH-AKTIONEN EIN.
GENAU DAS NUTZEN WIR AUS.
FSCH
SSST

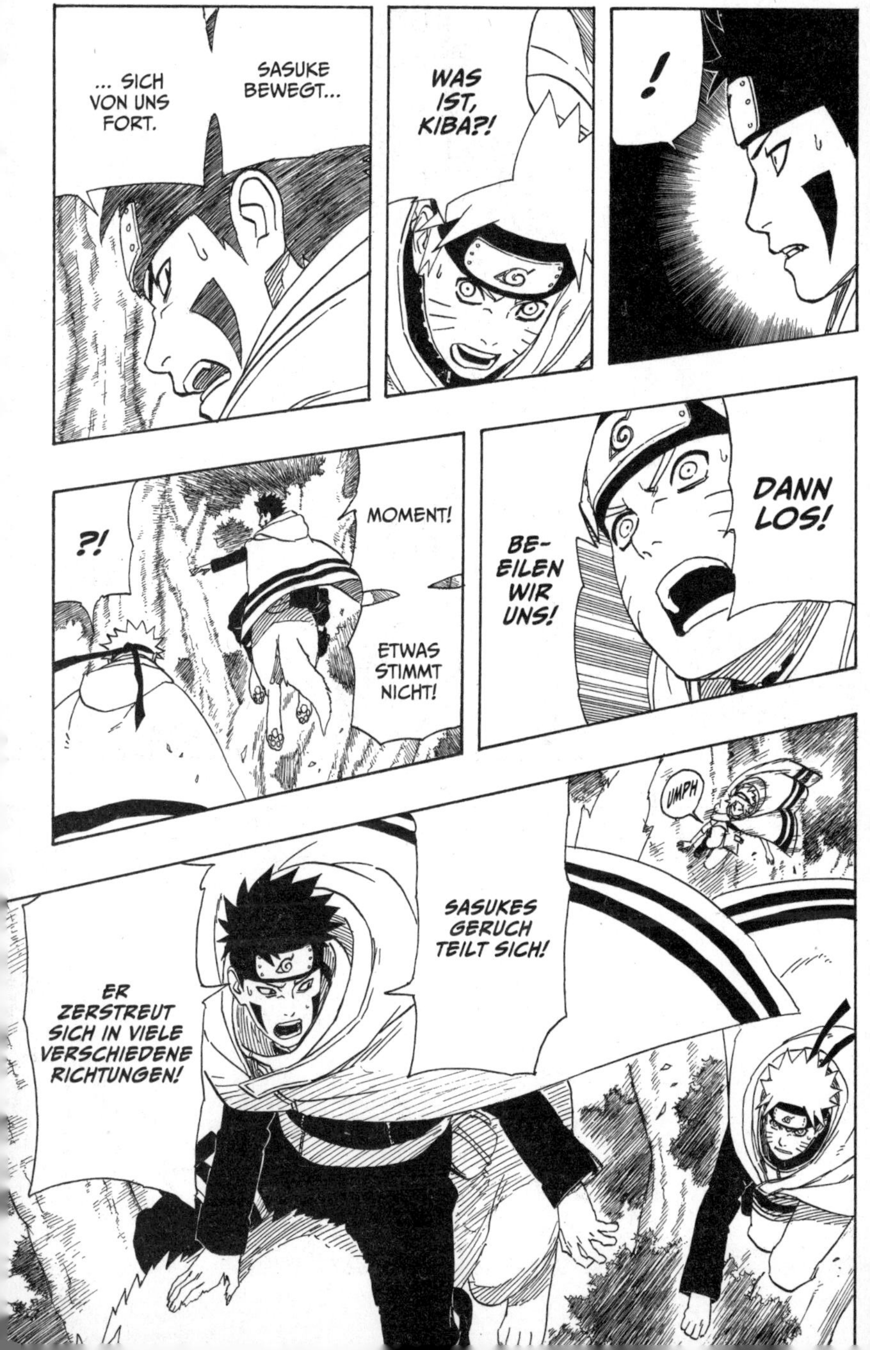
!
WAS IST, KIBA?!
SASUKE BEWEGT...
... SICH VON UNS FORT.
DANN LOS!
BE-EILEN WIR UNS!
MOMENT!
ETWAS STIMMT NICHT!
?!
UMPH
SASUKES GERUCH TEILT SICH!
ER ZERSTREUT SICH IN VIELE VERSCHIEDENE RICHTUNGEN!

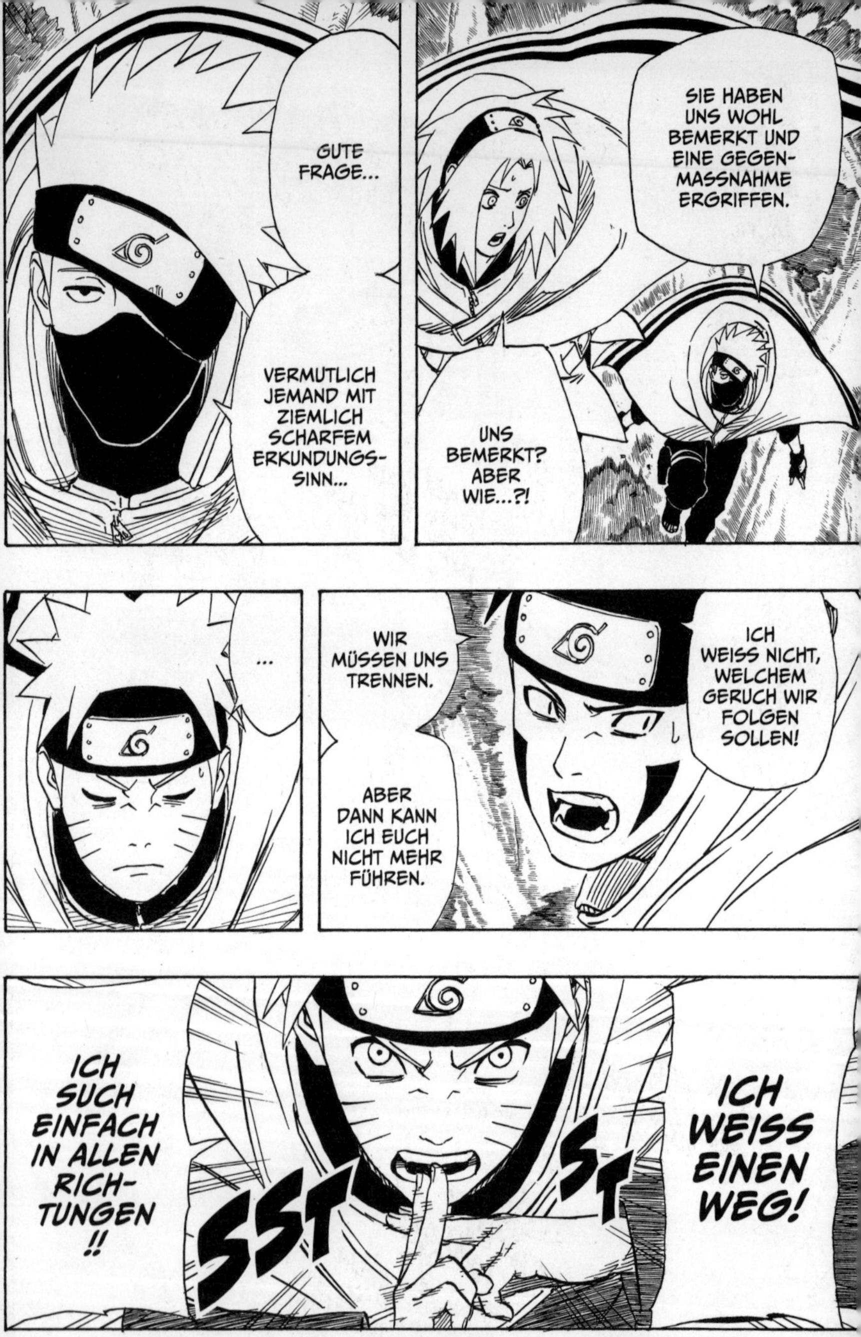
SIE HABEN UNS WOHL BEMERKT UND EINE GEGEN-MASSNAHME ERGRIFFEN.
UNS BEMERKT? ABER WIE...?!
GUTE FRAGE...
VERMUTLICH JEMAND MIT ZIEMLICH SCHARFEM ERKUNDUNGS-SINN...
ICH WEISS NICHT, WELCHEM GERUCH WIR FOLGEN SOLLEN!
WIR MÜSSEN UNS TRENNEN.
ABER DANN KANN ICH EUCH NICHT MEHR FÜHREN.
...
ICH WEISS EINEN WEG!
ST
SST
ICH SUCH EINFACH IN ALLEN RICH-TUNGEN!!

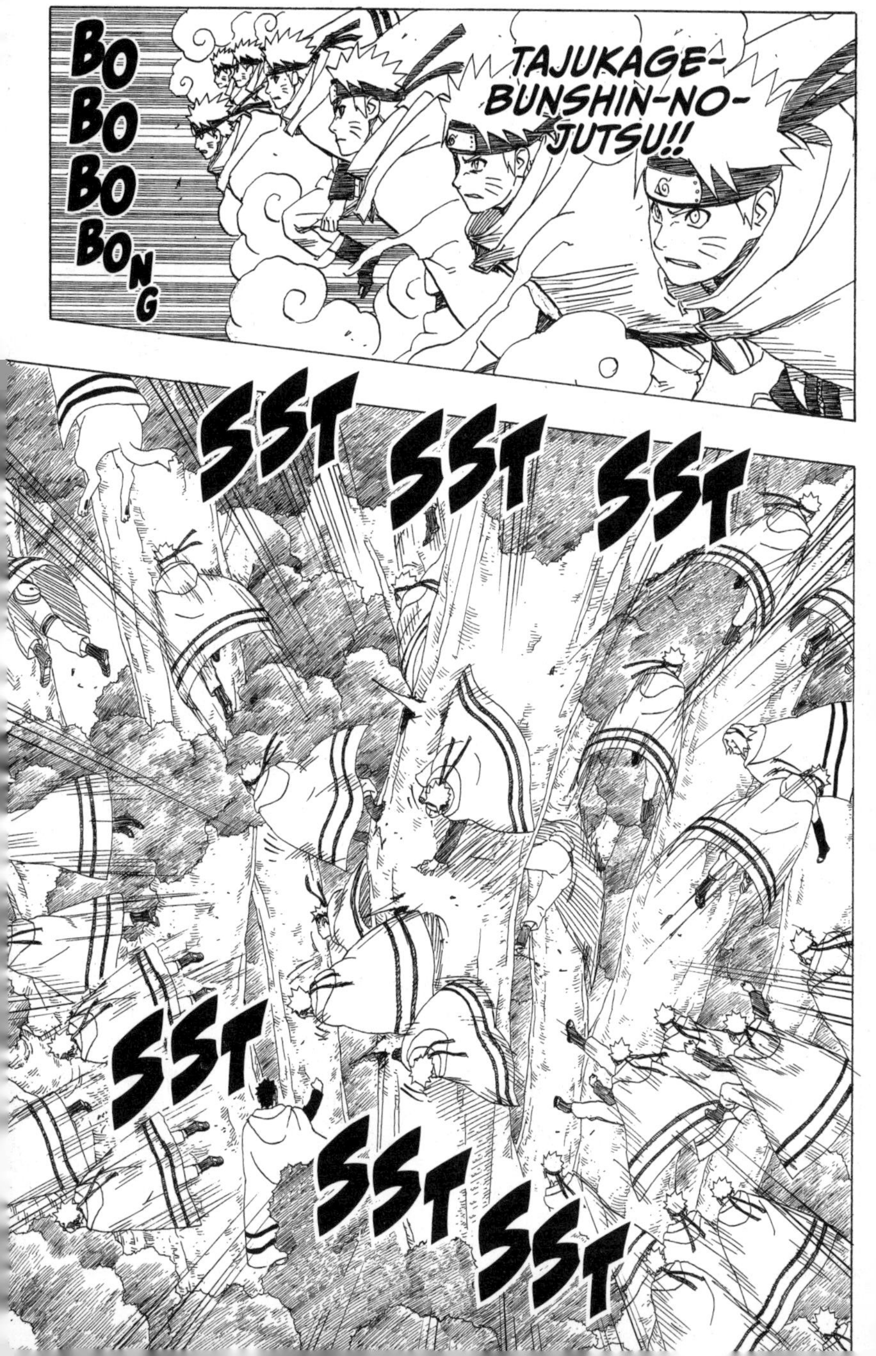

TAJUKAGE-BUNSHIN-NO-JUTSU!!
BO BO BO BO BONG
SST SST SST
SST
SST SST

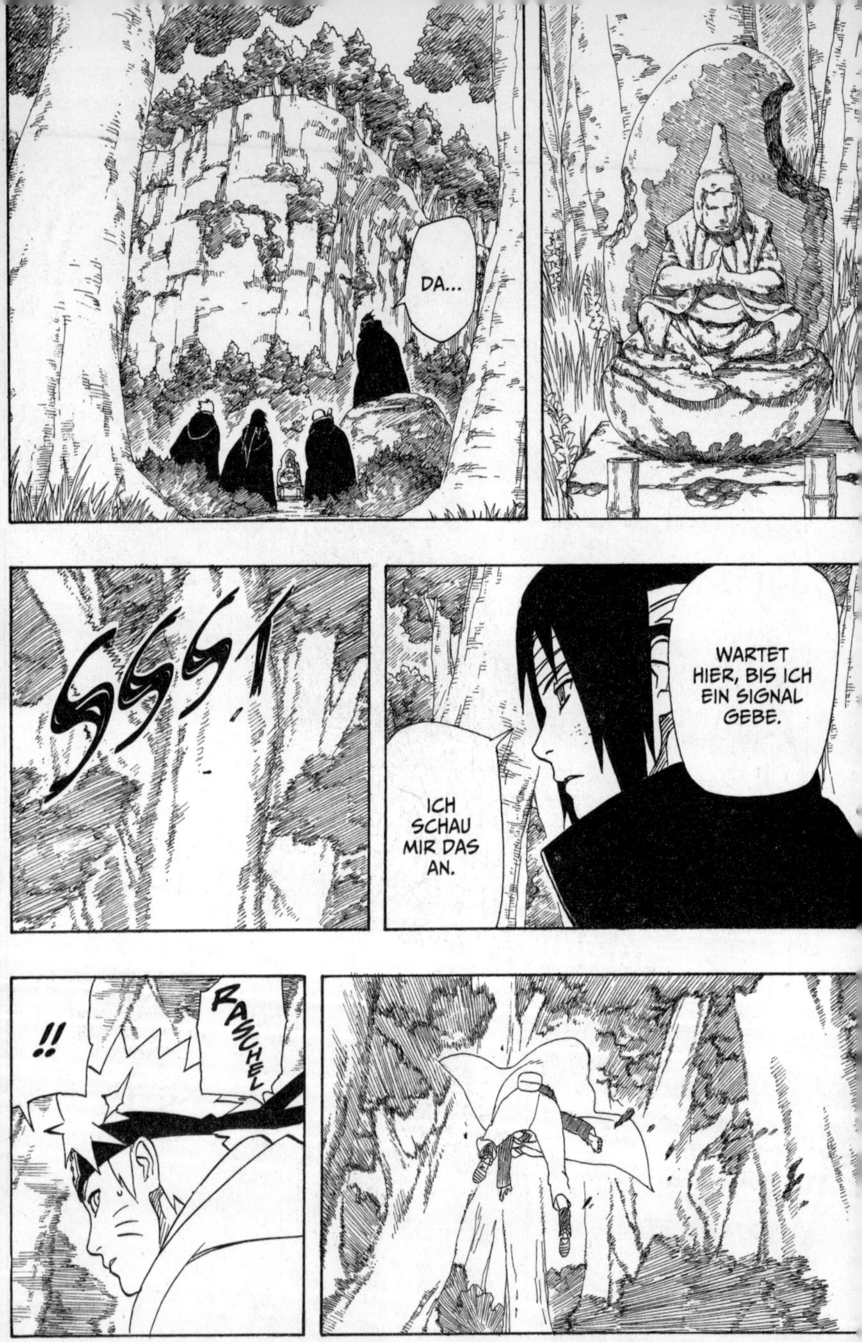
DA...
SSST
WARTET HIER, BIS ICH EIN SIGNAL GEBE.
ICH SCHAU MIR DAS AN.
RASCHEL
!!

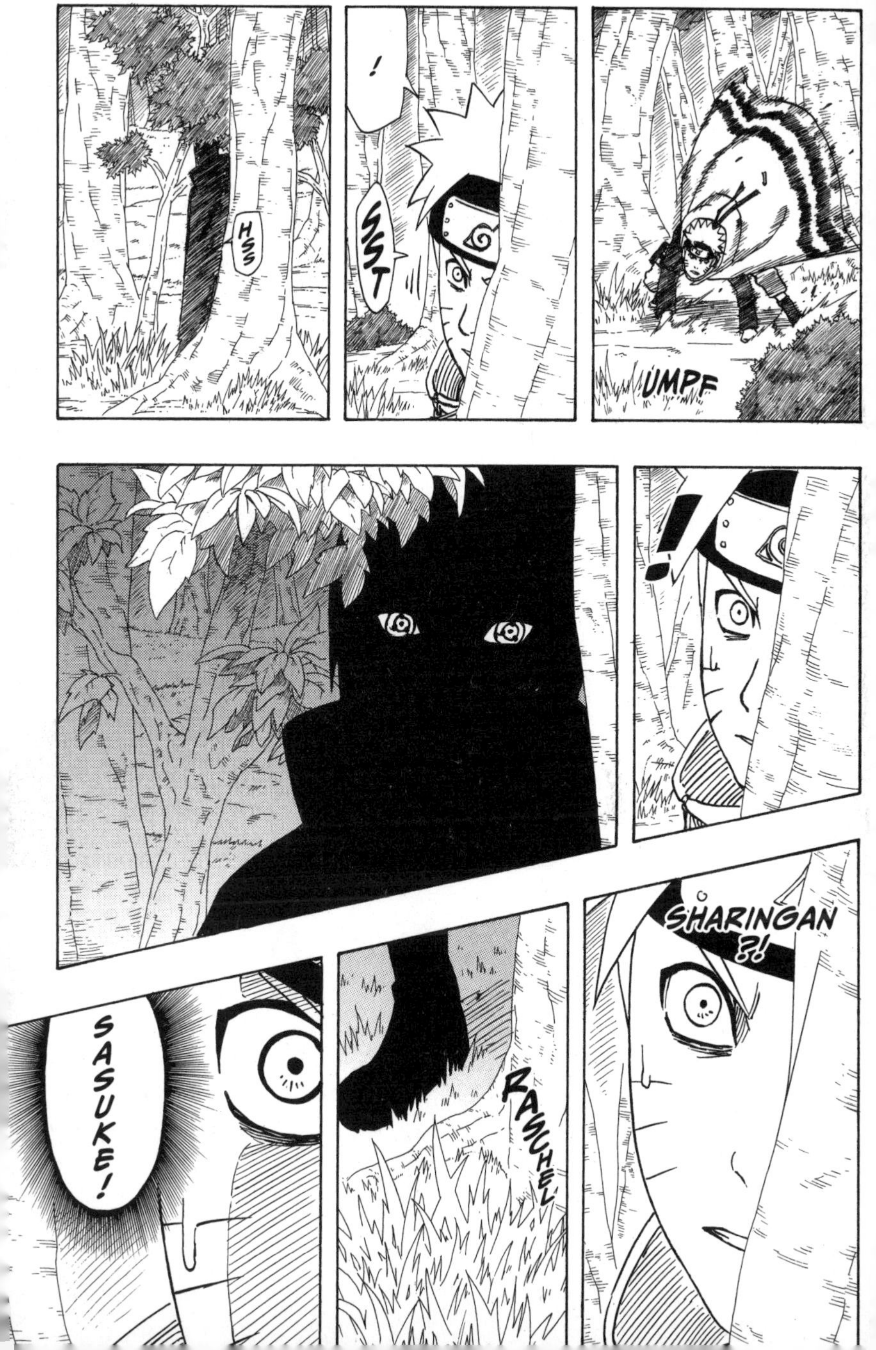
HSS
!
SSST
UMPF
!
SHARINGAN ?!
RASCHEL
SASUKE!

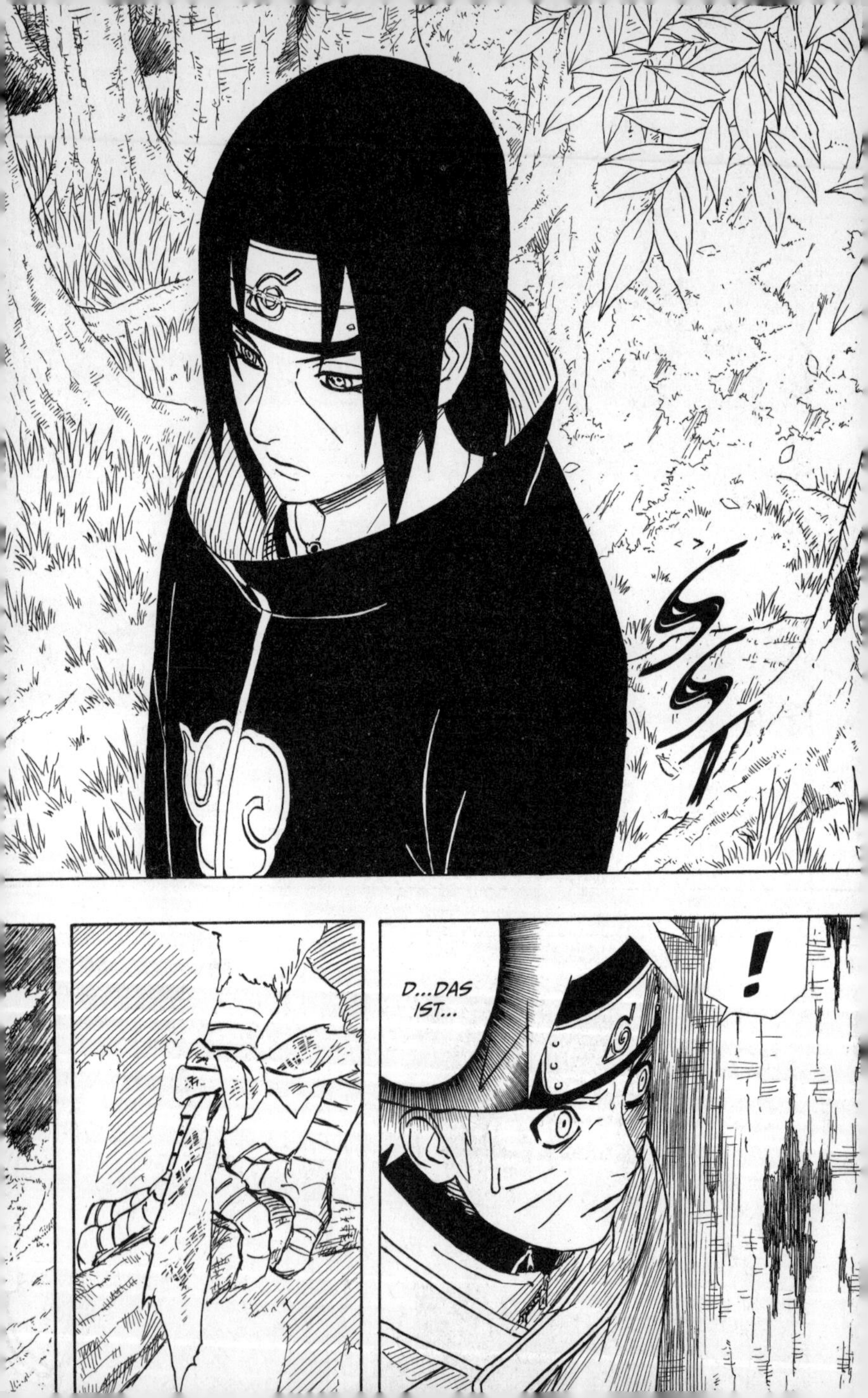
SSST
!
D...DAS IST...

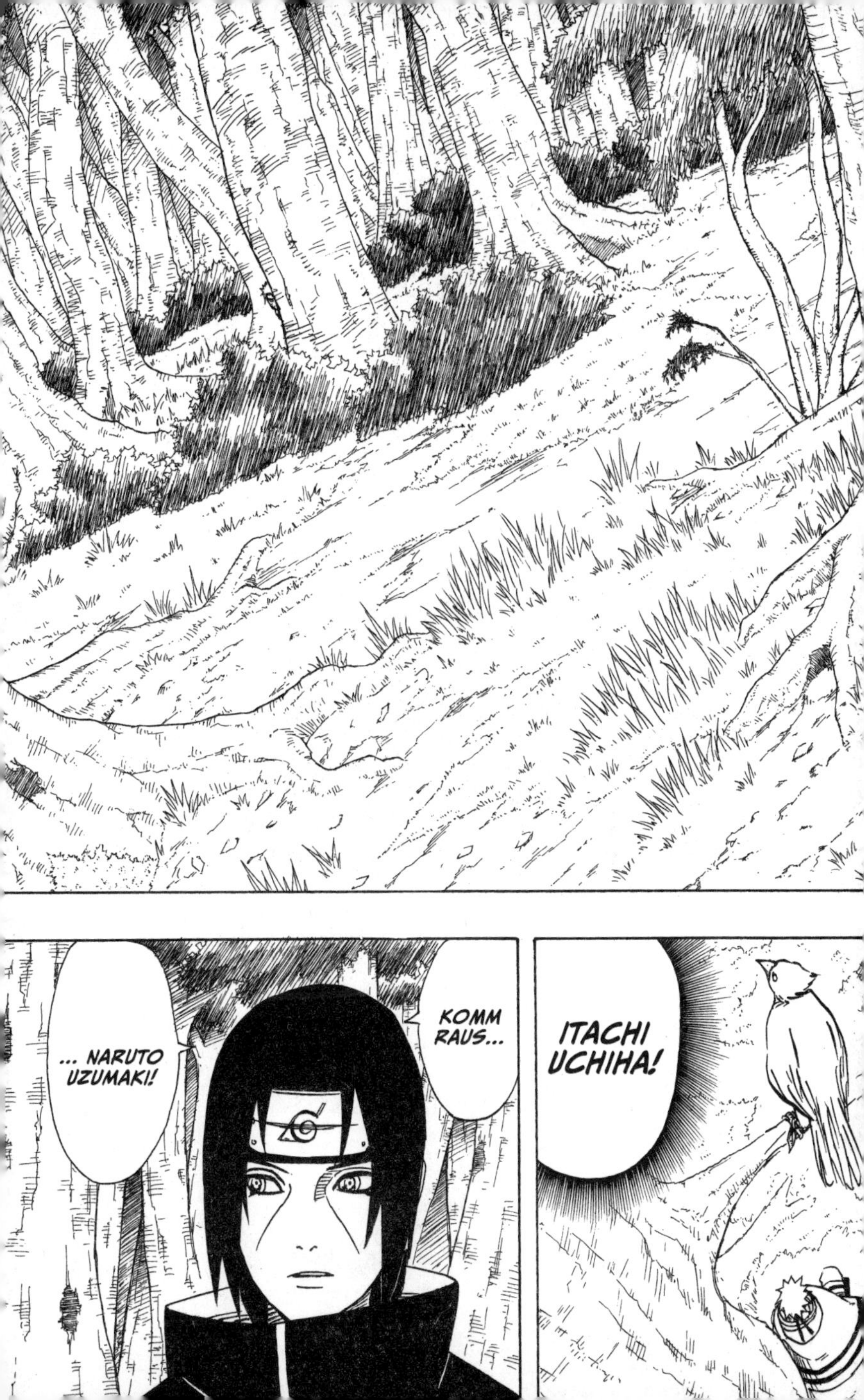

ITACHI UCHIHA!
KOMM RAUS...
... NARUTO UZUMAKI!

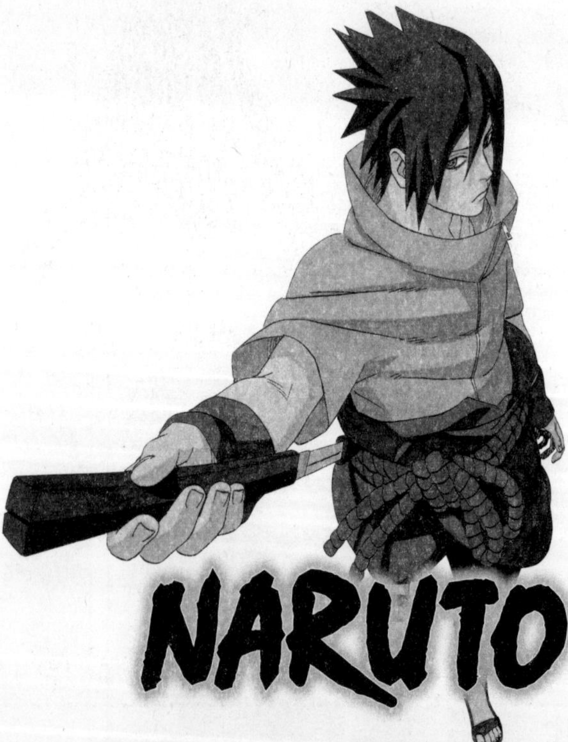
NARUTO

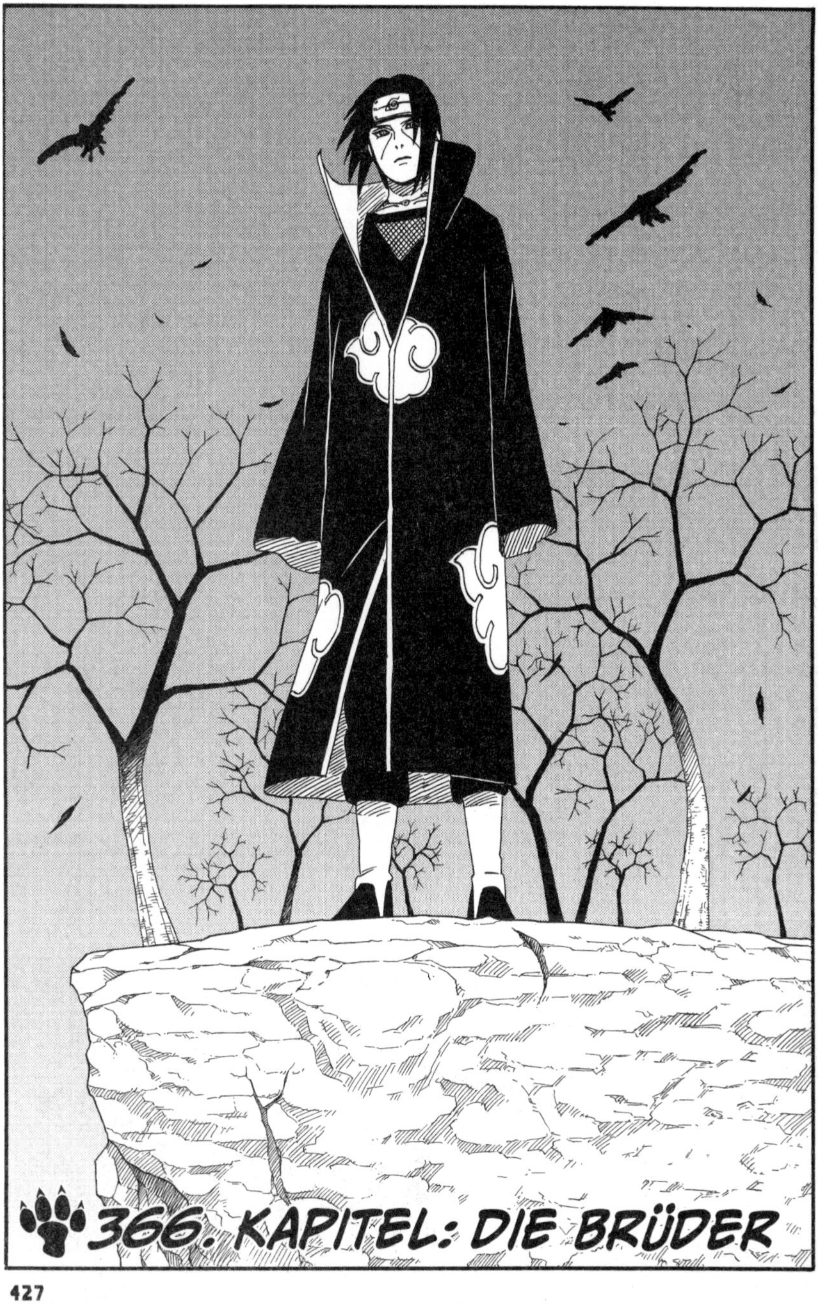
366. KAPITEL: DIE BRÜDER

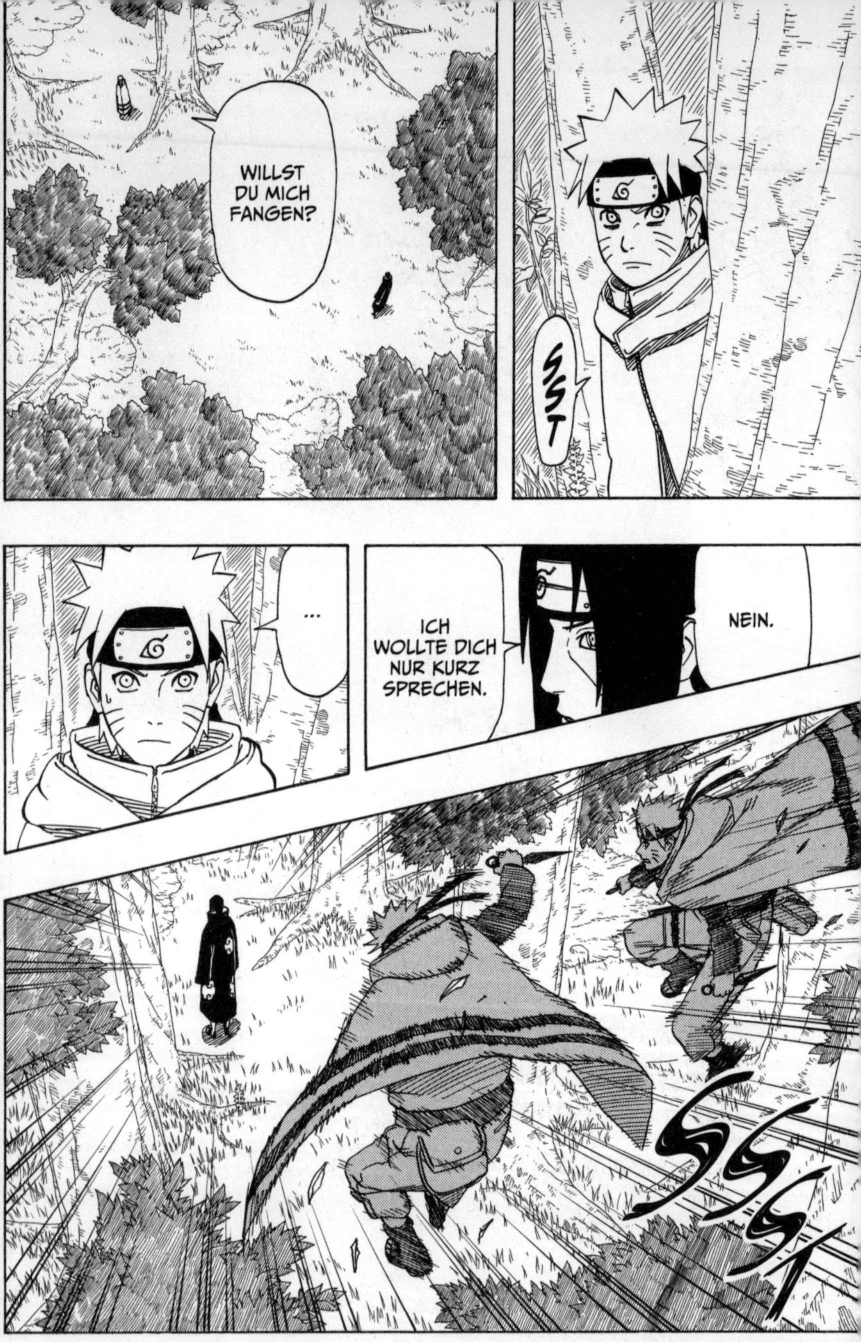
WILLST DU MICH FANGEN?
SST
...
NEIN.
ICH WOLLTE DICH NUR KURZ SPRECHEN.
SSST

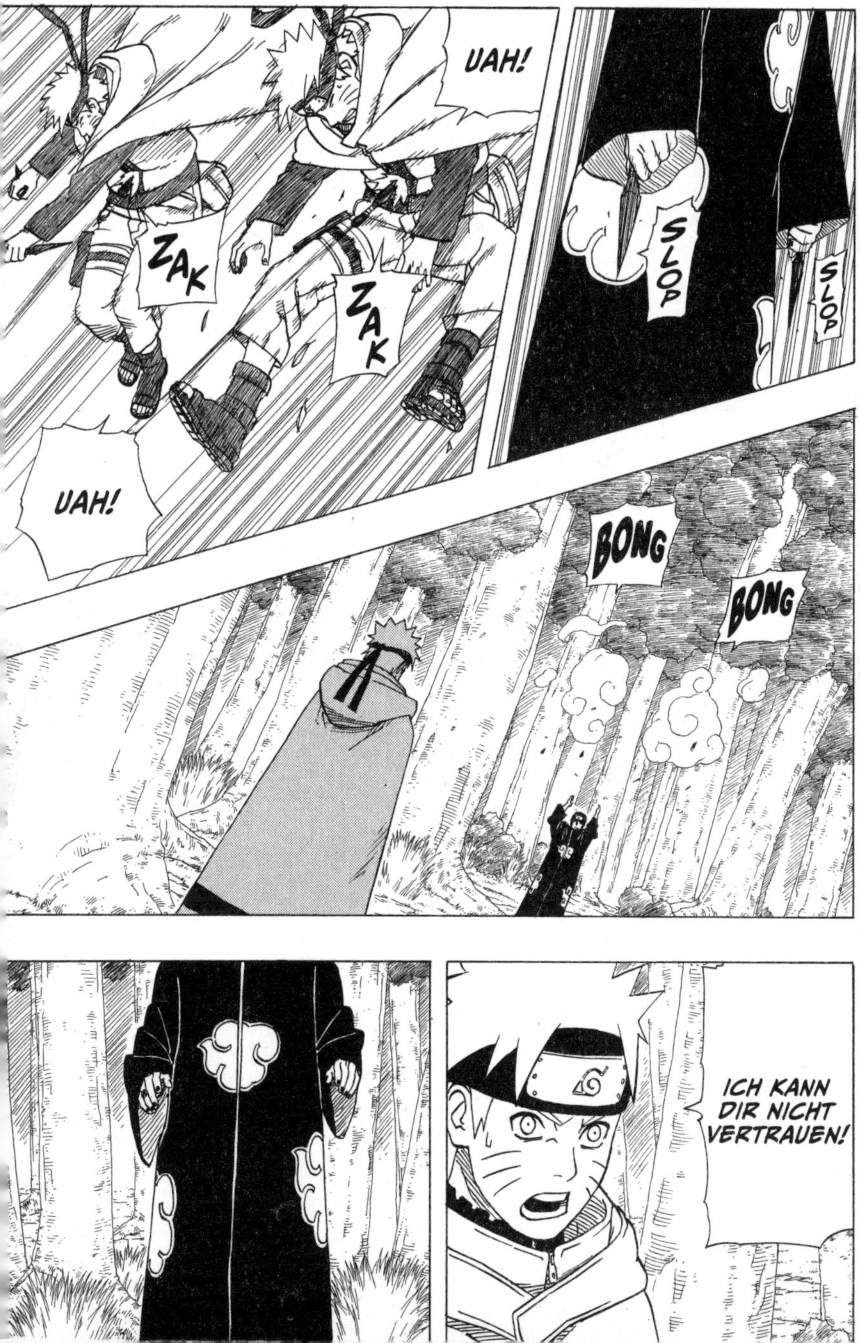
SLOP
SLOP
UAH!
ZAK
ZAK
UAH!
BONG
BONG
ICH KANN DIR NICHT VERTRAUEN!

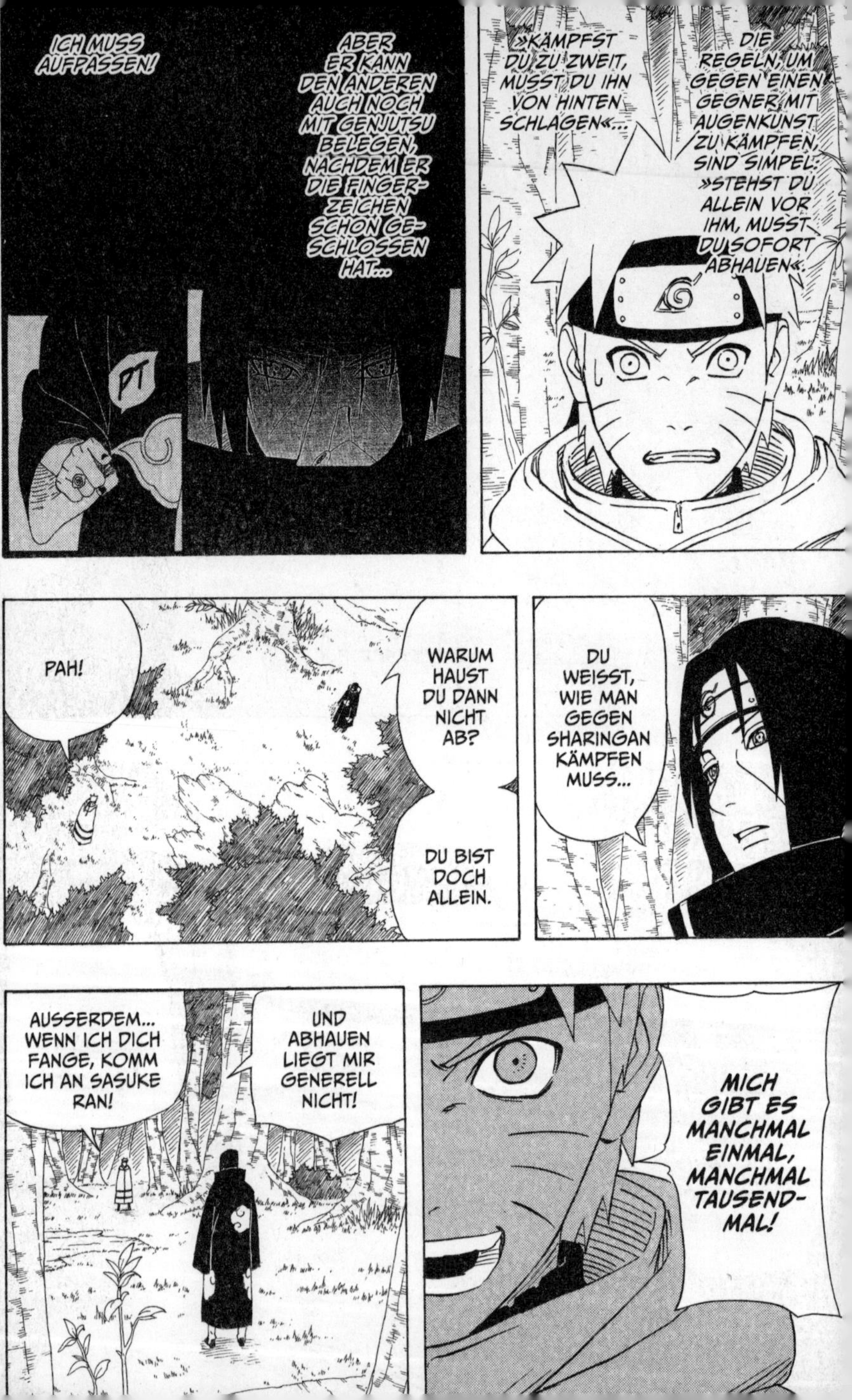
DIE REGELN, UM GEGEN EINEN GEGNER MIT AUGENKUNST ZU KÄMPFEN, SIND SIMPEL: »STEHST DU ALLEIN VOR IHM, MUSST DU SOFORT ABHAUEN«.
»KÄMPFST DU ZU ZWEIT, MUSST DU IHN VON HINTEN SCHLAGEN«...
ABER ER KANN DEN ANDEREN AUCH NOCH MIT GENJUTSU BELEGEN, NACHDEM ER DIE FINGER-ZEICHEN SCHON GE-SCHLOSSEN HAT...
ICH MUSS AUFPASSEN!
PT
DU WEISST, WIE MAN GEGEN SHARINGAN KÄMPFEN MUSS...
WARUM HAUST DU DANN NICHT AB?
DU BIST DOCH ALLEIN.
PAH!
MICH GIBT ES MANCHMAL EINMAL, MANCHMAL TAUSEND-MAL!
UND ABHAUEN LIEGT MIR GENERELL NICHT!
AUSSERDEM... WENN ICH DICH FANGE, KOMM ICH AN SASUKE RAN!

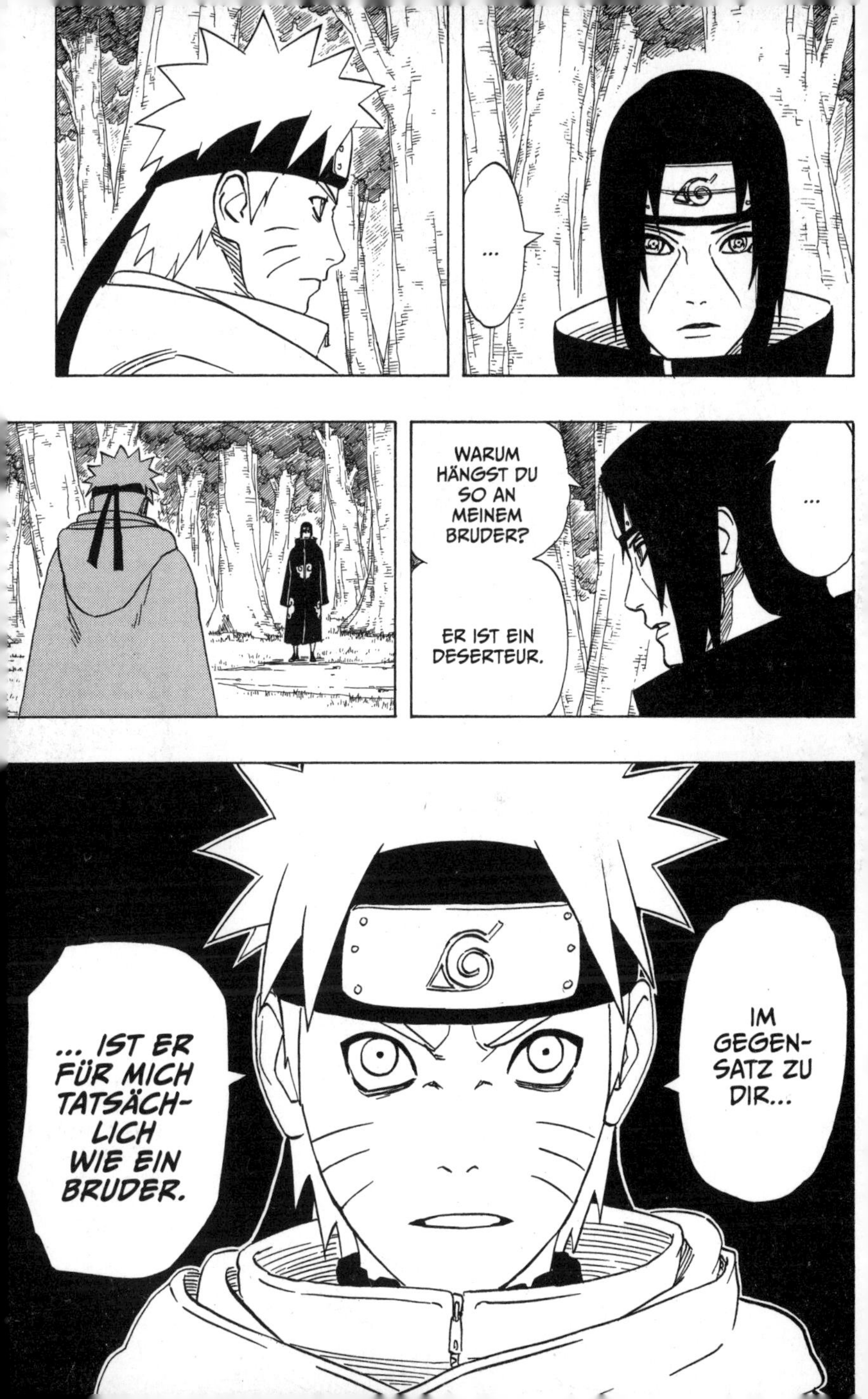
...
...
WARUM HÄNGST DU SO AN MEINEM BRUDER?
ER IST EIN DESERTEUR.
IM GEGEN-SATZ ZU DIR...
... IST ER FÜR MICH TATSÄCH-LICH WIE EIN BRUDER.

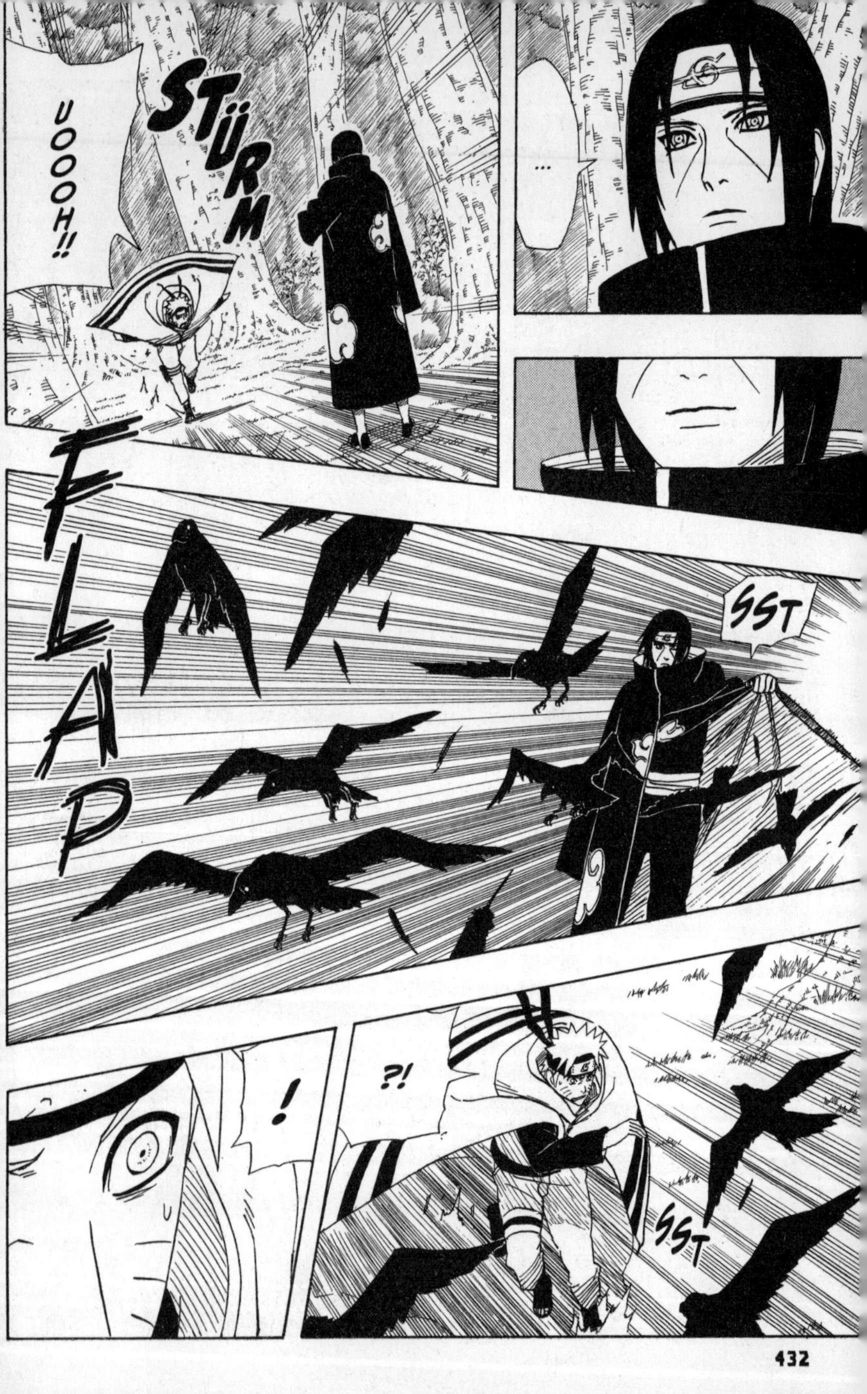
...
UOOOOH!!
STÜRM
FLAP
SST
!
?!
SST

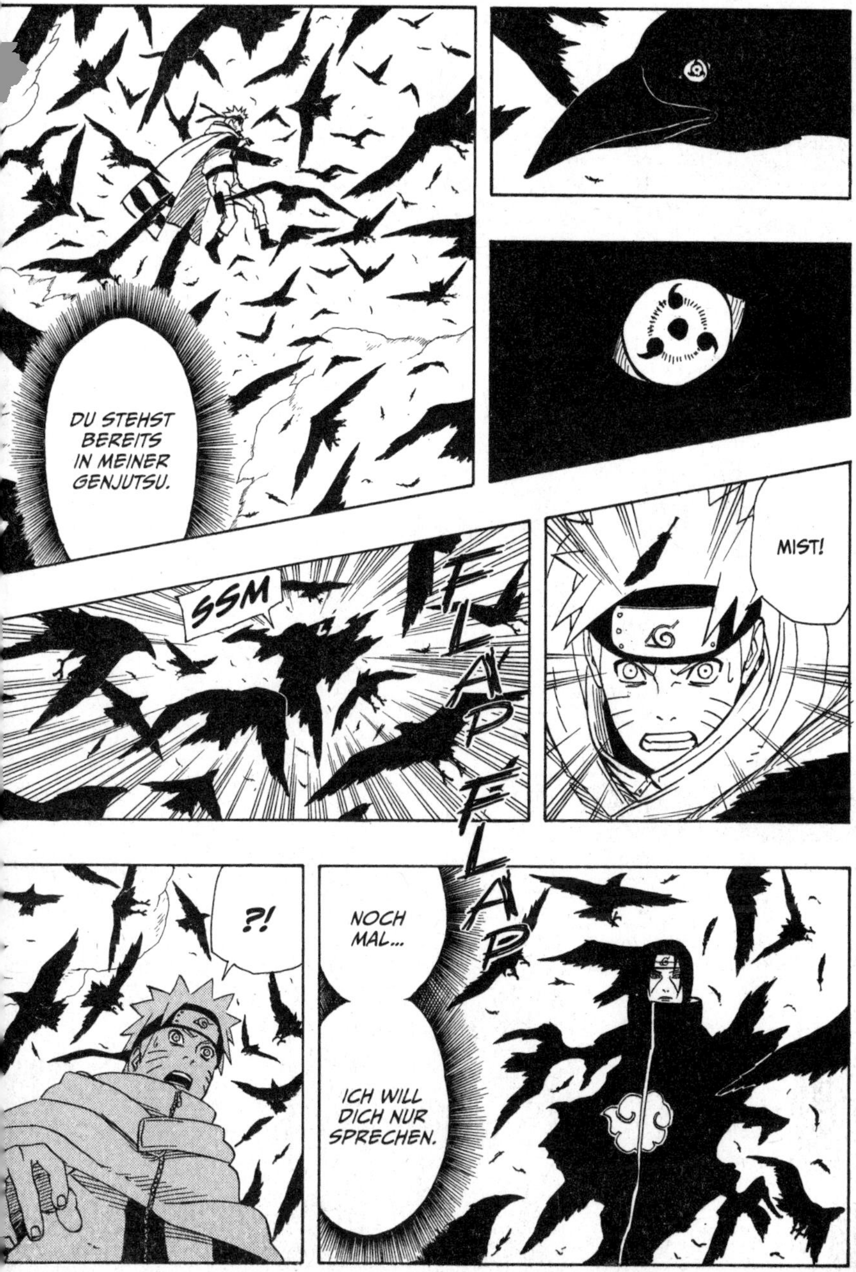
DU STEHST BEREITS IN MEINER GENJUTSU.
MIST!
SSM
FLAP FLAP
NOCH MAL...
ICH WILL DICH NUR SPRECHEN.
?!

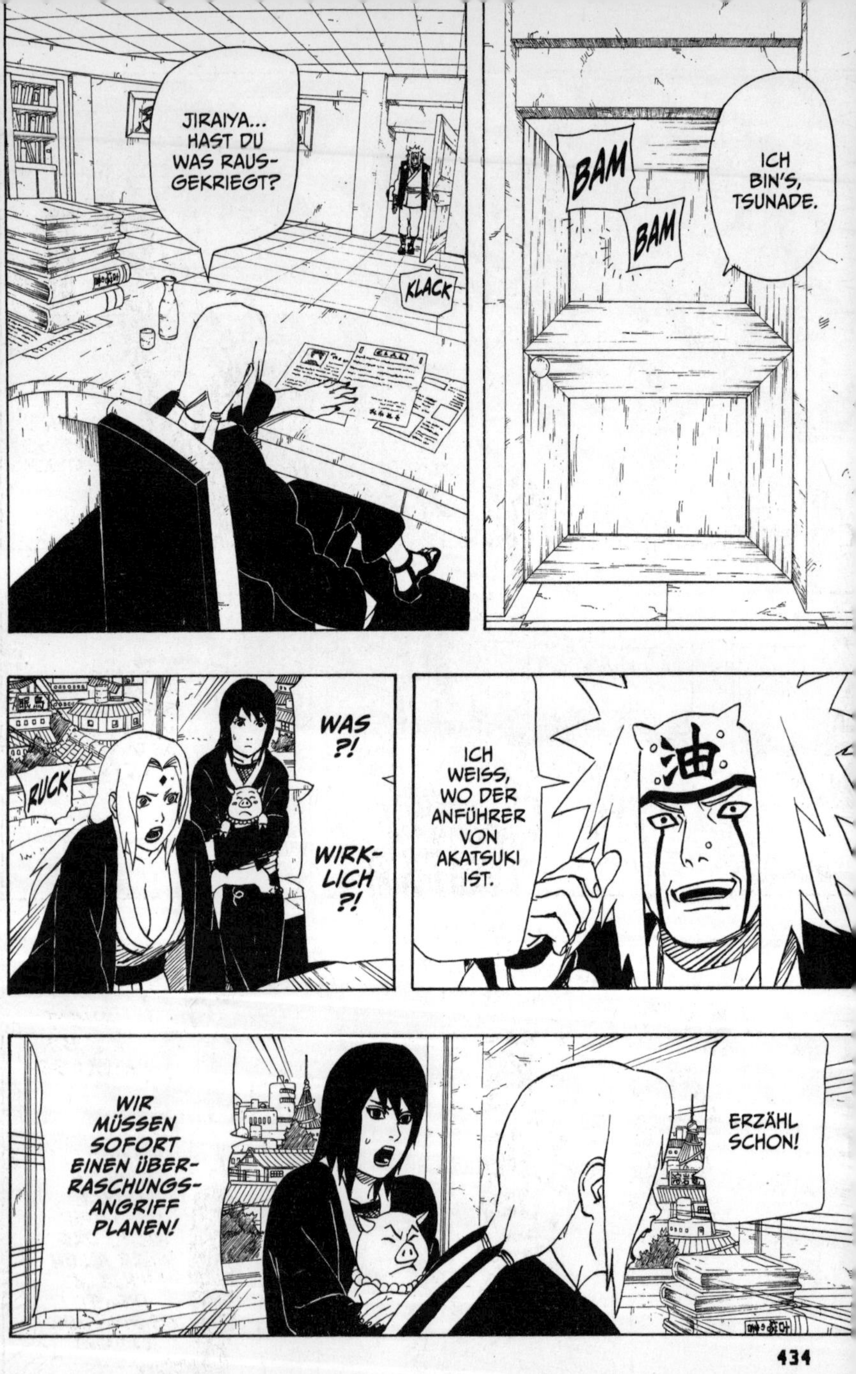
ICH BIN'S, TSUNADE.
BAM
BAM
JIRAIYA... HAST DU WAS RAUS-GEKRIEGT?
KLACK
ICH WEISS, WO DER ANFÜHRER VON AKATSUKI IST.
WAS ?!
WIRK-LICH ?!
RUCK
ERZÄHL SCHON!
WIR MÜSSEN SOFORT EINEN ÜBER-RASCHUNGS-ANGRIFF PLANEN!

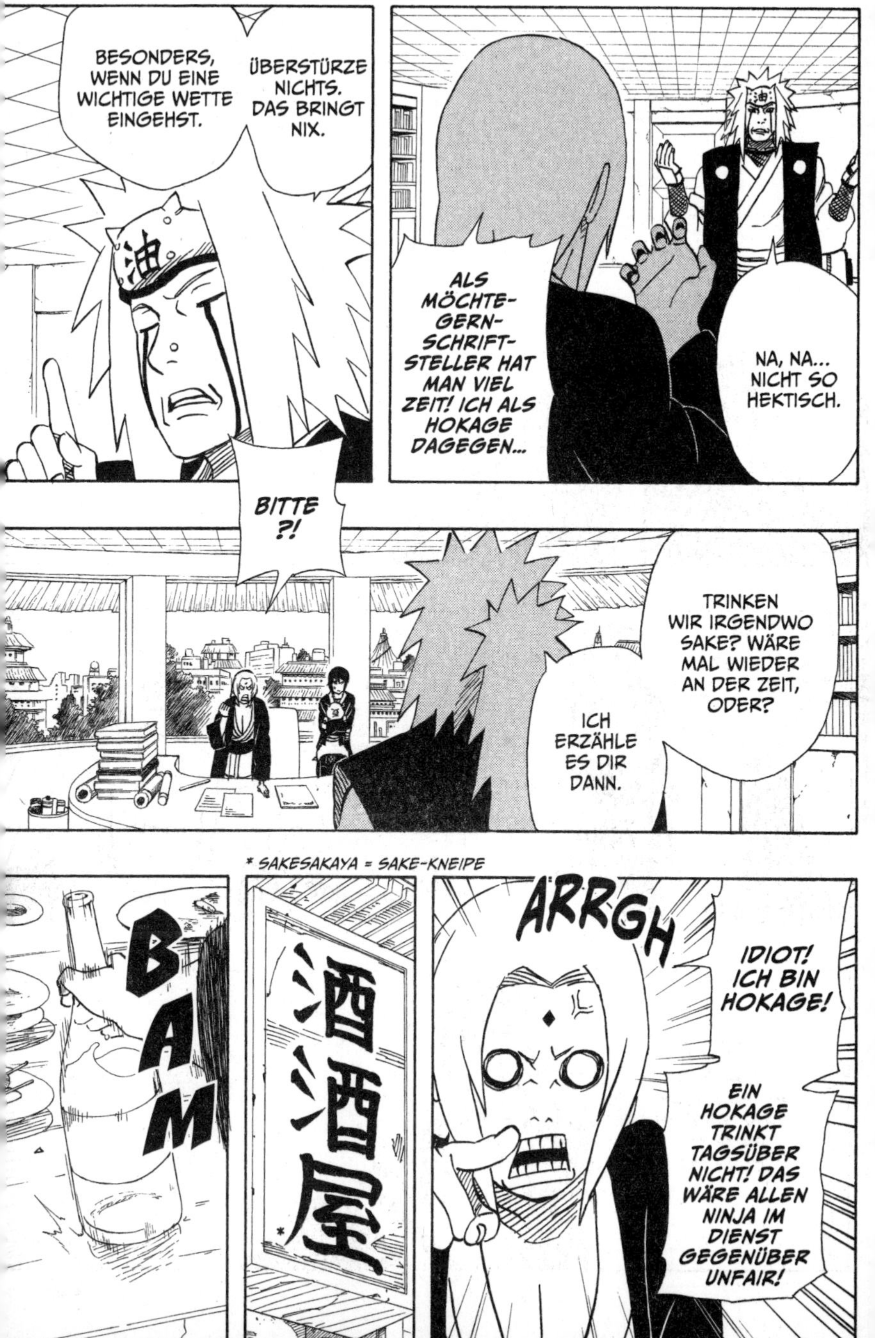
ÜBERSTÜRZE NICHTS. DAS BRINGT NIX.
BESONDERS, WENN DU EINE WICHTIGE WETTE EINGEHST.
NA, NA... NICHT SO HEKTISCH.
ALS MÖCHTE-GERN-SCHRIFT-STELLER HAT MAN VIEL ZEIT! ICH ALS HOKAGE DAGEGEN...
BITTE ?!
TRINKEN WIR IRGENDWO SAKE? WÄRE MAL WIEDER AN DER ZEIT, ODER?
ICH ERZÄHLE ES DIR DANN.
* SAKESAKAYA = SAKE-KNEIPE
ÄRRGH
IDIOT! ICH BIN HOKAGE!
EIN HOKAGE TRINKT TAGSÜBER NICHT! DAS WÄRE ALLEN NINJA IM DIENST GEGENÜBER UNFAIR!
酒酒屋
BAM

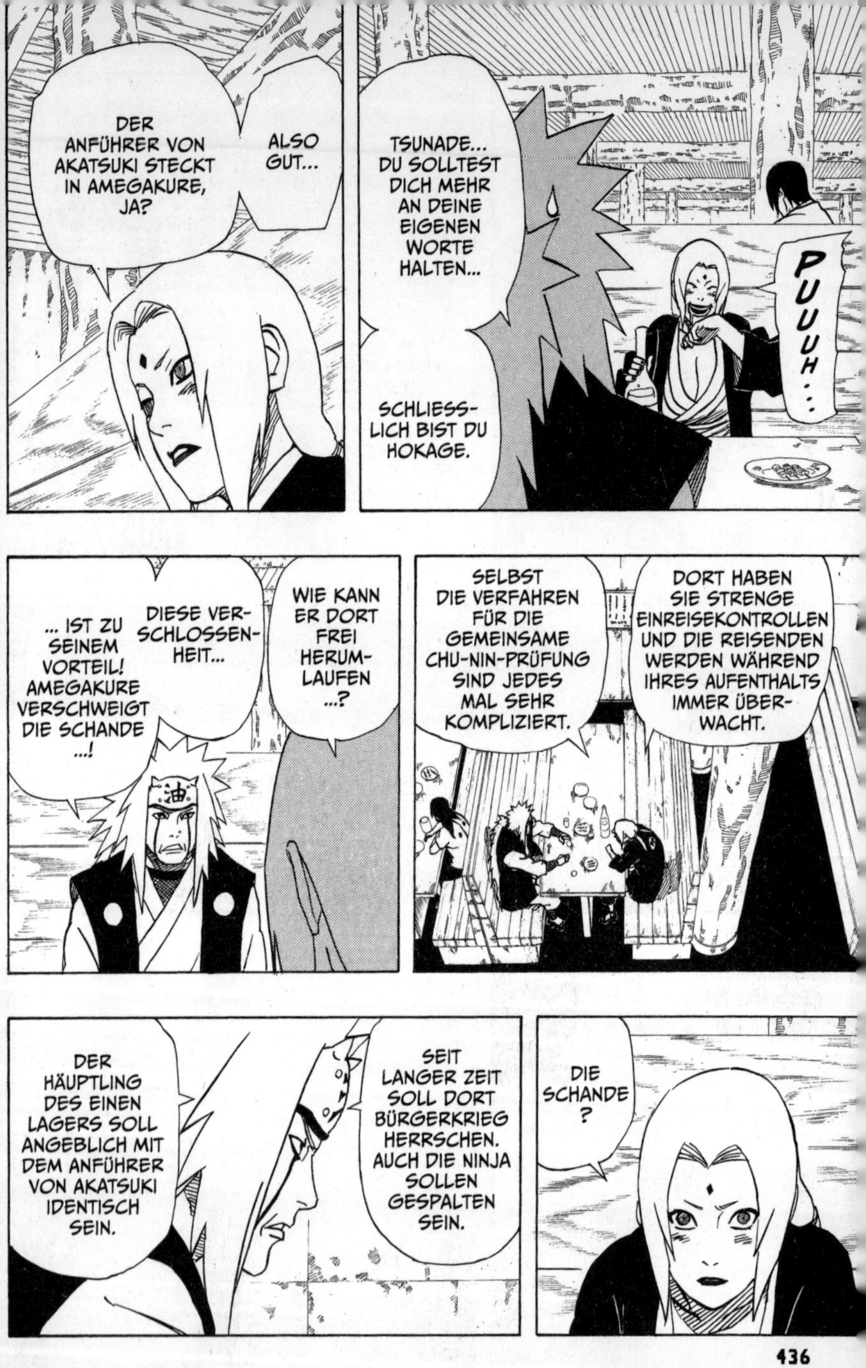
PUUUH...
TSUNADE... DU SOLLTEST DICH MEHR AN DEINE EIGENEN WORTE HALTEN...
SCHLIESS-LICH BIST DU HOKAGE.
ALSO GUT...
DER ANFÜHRER VON AKATSUKI STECKT IN AMEGAKURE, JA?
DORT HABEN SIE STRENGE EINREISEKONTROLLEN UND DIE REISENDEN WERDEN WÄHREND IHRES AUFENTHALTS IMMER ÜBER-WACHT.
SELBST DIE VERFAHREN FÜR DIE GEMEINSAME CHU-NIN-PRÜFUNG SIND JEDES MAL SEHR KOMPLIZIERT.
WIE KANN ER DORT FREI HERUM-LAUFEN ...?
DIESE VER-SCHLOSSEN-HEIT...
... IST ZU SEINEM VORTEIL! AMEGAKURE VERSCHWEIGT DIE SCHANDE ...!
DIE SCHANDE ?
SEIT LANGER ZEIT SOLL DORT BÜRGERKRIEG HERRSCHEN. AUCH DIE NINJA SOLLEN GESPALTEN SEIN.
DER HÄUPTLING DES EINEN LAGERS SOLL ANGEBLICH MIT DEM ANFÜHRER VON AKATSUKI IDENTISCH SEIN.

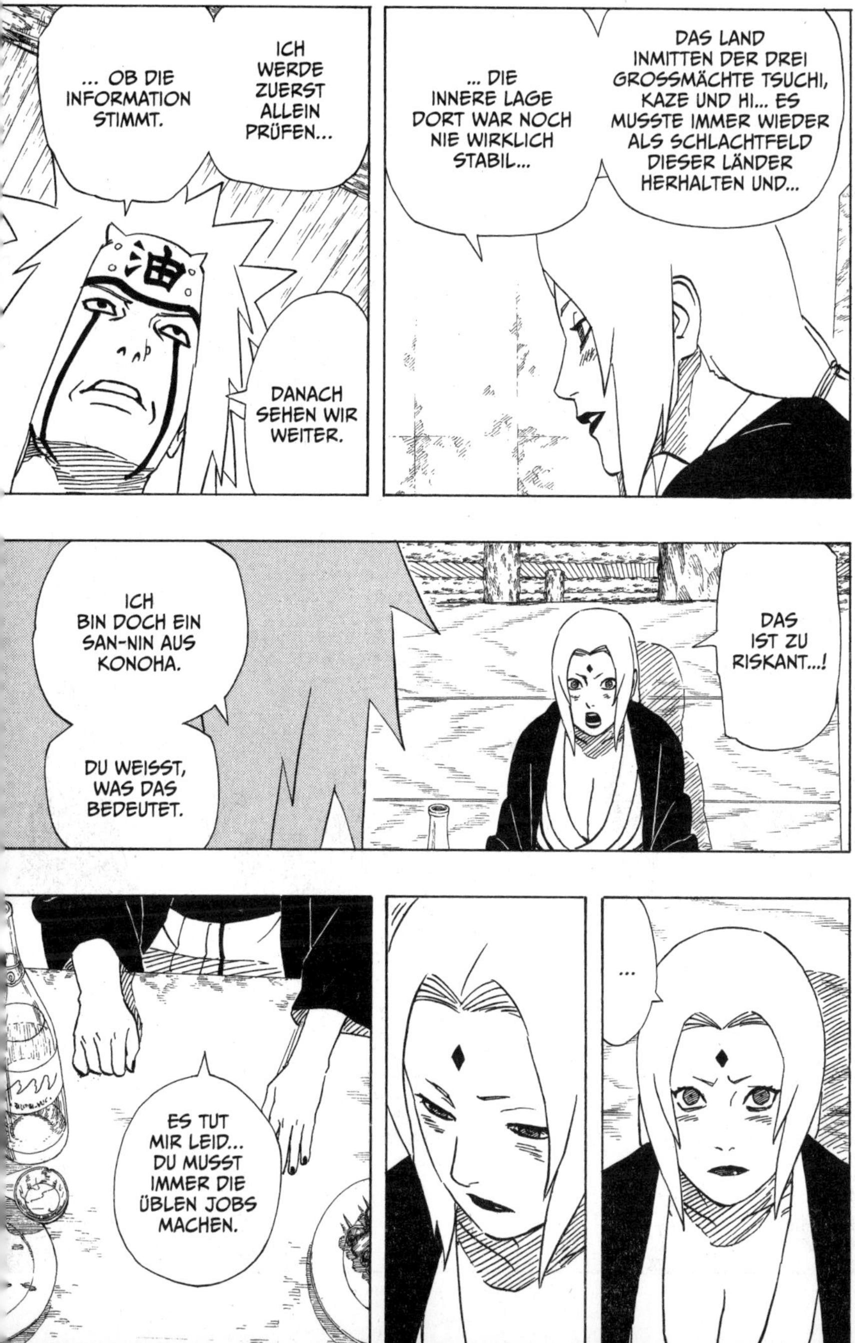
DAS LAND INMITTEN DER DREI GROSSMÄCHTE TSUCHI, KAZE UND HI... ES MUSSTE IMMER WIEDER ALS SCHLACHTFELD DIESER LÄNDER HERHALTEN UND...
... DIE INNERE LAGE DORT WAR NOCH NIE WIRKLICH STABIL...
ICH WERDE ZUERST ALLEIN PRÜFEN...
... OB DIE INFORMATION STIMMT.
DANACH SEHEN WIR WEITER.
DAS IST ZU RISKANT...!
ICH BIN DOCH EIN SAN-NIN AUS KONOHA.
DU WEISST, WAS DAS BEDEUTET.
...
ES TUT MIR LEID... DU MUSST IMMER DIE ÜBLEN JOBS MACHEN.

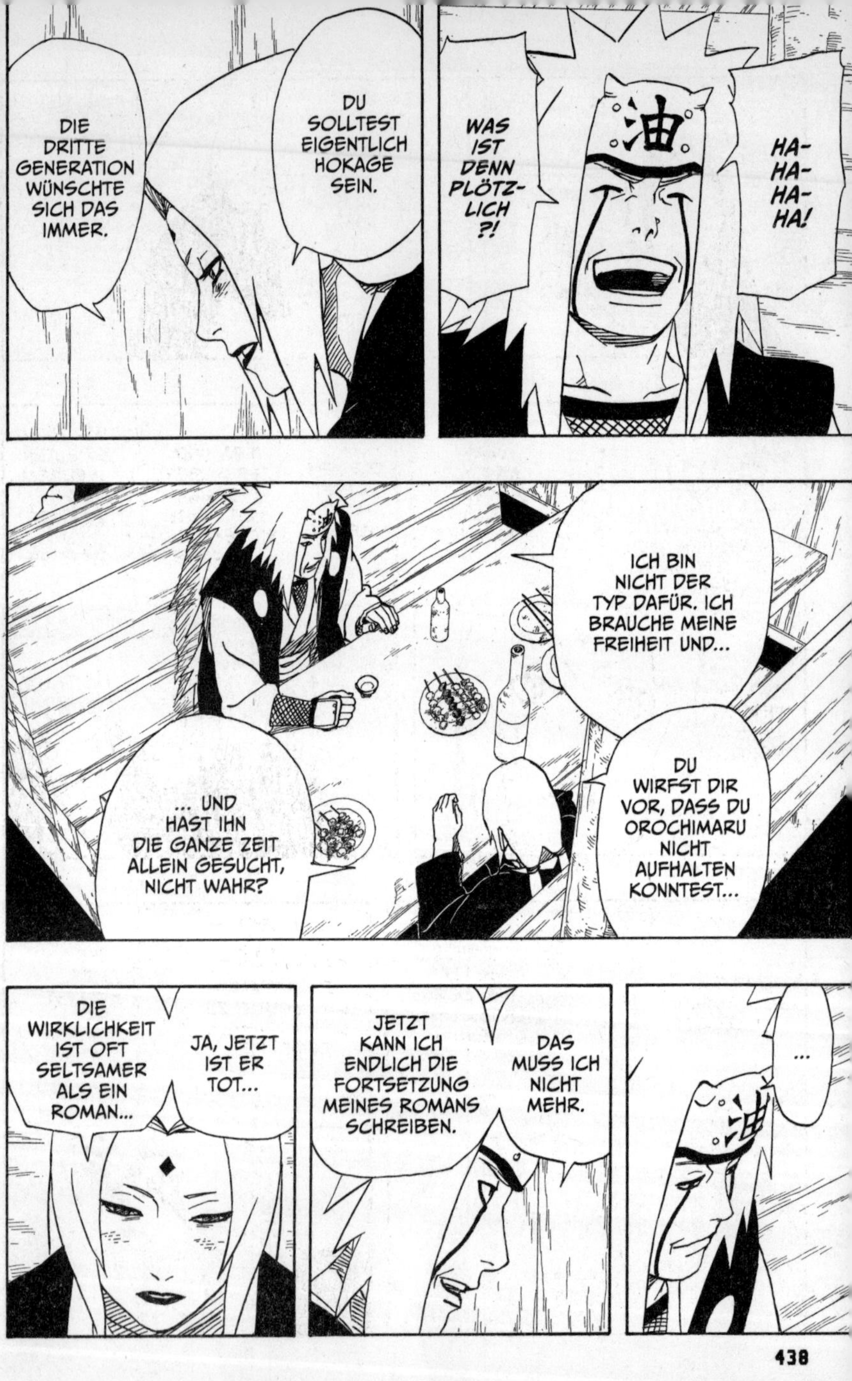
HA-HA-HA-HA!
WAS IST DENN PLÖTZLICH ?!
DU SOLLTEST EIGENTLICH HOKAGE SEIN.
DIE DRITTE GENERATION WÜNSCHTE SICH DAS IMMER.
ICH BIN NICHT DER TYP DAFÜR. ICH BRAUCHE MEINE FREIHEIT UND...
DU WIRFST DIR VOR, DASS DU OROCHIMARU NICHT AUFHALTEN KONNTEST...
... UND HAST IHN DIE GANZE ZEIT ALLEIN GESUCHT, NICHT WAHR?
...
DAS MUSS ICH NICHT MEHR.
JETZT KANN ICH ENDLICH DIE FORTSETZUNG MEINES ROMANS SCHREIBEN.
JA, JETZT IST ER TOT...
DIE WIRKLICHKEIT IST OFT SELTSAMER ALS EIN ROMAN...

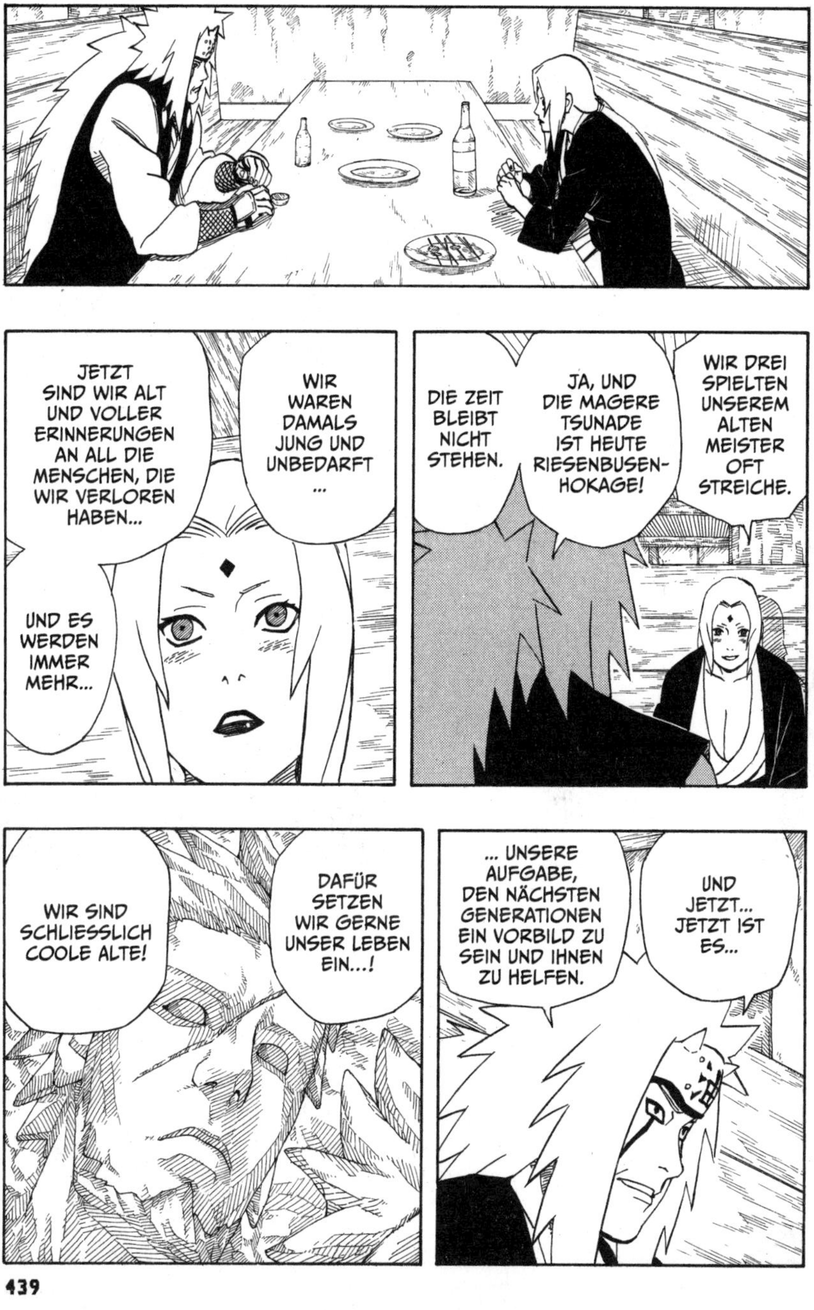
WIR DREI SPIELTEN UNSEREM ALTEN MEISTER OFT STREICHE.
JA, UND DIE MAGERE TSUNADE IST HEUTE RIESENBUSEN-HOKAGE!
DIE ZEIT BLEIBT NICHT STEHEN.
WIR WAREN DAMALS JUNG UND UNBEDARFT ...
JETZT SIND WIR ALT UND VOLLER ERINNERUNGEN AN ALL DIE MENSCHEN, DIE WIR VERLOREN HABEN...
UND ES WERDEN IMMER MEHR...
UND JETZT... JETZT IST ES...
... UNSERE AUFGABE, DEN NÄCHSTEN GENERATIONEN EIN VORBILD ZU SEIN UND IHNEN ZU HELFEN.
DAFÜR SETZEN WIR GERNE UNSER LEBEN EIN...!
WIR SIND SCHLIESSLICH COOLE ALTE!

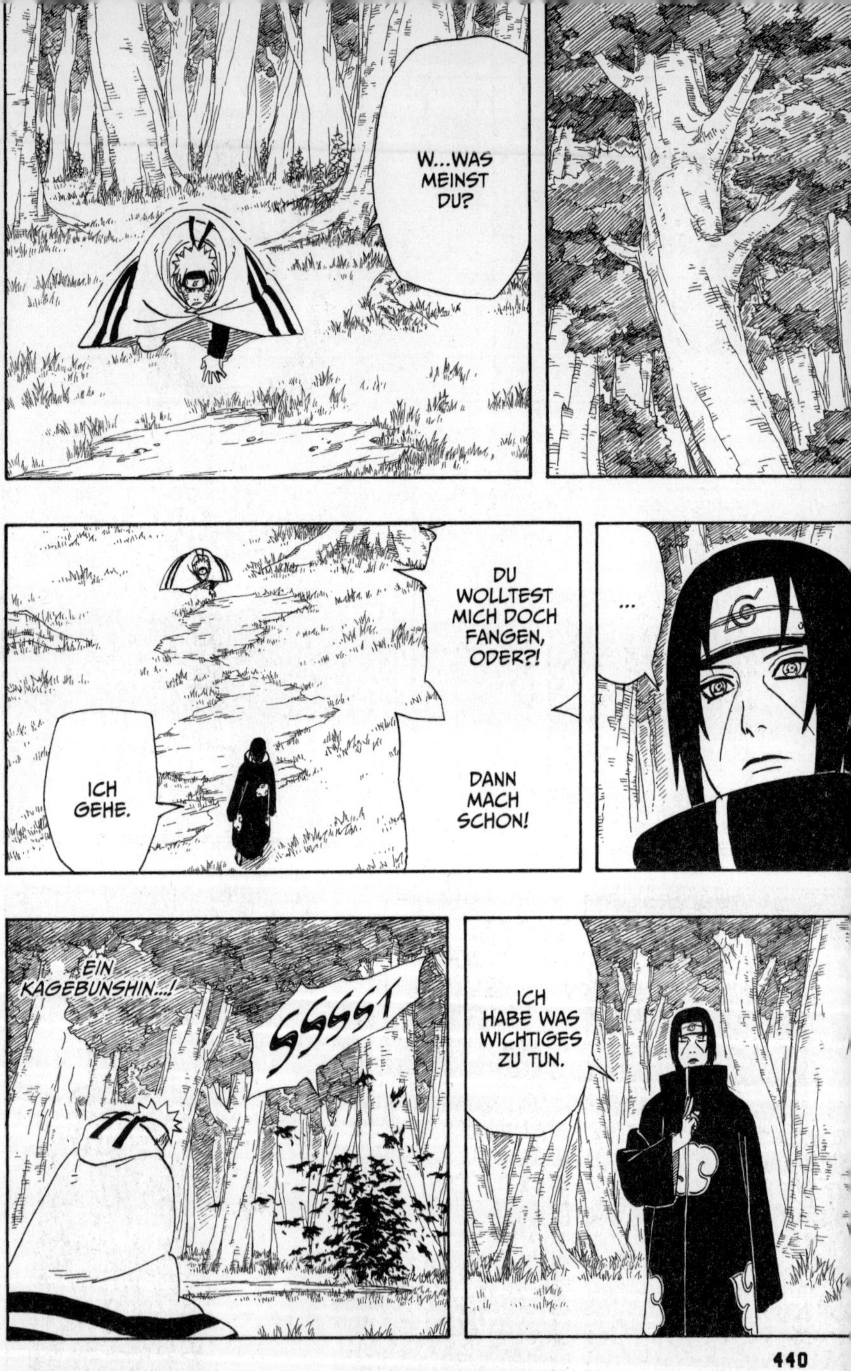
W...WAS MEINST DU?
...
DU WOLLTEST MICH DOCH FANGEN, ODER?!
DANN MACH SCHON!
ICH GEHE.
ICH HABE WAS WICHTIGES ZU TUN.
SSSST
EIN KAGEBUNSHIN...!

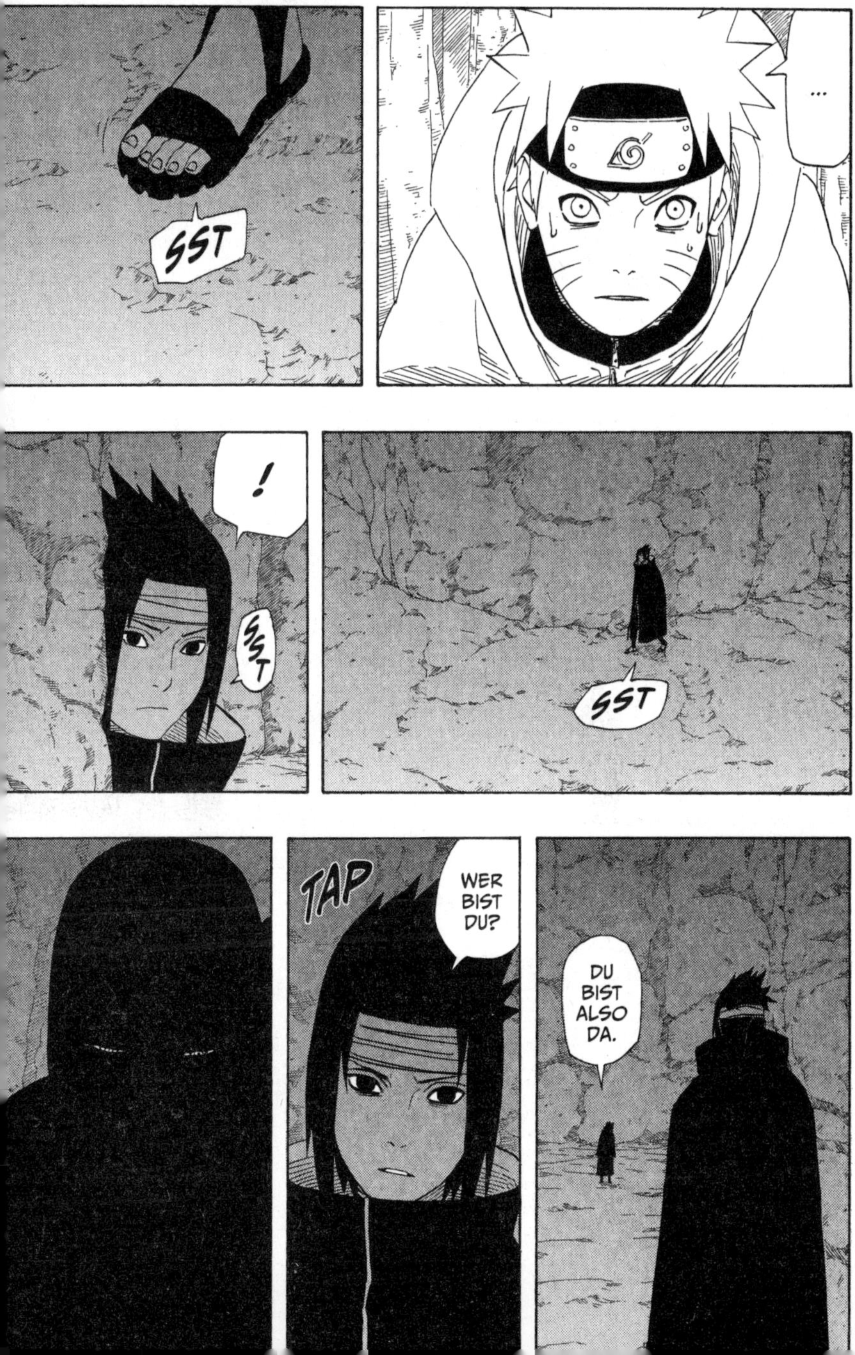
...
SST
!
SST
SST
DU BIST ALSO DA.
WER BIST DU?
TAP

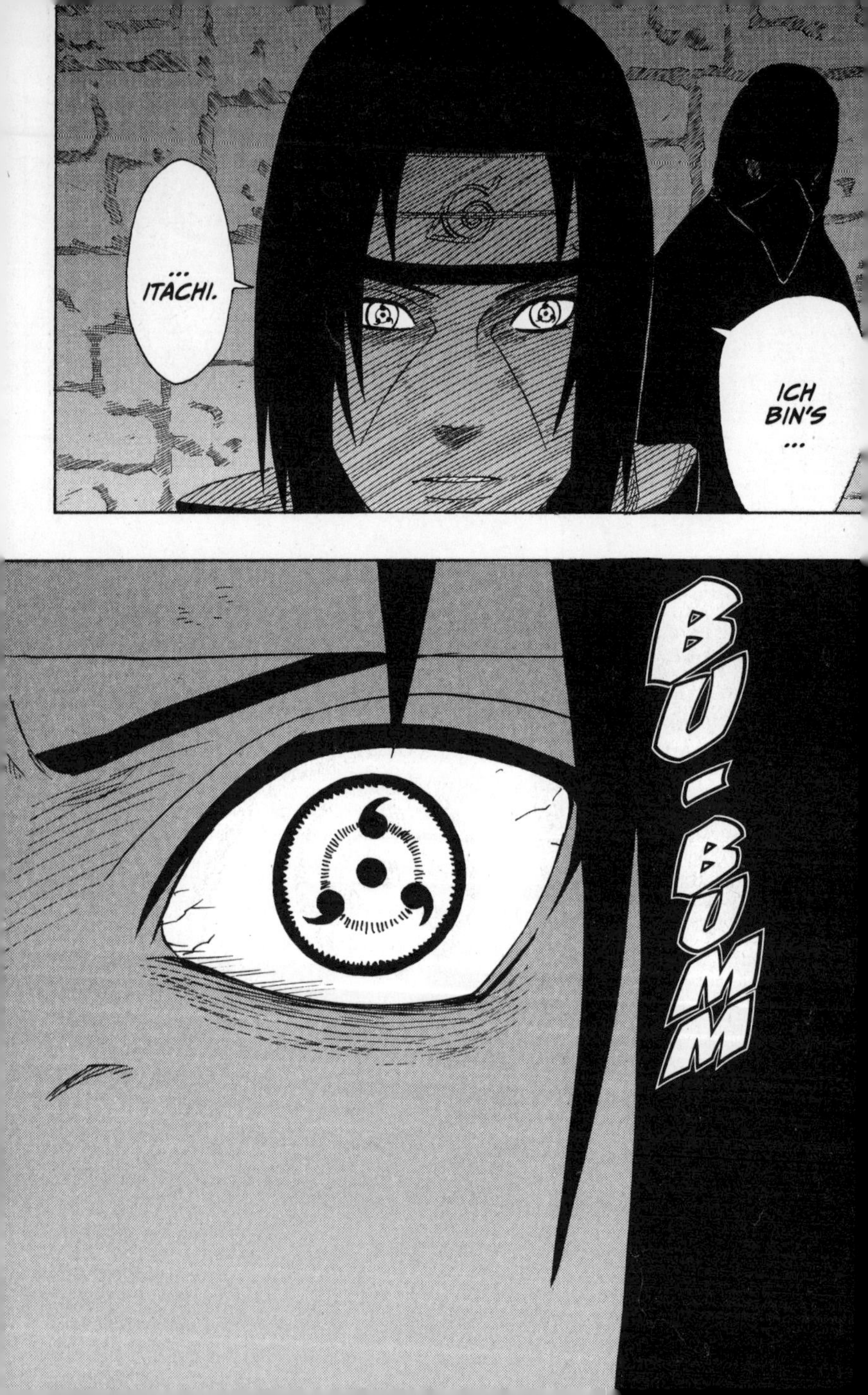
ICH BIN'S …
… ITACHI.
BU-BUMM

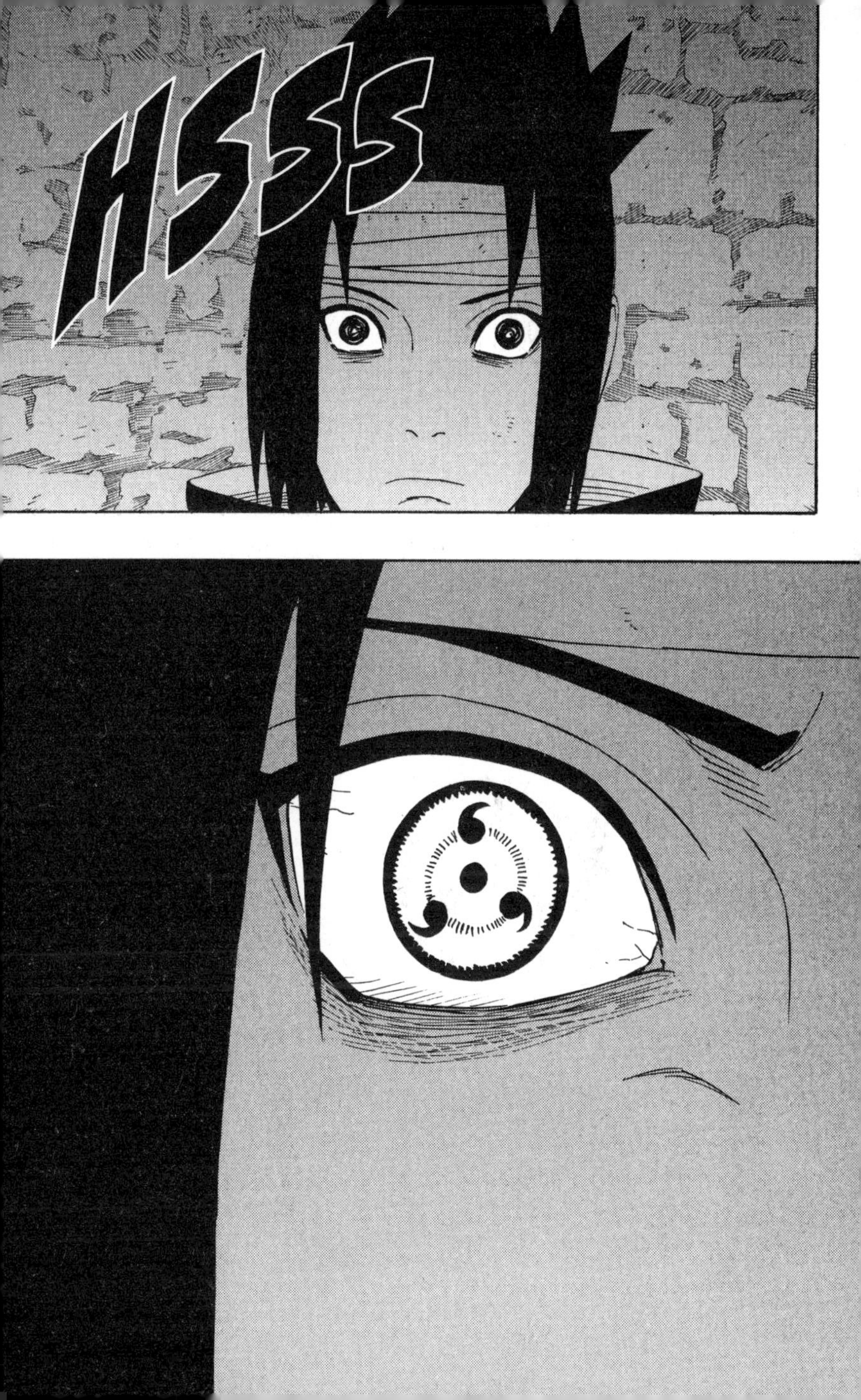
HSSS

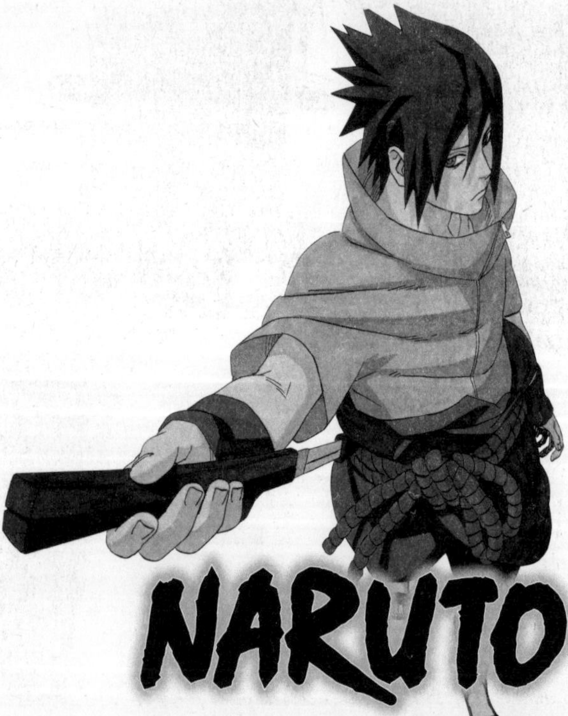
NARUTO

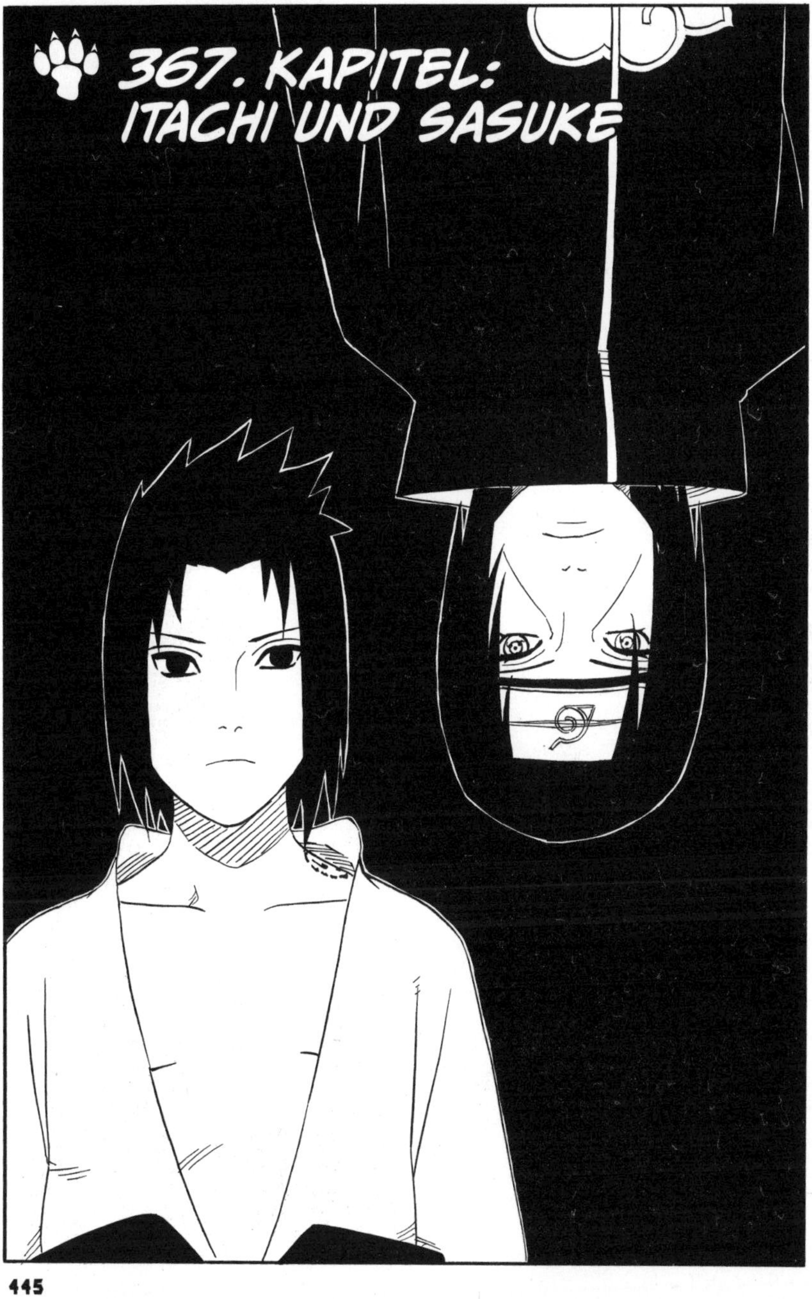
367. Kapitel:
Itachi und Sasuke

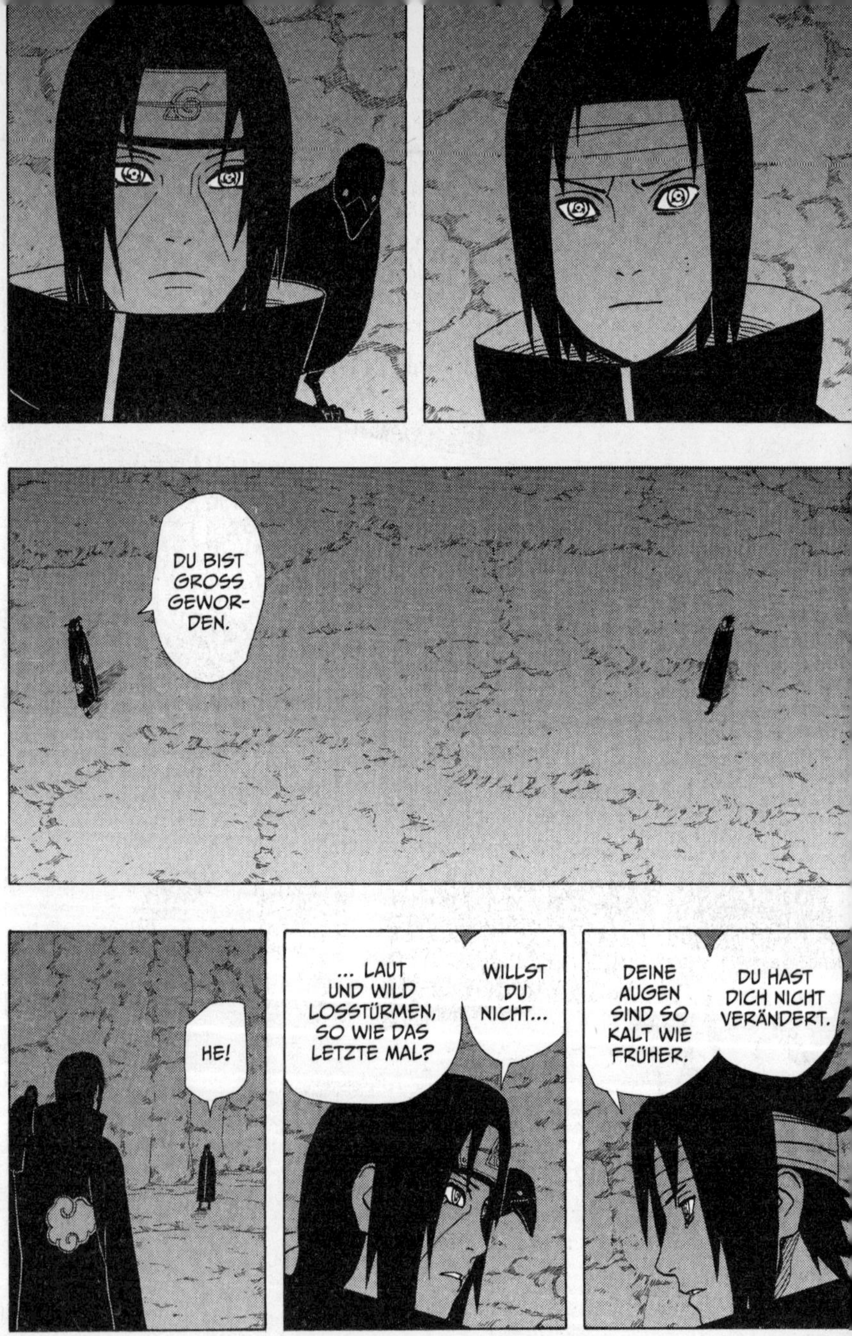
DU BIST GROSS GEWOR-DEN.
DU HAST DICH NICHT VERÄNDERT.
DEINE AUGEN SIND SO KALT WIE FRÜHER.
WILLST DU NICHT...
... LAUT UND WILD LOSSTÜRMEN, SO WIE DAS LETZTE MAL?
HE!

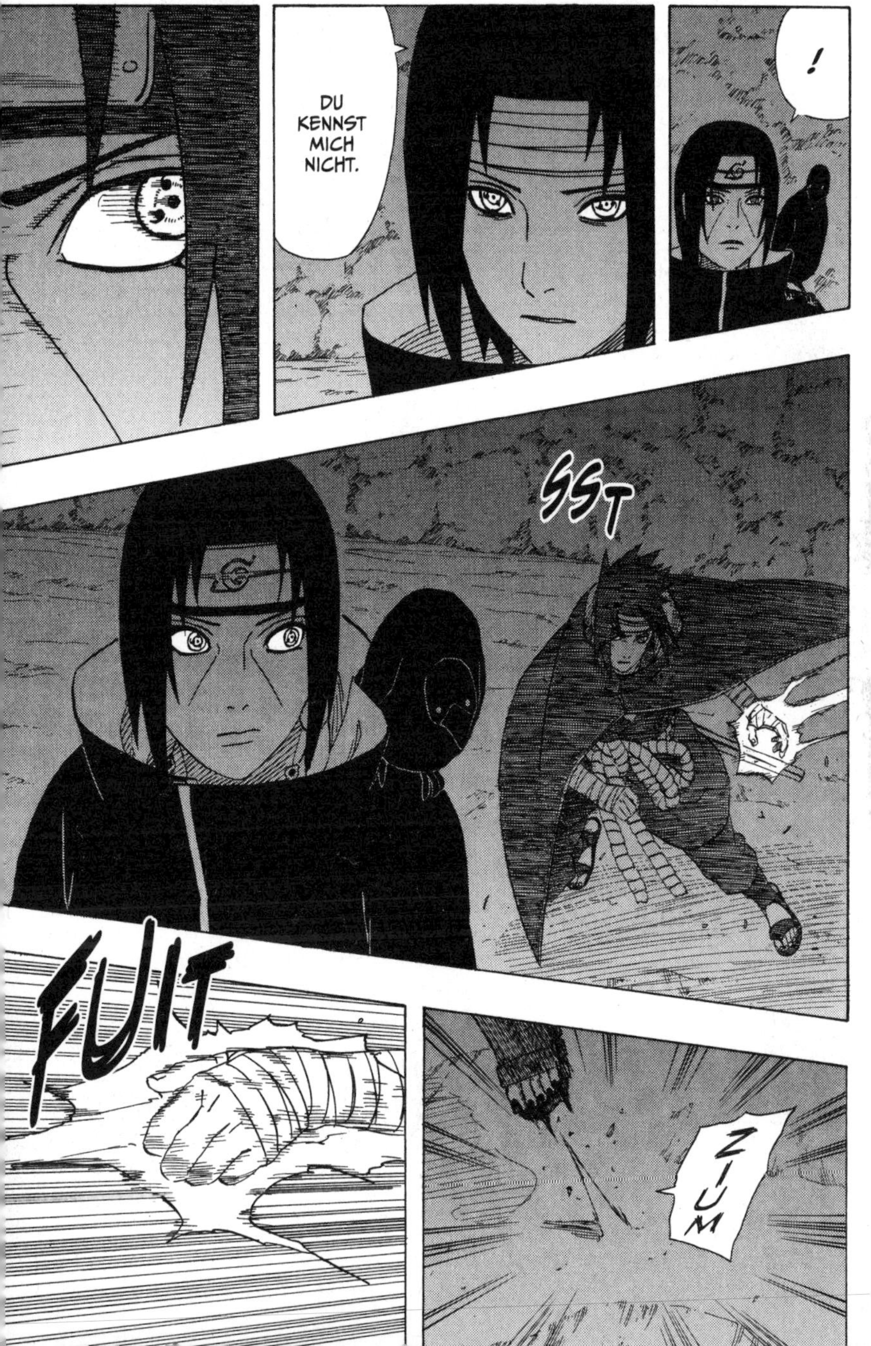
!
DU KENNST MICH NICHT.
SST
ZIUM
FUIT

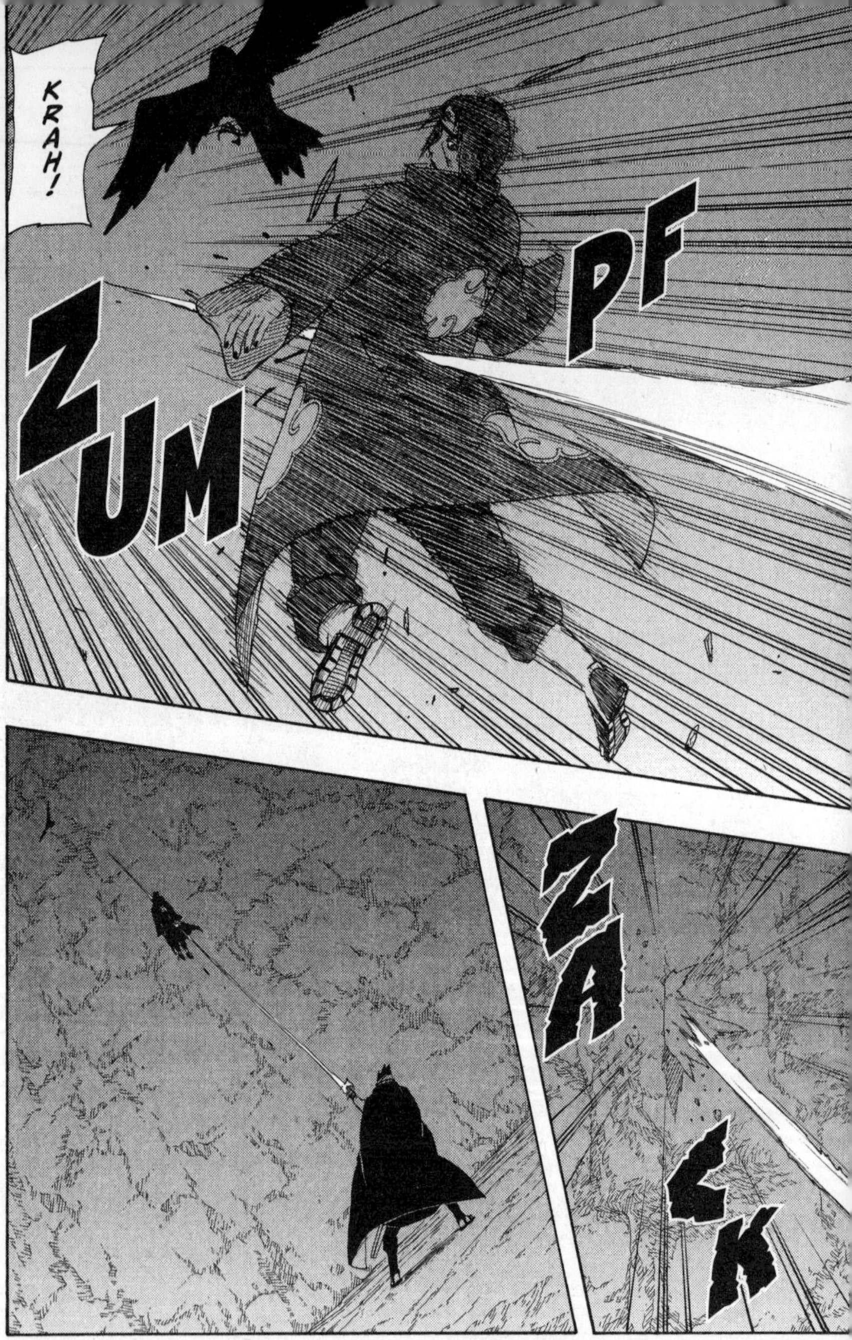
KRAH!
PF
ZUM
ZA
CK

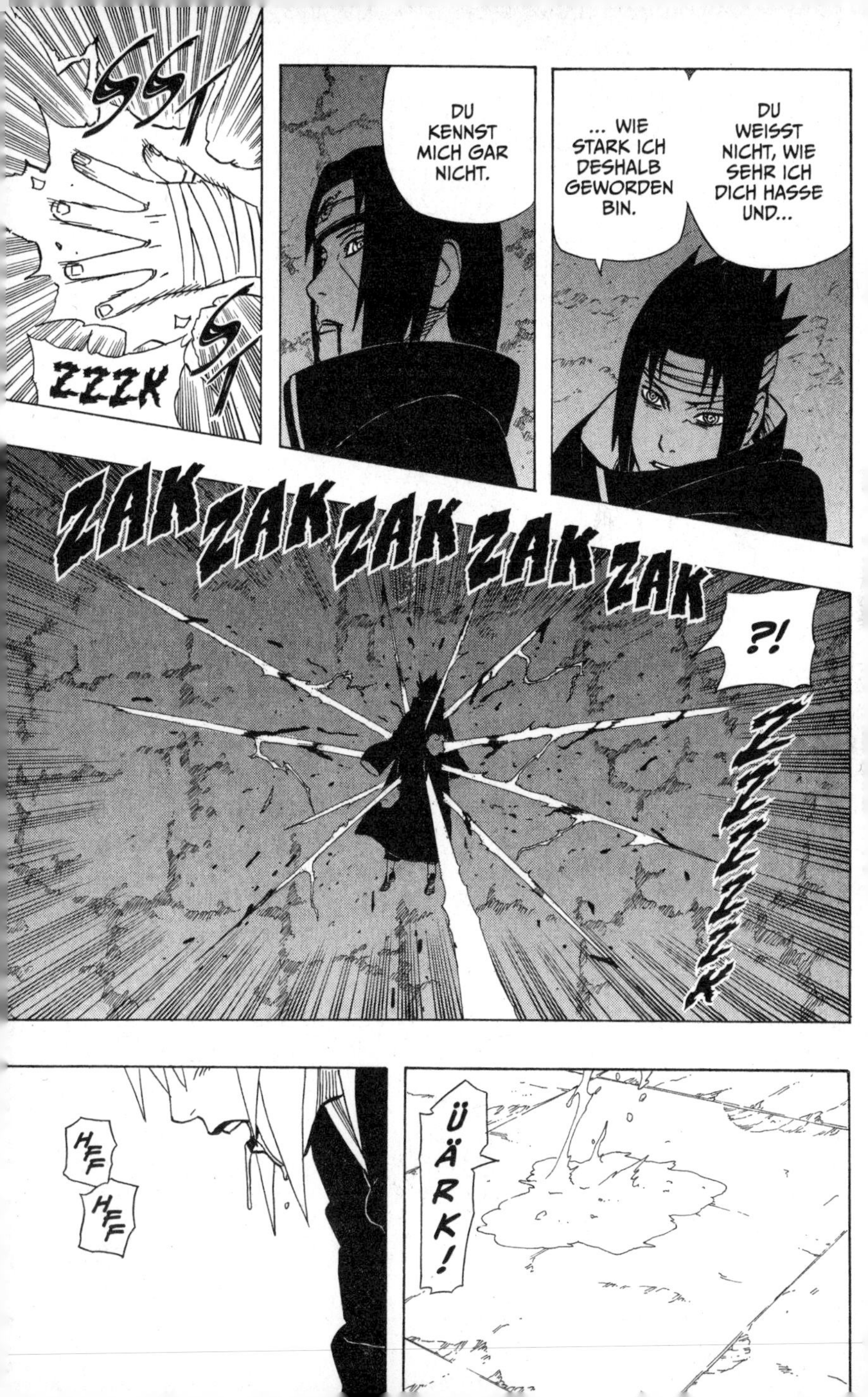
DU WEISST NICHT, WIE SEHR ICH DICH HASSE UND...
... WIE STARK ICH DESHALB GEWORDEN BIN.
DU KENNST MICH GAR NICHT.
SSS
SS
ZZZK
ZAK ZAK ZAK ZAK ZAK
?!
ZZZZZZZZK
ÜÄRK!
HFF
HFF

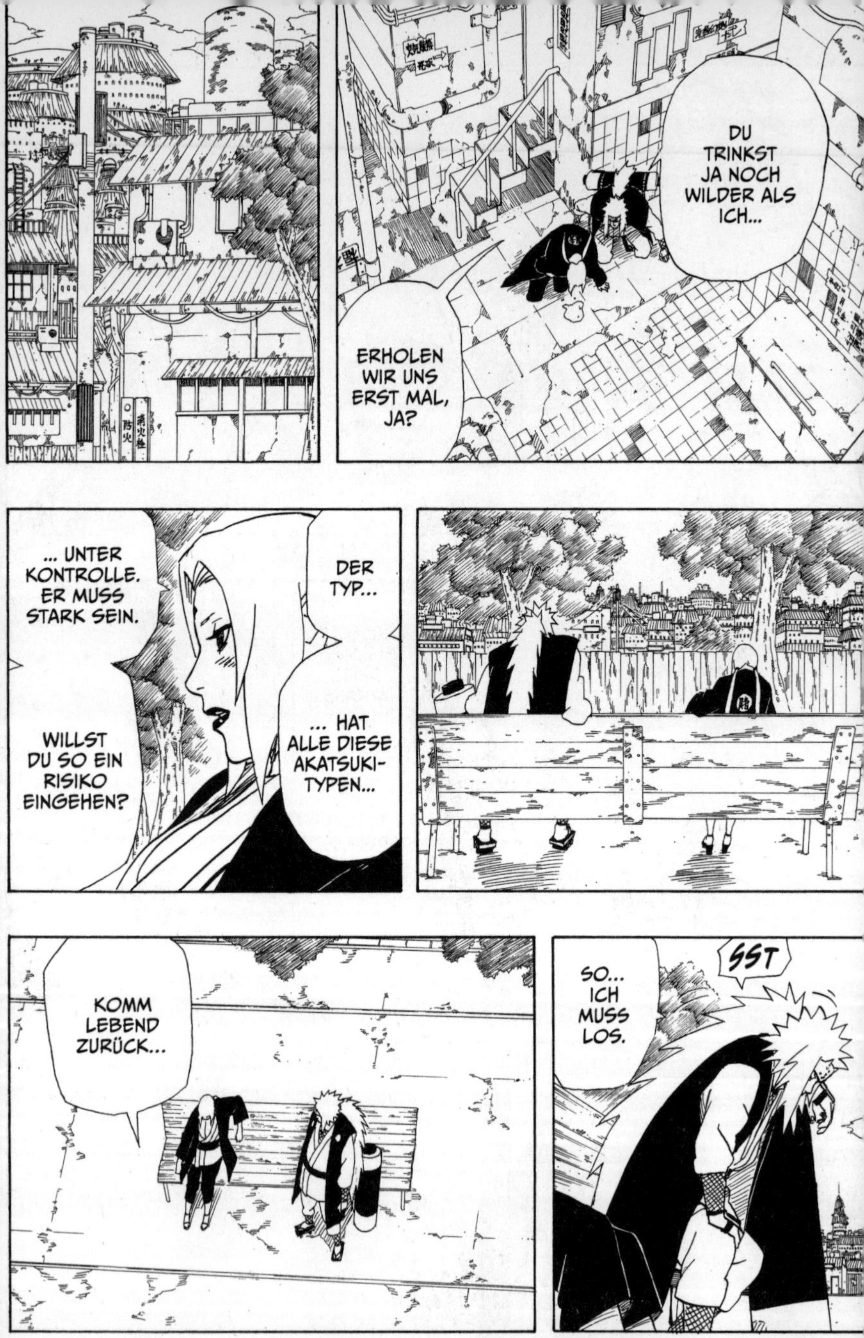
DU TRINKST JA NOCH WILDER ALS ICH...
ERHOLEN WIR UNS ERST MAL, JA?
DER TYP...
... HAT ALLE DIESE AKATSUKI-TYPEN...
... UNTER KONTROLLE. ER MUSS STARK SEIN.
WILLST DU SO EIN RISIKO EINGEHEN?
SO... ICH MUSS LOS.
SST
KOMM LEBEND ZURÜCK...

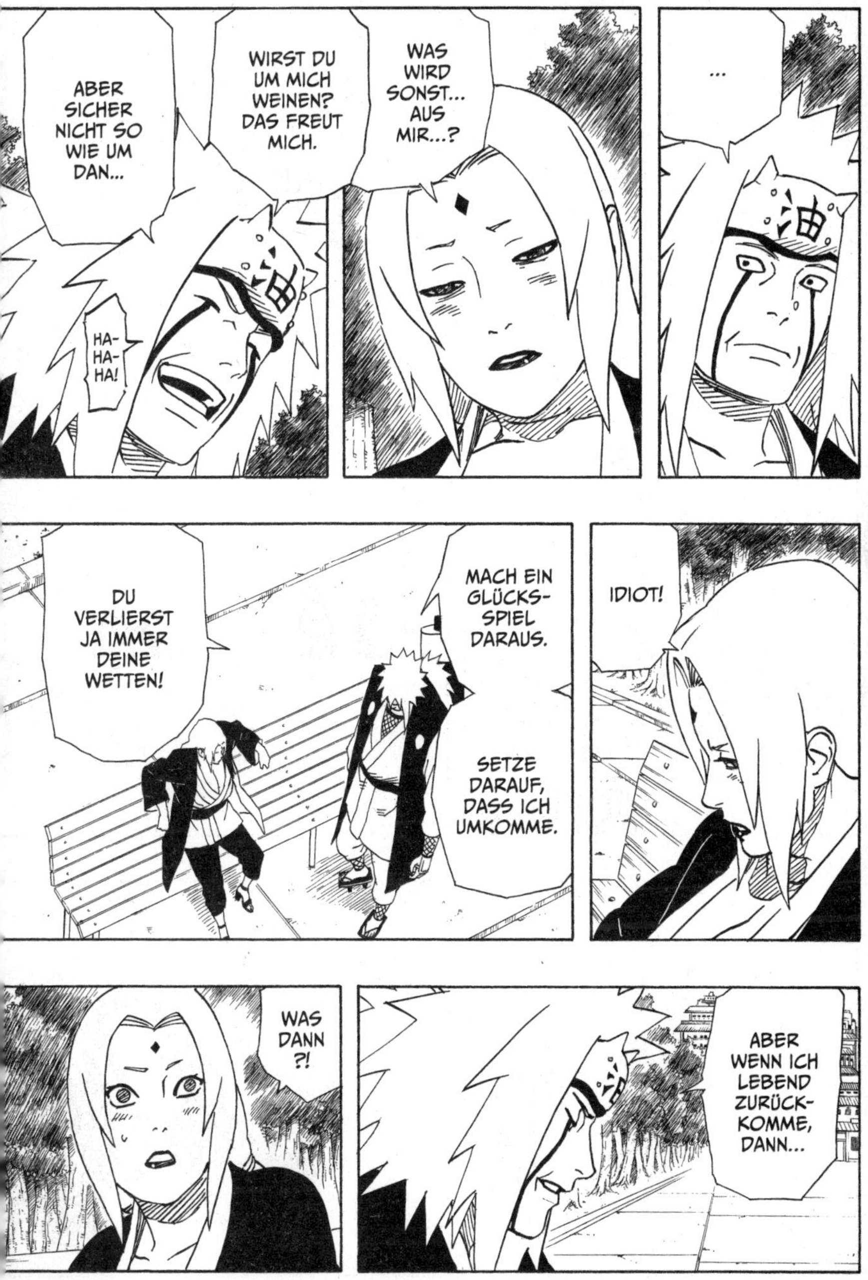
...
WAS WIRD SONST... AUS MIR...?
WIRST DU UM MICH WEINEN? DAS FREUT MICH.
ABER SICHER NICHT SO WIE UM DAN...
HA-HA-HA!
IDIOT!
MACH EIN GLÜCKS-SPIEL DARAUS.
SETZE DARAUF, DASS ICH UMKOMME.
DU VERLIERST JA IMMER DEINE WETTEN!
ABER WENN ICH LEBEND ZURÜCK-KOMME, DANN...
WAS DANN ?!

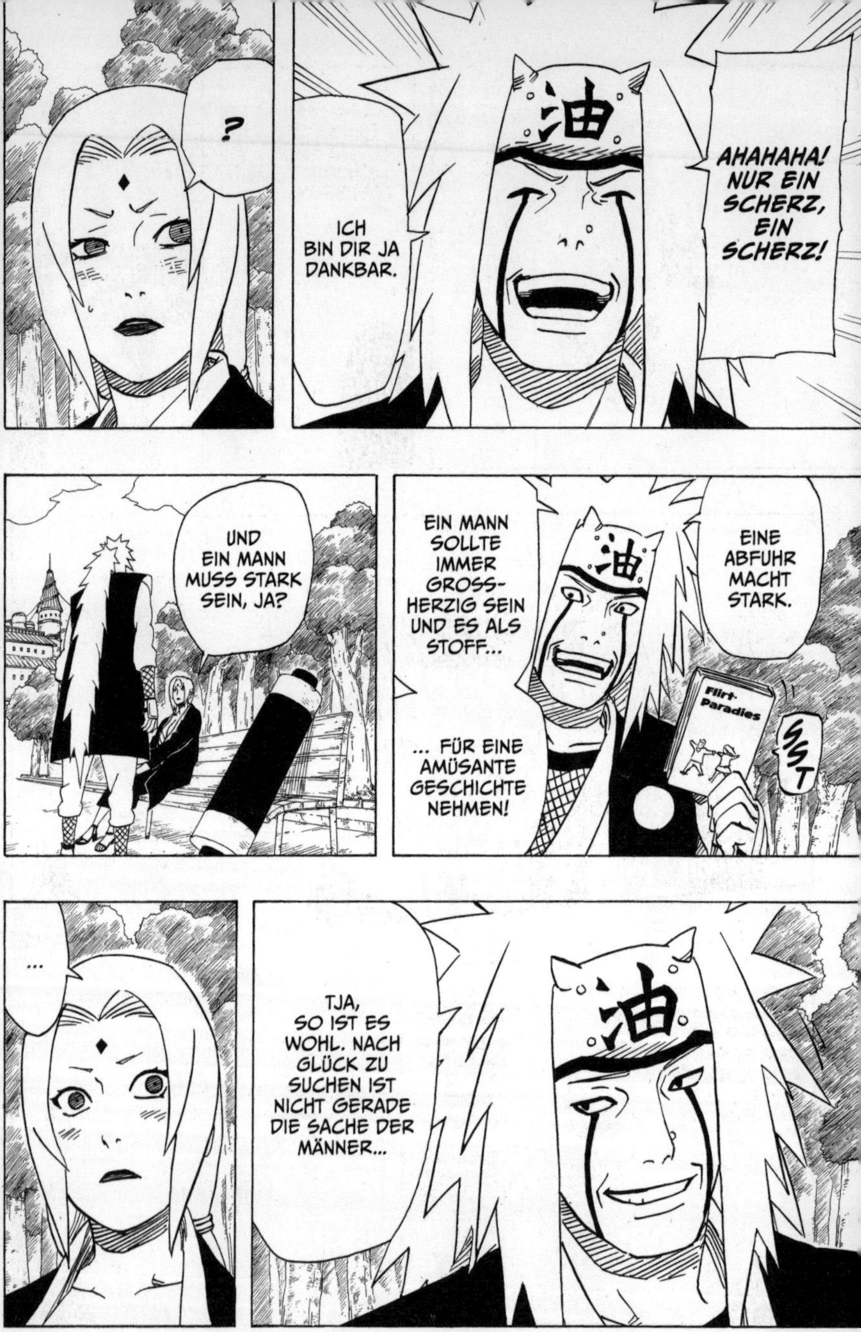
AHAHAHA! NUR EIN SCHERZ, EIN SCHERZ!
ICH BIN DIR JA DANKBAR.
?
EINE ABFUHR MACHT STARK.
EIN MANN SOLLTE IMMER GROSS-HERZIG SEIN UND ES ALS STOFF...
... FÜR EINE AMÜSANTE GESCHICHTE NEHMEN!
Flirt-Paradies
SST
UND EIN MANN MUSS STARK SEIN, JA?
TJA, SO IST ES WOHL. NACH GLÜCK ZU SUCHEN IST NICHT GERADE DIE SACHE DER MÄNNER...
...

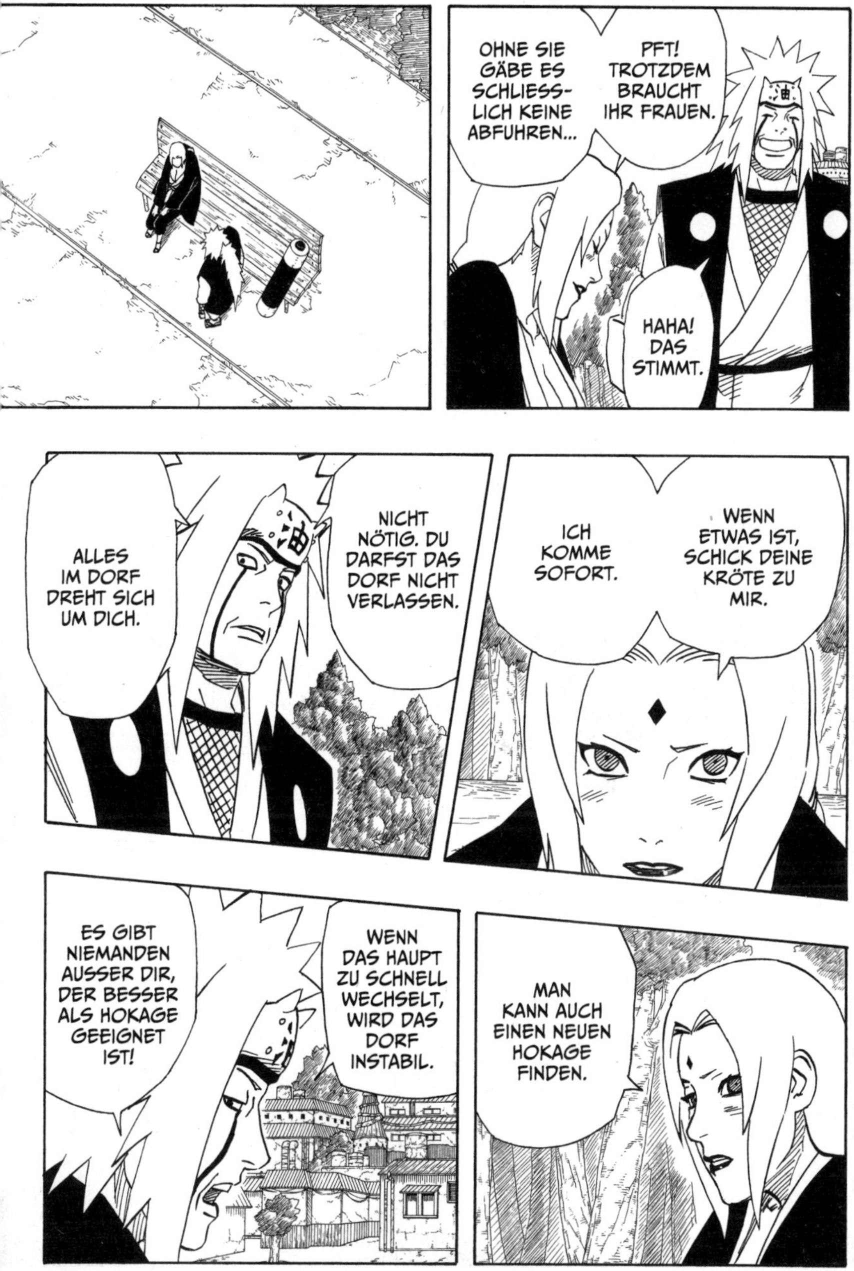
PFT! TROTZDEM BRAUCHT IHR FRAUEN.
OHNE SIE GÄBE ES SCHLIESS-LICH KEINE ABFUHREN...
HAHA! DAS STIMMT.
WENN ETWAS IST, SCHICK DEINE KRÖTE ZU MIR.
ICH KOMME SOFORT.
NICHT NÖTIG. DU DARFST DAS DORF NICHT VERLASSEN.
ALLES IM DORF DREHT SICH UM DICH.
MAN KANN AUCH EINEN NEUEN HOKAGE FINDEN.
WENN DAS HAUPT ZU SCHNELL WECHSELT, WIRD DAS DORF INSTABIL.
ES GIBT NIEMANDEN AUSSER DIR, DER BESSER ALS HOKAGE GEEIGNET IST!

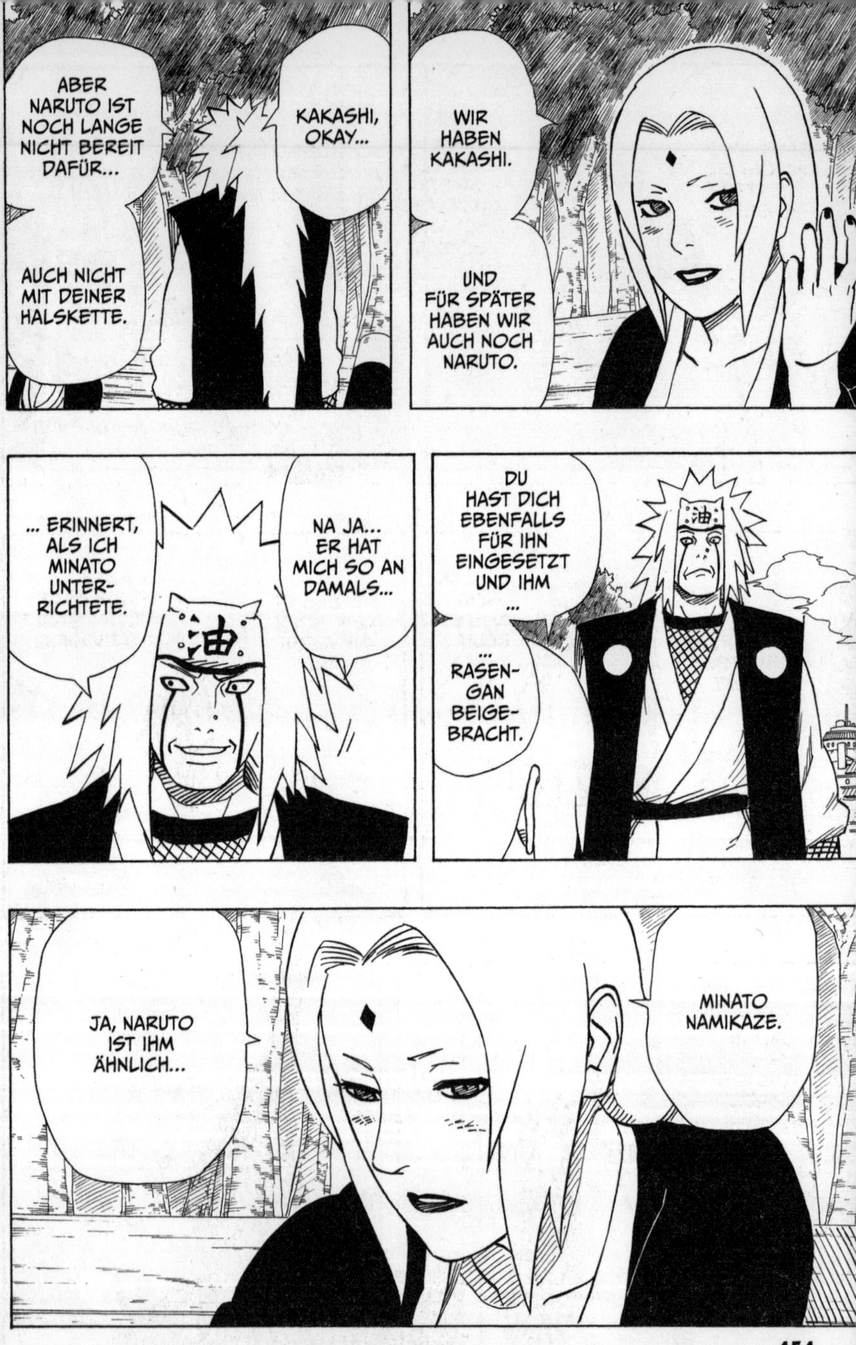
WIR HABEN KAKASHI.
UND FÜR SPÄTER HABEN WIR AUCH NOCH NARUTO.
KAKASHI, OKAY...
ABER NARUTO IST NOCH LANGE NICHT BEREIT DAFÜR...
AUCH NICHT MIT DEINER HALSKETTE.
DU HAST DICH EBENFALLS FÜR IHN EINGESETZT UND IHM ...
... RASENGAN BEIGEBRACHT.
NA JA... ER HAT MICH SO AN DAMALS...
... ERINNERT, ALS ICH MINATO UNTERRICHTETE.
MINATO NAMIKAZE.
JA, NARUTO IST IHM ÄHNLICH...

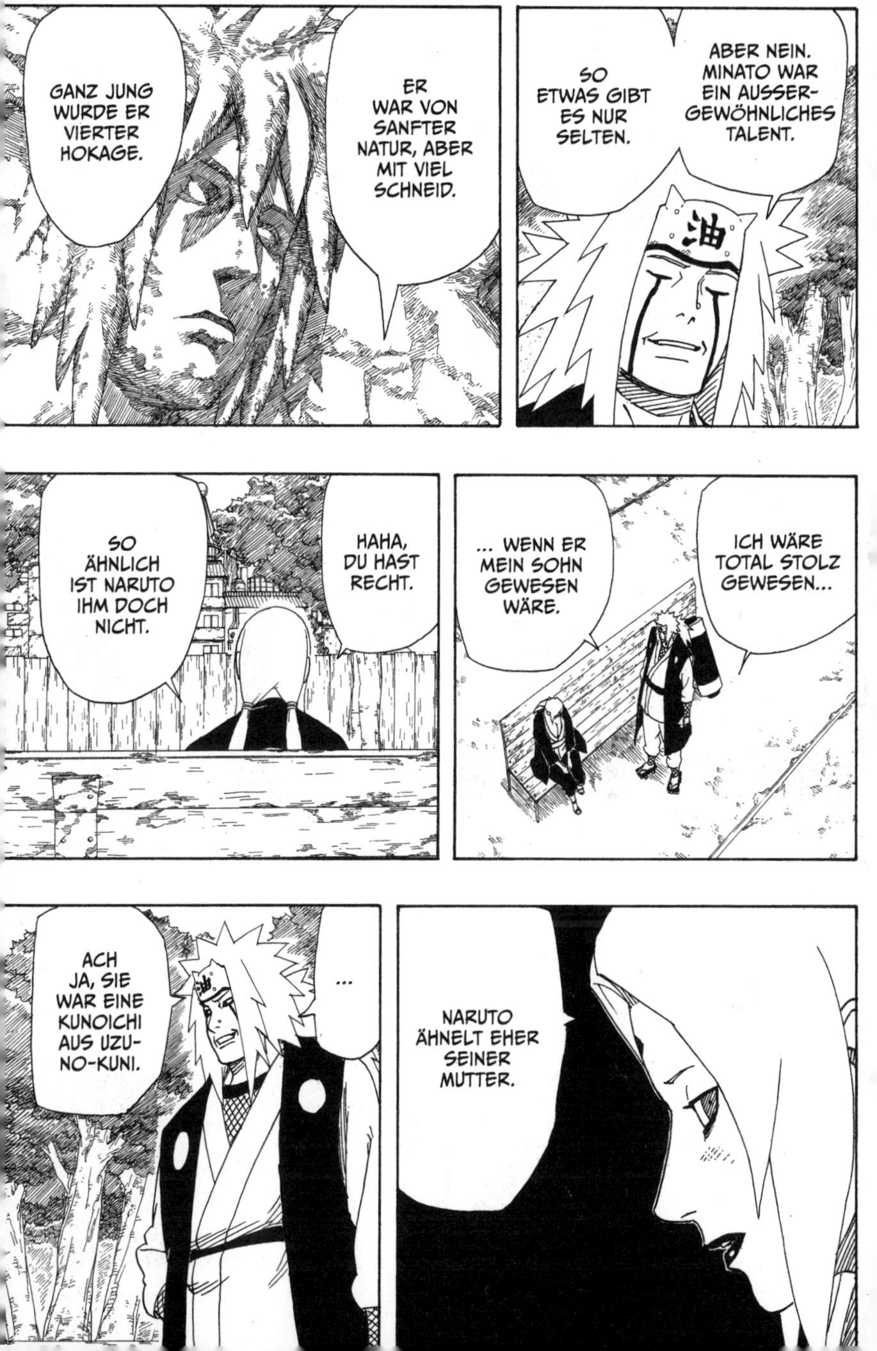
ABER NEIN. MINATO WAR EIN AUSSER-GEWÖHNLICHES TALENT.
SO ETWAS GIBT ES NUR SELTEN.
ER WAR VON SANFTER NATUR, ABER MIT VIEL SCHNEID.
GANZ JUNG WURDE ER VIERTER HOKAGE.
ICH WÄRE TOTAL STOLZ GEWESEN...
... WENN ER MEIN SOHN GEWESEN WÄRE.
HAHA, DU HAST RECHT.
SO ÄHNLICH IST NARUTO IHM DOCH NICHT.
NARUTO ÄHNELT EHER SEINER MUTTER.
...
ACH JA, SIE WAR EINE KUNOICHI AUS UZU-NO-KUNI.

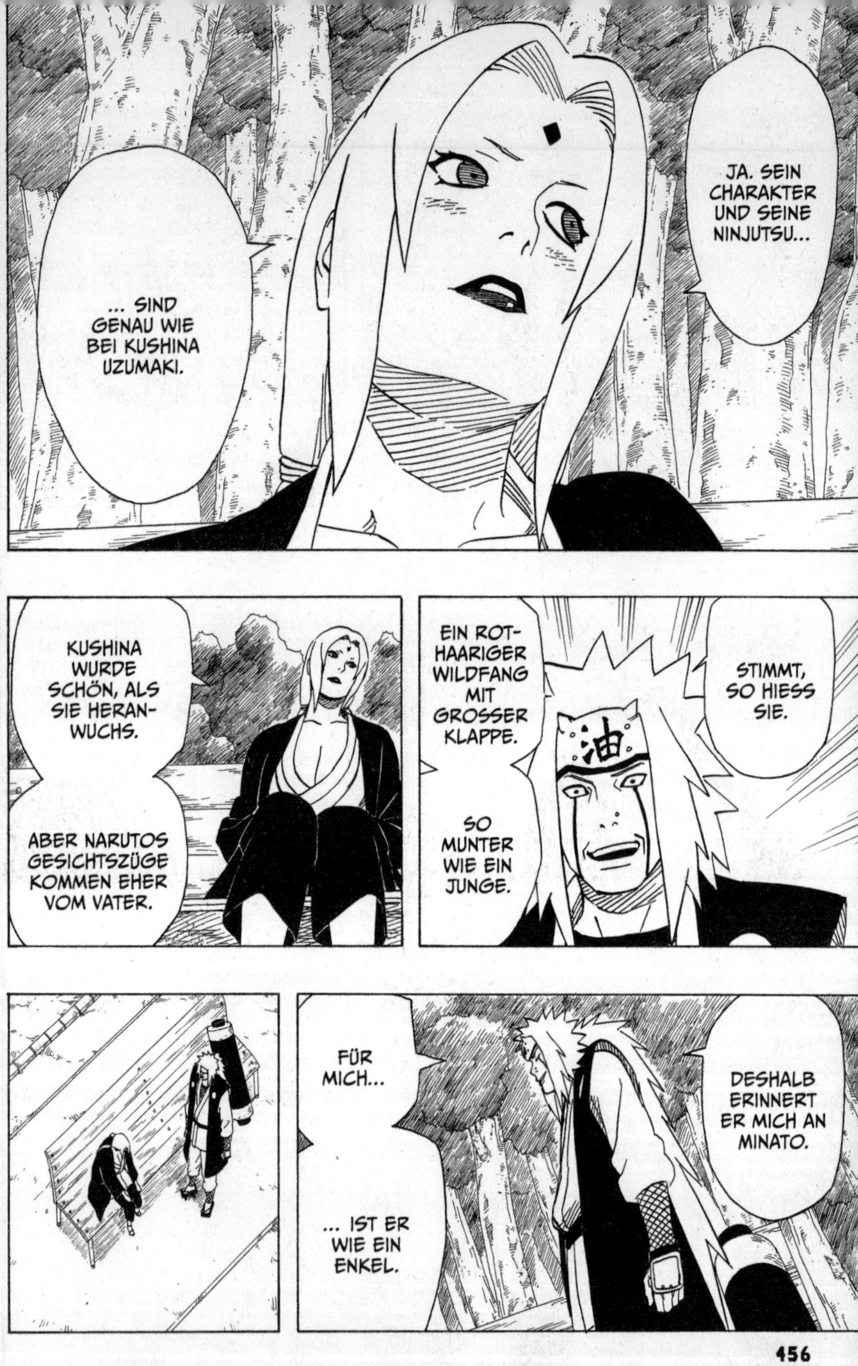
JA. SEIN CHARAKTER UND SEINE NINJUTSU...
... SIND GENAU WIE BEI KUSHINA UZUMAKI.
STIMMT, SO HIESS SIE.
EIN ROTHAARIGER WILDFANG MIT GROSSER KLAPPE.
SO MUNTER WIE EIN JUNGE.
KUSHINA WURDE SCHÖN, ALS SIE HERANWUCHS.
ABER NARUTOS GESICHTSZÜGE KOMMEN EHER VOM VATER.
DESHALB ERINNERT ER MICH AN MINATO.
FÜR MICH...
... IST ER WIE EIN ENKEL.

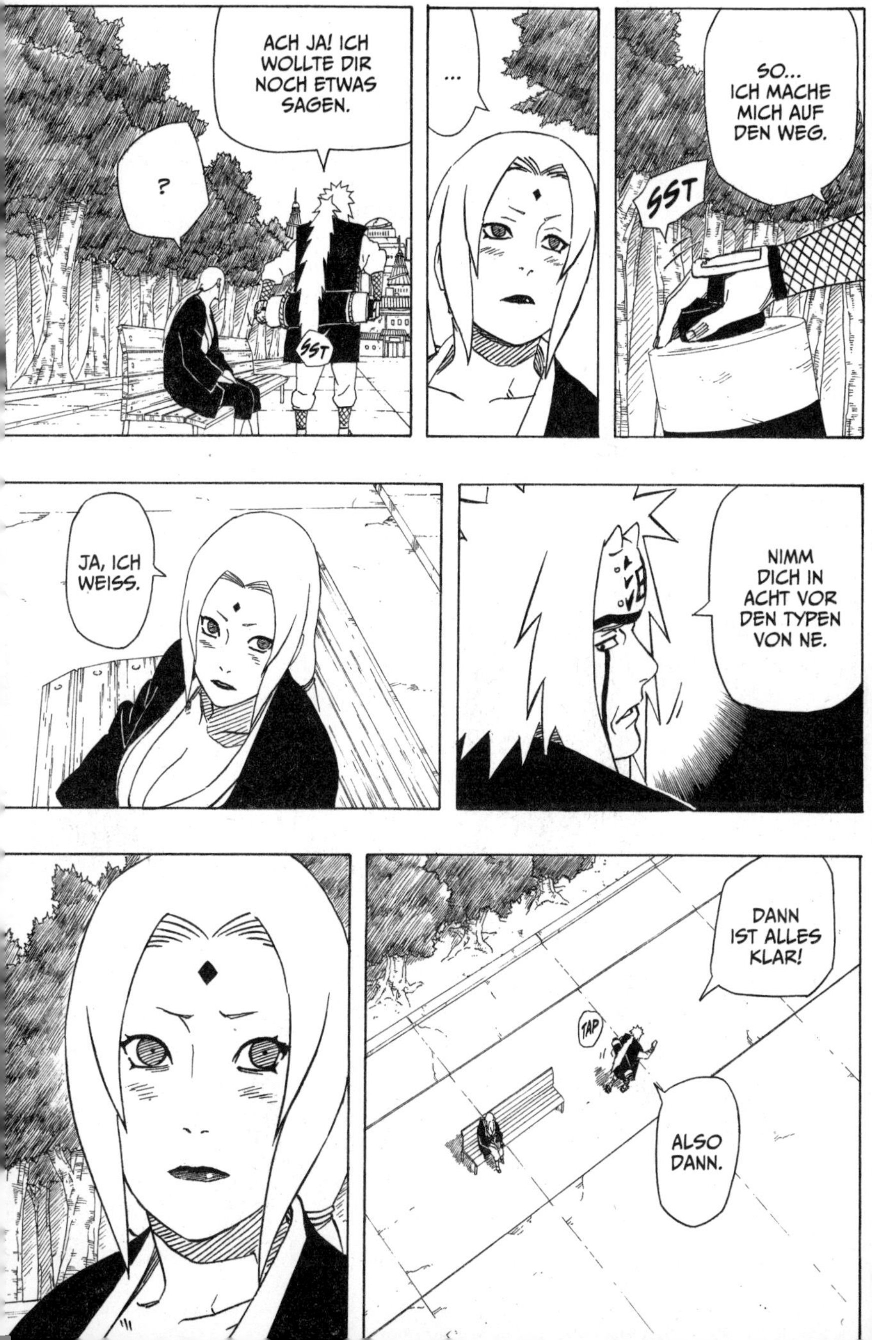
SO...
ICH MACHE MICH AUF DEN WEG.
SST
...
ACH JA! ICH WOLLTE DIR NOCH ETWAS SAGEN.
?
SST
NIMM DICH IN ACHT VOR DEN TYPEN VON NE.
JA, ICH WEISS.
DANN IST ALLES KLAR!
TAP
ALSO DANN.

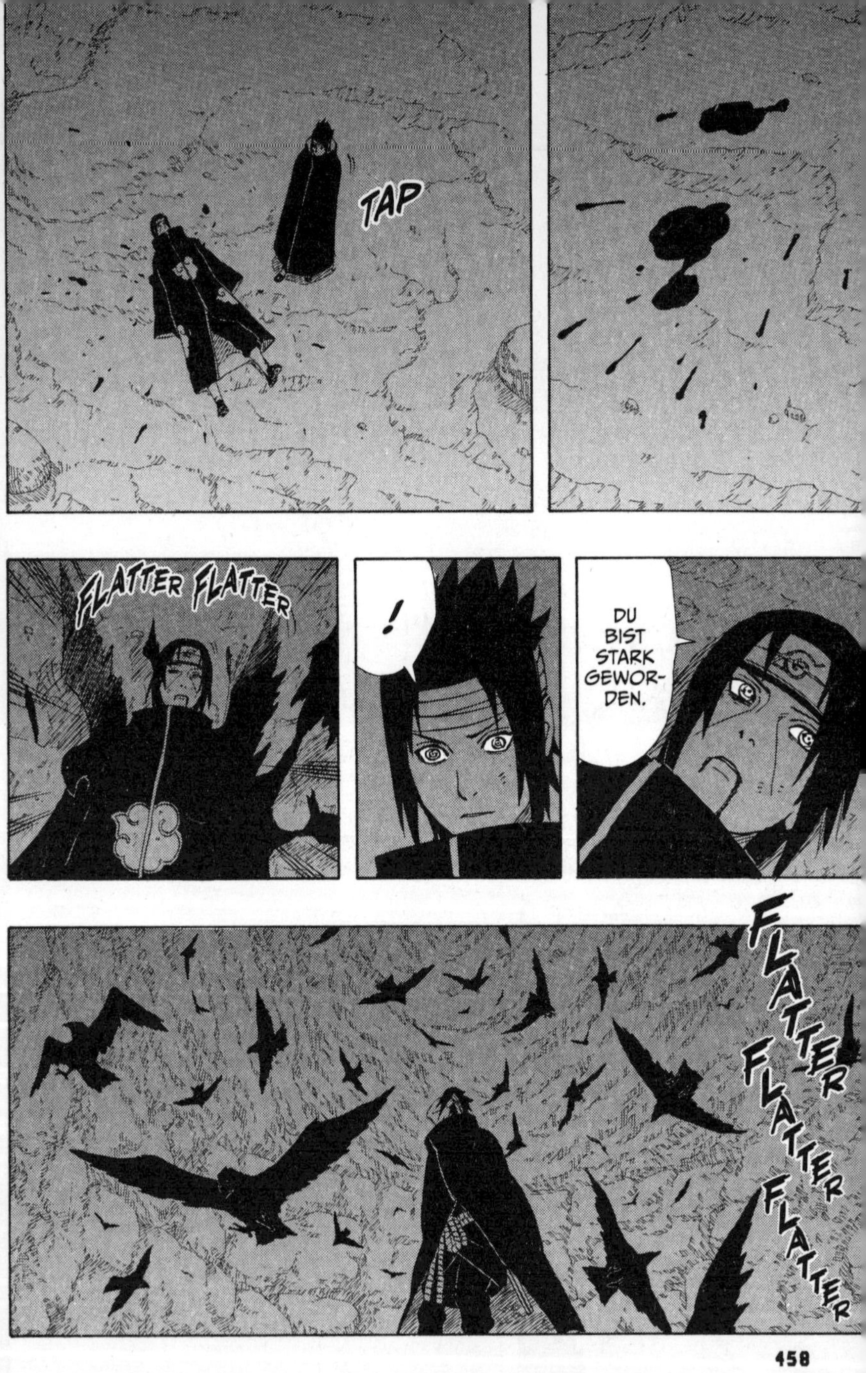

TAP
FLATTER FLATTER
!
DU BIST STARK GEWOR-DEN.
FLATTER FLATTER FLATTER

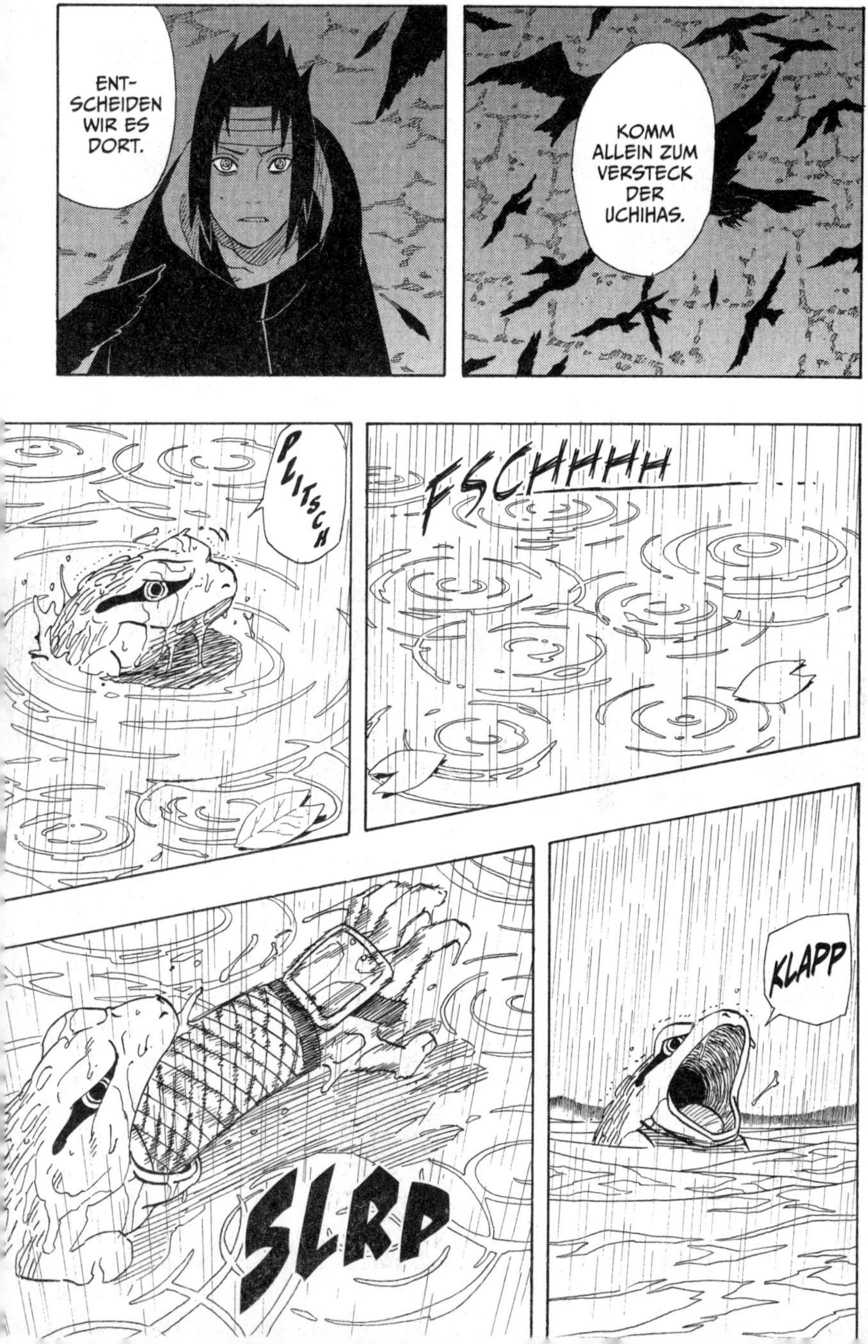
KOMM ALLEIN ZUM VERSTECK DER UCHIHAS.
ENT-SCHEIDEN WIR ES DORT.
FSCHHHH
PLITSCH
KLAPP
SLRP

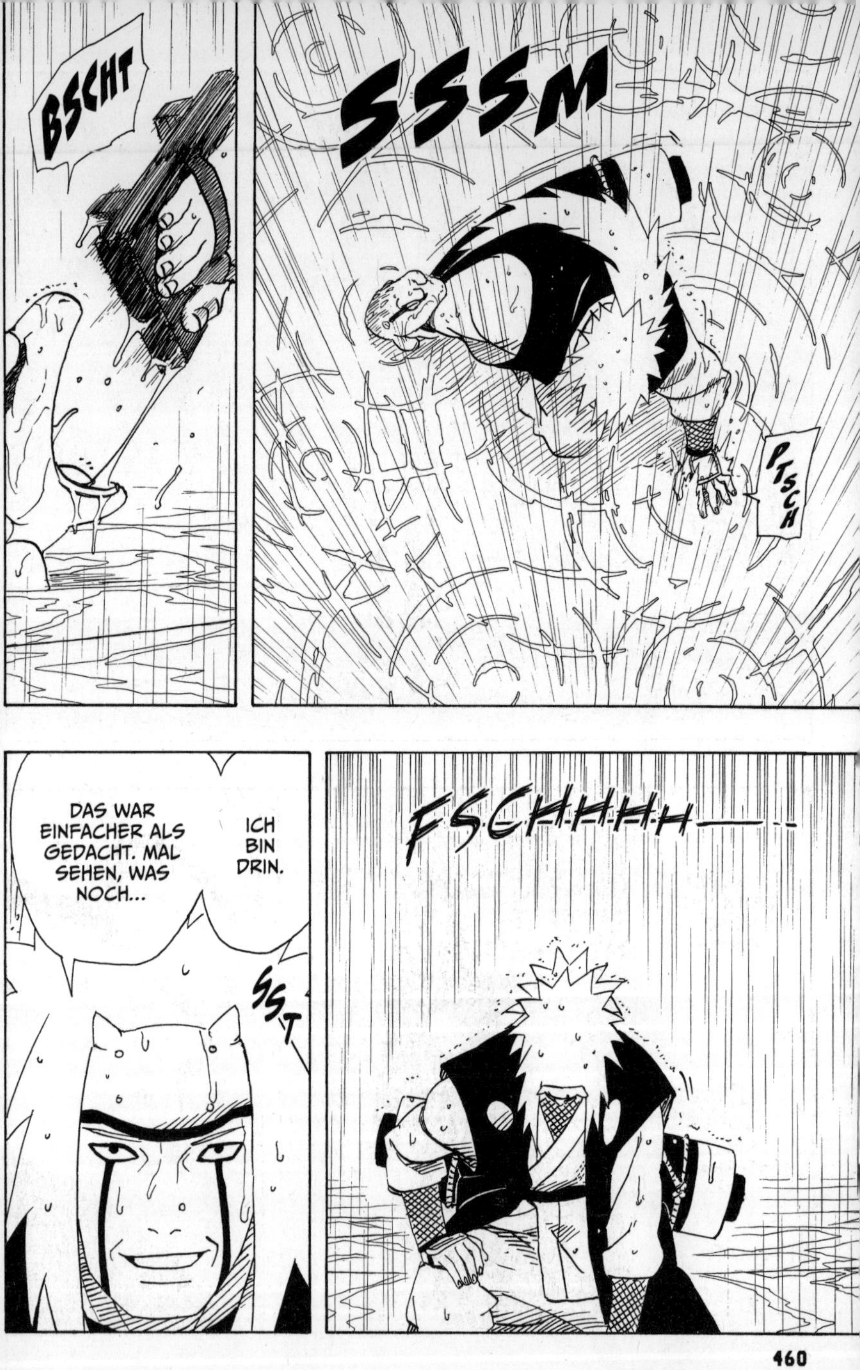
SSSM
BSCHT
PTSCH
FSCHHHHH—
ICH BIN DRIN.
DAS WAR EINFACHER ALS GEDACHT. MAL SEHEN, WAS NOCH...
SST

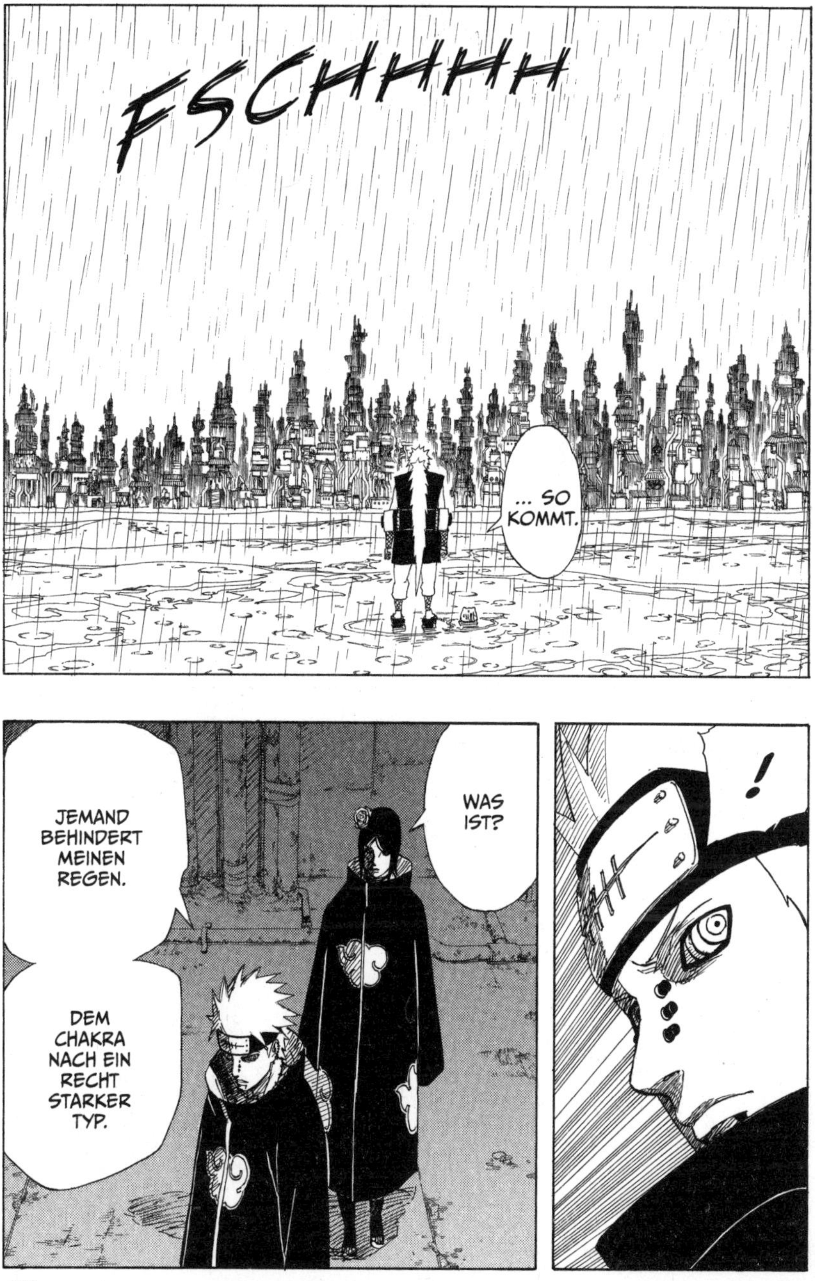
FSCHHHH
... SO KOMMT.
!
WAS IST?
JEMAND BEHINDERT MEINEN REGEN.
DEM CHAKRA NACH EIN RECHT STARKER TYP.

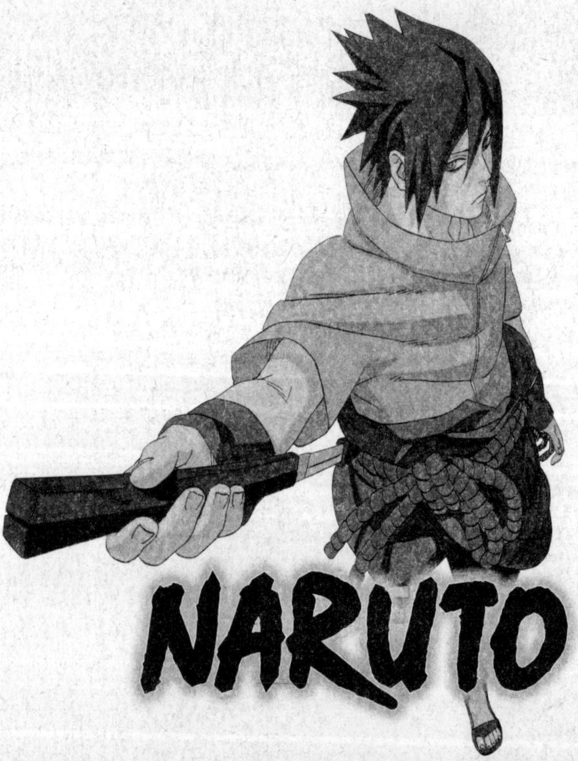
NARUTO

MIX
Papier | Fördert gute Waldnutzung
FSC® C083411

PRODUZIERT MIT VERANTWORTUNG

CARLSEN MANGA! NEWS
jeden Monat neu per E-Mail
www.carlsenmanga.de
www.carlsen.de

CARLSEN MANGA
Deutsche Ausgabe/German Edition

Völckersstraße 14-20, 22765 Hamburg
Aus dem Japanischen von Miyuki Tsuji

Redaktion: Anne Berling, Jonas Blaumann
Textbearbeitung: Ina Schiele
Herstellung: Gunta Lauck & Ronny Willisch

Bei Fragen zum Produkt: carlsen.de/kontakt
ISBN978-3-551-79539-7

HALT!

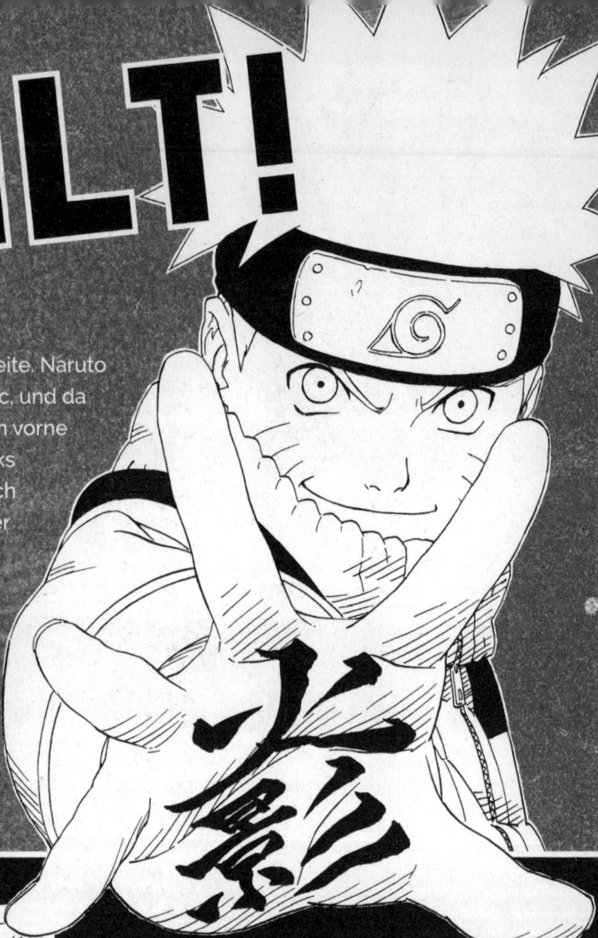

Das ist nicht die erste Seite. Naruto ist ein japanischer Comic, und da in Japan von hinten nach vorne und von rechts nach links gelesen wird, musst auch du diesen Comic von der anderen Seite aufschlagen und von hinten nach vorne lesen.

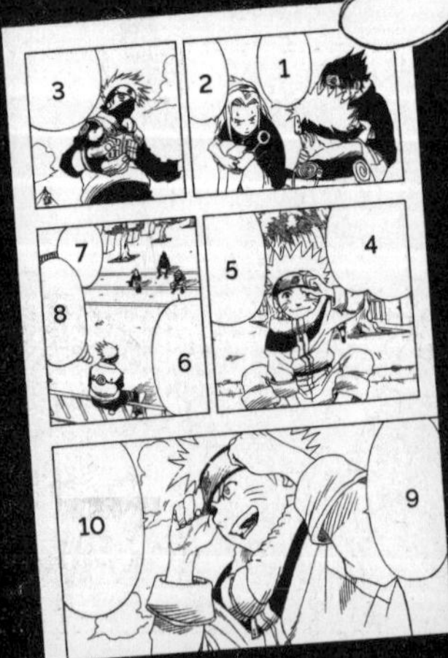

Auch die Bilder und Sprechblasen werden von rechts oben nach links unten gelesen, so wie es die Grafik hier zeigt. Schwer? Zuerst ungewohnt, doch es bringt richtig Spaß. Probiert es aus!

Viel Vergnügen mit **NARUTO** und der ganzen Ninja-Bande!